따라 하면서 완성하는

AWS 인프라 구축 입문

따라 하면서 완성하는

AWS 인프라 구축 입문

지은이 최진영(럭키바닐라 3세)
펴낸이 박찬규 엮은이 이대엽 디자인 북누리 표지디자인 Arowa & Arowana

펴낸곳 위키북스 전화 031-955-3658, 3659 팩스 031-955-3660
주소 경기도 파주시 문발로 115, 311호 (파주출판도시, 세종출판벤처타운)

가격 35,000 페이지 496 책규격 188 x 240mm

초판 발행 2026년 01월 02일
ISBN 979-11-5839-654-1 (93000)

등록번호 제406-2006-000036호 등록일자 2006년 05월 19일
홈페이지 wikibook.co.kr 전자우편 wikibook@wikibook.co.kr

따라 하면서 완성하는

AWS 인프라 구축 입문

웹 서버 설치부터
글로벌 네트워크 구축까지,
실제 사례로 배우는
아마존 웹 서비스 실전 활용법

최진영(럭키 바닐라 3세) 지음

위키북스

'책을 써야지'라고 마음먹은 지도 벌써 10년이 흘렀다. 늘 바쁜 일상 속에서 글쓰기는 늘 우선순위에서 뒤로 밀리기 일쑤였다. 그러다 몇 년 전에 쿠버네티스 책을 번역하면서 문득 이런 생각이 들었다. "왜 나는 남의 책을 번역하고 있지? 내가 직접 써야 하는 거 아닌가?" 그 질문이 가슴속에 오래 남았고, 마침내 큰 결심을 하게 됐다. 이제 내 이야기를 내 손으로 직접 써내려가 보려 한다.

필자는 10여 년 정도의 클라우드 경력을 가지고 있다. IT 경력 전체를 따지면 더 길지만 클라우드를 처음 접한 이후로 대부분의 프로젝트들이 클라우드 기반이었기 때문에 클라우드를 사용한 연수만 따져보면 10년 정도 된 것 같다. 1년은 빅데이터를 강의하면서 사용해 봤고, 4년은 개발자 입장에서 사용해 봤다. 나머지 5년은 아마존 웹 서비스(AWS; Amazon Web Services) 직원으로서 사용해 봤다.

필자가 AWS에 입사하기 전에 거의 5년 동안 실무에서 부딪치며 익힌 클라우드 기술들 중에는 생각보다 잘못 이해한 것들이 많았다는 것을 AWS에서 일하면서 알게 됐다.

이 책을 쓴 이유는 나처럼 잘못 이해한 내용들이 중구난방 머릿속에 맴도는 사람들을 위해 AWS 및 클라우드 기술을 일목요연하게 정리해 주고 싶었기 때문이다. 내 주위에는 클라우드를 아는 사람도 별로 없어서 클라우드에 대한 개념을 잡고 실무에 적용하는 데 많은 시간과 노력이 필요했다. 하지만 이제 클라우드에 대한 공부를 시작하는 독자들은 조금 수월하게 클라우드에 대한 개념을 잡기를 바라는 마음으로 이 책을 썼다.

저자 소개

최진영(럭키바닐라 3세)

경력 사항

- AWS 공인 강사
- 동서대에서 클라우드 융합 대학원 교수로서, 대학원의 대부분의 커리큘럼을 필자가 만들었고, 학생들에게 AWS 아키텍처, EKS, AWS 보안, 서버리스에 대해 강의하고 있다.
- AWS의 테크니컬 트레이너로서 4년 10개월 동안 여러 대기업에서 AWS를 잘 사용하는 방법을 강의했다.
- 4년 정도 스타트업의 공동 창업자이자 CTO로서 500만 명에 달하는 사용자의 트래픽을 처리해본 경험이 있다. (이때 AWS를 집중적으로 사용해보면서 클라우드에 대한 실력을 키웠다.)

- 인프런의 첫 번째 유료 강의를 판매한 강사다. 아이폰 애플리케이션을 만드는 강의였는데, 지금은 이 책과 연계되는 강의도 론칭한 상태다.
- AWS의 모든 자격증을 취득해서 2024년 기준으로 All Star다. (AWS에서는 모든 자격증을 취득한 사람을 All Star라고 한다.)
  - AWS Certified Cloud Practitioner – Foundational
  - AWS Certified Data Engineer – Associate
  - AWS Certified Developer – Associate
  - AWS Certified Solutions Architect – Associate
  - AWS Certified SysOps Administrator – Associate
  - AWS Certified DevOps Engineer – Professional
  - AWS Certified Solutions Architect – Professional
  - AWS Certified Advanced Networking – Specialty
  - AWS Certified Machine Learning – Specialty
  - AWS Certified Security – Specialty

이 책의 방향과 구성

이 책은 AWS의 각 서비스 기능을 설명하기 위한 책이 아니다. AWS는 매우 다양한 서비스를 제공하므로 각 서비스에 대해 자세히 알고 싶다면 AWS 공식 문서를 참고하길 바란다.

이 책에서는 각 서비스에 대한 자세한 설명보다 그 기술이 왜 필요한지, 중요한 핵심 기능은 무엇인지, 그리고 이 기능들이 어떻게 서로 연결되어 조화롭게 인프라를 구성하는지 등, 사용 빈도가 높고 실무적인 내용을 주로 다룬다. 다시 말해, 이 책은 AWS의 다양한 서비스를 블록을 맞추듯이 조화롭게 사용하는 방법에 초점을 맞춘다. 그리고 필자의 경험상 이 부분이 매우 중요하다고 생각한다.

그래서 이 책에는 스토리가 있다. 그리고 스토리를 통해 다양한 상황들을 해결해 나가면서 각 서비스의 사용법을 배우게 될 것이다. 이 스토리의 배경을 간단하게 설명하면 클라우드에 대해 아무것도 모르는 사람이 쇼핑몰 사업을 시작하며 겪는 다양한 에피소드에 대한 이야기다. 실제로 필자가 운영한 쇼핑몰은 아니지만 다른 서비스를 만들면서 경험했던 내용으로, 약간의 각색은 있지만 거의 대부분 필자가 경험했던 것이다.

필자는 스타트업에서 CTO로 일하면서 AWS를 정말 많이 사용했다. 회사 서비스가 성장하면서 트래픽도 많아졌고, 필자는 대규모 트래픽을 처리해본 경험이 없었기에 아키텍처를 잘못 설계해서 전체 시스템에 장애가 자주 발생했다.

그럴 때마다 정말 도망치고 싶었다. 사실 대부분의 문제는 결국 필자가 AWS를 제대로 알지 못해서 생긴 일이었다. 그래서 하나하나 공부하며 문제를 해결했던 기억이 아직도 생생하다. 많은 난관을 돌파하면서 익힌 AWS는 쉽지는 않았지만 재미있었다.

이 책에서는 한 스타트업이 성장하는 과정에서 계속해서 변화하는 아키텍처를 하나하나 완성해 나가는 방식으로 AWS를 배운다. 결과적으로 이 책을 마칠 때쯤이면 다음과 같은 아키텍처를 만들게 될 것이다.

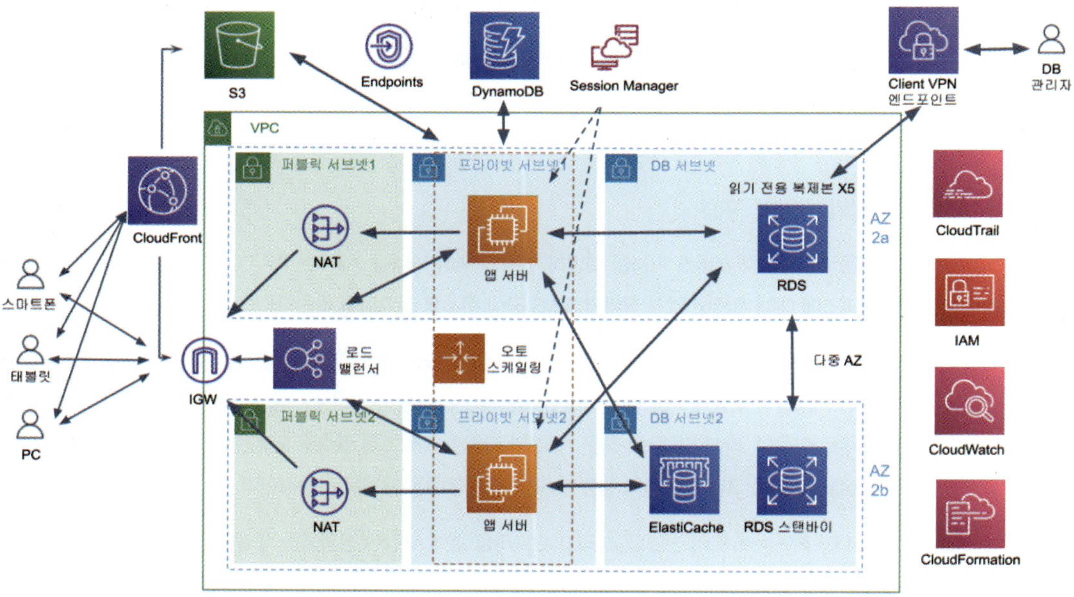

이 책에서 만들게 될 최종 아키텍처

필자는 이러한 아키텍처가 완성되기까지 수많은 시행착오와 장애를 겪었다. 그래서 이 책은 AWS를 처음 사용할 때 겪었던 다양한 장애와 그 해결 과정을 담고 있다. 여러분도 AWS를 사용하다 보면 이 책에 담긴 것과 비슷한 고민과 문제를 경험하게 될 것이다.

중요 참고 사항

이 책에서는 실습을 직접 따라 하며 AWS 사용법을 배우게 되므로 당연히 비용이 발생한다. 따라서 각 실습마다 리소스를 만들고 지우는 방법도 함께 설명하므로 실습이 끝나면 리소스를 꼭 지우길 바란다. 제발 부탁이다.

한 가지 더 당부드리자면 AWS는 정말 자주 업데이트된다. 이 책에는 실습 화면을 캡처한 그림이 많은데, 업데이트로 인해 변경된 부분이 있더라도 설명을 잘 참고해서 따라 하길 바란다.

목차

Part

01

AWS 첫걸음 - 클라우드 여정의 시작

PART

01

AWS 첫걸음 – 클라우드 여정의 시작

1부에서는 직접 서버로 아키텍처를 구축해서 서비스를 운영할 때 발생하는 다양한 문제를 살펴보고, 이를 해결하기 위해 AWS를 활용해 아키텍처를 구성하는 방법을 다룬다. 특히 AWS에서 가장 널리 사용되는 서비스인 EC2와 RDS를 중심으로 3티어 아키텍처를 설계하고 구축하는 과정을 심도 있게 알아본다.

01

직접 구축한 서버로 서비스 운영하기

1장에서는 클라우드 서비스를 다루기에 앞서 필자가 직접 구축한 서버에서 서비스를 운영하면 어떠한 불편한 점이 생기는지 알아본다. 실제로 이러한 불편함 때문에 클라우드 서비스가 생겨났기 때문이다.

참고
앞에서도 언급했지만 이 책에는 스토리가 있다. 따라서 이어지는 내용은 스토리에 따라 진행하도록 하겠다.

필자는 쇼핑몰을 만들어서 세상을 바꾸고 싶다. 어떻게 해야 할까? 그리고 필자는 개발자라서 개발은 할 수 있지만 인프라 지식이 부족하다. 서버가 무엇인지는 이해하고 있지만 서버의 특성이 무엇이고, 어떻게 구성해야 하는지는 잘 모른다.

그래서 인터넷에서 찾아보고 주위 사람들에게 물어보니 일단 서버를 구매하고 운영체제와 서버 프로그램을 설치하면 된다고 한다. 서버 가격을 알아 보니 생각보다 비싸다. 이제 막 쇼핑몰을 시작하려고 하는데 처음부터 서버 비용이 부담된다. 그래서 고민하다가 좀 더 알아보니 어차피 테스트 삼아 해보는 것이라면 집에 남는 컴퓨터에 서버 프로그램들을 설치해서 사용해도 된다고 한다.

우리가 흔히 '서버'라고 부르는 건 사실 컴퓨터다. 어떤 컴퓨터든 서버 프로그램만 설치하면 서버로서 동작할 수 있다. 다만 서버라고 부르는 컴퓨터는 일반적인 컴퓨터보다 더 안정적이고, 전문화된 컴퓨터라고 보면 된다. 또한 '서버'라는 용어는 상황에 따라 하드웨어를 가리키기도 하고, 소프트웨어를 의미하기도 한다. 그래서 문맥을 잘 파악해서 정확히 어떤 의미로 사용되는지 이해하는 것이 중요하다.

그림 1.1 물리적 컴퓨터

어쨌거나 필자는 집에 남는 컴퓨터가 없어서 저렴한 물리적 컴퓨터를 한 대 구매했다. 여기서 컴퓨터를 물리적 컴퓨터라고 표현하는 이유는 뒤에서 논리적 컴퓨터라는 개념을 사용할 것이기 때문이다.

어찌어찌해서 간단하게 쇼핑몰 사이트를 만들었다. 서버로 사용할 컴퓨터는 이미 사놓았으니까 해당 서버에 웹 서버, 애플리케이션 서버, 데이터베이스 서버 기능을 하는 프로그램들을 설치했다. 그러고 나서 필자가 만든 쇼핑몰 애플리케이션을 배포했다.

그림 1.2 물리적 컴퓨터에 웹 서버, 애플리케이션 서버, 데이터베이스 서버가 설치된 아키텍처[1]

쇼핑몰에 사용할 luckyvanilla.com이라는 도메인도 구매해서 서버에 연결했다. 서버와 도메인을 연결하는 과정을 '도메인 포워딩'이라고 한다.

아직은 쇼핑몰이 잘 될지 안 될지 모르니 테스트 겸 집에서 인터넷을 연결해서 운영할 예정이다. 그러다가 쇼핑몰이 잘 되면 그때 데이터 센터[2]로 옮기려고 한다. 미국 영화를 보면 스타트업이 차고에서 서비스를 운영하는 모습을 종종 봤을 텐데, 지금 살고 있는 집에는 차고가 없으니 집안에서 운영할 계획이다.

1 본문에서는 '애플리케이션 서버'로 표기하고 있으나 그림에서는 공간 제약으로 '앱 서버'로 줄여서 표기한다.

2 서버를 전문적으로 관리해주는 전문 업체들이 있다. 이런 업체들은 여러 대의 서버를 한곳에 모아 체계적으로 운영하는데, 이를 데이터 센터(data center)라고 한다.

웹 서버, 애플리케이션 서버, 데이터베이스 서버란 뭘까?

- **웹 서버(web server)**: HTML, CSS, 자바스크립트, 이미지, 동영상 등을 저장하고, 사용자 요청 시 그대로 전송하는 용도의 서버다. 보통 아파치(Apache)나 엔진엑스(Nginx)를 많이 사용한다.
- **애플리케이션 서버(application server)**: 개발자가 만든 애플리케이션(이 책에서는 쇼핑몰 애플리케이션)을 설치하는 서버다. 사용자가 쇼핑몰에서 구매 요청을 하면 애플리케이션 서버가 이를 처리하고, 데이터베이스 서버에 구매 관련 데이터를 기록하거나 데이터베이스 서버에서 불러온다. 사용하는 언어에 따라 애플리케이션 서버의 종류가 달라지는데, 자바의 경우에는 톰캣(Tomcat)이, 파이썬의 경우에는 Gunicorn이 주로 사용된다. (이는 이 책을 집필할 때 기준이며, 시간이 지나면 더 좋은 기술들이 트렌드를 이끌고 있을 것이다.)
- **데이터베이스 서버(database server)**: 데이터를 저장 및 관리하는 서버다. 오늘날에는 일반적으로 관계형 데이터베이스가 사용되며, 대표적인 관계형 데이터베이스로는 MySQL, MariaDB, Oracle, PostgreSQL, MSSQL 등이 있다.

이윽고 서버 설정을 무사히 마쳤고 쇼핑몰이 잘 동작하는 것을 확인했으니 이제 쇼핑몰 홍보를 해야 할 듯하다.

먼저 지인들에게 쇼핑몰을 홍보한다. 그런데 지인들만으로는 마케팅에 한계가 있으므로 페이스북, 인스타그램, 구글에 소액으로 온라인 광고를 해본다. 제품이 괜찮아서 그런지 쇼핑몰 접속률이 늘어나고 제품들도 하나씩 팔린다. 시작한 지 얼마 안 됐지만 나름 성과가 괜찮다.

참고

앞으로 '접속률이 높다', '트래픽이 많다'라는 표현이 자주 등장할 텐데, 이 말의 의미는 쇼핑몰을 사용하는 사용자가 많다는 뜻이다.

그런데 어느 날 갑자기 쇼핑몰이 열리지 않았다. 초기에는 쇼핑몰이 얼마나 잘 될지 알 수 없었기에 비교적 저렴한 장비를 구매했는데, 사용자 수가 많지 않았음에도 서버가 트래픽을 감당하지 못해 장애가 발생한 것이었다.

사실 서버 장애는 다양한 원인으로 발생할 수 있다. 이번 경우는 명확히 성능 문제였기 때문에 서버를 증설해야 한다는 결론에 이르렀다. 하지만 어떤 방식으로 증설할 것인지에 대해서는 고민이 필요하다.

지금은 하나의 물리적인 서버가 웹 서버, 애플리케이션 서버, 데이터베이스 서버의 역할을 모두 맡다 보니 성능의 한계로 장애가 발생한 것이다. 그래서 서버를 한 대 더 구매해서 트래픽을 분산하려고 했지만 새로운 문제가 발생했다. 서버를 추가해도 데이터베이스는 하나인데, 여러 서버가 하나의 데이터베이스를 공유하기가 쉽지 않다. 또 웹 서버, 애플리케이션 서버, 데이터베이스 서버 프로그램이 하나의 장비에 함께 있다 보니 장애가 발생했을 때 어떤 프로그램이 문제를 일으켰는지 파악하기도 쉽지 않다. 이런 이유로 데이터베이스 서버는 별도로 분리해 운영하는 편이 더 나을 것 같다. 그리고 웹 서버와 애플리케이션 서버는 기존처럼 한 장비에서 함께 운영한다.

결론적으로 웹 + 애플리케이션 서버용 장비 두 대와 데이터베이스 서버용 장비 한 대로 구성해야 할 듯하다. 추가 서버를 구매하는 데 드는 비용 부담이 크다. 그래도 미래를 위해 투자해보기로 하고, 다음과 같은 구조로 만들 계획이다.

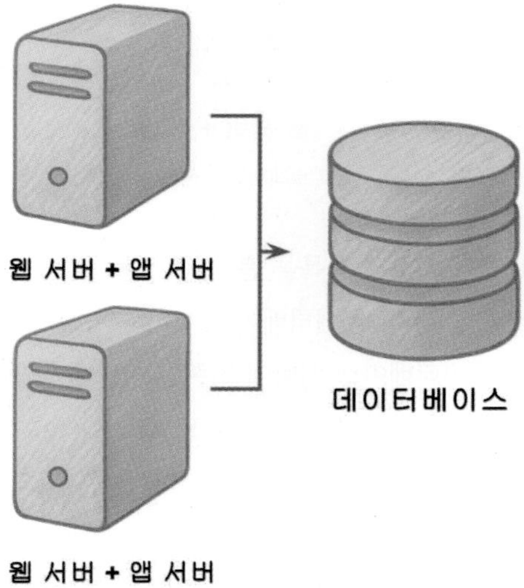

그림 1.3 2대의 웹+애플리케이션 서버가 데이터베이스 서버를 공유하는 아키텍처

참고로 앞으로는 '구조'보다는 '아키텍처(architecture)'라는 용어를 사용하겠다. IT 공부를 하다 보면 전문 용어가 많이 등장하는데, 의미가 불분명하거나 혼용되는 경우도 많지만 되도록 업계에서 통용되는 용어를 사용하겠다.

그런데 위 그림처럼 아키텍처를 구성하려고 했더니 새로운 문제가 생겼다. 웹 + 애플리케이션 서버가 두 대가 되면 각 서버의 IP 주소가 각각 다르기 때문에 쇼핑몰 도메인을 어디에 연결해야 할지 결정해야 한다. 그리고 사용자의 트래픽을 두 대의 서버에 분산해야 하므로 트래픽을 분산해줄 장비가 필요하다.

그래서 웹 + 애플리케이션 서버 앞에 트래픽(또는 부하)을 분산하는 로드 밸런서(load balancer; LB)를 설치하고, 쇼핑몰 도메인 주소를 로드 밸런서로 연결하면 될 것 같다. 이제 사용자가 더 많아지면 웹 + 애플리케이션 서버만 늘리면 된다. 이를 토대로 새로 설계한 아키텍처는 다음과 같다.

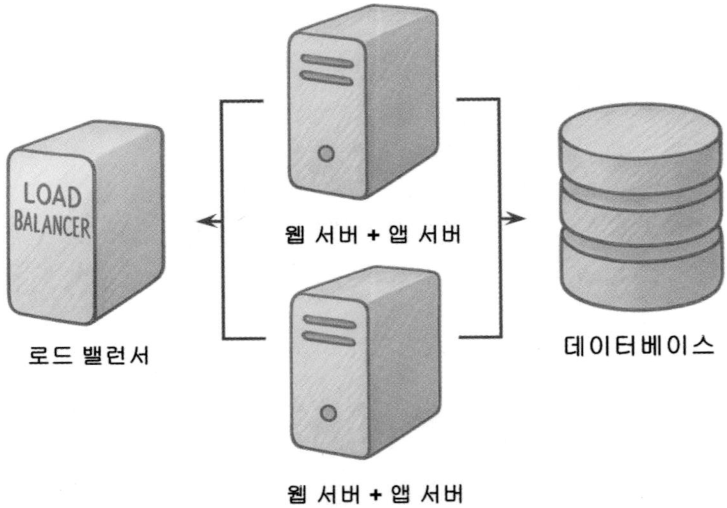

그림 1.4 로드 밸런서로 2대의 웹 + 애플리케이션 서버로 트래픽을 분산하는 아키텍처

이 아키텍처를 구축하는 데 필요한 장비 목록을 뽑고, 서버를 구매하기 위해 서버 판매 업체에 연락해서 로드 밸런서, 웹 + 애플리케이션 서버, 데이터베이스 서버용 장비까지 총 3대를 주문했다. 일주일 후 서버가 도착했고, 새로 구매한 데이터베이스 서버에 기존 데이터베이스에 들어있던 데이터를 모두 이전했다. 이어서 로드 밸런서를 설치하려고 했지만 아직 네트워크 지식이 부족해 쉽지 않았다. 그리고 집에서는 간혹 정전이 발생하므로 이제는 서버를 집에서 관리하기 어렵다고 판단했다. 아직 쇼핑몰 매출이 많지는 않지만 미래를 위해 데이터 센터로 서버를 옮기고 전문 업체에 관리를 맡기기로 했다. 데이터 센터에 장비를 옮기고 설정하는 데 2주 정도가 걸렸다. 그동안 쇼핑몰 운영은 당연히 중단됐다.

이제 준비가 다 됐으니 다시 쇼핑몰을 운영하면서 돈만 쓸어 담으면 될 것 같다. 다행히도 온라인 광고 효과로 쇼핑몰이 잘 되고 있다. 서버를 증설하니 더 많은 트래픽도 문제없이 처리된다. 투자한 보람이 느껴진다.

그런데 어느 날 유명 연예인이 필자가 판매하는 상품을 방송에서 입고 나왔다. 다음 날 트래픽이 폭주했고, 결국 서버에서 장애가 발생했다. 성능 좋은 서버였지만 두 대로는 폭주하는 트래픽을 감당하지 못해 전체 시스템에 장애가 발생했다. 이런 행운은 자주 오는 일이 아닌데 서버의 성능 문제로 기회를 놓치고 말았다.

다시 고민을 해본다. 서버를 몇 대 더 늘려야 할까? 전혀 예상이 되지 않는다. 서버 한 대 가격도 만만치 않아서 매우 부담이 된다. 그래도 미래를 위한 투자라고 생각하고 서버를 5대 추가로 구매하기로 한다.

그리고 연예인이 우연찮게 홍보해준 상품도 당분간 잘 팔릴 것 같다는 희망회로를 돌려본다.

그나저나 서버를 빨리 구입해서 증설해야 사업을 이어갈 수 있는데, 서버를 주문하면 배송받는 데 일주일, 설정하는 데 일주일이 걸릴 것이다. 그러는 사이에 사업은 중단되겠지만 어쩔 수 없다. 그렇게 서버를 증설해서 웹 + 애플리케이션 서버가 총 7대가 됐다.

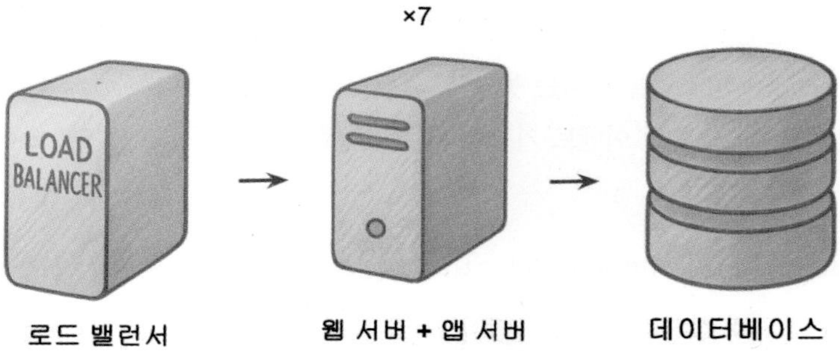

그림 1.5 웹 + 애플리케이션 서버가 기존의 2대에서 5대가 추가되어 총 7대가 된 아키텍처

이제 사용자가 많이 들어와도 충분히 버틸 수 있을 것 같다. 하지만 장비가 많아지니까 관리하기가 힘들어졌다. 혼자 상품도 올리고, 마케팅도 해야 한다. 게다가 쇼핑몰 개발도 해야 하고, 서버 관리도 해야 한다. 일이 너무 많아서 직원을 한 명 고용했다. 이제 다시 돈만 쓸어 담으면 될 것 같다.

그런데 사용자가 며칠 동안 많이 들어오다가 갑자기 안 들어온다. 우연찮게 유명 연예인의 홍보 덕분에 며칠 동안 사용자가 많이 들어왔는데, 한 제품만 집중적으로 많이 팔리고 갑자기 사용자의 접속이 확 줄었다. 서버비, 직원 월급, 데이터 센터 관리비가 머릿속을 스쳐간다. 매달 나가는 비용이 만만치 않다 보니 스트레스는 많지만 비즈니스를 포기할 것이 아니라면 버텨야 한다. 마케팅을 좀 더 공격적으로 해본다. 어차피 막대한 서버비는 이미 지출했다. 그래서 빨리 매출을 늘려야 한다.

다행히 마케팅 비용은 많이 나가지만 사용자는 증가하고 있다. 여기저기 쇼핑몰이 알려져서 장사는 손해 볼 정도는 아니다. 단지 마케팅 비용이 많이 나갈 뿐이다.

쇼핑몰은 처음이라 이벤트 같은 걸 잘 모른다. 그래서 경쟁사가 어떤 이벤트를 하는지 확인해 봤다. 다음 달은 1년 중 가장 큰 할인 행사인 블랙 프라이데이와 사이버 먼데이가 있는 달이라고 한다. 그런데 별로 하고 싶지는 않다. 왜냐하면 잠깐 진행되는 이벤트를 위해 서버를 구매하려니 비용 부담이 너무 크기 때문이다. 하지만 경쟁사들이 모두 할인 이벤트를 하니까 필자도 할인 이벤트를 해야 할 것만 같다. 필자만 안 하자니 뭔가 불안하다.

1년에 채 며칠도 되지 않는 행사를 위해 서버를 몇 대 증설해야 할까? 서버를 몇 대나 늘려야 할지 또 고민한다. 할인 이벤트 기간 동안 사람들이 갑자기 쇼핑몰에 많이 접속하면 지금 사용 중인 서버로는 감당하지 못할 것 같다. 그래서 일단 10대를 더 늘려보려고 한다. 사용자가 꽤 많이 들어올 거라고 예상하기 때문이다. 하지만 이건 예상일 뿐이고 정확하지는 않다.

서버를 판매하는 분께 연락해서 물어본다. "할인 이벤트 기간 동안 사용자가 얼마나 들어올지 모르겠네요. 제품을 30~70% 할인해서 사람들이 많이 들어올 것 같긴 한데…"라고 얼버무리면서 질문을 했다. 서버를 판매하는 분도 명쾌하게 답을 주지는 못한다. 그래서 그냥 "10대만 늘려볼게요"라고 얘기했다. 서버 비용이 부담되기도 하고, 할인 이벤트 기간이 지나면 늘린 서버는 필요가 없다. 솔직히 10대도 많이 늘리는 거다.

그런데 서버를 판매하는 분이 이렇게 말했다. "서버를 10대 늘렸는데, 사용자가 더 많이 들어와서 서버 17대가 다 장애 나면 그날 장사는 망치는 거예요. 보통 다른 회사들 얘기 들어보면 할인 이벤트를 하는 날 1년 매출의 30%가 나온다는데요. 어쩌실래요?"

1년 매출의 30%면 정말 어마어마한 것이다. 고민이 된다. 매출이 그 정도로 많이 나오는 날인데 서버에 장애가 발생하면 안 된다. 서버를 판매하는 분의 말에 더 불안해졌다. 그리고 틀린 말도 아니다. 그래서 20대를 더 주문했다. 그리고 관리 직원도 2명 더 고용했다.

그림 1.6 웹 + 애플리케이션 서버가 기존의 7대에 20대가 추가된 아키텍처

이벤트를 위해 정말 많은 비용을 들여 준비했다. 그만큼 기대도 컸고, 오직 이벤트 날짜만 손꼽아 기다렸다. 그리고 마침내, 기다리던 할인 이벤트 날이 찾아왔다.

서버를 20대 더 늘려서 총 27대가 됐다. 그런데 사람들이 생각보다 너무 안 들어온다. 이렇게 할인을 많이 했는데도 평소보다는 트래픽이 많지만 필자의 예상보다는 너무 적다. 5대만 늘렸으면 충분할 뻔했다. 서버를 너무 많이 구입한 것 같다. 그냥 돈만 낭비한 셈이다. 환불할 수도 없고, 후회만 남는다.

그런데 갑자기 서버에 장애가 발생했다. 자원은 충분한 것 같은데 말이다. 잠깐의 이벤트를 위해서 서버를 늘렸는데, 장애가 나서 장사를 망쳤다. 서버가 27대나 되는데 장애가 발생하다니 도무지 이해할 수 없었다. 이 정도면 충분하다고 생각했는데, 갑작스러운 장애가 발생해 원인을 급히 파악해봤다.

알고 보니 웹 + 애플리케이션 서버는 충분한 성능을 내고 있었지만 문제는 데이터베이스 서버였다. 단 하나의 데이터베이스 서버에 27대의 웹 + 애플리케이션 서버가 동시에 접속하면서 과부하가 발생했고, 결국 전체 시스템이 멈추는 장애로 이어졌다.

데이터베이스 서버를 구매할 당시에는 꽤나 사양이 높다고 생각했기 때문에 성능 부족이 원인일 줄은 전혀 예상하지 못했다. 아무리 비싼 서버를 구입해도 성능에는 한계가 있다. 웹 + 애플리케이션 서버만 늘렸더니 그 트래픽을 데이터베이스 서버가 감당하지 못해서 장애가 발생한 것이다.

시스템 구성 요소 중 한 부분에 장애가 발생했을 때 그것이 전체 시스템의 장애로 이어지는 상황을 단일 장애 지점(Single Point of Failure; SPOF)이라고 한다. 웹 + 애플리케이션 서버는 27대가 있기 때문에 한 대에 장애가 발생하더라도 다른 서버들이 역할을 대신할 수 있다. 하지만 데이터베이스 서버는 한 대이기 때문에 데이터베이스 서버에 장애가 발생하면 전체 시스템에 영향을 미치게 된다.

결국 할인 이벤트 기간에도 장사를 망쳤다. 너무나도 안타깝지만 어쩔 수 없다. 미래를 위해 또다시 투자를 해야 할 듯하다.

다시 고민해 본다. 문제의 원인이 데이터베이스 서버라면 단순히 데이터베이스 서버를 여러 대로 늘리면 될 것이다. 하지만 현재 하나뿐인 데이터베이스 서버를 여러 대로 확장하려면 수평 확장(scale-out)이 필요하다. 그런 구조를 만들려면 데이터베이스 전문가의 도움이 필수적이고, 그렇게 되면 일이 너무 커진다.

그래서 다시 현실적인 방법을 고민해봤다. 데이터베이스 서버의 성능을 높일 수 있는 다른 방법은 없을까? 결국 가장 직접적인 해결책은 서버 자체의 성능을 끌어올리는 것이었다. 그래서 가능한 최대치까지 메모리를 추가하고, CPU도 더 높은 사양으로 교체했다. 기왕 하는 김에 SSD도 고성능 제품으로 업그레이드했다. 결국 데이터베이스 서버를 고사양으로 업그레이드했다.

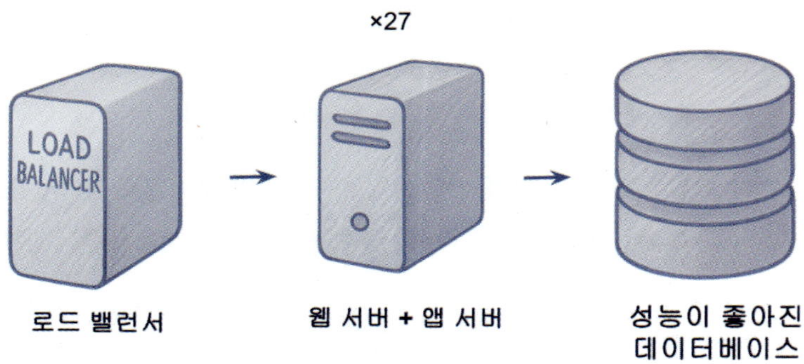

그림 1.7 성능이 개선된 데이터베이스를 추가한 아키텍처

이제는 서버의 사양이 충분히 좋기 때문에 인프라는 신경 쓰지 않아도 될 것 같다. 그리고 직원들이 잘 관리할 것이다. 필자는 이제 마케팅과 회사의 방향성만 잘 이끌어 가면 될 것 같다. 빨리 돈을 쓸어 담아 보자.

몇 달 동안 쇼핑몰은 매우 잘 운영되고 있다. 사용자도 많이 늘었다. 그런데 갑자기 또 쇼핑몰에 장애가 발생한다. 트래픽이 많은 것도 아닌 것 같은데, 도대체 이번에는 무슨 문제가 생긴 것인지 원인 파악에 들어갔다. 하지만 아무리 확인해도 이유를 알 수 없다. 심지어 모든 서버가 통째로 접속되지 않는 상황이다.

정말 속이 터질 것 같다. 인프라에 그렇게 많은 비용을 들였는데, 이번에는 대체 어디가 문제인지 갈조차 잡히지 않았다. 결국 데이터 센터에 직접 전화를 걸었다. 그리고 충격적인 소식을 들었다. 데이터 센터에 화재가 나서 모든 서버가 가동 중지됐다고 한다.

고객들의 항의 전화가 빗발친다. 집에서 관리하면 불안해서 돈 주고 관리를 맡긴 건데, 전문적으로 관리하는 데이터 센터가 장애가 나면 어쩌란 말인가? 데이터는? 그 사이에 손해 본 매출은? 너무 스트레스 받는다. 하지만 필자가 할 수 있는 게 없다. 서버가 복구될 때까지 마냥 기다릴 수밖에.

며칠이 지나고 나서야 복구가 완료됐다는 연락을 받았다. 하지만 막상 확인해보니 완전히 복구된 것도 아니었다. 마지막 백업 시점이 장애 발생 10시간 전이었고, 그 사이에 발생한 주문 데이터는 모두 손실됐다고 한다. 무려 10시간 분량의 주문이 통째로 사라진 것이다.

결국 고객에게 사과문을 올리고, 보상 정책도 함께 안내해 드렸다. 뭐라도 해야 했다. 지금까지 힘겹게 사용자를 모아왔는데, 그 모든 노력을 헛되게 할 수는 없었다. 그동안 들인 시간과 비용이 너무 크다.

다시 고민을 한다. 데이터 센터의 장애는 필자가 어떻게 할 수 있는 차원의 문제가 아니다. 이런 문제를 방지하려면 도대체 어떻게 해야 할까?

1.1 서버 운영 중 마주친 현실적인 문제점 정리

그동안 쇼핑몰을 운영하면서 겪었던 일들을 떠올려보며 불만 사항을 정리해 본다. 더 이상 이런 걱정을 하고 싶지 않다.

1. 비즈니스가 잘 될지 안 될지도 모르는데, 값비싼 서버를 무작정 많이 구입하고 싶지 않다. 비용이 너무 부담된다. (그리고 필자가 예상했던 사용자 예측은 항상 틀렸다.)
2. 서버를 구매해서 가동하기까지 2주씩 걸리는데, 그 사이에 고객들을 놓치게 된다. 서버를 좀 더 민첩하게 늘리고 싶다.
3. 사용자가 많이 들어오면 그때그때마다 수요에 맞춰 서버가 자동으로 늘어나고, 수요가 줄어들면 서버가 자동으로 줄어들었으면 좋겠다(하루 이틀 잠깐 사용할 뿐인데, 한 대에 수백만 원이나 하는 서버를 구입하는 건 너무 부담이 크다).
4. 장애가 덜 나도록 누군가가 전문적으로 관리해 줬으면 좋겠다. 데이터 센터에서 관리해 주고 있지만 많이 부족하다.
5. 데이터 센터에 장애가 나면 정말 답이 없다. 데이터 센터에 장애가 발생하더라도 서비스가 운영됐으면 좋겠다.

다들 어떻게 서버들을 운영하고 있는지 여기저기 물어봤다. 경쟁사 사장님들, 직원들, 지인, 친구들에게 고민을 토로해본다. 그러다 지인 중에 새로운 기술에 밝으신 분이 얘기해 주셨는데, 클라우드 서비스를 이용하면 필자의 고민들이 대부분 해결될 거라는 조언을 받았다.

잘 될지 안 될지도 모르는데 서버를 구입하는 데 드는 초기 비용을 아낄 수 있고, 매달 사용하는 만큼만 비용을 내면 된다고 한다. 그리고 사용하지 않으면 비용을 내지 않아도 된다고 한다. 쇼핑몰이 일 년 내내 잘 되는 것도 아니고, 잘 될 때도 있고 안 될 때도 있으니까 안 될 때는 사용료를 덜 내고, 잘 될 때는 많이 내면 된다.

필자는 쇼핑몰이 잘 되면 비용을 많이 내도 괜찮을 것 같다. 매우 합리적인 방식이라는 생각이 들었고, 필자의 고민이 많이 해결된 것 같다. 필자에게 필요한 게 바로 이거였다. 이제 클라우드로 옮겨가야 할 것 같다.

하지만 필자는 클라우드를 하나도 모른다. 어떻게 해야 할지 고민이지만 방법이 없다. 지금부터라도 클라우드 공부를 시작한다.

02

클라우드의 정의, 그리고 시작

이제 클라우드로 넘어가 보려고 한다.

그런데 주위에 클라우드에 대해 아는 사람이 없다. 일단 공부를 해보려고 책을 사서 보고 있는데, 무슨 말인지 하나도 모르겠다. 전문 용어가 너무 많다. 그래도 하나씩 차근차근 정리해 보자.

다음은 아마존 웹 서비스(Amazon Web Services; 이하 AWS)가 정의하는 클라우드다. 간단히 말하면, 필요할 때 인터넷을 통해 필요한 만큼 컴퓨터나 네트워크와 같은 리소스를 사용하고, 한 달 후에 비용을 지불하면 된다는 말이다.

클라우드 컴퓨팅이란 무엇인가요?

클라우드 컴퓨팅은 IT 리소스를 인터넷을 통해 온디맨드로 제공하고 사용한 만큼만 비용을 지불하는 것을 말한다. 물리적 데이터 센터와 서버를 구입, 소유 및 유지 관리하는 대신, Amazon Web Services(AWS)와 같은 클라우드 공급자로부터 필요에 따라 컴퓨팅 파워, 스토리지, 데이터베이스와 같은 기술 서비스에 액세스할 수 있다[1].

1 출처: https://aws.amazon.com/ko/what-is-cloud-computing/

이 같은 클라우드 서비스를 제공하는 회사는 여러 곳이 있다. 하지만 유명한 회사 위주로 보면 AWS(Amazon Web Services), Microsoft Azure, GCP(Google Cloud Platform)가 메이저 3사다. AWS는 아마존에서 만든 클라우드 서비스이고, Azure는 마이크로소프트에서, GCP는 구글에서 만든 클라우드 서비스다. 그럼 어느 회사의 서비스를 선택해야 할까?

열심히 구글링해보니 AWS가 업계 1위이고, 참고 자료가 가장 많은 것 같다. 그래서 AWS를 선택하기로 한다. 하지만 AWS 책을 봐도 용어들이 너무 생소하다. 데이터 센터(on-premise)에서 사용하는 인프라 용어와도 차이가 많다. 클라우드가 어려운 점 중 하나는 이처럼 용어가 다르다는 것이다.

온프레미스(on-premise) 또는 온프렘(on-prem)

필자가 지금까지 해온 것처럼 기업이나 조직이 자체적으로 서버, 네트워크, 스토리지 등 IT 인프라를 구축하고 운영하는 방식을 말한다. "On-Premises"는 직역하면 "현장에 있는"이라는 뜻이며, IT에서는 모든 시스템이 기업 내부의 물리적인 장소에 위치한다는 의미로 사용된다.

그럼 클라우드로 쉽게 넘어가려면 어떻게 해야 할까? 고민해봐도 아직은 잘 모르겠다. 하지만 책을 보니 **EC2 인스턴스(Instance)**라는 것이 서버와 같은 기능을 한다고 한다. 그래서 필자는 EC2 인스턴스를 만들어서 데이터 센터에 있는 서버와 애플리케이션을 하나씩 옮겨보려고 한다.

만약 AWS를 처음 사용한다면 이어지는 'AWS 가입하기'와 'AWS 로그인하기'를 읽어보고 AWS에 가입해야 실습을 진행할 수 있다. 이미 AWS 계정이 있다면 넘어가도 된다.

2.1 AWS에 가입하기

이미 AWS에 가입돼 있는 분들은 곧바로 다음 장으로 넘어간다. 그렇지 않고 AWS 계정이 없다면 다음 URL을 통해 AWS 웹사이트로 접속한다.

- https://aws.com

01. 다음과 같은 첫 화면을 볼 수 있다.

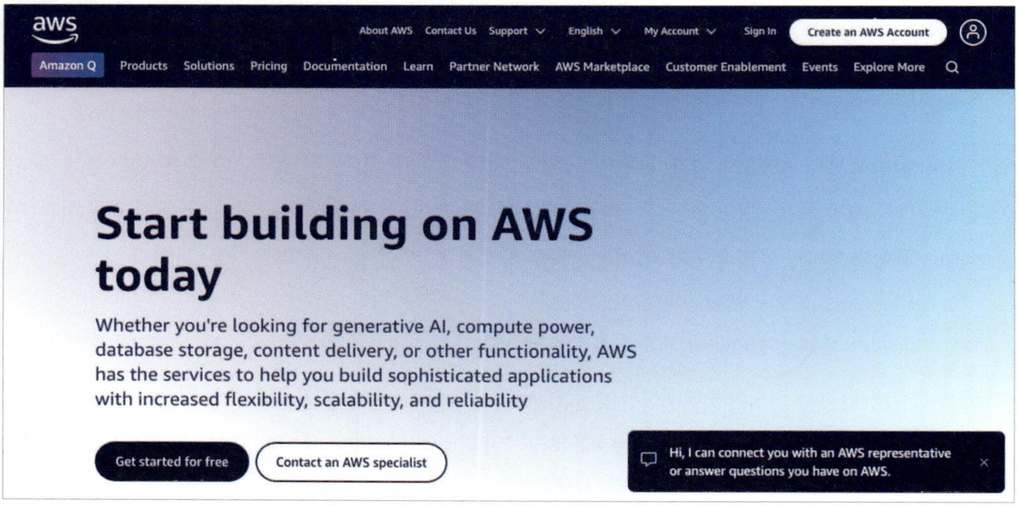

그림 2.1 AWS 홈페이지

02. 언어를 '한국어'로 변경한다. 앞으로 모든 실습은 한국어 메뉴를 기준으로 진행할 예정이다(참고로 필자는 영문 메뉴를 선호하는데, 한국어 메뉴의 번역이 이상해서 혼동을 주는 경우가 있기 때문이다).

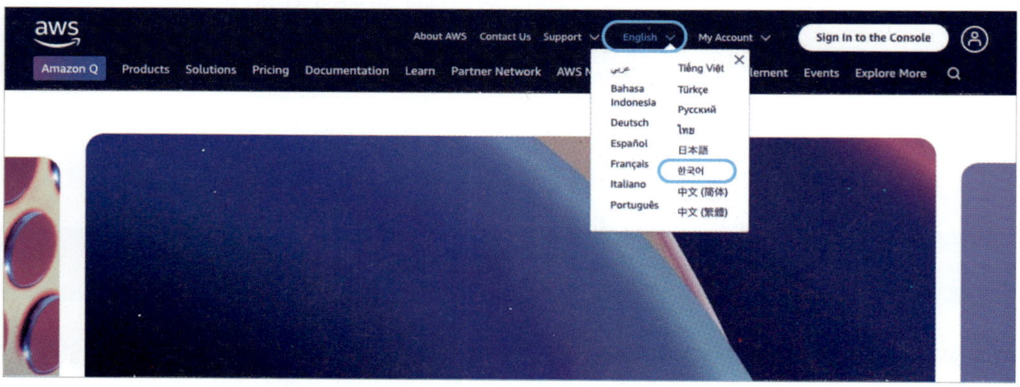

그림 2.2 언어 변경

03. **AWS 계정 생성** 버튼을 클릭한다.

그림 2.3 AWS 계정 생성

04. **루트 사용자 이메일 주소**와 **AWS 계정 이름**을 입력하고, **이메일 주소 확인** 버튼을 클릭한다.

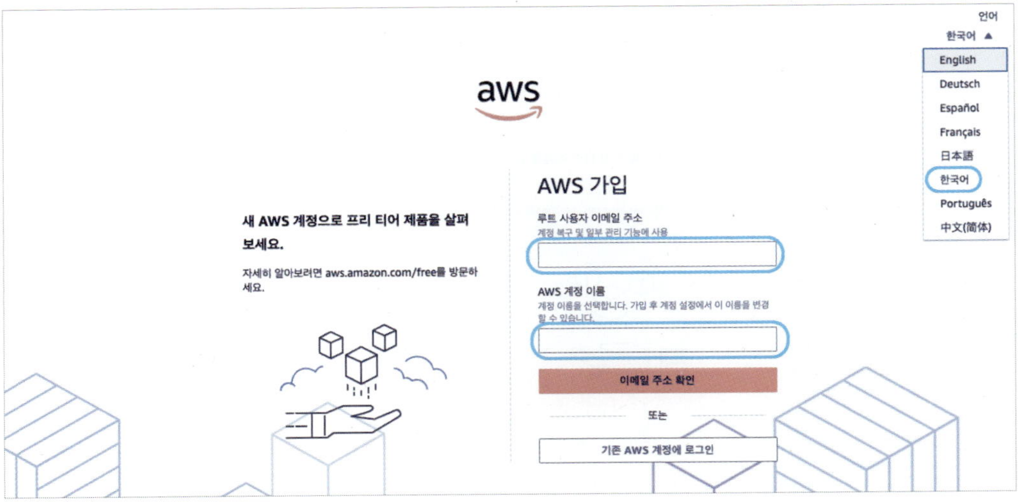

그림 2.4 이메일 주소와 계정명 입력

05. 이메일을 확인해 **확인 코드**를 붙여넣고 **확인** 버튼을 클릭한다.

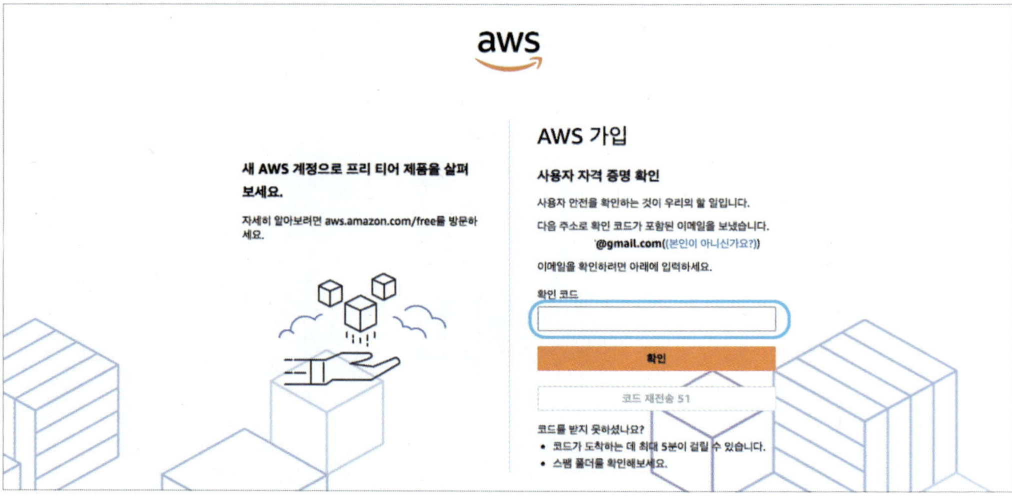

그림 2.5 확인 코드 입력

06. **루트 사용자 암호**와 **루트 사용자 암호 확인**란에 로그인에 사용할 암호를 입력하고, **계속** 버튼을 클릭한다.

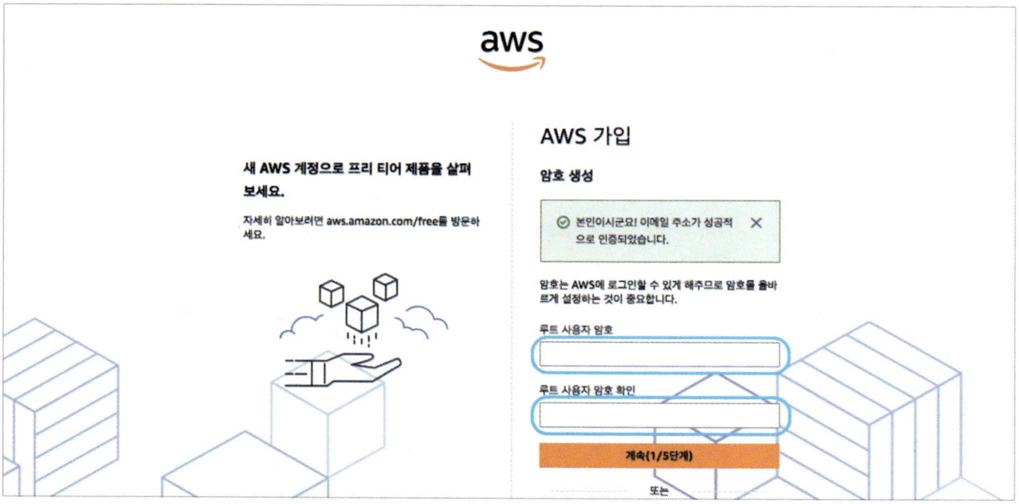

그림 2.6 루트 사용자 암호 입력

07. 다음으로 연락처 정보를 입력한다. 이름과 연락처 정보를 입력하고 **계속** 버튼을 클릭한다.[2]

그림 2.7 연락처 정보 입력

2 참고로 필자가 조금 어색하게 느낀 것은 '전체 이름' 항목이었다. 'Full Name'을 번역한 것인데, 이러한 번역이 사용자에게 혼동을 준다.

08. 신용카드 정보와 이메일 주소를 입력하고, **확인 및 계속** 버튼을 클릭한다.

그림 2.8 결제 정보 입력

09. 확인 코드를 받기 위한 수단으로 **문자 메시지(SMS)**를 선택한다. **휴대전화 번호**와 보안 검사용 문자를 입력하고 **SMS 전송** 버튼을 클릭한다.

그림 2.9 확인 코드 받기

10. 문자 메시지로 받은 코드를 입력하고, **계속** 버튼을 클릭한다.

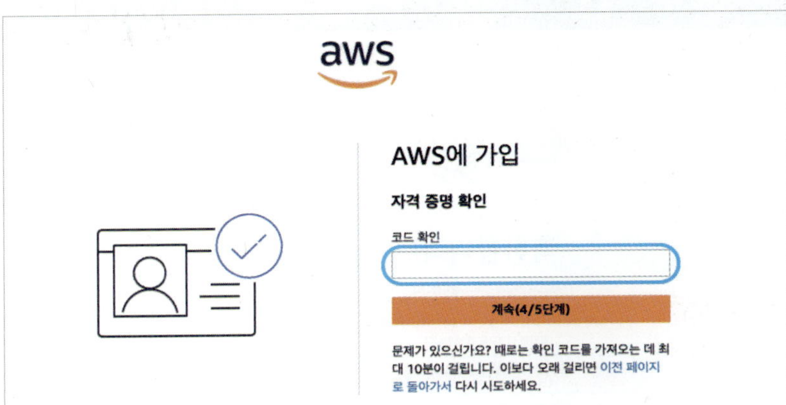

그림 2.10 확인 코드 입력

11. AWS에서 어떠한 지원을 받을지 선택하는 메뉴다. **기본 지원 – 무료**를 선택하고 하단의 **가입 완료** 버튼을 클릭한다. (AWS를 많이 사용하다 보면 AWS의 지원이 필요하게 될 것이다. 하지만 비용이 청구된다.)

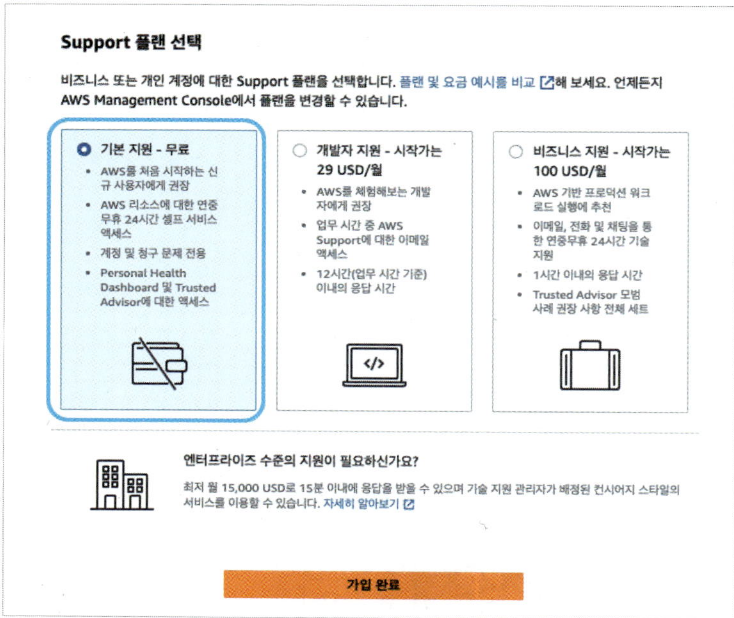

그림 2.11 지원 플랜 선택

12. 축하한다. 드디어 가입이 완료됐다. **AWS Management Console로 이동** 버튼을 클릭하면 로그인된 화면을 볼 수 있다.

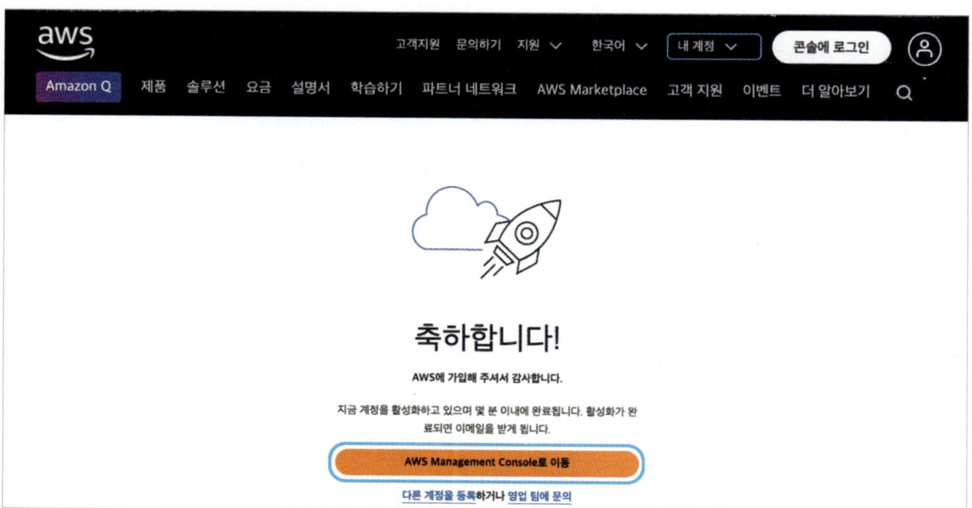

그림 2.12 AWS 가입 완료

13. AWS에 처음 로그인하면 다음과 같은 화면이 표시된다.

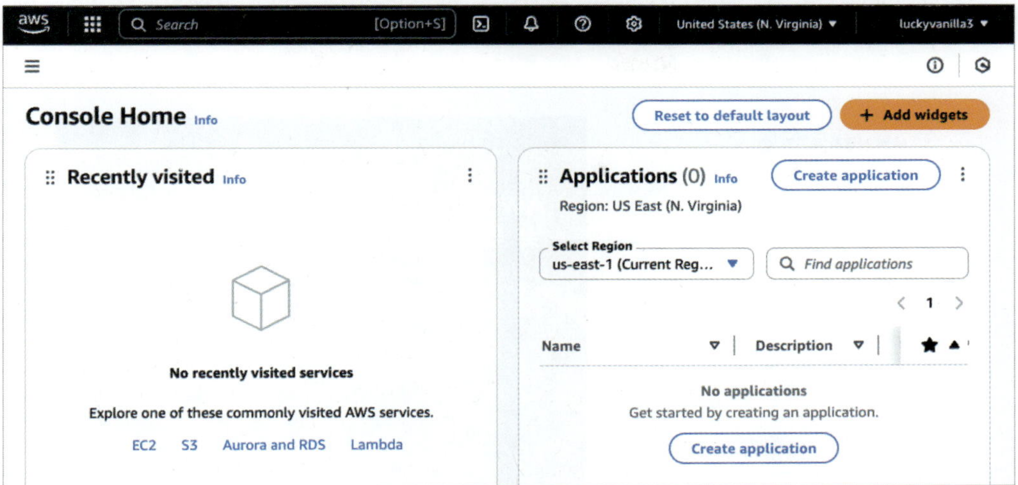

그림 2.13 AWS 콘솔

2.2 AWS에 로그인하기

이미 AWS를 사용해봤고, 로그인하는 데 문제가 없다면 다음 장으로 넘어간다. 그렇지 않은 분들은 아래 URL을 통해 AWS 웹사이트로 접속한다.

- https://aws.com

01. **콘솔에 로그인** 버튼을 클릭해 로그인 화면으로 이동한다.

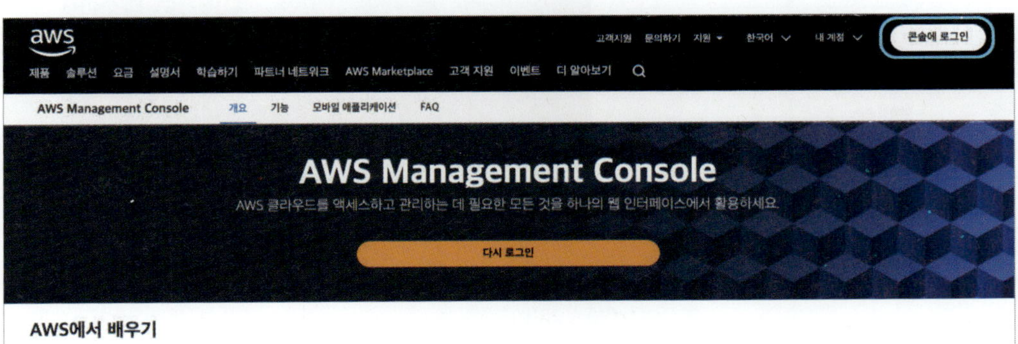

그림 2.14 콘솔에 로그인

02. 아직은 루트 사용자밖에 없기 때문에 **루트 사용자 이메일을 사용하여 로그인** 버튼을 클릭한다. (보안상 루트 사용자는 처음에 AWS를 만들 때만 사용하고, 일반적으로 다른 사용자를 만들어서 사용해야 한다. 지금은 처음이라서 루트 사용자로 사용하다가 나중에 다른 사용자를 만들어 사용할 것이다.)

그림 2.15 루트 사용자 로그인

03. **루트 사용자**를 선택하고 루트 사용자 이메일 주소를 입력한 후 **다음** 버튼을 클릭한다.

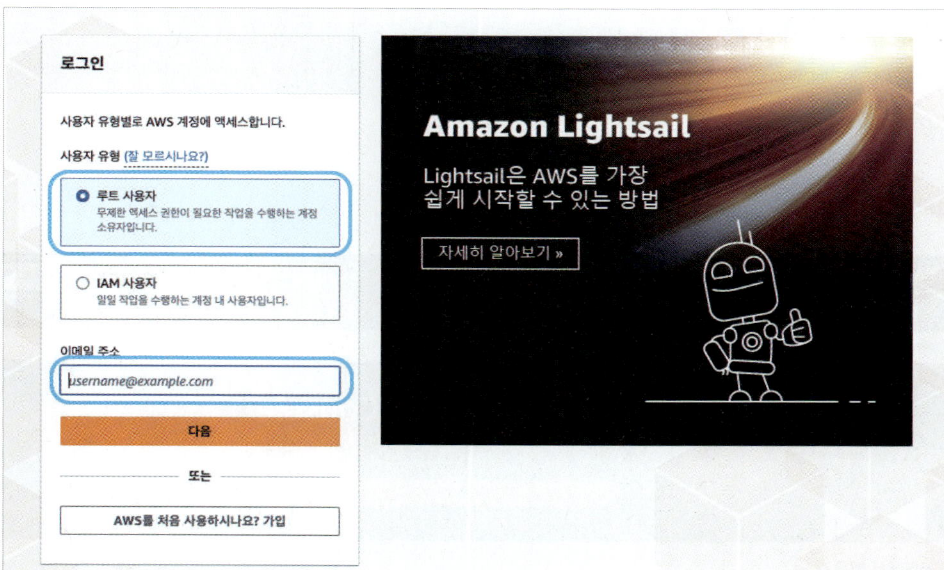

그림 2.16 루트 사용자 이메일 입력

04. 암호를 입력하고 **로그인** 버튼을 클릭해 로그인한다.

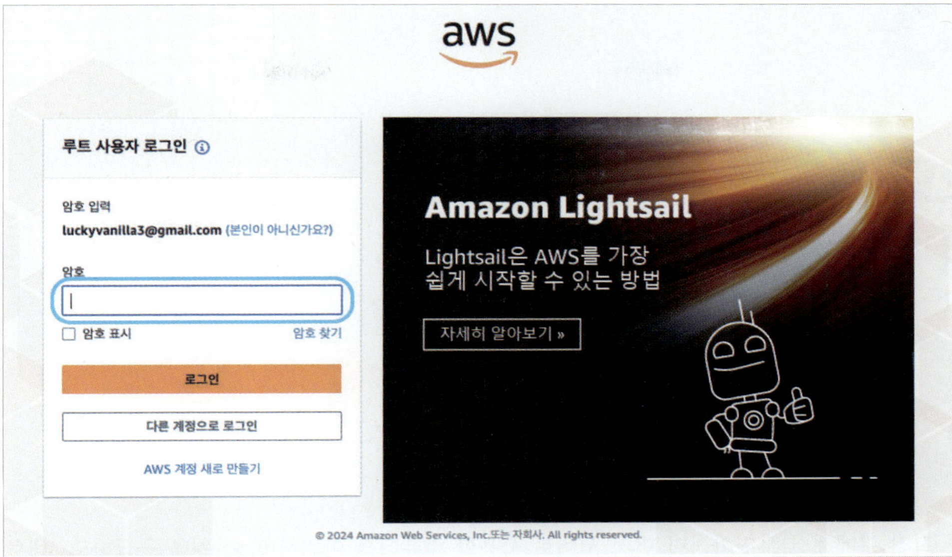

그림 2.17 루트 사용자 암호 입력

05. AWS에 로그인한 화면이다. 아래 그림을 참고해 언어를 한국어로 변경한다.

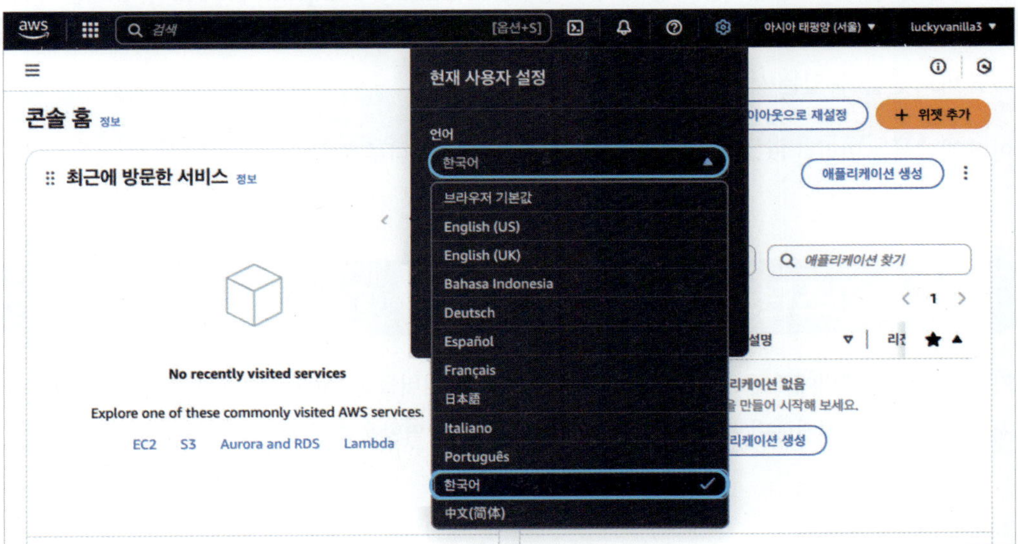

그림 2.18 언어 변경

03

EC2와 로드 밸런서를 활용한 트래픽 분산 아키텍처 구성

서버를 직접 구매해서 운영하려면 먼저 서버로 사용할 컴퓨터를 마련하고, 전원을 공급하고, 네트워크도 연결하는 등 모든 것을 스스로 해야 한다. 비용도 많이 들고, 무엇보다 관리하기가 쉽지 않다. 하지만 AWS에서는 서버를 빌려서 사용할 수 있다. 그것도 몇 번의 클릭만으로 바로 실행 가능한 형태로 제공된다. 이 같은 방식으로 제공되는 가상 서버가 바로 **EC2(Elastic Compute Cloud)**다. EC2는 AWS에서 가상 서버(인스턴스)를 제공하는 컴퓨팅 서비스를 말한다. 한마디로, AWS에서 "서버 하나 주세요"라고 하면 바로 받을 수 있는 서버가 EC2다.

이번 장에서는 이러한 EC2 인스턴스의 개념과 활용 방법을 다루겠다.

3.1 인스턴스란?

기존의 데이터 센터에서 온프레미스로 운영하던 쇼핑몰 서버들을 AWS로 하나씩 옮겨올 것이다. 서버를 처음에 구매해서 설정했던 것처럼 맨 먼저 AWS에서 서버 역할을 하는 인스턴스를 만들어야 한다.

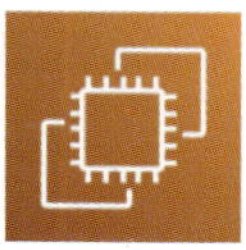

그림 3.1 AWS에서 서버 역할을 하는 EC2 인스턴스

앞 그림은 AWS에서 제공하는 EC2를 표현하는 공식 아이콘이다. 이 책의 첫 번째 목표는 위와 같이 EC2 인스턴스를 만들어 보는 것이며, AWS에서 아키텍처를 만들어 나가는 과정에서 다양한 서비스의 아이콘을 추가해 우리의 목표 아키텍처를 완성할 것이다.

앞서 서버를 직접 구매했던 경우를 생각해 보자. 업체에 구매 요청을 하고, 서버가 배달될 때까지 1주일, 서버를 설정하는 데 1주일이 걸렸다. 총 2주밖에 안 걸린 것은 필자가 대표이고 상사에게 보고할 필요가 없었기 때문이다. 일반적인 회사에서는 이 같은 과정에 더 오랜 시간이 걸린다. 보통 3주 이상 걸린다. 왜냐하면 결제를 올리고 승인받아야 하는 등의 서류상의 과정들이 있기 때문이다. 실제로 아마존도 초창기에는 서버를 구매해서 사용할 수 있는 상태가 되기까지 최소 3주 정도 걸렸다고 한다.

하지만 클라우드를 사용하면 어떨까? 인터넷을 통해 앞에서 살펴본 AWS 관리 콘솔에 접속해 인스턴스 유형과 운영체제를 선택하고 인스턴스 시작 버튼을 클릭하면 3~5분 후에 사용 가능한 인스턴스가 뚝딱 만들어질 것이다. 얼마나 빠르고 쉬운가?

클라우드를 사용하는 가장 큰 이유 중 하나는 비즈니스의 민첩성을 높일 수 있다는 것이다. 서버를 사용하려면 최소 3주가 걸리는 시간을 3~5분 만에 가능하게 한 것이다. 또한 인스턴스를 필요에 따라 여러 개 만들 때도 인스턴스 개수만 입력하면 10개든 100개든 몇 분이면 만들 수 있다. 그리고 인스턴스가 만들어지고 과금이 시작되기 때문에 사용하는 만큼만 월말에 비용을 지불하면 된다.

직접 서버를 구축해서 서비스를 운영할 때 생기는 문제를 기억하는가?

1. **비즈니스가 잘 될지 안 될지도 모르는데, 값비싼 서버를 무작정 많이 구입하고 싶지 않다. 비용이 너무 부담된다. (그리고 필자가 예상했던 사용자 예측은 항상 틀렸다.)**
2. **서버를 구매해서 가동하기까지 2주씩 걸리는데, 그 사이에 고객들을 놓치게 된다. 서버를 좀 더 민첩하게 늘리고 싶다.**
3. 사용자가 많이 들어오면 그때그때마다 수요에 맞춰 자동으로 늘어나고, 수요가 줄어들면 자동으로 줄어들었으면 좋겠다. (하루 이틀 잠깐 사용하는 건데, 한 대에 수백만 원이나 하는 서버를 구입하는 건 너무 부담이 된다.)
4. 장애가 덜 나도록 누군가가 전문적으로 관리해 줬으면 좋겠다. 데이터 센터에서 관리해 주고 있지만 많이 부족하다.
5. 데이터 센터에 장애가 나면 정말 답이 없다. 데이터 센터에 장애가 발생하더라도 서비스가 운영됐으면 좋겠다.

AWS의 EC2를 사용하면 1번과 2번 문제가 해결될 것이다.

이제 이어지는 절에서 첫 번째 EC2 인스턴스를 만들어 보자.

3.2 [실습] EC2 인스턴스 생성

인스턴스를 만드는 것은 서버를 구매하는 것과 크게 다르지 않다. 인스턴스 이름을 입력하고, 어떤 운영체제를 설치할지 선택해야 한다. 이 책에서는 Amazon Linux 2023 AMI(Amazon Machine Image)라고 하는 운영체제 이미지를 선택할 것이다. 다음으로 어떤 성능의 서버(인스턴스 유형)를 사용할지 선택할 것이다. (추가로 방화벽과 네트워크도 설정해야 하지만 이번 장에서는 기본값으로 유지한다.)

EC2 인스턴스를 만들기 위해 먼저 AWS에 로그인하자. 그러면 AWS의 각종 서비스를 관리할 수 있는 화면이 나오는데, 이를 **관리 콘솔(Management Console)**이라고 부른다. 이 책의 모든 실습은 이 관리 콘솔에서 진행한다.

01. 관리 콘솔에서 우측 상단의 리전 메뉴를 클릭해 **서울**로 변경한다. (처음 로그인하면 버지니아 북부로 선택돼 있을 텐데, 이를 **서울**로 변경하는 것이다. 어느 리전을 사용하느냐에 따라 인스턴스가 만들어질 지역이 결정된다.)

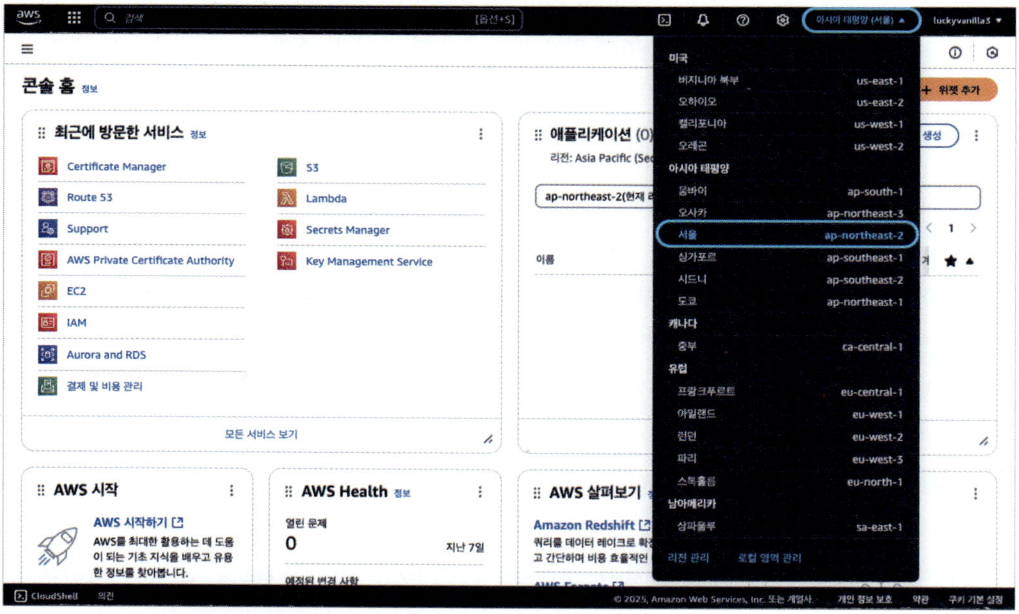

그림 3.2 AWS 리전을 서울로 변경

02. 관리 콘솔 위쪽의 검색란에서 'EC2'를 검색한 후 검색 결과로 나온 **EC2**를 클릭한다.

그림 3.3 EC2 서비스로 이동

03. EC2 화면에서 **인스턴스 시작** 버튼을 클릭한다. 인스턴스를 만들 때는 몇 가지 값을 입력하고 선택하는데, 이것은 우리가 실제 컴퓨터를 구입할 때와 비슷하다. 즉, 어떤 사양의 컴퓨터를 살지, 어떤 운영체제를 설치할지, 어떻게 컴퓨터에 접속할지 등을 설정하는 것이다.

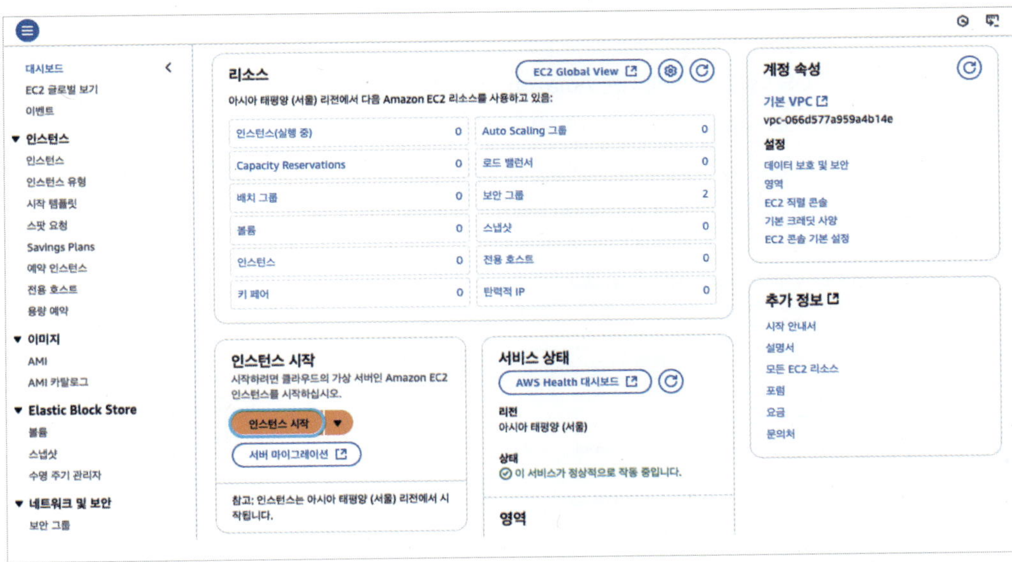

그림 3.4 EC2 서비스

4. **이름 및 태그** 항목에 인스턴스를 가리킬 이름을 입력한다. 이 책에서는 'lucky-instance'로 입력하겠다. 이제부터 계속 아래로 스크롤하면서 필요한 설정을 선택한다.

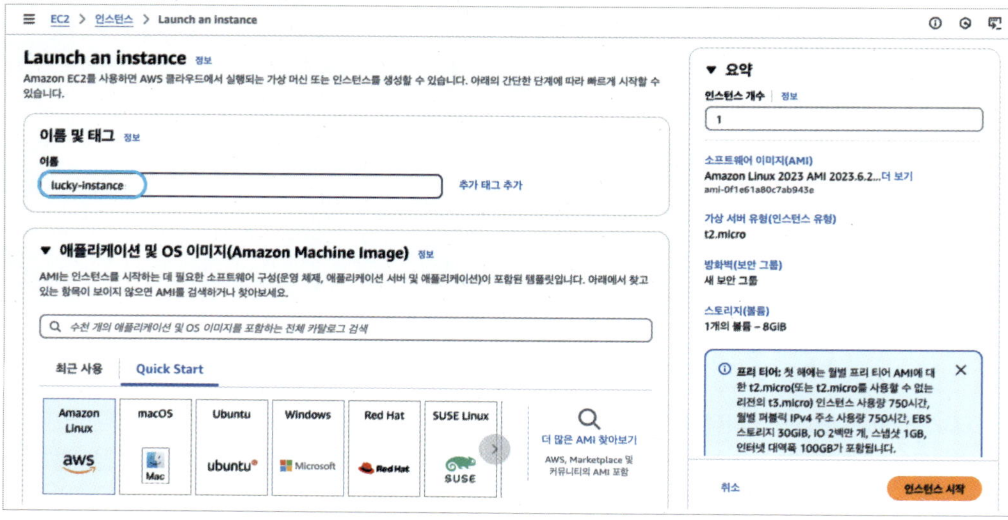

그림 3.5 EC2 인스턴스의 이름 입력

05. **애플리케이션 및 OS 이미지** 항목에서는 Amazon Linux를 선택하고, Amazon Machine Image(AMI)에서 Amazon Linux 2023 AMI를 선택한다. 이 부분은 어떤 운영체제를 설치할지 선택하는 항목으로, 기본값으로 해당 항목이 선택돼 있을 것이다. 윈도우 및 다양한 리눅스 배포판, 심지어 macOS도 선택만 하면 자동으로 설치된다. 이 책에서는 라이선스가 무료인 Amazon Linux 2023으로 설치한다.

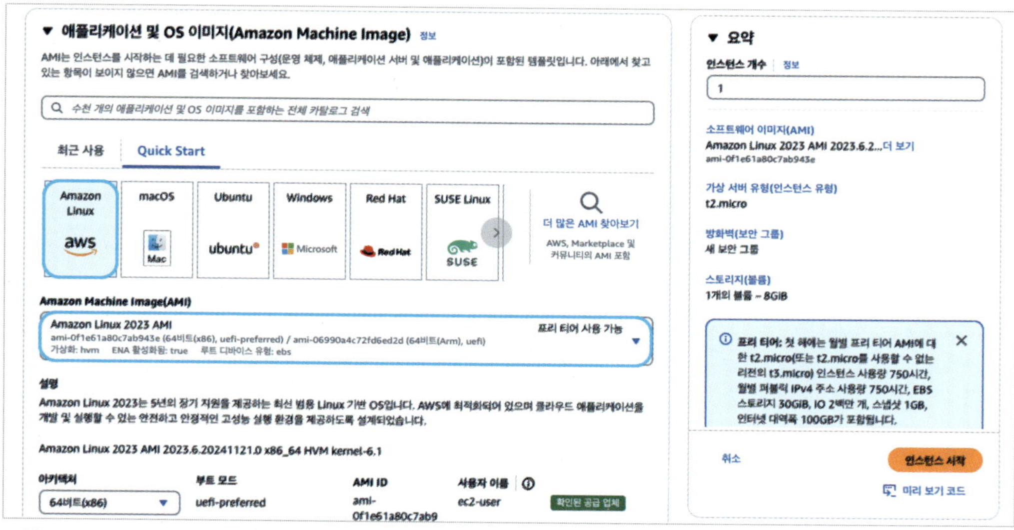

그림 3.6 EC2 인스턴스가 사용할 AMI(Amazon Machine Image) 선택

06. **인스턴스 유형**을 클릭하면 드롭다운 메뉴가 나오는데, **t3.micro**를 검색해 선택한다. 이 부분은 어떠한 사양의 인스턴스를 만들지를 선택하는 것이다. 다양한 인스턴스 유형이 있으며, 지금은 저렴하고 범용적인 t3.micro를 사용하지만 필요에 따라 그래픽 카드, CPU, 메모리, SSD 등이 최적화된 다양한 성능의 인스턴스 유형도 선택할 수 있다.

다음으로 **키 페어 이름** 항목을 클릭해 **키 페어 없이 계속 진행(권장되지 않음)**을 선택한다. 보통 서비스나 운영체제에 접속할 때 ID와 패스워드를 사용하지만 최근에는 보안 강화를 위해 공개키/개인키 방식이 더 널리 쓰이고 있다. 이 부분은 인스턴스에 접속할 때 사용할 키 페어(key pair)를 생성할지를 묻는 것이다. 키 페어는 패스워드 대신 사용할 수 있는 인증 수단으로, 공개키(public key)는 서버에 저장되고, 개인키(private key)는 사용자가 안전하게 보관하며 접속 시 사용한다. 하지만 이 책에서는 편의상 키를 사용하지 않고 AWS에 접속하는 방식을 사용하겠다.

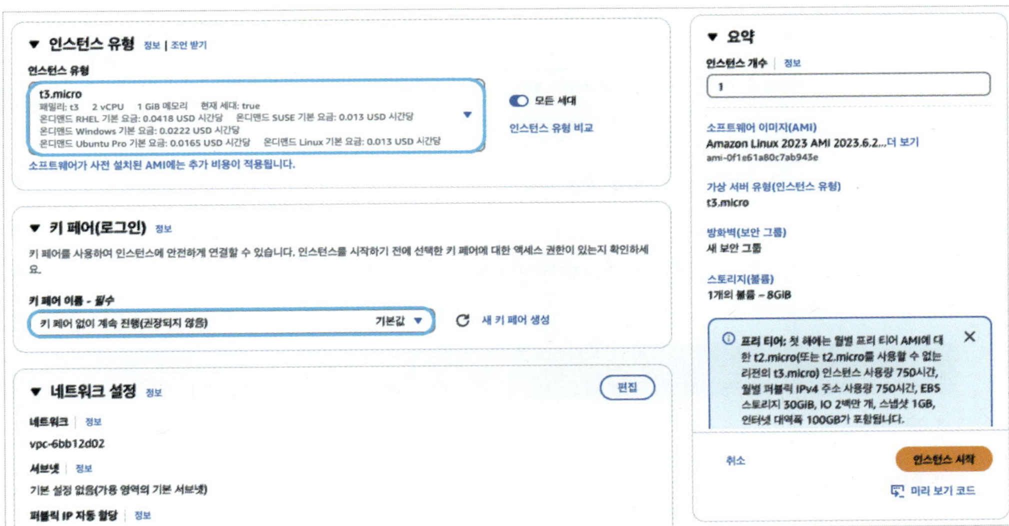

그림 3.7 EC2 인스턴스가 사용할 인스턴스 용량과 키 페어 선택

07. 네트워크 설정에서는 **인터넷에서 HTTP 트래픽 허용** 부분만 체크한다. HTTP 트래픽을 허용한 것은 웹 서버를 설치하고 테스트하기 위해서다. 그러고 나서 **인스턴스 시작** 버튼을 클릭한다.

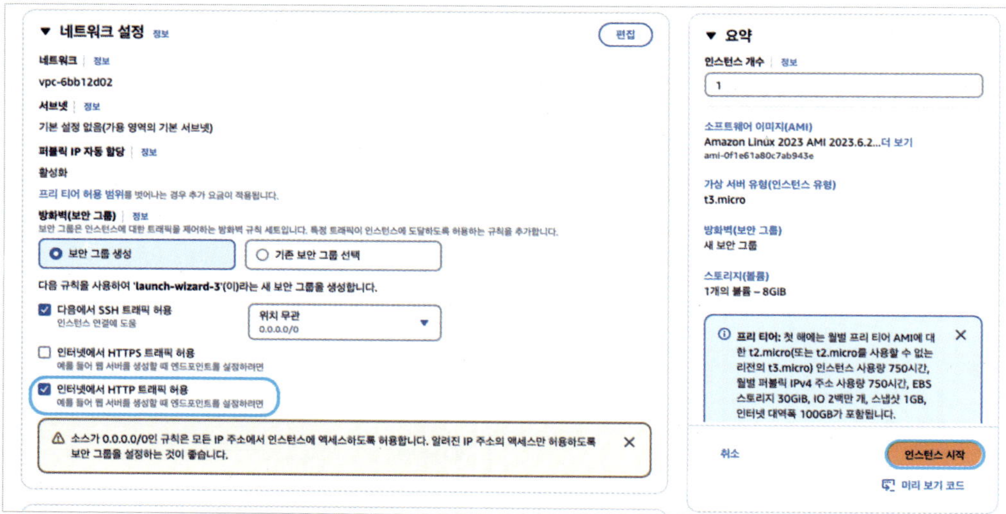

그림 3.8 EC2 인스턴스에 적용할 보안 그룹을 설정

08. 인스턴스가 성공적으로 만들어졌다. 하단의 **모든 인스턴스 보기** 버튼을 클릭한다.

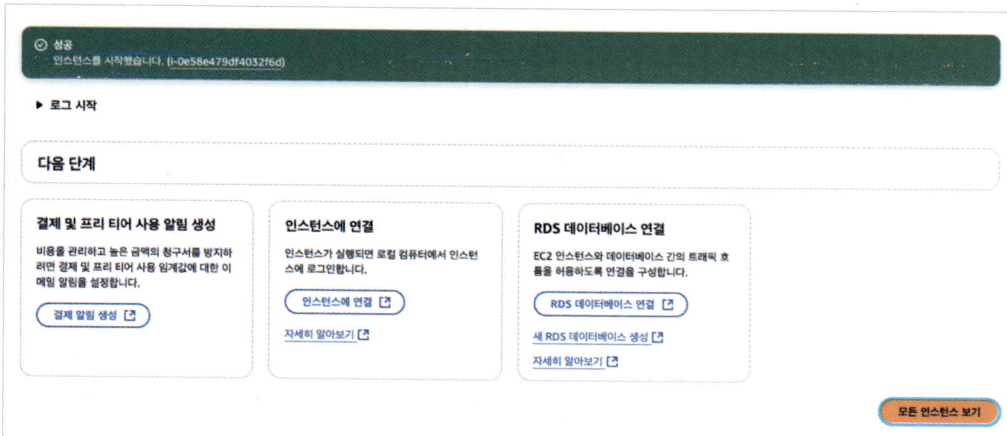

그림 3.9 EC2 인스턴스 생성 완료

09. 앞에서 지정한 lucky-instance라는 이름의 인스턴스가 실행되는 것을 볼 수 있다. **상태 검사**란에 '초기화'라고 표시되는데, 3~5분 정도 기다리면 **3/3개 검사 통과**라고 나올 것이다. 페이지 상단의 새로고침 버튼을 클릭하면 상태가 변하는 것을 볼 수 있다.

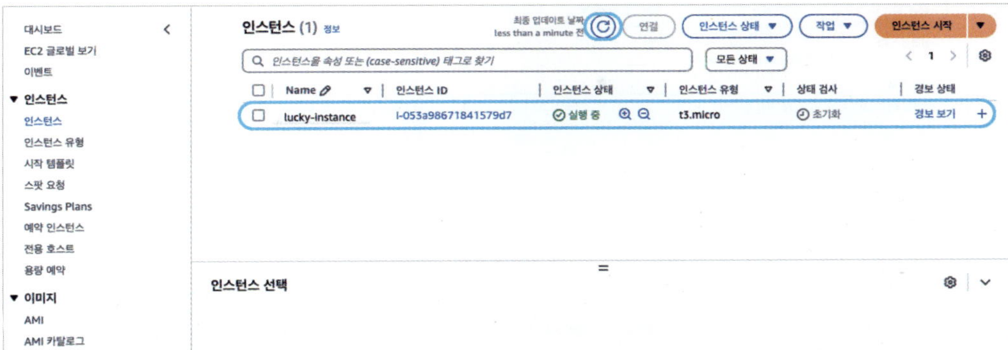

그림 3.10 EC2 인스턴스 목록

10. **상태 검사**란이 **3/3개 검사 통과**로 변경되면 인스턴스가 잘 만들어진 것이다. 인스턴스 목록 왼쪽의 체크박스를 클릭해 인스턴스를 선택한다. 그러고 나서 상단의 **연결** 버튼을 클릭한다.

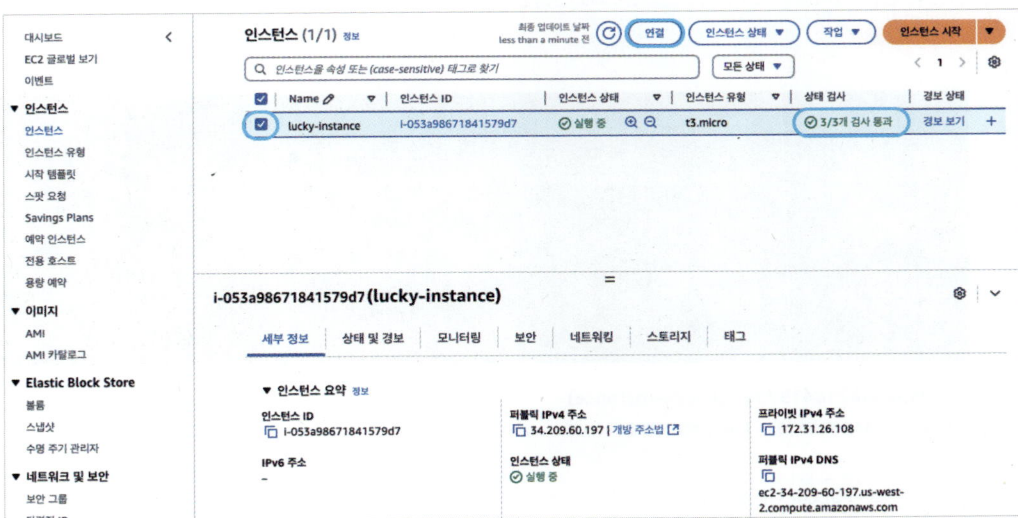

그림 3.11 EC2 인스턴스 목록에서 생성한 인스턴스를 선택

11. EC2 **인스턴스 연결** 탭에서 하단의 **연결** 버튼을 클릭한다.

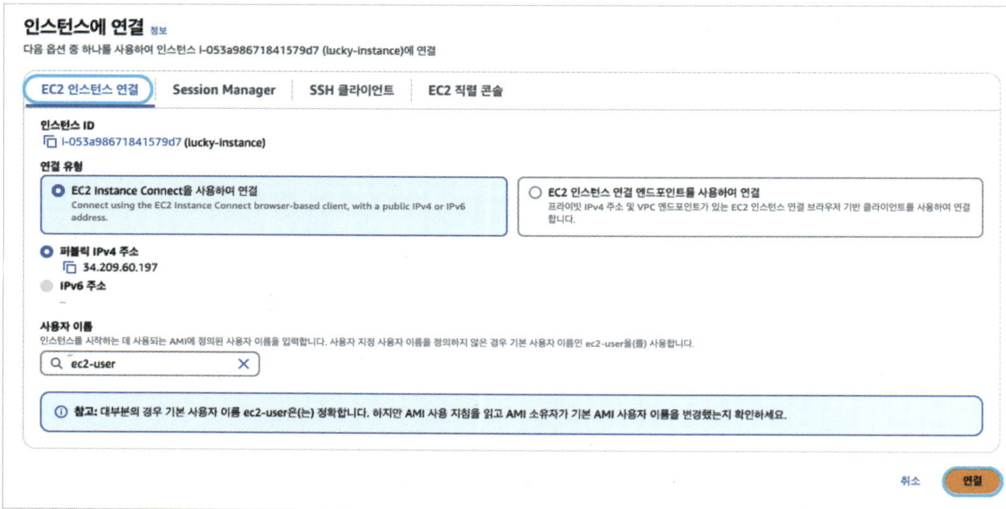

그림 3.12 EC2 인스턴스에 연결하는 방법을 선택

12. 다음과 같은 터미널이 표시되면 인스턴스에 연결된 것이다.

그림 3.13 EC2 인스턴스에 연결 완료

13. 이어서 다음 명령어를 순서대로 실행해 Nginx(웹서버)를 설치한다.

먼저 다음 명령어를 실행해 루트 권한으로 변경한다.

```
sudo -i
```

아래 명령어를 복사해서 터미널에 붙여 넣으면 일괄적으로 실행된다. 각 명령어를 차례대로 설명하자면 yum 을 최신 상태로 업데이트하고 nginx를 설치한다. 그리고 nginx를 실행한 후 nginx의 홈 디렉터리로 이동해서 'Hello world This is First Instance'를 출력하는 `index.html` 파일을 만드는 명령이다.

```
yum update -y
yum install -y nginx
systemctl enable nginx
systemctl start nginx
cd /usr/share/nginx/html
echo "<h1>Hello world</h1><h2>This is First Instance</h2>" > index.html
```

14. 이전의 인스턴스 목록 화면으로 넘어가서 lucky-instance를 체크하면 아래쪽의 **세부 정보**에 퍼블릭 IPv4 주소를 볼 수 있다. IP 주소 앞의 복사 버튼을 클릭해 IP 주소를 복사한다.

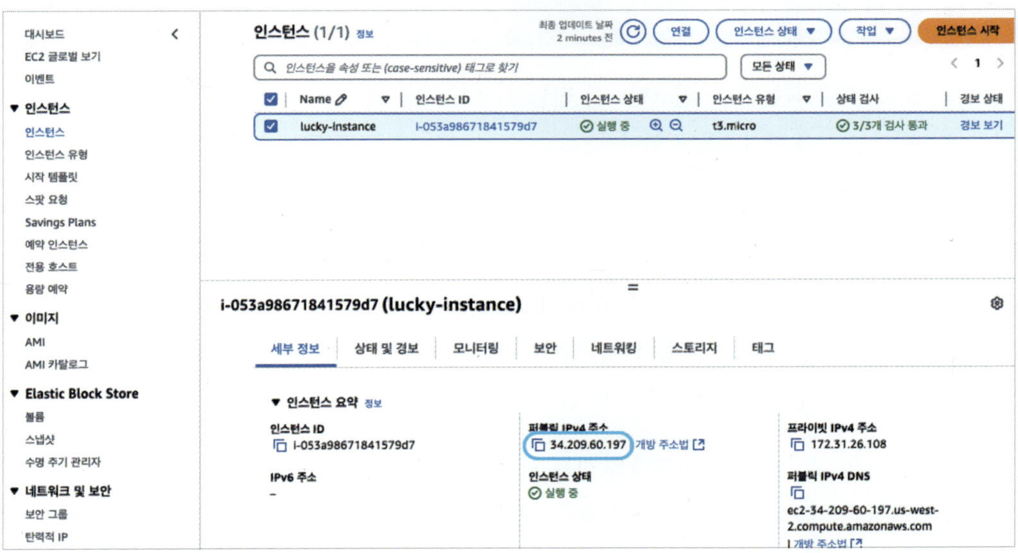

그림 3.14 EC2 인스턴스 목록에서 세부 정보를 확인

15. 복사한 IP 주소를 브라우저에 붙여넣는다. 다음과 같은 화면이 나온다면 웹 서버가 잘 설치된 것이다. 혹시 다음과 같은 화면이 나오지 않는다면 브라우저가 자동으로 HTTP가 아닌 HTTPS로 프로토콜을 변경했을 수 있다. 브라우저에서 URL이 http로 시작하는지 확인하고, https로 시작한다면 http로 변경하고 페이지를 새로고침해본다.

그림 3.15 EC2 인스턴스로 접속했을 때 나오는 최종 결과 화면

이렇게 해서 첫 번째 인스턴스에 웹 서버인 nginx를 설치했고, HTML 페이지를 만들어서 전 세계 누구나 접근할 수 있는 서버를 만들었다.

3.3 로드 밸런서란?

앞에서 서버 역할을 하는 EC2 인스턴스를 만들었는데, 직접 서버를 구매하고 설치하는 것보다 훨씬 빠르고 편리하다는 것을 체감했을 것이다.

이 책의 목표는 쇼핑몰을 운영할 때 만들었던 아키텍처를 클라우드로 그대로 옮겨오는 것이다. 그렇다면 그다음으로 해야 할 일은 서버를 여러 개 만들어서 트래픽을 분산할 수 있게 해야 한다. 다시 말해 EC2 인스턴스를 여러 개 만들어야 한다는 것이다. EC2 인스턴스를 여러 개 만드는 일은 간단한데, 인스턴스를 만들 때 몇 개 만들지 개수만 입력하면 알아서 여러 개를 만들어줄 것이다. 하지만 중요한 것은 여러 개의 인스턴스로 트래픽을 분산해 줄 로드 밸런서가 필요하다는 점이다.

AWS에서 이러한 로드 밸런서의 역할을 하는 서비스의 정식 명칭은 ELB(Elastic Load Balancing)다. AWS에서 제공하는 로드 밸런서는 여러 종류가 있는데, 그중에서도 이 책에서는 인터넷을 통해 HTTPS 프로토콜로 서비스를 제공하는 쇼핑몰을 운영하고 있기 때문에 HTTP와 HTTPS 트래픽을 분산 처리할 수 있는 ALB(Application Load Balancer)를 사용할 것이다.

이 책에서 만들 로드 밸런서 하나와 EC2 인스턴스 하나를 아키텍처로 나타내면 다음과 같다.

그림 3.16 트래픽 분산을 위해 로드 밸런서를 추가한 아키텍처

그런데 로드 밸런서를 만들기에 앞서 알아야 할 것들이 있다. 보안 그룹, 대상 그룹, AWS의 글로벌 인프라에 대해 알아야 한다. 그래서 로드 밸런서를 만들기 전에 이러한 내용들을 먼저 살펴보겠다.

3.4 보안 그룹이란?

AWS에서 인스턴스를 만들 때는 **보안 그룹(Security Group)**이 필요하다. 그렇다면 보안 그룹은 무엇일까? 보안 그룹은 쉽게 말해 방화벽이다. 그럼 방화벽은 무엇일까? 방화벽의 정의는 다음과 같다.

> **방화벽(防火壁) 또는 파이어월(firewall)**
>
> 미리 정의된 보안 규칙에 기반하여 들어오고 나가는 네트워크 트래픽을 모니터링하고 제어하는 네트워크 보안 시스템이다.
>
> 출처: 위키백과, https://ko.wikipedia.org/wiki/방화벽_(네트워킹)

우리가 사용하는 컴퓨터는 네트워크로 통신하기 위해 **포트(port)**라는 것을 사용한다. 예를 들어, 인터넷으로 웹 서핑을 할 때 사용하는 HTTP 프로토콜은 80번 포트를 사용한다. 이 말은 컴퓨터가 통신하려면 80번 포트가 열려 있어야 통신이 가능하다는 것이다. 요즘에는 HTTP에서 보안이 강화된 HTTPS 프로토콜을 사용하는데, HTTPS는 443번 포트를 사용한다.

컴퓨터는 0번부터 65,535번까지 포트를 사용할 수 있다. 보안 그룹은 이러한 포트들을 관리함으로써 네트워크 보안을 강화하는 서비스다. 보안 그룹은 기본적으로 모든 포트를 차단해 놓는다. 그래서 인스턴스를 사용할 때 필요한 포트만 열어서 통신을 허용하고 다른 포트는 모두 차단한다. 이 같은 방식으로 인스턴스의 보안을 강화한다.

그런데 앞에서 인스턴스를 만들 때 보안 그룹을 따로 만들지 않았던 것 같다. 보안 그룹은 따로 설정하지 않으면 기본값으로 자동으로 생성된다.

그림 3.17은 인스턴스 생성 실습에서 7번째 단계인 보안 그룹을 자동으로 만드는 부분이다. 중간에 **보안 그룹 생성**이 선택돼 있는 것을 볼 수 있다. 앞으로는 이렇게 자동으로 보안 그룹을 만들어서 사용하지는 않을 것이다. 왜냐하면 자동으로 만들다 보면 보안 그룹의 이름이 의미 없이 만들어져서 나중에 관리하기가 힘들어지기 때문이다.

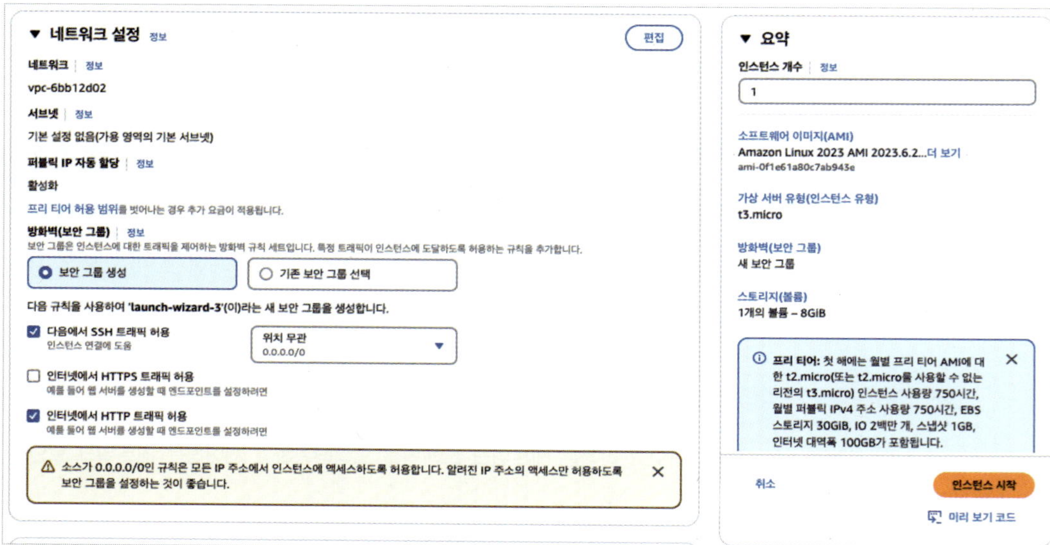

그림 3.17 EC2 인스턴스에 적용할 보안 그룹을 설정

그림 3.18은 EC2 서비스의 왼쪽 메뉴에서 **보안 그룹**을 클릭하면 표시되는 화면이다. 보다시피 보안 그룹의 이름이 **launch-wizard-1**과 **default**로 두 개가 있는 것을 확인할 수 있다. **default**는 기본적으로 존재하는 보안 그룹이고, **launch-wizard-1**은 앞에서 인스턴스를 생성할 때 자동으로 생성된 보안 그룹이다. 다시 말하지만 모든 인스턴스는 인스턴스를 생성할 때 보안 그룹 설정을 해야만 한다.

그림 3.18 보안 그룹 목록

그리고 보안 그룹은 기본적으로 모든 포트가 닫혀 있다. 보안 그룹은 들어오는 트래픽에 대한 포트를 차단하는 역할을 한다. 따라서 필요한 포트만 열어서 사용해야 하며, 보안상 사용하지 않는 포트는 열어두지 않는다.

그럼 이어지는 절에서 보안 그룹을 만들어보겠다.

3.5 [실습] 보안 그룹 생성

이제 로드 밸런서에서 사용할 보안 그룹을 만들어 보자.

로드 밸런서는 HTTP나 HTTPS 프로토콜로 들어오는 트래픽을 여러 EC2 인스턴스에 분산하는 역할을 한다. 그래서 로드 밸런서에서 적용할 보안 그룹에서도 HTTP와 HTTPS 프로토콜을 열어야 한다. 이번 절에서는 실습의 편의성을 위해 HTTP만 열도록 하겠다.

01. EC2 서비스 화면에서 왼쪽 메뉴의 **보안 그룹**을 찾아서 클릭한다. 다음과 같이 자동으로 만들어진 보안 그룹들이 보인다. 새 보안 그룹을 만들기 위해 우측 상단의 **보안 그룹 생성** 버튼을 클릭한다.

그림 3.19 보안 그룹 목록

02. **보안 그룹 생성** 화면에서 **보안 그룹 이름**에 보안 그룹의 이름으로 사용할 이름을 입력한다. 이 책에서는 'lucky-elb-sg'로 입력하겠다. 여기서 'elb'는 Elastic Load Balancer의 약자이고, 'sg'는 Security Group의 약자다. **설명**도 반드시 입력해야 하는데, 이 책에서는 'Lucky ELB Security Group'으로 입력하겠다. 아래 쪽의 **규칙 추가** 버튼을 클릭해 인바운드 규칙을 하나 만든다. 이 규칙은 외부에서 내부로 트래픽이 들어올 때 적용할 규칙이다. 이 책에서는 HTTP 통신을 해야 하므로 **유형**으로 'HTTP'를 선택했다. 그리고 **소스**는 'Anywhere-IPv4'를 선택한다. 소스는 보안 그룹에 접속하는 대상을 의미한다. 다시 말해, 로드 밸런서에 접속하는 사용자를 의미한다. Anywhere-IPv4는 전 세계 어디서든 접속할 수 있게 허용한다는 의미다.

마지막으로 화면을 아래로 내려서 **보안 그룹 생성** 버튼을 클릭한다.

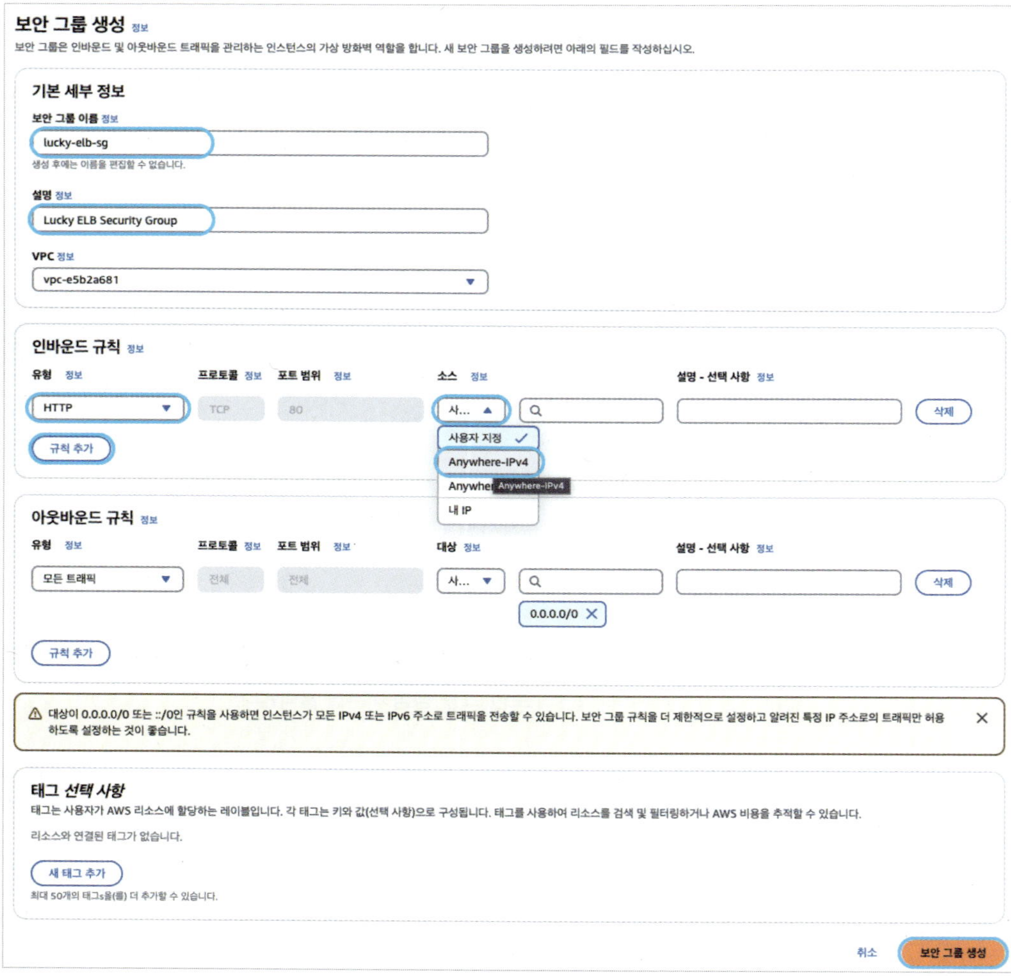

그림 3.20 보안 그룹 설정

03. 다음과 같은 메시지가 표시되면 보안 그룹이 문제없이 생성됐다는 의미다.

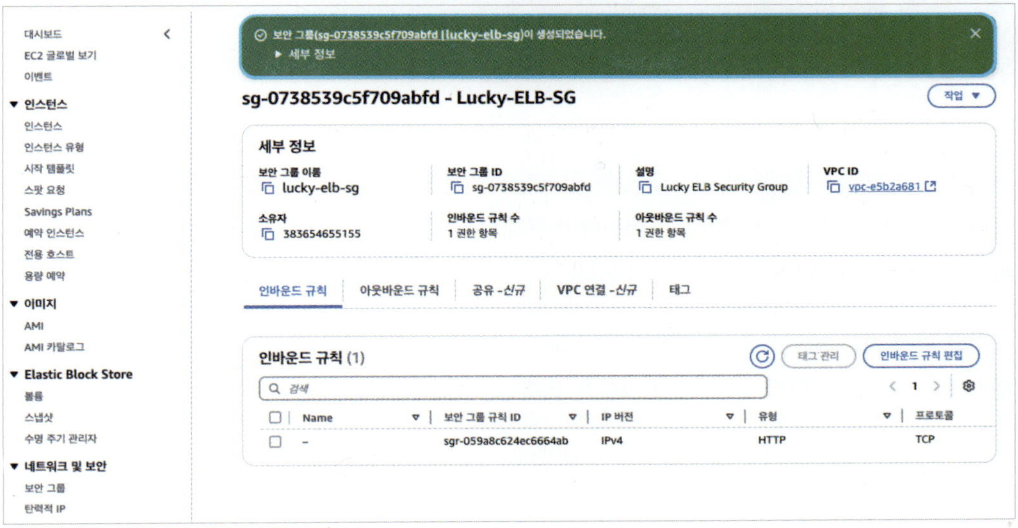

그림 3.21 보안 그룹 생성 완료

04. 다시 왼쪽 메뉴에서 **보안 그룹**을 찾아서 클릭하면 조금 전에 만든 lucky-elb-sg 보안 그룹을 확인할 수 있다.

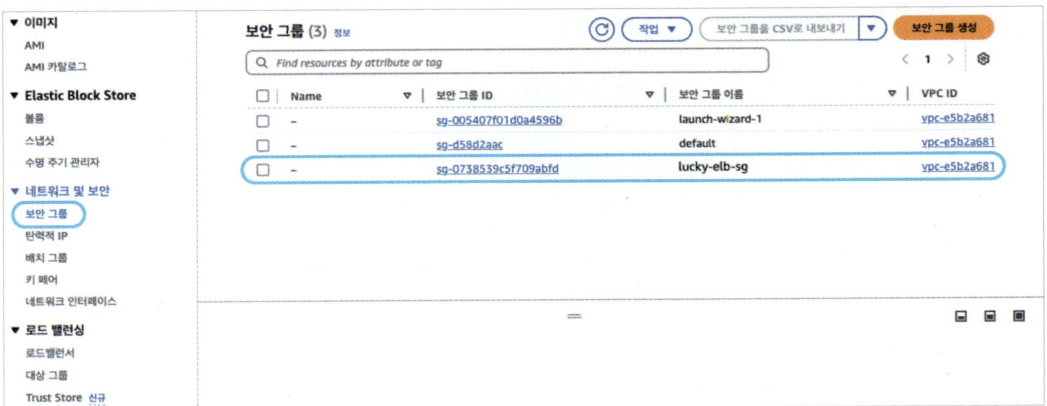

그림 3.22 보안 그룹 목록

이렇게 해서 로드 밸런서를 만들 때 적용할 보안 그룹을 만들었다.

3.6 대상 그룹이란?

로드 밸런서를 만들려면 **대상 그룹**(Target Group)[3]도 필요하다.

로드 밸런서가 트래픽을 받으면, 즉 사용자가 쇼핑몰을 사용하기 위해 인터넷 주소를 통해 접근하면 트래픽을 실제 애플리케이션이 설치돼 있는 인스턴스에 분산해야 한다. 이때 아무 인스턴스에나 트래픽을 보내면 안 된다. 필자가 지정한 인스턴스에만 트래픽을 전달해야 하는데, 이때 대상 그룹을 만들어 트래픽을 전달받을 인스턴스를 포함시키면 된다.

그러고 나서 로드 밸런서를 만들고 대상 그룹을 선택하면 로드 밸런서는 트래픽을 대상 그룹 내의 인스턴스에만 전달한다. 다시 말해, 대상 그룹은 트래픽을 받을 인스턴스를 그룹화하는 기능이다.

그럼 이어지는 절에서 대상 그룹을 만들어 보겠다.

3.7 [실습] 대상 그룹 생성

로드 밸런서에서 사용할 대상 그룹을 만들어보자.

01. EC2 서비스의 왼쪽 메뉴에서 **대상 그룹**을 찾아서 클릭한다. 그런 다음, **대상 그룹 생성** 버튼을 클릭한다.

그림 3.23 대상 그룹 목록

3 필자에게 불편하게 느껴지는 번역 중 하나가 바로 '대상 그룹'이라는 표현이다. 몇 년째 사용하고 있지만 번역이 어색하게 느껴지는 건 여전하다. 대상 그룹의 영문명은 'Target Group'인데, 말 그대로 트래픽을 어느 타깃에 전달할지 그룹을 미리 정의하는 것이라고 보면 된다.

02. **대상 유형 선택**에서는 **인스턴스**를 선택한다(기본값으로 선택돼 있을 것이다). 이 책에서는 인스턴스 단위로 트래픽을 분산할 예정이라 대상 유형을 인스턴스로 선택한 것이다.

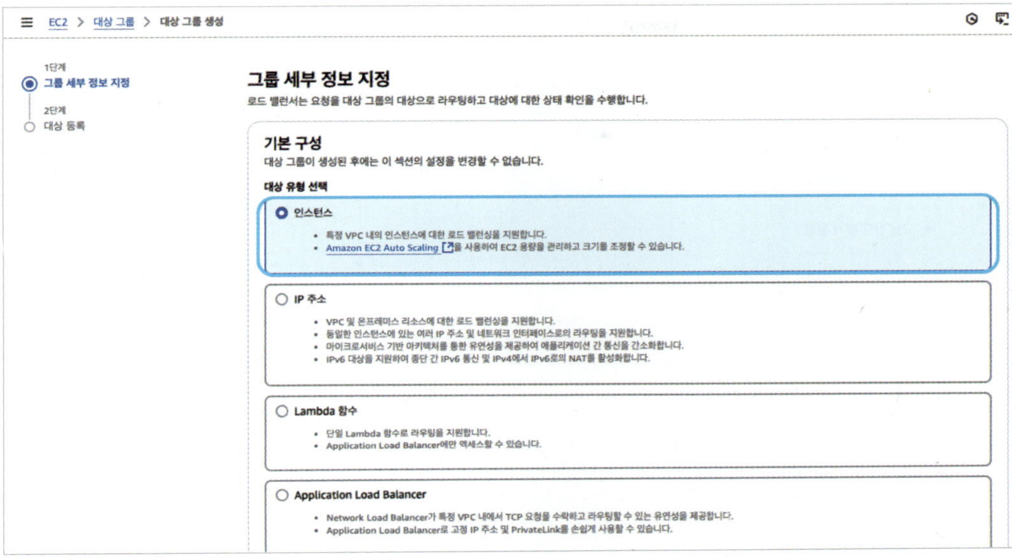

그림 3.24 대상 유형 선택

03. **대상 그룹 이름**에는 각자 원하는 이름을 입력한다. 이 책에서는 'lucky-tg'로 입력하겠다. 나머지 설정은 그대로 유지한다.

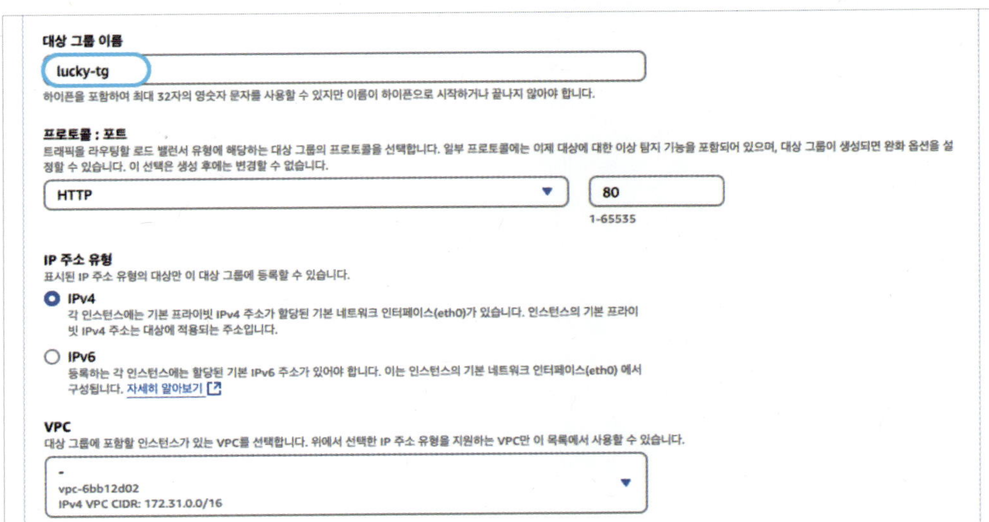

그림 3.25 대상 그룹의 이름을 입력

04. **다음** 버튼을 클릭한다.

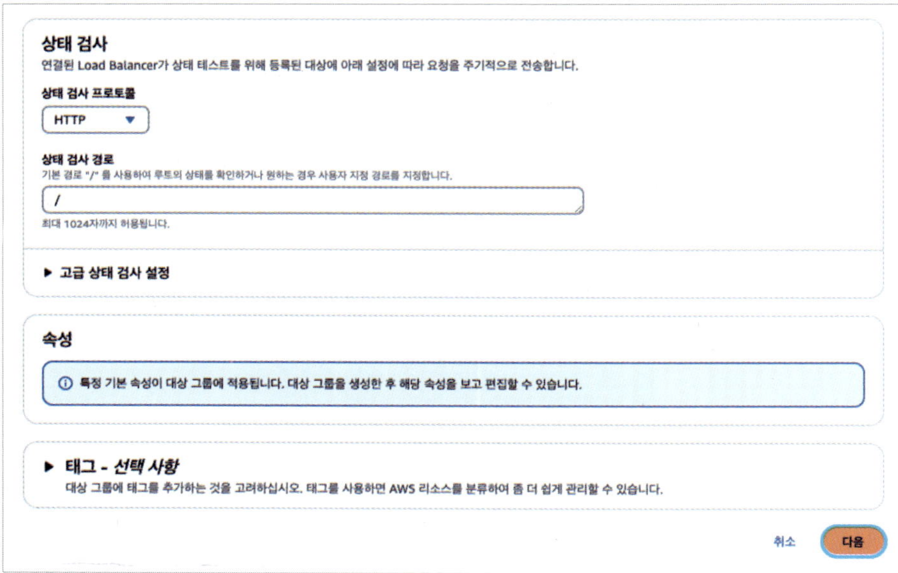

그림 3.26 대상 그룹 설정

05. **사용 가능한 인스턴스**에 앞에서 만든 lucky-instance가 보일 것이다. 해당 인스턴스를 선택한 후 **아래에 보류 중인 것으로 포함**[4] 버튼을 클릭한다. 이 버튼이 하는 역할은 선택한 인스턴스를 지금 만들고 있는 대상 그룹에 포함시킨다(인스턴스가 여러 개이면 여러 개를 선택한다). 버튼을 클릭하면 여러 개의 인스턴스가 아래쪽의 **대상 보기**에 포함되는 것을 확인할 수 있다. 마지막으로, 하단의 **대상 그룹 생성** 버튼을 클릭하면 대상 그룹이 만들어질 것이다.

4 이 버튼의 영문명은 'Include as pending below'다. 번역이 크게 다르지 않지만 필자는 이 번역도 조금 어색하게 느껴진다.

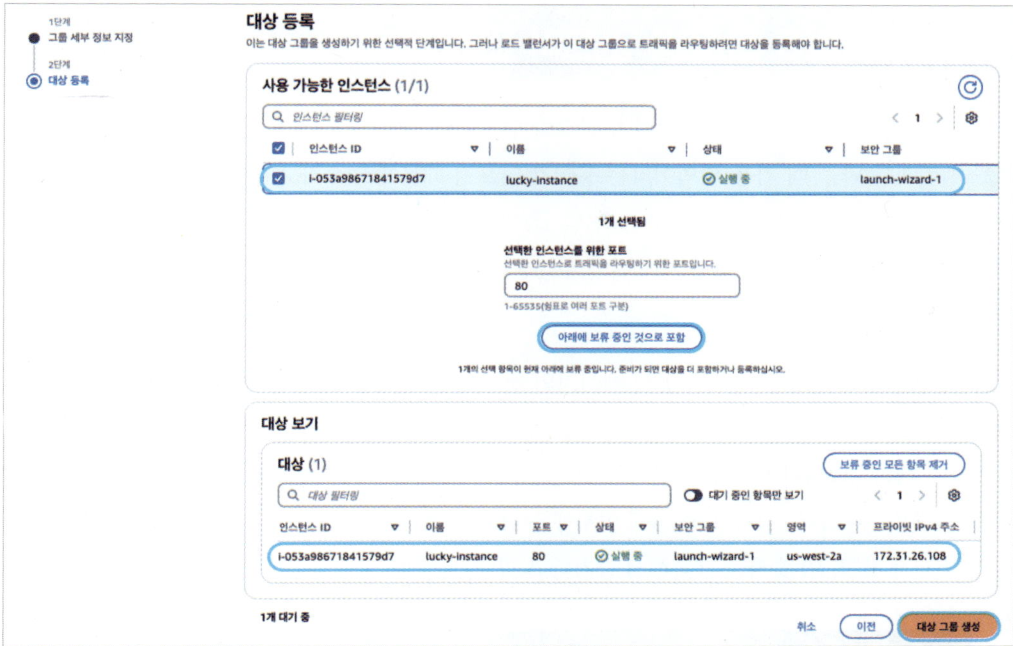

그림 3.27 대상 그룹에 등록한 인스턴스를 선택

06. 대상 그룹의 세부 정보를 보면 아직 **로드 밸런서** 항목에 연결된 항목이 없다고 나온다. 그 이유는 아직 로드 밸런서를 만들지 않았기 때문이다. 그리고 아래쪽에 등록된 대상에 lucky-instance가 등록된 것을 확인한다.

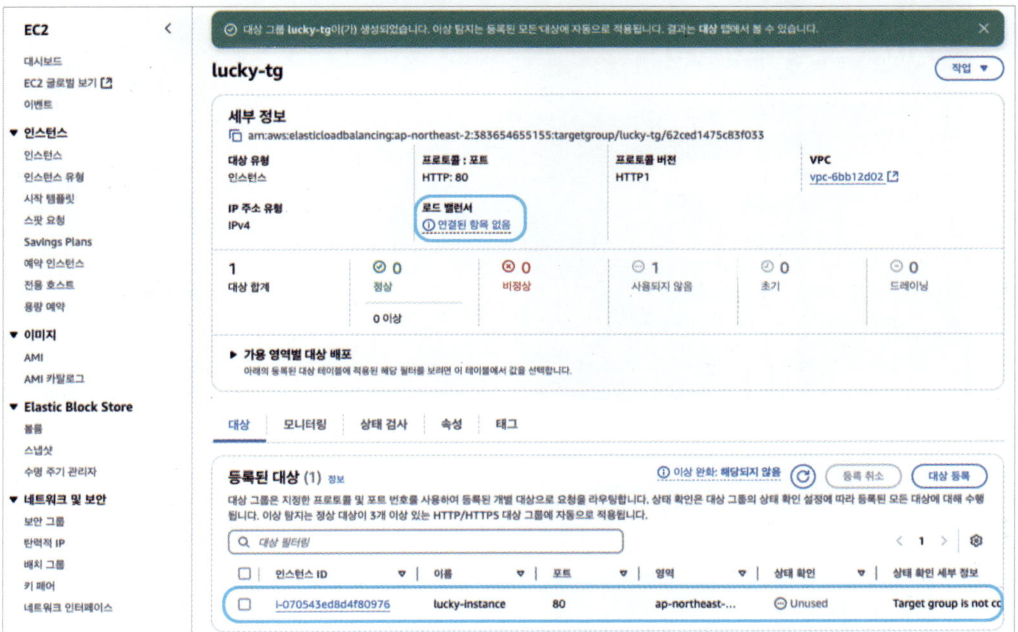

그림 3.28 대상 그룹 생성 완료

3.8 AWS 글로벌 인프라 관련 용어

로드 밸런서를 만드는 과정 중에 갑자기 글로벌 인프라에 대해 다루는 것이 이상할지도 모른다. 하지만 로드 밸런서를 만들 때 **가용 영역**이라는 용어가 나오기 때문에 인프라 용어들을 미리 알고 진행하면 이해하는 데 도움이 될 것이다. 참고로 AWS의 글로벌 인프라 관련 용어는 뒤에서도 계속 등장할 것이다. 왜냐하면 AWS를 사용하다 보면 네트워크 부분을 많이 다루게 되는데, 글로벌 인프라가 네트워크의 기반이기 때문이다.

다음 화면은 AWS 글로벌 인프라 공식 페이지의 첫 화면을 캡처한 것이다. 필자가 AWS 직원이었을 때는 이 페이지에 자주 들어가서 리전이 얼마나 늘었는지, 가용 영역은 몇 개가 됐는지, 엣지는 많이 생겼는지 확인하곤 했다. AWS가 빠르게 성장하다 보니 이러한 수치가 빈번하게 바뀌어 고객을 만나기 전에 항상 수치를 확인하곤 했다. 필자가 AWS에 입사했을 당시만 해도 리전이 20개 정도였던 것으로 기억하는데, 벌써 38개가 됐고, 이 숫자는 계속해서 증가하고 있다. 이 책이 출판될 시점에는 더 늘어나 있을 것이다.

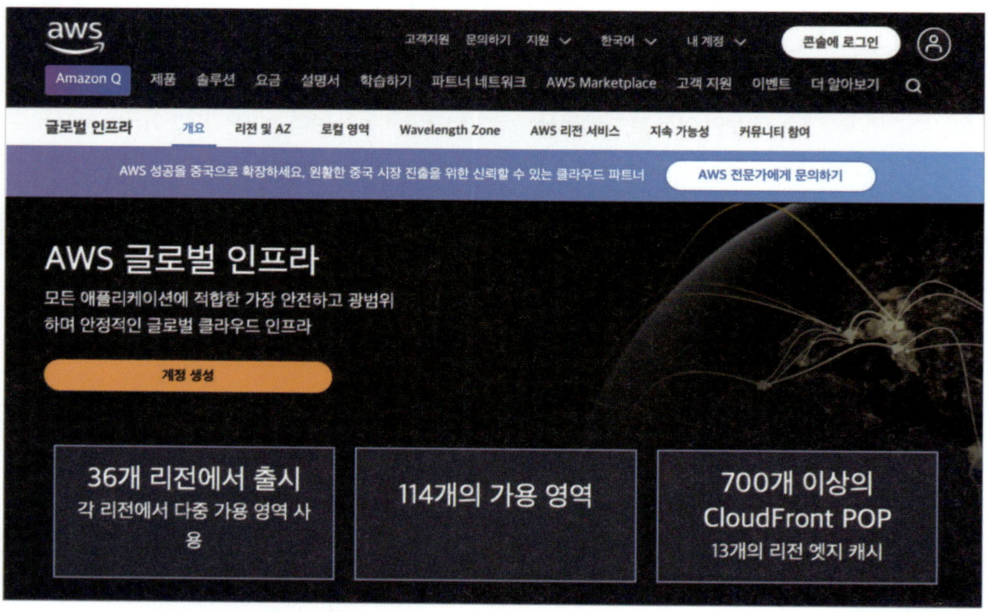

그림 3.29 AWS 글로벌 인프라의 공식 페이지

이제 리전은 무엇이고, 가용 영역은 무엇인지에 대해 알아보자. 그에 앞서 데이터 센터의 정의를 짚고 넘어가자.

데이터 센터(data center)

데이터 센터는 컴퓨팅 시스템 및 관련 하드웨어 장비를 저장하는 물리적 위치입니다. 여기에는 서버, 데이터 스토리지 드라이브 및 네트워크 장비와 같이 IT 시스템에 필요한 컴퓨팅 인프라가 포함됩니다. 모든 회사의 디지털 데이터를 저장하는 물리적 시설입니다.

출처: AWS, https://aws.amazon.com/ko/what-is/data-center/

많은 IT 기업이 데이터 센터를 보유하고 있다. 물론 AWS도 데이터 센터를 보유하고 있다. 하지만 AWS에서는 데이터 센터라는 용어보다 가용 영역이라는 용어를 더 많이 사용한다. 앞에서 만든 인스턴스도 가용 영역 어딘가에 만들어져 있다.

- **가용 영역(Availability Zone 또는 AZ)**: 1개 이상의 데이터 센터를 논리적인 그룹으로 묶어 놓은 인프라를 말한다. 다시 말해 데이터 센터의 집합이라는 의미다.
- **리전(Region)**: 앞에서 AWS에 로그인해서 서울 리전으로 변경했던 것을 기억할 것이다. 리전의 정의는 3개 이상의 가용 영역을 논리적인 그룹으로 묶어 놓은 인프라를 말한다. 다시 말해, 데이터 센터의 집합인 가용 영역을 그룹화한 것이다. 참고로 서울 리전에는 4개의 가용 영역이 있다. 즉, 4개 이상의 데이터 센터가 있다는 의미다. 버지니아 리전 같은 경우에는 6개의 가용 영역이 있다. 그리고 현재 이러한 리전이 전 세계에 38개 있고, 계속 늘어나고 있는 중이다.

AWS의 글로벌 인프라는 AWS의 백본 네트워크라고도 부른다.

이어지는 절에서는 로드 밸런서를 만들어 보면서 가용 영역을 어떻게 설정하는지 알아보자.

3.9 [실습] 로드 밸런서 생성

이제 로드 밸런서를 만들어보자.

01. EC2 서비스에서 왼쪽 메뉴의 **로드 밸런서**를 클릭한다. 그런 다음, **로드 밸런서 생성** 버튼을 클릭한다.

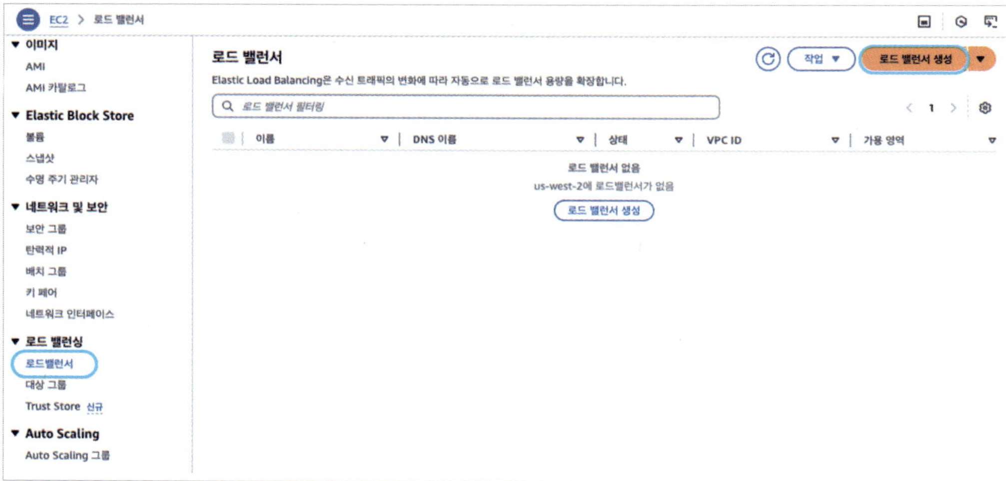

그림 3.30 로드 밸런서 목록

02. Application Load Balancer의 **생성** 버튼을 클릭한다. AWS는 다양한 로드 밸런서를 제공하며, 이 책에서는 HTTP를 통한 트래픽을 처리할 것이기 때문에 Application Load Balancer를 사용한다.

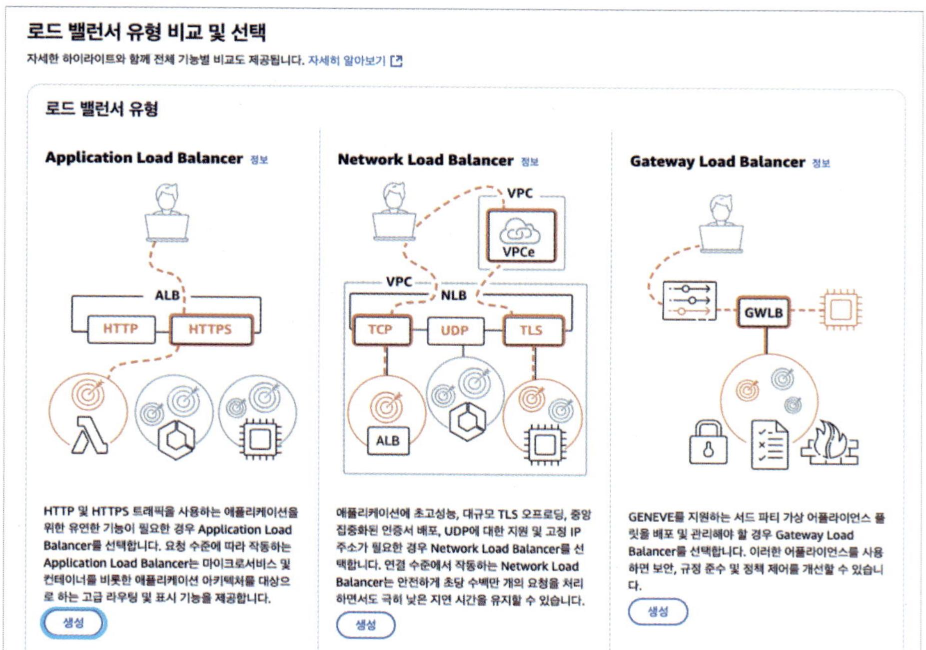

그림 3.31 로드 밸런서 유형 선택

03. **로드 밸런서 이름**으로 원하는 이름을 입력한다. 이 책에서는 'lucky-elb'로 입력하겠다.

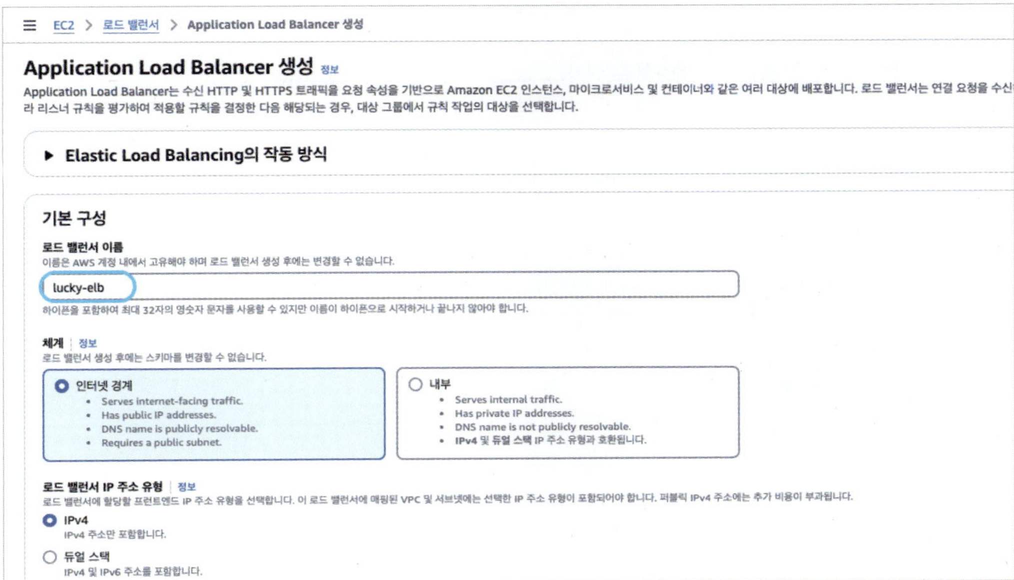

그림 3.32 로드 밸런서 이름을 입력

04. 다음으로 가장 어려운 부분이 나온다. 이 부분이 어려운 이유는 아직 VPC를 배우지 않았기 때문이다(뒤에서 배우게 될 것이다). 여기서 간단히 설명하자면 이 부분은 어느 네트워크 영역에 로드 밸런서를 생성할지를 선택하는 부분이다. **매핑** 항목의 바로 아래를 보면 **'가용 영역을 2개 이상 선택하고, 영역당 하나의 서브넷을 선택합니다.'**라고 적혀 있다. 가용 영역은 앞에서 배웠고, 서브넷이라는 용어는 아직 모를 텐데, 이것도 뒤에서 설명할 것이다. 일단 서울 리전에는 가용 영역이 4개가 있는데, 화면처럼 4개를 모두 선택하자. 무조건 2개 이상을 선택해야 하고, 하나만 선택하면 만들어지지 않는다. 이 부분은 VPC 를 배우게 되면 자연스럽게 이해될 것이다. 일단 여기서는 4개를 선택하고 넘어간다.

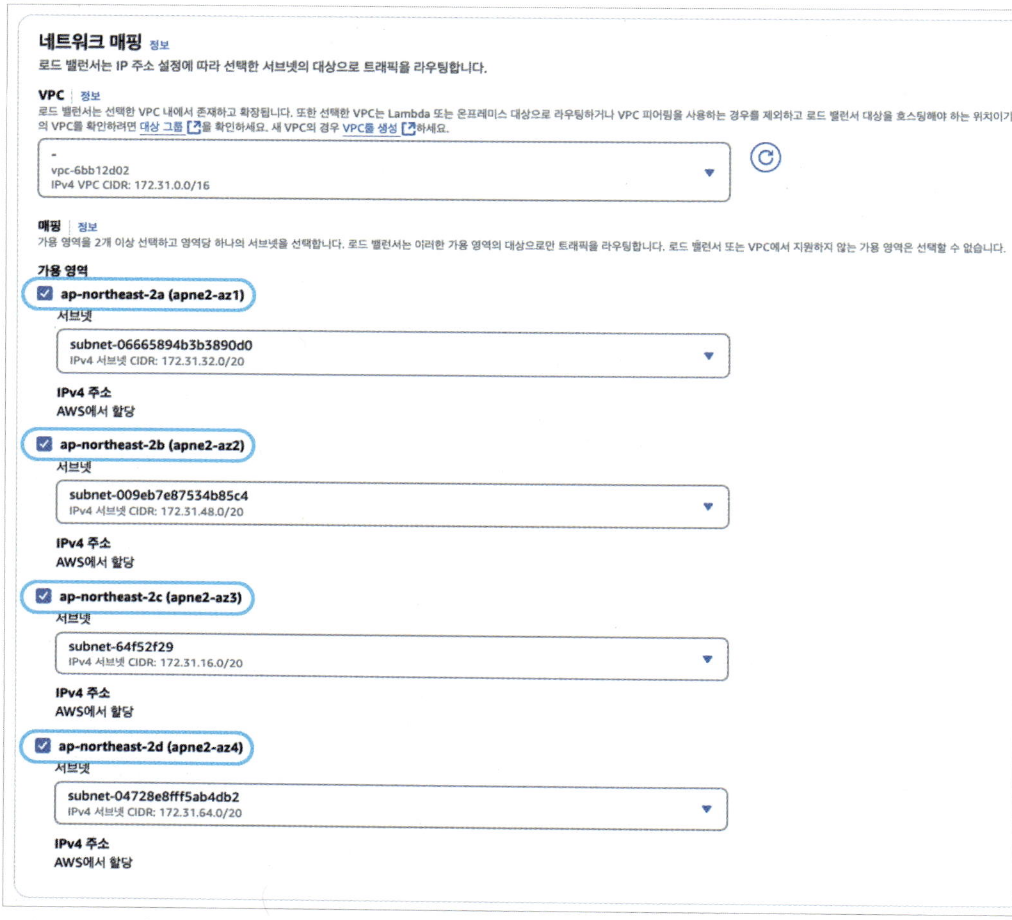

그림 3.33 로드 밸런서가 트래픽을 분산할 가용 영역 및 서브넷을 선택

05. **보안 그룹**에서 앞에서 만든 lucky-elb-sg를 선택한다. 그런 다음, default 보안 그룹은 [X] 버튼을 클릭해 삭제한다. **리스너 및 라우팅**은 로드 밸런서로 들어오는 트래픽이 어느 포트로 오는지를 선택하고, 들어온 트래픽을 어디로 전달할지를 설정하는 부분이다. 이 책에서는 HTTP 프로토콜을 사용할 것이므로 80번 포트로 설정돼 있는 기본값을 유지하고, 어디로 전달할지만 설정하면 된다. 여기서는 대상 그룹에 포함돼 있는 인스턴스로 트래픽을 전달할 것이다. 따라서 **기본 작업**에서 앞에서 만든 대상 그룹인 lucky-tg를 선택한다.

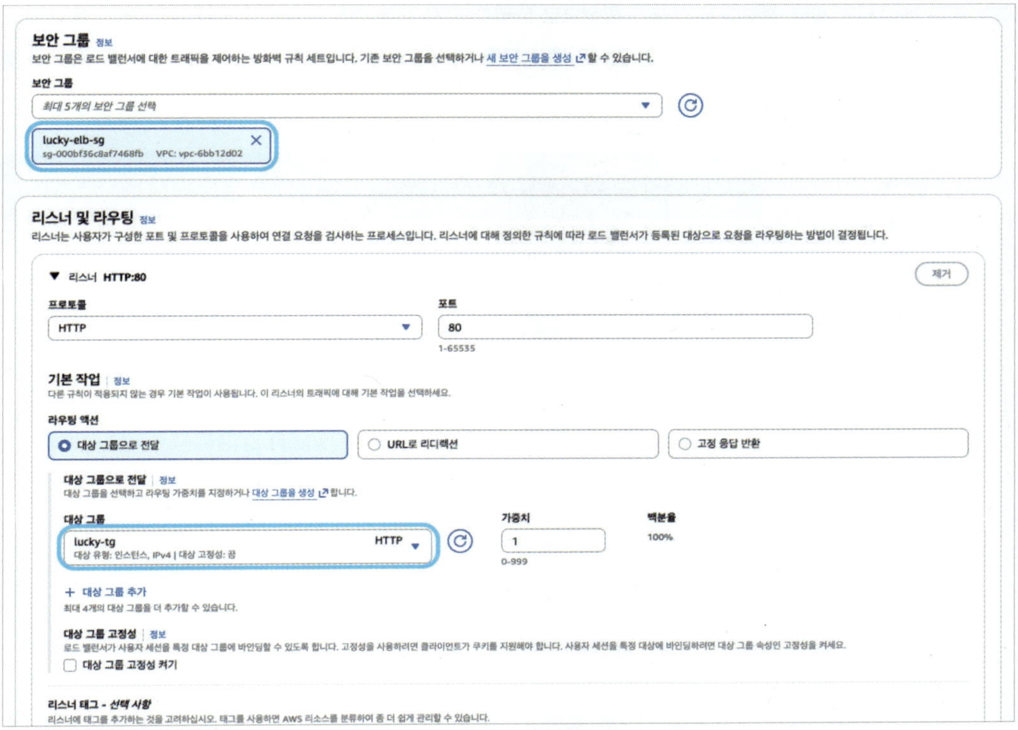

그림 3.34 로드 밸런서에 적용할 보안 그룹 및 트래픽을 분산할 대상 그룹을 선택

06. 아래쪽의 **로드 밸런서 생성** 버튼을 클릭해 로드 밸런서를 생성한다.

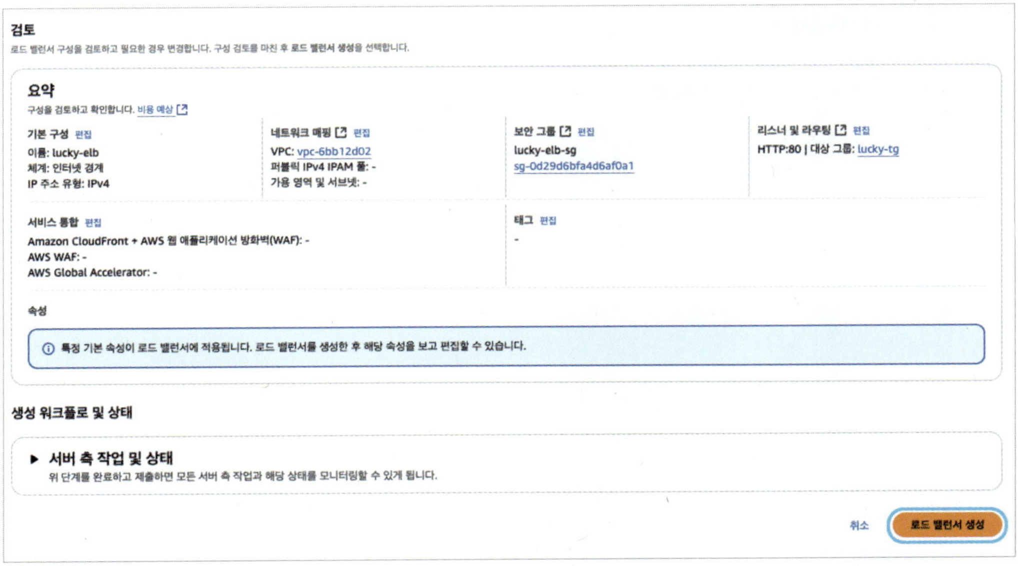

그림 3.35 로드 밸런서 설정 정보 요약

07. 로드 밸런서의 **세부 정보**에서 **상태**가 **활성**으로 바뀔 때까지 새로 고침 버튼을 클릭해 확인한다. 활성 상태로 바뀔 때까지 보통 3~5분 정도 걸리며, **상태**가 **활성**으로 바뀌면 하단의 **DNS 이름**을 복사해서 브라우저에 붙여넣어 접속해 본다.

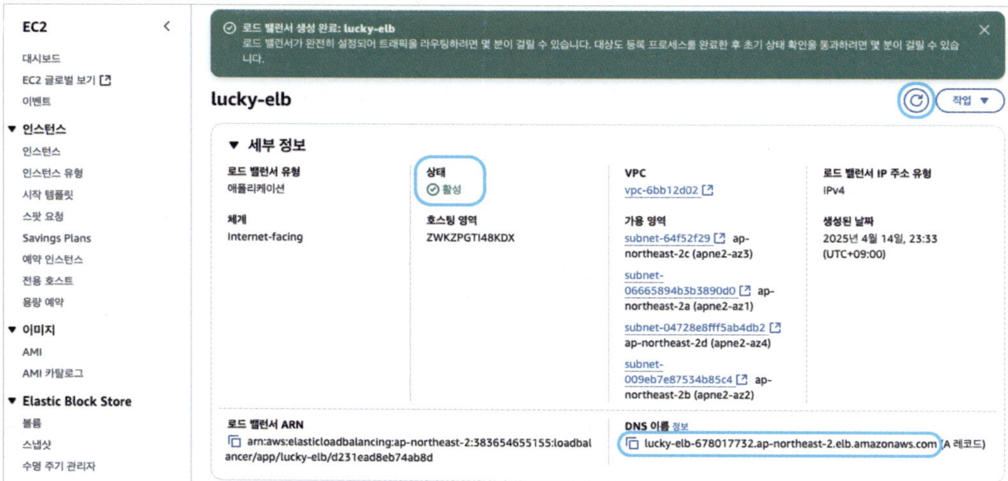

그림 3.36 로드 밸런서 생성 완료 및 로드 밸런서의 세부 정보

08. 다음 그림과 같이 이전 인스턴스에서 만든 화면이 나온다면 잘 설정된 것이다. 만약 이 페이지에 접속되지 않는다면 페이지를 여러 번 새로 고침해 본다. 반영되기까지 시간이 약간 걸릴 수도 있다.

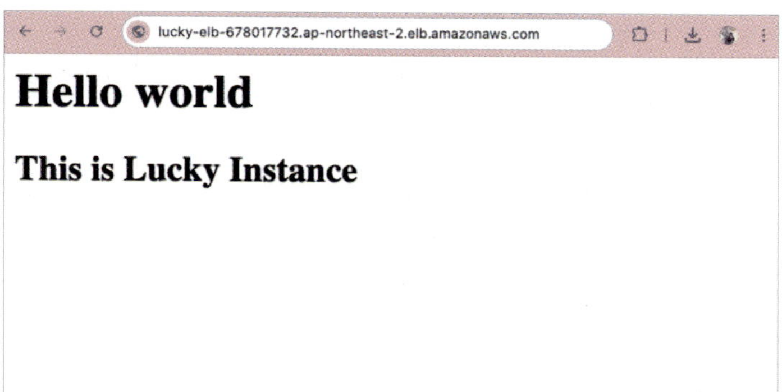

그림 3.37 로드 밸런서로 접속한 결과

이렇게 해서 로드 밸런서를 만들어봤다. 지금은 인스턴스가 하나지만 트래픽이 많아지면 인스턴스를 더 만들어서 대상 그룹에 추가하기만 하면 된다. 하지만 이렇게 필요할 때마다 인스턴스를 만들고, 필요없어지면 지우는 작업을 수동으로 할 수는 없다.

따라서 트래픽이 많아지면 인스턴스를 늘리고, 트래픽이 줄어들면 인스턴스를 지우는 작업을 자동으로 수행하는 오토 스케일링(Auto Scaling) 기능이 필요하다. 하지만 오토 스케일링 기능을 적용하기에 앞서 먼저 확인해야 할 것들이 있는데, 바로 고가용성과 내결함성이라는 개념이다.

아키텍처를 설계하다 보면 고가용성 아키텍처를 만들어야 한다는 말을 많이 듣게 될 것이다. 도대체 고가용성이란 무엇이고, 내결함성은 무엇인지에 대해 다음 절에서 자세히 알아보도록 하겠다.

3.10 고가용성 아키텍처 설계

필자는 데이터 센터 장애를 경험한 적이 있다. 데이터 센터에 장애가 나면 사실 답이 없다. 자연재해처럼 무력감이 느껴진다. 필자가 어떻게 할 수 있는 차원의 일이 아니다. 하지만 AWS는 데이터 센터에 장애가 나더라도 서비스가 문제 없이 잘 운영되도록 구성할 수 있다. 그러려면 데이터 센터 여러 곳에 서비스를 운영하면 된다. 즉, 여러 데이터 센터에 서버를 분산해 놓고, 트래픽을 각각의 데이터 센터로 분산하면 된다. 그럼 한 데이터 센터에 장애가 발생하더라도 다른 데이터 센터는 문제가 없기 때문에 트래픽을 다른 데이터 센터로 보내면 된다. 그러면 서비스가 큰 문제 없이 원활하게 동작할 수 있다.

앞에서 ELB(로드 밸런서)를 만들 때 최소 2개의 가용 영역을 선택하는 이유가 바로 여기에 있다. 고가용성 아키텍처를 만들기 위해 최소 2개의 가용 영역을 선택하는 것이다.

고가용성(高可用性: High Availability, HA)

고가용성은 서버, 네트워크, 프로그램 등의 정보 시스템이 상당히 오랜 기간 동안 지속적으로 정상 운영이 가능한 성질을 말한다. 고(高)가용성이란 "가용성이 높다"는 뜻으로서, "절대 고장 나지 않음"을 의미한다. 고가용성은 흔히 가용 시간의 비율을 99%, 99.9% 등과 같은 퍼센티지로 표현하는데, 1년에 계획된 시간을 제외하고 5분 15초 이하의 장애 시간을 허용한다는 의미의 파이브 나인스(5 nines), 즉 99.999%는 매우 높은 수준으로 고품질의 데이터 센터에서 목표로 한다고 알려져 있다.

출처: 위키백과, https://ko.wikipedia.org/wiki/고가용성

아키텍처를 설계할 때 가장 많이 신경 써야 할 것이 고가용성이다. 그리고 ELB는 우리가 관리할 필요가 없다. 만들어 놓기만 하면 AWS가 자동으로 관리한다. 트래픽이 많으면 AWS가 ELB를 알아서 늘리고, 트래픽이 적으면 알아서 줄인다.

다시 서버로 서비스를 운영하면서 생기는 문제로 돌아가 보자. 이번에 집중할 부분은 4, 5번이다.

1. 비즈니스가 잘 될지 안 될지도 모르는데, 값비싼 서버를 무작정 많이 구입하고 싶지 않다. 비용이 너무 부담된다. (그리고 필자가 예상했던 사용자 예측은 항상 틀렸다.)
2. 서버를 구매해서 가동하기까지 2주씩 걸리는데, 그 사이에 고객들을 놓치게 된다. 서버를 좀 더 민첩하게 늘리고 싶다.
3. 사용자가 많이 들어오면 그때그때마다 수요에 맞춰 자동으로 늘어나고, 수요가 줄어들면 자동으로 줄어들었으면 좋겠다. (하루 이틀 잠깐 사용하는 건데, 한 대에 수백만 원이나 하는 서버를 구입하는 건 너무 부담이 된다.)
4. **장애가 덜 나도록 누군가가 전문적으로 관리해 줬으면 좋겠다. 데이터 센터에서 관리해 주고 있지만 많이 부족하다.**
5. **데이터 센터에 장애가 나면 정말 답이 없다. 데이터 센터에 장애가 발생하더라도 서비스가 운영됐으면 좋겠다.**

클라우드를 사용하면 데이터 센터에 장애가 발생해도 다른 데이터 센터로 문제 없이 운영할 수 있다. 필자는 로드 밸런서를 만들 때 2개의 가용 영역을 선택했지만 4개를 선택해도 된다. 동시에 4개의 가용 영역에 장애가 발생할 확률은 매우 낮기 때문에 더욱 고가용 아키텍처가 된다. 2개만 해도 2개의 데이터 센터에서 동시에 장애가 발생할 확률은 매우 낮다.

3.11 내결함성 아키텍처 설계

앞에서 본 아키텍처를 다시 살펴보자. 아래 아키텍처는 고가용성 설계가 반영돼 있지 않다.

그림 3.38 트래픽 분산을 위해 로드 밸런서를 추가한 아키텍처

일단 인스턴스가 1개다. 물론 지금은 테스트 환경이라 그렇지만 클라우드를 사용한다면 최소한 인스턴스가 2개 이상이 있어야 한다. 각기 다른 가용 영역에 있는 2개의 인스턴스 말이다. 그래야 하나의 가용 영역이나 인스턴스에 장애가 발생하더라도 (약간 느려질지 모르지만) 고객이 서비스를 완전히 이용하지 못하는 상황은 발생하지 않는다. 이 같은 특성을 내결함성(Fault Tolerance; FT)이라고 한다. 내결함성의 정의는 다음과 같다.

내결함성, 장애 허용 시스템, 결함 감내 시스템(Fault tolerant system)

내결함성은 시스템을 구성하는 부품의 일부에서 결함 또는 고장이 발생하여도 정상적 혹은 부분적으로 기능을 수행할 수 있는 시스템이다.

출처: 위키백과, https://ko.wikipedia.org/wiki/장애_허용_시스템

참고로 필자는 책을 번역한 경험이 있다. 그리고 AWS에서도 영어 자료를 한국어로 번역하는 일도 업무 중 하나였다. 문제는 AWS 용어가 너무 생소하다 보니 AWS 코리아의 전문가들도 어떤 용어를 써야 할지 고민하면서 용어 사전을 만든다. 물론 이 용어 사전도 가끔 수정된다. 필자는 용어 사전을 관리하는 동료분께 어떤 용어가 고객에게 혼동을 줄 수 있어서 다른 방식으로 번역하는 게 맞는 것 같다고 용어에 대한 수정 요청을 한 적이 있다. 이 안건으로 여러 명의 전문가가 토론한 끝에 필자의 요청이 받아들여져 용어 사전을 변경했던 일이 있었다.

이렇듯 IT 용어는 대부분 영어로 만들어지다 보니 처음에 번역한 사람이 번역해 놓은 것을 많이 따라간다. 하지만 아무래도 이상한 것 같으면 다른 번역자들이 다시 적절한 용어를 찾아 변경한다. 이렇게 되면 책을 읽을 때마다 용어가 달라져 혼동이 생기도 한다. 영어를 모국으로 쓰지 않는 나라의 슬픔이지만 이게 현실이다. 오죽하면 쿠버네티스 코리아 그룹에서는 용어의 잘못된 번역을 막기 위해 용어집을 만들어 공개하기도 했다.

내결함성이라는 단어도 영어로는 fault tolerance지만 위키백과에서 '장애 허용 시스템', '장애 감내 시스템'으로 번역하고 있다. 다 똑같은 말이니 혼동하지 않기를 바란다.

다시 원래 주제로 돌아가서, 이번에는 내결함성이 고가용성과 어떻게 다른가에 대해 이야기하겠다.

내결함성은 앞의 용어 정의에서 살펴봤듯이 일부분에 장애가 나더라도 부분적으로라도 기능을 수행할 수 있는 시스템을 말한다. 그 말은 시스템이 이중화돼 있어서 한 시스템에 장애가 발생해서 성능이 50%로 떨어지더라도 시스템이 동작은 한다는 의미다. 반면 고가용성은 장애가 발생해도 성능이 떨어지면 안 된다. 즉, 고가용성이 더 상위 개념이다.

참고로 AWS 관련 자격증 시험에서 이러한 고가용성과 내결함성의 차이를 묻는 문제가 출제된 적이 있다. 여러분들이 자격증을 취득할지는 모르겠지만 개념은 알고 넘어가자.

문제 시스템을 운영하는데 t3.large 인스턴스 6개가 꼭 필요한 시스템이 있다고 가정하자. 다음 중 이 시스템의 내결함성을 만족하는 것을 무엇인가?

1) 2개의 가용 영역에, 각 3대의 인스턴스를 배치한다.

2) 3개의 가용 영역에, 각 2대의 인스턴스를 배치한다.

3) 2개의 가용 영역에, 각 6대의 인스턴스를 배치한다.

4) 3개의 가용 영역에, 각 3대의 인스턴스를 배치한다.

5) 1개의 가용 영역에, 6대의 인스턴스를 배치한다.

내결함성을 만족하는 답은 1, 2, 3, 4다. 하나의 가용 영역에 장애가 발생해도 다른 가용 영역의 인스턴스가 성능은 떨어지더라도, 전체 시스템에 장애가 발생하지 않고 운영은 되기 때문이다.

그렇다면 이번에는 문제를 바꿔서 고가용성을 만족하는 것은 무엇일까? 이 경우 3, 4번이 정답이다. 왜냐하면 하나의 가용 영역이 장애가 발생하더라도 최소 6대의 인스턴스가 유지되기 때문에 성능도 떨어지지 않는다. 바로 이것이 고가용성으로 설계된 경우다. 이 문제에서는 비용 얘기가 나오지 않아서 그렇지만 "가장 비용 효율적인"이라는 조건까지 문제에 포함돼 있다면 4번이 정답이 된다.

그래서 그림 3.38의 아키텍처를 내결함성이 있게 만들려면 최소 2개의 인스턴스를 각각의 가용 영역에 그림 3.39처럼 만들어야 한다. 하지만 그림 3.39의 아키텍처는 내결함성은 갖춘 아키텍처이지만 트래픽에 따라 고가용성 아키텍처가 될 수도 있고, 그렇지 않을 수도 있다. 하나의 인스턴스로도 운영할 수 있을 정도로 일정한 트래픽이 들어온다면 고가용성 아키텍처라고 할 수 있다. 하지만 두 개의 인스턴스로 처리해야 하는 수준의 트래픽이 들어온다면 고가용성 아키텍처라 할 수 없다.

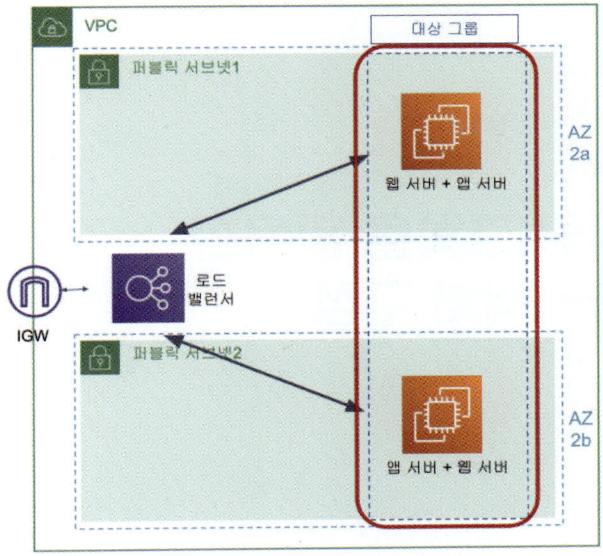

그림 3.39 트래픽 분산을 위해 로드 밸런서와 대상 그룹을 추가한 아키텍처

이 책의 목표는 계속 성장하는 스타트업의 아키텍처를 만드는 것이므로 아키텍처의 고가용성을 위해 오토 스케일링을 적용해 자동으로 인스턴스가 트래픽에 맞춰 확장/축소되게 할 것이다. 이를 탄력성(Elasticity)이라고 한다. 따라서 다음 장에서는 아키텍처를 고가용성으로 만들기 위한 오토 스케일링에 대해 알아본다.

04

오토 스케일링 그룹을 활용한 고가용성 아키텍처 구성

3장까지 실습한 내용을 정리해 보면 고가용성 아키텍처를 만들기 위해 인스턴스에 트래픽을 분산해주는 로드 밸런서를 만들었다. 로드 밸런서를 만들기 위해 보안 그룹과 대상 그룹이 필요해서 먼저 생성한 후 로드 밸런서를 생성할 때 해당 보안 그룹과 대상 그룹을 선택했다. 하지만 트래픽에 맞춰 자동으로 인스턴스가 생성/삭제되려면 오토 스케일링 기능을 적용해야 한다. 오토 스케일링을 생성하려면 먼저 AMI와 보안 그룹, 시작 템플릿이 필요하다.

4.1 오토 스케일링 그룹이란?

이번 장에서 다룰 오토 스케일링 그룹 실습까지 마무리한다면 다음과 같은 아키텍처가 만들어진다.

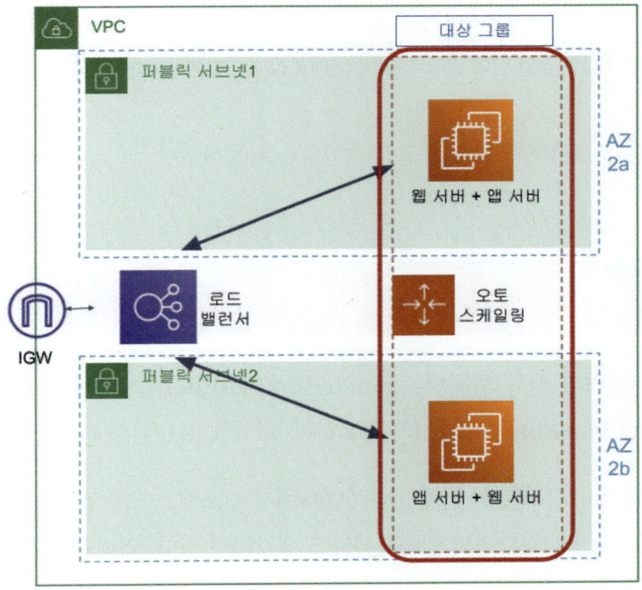

그림 4.1 고가용성을 위해 오토 스케일링을 추가한 아키텍처

다시 이야기하지만 오토 스케일링은 트래픽에 맞춰 인스턴스를 자동으로 생성하고 삭제하는 역할을 한다. 필자에게는 이 오토 스케일링이 AWS를 사용하는 가장 큰 이유 중 하나였다.

오토 스케일링을 사용하려면 어떤 기준으로 인스턴스를 자동으로 생성하고 삭제할지를 정해야 한다. 인스턴스의 평균 CPU 사용률이나 네트워크의 입출력에 따라 기준을 정할 수 있는데, 이 책에서는 CPU 사용률을 기준으로 오토 스케일링을 설정하겠다. 즉, 오토 스케일링의 기준이 되는 대상 값을 지정하면 대상 값에 맞춰 오토 스케일링이 인스턴스를 생성하고 삭제하게 된다. 마치 에어컨에 온도를 설정해두면 에어컨이 자동으로 그 온도를 맞춰 주는 것과 같다.

다시 서버로 서비스를 운영할 때 생기는 문제를 되돌아보자. 이번에 집중할 부분은 3번이다.

1. 비즈니스가 잘 될지 안 될지도 모르는데, 값비싼 서버를 무작정 많이 구입하고 싶지 않다. 비용이 너무 부담된다. (그리고 필자가 예상했던 사용자 예측은 항상 틀렸다.)
2. 서버를 구매해서 가동하기까지 2주씩 걸리는데, 그 사이에 고객들을 놓치게 된다. 서버를 좀 더 민첩하게 늘리고 싶다.
3. **사용자가 많이 들어오면 그때그때마다 수요에 맞춰 자동으로 늘어나고, 수요가 줄어들면 자동으로 줄어들었으면 좋겠다. (하루 이틀 잠깐 사용하는 건데, 한 대에 수백만 원이나 하는 서버를 구입하는 건 너무 부담이 된다.)**

4. 장애가 덜 나도록 누군가가 전문적으로 관리해 줬으면 좋겠다. 데이터 센터에서 관리해 주고 있지만 많이 부족하다.

5. 데이터 센터에 장애가 나면 정말 답이 없다. 데이터 센터에 장애가 발생하더라도 서비스가 운영됐으면 좋겠다.

이번 장에서는 이 부분을 해결하기 위해 오토 스케일링을 사용하겠다.

4.2 AMI란?

오토 스케일링을 사용하려면 **시작 템플릿(Launch Template)**이 필요하다. 그리고 시작 템플릿을 만들려면 **AMI(Amazon Machine Image)**가 필요하다. 하나씩 차근히 배워보자.

먼저 AMI는 흔히 이미지라고도 한다. 쉽게 말해, AWS에서 인스턴스에 운영체제를 빠르게 설치할 수 있도록 미리 만들어 놓은 운영체제 환경의 템플릿이라고 생각하면 된다. 이러한 AMI에는 운영체제뿐만 아니라 필요한 경우 애플리케이션, 설정 값, 패키지 등이 포함될 수 있어 EC2 인스턴스를 빠르고 일관되게 만들 수 있는 기반이 된다.

3장에서 lucky-instance라는 이름의 EC2 인스턴스를 만들었고, 해당 인스턴스에 Nginx 서버를 설치했다. 이러한 작업을 통해 기본 이미지가 변경됐기 때문에 새로운 AMI를 lucky-instance를 기준으로 다시 만들 것이다. 왜냐하면 기본 이미지를 사용하면 앞서 설치해 둔 Nginx를 다시 설치해야 하기 때문이다. 이 책에서는 실습을 간단하게 진행하기 위해 인스턴스에 Nginx 하나만 설치했지만 일반적으로 다양한 애플리케이션을 설치하고 설정을 하게 된다. 이러한 작업을 인스턴스를 만들 때마다 반복하려면 번거로울 것이므로 한 번 설정해 놓고 인스턴스의 AMI를 만들어 재사용하는 것이 일반적이다.

그래서 이어지는 절에서는 AMI, 즉 인스턴스 이미지를 생성해 보겠다.

4.3 [실습] AMI 생성

이번 절에서는 다음과 같은 단계에 따라 AMI, 즉 인스턴스 이미지를 생성해 보겠다.

01. EC2 서비스에서 왼쪽 메뉴의 **인스턴스**를 찾아서 클릭한다. 앞에서 만들어 둔 lucky-instance를 선택한다. 그런 다음, **작업 → 이미지 및 템플릿 → 이미지 생성**을 차례대로 선택한다.

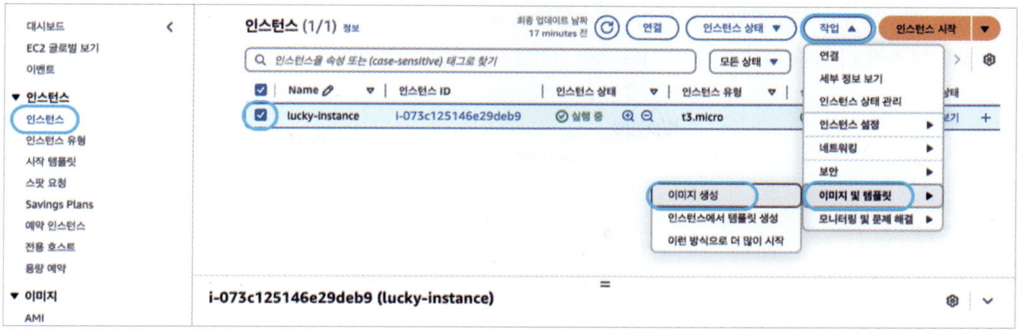

그림 4.2 EC2 인스턴스의 AMI 생성

02. 다음 페이지에서 **이미지 이름**은 각자 원하는 이름을 입력한다(이 책에서는 lucky-ami로 입력한다). **이미지 설명**은 입력하지 않아도 되지만 이 책에서는 'Lucky Instance AMI'라고 입력하겠다. 그러고 나서 **이미지 생성** 버튼을 클릭해 이미지를 만든다. 참고로 **이미지 설명**은 입력하기 귀찮아서 잘 입력하지 않는 경우가 많은데, 이미지 설명을 잘 입력하는 버릇을 들이기를 권장한다. 왜냐하면 팀 단위로 작업하다 보면 하루만 지나도 누가 왜 이걸 만들어 놨는지 잊어버리는 일이 많기 때문에 잘 기록해 둘 필요가 있다.

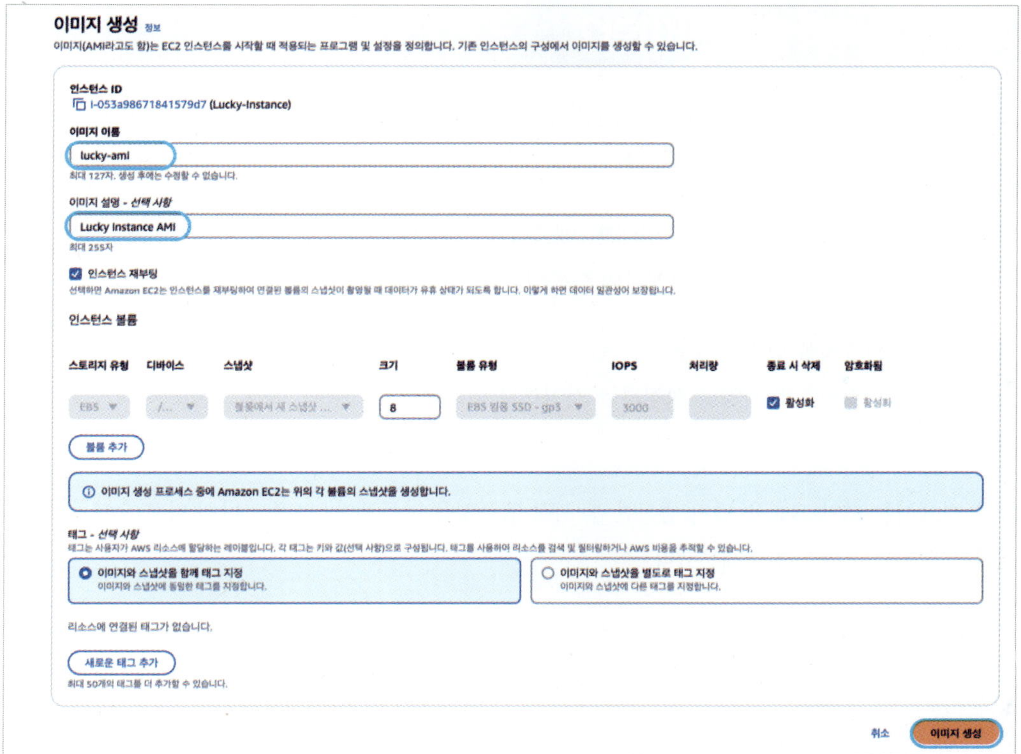

그림 4.3 AMI 설정

03. 왼쪽 메뉴에서 AMI를 클릭하면 이미지가 생성된 것을 볼 수 있다. 화면을 오른쪽으로 약간만 스크롤하면 **상태**를 확인할 수 있다. 3~5분 정도 후에 **사용 가능**이라고 나오면 제대로 생성된 것이다.

그림 4.4 AMI 목록

4.4 시작 템플릿이란?

시작 템플릿(Launch Template)은 오토 스케일링에 의해 생성될 인스턴스가 어떤 사양을 가지고 어떤 상태로 생성될지 설정하는 부분이다.

앞에서 배운 AMI는 인스턴스의 운영체제, 애플리케이션, 설정 등을 포함한 이미지이고, 시작 템플릿은 인스턴스를 시작할 때 사용하는 설정값의 모음이다. 시작 템플릿에 AMI가 포함되는 관계다.

따라서 시작 템플릿을 만드는 것은 인스턴스를 생성할 때 설정하는 것과 매우 유사하다. 또한 시작 템플릿은 생성될 인스턴스의 사양을 설정하는 것이므로 인스턴스에 적용할 보안 그룹도 미리 만들어져 있어야 한다.

다음 절에서는 보안 그룹을 먼저 생성한 후 시작 템플릿을 만들겠다. 그리고 나서 바로 오토 스케일링 그룹을 생성하는 작업을 진행해보겠다.

4.5 [실습] 보안 그룹 생성

이번 절에서는 오토 스케일링에 의해 자동으로 만들어지는 인스턴스에 적용할 보안 그룹을 만들어보자. 앞에서 보안 그룹을 만들어 봤으므로 따라하기가 어렵지 않을 것이다.

01. EC2 서비스의 왼쪽 메뉴에서 **보안 그룹**을 클릭한다. 그런 다음, **보안 그룹 생성** 버튼을 클릭한다.

그림 4.5 보안 그룹 목록

02. **보안 그룹** 이름에 각자 원하는 이름을 입력한다. 이 책에서는 'lucky-web-instance-sg'로 입력하겠다. **설명**도 반드시 넣어야 한다. 이 책에서는 'Lucky Web Instance Security Group'으로 입력하겠다.

규칙 추가 버튼을 클릭해 인바운드 규칙을 하나 만든다. 이 책에서는 HTTP 통신을 하므로 **유형**에 HTTP를 선택한다. 그리고 **소스**는 Anywhere-IPv4를 선택한다.

규칙 추가 버튼을 한 번 더 클릭해 인바운드 규칙을 하나 더 만든다. 이번에는 인스턴스에 접근하기 위한 SSH 통신을 위해 **유형**을 SSH로 선택한다. **소스**는 **내 IP**를 선택한다. 그래야 나만 접속할 수 있게 되어 보안을 강화할 수 있다(지금 당장은 Anywhere-IPv4을 선택해도 상관없다). 그리고 나서 화면의 맨 아래에 있는 **보안 그룹 생성** 버튼을 클릭한다.

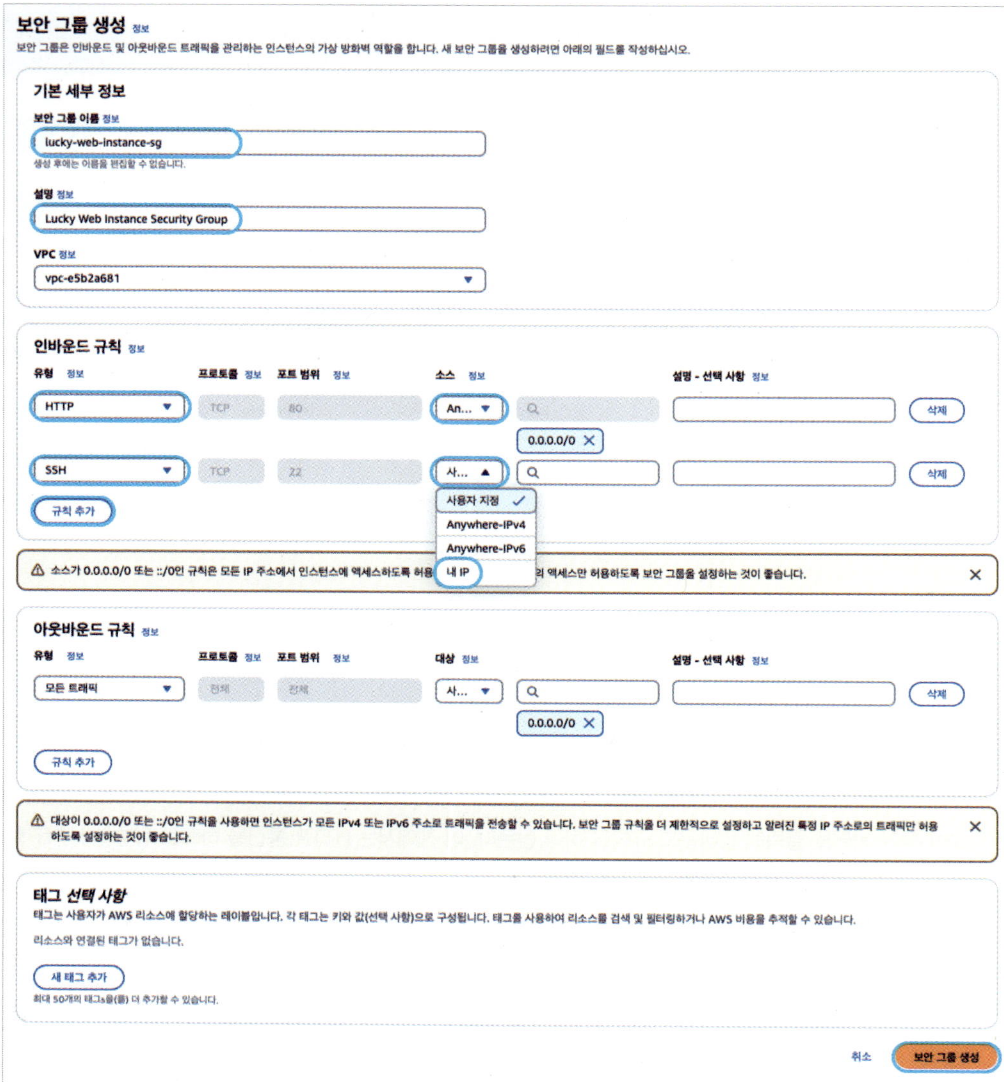
보안 그룹 생성 정보
보안 그룹은 인바운드 및 아웃바운드 트래픽을 관리하는 인스턴스의 가상 방화벽 역할을 합니다. 새 보안 그룹을 생성하려면 아래의 필드를 작성하십시오.
기본 세부 정보
보안 그룹 이름 정보
lucky-web-instance-sg
생성 후에는 이름을 편집할 수 없습니다.
설명 정보
Lucky Web Instance Security Group
VPC 정보
vpc-e5b2a681
인바운드 규칙 정보
유형 정보
프로토콜 정보
포트 범위 정보
소스 정보
설명 - 선택 사항 정보
HTTP
TCP
80
An...
0.0.0.0/0
삭제
SSH
TCP
22
사...
삭제
사용자 지정
Anywhere-IPv4
Anywhere-IPv6
내 IP
규칙 추가
소스가 0.0.0.0/0 또는 ::/0인 규칙은 모든 IP 주소에서 인스턴스에 액세스하도록 허용
의 액세스만 허용하도록 보안 그룹을 설정하는 것이 좋습니다.
아웃바운드 규칙 정보
유형 정보
프로토콜 정보
포트 범위 정보
대상 정보
설명 - 선택 사항 정보
모든 트래픽
전체
전체
사...
0.0.0.0/0
삭제
규칙 추가
대상이 0.0.0.0/0 또는 ::/0인 규칙을 사용하면 인스턴스가 모든 IPv4 또는 IPv6 주소로 트래픽을 전송할 수 있습니다. 보안 그룹 규칙을 더 제한적으로 설정하고 알려진 특정 IP 주소로의 트래픽만 허용하도록 설정하는 것이 좋습니다.
태그 선택 사항
태그는 사용자가 AWS 리소스에 할당하는 레이블입니다. 각 태그는 키와 값(선택 사항)으로 구성됩니다. 태그를 사용하여 리소스를 검색 및 필터링하거나 AWS 비용을 추적할 수 있습니다.
리소스와 연결된 태그가 없습니다.
새 태그 추가
최대 50개의 태그을(를) 더 추가할 수 있습니다.
취소
보안 그룹 생성
그림 4.6 보안 그룹 설정

4.6 [실습] 시작 템플릿 생성

시작 템플릿은 앞에서 만든 AMI를 어떤 사양으로 실행할 것인지 미리 설정해 놓는 것이라고 보면 된다. 시작 템플릿을 만드는 것은 인스턴스를 만들 때 설정하는 것과 매우 유사하다.

01. EC2 서비스의 왼쪽 메뉴에서 **시작 템플릿**을 클릭한다. 그러고 나서 **시작 템플릿 생성** 버튼을 클릭한다.

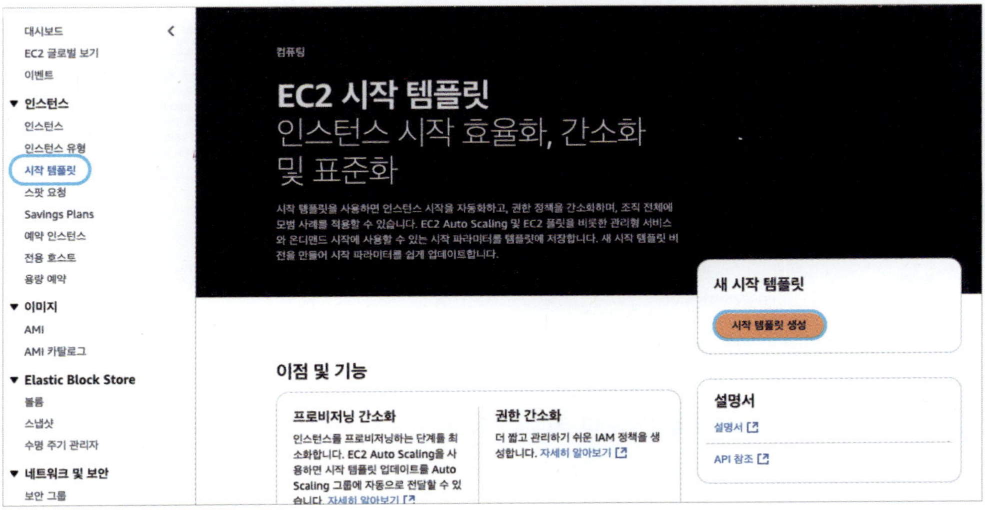

그림 4.7 시작 템플릿 생성 화면

02. **시작 템플릿 이름**에는 각자 원하는 이름을 입력한다. 이 책에서는 'lucky-template'으로 입력하겠다. **템플릿 버전 설명**은 'Lucky Web Server Template'으로 입력하겠다.

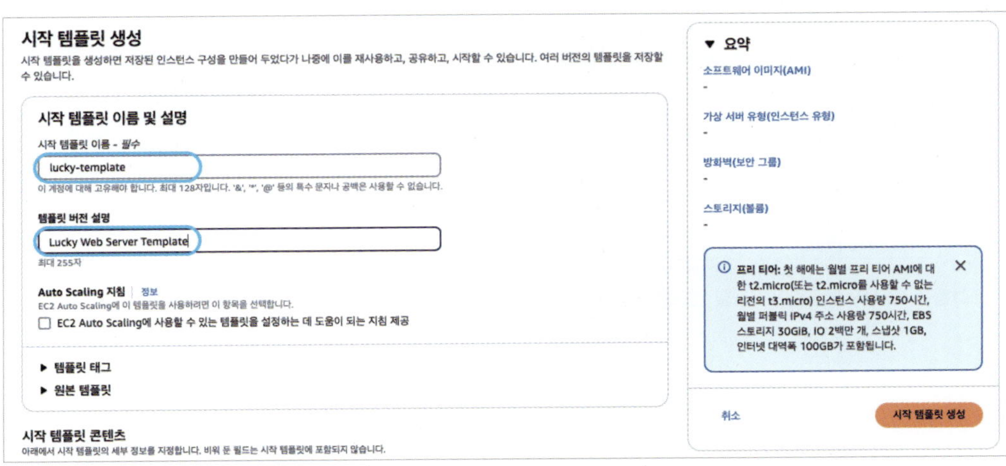

그림 4.8 시작 템플릿의 이름과 버전 입력

03. **애플리케이션 및 OS 이미지**에서는 **내 AMI → 내 소유 →** lucky-ami를 차례로 선택한다. lucky-ami는 앞에서 만든 AMI다.

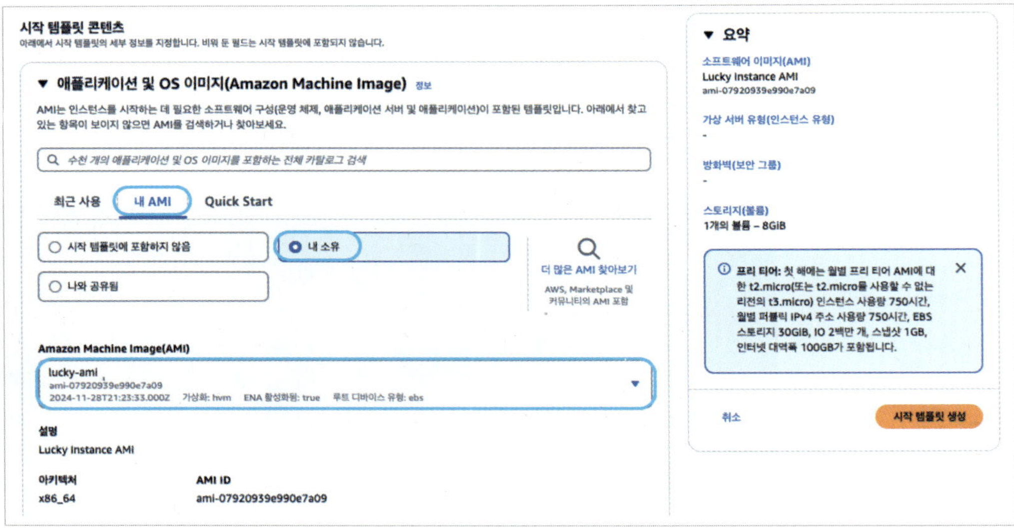

그림 4.9 시작 템플릿의 AMI를 선택하는 화면

04. **인스턴스 유형**에서는 t3.micro를 선택한다. **키 페어 이름**에서는 **시작 템플릿에 포함하지 않음**을 선택한다.

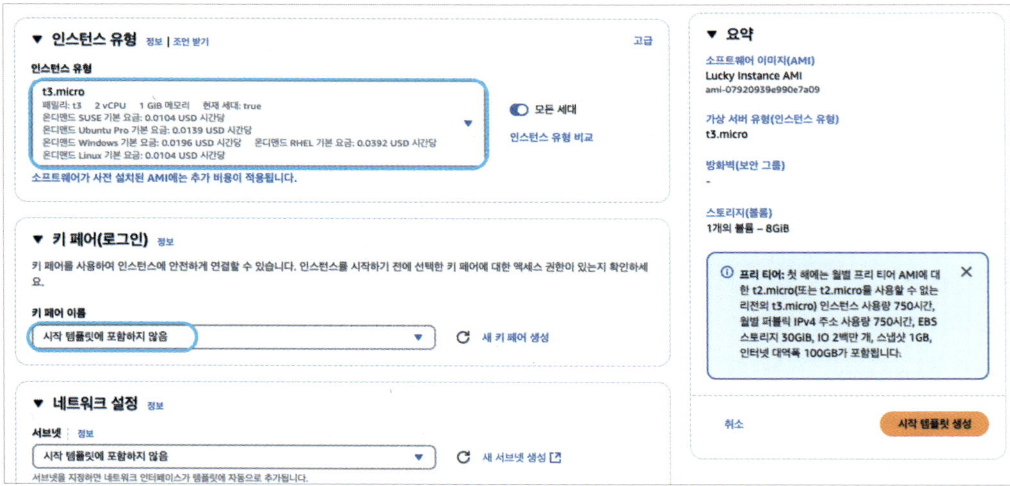

그림 4.10 시작 템플릿이 사용할 인스턴스 용량과 키 페어 선택

05. **네트워크 설정**에서는 **기존 보안 그룹 선택**을 선택하고, **보안 그룹**은 앞에서 만든 lucky-web-instance-sg를 선택한다. 그러고 나서 **시작 템플릿 생성** 버튼을 클릭해 템플릿을 생성한다.

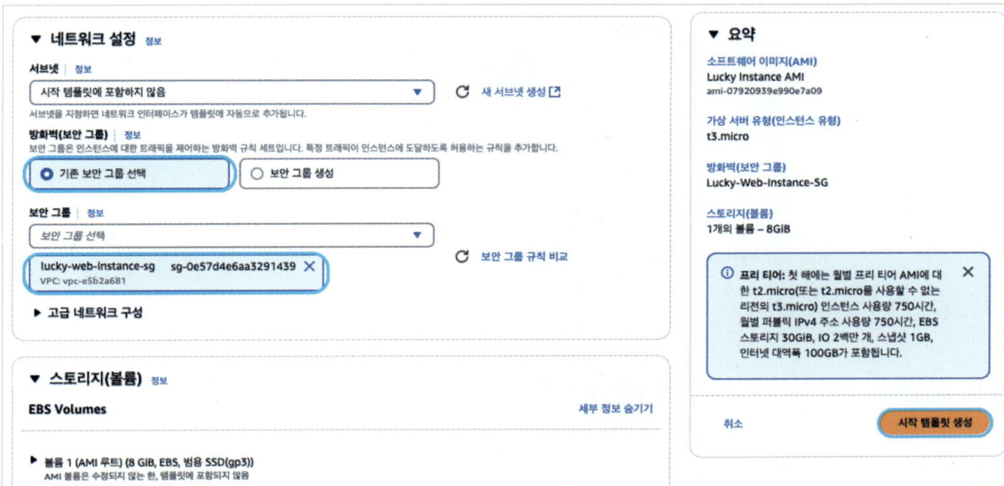

그림 4.11 시작 템플릿에 적용할 보안 그룹을 설정

06. 시작 템플릿이 성공적으로 생성됐다는 메시지가 표시되면 하단의 **시작 템플릿 보기** 버튼을 클릭한다.

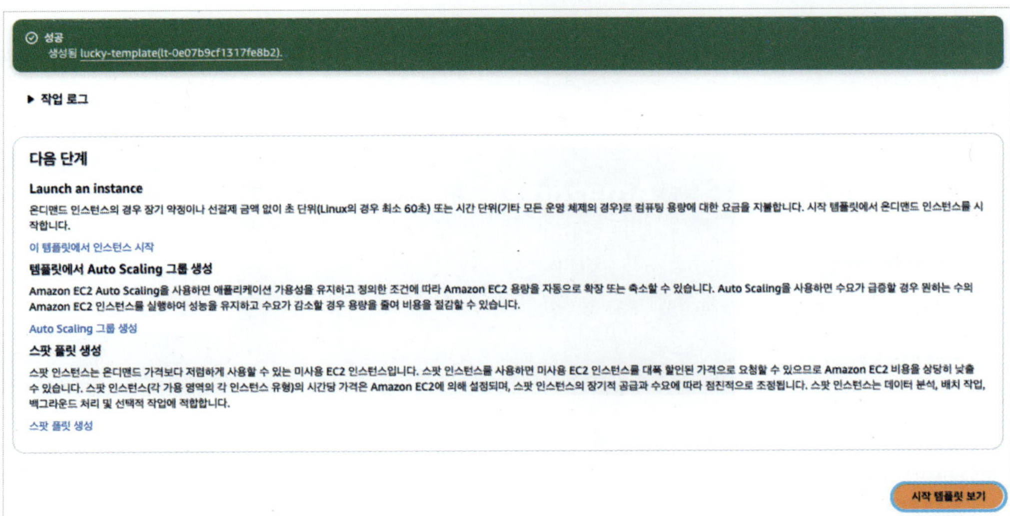

그림 4.12 시작 템플릿 생성 완료

07. 다음과 같이 표시된다면 시작 템플릿이 잘 만들어진 것이다.

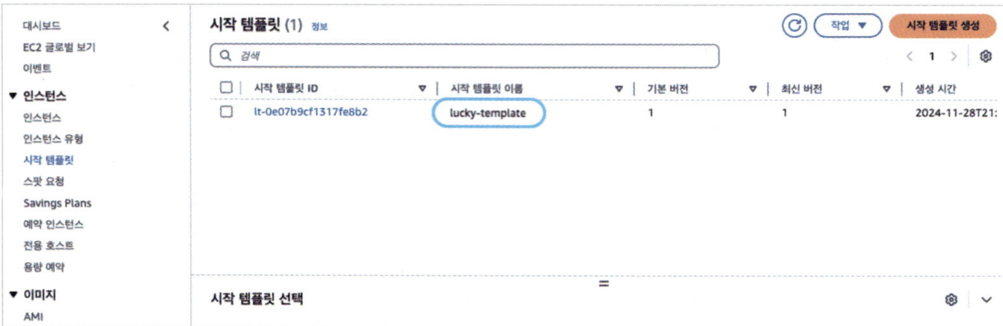

그림 4.13 시작 템플릿 목록

다음 절에서는 앞에서 만든 시작 템플릿을 이용해 오토 스케일링을 생성하겠다.

4.7 [실습] 오토 스케일링 그룹 생성

지금까지 먼길을 오느라 수고 많았다. 드디어 오토 스케일링을 생성할 차례다.

01. EC2 서비스의 왼쪽 메뉴에서 **Auto Scaling 그룹**을 클릭한다. 그러고 나서 **Auto Scaling 그룹 생성** 버튼을 클릭한다.

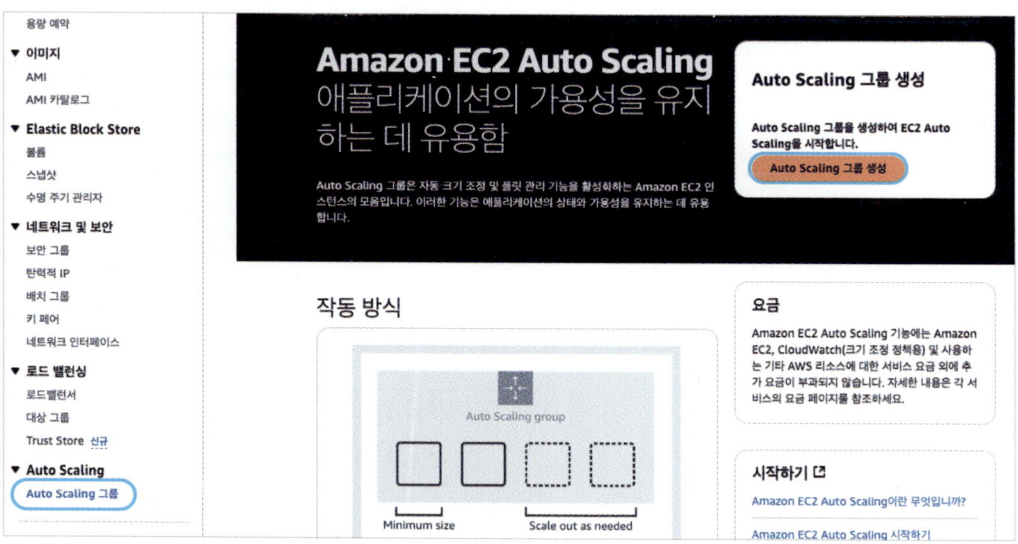

그림 4.14 오토 스케일링 그룹 생성

02. **Auto Scaling 그룹 이름**에는 각자 원하는 이름을 입력한다. 이 책에서는 'lucky-asg'로 입력하겠다(asg는 Auto Scaling Group의 약자다). **시작 템플릿**에서는 앞에서 만든 **lucky-template**을 선택한다. 그리고 나서 아래쪽의 **다음** 버튼을 클릭한다.

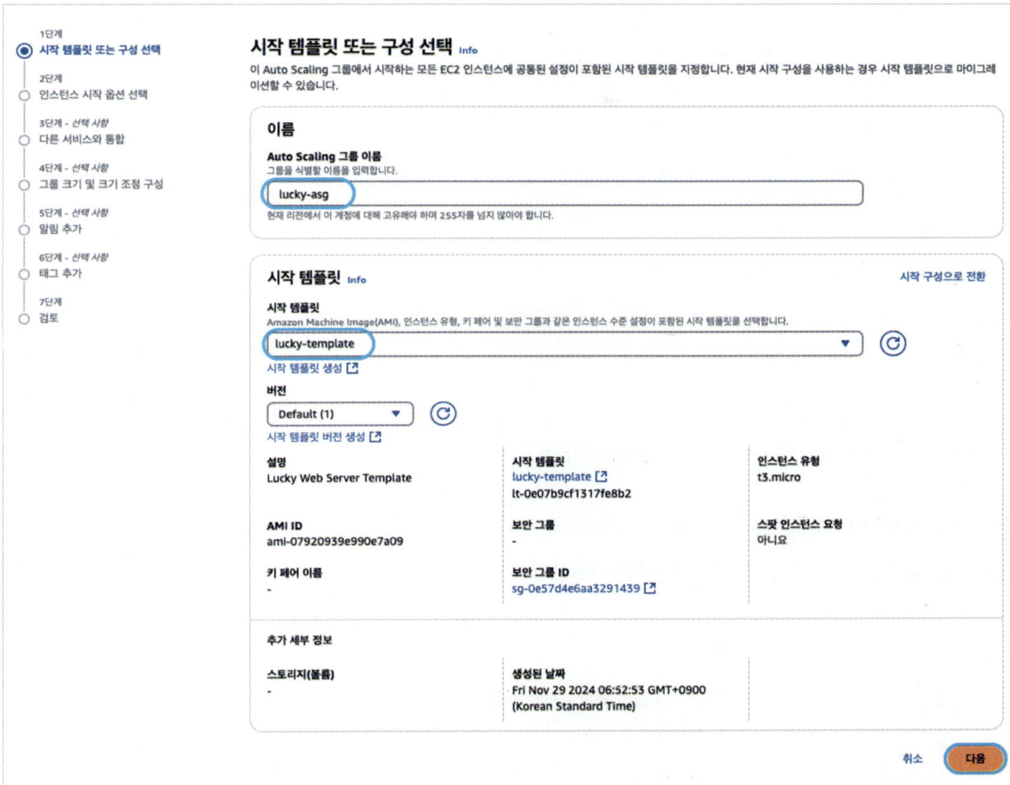

그림 4.15 오토 스케일링 그룹 이름 입력과 시작 템플릿 선택

03. 다음은 가용 영역과 서브넷을 선택하는 부분이다. 아직 VPC를 배우지 않아서 잘 모르겠지만 일단 Default라고 적힌 VPC가 선택돼 있고, **가용 영역 및 서브넷**에서 위쪽에 나열된 2개의 서브넷을 선택한다. 이 설정은 2개의 가용 영역에 걸쳐 오토 스케일링이 동작한다는 의미다. 4개를 다 선택해도 상관없다. 이 책에서는 실습의 편의를 위해 최소한으로만 선택한 것이다. 설정을 마치면 **다음** 버튼을 클릭한다.

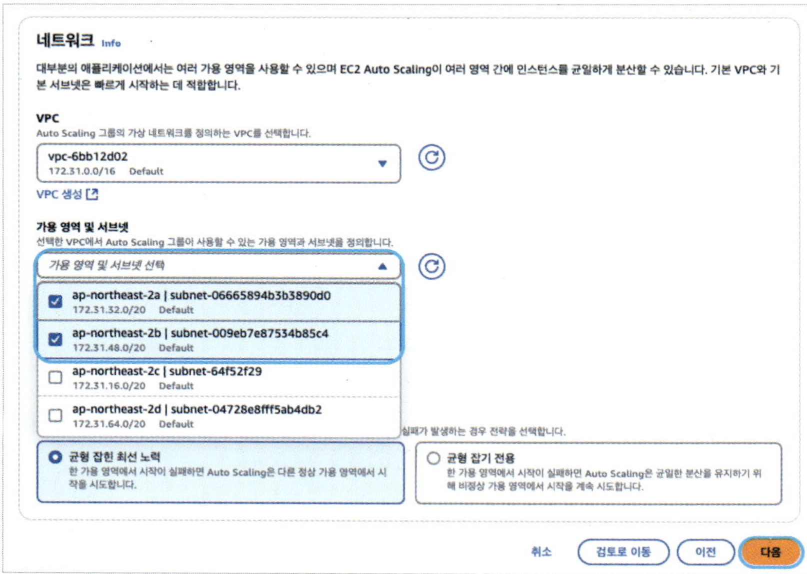

그림 4.16 오토 스케일링 그룹이 적용될 VPC와 서브넷 선택

04. 오토 스케일링 그룹은 일반적으로 로드 밸런서와 연결해서 사용한다. 그래서 앞에서 만들어 둔 로드 밸런서의 대상 그룹인 lucky-tg를 선택한다. 대상 그룹과 오토 스케일링 그룹은 둘 다 별도의 기능이지만 서로 연계되어 동작한다.

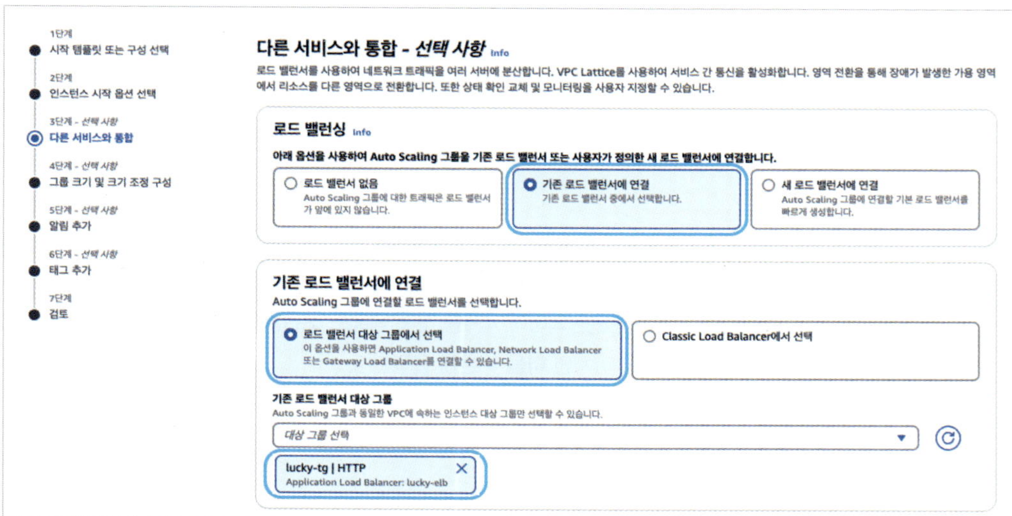

그림 4.17 오토 스케일링 그룹과 연계될 로드 밸런서와 대상 그룹 선택

05. 다음 화면에서는 Elastic Load Balancer **상태 확인 켜기**를 체크한다. 로드 밸런서가 인스턴스의 상태를 확인하고, 문제가 있다면 오토 스케일링이 인스턴스를 교체하는 옵션이다. 오토 스케일링은 단지 트래픽에 맞춰 인스턴스를 생성/삭제만 하는 것이 아니다. 문제가 있다면 인스턴스를 삭제하고 다시 생성하는 작업도 한다. **다음** 버튼을 클릭한다.

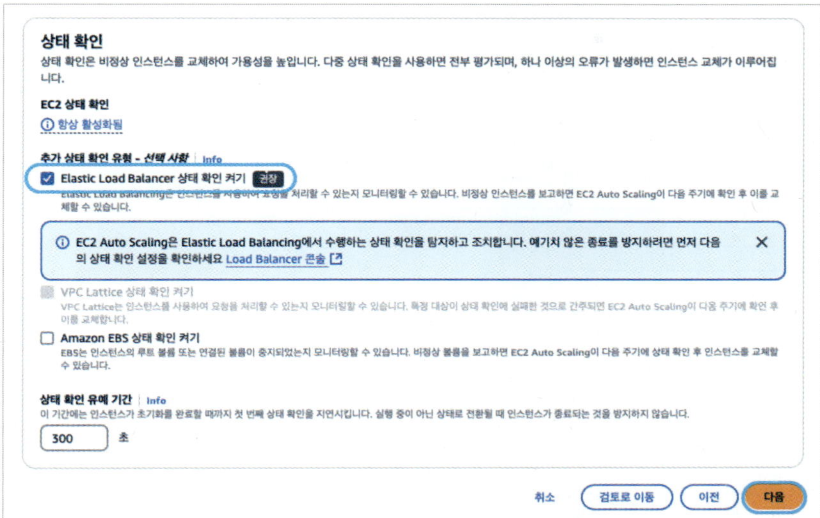

그림 4.18 오토 스케일링 그룹의 상태 확인 옵션

06. 오토 스케일링의 크기 값을 설정한다. **원하는 용량**에는 2를 입력한다. **원하는 최소 용량**도 2, **원하는 최대 용량**은 10 정도로 입력한다. 이 값은 본인의 상황에 맞게 입력해야 한다. 지금은 테스트용으로 10으로 입력했지만 더 필요하면 숫자를 높인다. 여기서 원하는 용량은 초반에 만들어지는 인스턴스 개수다. 좀 정확히 말하자면 트래픽이 많아져서 인스턴스를 늘려야 하면 **원하는 용량**의 숫자가 변경되고 인스턴스가 늘어난다.

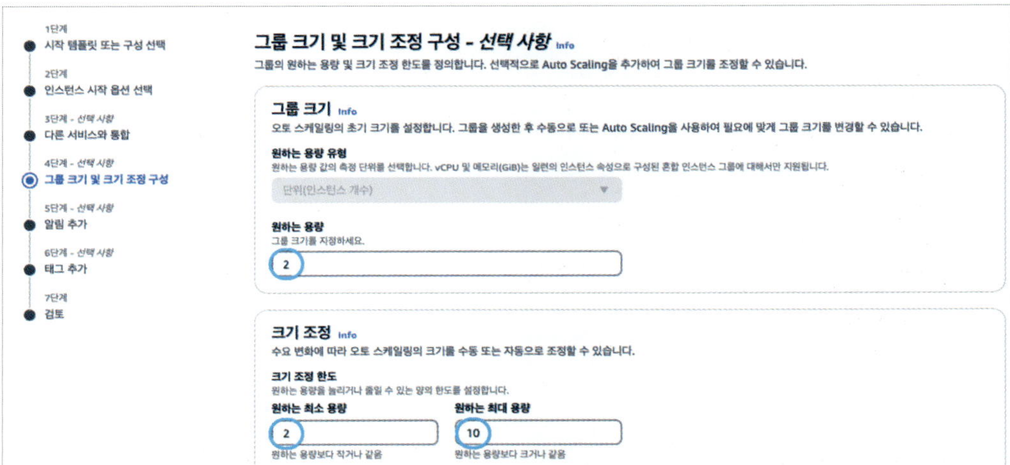

그림 4.19 오토 스케일링 그룹이 만들 수 있는 인스턴스의 최솟값과 최댓값 설정

07. 다음은 오토 스케일링의 핵심 기능으로, 어떤 기준으로 인스턴스를 생성하고 삭제할지를 설정한다. 여기서는 **대상 추적 크기 조정 정책**을 선택한다. **지표 유형**은 **평균 CPU 사용률**로, **대상 값**은 50으로 설정한다. 다음 절에서 오토 스케일링을 테스트할 예정이라면 **대상 값**을 20으로 설정할 것을 권장한다. 대상 값이 높으면 테스트하는 데 오래 걸린다. **대상 추적 크기 조정 정책**은 일종의 에어컨 같은 기능이다. 에어컨이 설정된 온도를 유지하기 위해 자동으로 바람의 세기를 조절하듯, 인스턴스도 평균 CPU 사용률이 50%를 유지하도록 자동으로 인스턴스 수를 늘리거나 줄일 것이다.

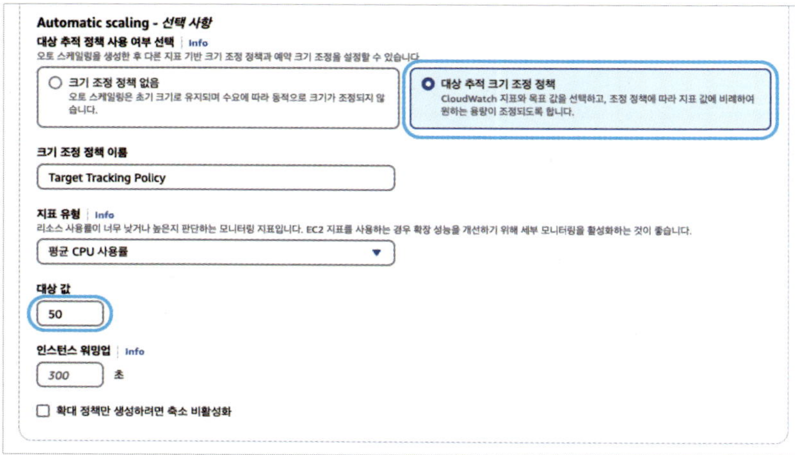

그림 4.20 오토 스케일링 그룹의 정책 설정

08. 중요한 설정은 다 했다. **다음** 버튼을 클릭한다.

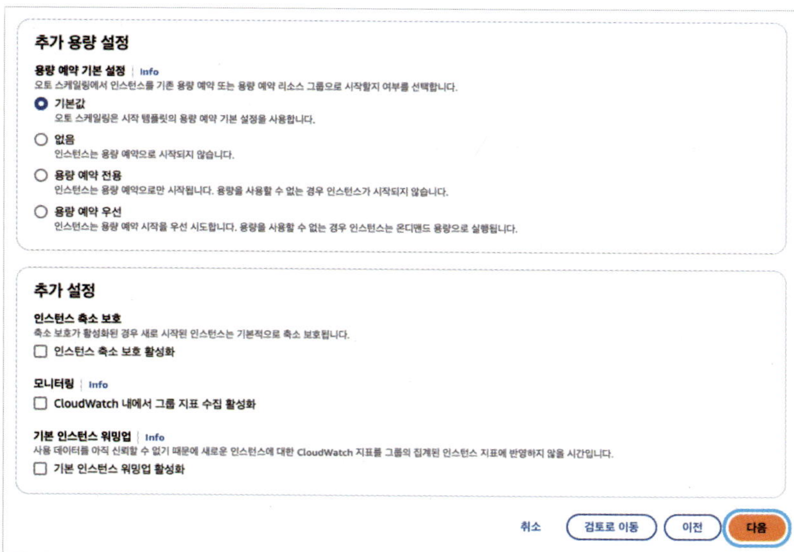

그림 4.21 오토 스케일링 그룹의 추가 설정

09. 다음 부분은 인스턴스가 늘어나거나 줄어들 때 이메일이나 문자를 받을 수 있도록 설정하는 부분인데, SNS라는 서비스를 미리 설정해야 한다. SNS 서비스는 아직 배우지 않았기 때문에 **다음** 버튼을 클릭해 넘어간다.

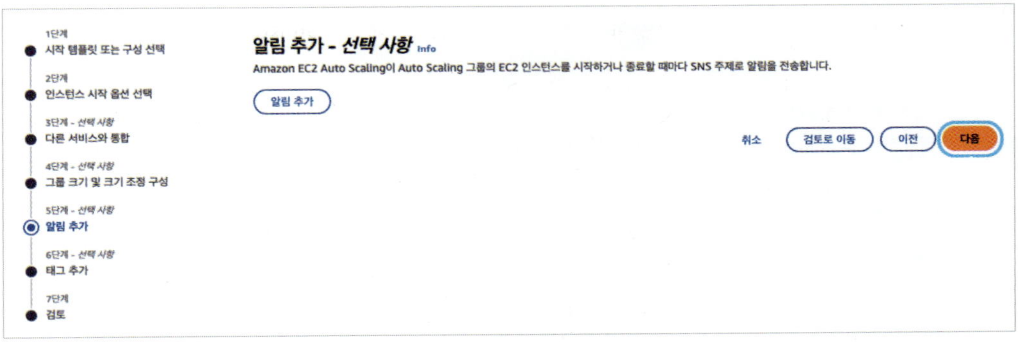

그림 4.22 오토 스케일링 그룹에서 알림 기능을 추가

10. 오토 스케일링에 의해 인스턴스가 자동으로 만들어질 때 인스턴스의 이름이 설정될 것이다. **키**에 Name, **값**에 lucky-web-instance를 입력하고, **다음** 버튼을 클릭한다. 태그에는 인스턴스에 기록하기 위한 다양한 값을 넣을 수 있다.

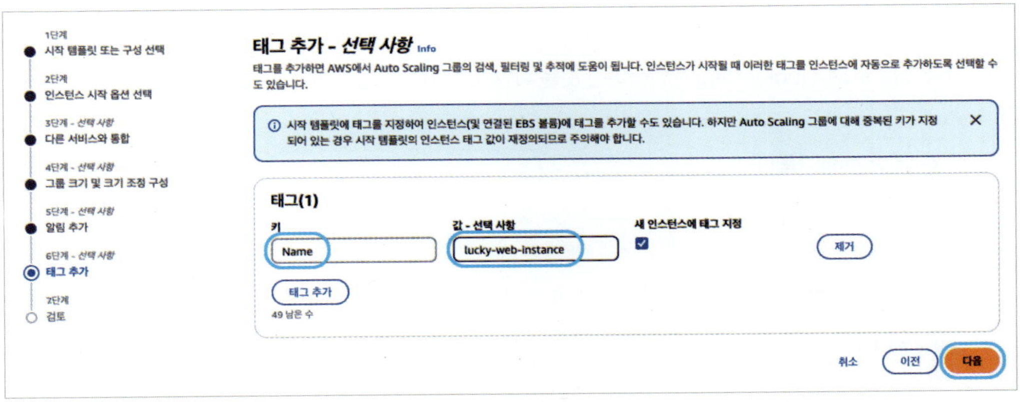

그림 4.23 오토 스케일링 그룹에 의해 만들어지는 인스턴스의 태그 설정

11. Auto Scaling **그룹 생성** 버튼을 클릭해 오토 스케일링 그룹을 생성한다.

그림 4.24 오토 스케일링 그룹의 설정 정보 확인

12. 그럼 다음과 같이 lucky-asg가 만들어진 것을 확인하고, 이름을 클릭한다.

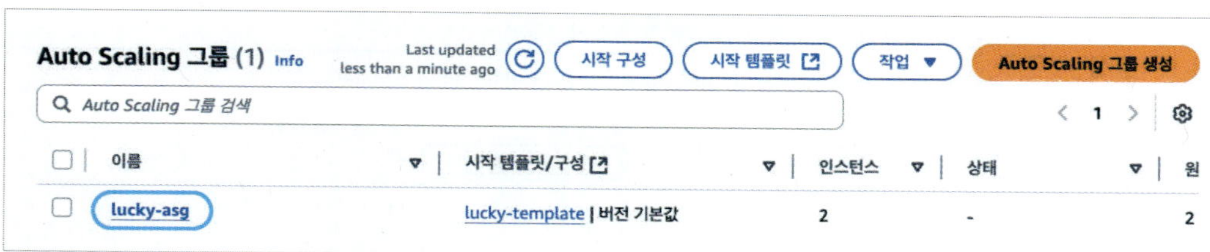

그림 4.25 오토 스케일링 그룹 목록

13. **활동** 탭을 클릭해 **작업 기록**을 보면 2개의 기록을 볼 수 있다. 오토 스케일링이 2개의 인스턴스를 생성했다는 기록이다. 이는 앞의 설정에서 **원하는 용량**을 2로 설정했기 때문이다.

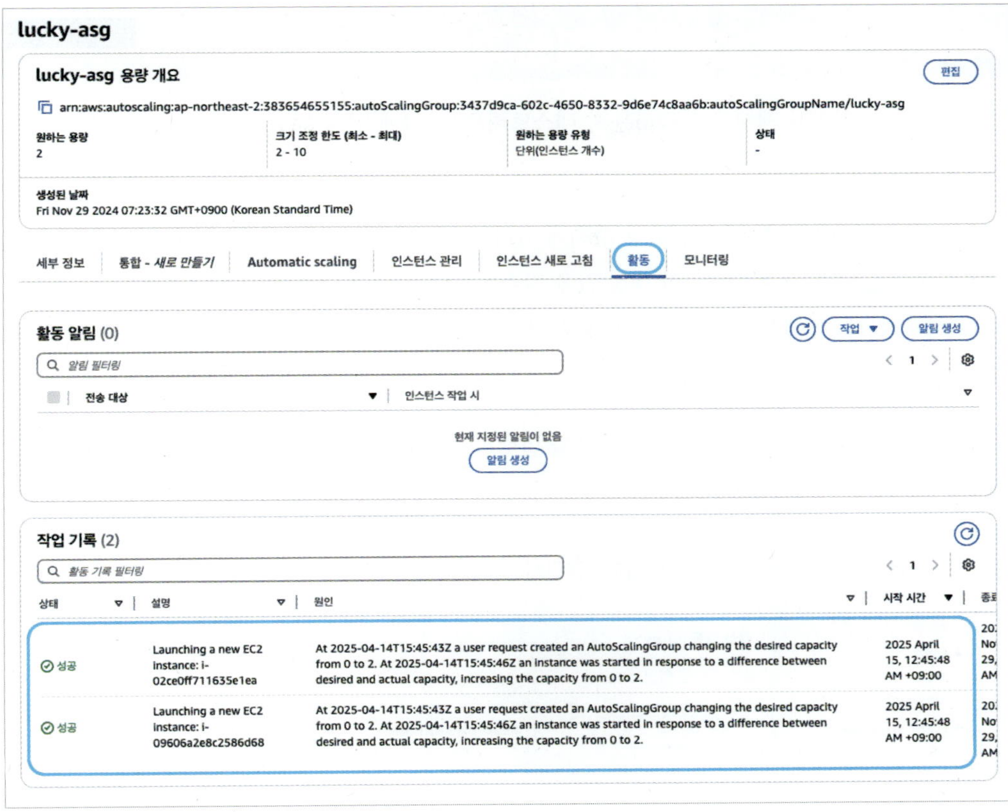

그림 4.26 오토 스케일링 그룹의 작업 기록

14. **인스턴스** 메뉴를 클릭해서 확인해 보면 lucky-web-instance라는 2개의 인스턴스가 생성되는 것을 확인할 수 있다.

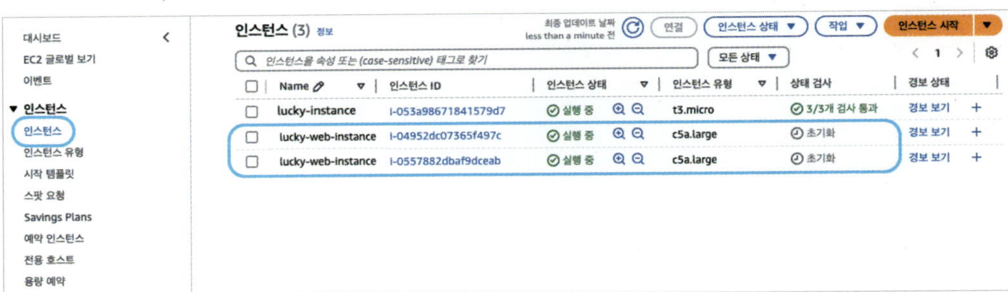

그림 4.27 EC2 인스턴스의 목록

이제 이렇게 만든 오토 스케일링이 잘 동작하는지 테스트해 보자. 다시 말하지만 테스트를 위해서는 7번 단계에서 입력했던 **대상 값**을 20으로 맞춰 주는 것이 테스트하기에 좋다.

4.8 [실습] 오토 스케일링 그룹 테스트

이제 오토 스케일링이 제대로 동작하는지 테스트해보자. 그에 앞서 먼저 오토 스케일링의 동작 방식을 살펴보자.

오토 스케일링은 **대상 추적 크기 조정 정책**에 따라 미리 지정해둔 **지표 유형**인 **평균 CPU 사용률**을 기반으로 **대상 값**에 따라 에어컨처럼 대상 값을 맞추기 위해 AWS가 알아서 인스턴스를 생성/삭제하는 방식으로 동작한다. 앞에서도 언급했듯이 **대상 값**을 20으로 설정했다면 이번 테스트를 하기가 수월할 것이다.

테스트에서는 하나의 인스턴스에 무한 루프를 발생시켜 CPU 사용률이 20% 이상으로 증가했을 때 인스턴스가 잘 만들어지는지 확인하겠다.

01. EC2 서비스의 왼쪽 메뉴에서 **대상 그룹**을 클릭한 후 기존에 만들어둔 lucky-tg를 클릭한다.

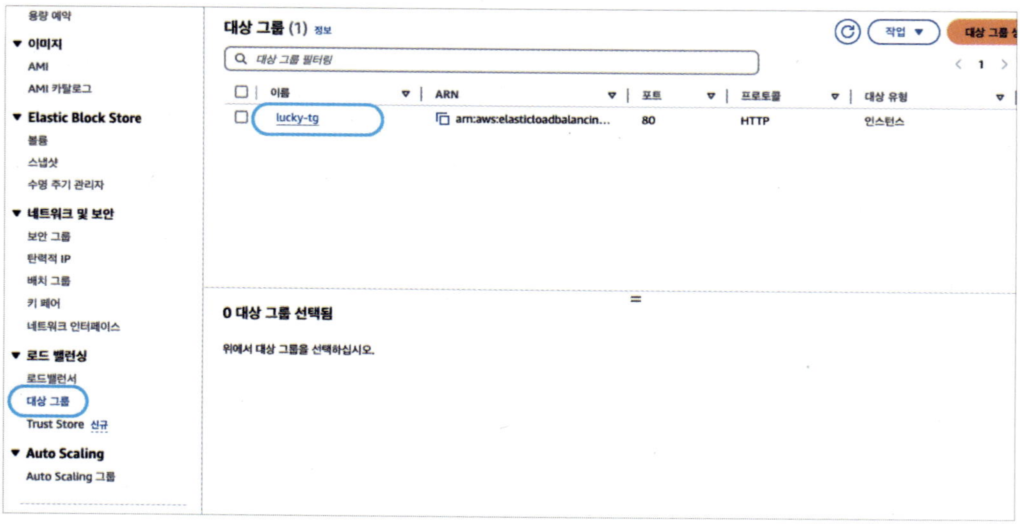

그림 4.28 대상 그룹 목록

02. 하단의 **대상** 탭에서 3개의 인스턴스를 확인할 수 있다. 여기서 lucky-instance는 오토 스케일링이 만든 것이 아니고, 이전 실습을 통해 처음으로 만든 인스턴스다. 나머지 2개의 인스턴스는 원하는 용량에 2를 입력했기에 오토 스케일링에 의해 만들어진 인스턴스다. 오토 스케일링은 자신이 만든 인스턴스가 아니면 관리하지 않는다. 그래서 앞에서 임의로 만든 lucky-instance 인스턴스는 제거하도록 하겠다.

참고로 이미 운영 중인 인스턴스를 제거할 때는 마음대로 인스턴스를 지우면 안 된다. 왜냐하면 사용자가 해당 인스턴스에서 작업을 하고 있을지도 모르기 때문이다. 따라서 인스턴스를 갑자기 지워버리면 장애가 발생하게 된다. 그래서 트래픽에 대한 **드레인**(draining) 작업을 먼저 한 다음에 인스턴스를 삭제해야 한다(drain은 '배수하다'라는 뜻이다). 그럼 먼저 드레인 작업을 해보자. lucky-instance를 선택하고, **등록 취소** 버튼을 클릭한다.

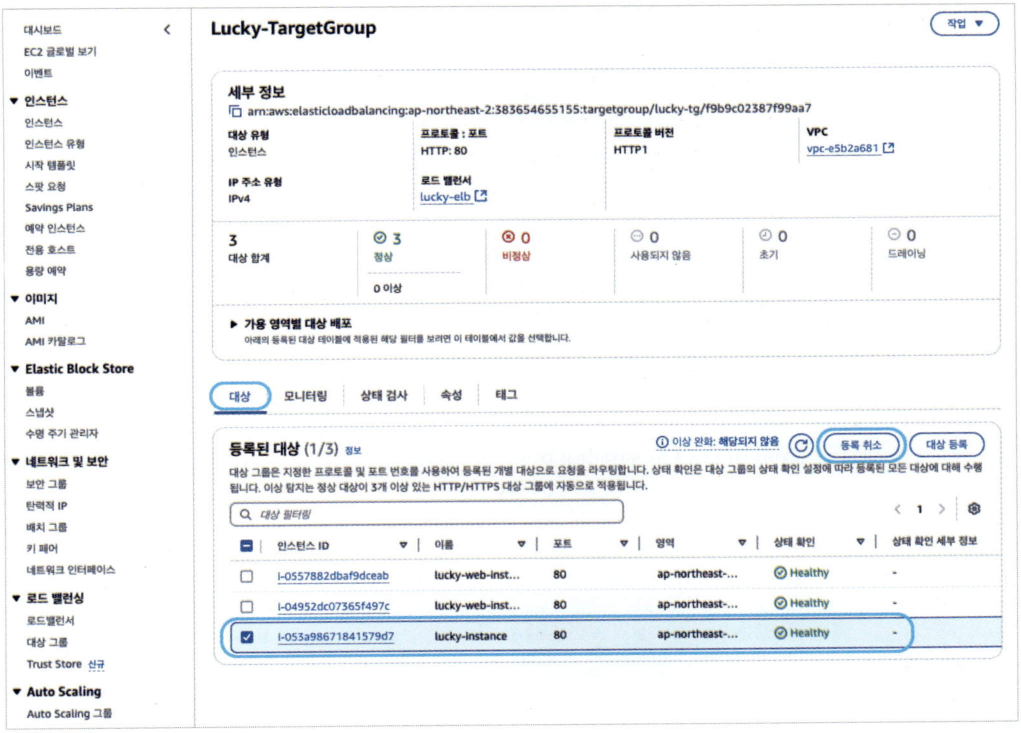

그림 4.29 대상 그룹의 세부 정보

03. lucky-instance의 상태가 Draining으로 변경된 것을 확인할 수 있다. 이제 lucky-instance에는 더 이상 로드 밸런서가 트래픽을 전달하지 않고, 이미 들어온 트래픽만 처리하고 내보내는 작업을 하게 된다. 드레인 작업에는 5분이 걸리는데, 이 값은 여러분이 변경할 수 있다. 이렇게 5분이 지나면 대상 그룹에서 lucky-instance가 배제될 것이다.

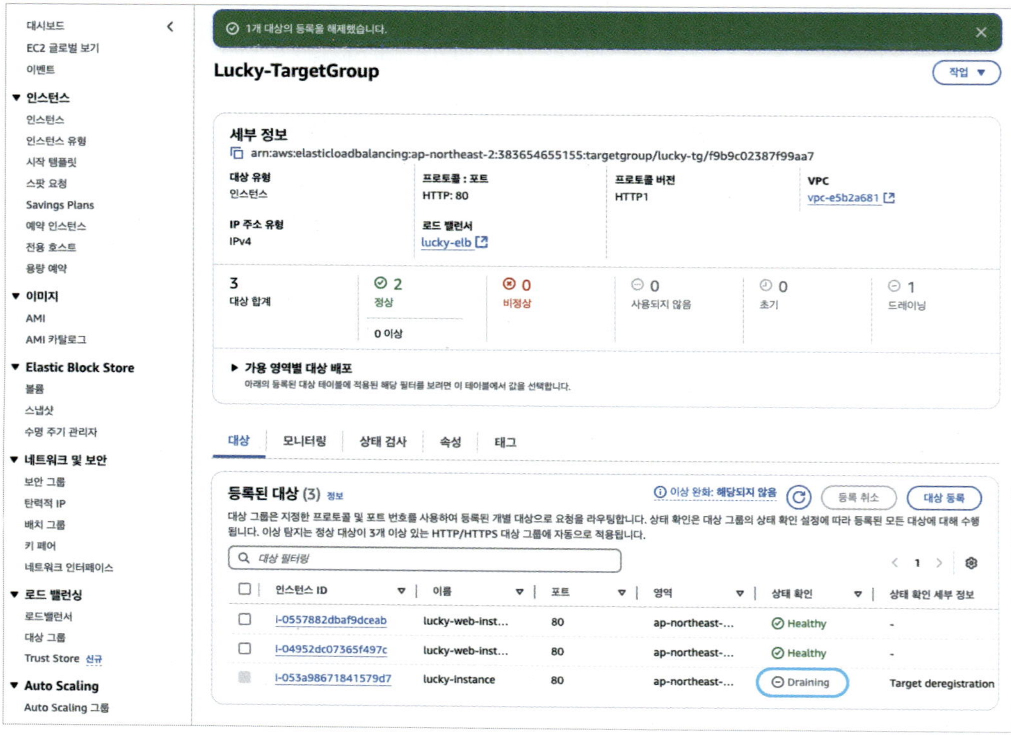

그림 4.30 대상 그룹에서 인스턴스를 드레인

04. 대상 그룹에서 드레인한 인스턴스가 배제되면 인스턴스 메뉴로 이동한 후 **인스턴스 상태 → 인스턴스 종료**를 차례로 선택한다.

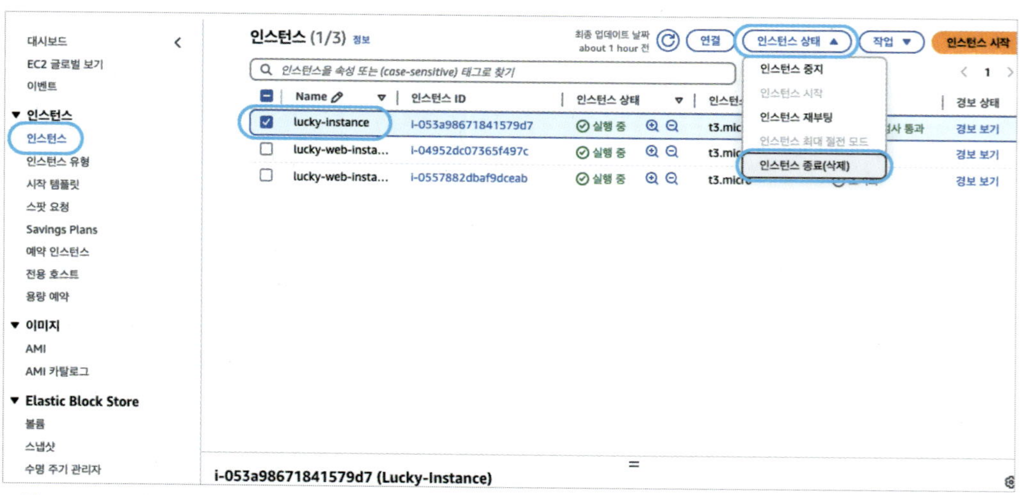

그림 4.31 EC2 인스턴스 종료

05. 다음은 혹시 모를 사고를 대비해 마지막으로 확인하는 단계다. **종료(삭제)** 버튼을 클릭해 삭제한다.

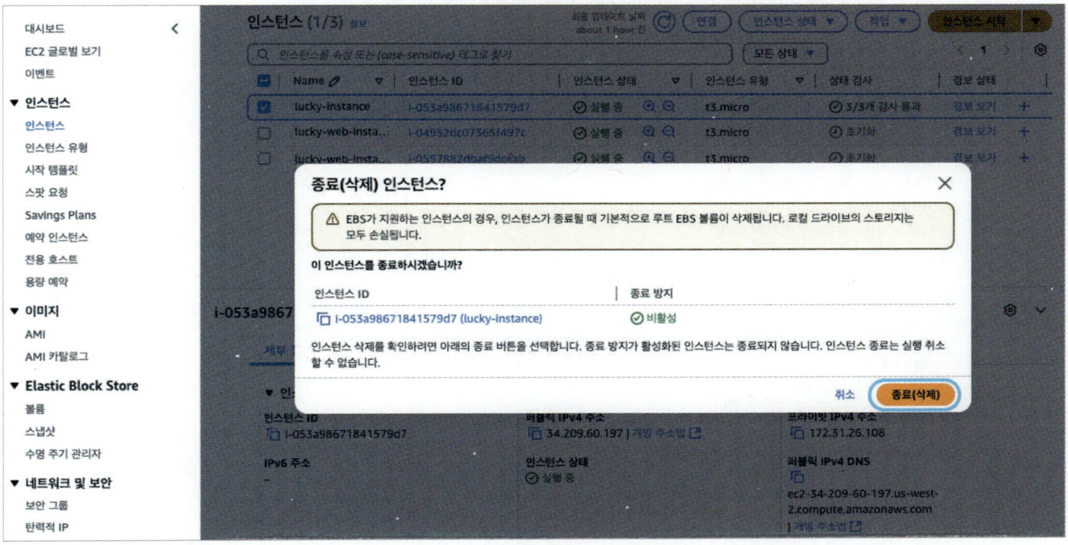

그림 4.32 EC2 인스턴스의 종료 확인

06. 이제 오토 스케일링의 동작을 테스트하기 위해 오토 스케일링으로 만든 lucky-web-instance 인스턴스를 하나 선택한다. 그러고 나서 **연결** 버튼을 클릭한다.

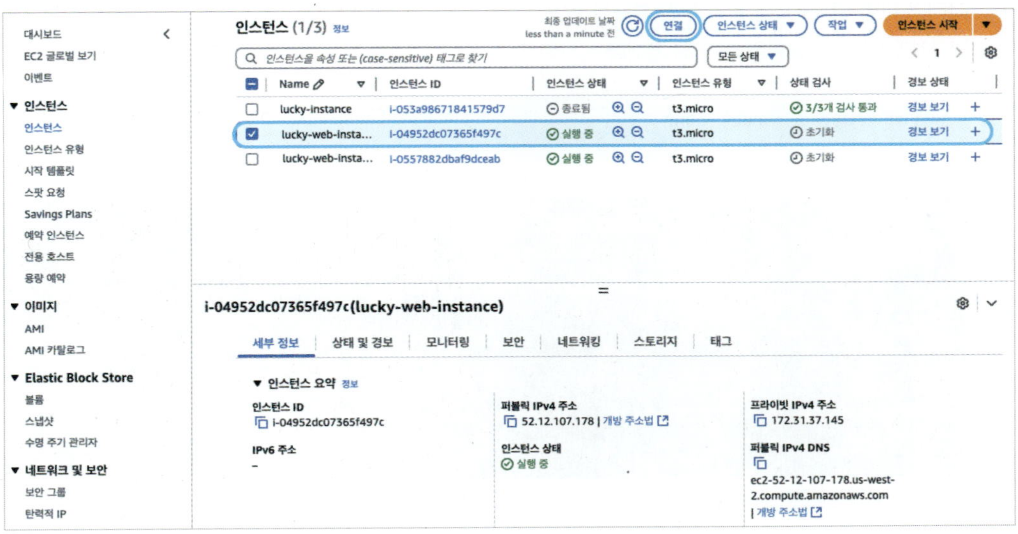

그림 4.33 EC2 인스턴스 목록

07. **EC2 인스턴스 연결** 탭에서 하단의 **연결** 버튼을 클릭한다. 참고로 앞에서 보안 그룹을 만들 때 HTTP 프로토콜뿐만 아니라 SSH 프로토콜도 허용한 이유는 바로 지금 사용하는 **EC2 인스턴스 연결** 기능을 사용하기 위해서다.

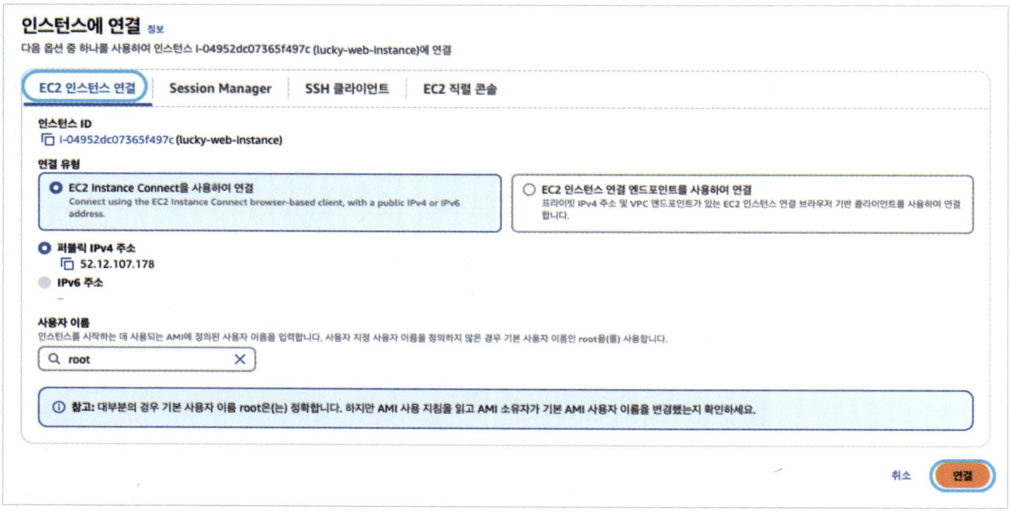

그림 4.34 EC2 인스턴스의 연결 방법 선택

08. 다음과 같은 터미널 화면이 나오면 아래 명령어로 무한 루프를 만들어 인스턴스의 CPU에 부하를 발생시킨다. 일정 시간이 지나면 오토 스케일링이 새로운 인스턴스를 만들어 대상 그룹에 추가하는 것을 확인할 수 있을 것이다. 그러고 나면 Ctrl + C를 눌러 무한 루프를 빠져나가면 일정 시간이 지난 후 다시 오토 스케일링에 의해 인스턴스가 삭제되는 것을 확인할 수 있을 것이다.

```
while true; do true; done
```

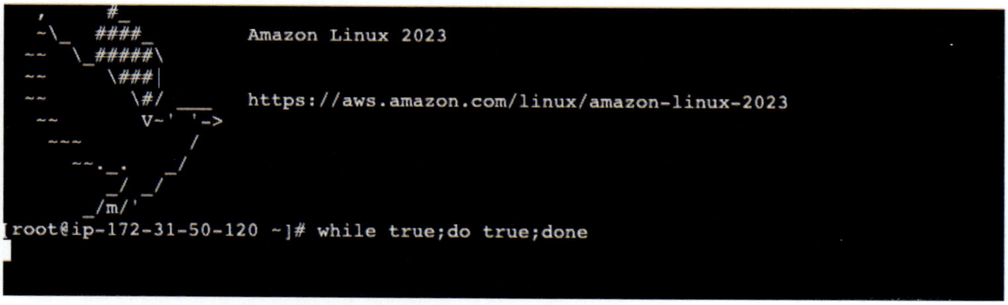

그림 4.35 EC2 인스턴스에 연결된 터미널에서 무한 루프를 실행

4.9 오토 스케일링 그룹의 한계

앞의 실습까지 마무리했다면 오토 스케일링까지 적용해서 다음과 같은 아키텍처가 만들어진다.

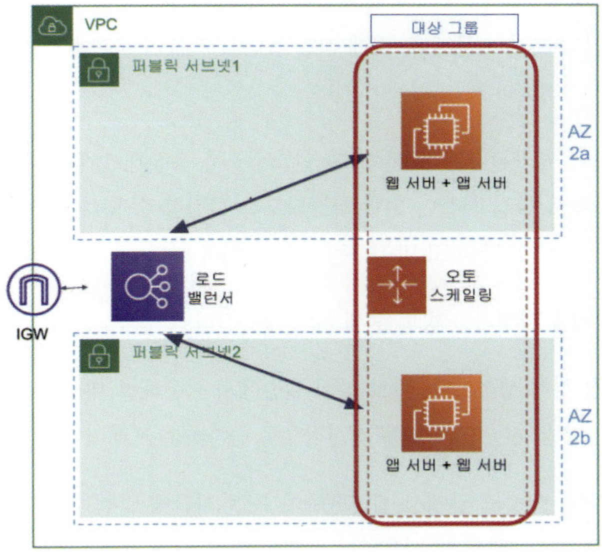

그림 4.36 고가용성을 위해 오토 스케일링을 추가한 아키텍처

여기서 질문을 하나 하겠다. 오토 스케일링은 모든 트래픽 유형에 대응할 수 있을까?

필자가 처음 AWS를 접했을 때가 10여년 전이었다. 당시 오토 스케일링 기능을 사용해보고 매우 합리적이고 좋은 기능이라고 생각했다. 그리고 AWS를 사용하는 가장 큰 이유이기도 했다.

하지만 AWS의 가장 큰 장점인 오토 스케일링이 모든 트래픽 유형에 적절히 대응하지는 못한다는 점을 깨닫기까지는 오래 걸리지 않았다. 왜냐하면 갑자기 트래픽이 폭주하게 되면, 다시 말해 오토 스케일링이 동작해서 인스턴스를 생성하는 속도보다 트래픽이 더 빨리 증가하면 전체 시스템에 장애가 발생한다. 이것은 당연한 결과인데, 리소스보다 처리해야 할 트래픽이 더 많기 때문에 인스턴스가 감당하지 못하고 장애가 발생하는 것이다.

온라인 게임에서 이 같은 현상을 자주 접할 수 있다. 일명 "썹따"라고 하는데, '서버 다운'의 줄임말을 강하게 발음한 것이다. 너무 많은 사용자가 갑자기 접속하면 서버가 감당하지 못해 느려지거나 장애가 발생하는 것이다.

그럼 오토 스케일링은 어떤 상황에 유용할까?

오토 스케일링은 트래픽이 점진적으로 늘어나는 경우에 유용하다. 그리고 실무에서는 대부분 오토 스케일링이 점진적으로 반응할 수 있도록 트래픽이 늘어나는 경우가 많다. 그리고 트래픽이 폭주해서 장애가 발생하더라도 일정 시간 동안 기다리면 오토 스케일링이 인스턴스를 계속 늘리면서 다시 정상적으로 시스템이 동작할 것이다. 단지 시간의 문제다. 장애 시간 동안 고객들이 불편하지 않게 하려면 오토 스케일링 기능과 함께 수동으로 관리해야 하는 것들이 있다.

갑자기 폭주하는 트래픽이 예상된다면 30분 전에 인스턴스를 충분히 만들어 놓으면 된다. 이를 위해 AWS에서 스케줄을 만들어서 일정 시간이 되면 확장되도록 설정할 수 있다. 그런데 예상하지 못한 트래픽이라면 해킹 공격인지 아닌지 확인하고 방어하는 작업을 해야 한다.

AWS에서는 오토 스케일링을 설정하는 방법을 세 가지 제공한다.

첫 번째는 **동적 크기 조정 정책 생성**이다. 바로 앞의 실습에서 사용해본 **대상 추적 크기 조정 정책**을 통해 오토 스케일링을 하는 방법이다. 이 방법은 점진적으로 증가하는 트래픽에 적합하다.

두 번째는 **예약된 작업**이다. 이것도 앞에서 설명했듯이 특정 시간에 맞춰 미리 인스턴스를 생성해 놓는 방법이다. 트래픽 폭주 시점이 예상될 때 사용하는 방법이다.

세 번째는 **예측 크기 조정 정책**이다. 매주 일정한 패턴으로 들어오는 트래픽이 있다면 며칠 동안 오토 스케일링을 교육시키고, 그 이후로 예측되는 트래픽에 맞춰 미리 인스턴스를 만들어 놓는 방법으로, 머신러닝 기술에 기반한 오토 스케일링이다.

앞의 실습에서 오토 스케일링을 설정할 때는 분명 예약된 작업이나 예측 크기 조정 정책은 못 본 것 같은데 이 같은 방법은 어떻게 설정할 수 있을까? 이 방법들은 오토 스케일링을 생성한 후에 설정할 수 있다.

왼쪽 메뉴에서 **Auto Scaling 그룹**을 클릭한다. 그리고 미리 만들어 놓은 **lucky-asg**를 선택한다. 하단 메뉴에서 **Automatic scaling** 탭을 선택하면 세 가지 오토 스케일링 방법을 직접 설정할 수 있다.

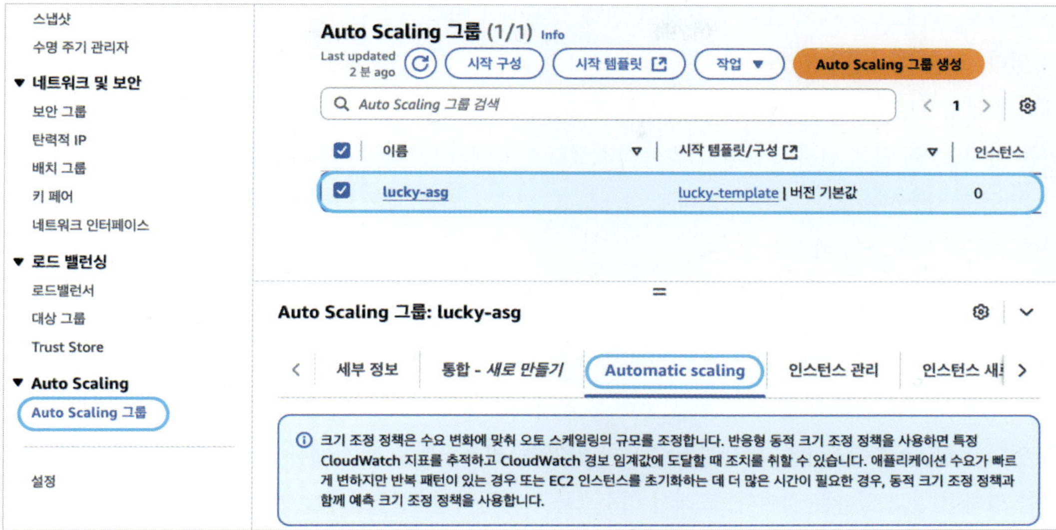

그림 4.37 오토 스케일링 그룹의 여러 조정 정책 설정

4.10 [실습] 리소스 삭제

이제 실습이 끝났으므로 앞에서 만든 리소스를 지워보자. 만약 다음 실습을 이어갈 거라면 리소스를 지우지 말고, 실습을 다 한 후에 지우기 바란다.

이 책의 내용은 대부분 연결돼 있다. 즉, 앞에서 배운 내용을 기반으로 뒤에 나오는 내용이 진행되는 경우가 많다. 따라서 이 책에서 목표하는 아키텍처를 완성하려면 한 번에 모든 단계를 진행해야 한다. 하지만 현실적으로 몇 시간 동안 실습하면서 모든 부분을 다 실습할 수는 없으리라 생각한다. 그래서 각 장이 끝날 때 즈음에 리소스를 삭제하는 내용을 실었다.

다음에 이어서 실습할 때는 이전 실습만 진행해서 다시 만들고, 이어서 진행하면 된다. 참고로 필자는 만들고 지우는 작업을 수백 번 해봤는데, 이처럼 많이 하다 보면 금방 익숙해지고, 실력도 좋아질 것이다.

그리고 필자가 AWS를 사용하면서 제일 중요하게 생각하는 것은 사용한 리소스들을 삭제하는 것이라고 생각한다. 삭제하는 것이 얼마나 중요한지 필자의 경험을 몇 가지 이야기하는 것으로 대신하겠다.

첫 번째로, 비용이 발생하기 때문에 삭제해야 한다. AWS를 처음 사용했을 때 테스트용으로 인스턴스를 2개 만들어 본 적이 있다. 이걸 삭제해야 하는 건지도 몰랐고, 삭제할 줄도 몰랐다. 아예 클라우드에 대한 개념이 없어서 지우지 않고 있다가 한 달 뒤에 40만 원을 지불했던 적이 있다.

두 번째로, 리소스 관리의 효율성 문제로 인해 삭제해야 한다. 여러 회사들의 AWS 관리 상태를 본 적이 있다. 작은 회사일수록 인력이 부족하다 보니 이름도 대충 짓고, 테스트용으로 만들어 놓았는데, 삭제하지 않아서 비용만 청구되고 있는 경우를 흔히 볼 수 있었다. 게다가 제대로 관리되지 않다 보니 누가 만든 건지도, 왜 만든 건지도 몰라서 혹시 삭제했다가 장애가 발생할지 몰라 방치하는 경우를 여러 번 봤다. 만들고 사용하지 않는 것은 바로바로 삭제하고, 이름을 만들 때도 팀에서 규칙을 정해서 만들어야 나중에 혼돈의 카오스에 빠지지 않는다.

세 번째로, 서비스들의 관계성을 알아야 무엇을 먼저 삭제해야 하는지 명확히 알 수 있다. AWS 강의를 하다 보면 실습이 끝나고 리소스를 삭제해야 할 때 삭제되지 않는 것들이 있다. 의존 관계 때문에 먼저 삭제해야 하는 것들이 있는데, 처음 AWS를 사용하다 보니 그런 부분들을 몰라서 그냥 삭제된 줄 알고 있다가 한 달 후에 비용이 발생하는 경우가 있었다. 리소스들을 잘 삭제한다는 것은 리소스의 의존 관계를 명확히 알고 있다는 것이다. 그래서 리소스를 삭제하려면 의존 관계를 먼저 파악해야 한다. 예를 들어, 보안 그룹은 인스턴스나 로드 밸런서를 삭제한 후에야 지울 수 있다. 따라서 보안 그룹을 먼저 삭제하려고 하면 삭제되지 않는다. 인스턴스나 로드 밸런서가 사용되고 있기 때문에 삭제되지 않는 것이다.

이제 이번 장에서 만들었던 리소스들을 삭제해 보겠다. 다음 실습을 계속 이어서 진행할 예정이라면 지우지 말고 다음 장으로 넘어가기 바란다. 아래의 모든 내용은 EC2 서비스의 왼쪽 메뉴에서 찾아서 하나씩 삭제하는 방식으로 진행된다.

Auto Scaling 그룹 삭제

Auto Scaling **그룹**을 클릭한다. lucky–asg를 선택하고, **작업** → **삭제**를 선택한다.

그림 4.38 오토 스케일링 그룹 삭제

입력란에 '**삭제**'를 입력하고, **삭제** 버튼을 클릭한다.

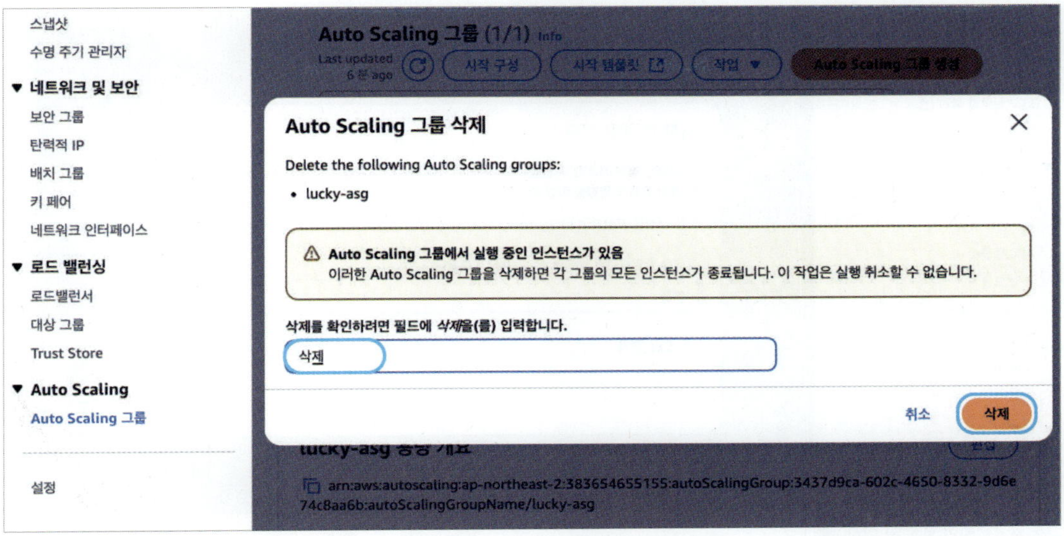

그림 4.39 오토 스케일링 그룹 삭제 확인

시작 템플릿 삭제

시작 템플릿을 클릭한다. lucky-template을 선택하고, **작업 → 템플릿 삭제**를 선택한다.

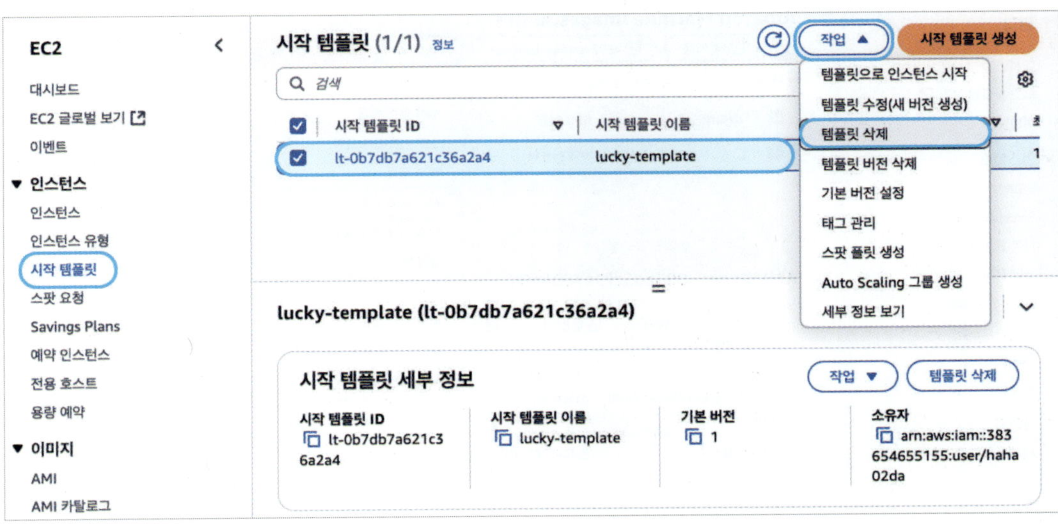

그림 4.40 시작 템플릿 삭제

입력란에 '삭제'를 입력하고, **삭제** 버튼을 클릭한다.

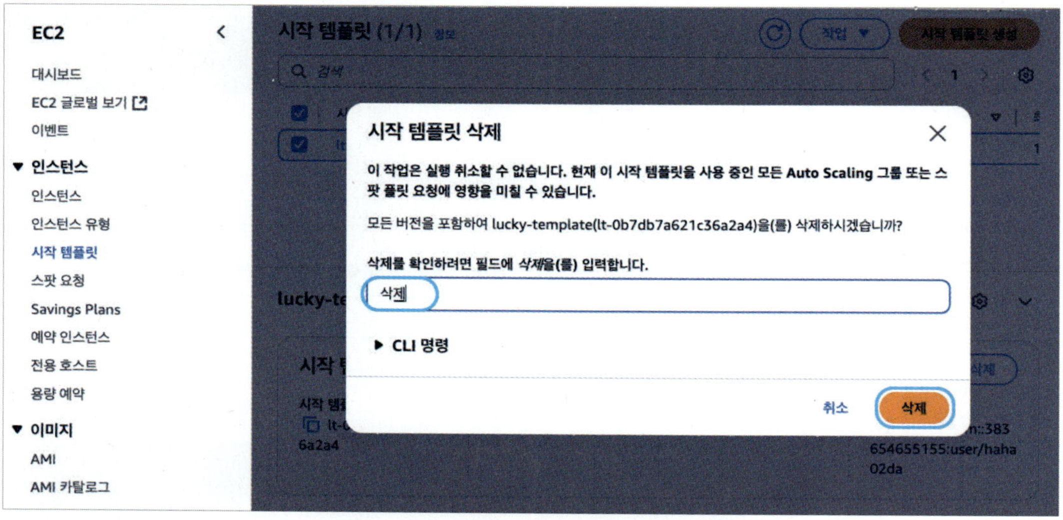

그림 4.41 시작 템플릿 삭제 확인

AMI 삭제

AMI를 클릭한다. lucky-ami를 선택하고, **작업** → **AMI 등록 취소**를 선택한다.

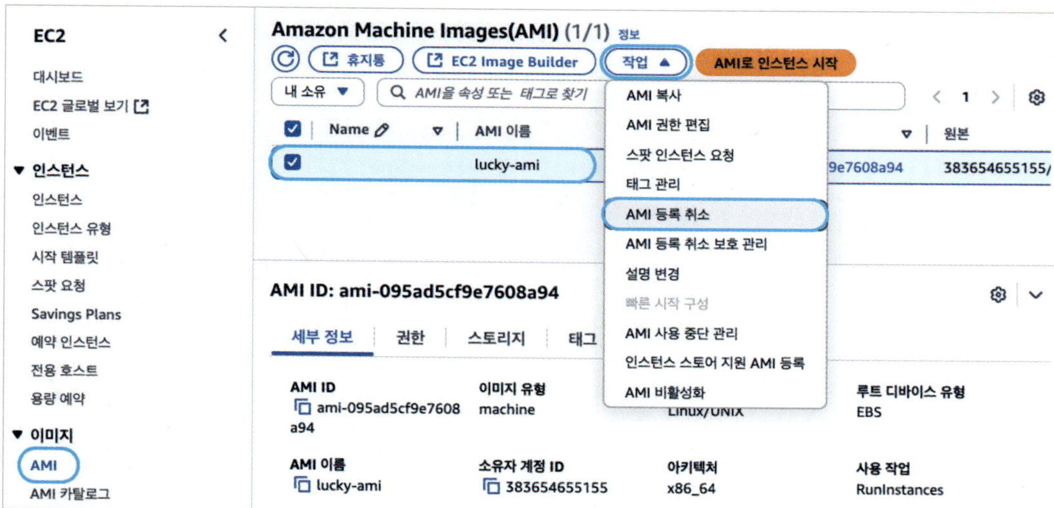

그림 4.42 AMI 등록 취소

AMI **등록 취소** 버튼을 클릭한다.

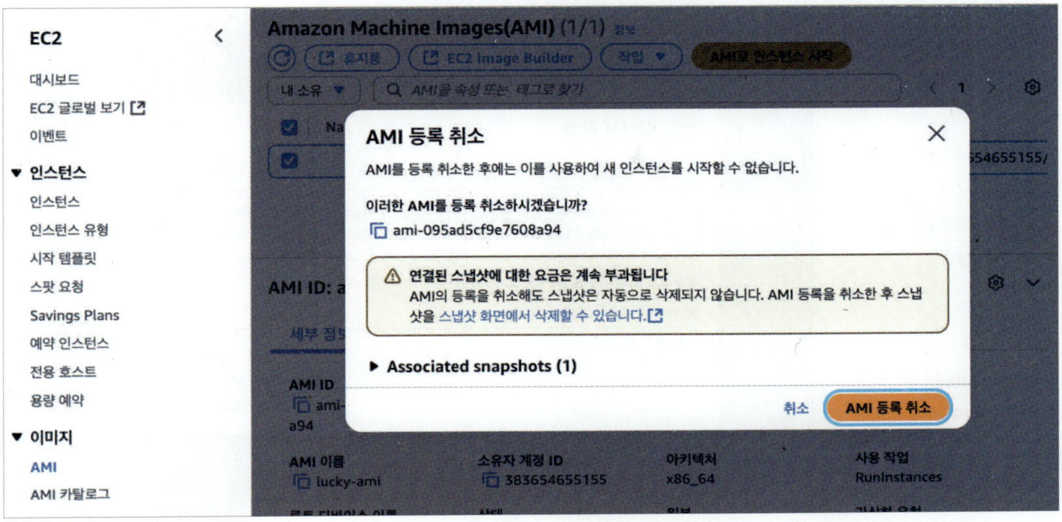

그림 4.43 AMI 등록 취소 확인

로드 밸런서 삭제

로드 밸런서를 클릭한다. lucky-elb를 선택하고, **작업** → **로드 밸런서 삭제**를 선택한다.

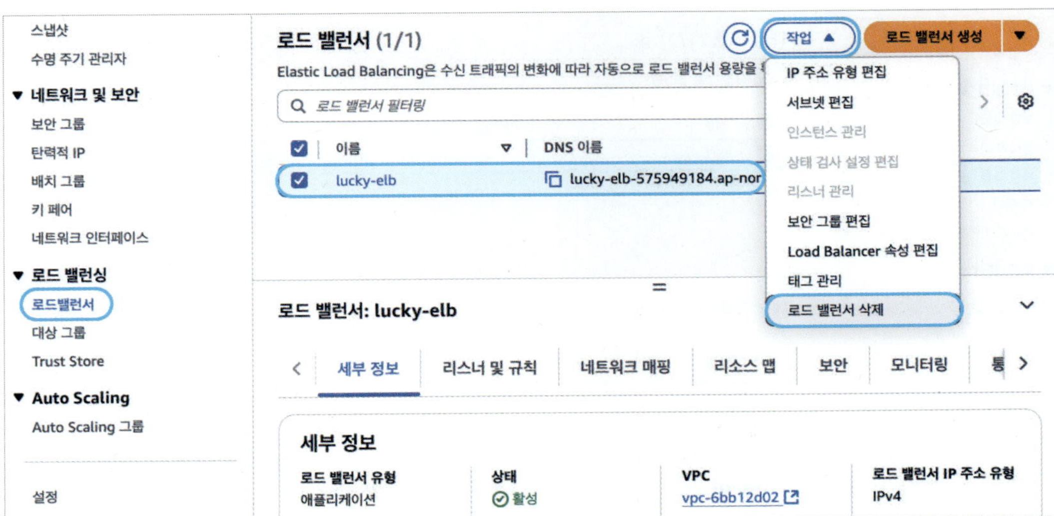

그림 4.44 로드 밸런서 삭제

입력란에 **'확인'**을 입력하고, **삭제** 버튼을 클릭한다.

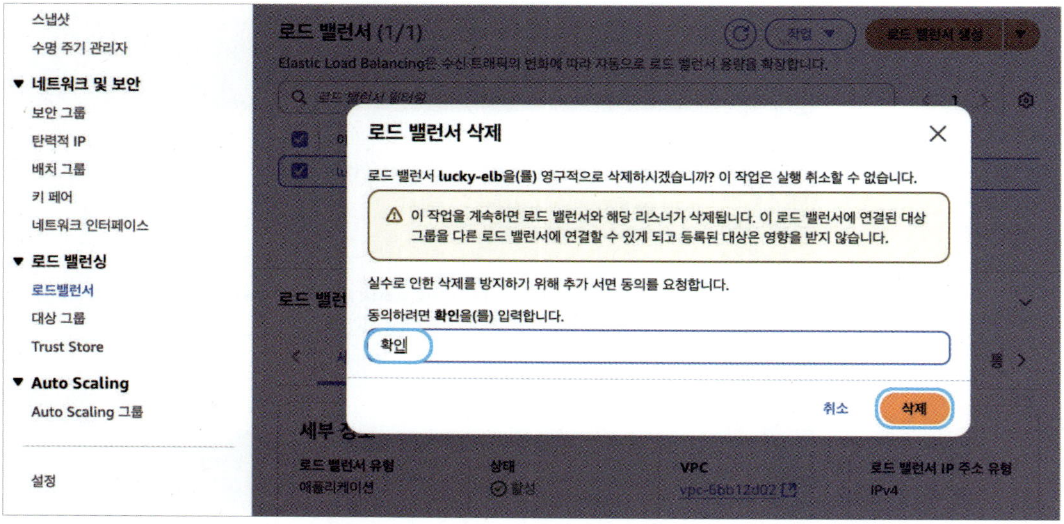

그림 4.45 로드 밸런서 삭제 확인

대상 그룹 삭제

대상 그룹을 클릭한다. lucky-tg를 선택하고, **작업 → 삭제**를 선택한다.

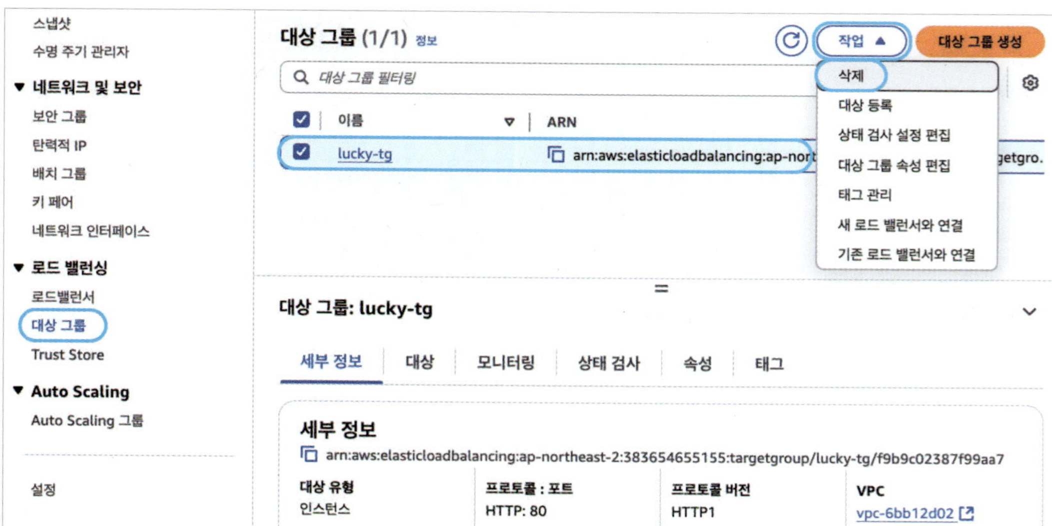

그림 4.46 대상 그룹 삭제

'**예, 삭제 합니다**' 버튼을 클릭한다.

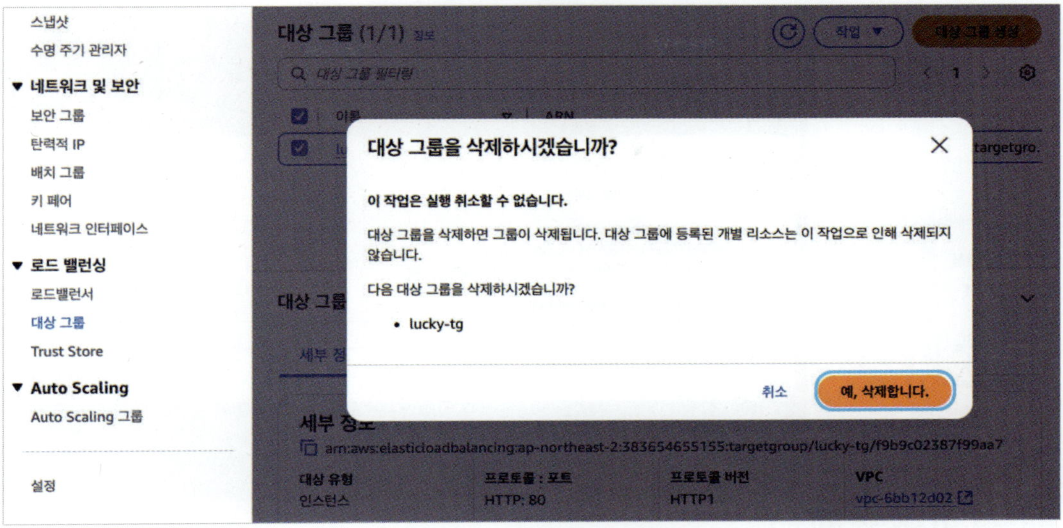

그림 4.47 대상 그룹 삭제 확인

보안 그룹 삭제

보안 그룹을 클릭한다. lucky-elb-sg, launch-wizard-1, lucky-web-instance-sg를 선택하고, **작업** → **보안 그룹 삭제**를 선택한다. (default 보안 그룹은 삭제하지 않는다.)

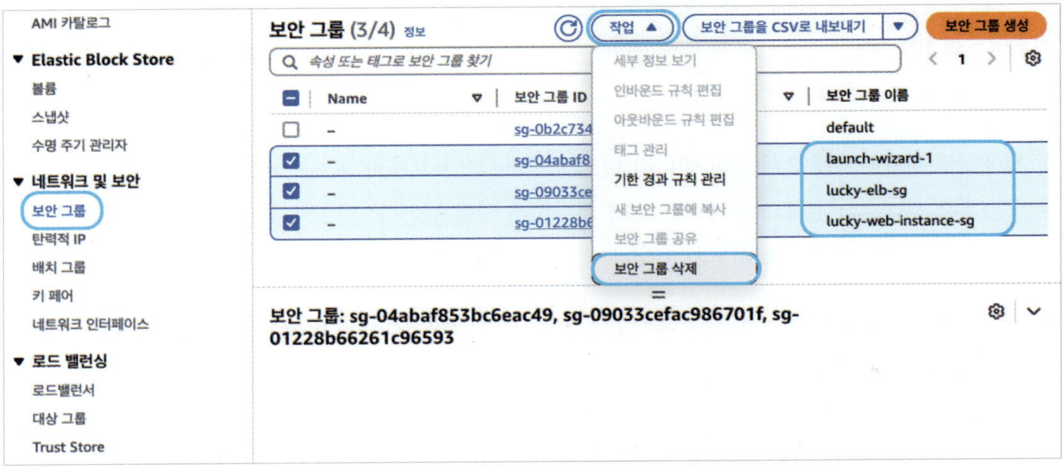

그림 4.48 보안 그룹 삭제

입력란에 **'삭제'**를 입력하고, **삭제** 버튼을 클릭한다.

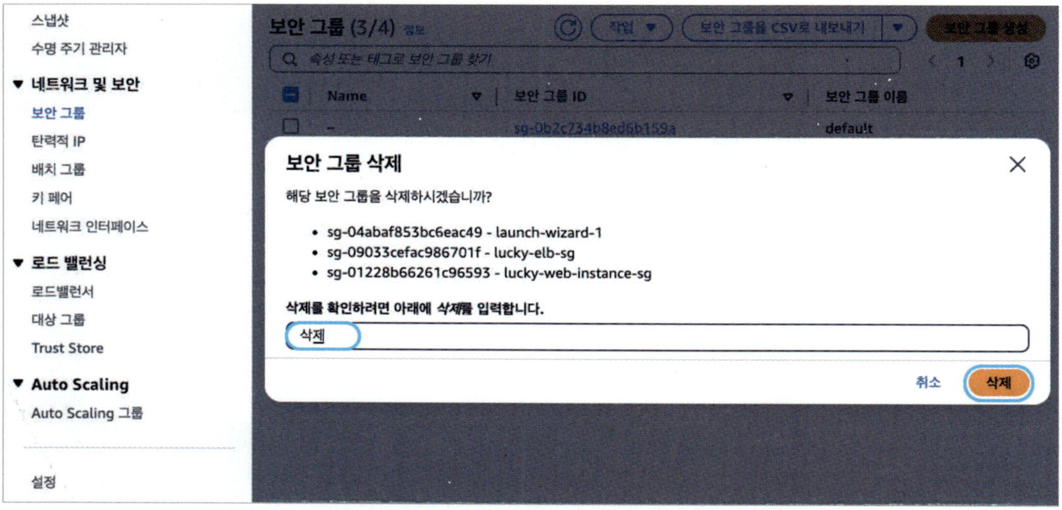

그림 4.49 보안 그룹 삭제 확인

4.11 정리

이번 장에서는 AWS 전체를 아우르는 가장 중요한 서비스인 EC2에 대해 배웠다. 그리고 트래픽을 분산하는 로드 밸런서와 수요에 맞춰 자동으로 인스턴스를 늘리고 줄이는 오토 스케일링 그룹, 마지막으로 인스턴스의 방화벽인 보안 그룹까지 배웠다. 이 서비스들은 AWS의 아키텍처를 배우는 내내 계속 나오게 될 것이다. 잘 기억해두자.

앞 장에서도 설명했지만 혹시 몰라 하나만 더 강조한다. 보안 그룹의 포트는 기본적으로 모두 닫혀 있다. 보안 그룹은 들어오는 트래픽에 대한 포트를 차단하는 역할을 한다. 필요한 포트만 열어서 사용하고, 보안상 사용하지 않는 포트는 열어두지 않는다.

필자가 아키텍처를 만들 때 가장 중요하다고 생각하는 것은 고가용성 아키텍처를 만드는 것이다. 그래서 내결함성을 갖추고, 2개 이상의 가용 영역으로 분산하며, 인스턴스도 2개 이상으로 만들어야 고가용성 아키텍처가 되는 것이다.

이렇게 해서 온프레미스로 운영했던 아키텍처에 있었던 다음과 같은 문제들을 모두 해결했다.

1. 비즈니스가 잘 될지 안 될지도 모르는데, 값비싼 서버를 무작정 많이 구입하고 싶지 않다. 비용이 너무 부담된다. (그리고 필자가 예상했던 사용자 예측은 항상 틀렸다.)
2. 서버를 구매해서 가동하기까지 2주씩 걸리는데, 그 사이에 고객들을 놓치게 된다. 서버를 좀 더 민첩하게 늘리고 싶다.
3. 사용자가 많이 들어오면 그때그때마다 수요에 맞춰 자동으로 늘어나고, 수요가 줄어들면 자동으로 줄어들었으면 좋겠다. (하루 이틀 잠깐 사용하는 건데, 한 대에 수백만 원이나 하는 서버를 구입하는 건 너무 부담이 된다.)
4. 장애가 덜 나도록 누군가가 전문적으로 관리해 줬으면 좋겠다. 데이터 센터에서 관리해 주고 있지만 많이 부족하다.
5. 데이터 센터에 장애가 나면 정말 답이 없다. 데이터 센터에 장애가 발생하더라도 서비스가 운영됐으면 좋겠다.

그런데 아직 모든 서버를 AWS로 옮기진 않았다. 다음 장에서는 데이터베이스를 만들고 데이터베이스를 옮기겠다.

05

RDS로 데이터베이스 사용하기

데이터베이스 서버를 직접 구축하려면 컴퓨터를 준비하고, 운영체제와 데이터베이스를 설치하고, 스토리지를 구성하고, 백업 · 복구 전략을 세우고, 패치 · 보안 업데이트까지 모두 스스로 챙겨야 한다. 그러려면 비용도 많이 들고, 무엇보다 관리하기가 쉽지 않다.

하지만 AWS에서는 데이터베이스를 빌려서 사용할 수 있다. 그것도 몇 번의 클릭만으로 바로 실행 가능한 형태로 데이터베이스가 제공된다. 이 같은 방식으로 제공되는 관리형 데이터베이스가 바로 RDS(Relational Database Service)다. RDS는 AWS에서 관계형 데이터베이스(인스턴스)를 제공하는 완전관리형 데이터베이스 서비스로서, 데이터베이스 설치부터 운영까지 AWS에서 전부 담당하고 개발자는 그냥 데이터베이스에 연결해서 쓰기만 하면 된다.

이번 장에서는 이러한 RDS의 기본 개념과 구조를 살펴보겠다.

5.1 RDS란?

필자의 목표는 다음 그림처럼 온프레미스에서 사용했던 서버 아키텍처를 클라우드로 옮겨서 사용하는 것이다.

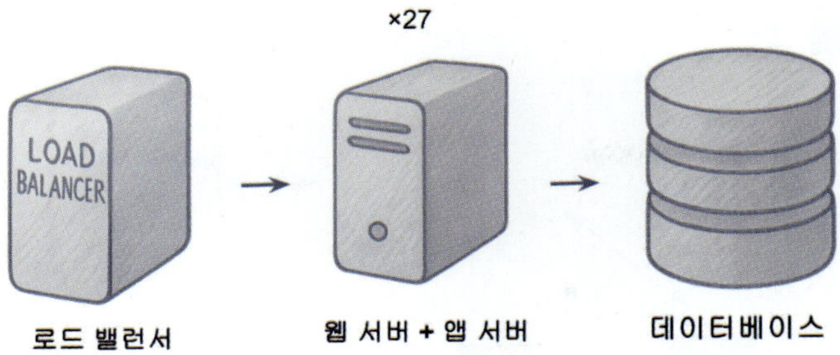

그림 5.1 현재 운영 중인 아키텍처

아직 AWS의 데이터베이스 서비스를 배우지 않아서 아래와 같은 아키텍처까지만 만들었는데, 이번 장에서 AWS의 관계형 데이터베이스 서비스인 RDS에 대해 배우고, 아래의 아키텍처에 RDS를 추가해 보려고 한다. 이번 장까지 마무리하면 아직까지 온프레미스로 운영하던 시스템은 모두 AWS로 넘어오는 셈이다.

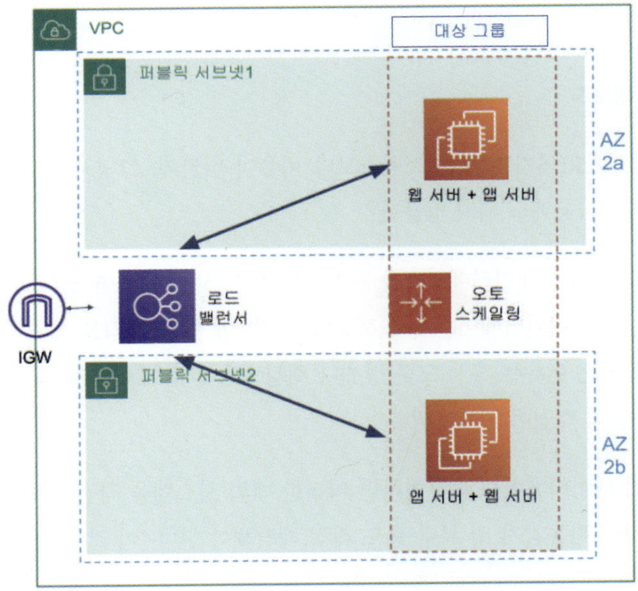

그림 5.2 현재 AWS에 구축한 아키텍처

여기서는 RDS를 만들어서 다음 그림과 같이 기존 아키텍처에 추가할 예정이다.

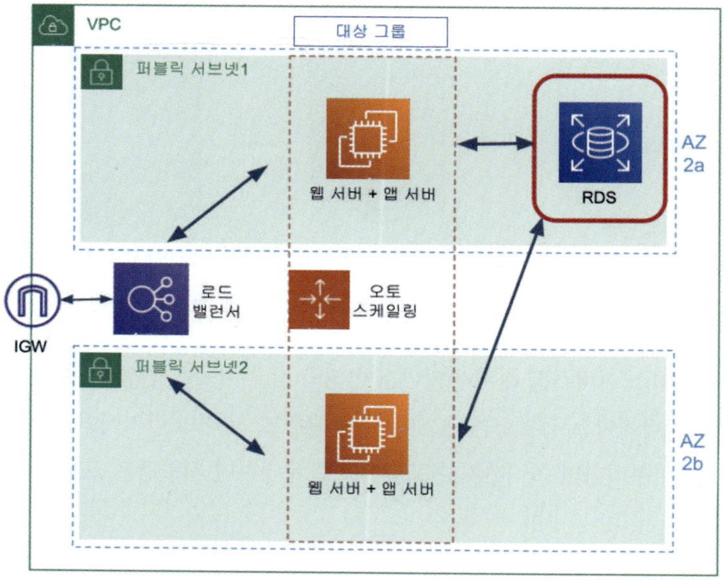

그림 5.3 데이터베이스 서비스인 RDS를 추가한 아키텍처

먼저 원론적인 얘기를 해보자.

왜 굳이 RDS를 사용할까? RDS가 EC2 인스턴스보다 비용이 비싼데, 그냥 운영 중인 EC2 인스턴스에 데이터베이스를 설치해서 사용해도 되지 않을까?

물론 그렇게 해도 된다. 하지만 데이터베이스를 직접 설치해서 사용해 보면 생각보다 관리할 부분이 많다. 대표적으로 모든 정보가 데이터베이스에서 저장되기 때문에 백업 계획을 세워서 매일 한 번씩 백업해야 한다. 그렇게 해야 하는 이유는 혹시 모를 장애나 해킹으로 인해 데이터가 유실됐을 때 데이터를 복구할 수 있는 유일한 수단이 백업이기 때문이다.

EC2 인스턴스에서 직접 데이터베이스를 운영하면 이러한 백업 시스템을 직접 구축해야 한다. 그뿐만 아니라 보안, 모니터링, 장애 자동감지 및 복구 등도 직접 해결해야 한다. 이 같은 귀찮은 작업을 RDS에서는 대부분 간단히 처리할 수 있다.

필자가 스타트업에서 CTO로 일할 때 데이터베이스 장애 때문에 스트레스를 받은 경험이 많다. 이와 관련된 내용을 뒷부분에서 다룰 텐데, 뒷부분을 읽다 보면 RDS의 다양한 기능에 대해 알게 될 것이다.

5.2 [실습] 보안 그룹 생성

RDS도 EC2와 마찬가지로 인스턴스다. 그래서 RDS를 사용할 때도 보안 그룹이 필요하다. 참고로 보안 그룹은 이미 앞에서 여러 번 만들어봤기 때문에 여기서는 간단히 설명하겠다.

01. EC2 서비스의 왼쪽 메뉴에서 **보안 그룹**을 클릭한다. 그런 다음, 우측 상단의 **보안 그룹 생성** 버튼을 클릭한다.

그림 5.4 보안 그룹 목록

02. **보안 그룹 이름**으로 본인이 원하는 이름을 입력한다. 이 책에서는 lucky-db-sg로 입력하겠다. **설명**도 반드시 넣어야 하는데, 이 책에서는 'Lucky Database Security Group'으로 입력하겠다.

규칙 추가 버튼을 클릭해 인바운드 규칙을 하나 만든다. 이 책에서는 MySQL에서 사용하는 3306 포트를 사용하겠다. 그래서 **유형**을 MYSQL/Aurora로 선택한다. 그리고 **소스**에서는 Anywhere-IPv4를 선택한다. 마지막으로 화면 하단의 **보안 그룹 생성** 버튼을 클릭한다.

참고로 보안을 좀 더 고려한다면 앞의 **소스**에서 Anywhere-IPv4로 설정하면 안 된다. 아무나 데이터베이스에 접근할 수 있다는 뜻이기 때문이다. 나중에 보안에 신경 써서 소스를 지정하는 부분을 다루게 될 것이다. 일단 지금은 이렇게 설정하고 진행하자.

그림 5.5 보안 그룹 설정

5.3 [실습] RDS 생성

이제 RDS를 만들어 보자.

01. **관리 콘솔** 위쪽의 검색란에서 'RDS'를 검색해서 나오는 **Aurora and RDS**를 클릭한다.

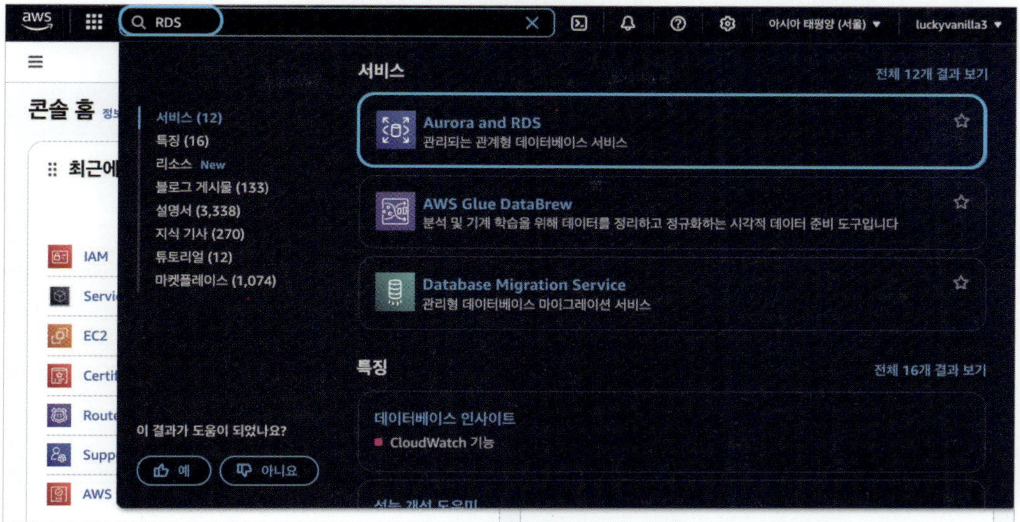

그림 5.6 RDS 서비스로 이동

02. RDS의 대시보드에서 **데이터베이스 생성** 버튼을 클릭한다.

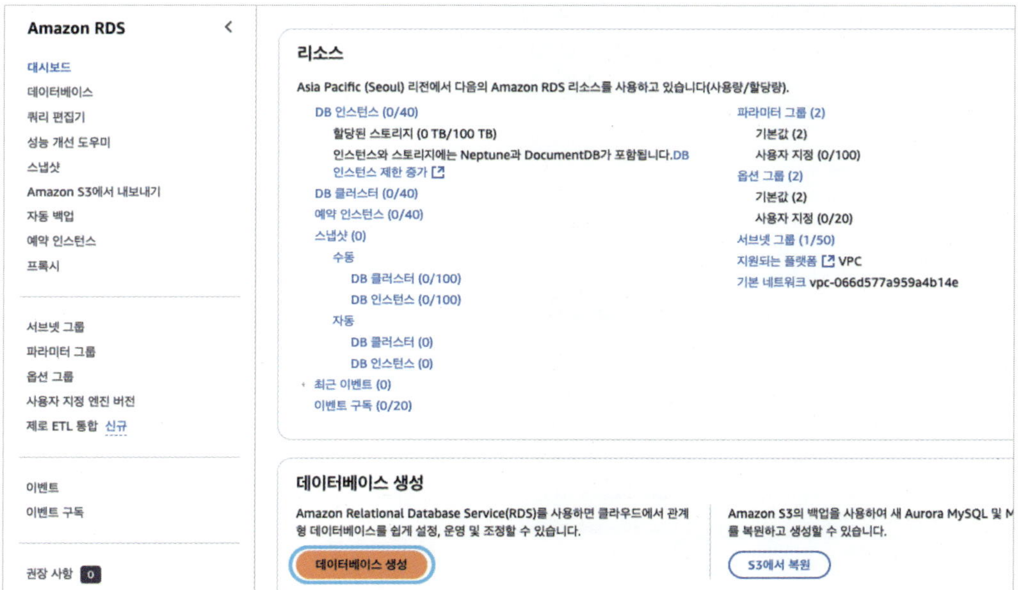

그림 5.7 RDS 대시보드

03. **데이터베이스 생성 방식 선택**에서는 **표준 생성**(기본값)을 선택한다. 다음으로 **엔진 옵션**은 본인이 주력으로 사용하는 데이터베이스를 선택하면 된다. 이 책에서는 **MySQL**을 선택하겠다.

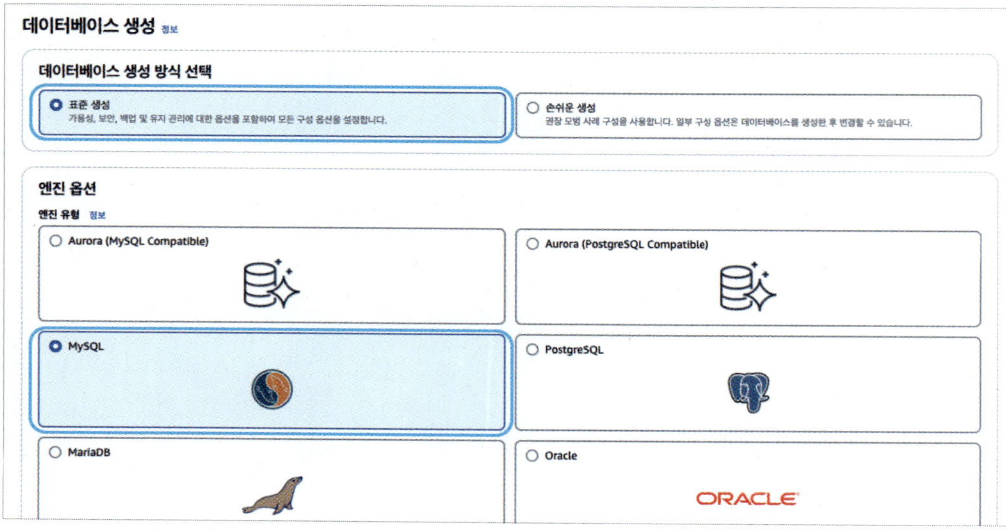

그림 5.8 RDS 생성 방식과 사용할 데이터베이스 선택

04. **템플릿**으로는 **개발/테스트**를 선택한다. 그리고 **가용성 및 내구성**에서는 **단일 DB 인스턴스**를 선택한다. 지금은 학습 중이라 테스트용으로 만들지만 실제 프로젝트라면 **프로덕션**을 선택해야 한다.

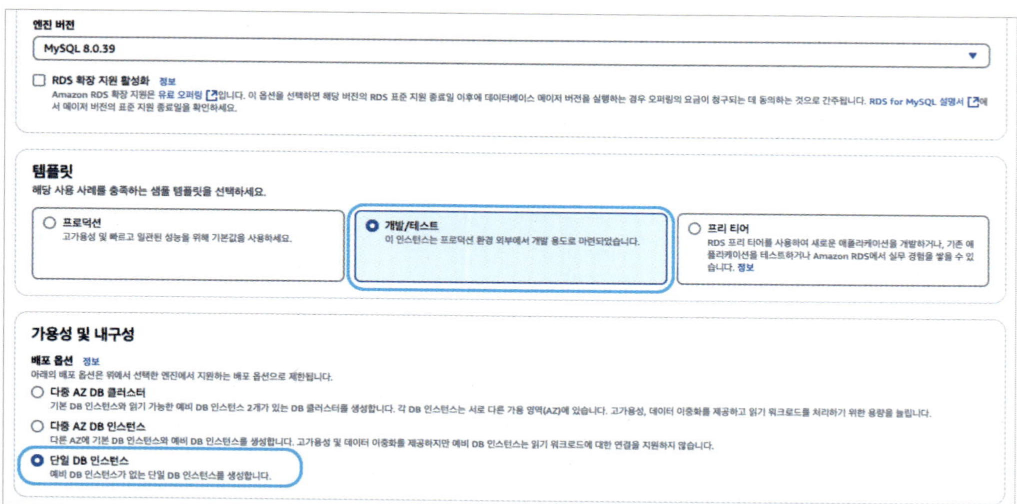

그림 5.9 RDS 템플릿 선택과 가용성 및 내구성 선택

05. **DB 인스턴스 식별자**에 본인이 사용할 DB 인스턴스 이름을 입력한다(이 책에서는 lucky-db). **마스터 사용자 이름**도 본인이 사용할 마스터 사용자 이름을 입력한다(이 책에서는 luckyadmin). **자격 증명 관리**에서는 **자체 관리**를 선택한 후 **마스터 암호**, **마스터 암호 확인**에 데이터베이스에 접속할 때 사용할 암호를 입력한다(이 책에서는 luckydb12!!). **마스터 사용자 이름**과 **마스터 암호**는 RDS에 접속할 때 사용해야 하므로 절대 잊어버려서도 안 되고 노출돼서도 안 된다.

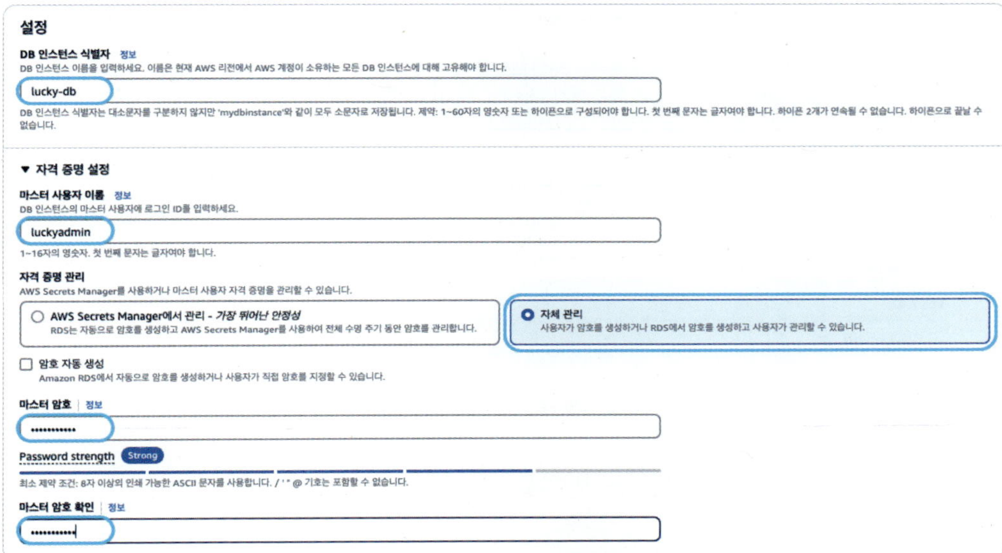

그림 5.10 RDS의 이름과 데이터베이스의 마스터 사용자 이름과 암호 설정

06. **인스턴스 구성**에서는 테스트용으로 비용이 저렴한 인스턴스를 선택하겠다. **버스터블 클래스**를 선택하고, db.t3.micro를 선택한다.

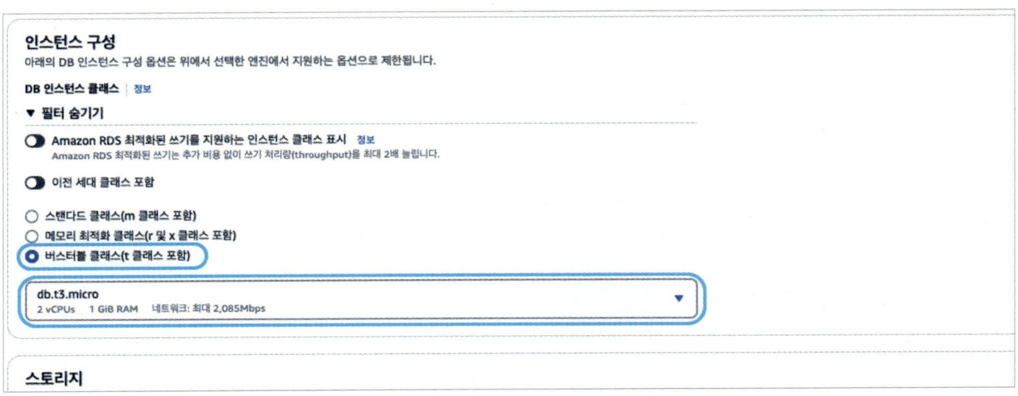

그림 5.11 RDS가 사용할 인스턴스 용량 선택

07. **퍼블릭 액세스**에서는 **아니요**를 선택한다. 퍼블릭 액세스를 허용하면 외부에서 공격이 들어올 수 있다. **VPC 보안 그룹**은 앞에서 만든 **lucky-db-sg**를 선택하고, 기본값으로 선택돼 있는 **default**는 X 버튼을 클릭해 삭제한다.

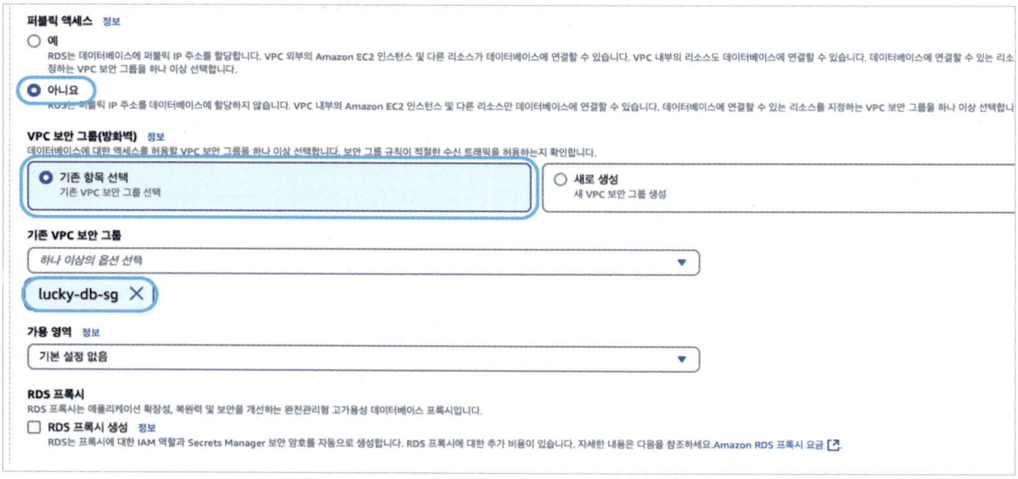

그림 5.12 RDS의 퍼블릭 액세스와 VPC, 보안 그룹 설정

08. **데이터베이스 생성** 버튼을 클릭해 데이터베이스를 생성한다.

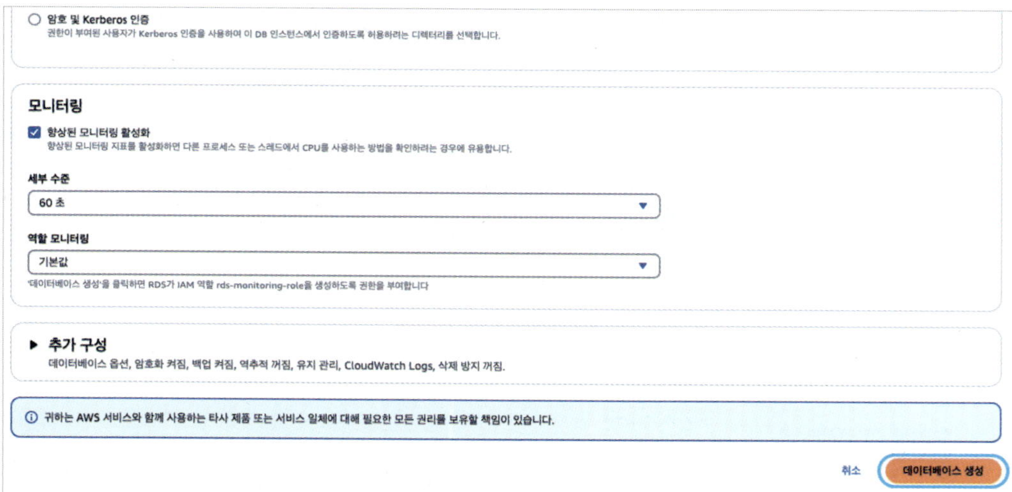

그림 5.13 데이터베이스 생성

09. 다음과 같은 화면이 나오면 **닫기** 버튼을 클릭한다. 여기서는 ElastiCache나 RDS 프록시를 사용하지 않는다.

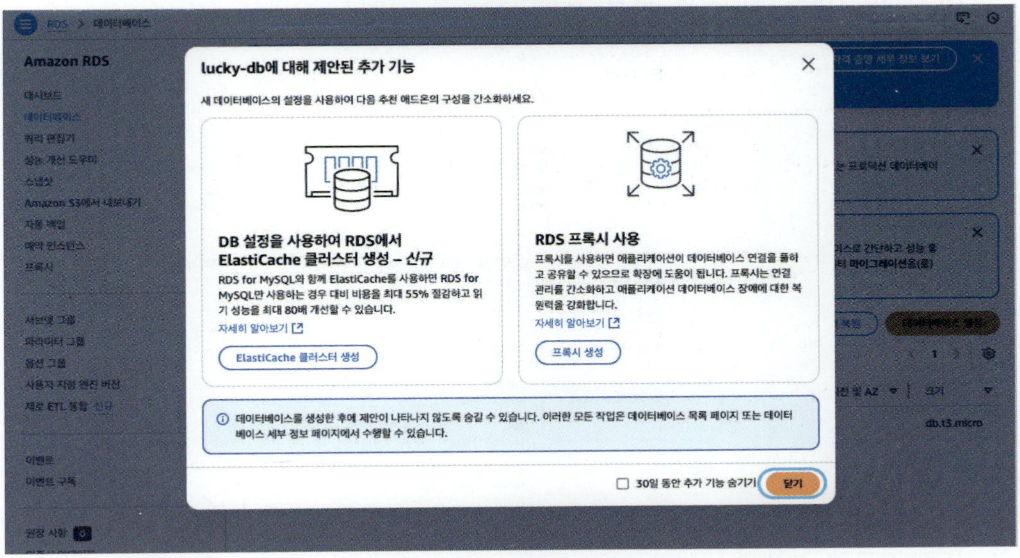

그림 5.14 RDS 추가 기능

10. lucky-db가 만들어진 것을 확인할 수 있다. **상태**가 **사용 가능**으로 표시될 때까지 기다린 후 lucky-db를 클릭한다.

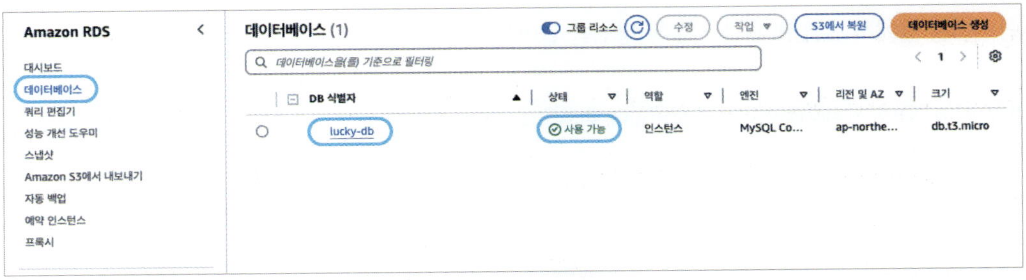

그림 5.15 데이터베이스 목록

11. lucky-db 인스턴스의 상태들을 확인할 수 있다. 데이터베이스에 접속하려면 하단의 **엔드포인트** 주소로 앞에서 설정한 **마스터 사용자 이름**과 **마스터 암호**를 사용해 접속할 수 있다.

그림 5.16 데이터베이스의 연결 및 보안 정보

5.4 [실습] 리소스 삭제

이번에는 앞에서 만든 RDS를 지우는 방법을 알아보자.

01. 왼쪽 메뉴에서 **데이터베이스**를 클릭한다. 다음으로, lucky-db를 선택하고, **작업** → **삭제**를 차례로 선택한다.

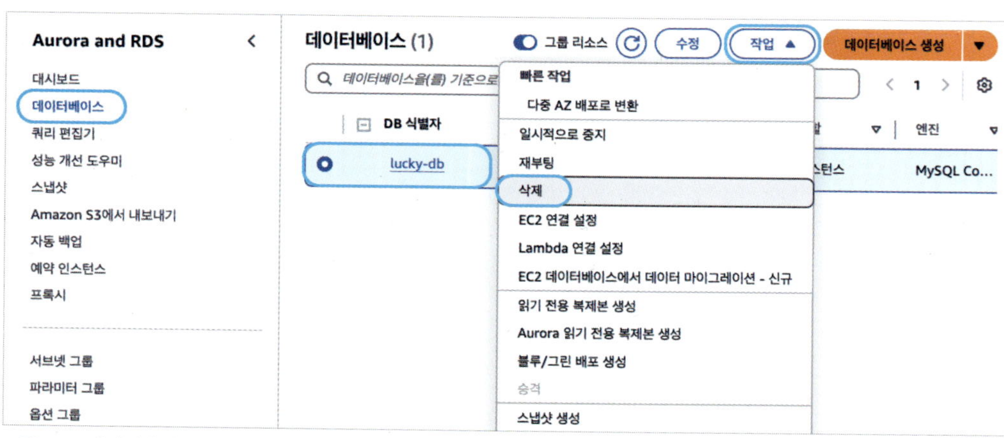

그림 5.17 데이터베이스 삭제

02. **최종 스냅샷 생성**과 **자동 백업 보존**의 체크를 해제한다(일반적으로 두 옵션은 선택하는데, 혹시 모를 상황에 대비하기 위해서다). 참고로 데이터베이스는 한번 삭제하고 나면 복구할 수 없지만 스냅샷을 생성해두면 스냅샷을 통한 복구가 가능하다. 다음으로, '**인스턴스 삭제 시 시스템 스냅샷 및 특정 시점으로 복구를 포함한 자동화된 백업을 더 이상 사용할 수 없다는 점을 인정합니다.**'를 체크한다. 그러고 나서 하단의 입력란에 'delete me'를 입력한 후, **삭제** 버튼을 클릭하면 데이터베이스가 삭제된다.

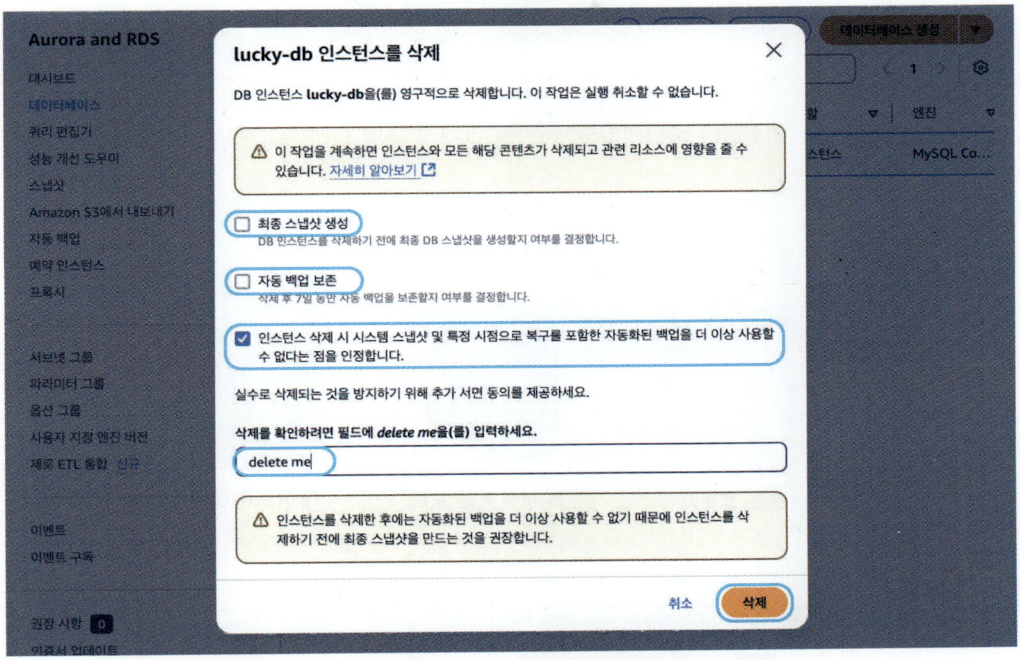

그림 5.18 데이터베이스 삭제 확인

03. 마지막으로 EC2 서비스로 이동해서 lucky-db-sg 보안 그룹도 삭제한다. 보안 그룹 삭제는 이미 앞에서 해본 적이 있으므로 이 부분은 다시 설명하지 않겠다.

칼럼

온프레미스와 AWS 아키텍처 비교 분석

기존에 온프레미스로 구축했던 아키텍처를 AWS에 다시 구축해 봤다. 이제 두 아키텍처를 잠깐 비교해 보고 넘어가자.

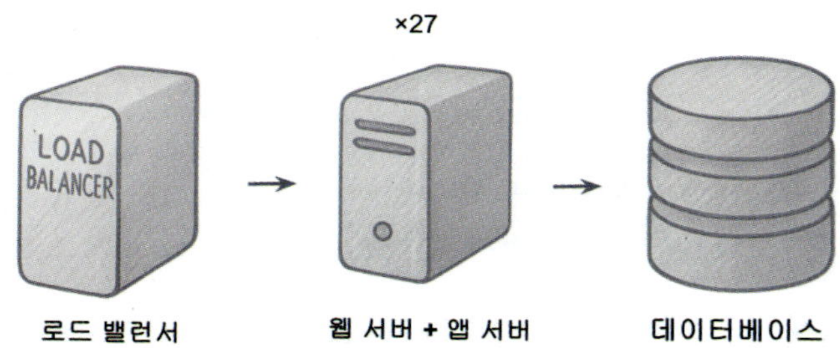

현재 온프레미스에 운영 중인 아키텍처

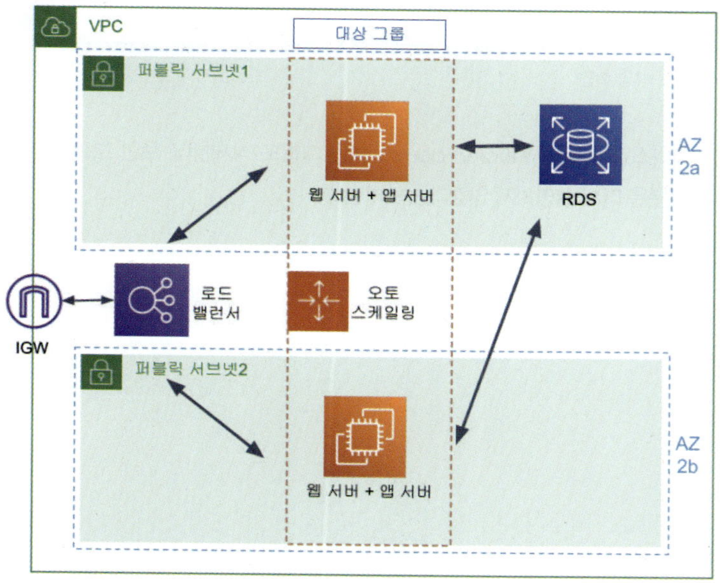

AWS에 구축한 아키텍처

두 아키텍처는 똑같은 일을 한다. 하지만 AWS로 구현한 아키텍처가 온프레미스로 운영하던 아키텍처에 비해 좀 더 고가용성을 갖춘 아키텍처다. 왜냐하면 온프레미스 아키텍처는 27개의 애플리케이션 서버가 존재하지만 더 많은 트래픽이 들어오면 장애가 발생할 수 있다. 하지만 AWS에서는 오토 스케일링이 동작해서 자동으로 더 많은 인스턴스를 만들어 줄 것이다. 데이터베이스도 마찬가지로 RDS가 성능 문제로 장애가 발생하면 더 좋은 인스턴스로 변경하면 된다. 이 작업은 데이터 크기에 따라 다르겠지만 크지 않다면 5~10분 안에 할 수 있다.

그리고 데이터 센터에 장애가 발생하면 온프레미스에서는 아무것도 할 수 없지만 AWS에서는 2개의 가용 영역 중 하나에 장애가 발생하더라도 다른 하나의 가용 영역에서 오토 스케일링이 동작하면서 알아서 인스턴스가 늘어날 것이다. 인스턴스가 늘어나는 시간이 있기 때문에 3~5분 정도 속도가 늦을 수 있지만 자동으로 복구될 것이다. 이처럼 온프레미스로 인프라를 운영하는 것보다 확실히 클라우드로 운영하는 편이 장점이 많다.

그렇다면 AWS로 운영했을 때의 단점은 없는 것일까? 물론 있다. 그런데 이것은 장점이 될 수도 있고, 단점이 될 수도 있는데, 바로 매월 사용료를 내야 한다는 것이다(생각보다 비용이 많이 나간다).

필자가 AWS에서 근무할 때 고객에게 가장 많이 들었던 불만은 “AWS는 비싸다”였다. 물론 그만큼 장점도 많지만 매월 지출되는 비용을 보고 있으면 아깝다는 생각이 많이 든다. 물론 비용 최적화를 할 정도로 AWS를 잘 사용한다면 비용을 많이 줄일 수 있는 것도 사실이지만 잘 모르면 정말 많은 비용을 지불해야 한다.

비용 이야기가 나온 김에 비용과 관련된 경험담을 하나 이야기하겠다. 지금의 필자가 10년 전의 필자를 떠올려 보면 정말 대단한 능력도, 대단한 실력도 없었다. 단지 젊음과 무모한 도전을 할 수 있는 용기, 열정밖에 없었다. 사실 잘 알지도 못하는데 개발을 조금 할 줄 안다는 이유로, 그리고 대표님도 아는 사람이 없다 보니 우연히 CTO로 일하게 됐다.

우리는 AWS가 없었다면 스타트업을 시작하지도 못했을 것이다. 왜냐하면 서버를 살 형편도 못 됐고, 엔지니어 인력도 2명밖에 없는데 개발하느라 바빠서 서버를 구축하고 관리할 여유조차 없었기 때문이다. 그렇게 잘 될지도 알 수 없는 앱을 만들기 시작했고, AWS에 인스턴스를 만들고 테스트해보면서 앱을 개발해 나갔다. 빨리 앱을 만들어야 했기에 정말 미친 듯한 발코딩과 돌아가기만 하면 된다는 마음으로 개발했던 기억이 난다. 그러다 보니 잘못 작성한 코드는 계속 문제를 일으켰고, 동시에 100명만 접속해도 장애가 발생했다. 하지만 사용자는 계속 늘었고 서비스에서 장애가 발생하지 않도록 인스턴스를 100개 이상 만들어서 버텼다. 왜냐하면 고객들이 이탈하면 안 된다는 일념으로 그렇게 조치한 것이다. 이때

"AWS 비용을 내다가 회사가 망하겠다."라는 생각을 할 정도로 비용이 많이 나왔다. 비용이 많이 나온 가장 큰 이유는 첫째로 필자가 코드를 잘못 작성했고, 둘째로는 아키텍처를 잘못 만들었으며, 마지막으로 셋째로는 AWS의 비용 구조를 이해하지 못했기 때문이다.

하지만 시간이 지나면서 코드를 효율적으로 개선했고, 아키텍처도 여러 번 바뀌었다. 그리고 AWS 비용 구조를 더욱 잘 이해하게 되면서 비용도 많이 줄였다. 이 같은 부분까지 신경 쓰려면 그만큼 AWS에 관해 많이 알아야 한다.

필자의 경험을 돌이켜봤을 때 자금의 여유가 있다면 서버를 구입하는 게 더 나은 것도 같다. 왜냐하면 한 번 구입하고 나면 비용이 더 나가지는 않기 때문이다. 세금처럼 매월 나가는 비용을 보고 있노라면 생각보다 압박감이 크다. 특히 가난한 스타트업에게는 더욱 그렇다.

필자의 강의에서 어떤 엔지니어가 던진 질문에 대해 하나 더 이야기해보고자 한다. 필자의 AWS 강의를 듣던 한 엔지니어가 다음과 같은 질문을 한 적이 있다.

> "회사에서 운영하는 서버가 몇 대 있는데 지금 잘 사용하고 있습니다. 요즘은 서버를 모두 클라우드에서 운영한다고 해서 대표님이 클라우드를 배워오라고 이 강의를 신청했습니다. 강의에서 배운 내용을 토대로 테스트 삼아 서버 하나를 옮겨 보려고 하는데, 문제는 이 서버가 서비스에 꼭 필요하긴 하지만 하루에 접속하는 사용자가 20명도 채 되지 않습니다. 이 서버를 굳이 AWS에서 운영할 필요가 있을까요?"

이에 필자는 지금 잘 사용하고 계신다면 그대로 사용하라고 답변했다. 이미 서버를 구매한 상태이고, 오토 스케일링이 필요한 트래픽도 아니며, 앞으로도 사용자가 폭발적으로 늘어날 것도 아니면 굳이 비용만 더 들어간다고 이야기한 적이 있다.

본인이 생각하기에 상황에 맞춰 기술을 적절히 사용하는 것이 최선이다. 클라우드의 장점이 필요하다면 당연히 서비스를 클라우드로 옮겨야 한다. 하지만 그렇지 않다면 굳이 그럴 필요가 없다.

칼럼

DMS를 활용한 데이터베이스 마이그레이션

필자는 온프레미스로 운영하던 쇼핑몰 아키텍처를 AWS에 똑같이 만들었다. 이제 온프레미스의 서버에서 운영하던 쇼핑몰의 코드를 인스턴스에 배포하고, 데이터베이스의 데이터를 RDS로 옮기면 된다. 그리고 쇼핑몰 도메인 주소를 AWS 로드 밸런서로 변경하면 AWS에서 쇼핑몰을 운영할 수 있다. 코드 배포는 간단하니 넘어가고, 중요한 것은 데이터베이스의 데이터를 RDS로 옮기는 것이다. 이를 전문 용어로 마이그레이션(migration)이라고 한다.

데이터베이스를 옮길 때 사용하는 AWS 서비스가 있다. 바로 DMS(Database Migration Service)다. 이 서비스는 원본 데이터베이스 주소와 ID, 패스워드, 목적지 데이터베이스 주소, ID와 패스워드를 입력하면 데이터베이스를 옮겨준다. 다음 그림처럼 DMS 인스턴스가 하나 만들어지고 원본 데이터베이스에서 데이터를 읽어서 RDS에 기록한다.

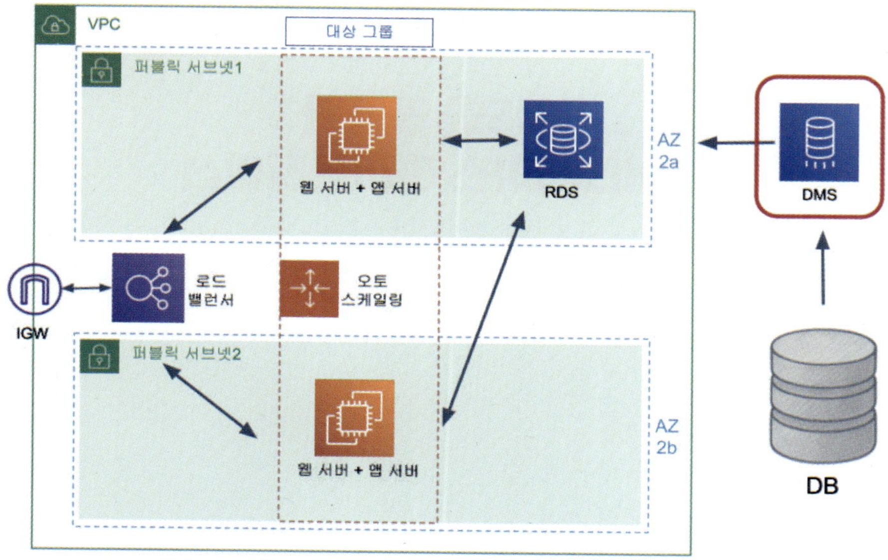

데이터베이스 이전을 위해 DMS를 추가한 아키텍처

참고로 이 부분은 아키텍처를 배우는 데 크게 중요하지는 않으므로 이 정도만 살펴보고 넘어가도록 하겠다.

06

도메인 연결과 HTTPS 인증

웹사이트에 접속할 때 사람들은 도메인 이름(예: example.com)을 입력하지만 컴퓨터는 IP 주소(예: 192.0.2.1)를 통해 통신한다. 이 둘 사이를 연결해주는 것이 바로 DNS(Domain Name System)다. Route 53은 AWS에서 제공하는 DNS 서비스로서 이러한 DNS의 역할을 클라우드 환경에서 수행한다. 쉽게 말해, 사용자가 웹사이트 주소를 입력했을 때 실제 서비스 중인 서버의 위치(IP 주소)를 찾아주는 역할을 한다.

Route 53과 같은 서비스를 이용하지 않고 자체적으로 DNS 서버를 구축하려면 직접 네임서버를 설정하고, 각종 요청을 처리하는 시스템도 구성해야 한다. 이 과정은 복잡하고 안정성을 유지하기 어렵다. 하지만 AWS의 Route 53을 이용하면 몇 번의 클릭만으로 안정적이고 빠른 DNS 서비스를 구축할 수 있다. 또한 AWS 인프라에서 완전히 관리되기 때문에 운영 부담도 줄어든다.

Route 53은 단순한 DNS 기능 외에도 다음과 같은 고급 기능을 제공한다.

- **도메인 등록(registration)**: Route 53을 통해 직접 도메인을 구입하고 관리할 수 있다.
- **헬스 체크(health check)**: 서버나 웹 애플리케이션이 정상인지 주기적으로 확인하고, 장애 발생 시 자동으로 트래픽을 다른 정상 리전으로 우회시킬 수 있다.
- **트래픽 라우팅(traffic routing)**: 지리적 위치 기반, 지연 시간 기반, 가중치 기반 등 다양한 방식으로 트래픽을 분산시킬 수 있다.

한마디로, Route 53은 주소 체계와 트래픽 분산을 안정적이고 유연하게 처리하는 DNS 서비스다. 이번 장에서는 이러한 Route 53 서비스로 도메인을 연결 및 포워딩하는 방법을 알아본다.

> **"Route 53"이라는 이름의 유래는?**
>
> 인터넷에서 DNS 요청은 보통 TCP/UDP 53번 포트를 사용한다. 그래서 이름에 53이 들어간 것이다. 그리고 "Route"는 말 그대로 요청 경로를 정해준다는 의미다.

다음으로, 웹사이트에 접속할 때 브라우저의 주소창에 자물쇠 아이콘이 표시되는 것을 본 적이 있을 것이다. 이것은 해당 웹사이트가 SSL/TLS 인증서를 사용해 HTTPS(보안 연결)를 제공하고 있다는 의미다. 이러한 보안 연결은 사용자의 데이터가 암호화되어 안전하게 전달되게 한다.

하지만 인증서를 직접 구매하고, 서버에 설치하고, 갱신 주기에 맞춰 관리하기란 매우 번거로운 일이다. 특히 여러 도메인을 사용하는 대규모 서비스에서는 인증서 만료로 인한 서비스 중단 위험도 있다. 이럴 때 도움이 되는 것이 바로 AWS Certificate Manager(ACM)다. Certificate Manager는 AWS에서 SSL/TLS 인증서를 관리해주는 서비스로, 다음과 같은 기능을 제공한다.

- **무료 SSL/TLS 인증서 발급**: 퍼블릭 도메인에 대해 무료로 인증서를 발급해준다.
- **자동 갱신**: 발급받은 인증서는 자동으로 갱신되기 때문에 인증서가 만료되는 걱정을 하지 않아도 된다.
- **간편한 배포**: ELB, CloudFront, API Gateway 등 AWS 리소스에 대해 몇 번의 클릭만으로 인증서를 연결할 수 있다.
- **프라이빗 인증서도 가능**: 내부 서비스용 프라이빗 인증서도 직접 발급하고 관리할 수 있다.

한마디로, Certificate Manager는 AWS에서 복잡한 설정 없이 곧바로 서비스에 HTTP를 적용할 수 있도록 도와주는 서비스다. 보안은 강화하면서도 운영 부담은 줄이는 데 매우 효과적이다. 이번 장에서는 이러한 Certificate Manager의 개념과 사용 예, 자동 갱신 및 배포 방식도 알아본다.

6.1 Route 53이란?

앞서 EC2 인스턴스에 쇼핑몰 서비스도 배포했고, 데이터베이스의 데이터도 RDS로 마이그레이션했다. 이제 쇼핑몰의 도메인 주소만 변경하면 될 듯하다.

쇼핑몰의 도메인 주소를 변경하기에 앞서 도메인과 DNS에 관해 간략하게 알아보기로 하자.

도메인은 aws.com과 같은 인터넷 주소다. IP 주소는 서버의 고유 주소다. 실제로 인터넷은 서버의 고유 주소인 IP 주소를 통해 통신한다. 하지만 IP 주소는 숫자로만 구성돼 있어 사람이 기억하기가 쉽지 않기 때문에 중간에 DNS 서버가 도메인 주소로 변경하는 작업을 한다.

브라우저에서 인터넷 주소를 입력했을 때 일어나는 과정을 살펴보면 다음과 같다.

1. 브라우저에 도메인을 입력
2. DNS 조회 요청
3. DNS 서버가 IP 주소를 응답
4. 브라우저가 해당 IP로 접속
5. 서버에서 웹페이지를 응답
6. 브라우저가 웹페이지를 화면에 표시

AWS에서 DNS 서버 기능을 하는 서비스가 바로 Route 53이다. DNS 서버는 인터넷의 주소록 같은 역할을 한다. 다시 말해, DNS 서버는 인터넷에서 사용되는 모든 도메인과 IP를 저장하고 있다는 의미다. 사용자가 웹 브라우저에서 aws.com을 입력하면 DNS 서버에 aws.com의 IP 주소가 무엇인지 물어보고, DNS 서버는 본인이 가지고 있는 주소록에서 aws.com과 매칭되는 서버의 IP 주소를 찾아서 사용자에게 알려준다. 그럼 사용자는 해당 IP 주소로 실제 서버에 접속하는 것이다.

그뿐만 아니라 Route 53을 이용하면 도메인 주소도 구매할 수 있는데, 이어지는 절에서는 Route 53을 이용해 도메인을 구매하고, 구매한 도메인을 ELB와 연결하는 실습을 진행하겠다.

6.2 [실습] Route 53을 이용한 도메인 등록

다음 내용을 순서대로 따라 하면서 Route 53에서 도메인을 등록해 보자. 참고로 도메인을 등록할 때는 비용이 발생하는데, 도메인 종류마다 가격이 다르므로 실습을 진행할 때는 테스트용으로 저렴한 도메인을 하나 구매해서 진행하거나 비용 발생이 부담된다면 도메인 구입 절차만 숙지하고 넘어가도 된다.

01. 관리 콘솔의 위쪽 검색란에서 'Route 53'을 검색했을 때 나오는 Route 53을 클릭한다.

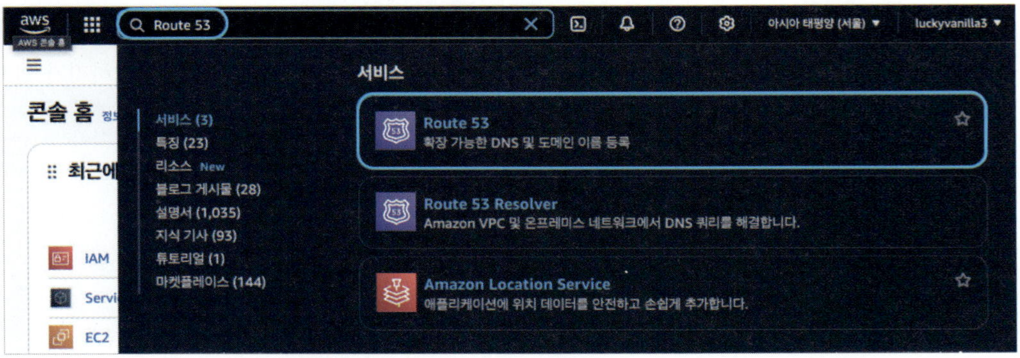

그림 6.1 Route 53 서비스로 이동

02. Route 53 서비스에서 왼쪽 메뉴의 **등록된 도메인**을 클릭한다. 그러고 나서 우측 상단의 **도메인 등록** 버튼을 클릭한다.

그림 6.2 등록된 도메인 목록

03. **도메인의 가용성 확인**란에 원하는 도메인을 입력하고 **검색** 버튼을 클릭한다. 아래 쪽의 검색 결과를 확인하고 원하는 도메인에 대해 **선택** 버튼을 클릭한다. 도메인을 선택하고 나면 **선택됨**으로 바뀐다. 그런 다음, **결제 진행** 버튼을 클릭한다.

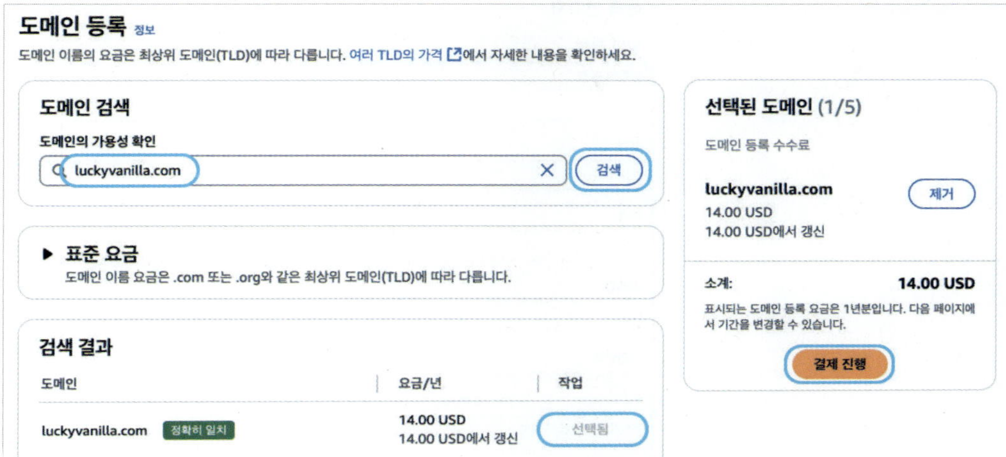

그림 6.3 사용할 도메인 검색

04. 도메인을 사용할 **기간**을 선택하고 **다음** 버튼을 클릭한다.

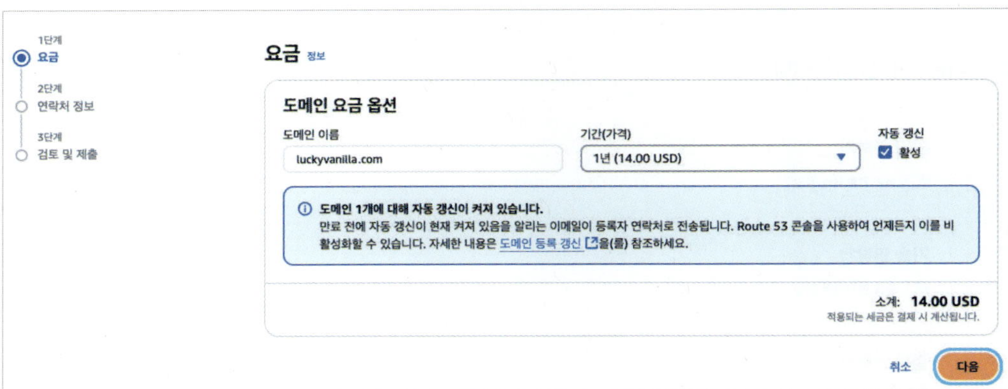

그림 6.4 도메인 요금 옵션 선택

05. **연락처 정보** 페이지에서 연락처 및 주소 정보를 입력한다.

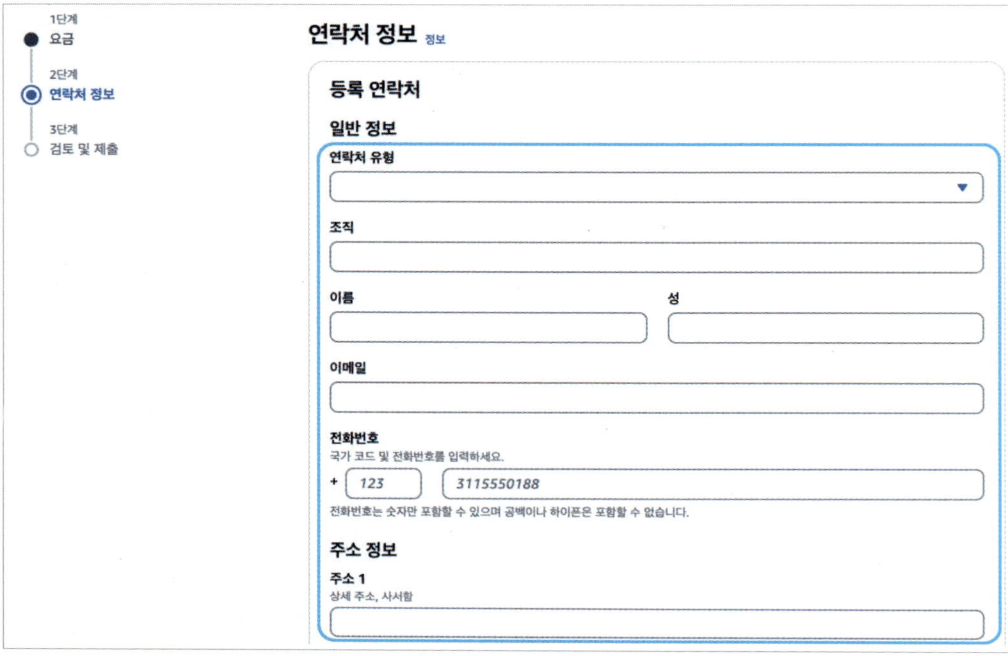

그림 6.5 연락처 및 주소 정보 입력

06. **다음** 버튼을 클릭한다.

그림 6.6 개인정보 관련 설정

07. 입력한 정보들을 확인하고, 이용약관에 동의한 후 **제출** 버튼을 클릭한다.

그림 6.7 도메인 구매 요약

08. 등록이 문제 없이 끝나면 다음 화면처럼 구매한 도메인을 확인할 수 있다.

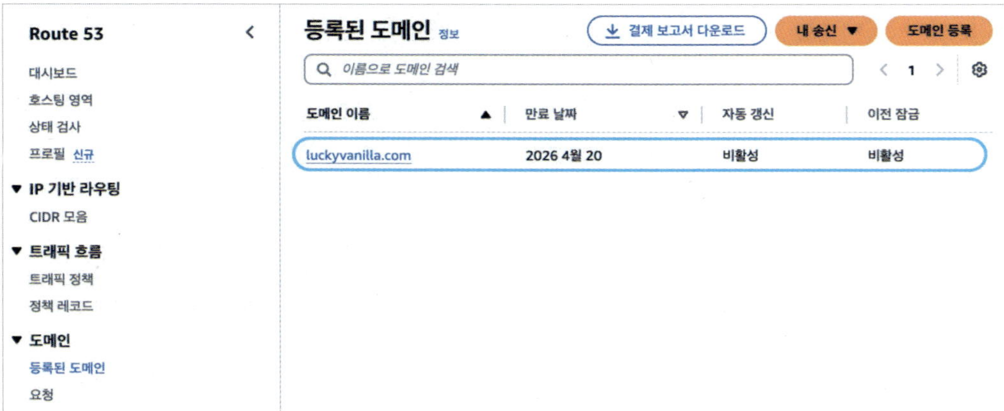

그림 6.8 등록된 도메인 목록

6.3 AWS Certificate Manager란?

SSL/TLS는 인터넷 통신을 암호화하는 보안 프로토콜로, 웹사이트에 접속할 때 흔히 사용되는 HTTPS가 바로 이 SSL/TLS 기반의 암호화 통신을 의미한다. 즉, HTTPS의 'S'는 'Secure'의 약자이고, SSL/TLS로 암호화된 안전한 통신을 의미한다.

이러한 암호화 덕분에 웹 브라우저와 서버 간에 오가는 데이터가 중간에 공격자에게 탈취되더라도 해독되지 않도록 보호할 수 있다. 쉽게 말해 SSL/TLS는 인터넷을 사용할 때 보안을 강화하기 위한 핵심 기술이다.

참고로 최신 브라우저는 대부분 HTTPS를 사용하지 않는 웹사이트에 대해 경고 메시지를 표시한다. 이는 기존의 HTTP가 데이터를 암호화하지 않아 보안에 취약하기 때문이다. 그래서 웹사이트에서 좀 더 안전한 HTTPS를 사용하도록 전환하려면 인증서를 발급받아야 하며, 이때 SSL/TLS 인증서를 생성하고 관리해 주는 서비스인 AWS Certificate Manager를 활용할 수 있다.

앞에서 Route 53을 통해 등록한 도메인에 HTTPS 인증서를 적용하기 위해 Certificate Manager로 인증서를 발급받고 이를 적용해보자.

6.4 [실습] AWS Certificate Manager(ACM) 인증

참고로 앞에서 도메인을 구매하지 않았다면 이번 절의 내용은 그냥 넘어가도 된다. 나중에 실무에서 필요할 때 이번 절의 내용을 참고해서 적용해 보기 바란다.

01. 관리 콘솔 위쪽의 검색란에서 'Certificate Manager'를 검색해서 나오는 **Certificate Manager**를 클릭한다.

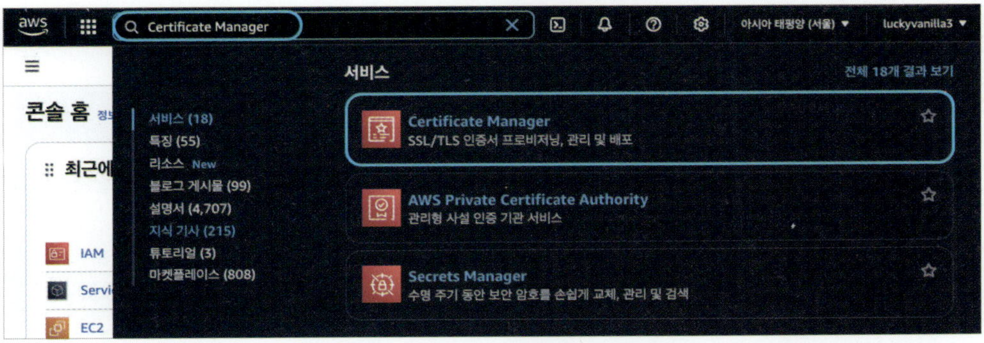

그림 6.9 Certificate Manger 서비스로 이동

02. AWS Certificate Manager 서비스의 왼쪽 메뉴에서 **인증서 나열**을 클릭한다. 그리고 **요청** 버튼을 클릭한다.

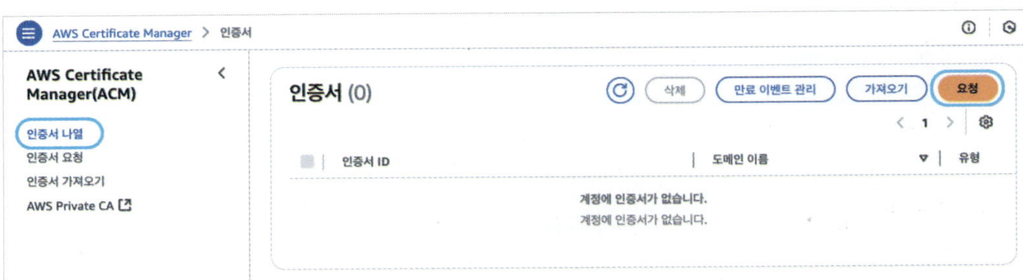

그림 6.10 인증서 목록

03. 인증서 유형으로 **퍼블릭 인증서 요청**이 체크돼 있는지 확인한 후 **다음** 버튼을 클릭한다.

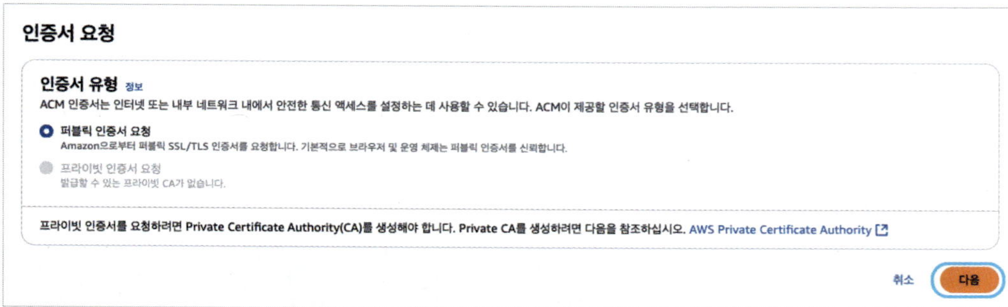

그림 6.11 인증서 유형 선택

04. **완전히 정규화된 도메인 이름**에 앞에서 구매한 도메인 이름을 입력한다. 그러고 나서 **요청** 버튼을 클릭한다.

그림 6.12 인증서를 발급받을 도메인 입력과 키 알고리즘 선택

05. 잠시 후 도메인 부분에 **검증 대기 중**이라고 표시될 것이다. Route 53**에서 레코드 생성** 버튼을 클릭한다.

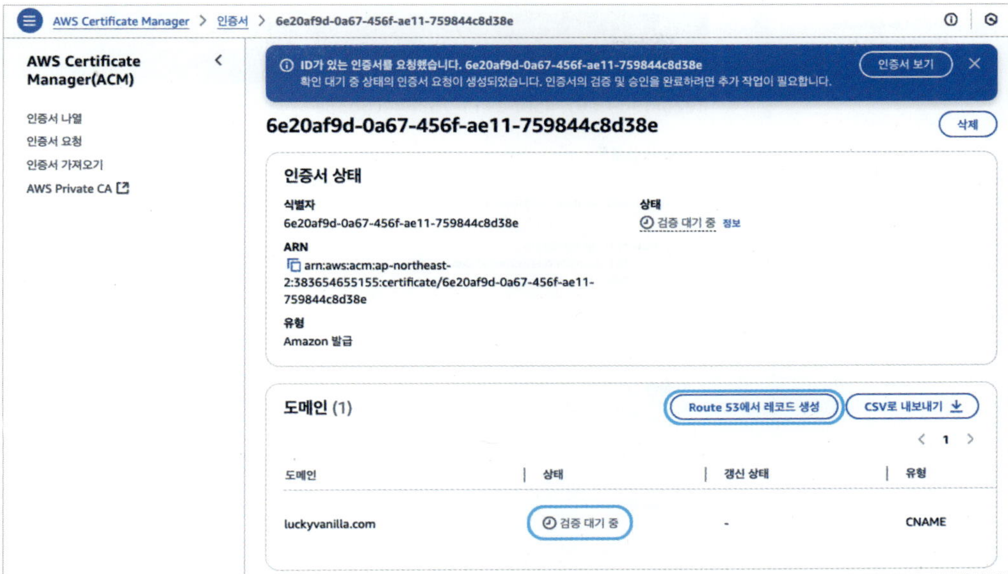

그림 6.13 도메인 검증 대기

06. 앞에서 인증서를 요청한 도메인이 선택돼 있는지 확인한 후 **레코드 생성** 버튼을 클릭한다.

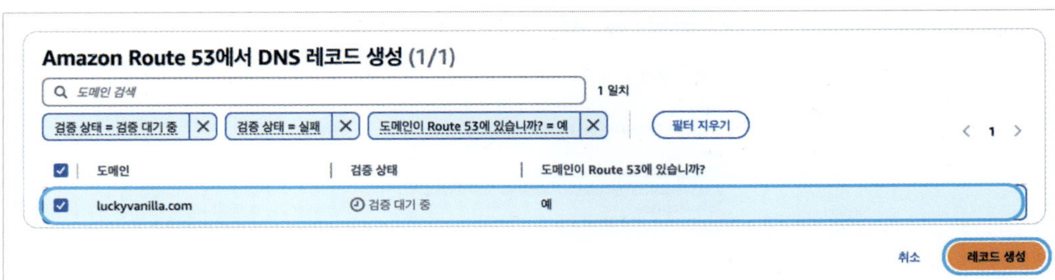

그림 6.14 Route 53에서 DNS 레코드를 생성

07. 페이지 상단에 '**DNS 레코드를 성공적으로 생성했습니다.**'라는 메시지가 표시되는 것을 확인하고 기다린다.

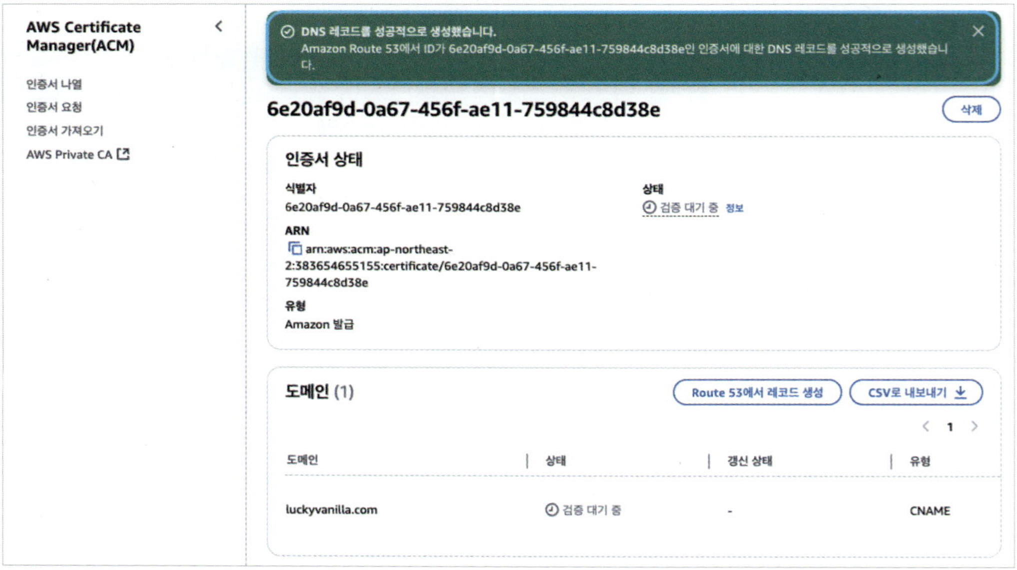

그림 6.15 도메인 검증 대기

08. 이어서 하단의 도메인 상태가 **성공**이라고 표시되면 인증서가 발급된 것이다.

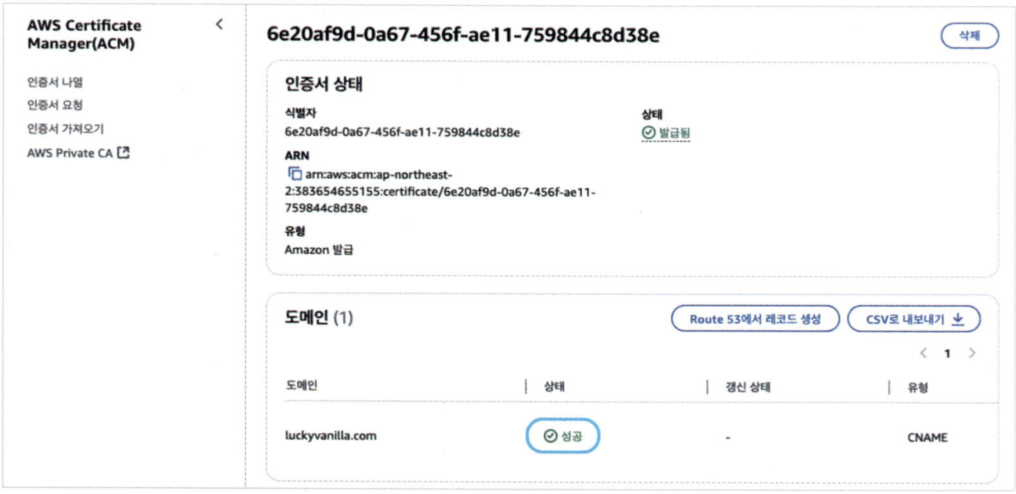

그림 6.16 도메인 발급 완료

6.5 [실습] Route 53에서 ELB와 도메인 연결

이번 실습을 하기 위해서는 로드 밸런서가 있어야 한다. 따라서 이전 실습 환경을 삭제했다면 3장의 3.5절 '[실습] 보안 그룹 생성', 3.7절 '[실습] 대상 그룹 생성', 3.9절 '[실습] 로드 밸런서 생성'을 참고해서 로드 밸런서만 따로 만들어서 테스트해보면 된다.

01. Route 53 서비스에서 왼쪽 메뉴의 **호스팅 영역**을 클릭한다. 그리고 앞에서 구매한 도메인 이름을 클릭한다.

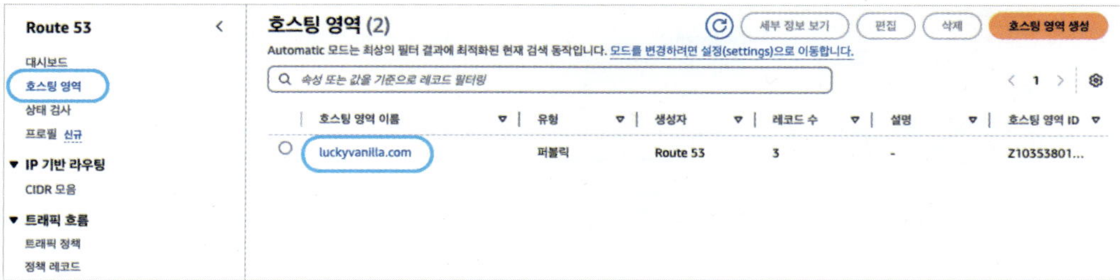

그림 6.17 Route 53의 호스팅 영역 목록

02. 여러 레코드가 나열되는 것을 볼 수 있다. 여기서는 A 레코드를 만들겠다(A 레코드에 관해서는 아래에서 다시 설명하겠다). **레코드 생성** 버튼을 클릭한다. 여기서 레코드란 도메인 이름을 특정 리소스(IP 주소, 다른 도메인, 이메일 서버 등)와 연결해 주는 설정 단위에 해당한다.

그림 6.18 도메인의 레코드 목록

03. 이 책에서는 기존에 만들어둔 로드 밸런서에 도메인을 연결하겠다. 먼저 **레코드 유형**이 A인지 확인한다. A 레코드는 도메인을 IPv4 주소와 연결하는 레코드다. 다음으로 **별칭** 항목을 활성화한다. 별칭은 특정 AWS 리소스의 주소를 도메인에 매핑(mapping; A를 B로 대응시키는 관계)하는 Route 53의 DNS 기능이다. **트래픽 라우팅 대상**에서는 **Application/Classic Load Balancer에 대한 별칭**을 선택하고, **아시아 태평양(서울)** 리전을 선택한다. 그리고 나서 앞에서 만든 **로드 밸런서 주소**를 선택한다. 마지막으로 **레코드 생성** 버튼을 클릭한다.

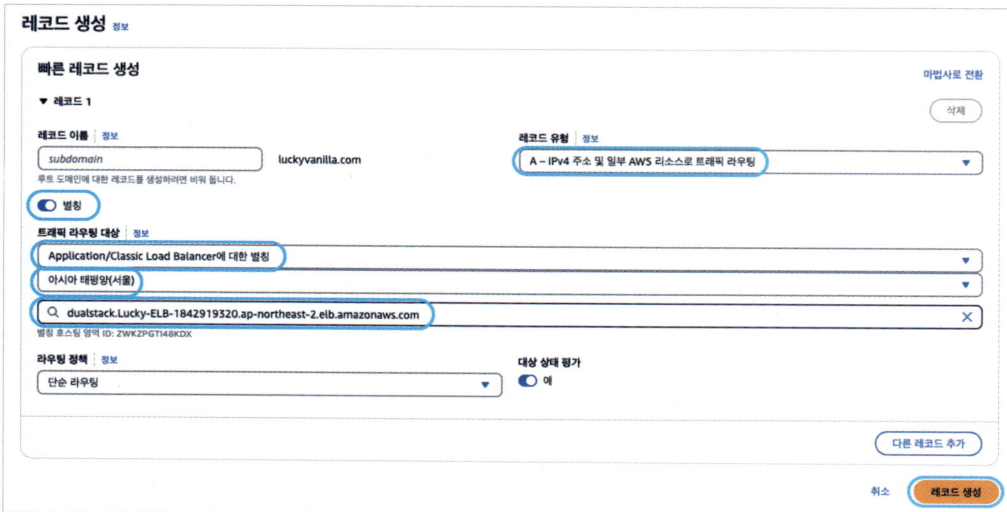

그림 6.19 A 레코드 생성

04. 페이지 상단에 '**레코드가 생성되었습니다.**'라는 메시지가 표시되는지 확인하고, 아래쪽에 A 유형으로 만들어진 레코드를 확인한다. 여기까지 진행했다면 도메인과 로드 밸런서가 연결된 것이다. 이제부터 도메인으로 접속하게 되면 Route53이 레코드 정보를 기반으로 로드 밸런서에 연결해줄 것이다.

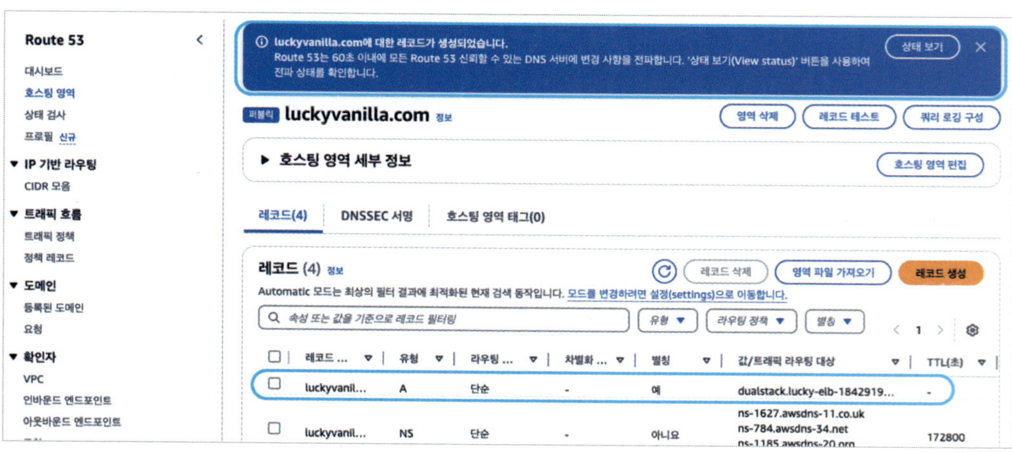

그림 6.20 도메인의 레코드 목록

05. 브라우저에서 앞서 등록한 도메인을 입력해서 접속해 본다(이 책에서는 luckyvanilla.com). 그런데 다음과 같은 메시지가 나온다. 도메인 주소가 http로 시작하기 때문에 구글 크롬에서 보안 경고를 보여주는 것이다. Continue to site 버튼을 클릭해서 넘어간다.

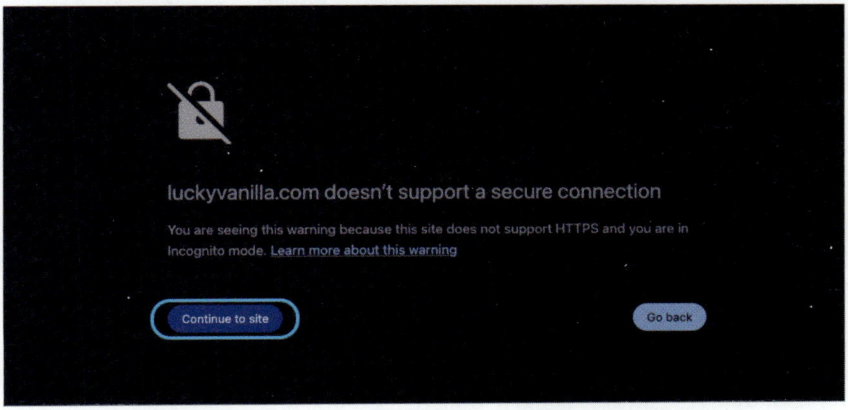

그림 6.21 브라우저로 도메인에 접속

06. 다음과 같은 화면이 나오면 일단 HTTP로 접속에 성공한 것이다.

그림 6.22 브라우저에서 도메인에 접속했을 때 나오는 화면

앞에서 Certificate Manager로 HTTPS 인증을 했기 때문에 이번에는 URL에 https를 붙여서 접속해 본다. 즉, https://luckyvanilla.com으로 접속해 본다. 그런데 페이지가 제대로 동작하지 않는다. 왜 그럴까? 그 이유는 두 가지다. 일단 로드 밸런서의 보안 그룹에서 HTTPS를 허용하지 않았다. 따라서 보안 그룹에 인바운드 규칙을 추가해야 한다. 또 한 가지 이유는 로드 밸런서를 만들 때 로드 밸런서가 HTTP 프로토콜로 들어오는 것만 인식하도록 설정했기 때문이다. 그래서 로드 밸런서에도 리스너를 추가해야 한다. 그럼 로드 밸런서에 앞에서 설명한 두 가지 설정을 적용해보자.

07. 관리 콘솔의 위쪽 검색란에서 'EC2'를 검색해서 나오는 **EC2**를 클릭해 이동한다.

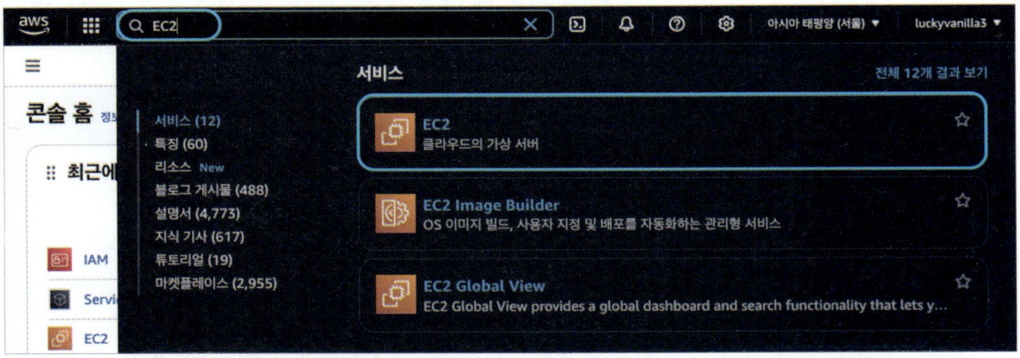

그림 6.23 EC2 서비스로 이동

08. 왼쪽 메뉴에서 **보안 그룹**을 클릭한다. 그런 다음, 로드 밸런서의 보안 그룹인 **lucky-elb-sg**를 체크한다. 아래쪽에 세부 정보가 나오면 **인바운드 규칙** 탭을 클릭하고, **인바운드 규칙** 편집 버튼을 클릭한다.

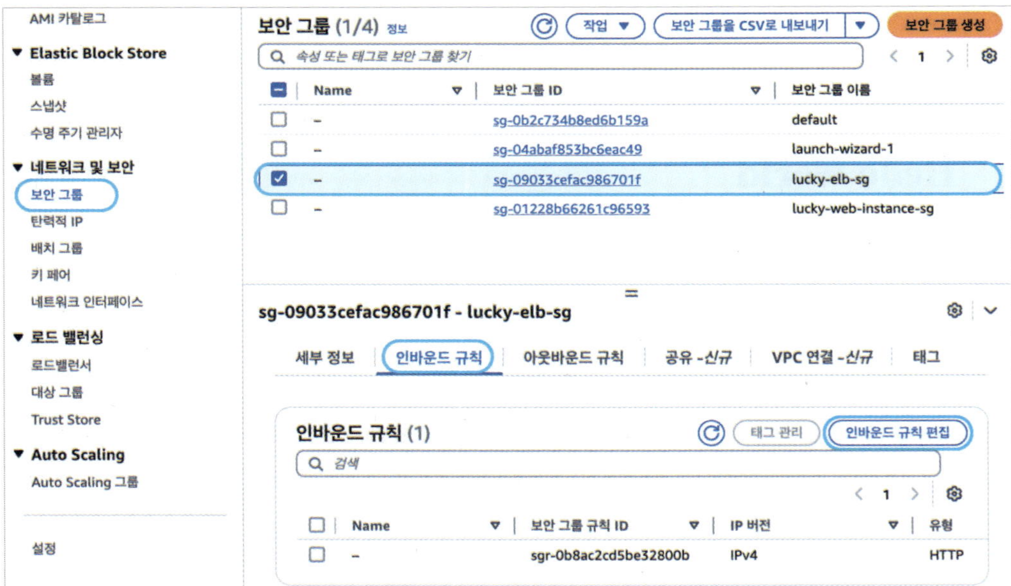

그림 6.24 보안 그룹 목록

09. **규칙 추가** 버튼을 클릭해 인바운드 규칙을 추가한다. HTTPS 통신을 해야 하므로 유형에 **HTTPS**를 선택한다. 그리고 **소스**는 Anywhere-IPv4를 선택한다. 마지막으로 **규칙 저장** 버튼을 클릭한다.

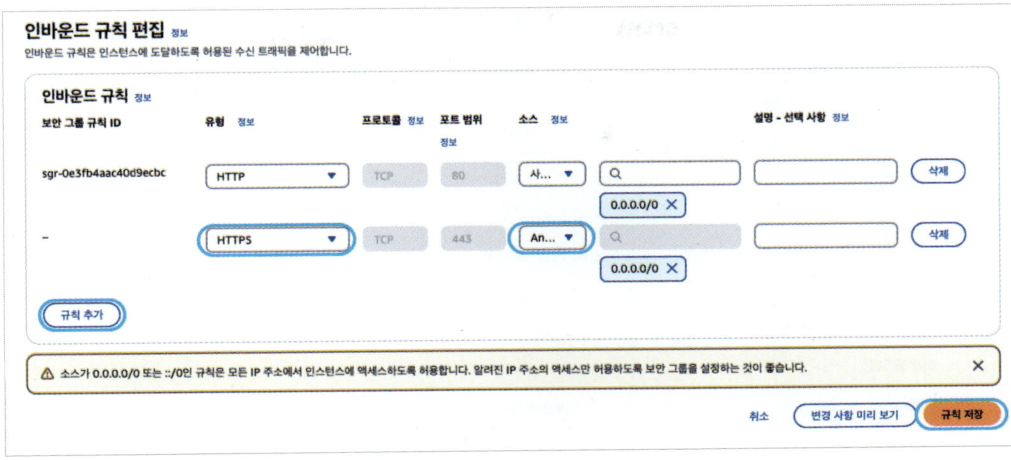

그림 6.25 보안 그룹의 인바운드 규칙 편집

10. 이번에는 왼쪽 메뉴에서 **로드 밸런서**를 클릭한다. 기존에 만들어 놓은 lucky-elb를 체크한다. 아래쪽에 세부 정보가 나오면 **리스너 및 규칙** 탭을 클릭하고, **리스너 추가** 편집 버튼을 클릭한다.

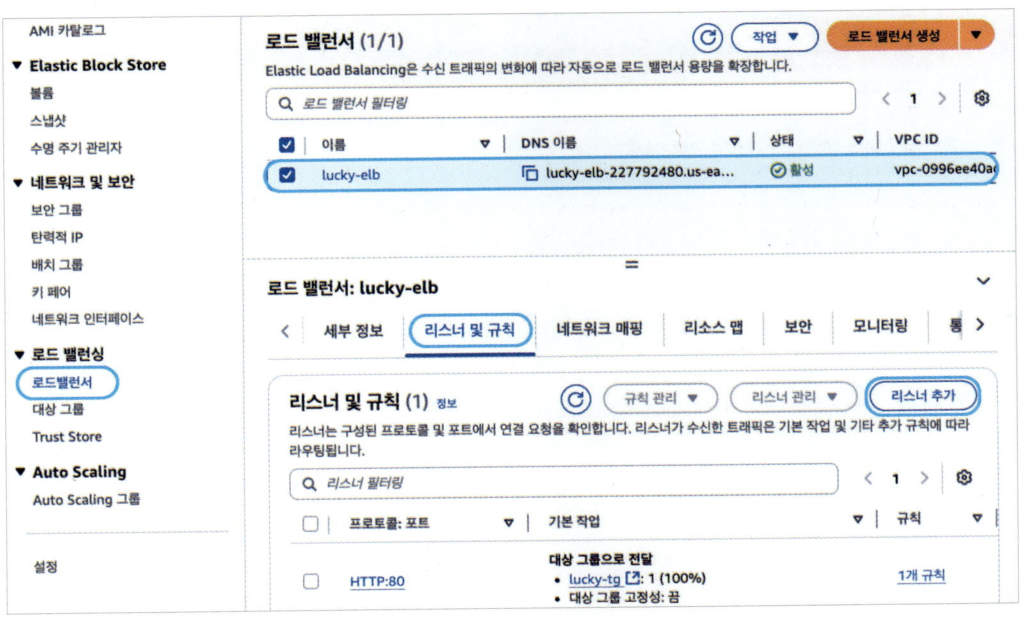

그림 6.26 로드 밸런스 리스너 규칙 추가

11. 프로토콜에 HTTPS를 선택한다. 다음으로 **대상 그룹**에서 기존에 만들어둔 lucky-tg을 선택한다.

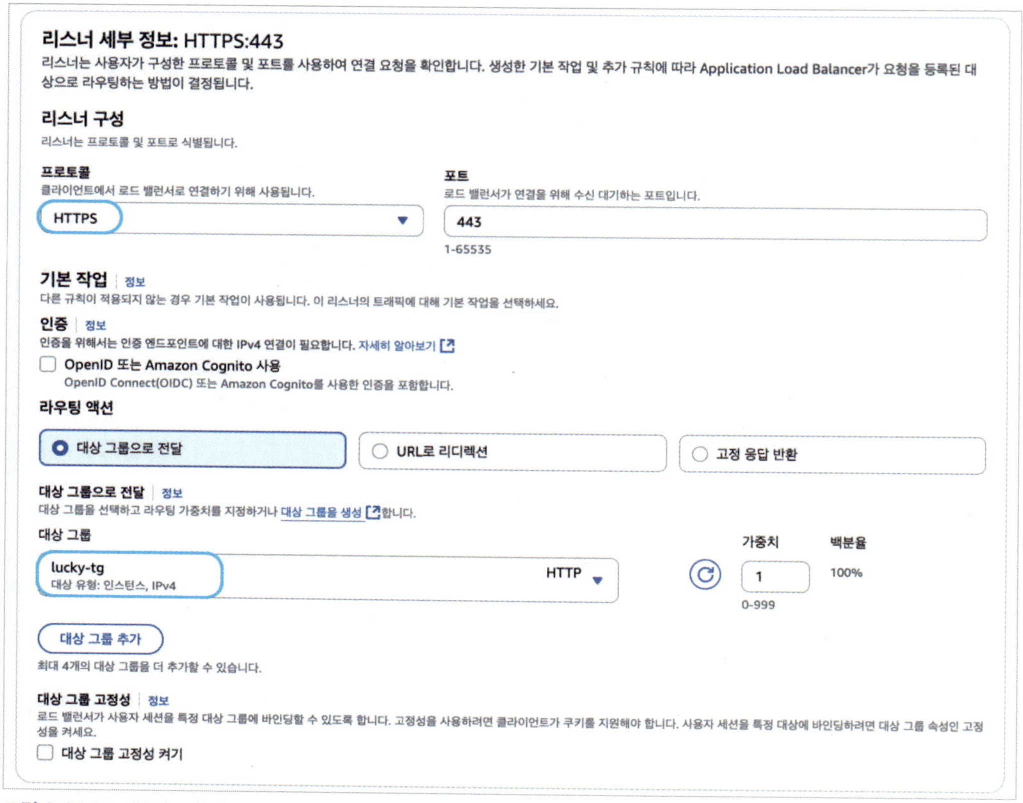

그림 6.27 로드 밸런스의 리스너 규칙 생성

12. 앞에서 프로토콜로 HTTPS를 선택했으므로 아래쪽에 **인증서(ACM에서)**라는 메뉴가 나온다. 앞에서 Certificate Manager에서 인증한 도메인을 선택하고, **추가** 버튼을 클릭한다.

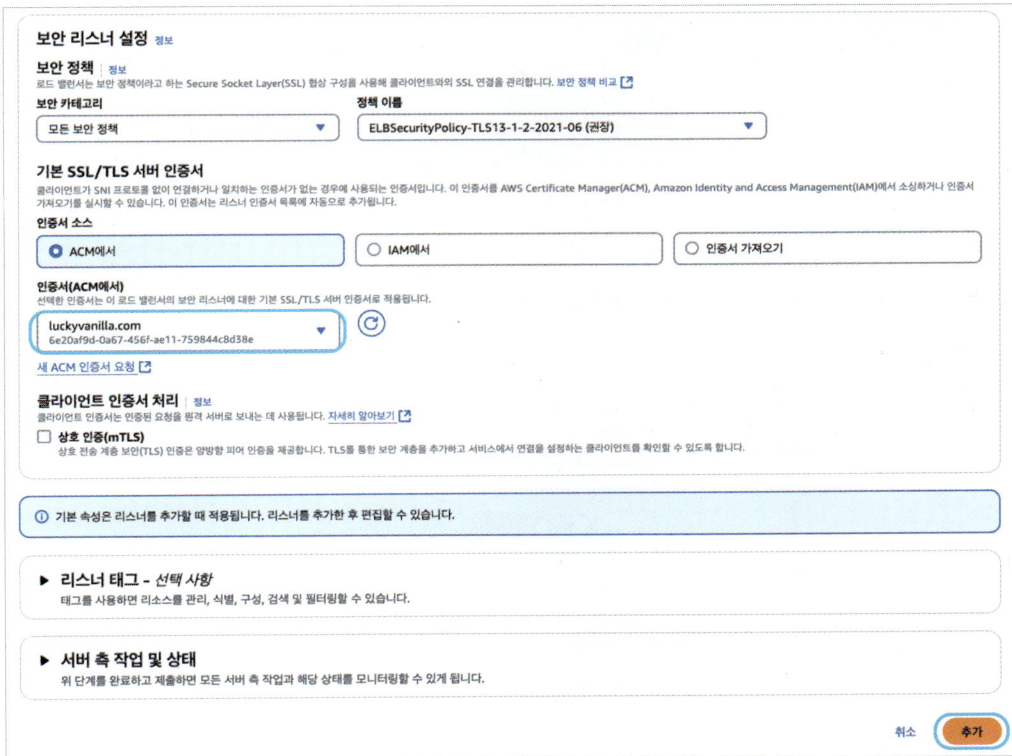

그림 6.28 로드 밸런스에 연결할 인증서 선택

이렇게 해서 로드 밸런서 설정이 모두 끝났다. 이제 다시 HTTPS로 접속하면(이 책에서는 **https://luckyvanilla.com**) 페이지가 문제없이 표시될 것이다.

6.6 [실습] 리소스 삭제

이번 장에서 발급받은 인증서를 삭제하려면 그 전에 먼저 로드 밸런서를 삭제해야 한다. 로드 밸런서를 삭제하는 방법은 4장의 4.10절 '[실습] 리소스 삭제'에서 다뤘으므로 여기서 다시 다루지 않겠다. 로드 밸런서를 삭제하지 않고 인증서를 삭제하면 이미 사용 중이어서 삭제할 수 없다는 메시지가 표시될 것이다.

01. 인증서를 삭제하기 위해 AWS Certificate Manager 서비스로 이동한 후 왼쪽 메뉴의 **인증서 나열**을 클릭한다. 앞에서 발급받은 인증서를 체크하고 **삭제** 버튼을 클릭한다.

그림 6.29 인증서 삭제

02. 다음과 같은 대화상자가 표시되면 **'삭제'**를 입력하고, **삭제** 버튼을 클릭한다.

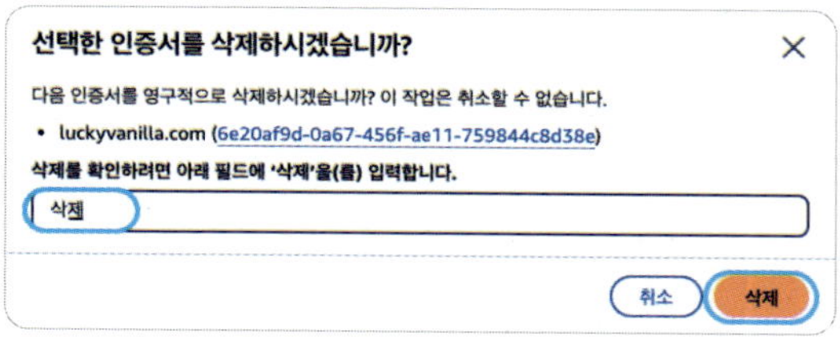

그림 6.30 인증서 삭제 확인

03. Route 53 서비스로 이동한 후 **호스팅 영역**에서 삭제할 도메인을 클릭한다. 그리고 앞에서 직접 1개의 레코드 유형 A와 Certificate Manager로 도메인을 인증할 때 자동으로 생성된 레코드인 CNAME을 선택하고, **레코드 삭제** 버튼을 클릭한다.

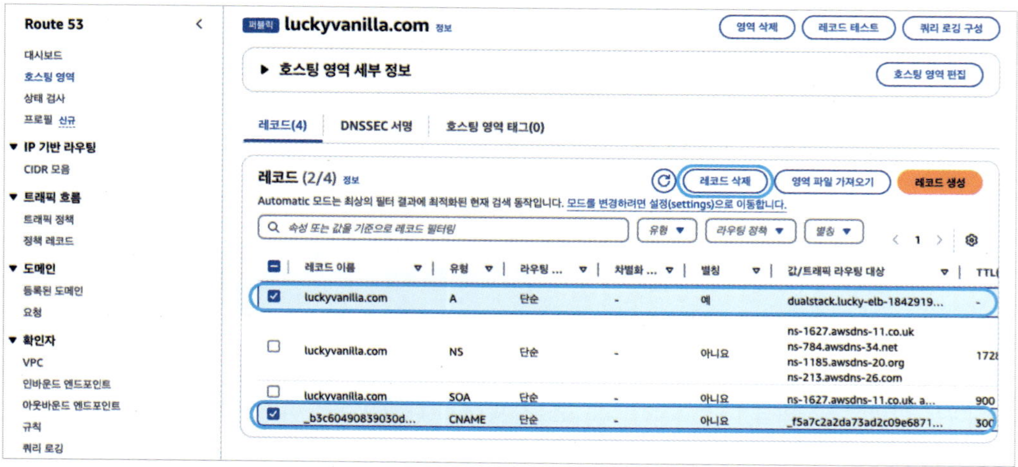

그림 6.31 Route 53의 레코드 삭제

04. 다음과 같은 대화상자가 표시되면 하단의 **삭제** 버튼을 클릭한다.

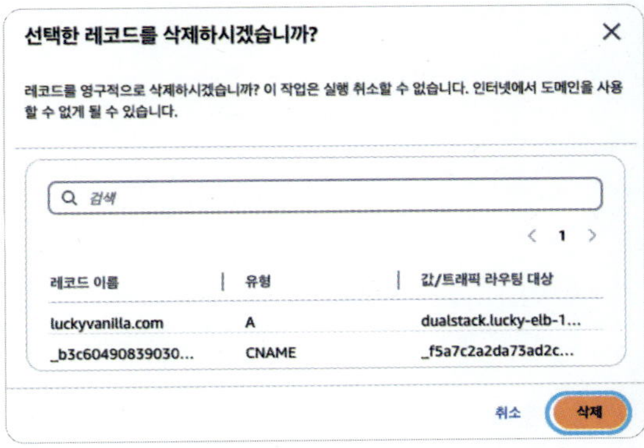

그림 6.32 Route 53의 레코드 삭제 확인

6.7 정리

이번 장에서는 AWS의 Route 53과 Certificate Manager 서비스에 대해 배웠다.

인터넷상의 모든 서비스는 HTTPS를 사용하도록 권장하기 때문에 이번 장에서 배운 것처럼 반드시 인증서를 발급받아 사용하길 바란다. 또한 도메인을 구매하고 구입한 도메인을 ELB에 연결하는 방법도 배웠는데, 이를 전문 용어로 도메인 포워딩이라고 한다.

이렇게 해서 기존에 온프레미스에 있던 쇼핑몰을 전부 AWS로 옮겼다. 이제 AWS상에서 쇼핑몰 운영에만 집중하면 될 것 같다.

PART

02

실무에서 바로 사용하는 AWS 활용법

1부에서는 쇼핑몰을 운영하기 위한 EC2와 RDS로 3티어 아키텍처를 구축하는 데 초점을 맞췄다면 2부에서는 보안이 적용된 실무적인 아키텍처를 구축하고, 이를 운영 및 관리하는 서비스에 대해 알아본다.

07

네트워크의 시작, VPC

VPC(Virtual Private Network)는 AWS 클라우드 안에 있는 '가상 사설 네트워크'다. 간단히 말하면 논리적으로 격리된 가상 네트워크다. 조금 다르게 표현하면 사용자만의 독립된 네트워크다. 표현이 조금 어려운데, 이처럼 독립된 네트워크는 실제로 우리 주변에서 흔히 볼 수 있다. 바로 인터넷 공유기다. 즉, VPC는 가정 내 인터넷 공유기와 비슷하다.

인터넷 공유기는 공인 IP 주소를 공유하는 장비지만 실제로는 가정 내에서 사설 네트워크를 구성하고, 네트워크에 접속한 여러 장비들이 하나의 공인 IP 주소를 공유해서 인터넷을 원활하게 할 수 있도록 해주는 장비다. 이름은 인터넷 공유기지만 이름이 뜻하는 것보다 더 많은 일을 한다. 인터넷을 하려면 공인 IP(Public IP)가 필요한데, 이 공인 IP는 전 세계적으로 부족하기 때문에 여러분의 집에서 사용하는 다양한 장비들은 인터넷 공유기의 공인 IP 하나를 공유해서 인터넷에 접속하는 것이다.

인터넷 공유기는 사설 네트워크를 만들고, 여러분이 유선이든 무선이든 인터넷 공유기에 접속하면 공유기가 사설 IP(Private IP)를 할당해 준다. 그리고 사설 IP를 통해 공유기와 여러분이 사용하는 장비가 통신할 수 있게 된다. 하지만 사설 네트워크 내에서는 사설 IP로 서로 통신이 가능하지만 인터넷을 할 수 없기 때문에 여러분이 사용하는 스마트폰이나 노트북, PC가 인터넷에 접속할 때 인터넷 공유기가 사설 IP를 공인 IP로 변경해서 인터넷을 사용할 수 있게 만들어준다. 이것이 공유기 내부에서 이뤄지는 일이다.

AWS에서 이러한 인터넷 공유기 같은 사설 네트워크를 만드는 서비스가 바로 VPC이고, 좀 더 세분화되고 전문적인 기능들을 제공한다.

이번 장에서는 AWS의 전반적인 네트워크를 담당하는 VPC를 비롯해 AWS 네트워크에 관한 기본 지식들을 배울 것이다. 이번 기회에 배워두면 두고두고 활용할 수 있게 될 것이다. 생경한 용어가 많겠지만 차근차근 다뤄보자.

참고로 필자가 AWS에서 일할 때 고객들이 어려워하는 서비스가 몇 가지 있었는데, 그중 하나가 VPC였다. 왜냐하면 대부분의 엔지니어들은 네트워크가 이미 만들어진 상태에서 서버를 만들고, 애플리케이션을 서버에 배포하는 작업을 주로 한다. 그러다 보니 네트워크를 구성할 일이 없어서 알 필요도 없었던 것이다.

앞에서 배운 EC2 인스턴스와 RDS는 많은 설정이 이미 적용된 상태였기에 몇 번의 클릭만으로도 사용할 수 있었다. 하지만 EC2와 RDS도 VPC 안에 생성해서 사용해야만 한다. 그래야만 EC2와 RDS가 서로 통신하고, 사용자들이 인터넷을 통해 EC2 인스턴스에 접속할 수 있다.

이제껏 네트워크 설정을 하지 않고도 인스턴스를 잘 만들어서 사용해 왔는데, 굳이 VPC를 배워야 할까? 이 질문에 답하자면 **어려워도 배워야 한다.**

VPC를 배워야 하는 이유는 우리가 지금까지 AWS가 기본으로 만들어 놓은 default VPC에 인스턴스를 생성해서 사용했기 때문이다. default VPC는 외부에서 모두 접근할 수 있기 때문에 보안상 문제가 생길 수 있다. 그래서 외부에서 접근하면 안 되는 네트워크 영역과 외부에서 접근해도 되는 네트워크 영역을 나눠서 데이터베이스와 애플리케이션 서버 같은 것들은 외부에서 접근하면 안 되는 네트워크에 위치시켜야 해킹 공격을 원천 차단할 수 있다.

아직 무슨 말인지 잘 이해되지 않을 수 있다. 그래서 이번 장에서는 AWS의 VPC를 만드는 실습을 진행하겠다. 내용이 다소 어려울 수 있지만 이번 장이 끝날 때쯤에는 AWS의 전반적인 네트워크를 이해할 수 있을 것이다.

참고

VPC를 현실 세계를 비유한다면 다음과 같이 생각하면 된다.

- AWS는 거대한 도시
- VPC는 내가 빌린 부지(네트워크 공간)
- EC2는 그 위에 짓는 집(서버)

즉, 클라우드상에 구축하는 모든 인프라의 기반이 되는 공간이 바로 VPC다.

7.1 VPC란?

지금까지 쇼핑몰을 운영하면서 필요한 AWS 리소스는 다 배운 것 같다. 웹 + 애플리케이션 서버인 EC2 인스턴스를 만들어서 오토 스케일링을 적용했고, 로드 밸런서도 만들었다. RDS로 관계형 데이터베이스를 만들어서 데이터도 다 옮겨왔다. 도메인도 Route 53으로 구매해서 로드 밸런서와 연결했고, Certificate Manager를 통해 인증서도 발급받아 HTTPS도 적용했다.

쇼핑몰은 잘 운영되고 있고, 할인 이벤트로 트래픽이 급격히 증가해도 이제 걱정할 필요는 없을 것 같다. 트래픽이 크게 증가하면 오토 스케일링이 동작하면서 EC2 인스턴스가 늘어날 것이고, RDS에 트래픽이 많이 몰려 느려지거나 한다면 바로 더 성능이 좋은 인스턴스로 교체하면 된다. 그럼 1~3분 정도의 끊김은 있겠지만 바로 대응할 수 있을 것이다. 이제 전체 시스템에서 장애가 발생하는 일은 발생하지 않을 것 같다. 충분히 만족스럽다.

하지만 평화로운 나날은 그리 오래 가지 않았다.

이번에는 또 무슨 문제일까? 원인을 찾아봤더니 데이터베이스가 다 지워졌다. 그리고 다음과 같은 한 줄의 데이터만 남아 있다.

> "너의 DB는 내가 가져간다. 복구하고 싶거든 1,000만 원의 비트코인을 XXXXXXXXX로 이체하고 이메일을 보내면 복구해주겠다."

아무래도 해킹을 당한 것 같다. 어떻게 해야 할까? 1,000만 원은 너무 부담되는 금액이다. 그리고 돈을 보낸다고 복구해준다는 보장도 없고, 또 해킹 당하면 어떻게 하나? 아니면 고객들께 죄송하다고 공지하고, 보상을 하는 게 나을까? 고민 끝에 해커에게 1,000만 원을 주느니 차라리 고객분들께 죄송하다고 말씀드리고, 사죄의 의미로 보상 포인트를 보내드리는 게 나을 것 같다는 생각이 들었다.

다행히도 RDS가 매일 백업을 하니 마지막으로 백업한 스냅샷으로 데이터베이스를 복구할 수 있다. 마지막으로 백업된 시점이 새벽 3시이니 지금으로부터 8시간 전까지의 데이터만 손실된 것 같다. 고객분들께 죄송하다는 이메일을 보낸다. 그리고 보상 포인트를 보낸다. 쇼핑몰 첫 화면에 사과문도 공지했다.

그런데 다음이 문제다. 언제 또 해킹을 당할지 모른다. 왜, 무엇 때문에 해킹을 당한 걸까? 그리고 어떻게 막아야 할까? 거듭해서 고민하고 관련 자료를 찾아보니 결국 아키텍처를 잘못 만들어서 생긴 문제였다. AWS를 잘 모르다 보니 대부분의 설정을 기본값으로 유지한 채로 아키텍처를 만들었던 것이다.

VPC가 무엇인지도 모르지만 지금까지 만든 모든 인스턴스와 로드 밸런서, RDS가 Default VPC에 만들어진 것 같다. 보안이 중요하지 않은 인스턴스들은 Default VPC에 배치해도 되지만 그렇지 않은 인스턴스나 데이터베이스 같은 중요한 서버는 Default VPC를 사용하면 안 된다. (참고로 AWS 공식 문서에도 이렇게 나와 있다.)

왜냐하면 Default VPC는 외부에서 접근할 수 있는 네트워크이기 때문에 고객에게 서비스하는 프로덕션 레벨의 애플리케이션은 Default VPC에서 운영하면 안 된다고 한다. 필자가 AWS에서 일할 때도 종종 들은 이야기지만 필자의 지인분들 중에도 AWS의 VPC를 잘 모르다 보니 Default VPC에서 시스템을 운영하다가 해킹 당한 분들이 여럿 있었다.

필자도 스타트업에서 CTO로 근무했을 때 VPC를 잘 몰라서 시스템을 Default VPC에서 운영한 경험이 있다. 다행히도 해킹을 당한 적은 한 번도 없었지만 단지 운이 좋아서였다고 생각한다. 지금 생각하면 아찔하다.

원론적인 질문을 하나만 드리겠다. VPC는 어려운데 정말 거기까지 알아야 하는 걸까? 이 질문에 대한 필자의 대답은 "그렇다"이다. VPC를 알아야만 한다. (참고로 필자가 AWS에서 고객에게 강의를 할 때도 고객들이 가장 어려워하는 내용 중 1, 2위를 다투는 것이 VPC였다.)

고백하건대, 필자가 스타트업에서 Default VPC에서 서비스를 운영했던 이유 중 하나는 VPC를 공부할 엄두가 나지 않아서였다. 너무 바쁘다 보니 항상 VPC의 우선순위가 밀려 있었다. 10여 년이 지난 지금은 VPC가 보안에서 얼마나 중요한지 말할 수 있다. 그리고 여러 스타트업에서 AWS 컨설팅을 해본 결과, 대부분의 스타트업이 Default VPC를 사용하는 것을 보고 충격을 받았다. 10여 년과 달리 AWS에 관한 교육과 정보가 인터넷에 넘쳐나지만 아직도 VPC에 대한 진입 장벽이 매우 높다는 생각이 든다.

AWS를 다루다 보면 VPC를 만들어야 할 일이 생각보다 많다. 그리고 AWS에서 네트워크 관련 문제는 VPC만 잘 알면 상당 부분 해결할 수 있다. 대규모 글로벌 시스템을 구축할 때도 네트워크를 알아야만 한다.

이번 장을 모두 배우고 나면 다음과 같은 VPC 아키텍처가 만들어질 것이다.

그림 7.1 새 VPC 아키텍처

이러한 VPC 아키텍처를 만들기 위해 가장 먼저 VPC를 만들 것이다. 그다음으로 인터넷에서 직접 접근해도 되는 영역인 퍼블릭 서브넷과 인터넷에서 간접 접근할 수 있는 영역인 프라이빗 서브넷, 그리고 인터넷에서 아예 접근할 수 없는 영역인 DB 서브넷을 각각의 가용 영역에 2개씩 만들 것이다.

다음으로 퍼블릭 서브넷의 인스턴스들이 인터넷을 사용할 수 있도록 인터넷 게이트웨이를 추가하고, 프라이빗 서브넷의 인스턴스들도 간접적으로 인터넷을 사용할 수 있도록 NAT 게이트웨이를 연동할 것이다.

마지막으로 이러한 요소들이 제대로 트래픽을 전달할 수 있도록 라우팅 테이블을 설정함으로써 VPC 설계가 끝날 것이다.

이렇게 수동으로 하나씩 만들어 보면서 VPC의 동작 방식을 하나씩 이해해보자. 지금 당장은 무슨 말인지 이해하기 어렵겠지만 이번 장의 실습을 차근차근 따라 하다 보면 이해되리라 확신한다.

이어지는 절에서는 VPC를 만들어 보기에 앞서 먼저 AWS 네트워크의 주소 체계를 이루는 CIDR('사이더'라고 발음한다) 주소 체계에 대해 알아보겠다. CIDR만 잘 이해한다면 생각보다 쉬운 게 네트워크다.

7.2 CIDR 주소 체계

먼저 IP의 종류에 대해 알아보자. IP는 네트워크 장비들이 서로 통신하는 데 필요한 주소 체계로서 IP를 구분하는 방법에는 여러 가지가 있다.

먼저 한번 할당되면 IP가 변경되느냐 여부에 따라 구분하면 다음과 같다.

- **유동 IP 또는 동적 IP(dynamic IP)**: 자동으로 할당되고, 연결이 끊어졌다 재접속되면 변경될 수 있는 IP 주소다. (참고로 가정에서 인터넷을 사용할 때는 대부분 유동 IP를 사용한다. 따로 고정 IP를 신청하지 않았다면 말이다.)
- **고정 IP 또는 정적 IP(static IP)**: IP 주소가 할당되면 변경되지 않는 고정된 IP 주소다.

다음으로 인터넷에서 사용하느냐, 사설 네트워크에서 사용하느냐에 따라 구분하면 다음과 같다.

- **공인 IP(public IP)**: 인터넷 상에서 고유하게 식별 가능한 IP 주소로, 전 세계적으로 유일하다. 공인 IP가 있어야만 인터넷을 할 수 있다.
- **사설 IP(private IP)**: 사설 네트워크(예: 가정, 회사)에서만 사용되는 IP 주소다. 사설 IP는 사설 네트워크 내의 네트워크 장비들이 서로 통신하기 위한 IP 주소로서 사설 IP로는 인터넷을 할 수 없다. 다음은 사설 IP의 범위인데, 일반적으로 사설 IP를 사용할 때는 아래와 같은 범위 내에서 사용한다. 인터넷 표준을 개발하고 유지하는 국제 단체인 IETF(Internet Engineering Task Force)에 의해 만들어진 공식 기술 문서인 RFC 1918[1]에서 정의하고 있다.
    - 10.0.0.0 ~ 10.255.255.255
    - 172.16.0.0 ~ 172.31.255.255
    - 192.168.0.0 ~ 192.168.255.255

이렇게 해서 IP를 분류해봤는데, 잠시 시간을 내서 정리해보자.

여러분이 집에서 사용하는 인터넷 공유기가 할당받는 IP는 어떤 IP일까? 공인 IP이자 유동 IP다. 이 말은 인터넷을 사용하기 위한 공인 IP 중에서 공유기가 꺼졌다 켜질 때마다 변경될 수 있는 유동 IP라는 것이다. (다시 말하지만, 고정 IP를 사용하기 위해 통신사에 돈을 더 지불하지 않았다면 유동 IP다.)

그래서 IP의 종류는 4가지 경우가 나올 수 있다. 그리고 앞으로 다룰 내용에서는 볼드체로 강조한 용어를 사용할 것이다.

1 https://datatracker.ietf.org/doc/html/rfc1918

- 공인 IP 이자 유동 IP: **공인 IP**라고 부름
- 공인 IP 이자 고정 IP: **고정 IP**라고 부름
- 사설 IP 이자 유동 IP: **사설 IP**라고 부름
- 사설 IP이자 고정 IP: 이 책에서는 사용하지 않음

위와 같은 IP의 종류를 이해해야 하는 이유는 VPC 내부에서 각각을 사용하는 곳이 다르기 때문이다. 참고로 위 목록의 마지막 종류인 사설 IP이자 고정 IP는 이 책의 실습에서는 사용할 일이 별로 없다.

이제 CIDR(Classless Inter-Domain Routing)에 대해 알아보자. CIDR은 IP의 범위를 표시하는 방식이다. 그리고 CIDR 블록은 IP 주소 범위를 나타낸다. 다음 그림을 토대로 CIDR 범위에 대해 설명하겠다.

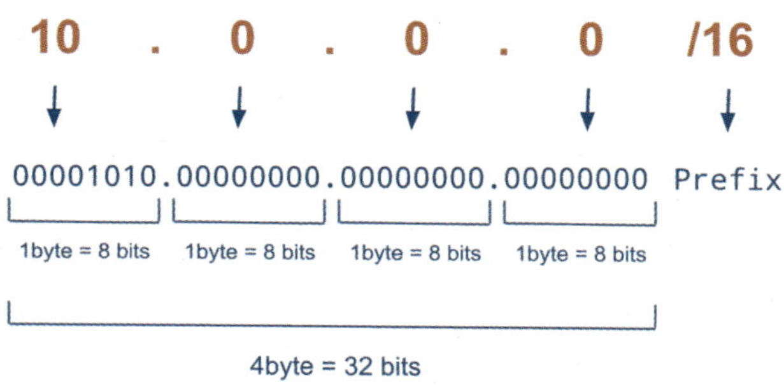

Prefix	총 IP 수
/28	16개
/24	256개
/20	4,096개
/19	8,192개
/18	16,384개
/17	32,768개
/16	65,536개

그림 7.2 CIDR 주소 체계

IP 주소는 8비트로 구성된 4개의 그룹으로 표현된다. 그림의 위쪽에는 10진수인 10.0.0.0/16으로 표기돼 있고, 아래쪽에는 2진수로 변환된 주소를 볼 수 있다. 그리고 10진수로 표기된 경우에는 각 자리에 올 수 있는 숫자의 범위가 0~255다. 각 숫자를 8비트(2의 8승)로 나타내기 때문이다.

여기서 제일 중요한 것은 뒷부분에 있는 Prefix라고 하는 숫자다. 그림에는 16이라고 표시돼 있는데, 여기서 16은 10.0.0.0이라는 IP 주소를 2진수로 변환했을 때 앞에서부터 16개의 숫자를 고정하겠다는 의미다. 즉, 10.0 까지는 고정이고, 뒤의 0.0 부분은 가변적이라는 뜻이다.

이해하기 어려울 수 있으므로 이번에는 실제 예를 들어 설명해 보겠다. VPC는 독립된 나만의 네트워크를 만드는 서비스다. 다시 말해, 사설 네트워크를 만드는 것이다. 사설 네트워크를 만들기 때문에 사설 네트워크 안에서 인스턴스끼리 서로 통신하기 위해서는 사설 IP를 사용한다. 다음 장에서 만들어 보겠

지만 VPC를 만들 때는 무조건 넣어야 하는 값이 하나 있다. 그것이 바로 CIDR 범위이고, CIDR 범위는 VPC 안에서 사용할 사설 IP의 범위를 나타낸다.

이 책에서는 10.0.0.0/16으로 입력할 텐데, CIDR 범위를 10.0.0.0/16으로 입력하면 VPC에서 만들어지는 인스턴스에는 자동으로 사설 IP가 할당된다. 이때 해당 사설 IP는 무조건 10.0으로 시작하게 된다. 다시 말해, 앞의 2개의 숫자(10.0)는 변하지 않고, 뒤의 2개의 숫자(0.0)가 각각 0 ~ 255 범위를 갖게 되어 결과적으로 사설 IP가 10.0.0.0 ~ 10.0.255.255 범위에서 무작위로 할당된다.

그림 7.2에서 오른쪽에 있는 표를 보면 Prefix 숫자를 어떻게 지정하느냐에 따라 VPC에서 사용할 수 있는 IP의 개수가 결정된다. Prefix는 16~28까지 지정할 수 있으며, Prefix가 네트워크의 크기를 결정한다. 이 책에서는 최댓값인 16을 사용할 것이다. 다시 말해 65,536개의 IP를 사용할 수 있도록 네트워크를 만들겠다는 의미다.

네트워크에서 이러한 CIDR 주소 체계는 매우 중요하다. VPC 내 대부분의 설정이 CIDR 주소를 기준으로 하기 때문이다.

다음 절에서는 다음과 같이 CIDR 범위가 10.0.0.0/16인 VPC를 직접 만들어 보겠다.

그림 7.3 CIDR 범위가 10.0.0.0/16으로 지정된 새 VPC

7.3 [실습] VPC 생성

이제 새로운 VPC를 만들어보고 Default VPC도 한 번 확인해보자. 다시 말하지만 Default VPC는 일반적으로 실제 프로젝트에서 사용하지 않는다. 왜냐하면 Default VPC에서 생성한 모든 인스턴스는 인터넷을 통해 직접 접근할 수 있기 때문이다.

01. 관리 콘솔 상단의 검색란에서 'VPC'를 검색해서 나오는 **VPC**를 클릭한다.

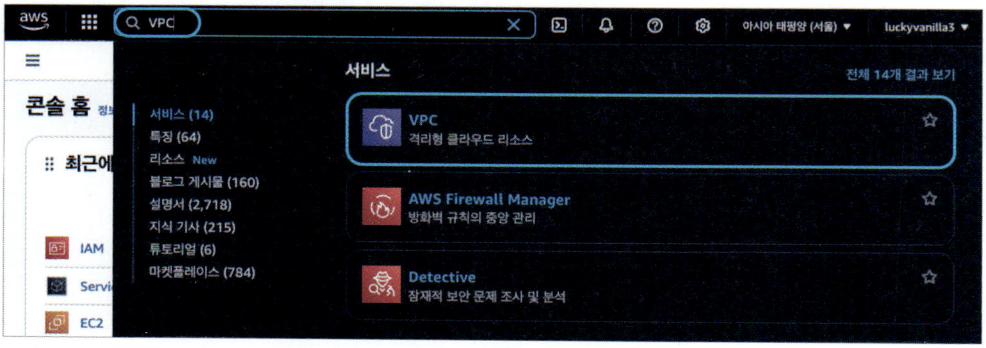

그림 7.4 VPC 서비스로 이동

02. VPC 서비스에서 왼쪽 메뉴의 **VPC**를 클릭한다. Name이 -(하이픈)인 VPC를 확인할 수 있는데, 이것이 바로 Default VPC다. 이 책에서는 새로운 VPC를 하나 더 생성할 것이므로 **VPC 생성** 버튼을 클릭한다.

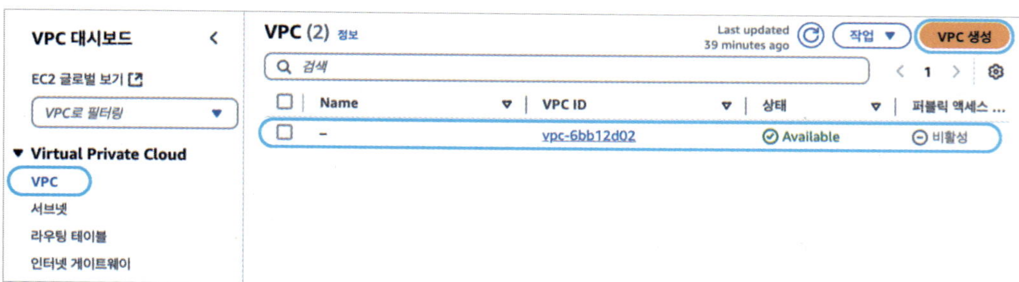

그림 7.5 VPC 목록

03. **생성할 리소스**에서 **VPC만**이 선택돼 있는지 확인한다. **이름 태그**에는 각자 원하는 이름을 입력한다(이 책에서는 lucky-vpc). IPv4 CIDR에는 10.0.0.0/16을 입력한다. 그런 다음, **VPC 생성** 버튼을 클릭한다.

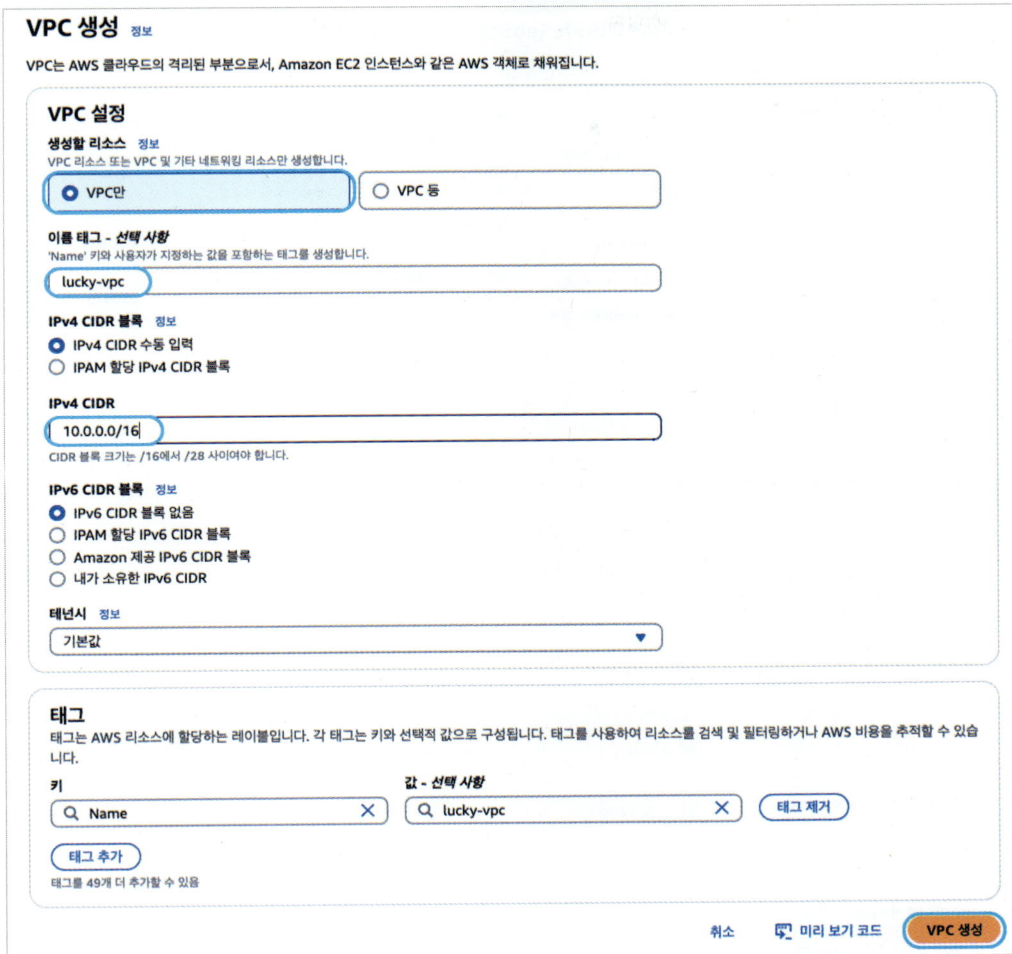

그림 7.6 VPC의 이름과 CIDR 범위 설정

04. '**lucky-vpc가 생성됨**'이라는 메시지가 표시되는 것을 확인한 후 세부 정보의 **상태**가 Available인지 확인한다.

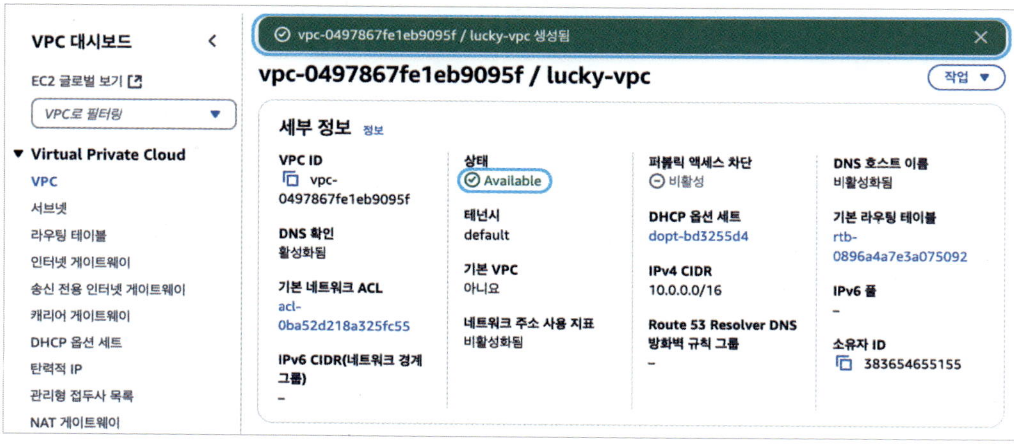

그림 7.7 VPC가 생성된 후의 세부 정보

05. 이제 해당 VPC에서 생성되는 인스턴스에 DNS 이름을 자동으로 할당하는 기능을 활성화하겠다. 인스턴스를 만들면 사설 IP가 자동으로 할당되는데, 도메인 이름도 자동으로 만들어지는 옵션이다. VPC 서비스에서 왼쪽 메뉴의 VPC를 클릭한다. 그런 다음, 조금 전에 만든 lucky-vpc를 체크한다. 상단의 **작업** 메뉴에서 **VPC 설정 편집** 메뉴를 클릭한다.

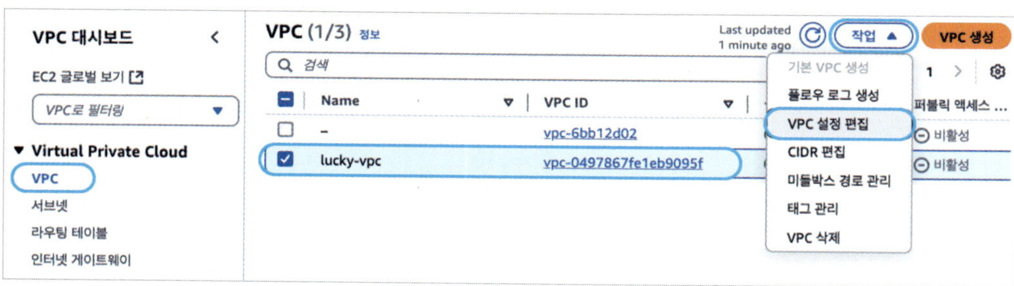

그림 7.8 VPC 설정 편집

06. DNS **호스트 이름 활성화**를 체크한 후, **저장** 버튼을 클릭한다.

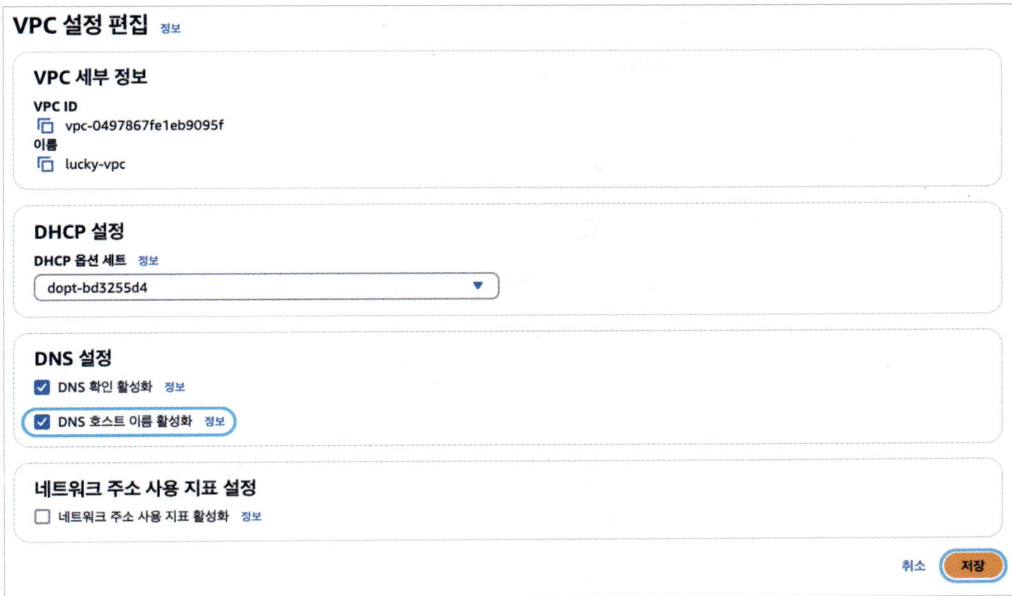

그림 7.9 VPC 설정 변경

이렇게 해서 VPC를 만들어 봤는데, 정말 간단하지 않은가? 보다시피 이름과 CIDR 범위만 입력하면 된다.

7.4 서브넷이란?

앞에서 새로운 VPC를 만들어 봤다. 보다시피 VPC를 만드는 것은 생각보다 간단한데, CIDR 블록만 잘 지정하면 된다. 이 책에서는 CIDR 범위에 10.0.0.0/16을 지정했고, 이제 앞에서 만든 VPC 내에 만들어지는 인스턴스들은 10.0으로 시작하는 사설 IP를 할당받아 인스턴스들끼리 통신하는 데 사용할 것이다.

다시 말해, 사설 IP의 주소 범위가 10.0.0.0 ~ 10.0.255.255로, 뒤의 두 자리 숫자들이 가변적으로 변한다는 의미다. 이때 각 자리의 숫자는 0부터 시작하기 때문에 총 256개의 숫자를 사용할 수 있고, 2개의 가변 숫자를 사용할 수 있으니 256 × 256 = 65,536개의 IP를 사용할 수 있다. 간단히 말해, 이론상 VPC에 인스턴스를 65,536개 만들 수 있다는 말이기도 하다. 하지만 이미 네트워크 운영을 위해 예약된 IP 주소들이 있어서 65,536개를 모두 사용할 수는 없다.

본론으로 돌아가서 이 책에서는 새로 만든 VPC를 용도별로 나누어 사용하려고 한다. 이를 위해 서브넷(subnet)이라는 개념을 배울 필요가 있다.

서브넷은 네트워크 영역을 분할해서 더 작은 크기의 네트워크를 만드는 것을 말한다. 서브넷팅(subnetting)이라는 용어는 네트워크를 분할한다는 의미다. 서브넷팅을 통해 용도별로 네트워크를 분할하고, 이를 통해 VPC 내에 서브넷을 여러 개 만들어 각각 용도를 지정하려고 한다.

이러한 서브넷은 두 종류로 나뉜다. 인터넷에서 접근해도 되는 영역인 퍼블릭 서브넷(public subnet)과 인터넷에서 접근하면 안 되는 영역인 프라이빗 서브넷(private subnet)으로 나뉜다. 인터넷에서 접근해도 되는 영역이란 사용자가 인터넷을 통해 VPC 내에 있는 인스턴스에 접속할 수 있는 영역이라는 의미다. 처음에 인스턴스를 만들었을 때를 기억하는가? 인스턴스의 공인 IP를 브라우저에 붙여 넣으면 'Hello world'가 표시됐었다. 그것이 가능했던 이유는 인스턴스가 퍼블릭 서브넷에 있었기 때문이다.

그리고 Default VPC는 퍼블릭 서브넷밖에 없다. 그래서 이전에 만든 웹, 앱, 데이터베이스 인스턴스는 모두 퍼블릭 서브넷에 있었고, 해킹을 당한 것도 그런 이유에서였다.

이제 다음 그림과 같이 인터넷에 접근해도 되는 영역인 퍼블릭 서브넷 영역과 인터넷을 통해 직접 접근하지 못하는 영역인 프라이빗 서브넷을 만들어 적절히 인스턴스들을 위치시킬 것이다. 일반적으로 웹 서버는 퍼블릭 서브넷에, 애플리케이션 서버와 데이터베이스 서버는 프라이빗 서브넷에 위치시킨다.

그림 7.10 VPC에 6개의 서브넷을 구성한 아키텍처

그런데 그림을 보면 똑같은 서브넷이 2개씩 만들어져 있다. 왜 굳이 서브넷을 2개씩 만들었을까?

각 서브넷을 만들 때는 가용 영역을 선택하게 돼 있다. 2개의 서브넷을 각기 다른 가용 영역에 만들어야 한쪽 가용 영역에 장애가 발생하더라도 다른 가용 영역이 정상적으로 동작해서 전체 시스템이 장애를 겪는 문제를 막을 수 있다. 그래서 항상 같은 서브넷을 2개 이상 만드는 것이다.

그리고 한 가지 오해하면 안 되는 것은 DB 서브넷이라고 적혀 있는 부분이다. DB 서브넷은 프라이빗 서브넷이다. 단지 데이터베이스를 위치시키기 위해서 필자가 이름을 'DB 서브넷'이라고 지정한 것에 불과하다.

따라서 위 그림의 아키텍처는 퍼블릭 서브넷 2개와 프라이빗 서브넷 4개로 구성돼 있는 셈이다. 프라이빗 서브넷 4개 중 2개는 데이터베이스용으로 만들어 놓은 것이고, 나머지 2개에는 애플리케이션 서버 인스턴스를 배치할 것이다.

그런데 서울 리전은 가용 영역이 4개인데 굳이 2개만 사용하는 이유가 있는 것일까? 특별한 이유는 없고, 4개를 다 써도 된다. 이 책에서는 아키텍처를 최대한 간단하게 만들기 위해서 이렇게 한 것뿐이다. 가용 영역 3~4개를 쓴다면 서브넷도 그만큼 늘어나고, 관리하기가 조금 더 복잡해지지만 좀 더 고가용성을 갖춘 시스템이 된다. 왜냐하면 가용 영역 3~4개가 동시에 장애를 겪을 일은 거의 없기 때문이다.

이제 서브넷을 직접 만들어 보자. 서브넷도 CIDR 범위만 잘 지정하면 된다.

7.5 [실습] 서브넷 생성

앞에서도 이야기했지만 이 책에서 만들 서브넷의 구조는 다음 그림과 같다.

그림 7.11 VPC에 6개의 서브넷을 구성한 아키텍처

서브넷을 만들 때는 다음 표의 값들을 입력하면 된다. 참고로 각 서브넷의 이름은 마음대로 지어도 되지만 관리하기 쉽도록 명명 관례를 따르거나 적어도 일관된 형태를 띠는 것이 좋다.

표 7.1 VPC에 생성할 서브넷 이름과 가용 영역, CIDR 블록 정보

서브넷 이름	가용 영역	CIDR 블록
lucky-public-subnet1	ap-northeast-2a	10.0.0.0/24
lucky-private-subnet1	ap-northeast-2a	10.0.1.0/24
lucky-db-subnet1	ap-northeast-2a	10.0.2.0/24
lucky-public-subnet2	ap-northeast-2b	10.0.3.0/24
lucky-private-subnet2	ap-northeast-2b	10.0.4.0/24
lucky-db-subnet2	ap-northeast-2b	10.0.5.0/24

서브넷을 만들 때는 가용 영역을 선택해야 한다. 서울 리전에는 4개의 가용 영역이 있지만 이 책에서는 2개만 사용할 것이다. 그래서 가용 영역은 ap-northeast-2와 같은 리전 코드 뒤에 a, b와 같은 접미사가 붙는다.

CIDR 블록의 경우 첫 번째 항목을 예로 들면 10.0.0.0/24를 사용하고 있다. 이것은 인스턴스가 lucky-public-subnet1 서브넷에 만들어지게 되면 10.0.0으로 시작하는 사설 IP를 사용하겠다는 의미다. 앞에서 설명했지만 중요한 부분이라 다시 한 번 설명하자면 Prefix가 24이기 때문에 2진수로 나타냈을 때 앞에서부터 24개의 숫자는 고정하겠다는 뜻이다. 즉, lucky-public-subnet1 서브넷에는 최대 256개의 인스턴스를 만들 수 있다. 정확히 말하면 5(0, 1, 2, 3, 255)개의 IP는 예약돼 있어서 이것들을 제외하면 251개의 인스턴스를 만들 수 있다.

이제부터 순서대로 하나씩 만들어 보자. 이 책에서는 하나만 만들어 보겠다. 나머지 다섯 개는 동일한 과정을 반복해서 값만 헷갈리지 말고 잘 입력하면 만들어질 것이다. 미묘하게 값들이 다르니 잘 보고 입력하길 바란다.

01. VPC 서비스에서 왼쪽 메뉴의 **서브넷**을 클릭한다. 그리고 **서브넷 생성** 버튼을 클릭한다.

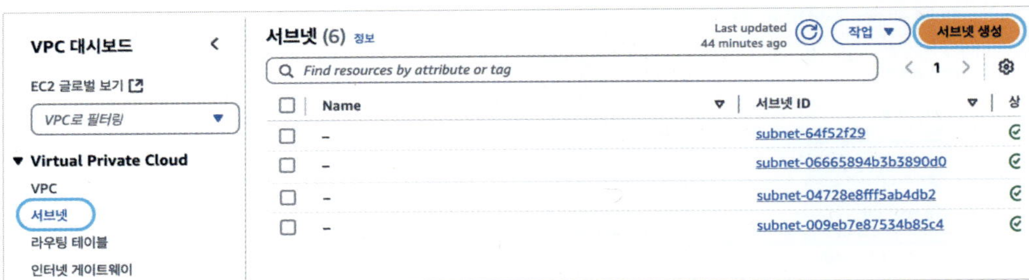

그림 7.12 서브넷 목록

02. VPC ID에서는 각자 만든 VPC를 선택한다(이 책에서는 lucky-vpc). **서브넷 이름**은 표 7.1에 나온 것과 같이 lucky-public-subnet1로 입력하고, **가용 영역**은 ap-northeast-2a를 선택한다. IPv4 **서브넷** CIDR **블록**에는 10.0.0.0/24를 입력한 후 **서브넷 생성** 버튼을 클릭한다. 이 작업을 표 7.1에 따라 값만 바꿔서 다섯 번 반복하면 된다.

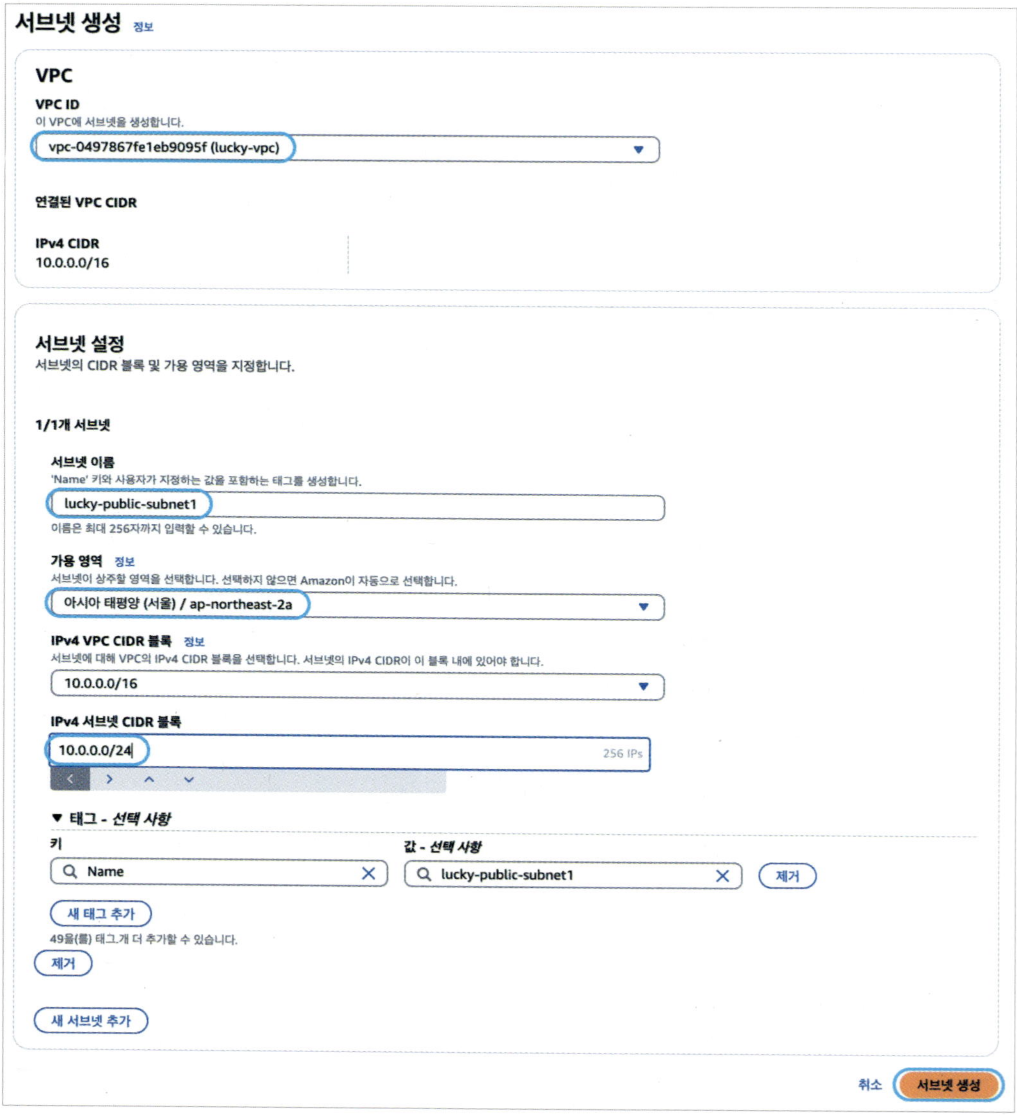

그림 7.13 서브넷 설정

03. 앞의 작업을 모두 마치고 나면 마지막 작업에서 만든 lucky-db-subnet2만 보일 것이다. 이것은 검색 필터가 설정돼 있기 때문인데 우측의 X 버튼을 클릭해 필터를 제거하면 모든 서브넷을 확인할 수 있다.

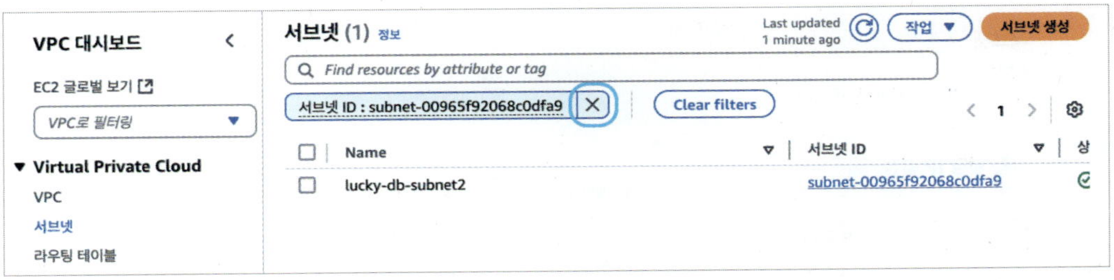

그림 7.14 서브넷 생성 완료

04. 모든 서브넷이 보이면 헷갈릴 수도 있으므로 lucky-vpc에 속한 서브넷만 보기 위해 필터링하겠다. 왼쪽 위의 필터링란을 클릭해 lucky-vpc를 선택한다.

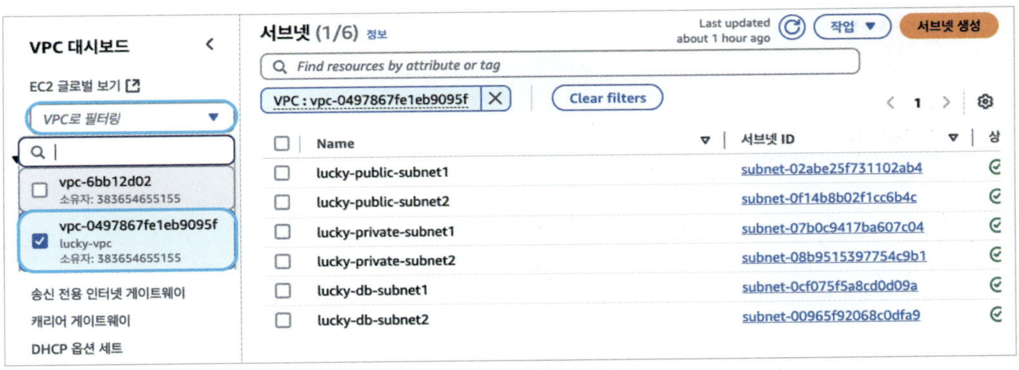

그림 7.15 VPC 필터링 적용

05. 그럼 6개의 서브넷이 보일 것이다. 이 중에서 lucky-public-subnet1을 체크한다. 그러고 나서 **작업** → **서브넷 설정 편집**을 차례로 선택한다

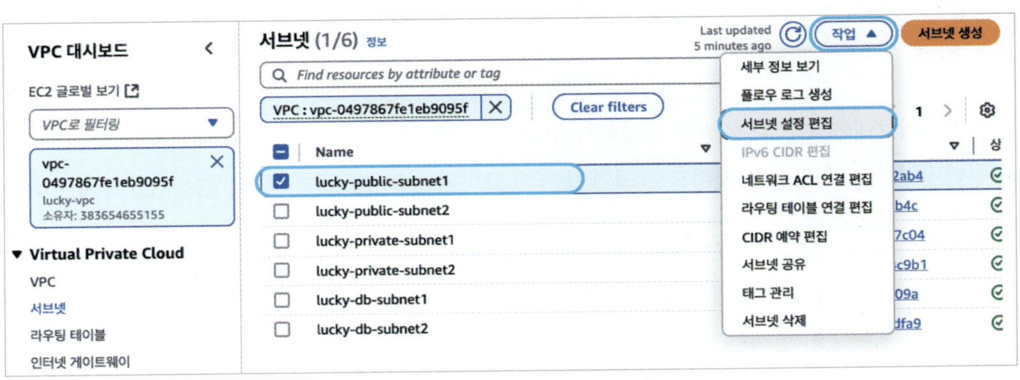

그림 7.16 서브넷 설정 편집

06. **퍼블릭 IPv4 주소 자동 할당 활성화**를 체크하고 **저장** 버튼을 클릭한다.

그림 7.17 서브넷 설정 변경

07. 5번, 6번 작업을 lucky–public–subnet2에도 똑같이 반복한다.

방금 전에 활성화한 기능은 퍼블릭 서브넷에 인스턴스가 만들어질 때 공인 IP를 자동으로 할당하는 역할을 한다. 이를 설정하는 이유는 퍼블릭 서브넷이 인터넷을 통해 접근할 수 있는 영역이어서 인스턴스가 공인 IP를 가지고 있어야만 인터넷에 접속할 수 있기 때문이다. 참고로 인터넷은 공인 IP가 없으면 사용할 수 없다.

프라이빗 서브넷에서는 위 옵션을 활성화하지 않는다. 왜냐하면 프라이빗 서브넷에 위치한 인스턴스들은 인터넷에 접속하지 않을 것이므로 공인 IP가 필요하지 않고 네트워크 내에서는 사설 IP를 사용해 통신할 것이기 때문이다.

앞에서 6개의 서브넷을 만들었는데, 이름을 퍼블릭 서브넷, 프라이빗 서브넷, DB 서브넷으로 지었지만 실제 이름과 상관없이 현재는 모두 프라이빗 서브넷이다. 따라서 아직은 퍼블릭 서브넷에 인스턴스를 만들더라도 인터넷을 통해 접근할 수 없는 상태다. 서브넷의 이름, CIDR, 가용 영역만 다를 뿐 현재 상태는 모두 동일한 서브넷이다. 퍼블릭 서브넷에 만들어지는 인스턴스에는 공인 IP가 할당되긴 하겠지만 여전히 인터넷은 안 된다. 왜냐하면 인터넷 게이트웨이가 아직 만들어지지 않았기 때문이다.

따라서 이어지는 절에서 퍼블릭 서브넷이 퍼블릭 서브넷 역할을 할 수 있도록 인터넷 게이트웨이를 생성하고 라우트 테이블을 설정하겠다. 이 부분까지 진행하고 나면 퍼블릭 서브넷이 퍼블릭 서브넷의 역할을 하게 될 것이다.

7.6 인터넷 게이트웨이(IGW)

앞에서 서브넷까지 만들었다. 퍼블릭 서브넷은 인터넷과 연결돼야 하는 영역이다. 하지만 아직은 그렇지 못하다. 그래서 VPC의 퍼블릭 서브넷에서 인터넷 연결이 가능하도록 다음 그림과 같이 인터넷 게이트웨이(Internet Gateway)를 생성한 후 VPC에 연동하겠다.

그림 7.18 VPC에 인터넷 게이트웨이를 추가한 아키텍처

인터넷 게이트웨이를 통해 VPC라는 사설 네트워크와 인터넷이 연결된다. VPC에서 인터넷으로 나가고 들어오는 트래픽은 모두 인터넷 게이트웨이를 통한다. 하지만 인터넷 게이트웨이를 VPC에 생성했다고 해서 인터넷에 연결되는 것은 아니다. 정확히 말하면 인스턴스에 공인 IP가 할당돼 있어야 하고(이 부분은 앞에서 자동으로 할당되도록 설정했다) 라우팅 테이블을 통해 트래픽이 어디로 가야 하는지를 직접 설정해야 한다.

이를 위해 먼저 인터넷 게이트웨이를 만들고, 라우팅 테이블에 대해 알아보자.

7.7 [실습] 인터넷 게이트웨이 생성

먼저 다음과 같은 순서에 따라 인터넷 게이트웨이를 만들자.

01. VPC 서비스에서 왼쪽 메뉴의 **인터넷 게이트웨이**를 클릭한다. 그런 다음, **인터넷 게이트웨이 생성** 버튼을 클릭한다.

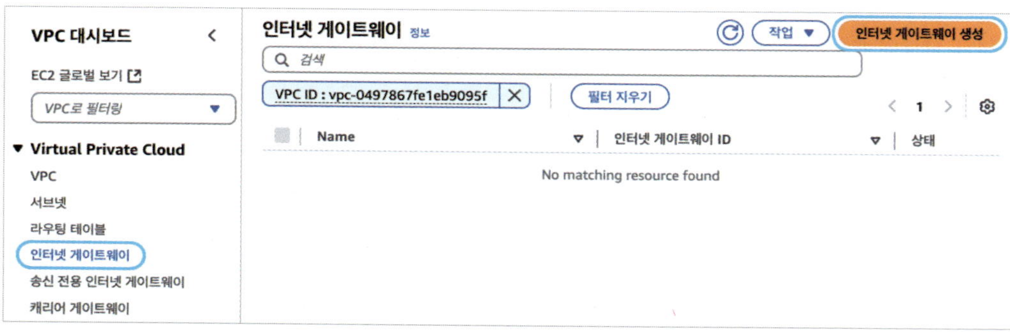

그림 7.19 인터넷 게이트웨이 목록

02. **이름 태그**에 생성할 인터넷 게이트웨이의 이름을 입력한다(이 책에서는 lucky-igw). 그러고 나서 **인터넷 게이트웨이 생성** 버튼을 클릭한다.

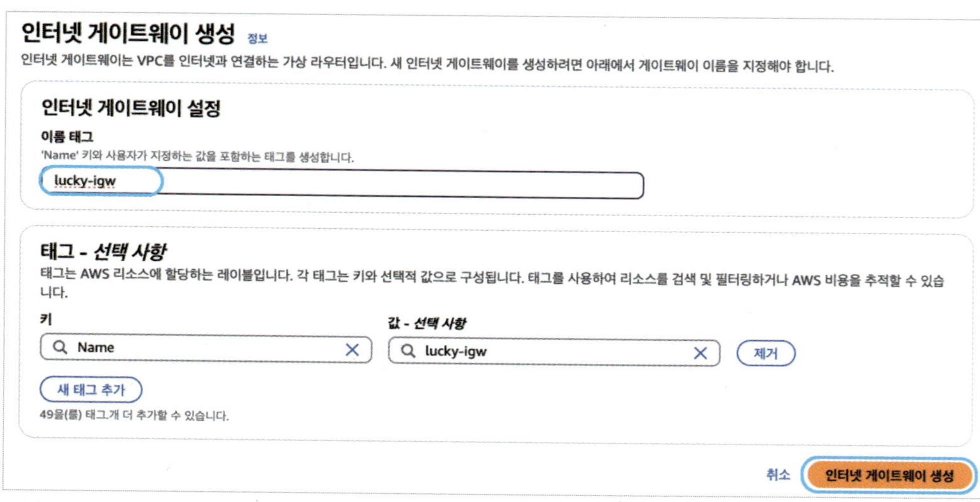

그림 7.20 인터넷 게이트웨이 설정

03. **'인터넷 게이트웨이가 생성되었습니다.'**라는 메시지가 표시되는 것을 확인한 후 **작업** → **VPC에 연결**을 선택한다.

그림 7.21 새로 생성된 인터넷 게이트웨이의 세부 정보

04. **사용 가능한 VPC**에서 앞에서 만든 VPC를 선택하고(이 책에서는 lucky-vpc) **인터넷 게이트웨이 연결** 버튼을 클릭한다. 그럼 인터넷 게이트웨이와 VPC의 연결이 완료된다.

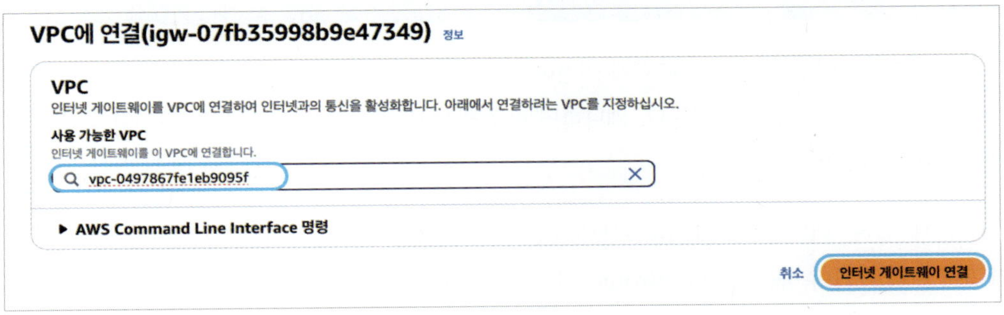

그림 7.22 인터넷 게이트웨이를 VPC에 연결

05. **'인터넷 게이트웨이가 연결되었습니다.'**라는 메시지가 표시되는 것을 확인하고, **상태**가 Attached로 표시되는 것을 확인한다.

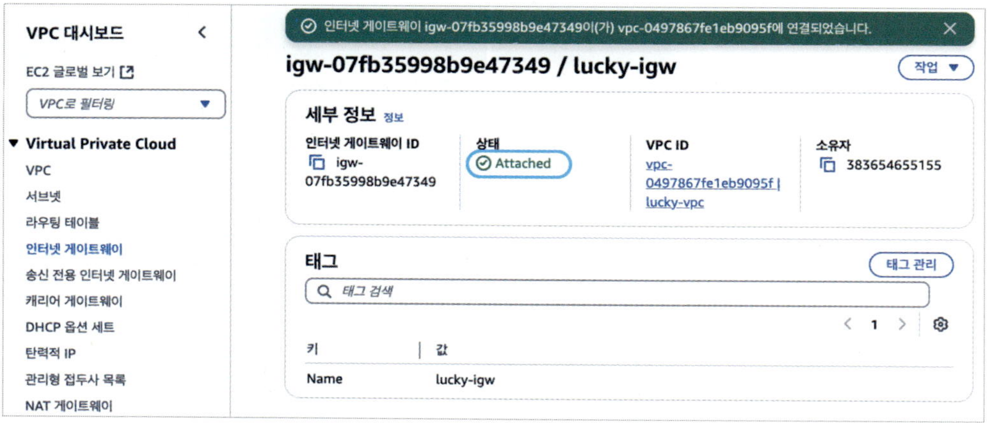

그림 7.23 인터넷 게이트웨이와 VPC의 연결이 완료됨

7.8 퍼블릭 라우팅 테이블이란?

인터넷 게이트웨이를 생성하고 VPC에 연결하고 나면 퍼블릭 서브넷의 인스턴스들이 인터넷에 연결될까? 아쉽게도 아직 연결되지 않는다. 왜냐하면 라우팅 테이블을 설정하지 않았기 때문이다. 그럼 라우팅 테이블이란 무엇일까?

라우팅 테이블은 네트워크 트래픽의 흐름을 제어하는 핵심 구성 요소다. 라우팅 테이블에는 서브넷의 트래픽이 어디로 가야 하는지 라우팅(route)이라는 규칙을 정의해 트래픽의 흐름을 제어한다. 고속도로를 이용할 때 어느 도시로 갈지 이정표를 보고 운전하는 것과 같이 라우팅 테이블도 트래픽의 이정표 역할을 한다고 보면 된다.

이제 조금 어려운 부분이 나온다. 필자가 고객에게 VPC를 강의할 때마다 느끼지만 이번에 다룰 내용을 제일 어려워한다. 반대로 말하면, 이번에 설명하는 부분만 잘 이해하면 AWS의 네트워크가 많이 편해질 것이다.

인터넷이라는 전 세계가 사용하는 네트워크가 있다. 그리고 필자가 관리하는 VPC(사설 네트워크)가 있다. VPC 내의 사설 네트워크를 로컬(local)이라고도 부른다. 참고로 가정 내 인터넷 공유기도 사설 네트워크다. 이 같은 상황에서 사설 네트워크의 특정 영역이 인터넷의 일부가 되어 필자가 만든 애플리케이션을 배포한 서버를 전 세계 사람들이 사용할 수 있게 하려고 한다.

일단 로컬 영역과 인터넷 영역으로 나눠보겠다. 로컬 영역은 필자가 만든 VPC 내 인스턴스들이 서로 통신하는 영역이다. 이들 간의 통신은 사설 IP를 통해 이뤄진다. 이 사설 IP는 VPC와 서브넷을 만들 때 사용했던 10.0으로 시작하는 IP들이다. 즉, VPC 내에 만들어지는 모든 인스턴스는 10.0으로 시작하는 사설 IP를 할당받고, 로컬 영역에서 사설 IP를 통해 서로 데이터를 주고받는다. 하지만 우리는 로컬 영역에서만 통신할 것이 아니고, 퍼블릭 서브넷의 인스턴스들은 VPC 외부의 네트워크인 인터넷을 통해 사용자들과 통신해야 하는데, 이때 인터넷을 통해 들어온 트래픽은 공인 IP를 이용해 퍼블릭 서브넷에 있는 인스턴스에 접속하게 되고, 이러한 트래픽은 인스턴스에 의해 처리되어 다시 인터넷을 통해 나가야 한다는 것이다.

이 부분을 설정하는 것이 바로 라우팅 테이블이다. 그래서 이 책에서는 다음과 같이 2개의 퍼블릭 서브넷의 트래픽을 관리하는 퍼블릭 라우팅 테이블을 만들고자 한다.

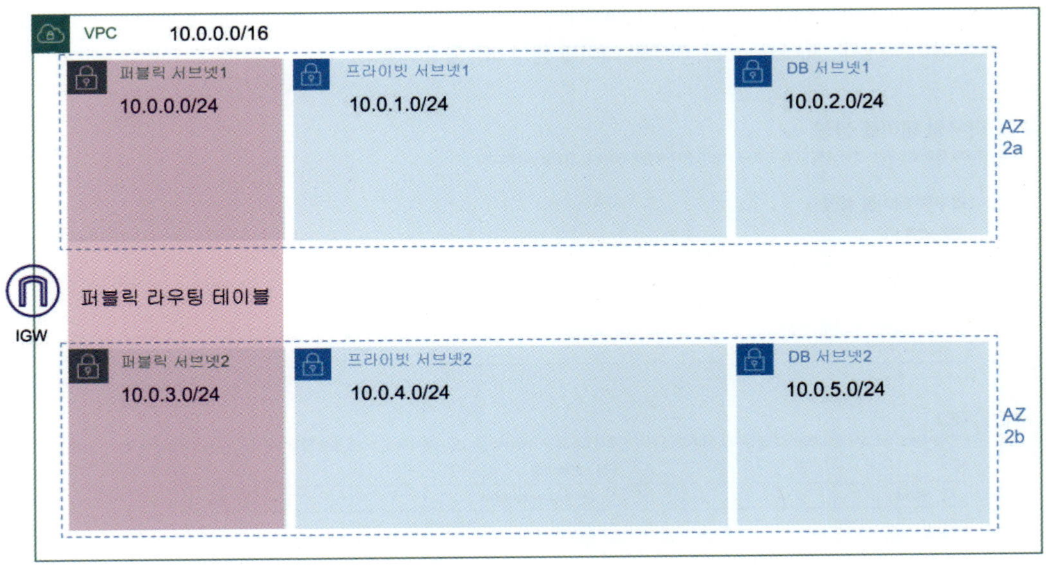

그림 7.24 VPC에 퍼블릭 라우팅 테이블을 추가한 아키텍처

아직까지 조금 이해하기 어려울 수 있는데, 실습에서 더 자세히 설명하겠다. 그리고 직접 설정해 보면 그다지 어렵지 않을 것이다. 이어지는 절에서 라우팅 테이블을 직접 만들고 설정해 보자.

7.9 [실습] 퍼블릭 라우팅 테이블 생성

다음과 같은 순서에 따라 라우팅 테이블을 만들어 보자.

01. VPC 서비스에서 왼쪽 메뉴의 **라우팅 테이블**을 클릭한다. 그러고 나서 **라우팅 테이블 생성** 버튼을 클릭한다.

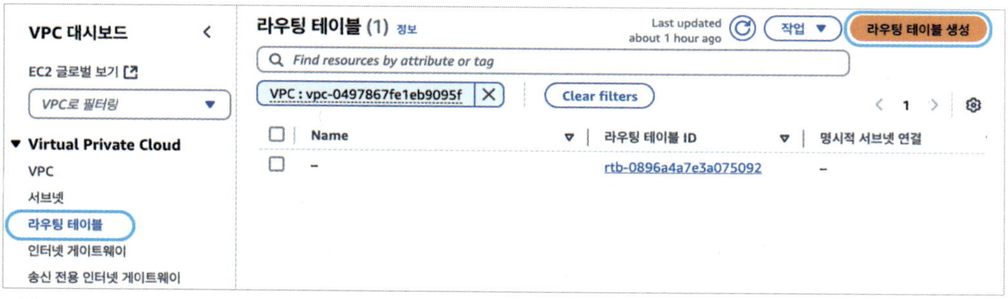

그림 7.25 라우팅 테이블 목록

02. **이름**에 각자 원하는 이름을 입력한다(이 책에서는 lucky-public-rt). VPC 항목에서는 앞에서 만든 VPC를 선택한다(이 책에서는 lucky-vpc). **라우팅 테이블 생성** 버튼을 클릭한다.

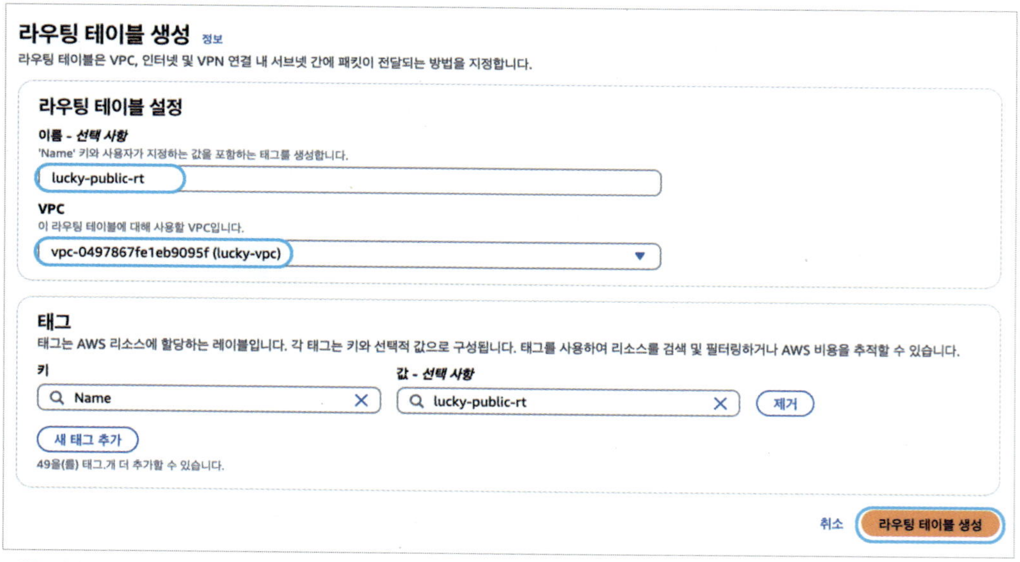

그림 7.26 라우팅 테이블 설정

03. **'라우팅 테이블이 성공적으로 생성되었습니다.'**라는 메시지가 표시되는 것을 확인하고, **라우팅** 탭의 **라우팅 편집** 버튼을 클릭한다.

그림 7.27 생성한 라우팅 테이블의 세부 정보

04. 이 부분부터 조금 자세히 살펴보겠다. AWS 서비스가 한국어로 번역되다 보니 두 칼럼의 이름이 모두 **'대상'**이라고 나와 있다. 하지만 왼쪽 첫 번째의 대상을 영어 메뉴로 바꿔서 보면 Destination이다. 그리고 두 번째 대상은 Target이다. 한국어로 번역하면 뜻은 똑같아 보이지만 완전히 다른 의미다. 첫 번째 대상인 Destination은 어떤 IP 범위를 선택할지를 의미한다. 두 번째 대상인 Target은 Destination의 IP 범위에 해당하는 트래픽을 어디로 보낼지를 나타낸다. 따라서 화면에 나와 있는 내용을 설명하면 10.0.0.0/16 범위의 IP를 가진 트래픽은 local로 보내라는 뜻이다. 여기서 local은 VPC 내부에서 사용한다는 뜻이다. 이 라우팅 규칙은 지울 수도 없다. 왜냐하면 VPC 내부에서 통신하기 위한 기본 라우팅 규칙을 미리 만들어 놓은 것이라서 무조건 있어야 한다. 이 규칙은 내부에서 인스턴스들끼리 통신하기 위한 규칙이라고 보면 된다. 하지만 인터넷에서 들어온 트래픽의 방향을 설정하기 위해서는 별도의 라우팅이 필요하다. 라우팅을 추가하기 위해 **라우팅 추가** 버튼을 클릭한다.

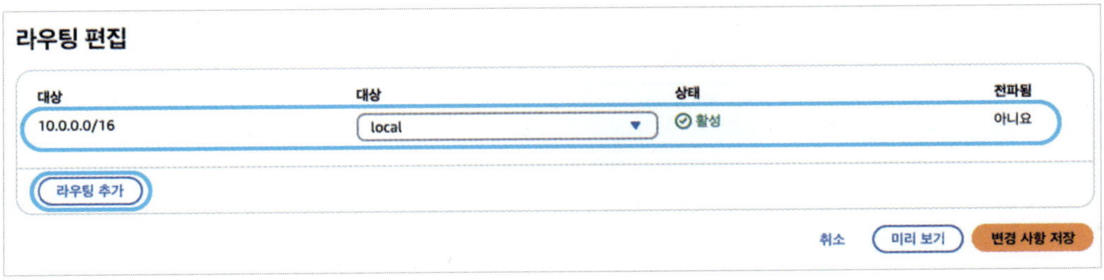

그림 7.28 라우팅 편집

05. 첫 번째 **대상** 위치에 **0.0.0.0/0**을 입력한다. 그리고 두 번째 대상 메뉴를 클릭해서 **인터넷 게이트웨이**를 선택한다.

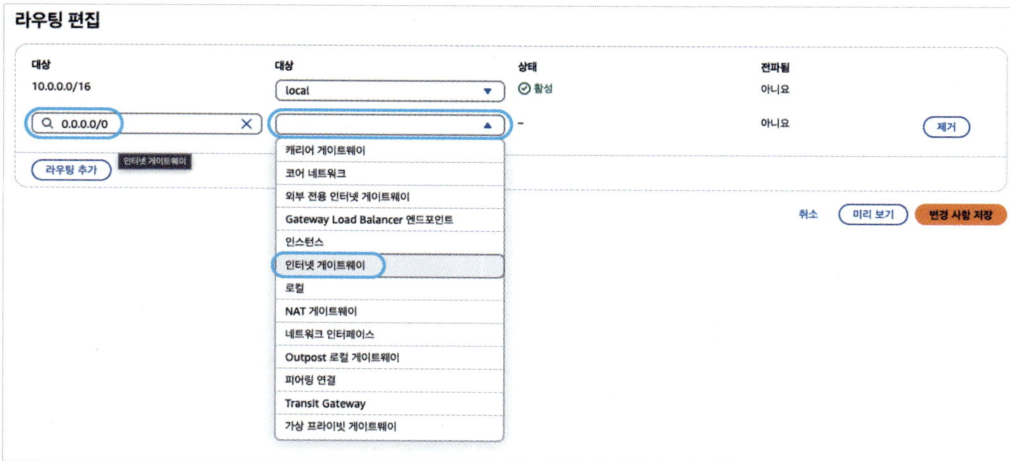

그림 7.29 라우팅 규칙 추가 1

06. 이전 실습에서 만들었던 **lucky-igw**라는 인터넷 게이트웨이를 선택한 후 **변경 사항 저장** 버튼을 클릭한다. 이 부분도 좀 더 자세히 살펴보겠다. 0.0.0.0/0 IP 범위는 모든 IP를 나타내는 예약된 주소다. 따라서 모든 트래픽을 인터넷 게이트웨이로 보내라는 규칙을 만든 것이다. 그런데 이렇게 해도 되는 걸까? 10.0.0.0/16이라는 기본 규칙이 있는데, 모든 트래픽을 인터넷 게이트웨이로 보내라는 규칙을 만들면 기본 규칙은 의미가 없어진다. 그래서 라우팅 테이블이 적용되는 알고리즘을 알아야 한다. 라우팅 테이블은 LPM(Longest Prefix Match)이라는 알고리즘을 사용한다. LPM 알고리즘은 가장 긴 Prefix부터 매칭된다는 것이다. Prefix 숫자가 크다는 것은, 다시 말해 IP 범위가 작은 것이 우선순위를 갖는다는 것이다. 그래서 10.0.0.0/16의 IP 범위에 해당하는 트래픽을 처리한 다음에 0.0.0.0/0이 적용된다. 어떻게 보면 0.0.0.0/0은 모든 트래픽이 맞지만 알고리즘이 적용되면 나머지 전부를 의미하는 것이기도 하다.

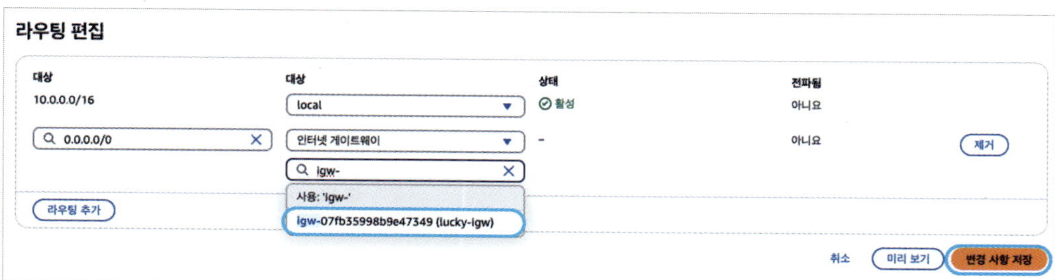

그림 7.30 라우팅 규칙 추가 2

07. '**라우팅 테이블을 업데이트했습니다.**'라는 메시지가 표시되는 것을 확인하고, **라우팅** 탭에 0.0.0.0/0 라우팅이 추가된 것을 확인한다.

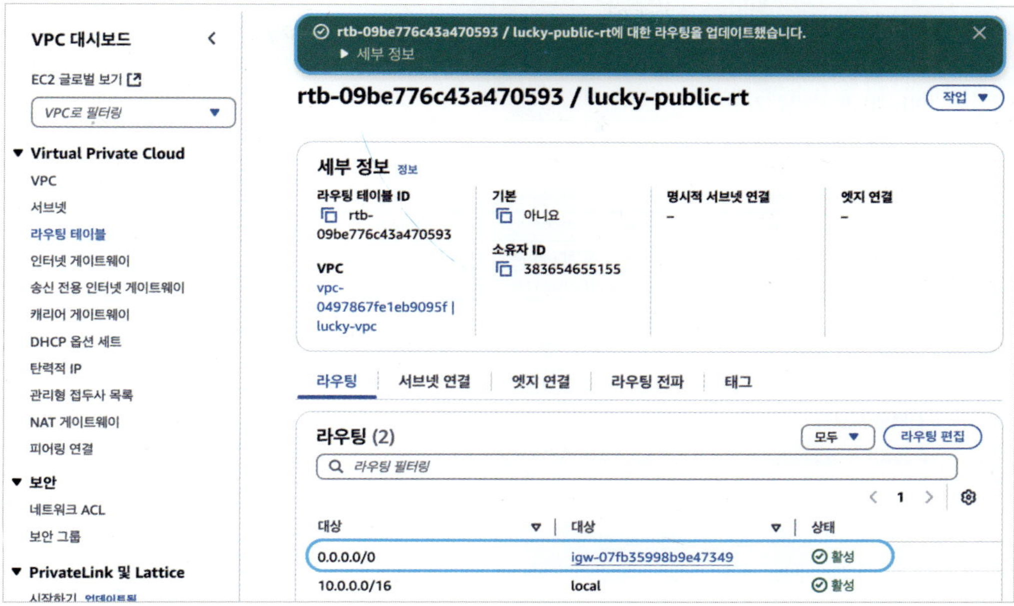

그림 7.31 라우팅 규칙 편집 완료

08. **서브넷 연결** 탭을 클릭한다. 그리고 나서 **서브넷 연결 편집** 버튼을 클릭한다.

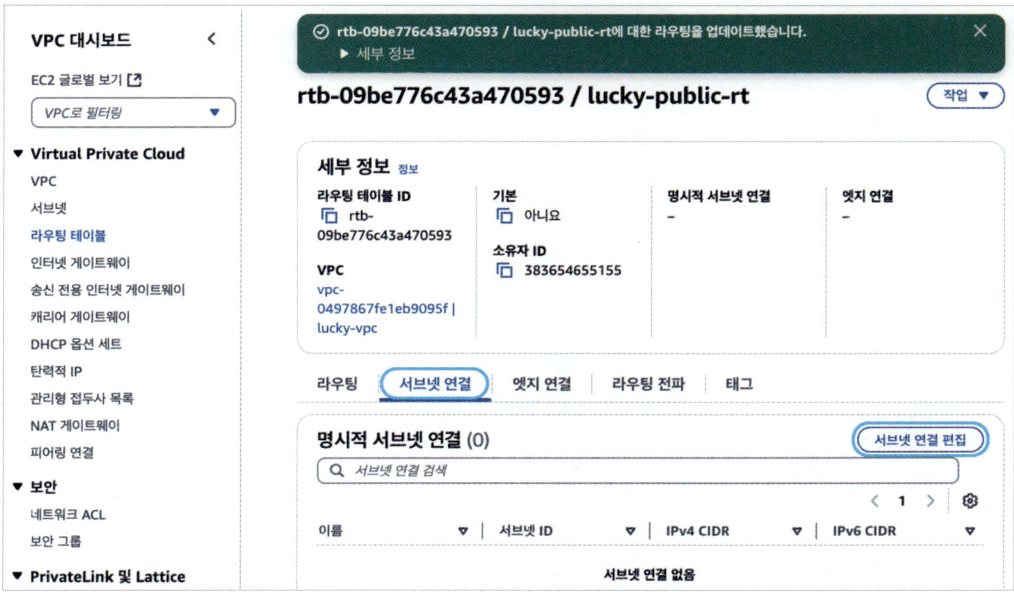

그림 7.32 라우팅 테이블의 서브넷 연결 탭

09. 기존에 만든 6개의 서브넷 중에서 퍼블릭 서브넷에 해당하는 lucky-public-subnet1, lucky-public-subnet2 서브넷을 체크한 후 **연결 저장** 버튼을 클릭한다.

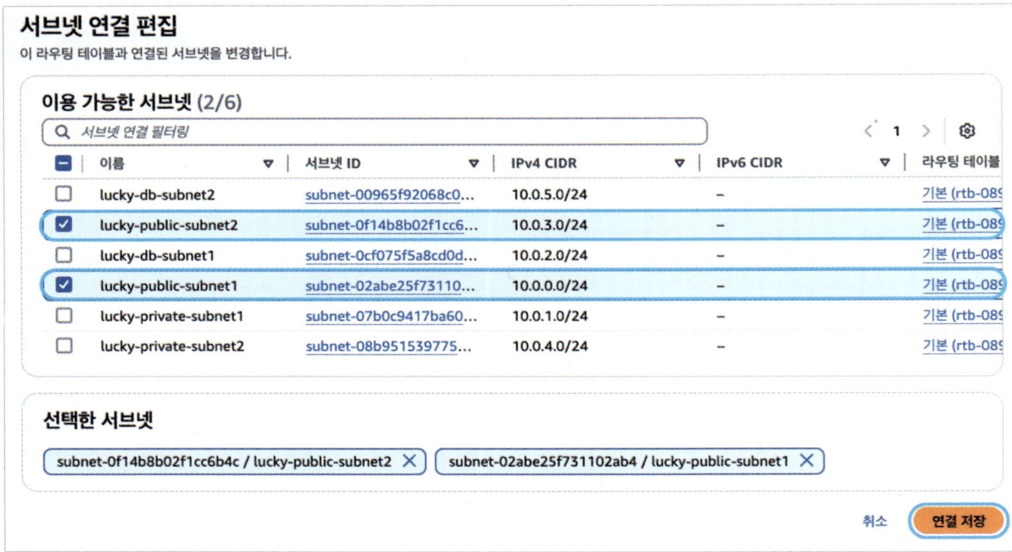

그림 7.33 연결할 서브넷 선택

10. **'라우팅 테이블을 업데이트했습니다.'**라는 메시지를 확인한 후, **서브넷 연결** 탭에서 **명시적 서브넷 연결**에 2개의 퍼블릭 서브넷이 연결된 것을 확인한다.

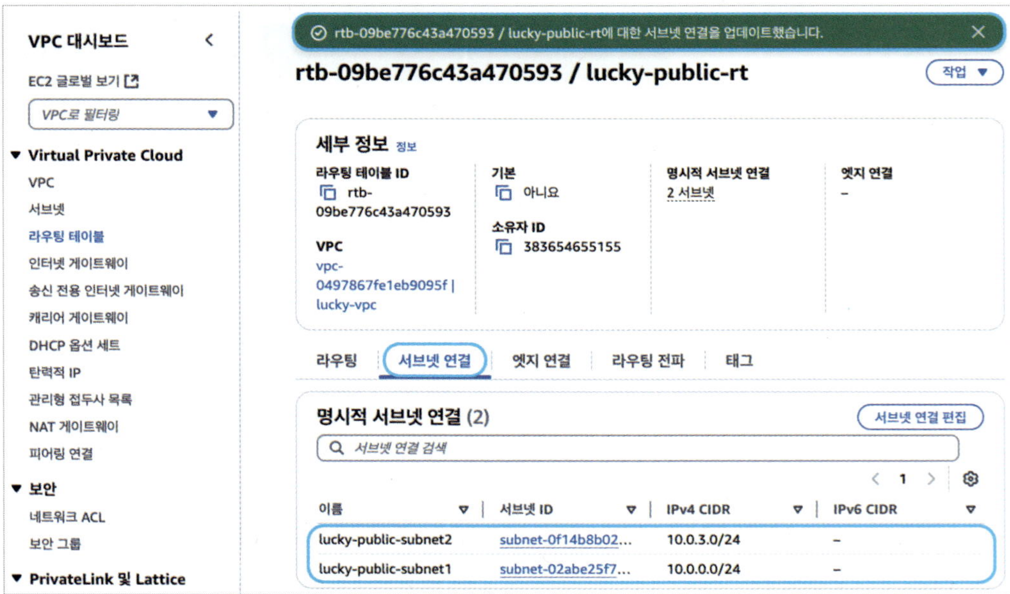

그림 7.34 서브넷 연결 완료

이제 퍼블릭 서브넷에 인스턴스를 만들면 인터넷을 사용할 수 있다. 이어지는 절에서 인스턴스를 만들어 이를 확인해 보자.

7.10 [실습] 보안 그룹 생성

인스턴스를 만들기 전에 먼저 보안 그룹을 만들어야 한다. 보안 그룹은 VPC에 종속되기 때문에 새로운 VPC가 만들어졌으니 보안 그룹도 다시 만들어야 한다.

01. VPC 서비스에서 왼쪽 메뉴의 **보안 그룹**을 찾아서 클릭한다. 그럼 기본 보안 그룹이 표시되는데, 여기서는 새로 보안 그룹을 만들 것이므로 **보안 그룹 생성** 버튼을 클릭한다. (참고로 EC2 서비스의 **보안 그룹** 메뉴와 VPC의 **보안 그룹** 메뉴는 동일한 것이다.)

그림 7.35 보안 그룹 목록

02. **보안 그룹 이름**에는 각자 원하는 이름을 입력한다(이 책에서는 lucky-instance-sg). **설명**에는 'Lucky Instance Security Group'이라고 입력하겠다. VPC 항목에서 lucky-vpc를 선택한다. 아래 쪽의 **인바운드 규칙**에서 **규칙 추가** 버튼을 클릭해 규칙을 두 개 만든다. **유형**으로 각각 HTTP, SSH를 선택한다. 그리고 **소스**에서는 모두 Anywhere-IPv4를 선택한다.

마지막으로 화면을 아래로 내려서 **보안 그룹 생성** 버튼을 클릭한다.

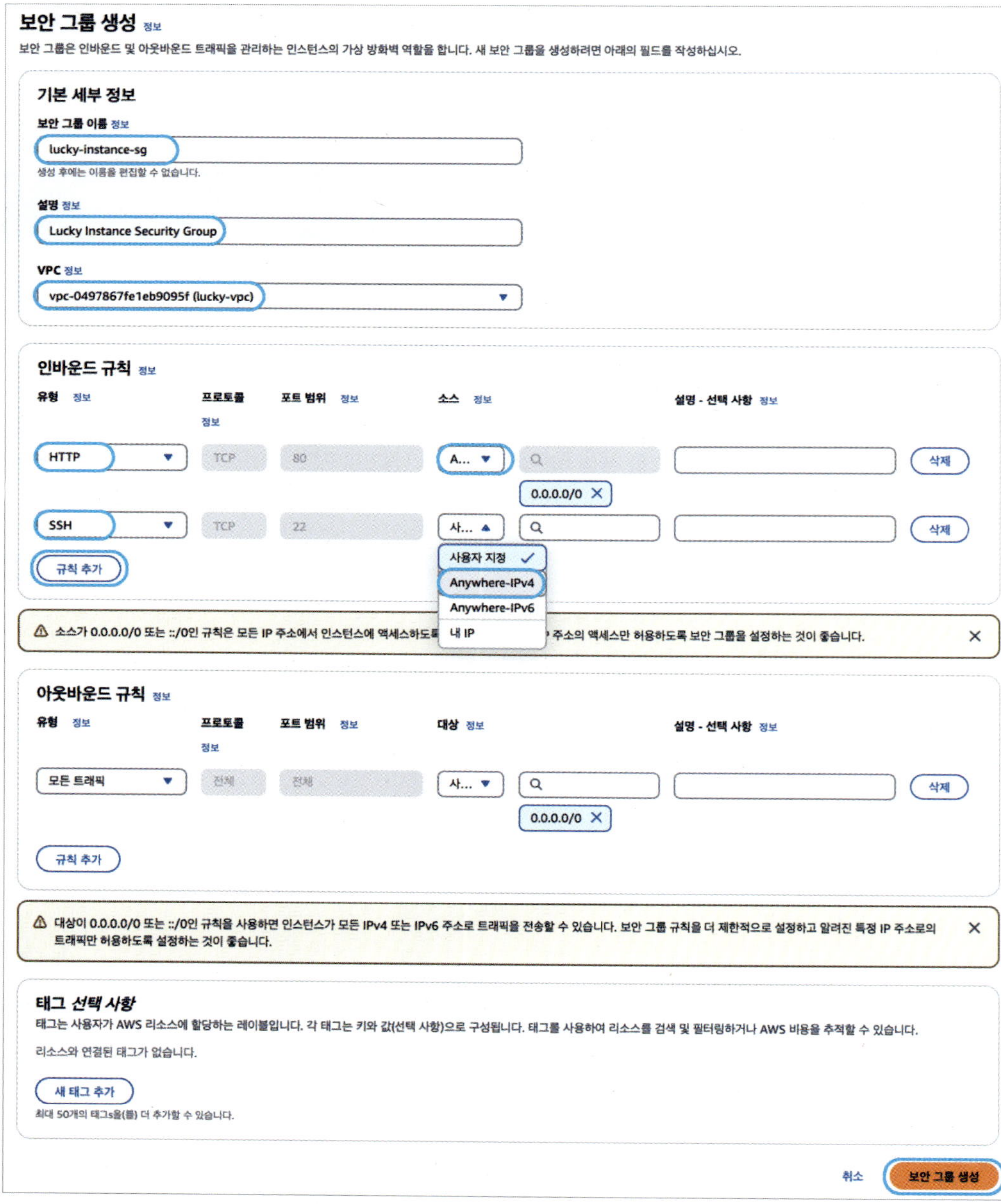

그림 7.36 보안 그룹 설정

03. 보안 그룹이 생성됐다는 메시지가 표시되는 것을 확인한다.

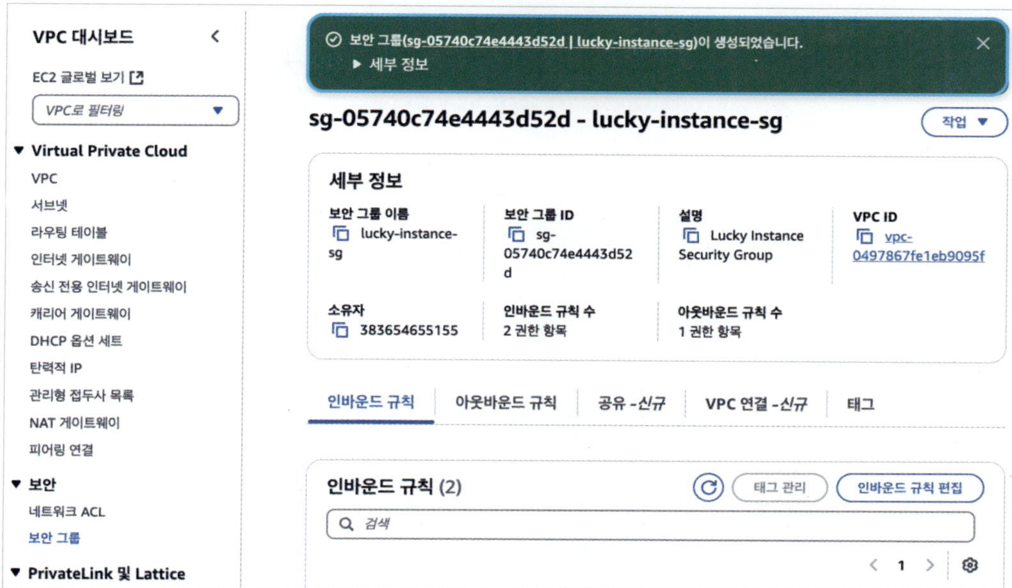

그림 7.37 생성한 보안 그룹의 세부 정보

7.11 [실습] 인스턴스 생성

인스턴스를 만드는 방법은 앞에서 여러 차례에 걸쳐 다뤘으므로 다시 설명하지 않고 여기서는 간단히 인스턴스를 만들고 해당 인스턴스가 인터넷에 연결되는지만 확인하겠다.

01. 관리 콘솔의 검색란에서 'EC2'를 검색해서 나오는 EC2를 클릭한다.

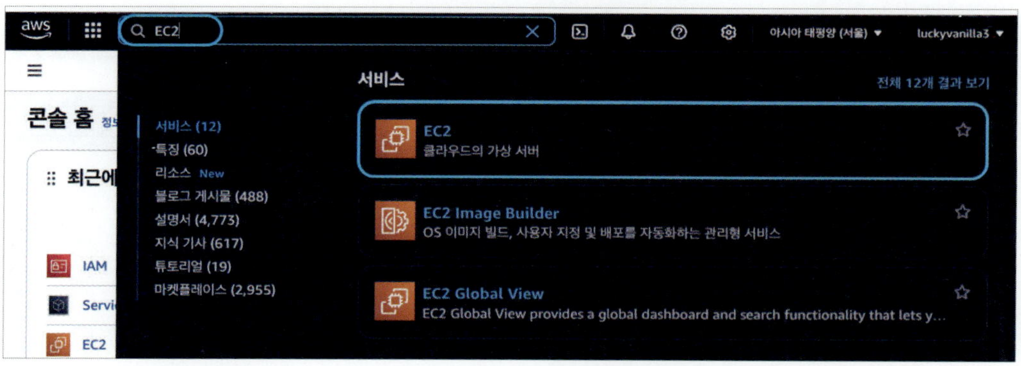

그림 7.38 EC2 서비스로 이동

02. EC2 서비스 화면에서 **인스턴스 시작** 버튼을 클릭한다.

그림 7.39 인스턴스 시작

03. **이름**으로 각자 원하는 이름을 입력한다(이 책에서는 lucky-instance). 이제부터 계속 아래로 스크롤하면서 필요한 설정 값을 선택한다.

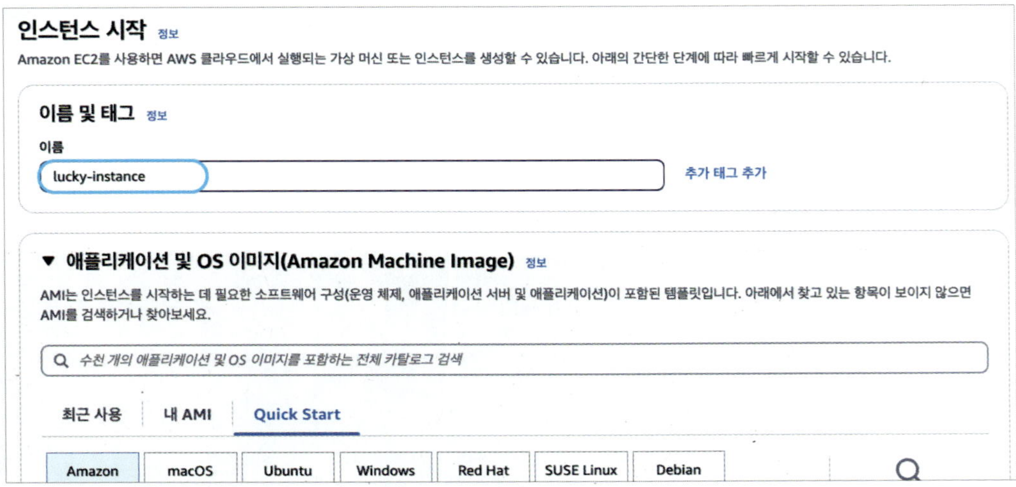

그림 7.40 인스턴스 이름 입력

04. 애플리케이션 및 OS 이미지를 선택하는 항목에서 Amazon Linux를 선택하고, Amazon Machine Image (AMI)에서 Amazon Linux 2023 AMI를 선택한다(기본값으로 선택돼 있을 것이다).

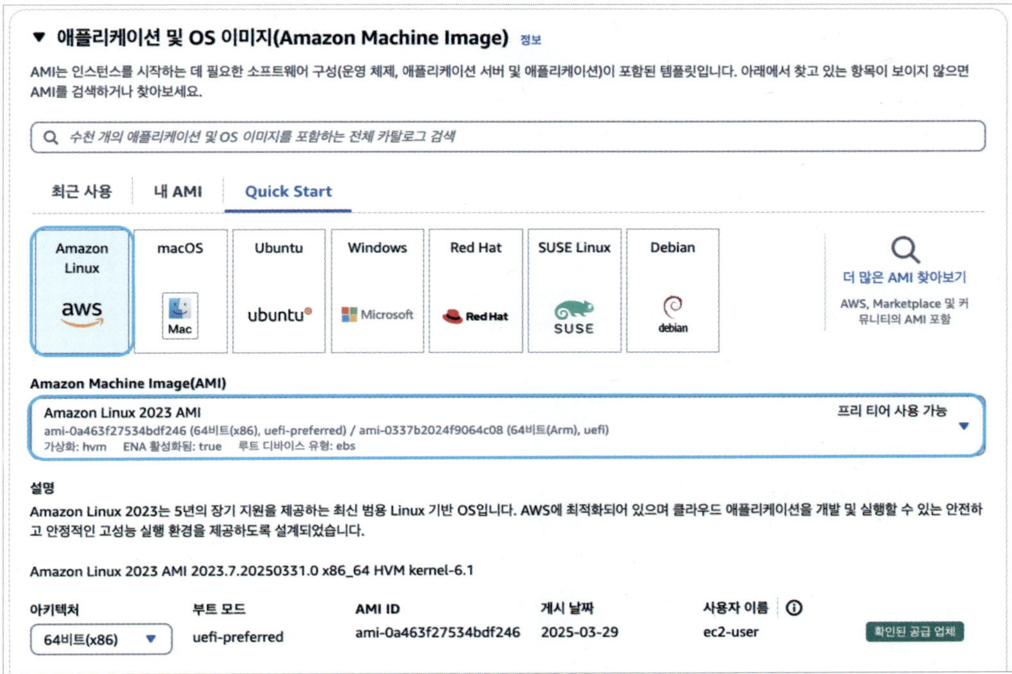

그림 7.41 EC2 인스턴스가 사용할 AMI 선택

05. **인스턴스 유형**을 클릭하면 드롭다운 메뉴가 나타나며, t3.micro를 검색해 선택한다. **키 페어 이름** 항목을 클릭해 **키 페어 없이 계속 진행(권장되지 않음)**을 선택한다.

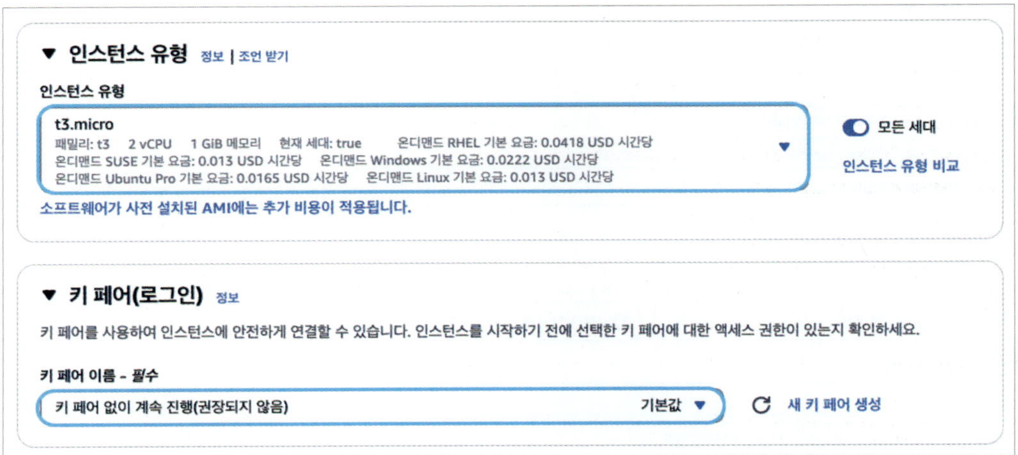

그림 7.42 EC2 인스턴스가 사용할 인스턴스 용량과 키페어 선택

06. 이 부분은 기존과 다른 부분이다. 기존에는 Default VPC를 사용했기 때문에 VPC를 선택하지 않았지만 이제 새로 만든 VPC를 선택해야 한다. **편집** 버튼을 클릭한다.

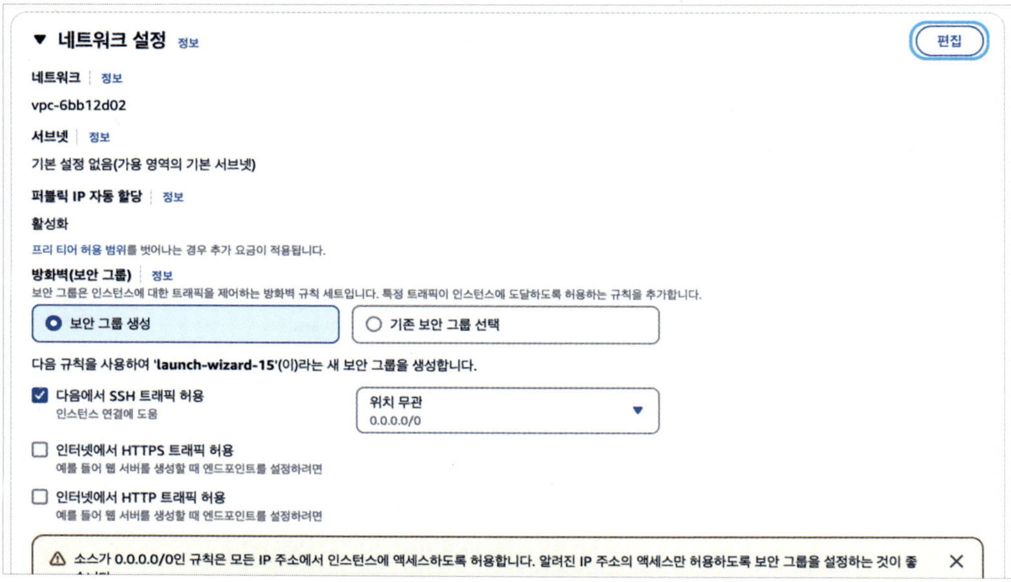

그림 7.43 EC2 인스턴스가 생성될 VPC와 보안 그룹 설정 1

07. **편집** 버튼을 누르면 메뉴가 바뀐다. VPC – **필수** 항목에서 새로 만든 lucky–vpc를 선택한다. **서브넷**에서는 lucky–public–subnet1을 선택한다. **방화벽(보안 그룹)** 항목은 **기존 보안 그룹 선택**을 체크하고, 앞에서 만든 보안 그룹인 lucky–instance–sg를 선택한다.

그림 7.44 EC2 인스턴스가 생성될 VPC와 보안 그룹 설정 2

08. 아래로 내려가서 **고급 세부 정보**를 클릭해 메뉴를 확장한다.

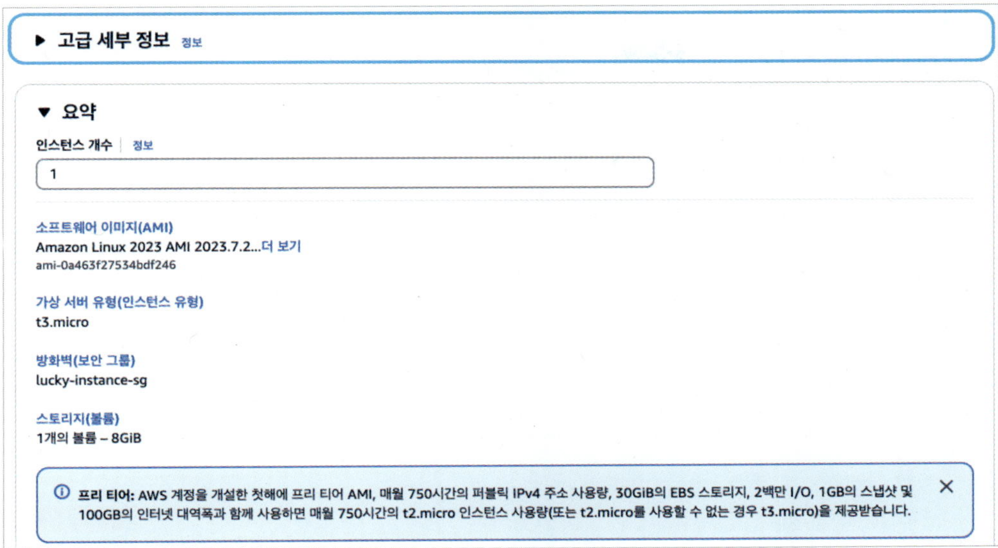

그림 7.45 EC2 인스턴스의 고급 세부 정보 설정

09. 아래로 내려 **사용자 데이터** 항목에 다음과 같은 스크립트를 붙여 넣는다. 그럼 인스턴스가 부팅될 때 아래 스크립트가 자동으로 실행된다.

```
#!/bin/bash
yum update -y
yum install -y nginx
systemctl enable nginx
systemctl start nginx
cd /usr/share/nginx/html
echo "<h1>Hello world</h1><h2>This is Lucky Instance</h2>" > index.html
```

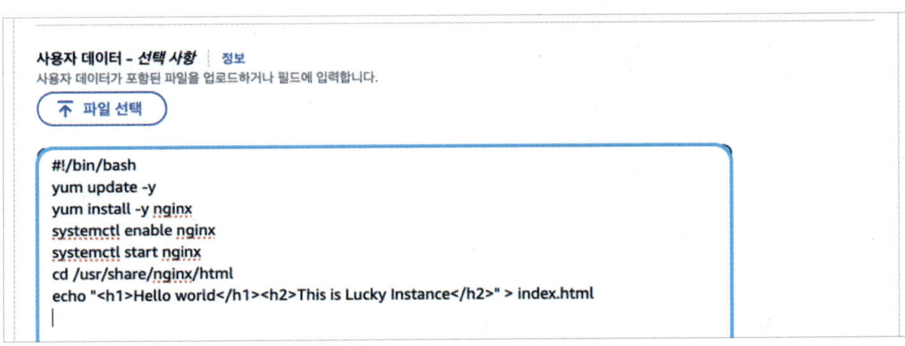

그림 7.46 EC2 인스턴스의 사용자 데이터 입력

10. 맨 아래로 내려가서 **인스턴스 시작** 버튼을 클릭한다.

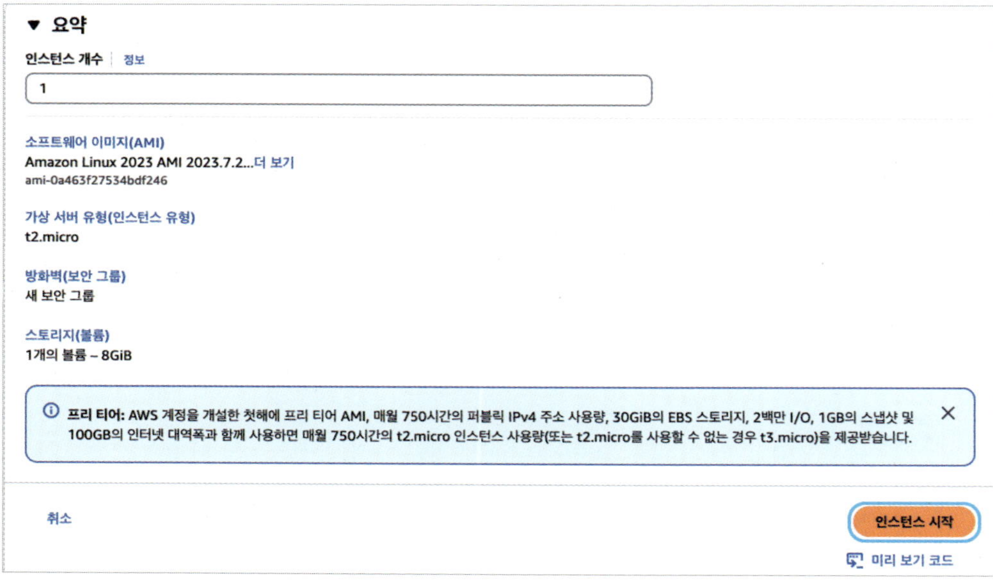

그림 7.47 EC2 인스턴스의 설정 요약

11. 이렇게 해서 인스턴스를 만드는 데 성공했다. **모든 인스턴스 보기** 버튼을 클릭한다.

그림 7.48 EC2 인스턴스 생성 완료

12. lucky-instance라는 이름의 인스턴스를 확인할 수 있다. 3분 정도 기다리면 초기화가 끝나고 인스턴스를 사용할 수 있다. 해당 인스턴스를 선택한 후 아래쪽의 **세부 정보** 탭에서 **퍼블릭** IPv4 **주소**를 복사해서 브라우저에 붙여 넣는다.

그림 7.49 EC2 인스턴스 목록

13. 다음과 같은 화면이 나온다면 문제 없이 작동하는 것이다. 혹시 이 화면이 제대로 나오지 않는다면 브라우저가 자동으로 `http://`가 아닌 `https://`로 주소를 변경했을 수 있다. 브라우저의 주소 표시줄을 클릭해 `http://`로 시작하는지 확인하고 새로고침해본다.

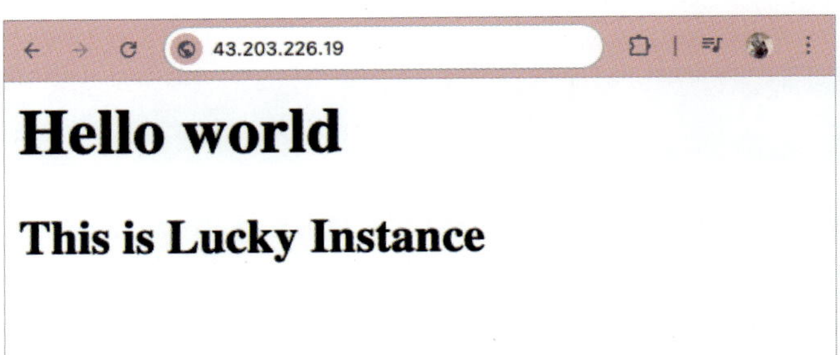

그림 7.50 EC2 인스턴스로 접속했을 때 표시되는 최종 결과 화면

이렇게 해서 새로운 VPC를 만들고 퍼블릭 서브넷에 인스턴스를 생성해 인터넷을 통해 접속할 수 있는지 확인해봤다.

08

VPC의 프라이빗 서브넷 설정

VPC는 AWS의 네트워크를 구성하는 서비스로서 일반적으로 용도별로 분할해서 사용한다. 즉, 인터넷과 직접적으로 연결된 퍼블릭 서브넷과 인터넷에 간접적으로 연결된 프라이빗 서브넷으로 나눠서 만든다.

7장에서는 서브넷들을 인터넷에 연결하기 위해 인터넷 게이트웨이를 생성하고 VPC에 연결했다. 그리고 퍼블릭 라우팅 테이블을 생성해서 설정하는 작업까지 완료했다. 이번 장에서는 프라이빗 서브넷이 간접적으로 인터넷과 연결할 수 있도록 NAT 게이트웨이를 만들고 프라이빗 라우팅 테이블을 설정하겠다.

8.1 NAT 게이트웨이

앞서 7장에서는 퍼블릭 서브넷을 만들었고, 인터넷을 통해 인스턴스가 제대로 동작하는 것을 확인했다. 이제 프라이빗 서브넷을 다룰 차례다.

프라이빗 서브넷은 보안상의 이유로 인터넷에서 접근하면 안 되는 인스턴스(데이터베이스, 애플리케이션 서버)를 위치시켜 보안을 강화하는 역할을 한다. 인터넷 접근이 안 되게 함으로써 해킹을 원천적으로 차단하는 것이다. 하지만 프라이빗 서브넷에 있는 인스턴스도 이따금 인터넷이 필요할 때가 있는데, 바로 보안 패치나 업데이트를 하는 경우다. 그렇다면 프라이빗 서브넷의 인스턴스가 인터넷을 안전하게 사용하려면 어떻게 해야 할까? 이때 **NAT(Network Address Translation) 게이트웨이**가 그러한 역할을 한다.

NAT 게이트웨이는 프라이빗 서브넷에 있는 인스턴스가 인터넷으로 나가는 트래픽을 허용하면서 외부에서 해당 인스턴스로 직접 접근하는 것은 차단하는 기능을 제공한다. 이를 조금 더 쉽게 설명하자면, 여러분은 NAT 게이트웨이를 매일 사용하고, 우리 주변에서도 흔히 볼 수 있다. 여러분의 집에 설치돼 있는 IP 공유기가 바로 NAT 게이트웨이다. 앞에서 VPC는 사설 네트워크를 만들고, IP 공유기도 사설 네트워크를 만든다고 설명한 바 있다. 그런데 이제는 IP 공유기가 NAT 게이트웨이 역할도 한다고? 사실이다.

아마 여러분은 IP 공유기가 공인 IP 하나를 여러 장비가 공유해서 인터넷을 사용하기 위해 존재한다고 알고 있을 것이다. 맞는 말이다. 하지만 IP 공유기에서 가장 많이 사용하는 기능은 NAT 게이트웨이 기능이다. 여러분은 IP 공유기를 통해 인터넷을 이용하지만 인터넷을 통해 여러분의 장비에 직접 접속하지는 못한다. 왜냐하면 IP 공유기가 NAT 게이트웨이 역할을 하기 때문이다. IP 공유기는 외부에서 여러분의 스마트폰이나 노트북, PC에 직접적으로 접근하는 것을 차단하고 여러분이 인터넷을 이용할 때는 허용한다. 그러니까 내부에서 외부로 인터넷에 접속하는 것은 되지만 외부에서 내부로 접근하는 것은 안 된다는 의미다.

VPC에도 이처럼 NAT 게이트웨이를 만들어서 프라이빗 서브넷의 인스턴스가 인터넷을 사용할 수 있도록 라우팅 테이블을 설정하면 외부에서 프라이빗 서브넷의 인스턴스에 직접적으로 접근하는 것은 안 되지만 해당 인스턴스에서는 인터넷을 이용할 수 있게 된다.

이번 장에서는 다음 그림과 같이 퍼블릭 서브넷에 NAT 게이트웨이를 하나 만들겠다. 그리고 프라이빗 라우팅 테이블을 만들어 2개의 프라이빗 서브넷의 트래픽을 관리할 것이다. 좀 더 정확히 이야기하면 프라이빗 서브넷에 있는 인스턴스들이 NAT 게이트웨이에 트래픽을 전달하고, NAT 게이트웨이는 인터넷 게이트웨이를 통해 인터넷에 접속하는 것이다.

그림 8.1 VPC에 NAT 게이트웨이와 프라이빗 라우팅 테이블을 추가한 아키텍처

그런데 이 아키텍처는 고가용성 측면에서 약간의 문제가 있다. NAT 게이트웨이가 있는 가용 영역에 장애가 발생하면 문제가 없는 가용 영역에서도 NAT 게이트웨이를 사용하지 못하게 된다는 것이다. 그래서 아키텍처의 고가용성을 높이기 위해 NAT 게이트웨이를 각각 만들 것이다. NAT 게이트웨이를 각 가용 영역마다 하나씩 만들고 프라이빗 라우팅 테이블도 각각 만들어서 설정한다. 결과적으로 다음과 같은 고가용성 아키텍처를 만들겠다.

그림 8.2 고가용성을 위해 VPC에 2개의 NAT 게이트웨이와 2개의 프라이빗 라우팅 테이블을 추가한 아키텍처

이어지는 절에서 NAT 게이트웨이를 만들어 보겠다.

8.2 [실습] NAT 게이트웨이 생성

다음과 같은 순서에 따라 NAT 게이트웨이를 만들어 보자.

01. VPC 서비스에서 왼쪽 메뉴의 NAT **게이트웨이**를 클릭한다. 그러고 나서 NAT **게이트웨이 생성** 버튼을 클릭한다.

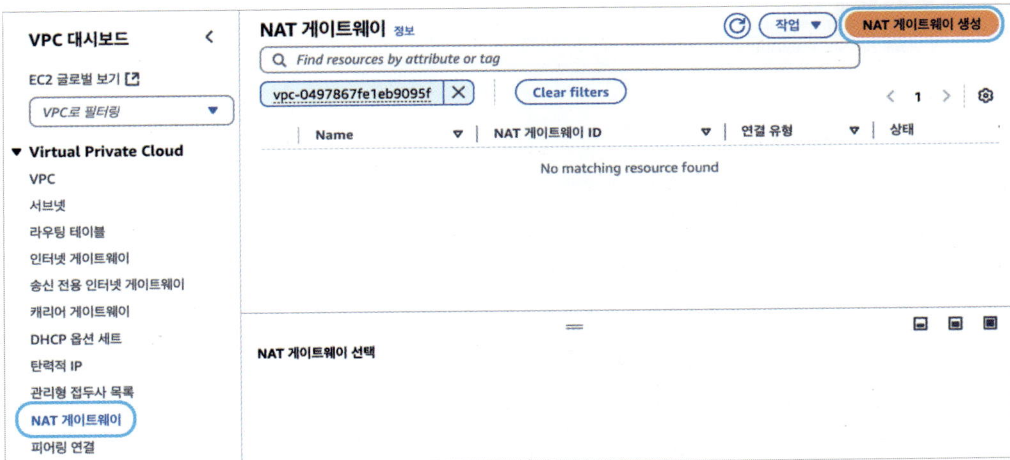

그림 8.3 NAT 게이트웨이 목록

02. **이름**에는 각자 원하는 이름을 입력한다(이 책에서는 lucky-natgw1). **서브넷**은 lucky-public-subnet1을 선택한다. NAT 게이트웨이는 고정 IP가 하나 필요하다. AWS에서는 고정 IP를 탄력적 IP(Elastic IP)라고 부른다. **탄력적 IP 할당** 버튼을 클릭한다. 그러면 **탄력적 IP 할당** ID에 자동으로 값이 채워지는 것을 볼 수 있다. 마지막으로 NAT **게이트웨이 생성** 버튼을 클릭한다.

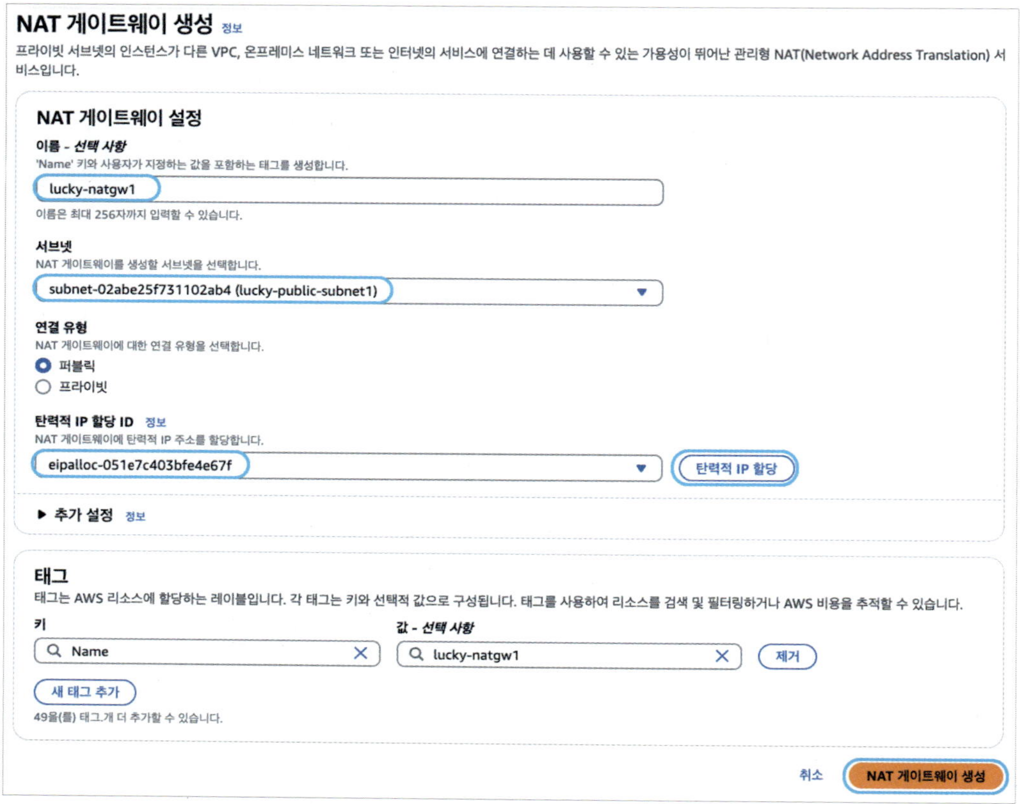

그림 8.4 NAT 게이트웨이 설정

03. **'NAT 게이트웨이가 생성되었습니다.'**라는 메시지가 표시되는 것을 확인한다. **상태**를 보면 Pending이라고 나오고, 3분 정도 기다리면 Available로 바뀔 것이다.

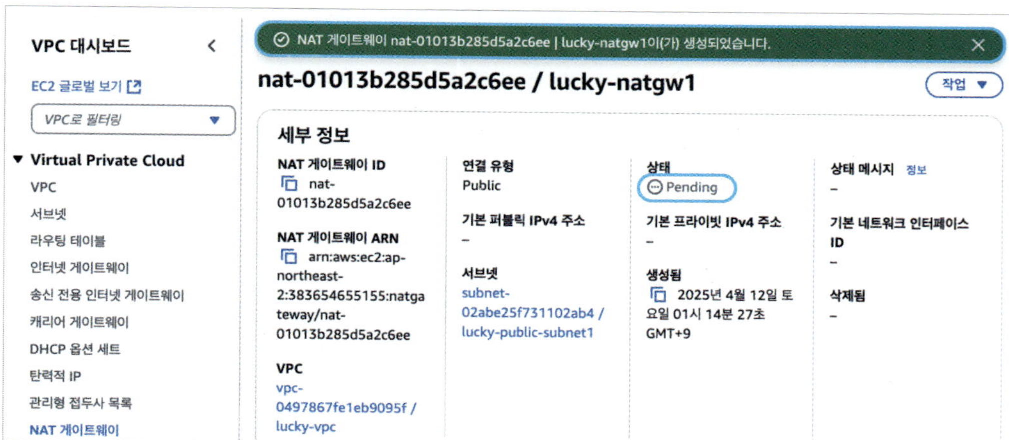

그림 8.5 생성된 NAT 게이트웨이의 세부 정보

04. 앞의 작업을 한 번 더 반복해서 NAT 게이트웨이를 하나 더 만든다. 이 책에서는 새로 추가하는 NAT 게이트웨이의 **이름**을 lucky-natgw2로 지정하고, **서브넷**은 lucky-public-subnet2로 선택하겠다.

이렇게 해서 NAT 게이트웨이를 다 만들었다. 이제 라우팅 테이블을 만들고 설정해 보자.

8.3 [실습] 프라이빗 라우팅 테이블 생성

다음과 같은 순서에 따라 프라이빗 라우팅 테이블을 만들어 보자.

01. VPC 서비스의 왼쪽 메뉴에서 **라우팅 테이블**을 클릭한다. 그리고 나서 **라우팅 테이블 생성** 버튼을 클릭한다.

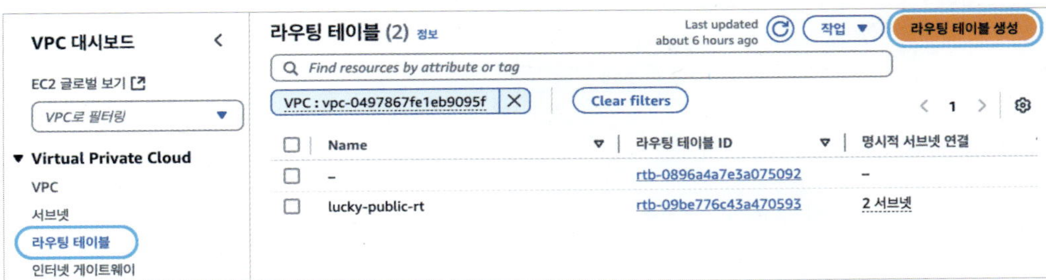

그림 8.6 라우팅 테이블 목록

02. **이름**에 각자 원하는 이름을 입력한다(이 책에서는 lucky-private-rt1). VPC 항목은 각자 생성한 VPC를 선택한다(이 책에서는 lucky-vpc). 그리고 나서 **라우팅 테이블 생성** 버튼을 클릭한다.

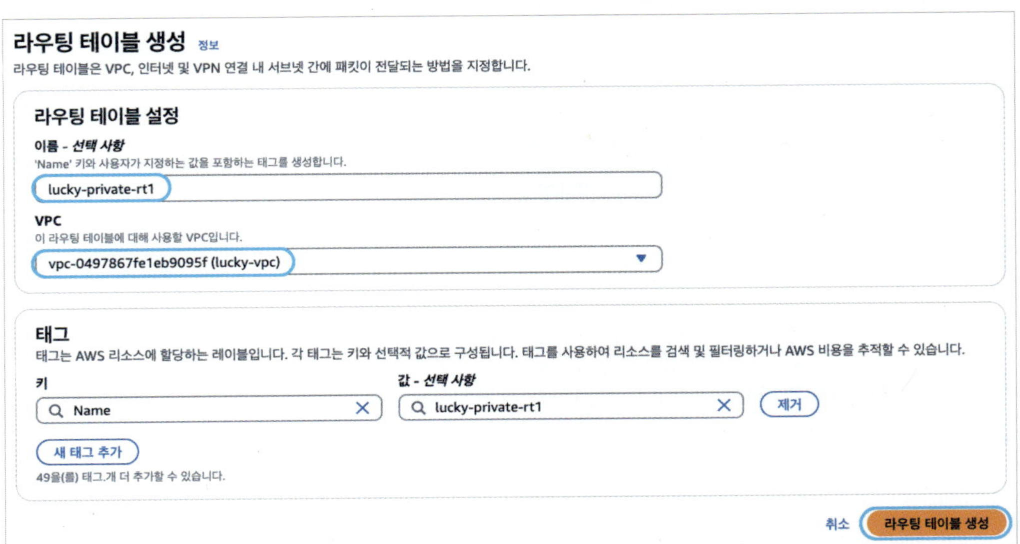

그림 8.7 라우팅 테이블 설정

03. '**라우팅 테이블이 성공적으로 생성되었습니다.**'라는 메시지가 표시되는 것을 확인하고, **라우팅** 탭의 **라우팅 편집** 버튼을 클릭한다.

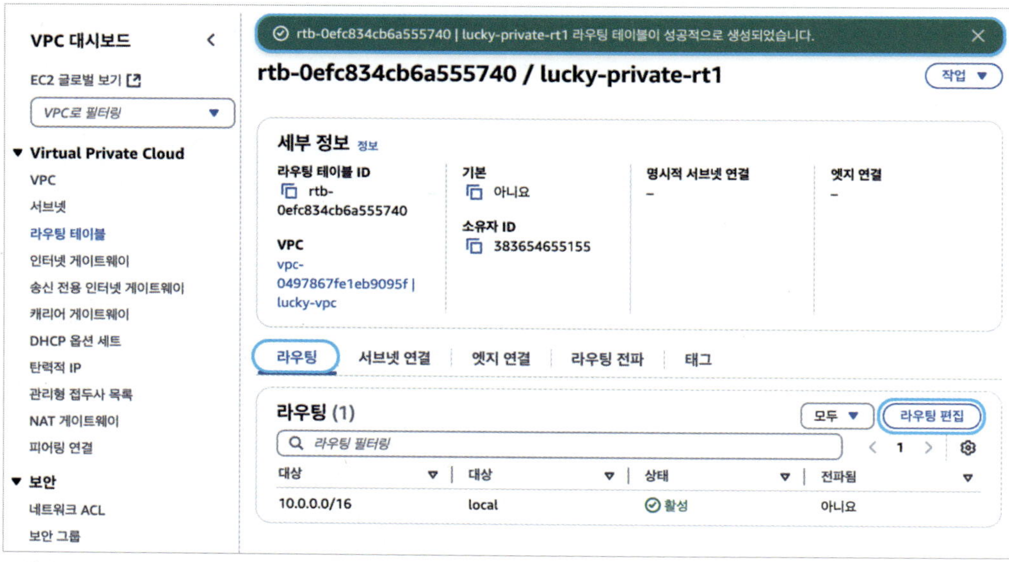

그림 8.8 생성된 라우팅 테이블의 세부 정보

04. **라우팅 추가** 버튼을 클릭해 라우팅을 추가한다. 첫 번째 **대상**에는 0.0.0.0/0을 입력한다. 그리고 두 번째 **대상** 항목을 클릭해 NAT **게이트웨이**를 선택하고, 이전 장에서 생성한 lucky-natgw1을 선택한다. 마지막으로 **변경 사항 저장** 버튼을 클릭한다. (이 내용은 7.9절 '[실습] 퍼블릭 라우팅 테이블 생성'에 자세히 설명돼 있으니 잘 기억나지 않는다면 다시 읽어보기 바란다.)

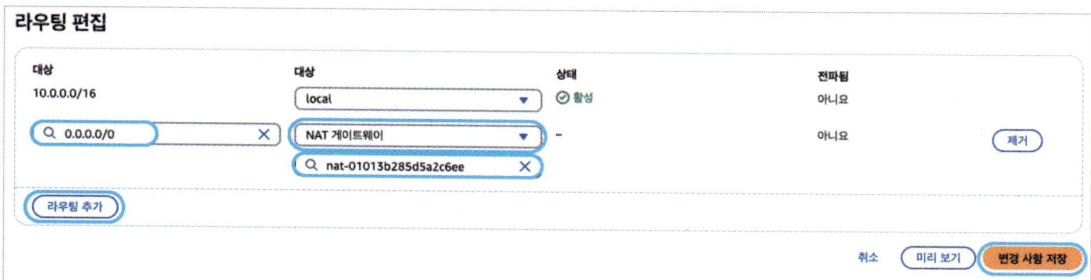

그림 8.9 라우팅 규칙 추가

05. '**라우팅 테이블을 업데이트했습니다.**'라는 메시지가 표시되는 것을 확인하고, **서브넷 연결** 탭을 클릭한다. 그러고 나서 **서브넷 연결 편집** 버튼을 클릭한다.

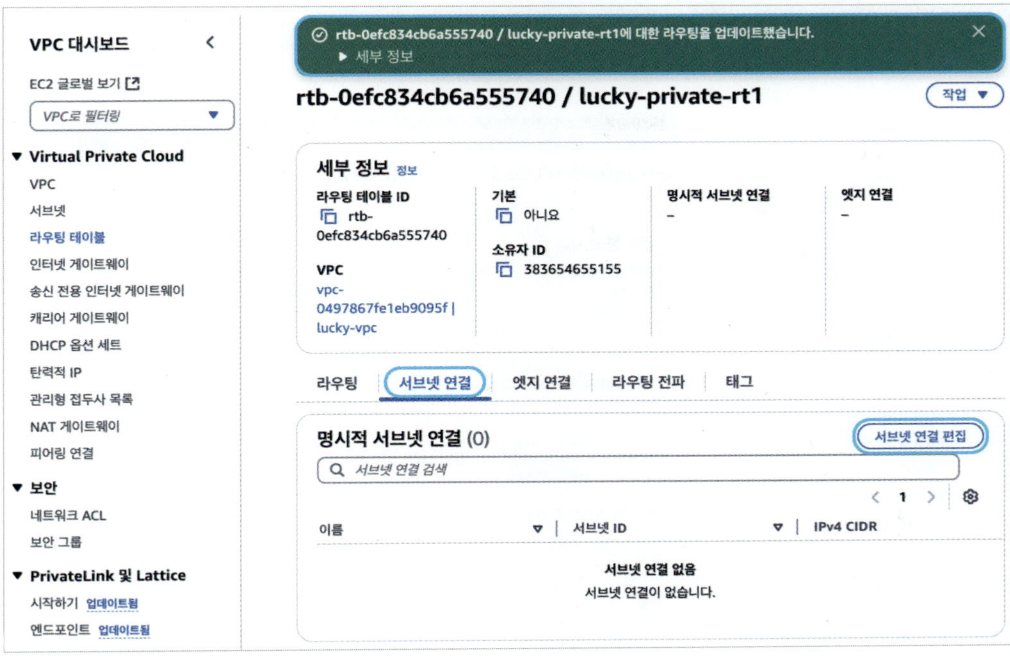

그림 8.10 라우팅 테이블의 서브넷 연결 탭

06. 이전에 만든 6개의 서브넷 중에서 lucky-private-subnet1 서브넷을 체크한 후 **연결 저장** 버튼을 클릭한다.

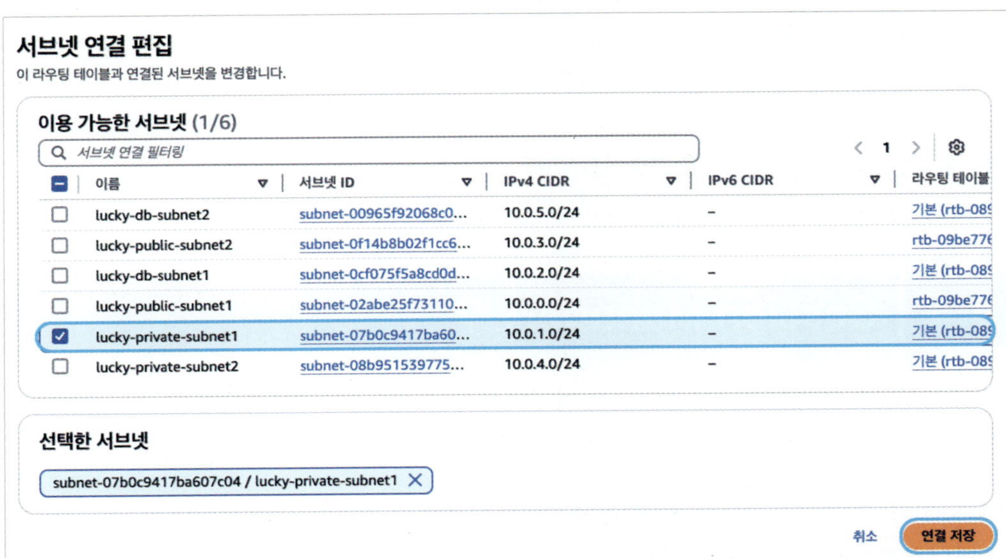

그림 8.11 연결할 서브넷 선택

07. **'라우팅 테이블을 업데이트했습니다.'**라는 메시지가 표시되는 것을 확인한 후, **서브넷 연결** 탭에서 **명시적 서브넷 연결**에 1개의 프라이빗 서브넷이 연결된 것을 확인한다.

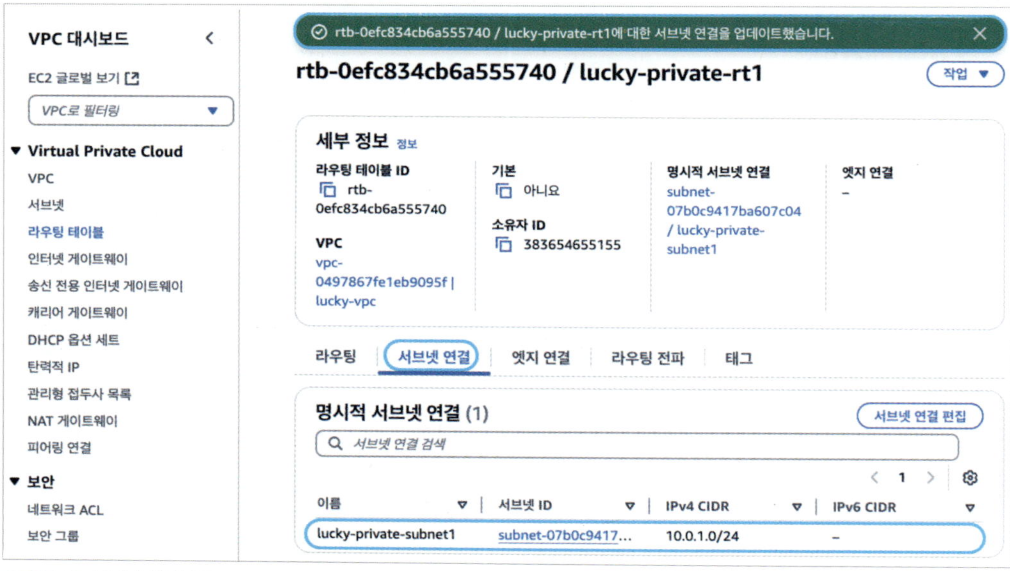

그림 8.12 서브넷 연결 완료

08. 이제 1~7번 단계까지 한 번 더 반복하면서 lucky-private-rt2라는 이름으로 프라이빗 라우팅 테이블을 하나 더 만든다. 이때 **라우팅** 탭에서 0.0.0.0/0의 **대상**을 lucky-natgw2로 설정해 라우팅을 추가한다. 마지막으로 **서브넷 연결**에서 lucky-private-subnet2를 연결하면 끝난다.

그럼 이어지는 절에서 인스턴스를 만들어서 앞에서 설정한 내용을 확인해보자.

8.4 Session Manager란?

VPC를 다루다가 갑자기 Session Manager에 대해 다루는 것이 잘 이해되지 않을 수 있다. 하지만 이 시점에서 Session Manager에 대해 먼저 다루고 넘어갈 필요가 있다. 그 이유를 알아보자.

이제 NAT 게이트웨이가 제대로 동작하는지 확인하기 위해 프라이빗 서브넷에 인스턴스를 만들고 해당 인스턴스에 접속해서 `ping` 명령으로 인터넷에 접속 가능한지 확인하려고 한다. 그런데 문제가 있다. 인터넷을 통한 해킹 공격을 원천적으로 차단하기 위해 프라이빗 서브넷을 만들었고, 프라이빗 서브넷에 중요 인스턴스들을 배포할 예정이다. 그러나 프라이빗 서브넷은 인터넷에서 접근할 수 없기 때문에 인스턴스를 관리해야 하는 나조차도 인스턴스에 직접 접근할 수 없다.

이게 대체 무슨 소리일까? 인스턴스를 연결할 때는 EC2 인스턴스 연결 기능을 사용하면 되지 않을까? 그렇지 않다. 하지만 Session Manager를 사용하면 접근할 수 있다. 그래서 여기서 Session Manager를 다루는 것이다. EC2 인스턴스 연결 기능과 Session Manager는 무슨 차이가 있길래 그렇게 되는지는 이번 장의 뒷부분에서 다루도록 하고, 지금은 VPC에 집중하자.

그럼 먼저 프라이빗 서브넷에 인스턴스를 만들고 Session Manager로 접속해 테스트해보자.

8.5 [실습] 인스턴스 생성

이제 프라이빗 서브넷에 인스턴스를 만들고 IAM 인스턴스 프로파일을 적용해보자. IAM 인스턴스 프로파일도 처음 들어보는 용어지만 뒷부분에서 다룰 것이므로 일단 넘어가자.

인스턴스를 만드는 것은 앞에서 많이 해봤으므로 여기는 간단하게 만들어서 인스턴스가 인터넷에 연결되는지만 확인하겠다.

01. **관리 콘솔**의 위쪽 검색란에서 'EC2'를 검색해서 나오는 **EC2**를 클릭한다.

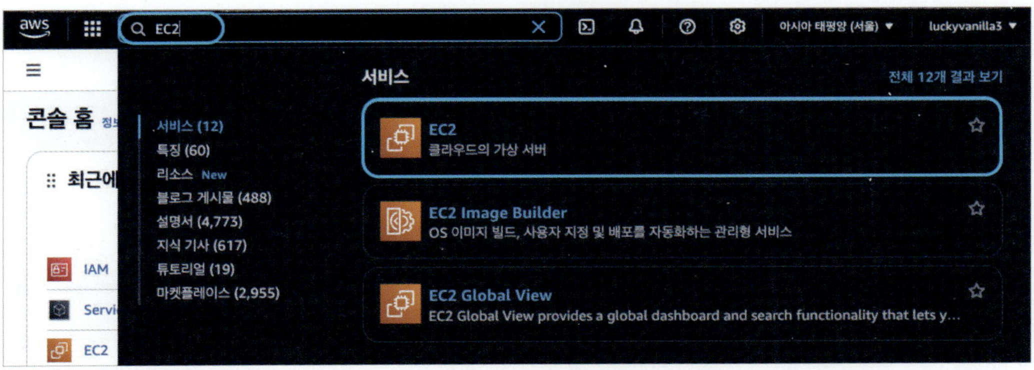

그림 8.13 EC2 서비스로 이동

02. EC2 서비스 화면에서 **인스턴스 시작** 버튼을 클릭한다.

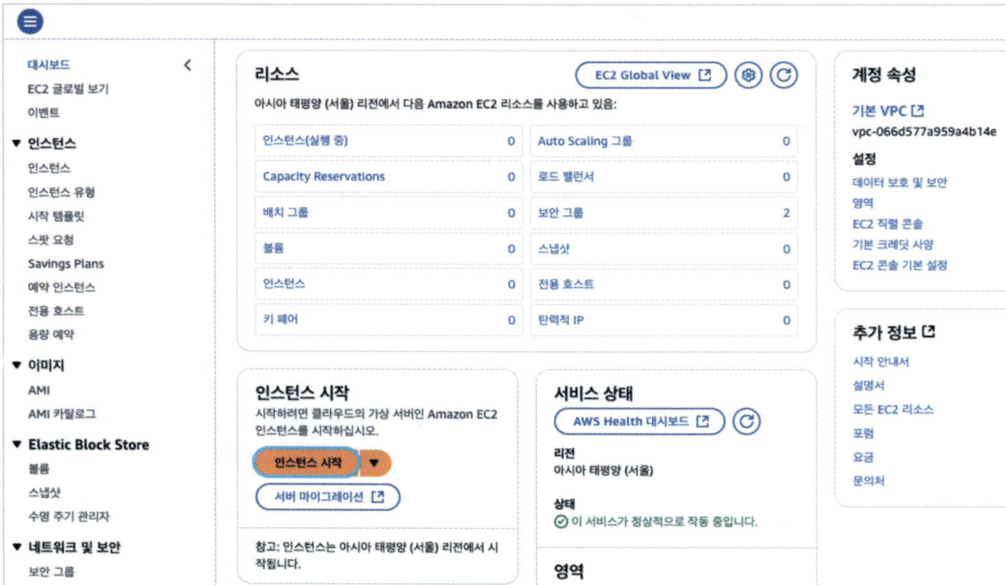

그림 8.14 EC2 서비스

03. **이름**에는 각자 원하는 이름을 입력한다(이 책에서는 lucky-private-instance). 이제부터 계속 아래로 스크롤하면서 필요한 설정 값을 선택한다.

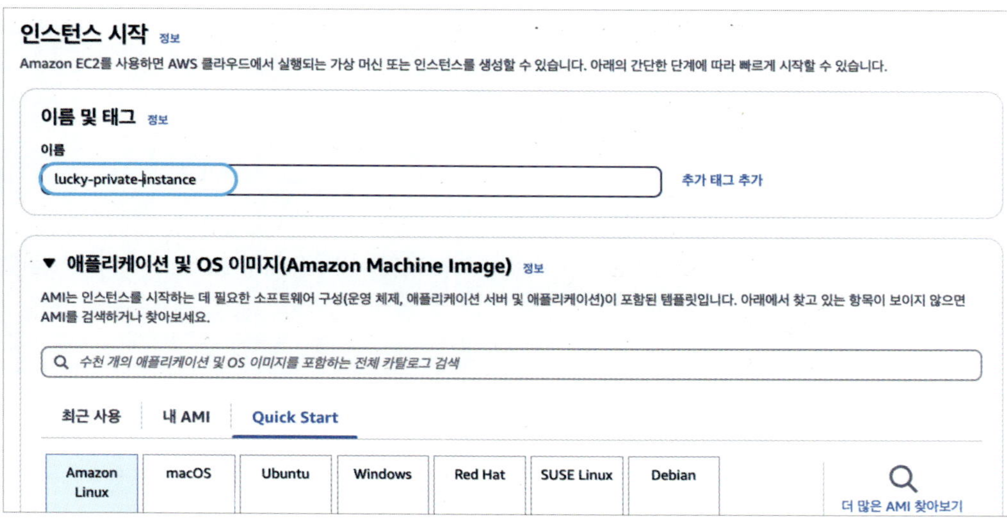

그림 8.15 EC2 인스턴스 이름 입력

04. 애플리케이션 및 OS 이미지를 선택하는 항목에서 Amazon Linux를 선택하고, Amazon Machine Image(AMI)에서 Amazon Linux 2023 AMI를 선택한다(기본값으로 선택돼 있을 것이다).

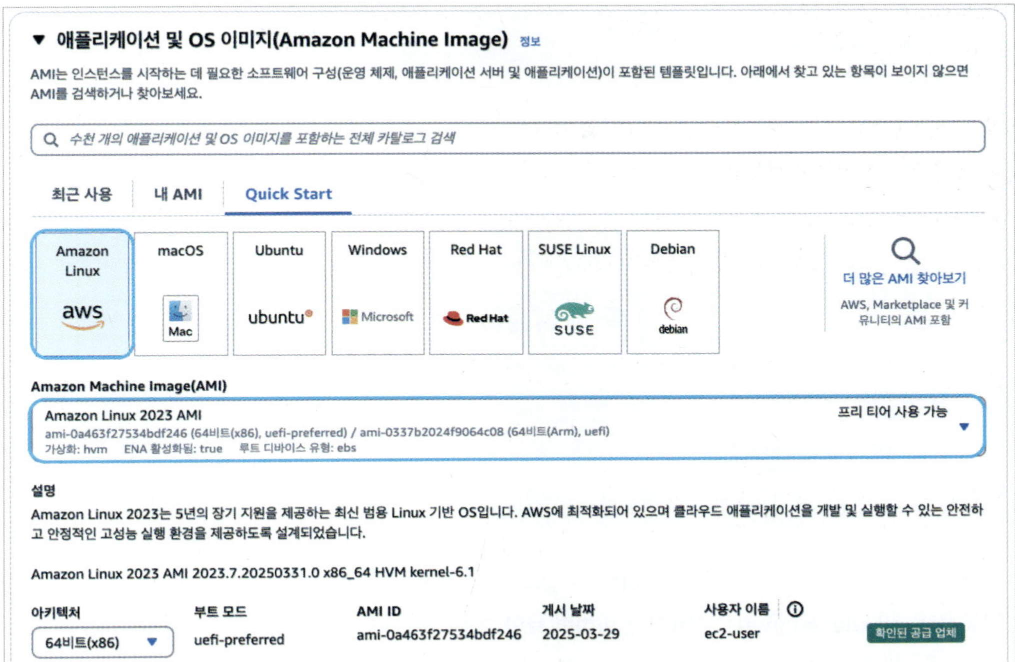

그림 8.16 EC2 인스턴스가 사용할 AMI 선택

05. **인스턴스 유형**을 클릭하면 드롭다운 메뉴가 나오고, t3.micro를 검색해 선택한다. **키 페어 이름** 항목을 클릭해 **키 페어 없이 계속 진행(권장되지 않음)**을 선택한다.

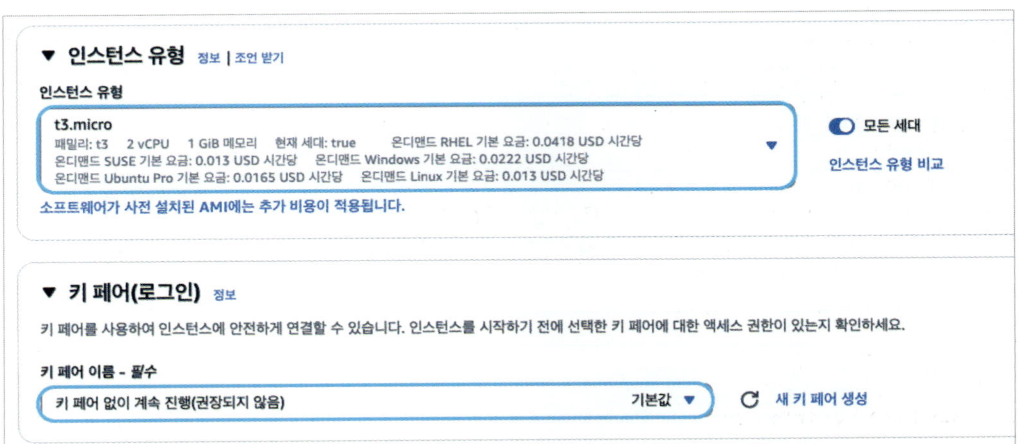

그림 8.17 EC2 인스턴스가 사용할 인스턴스 용량과 키 페어 선택

06. 이 부분은 기존과 다르다. 기존에는 Default VPC를 사용했기 때문에 VPC를 선택하지 않았지만 이번에는 새로 만든 VPC를 선택해야 한다. **편집** 버튼을 클릭한다.

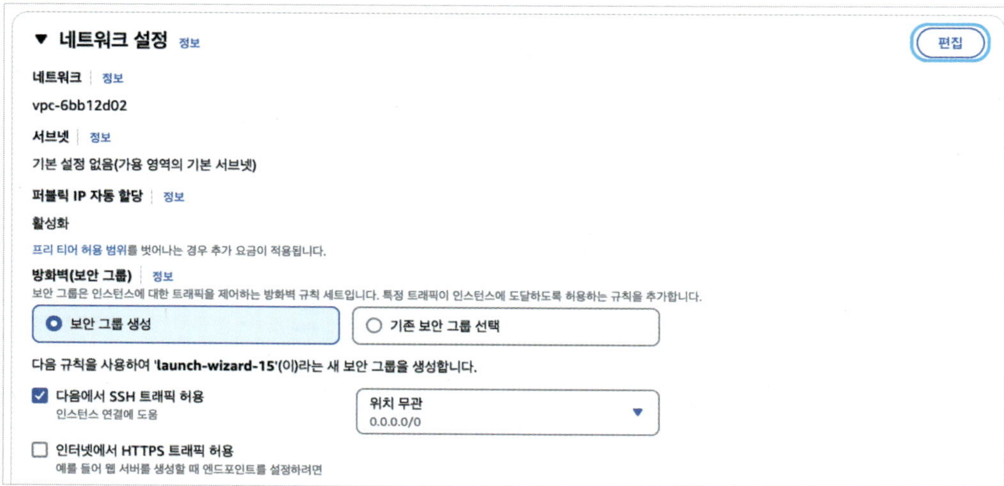

그림 8.18 EC2 인스턴스가 생성될 VPC와 보안 그룹 설정 1

07. **편집** 버튼을 누르면 메뉴가 바뀐다. VPC – **필수** 항목에서는 새로 만든 lucky–vpc를 선택한다. **서브넷**에는 lucky–private–subnet1을 선택한다. **방화벽(보안 그룹)** 항목에서는 **기존 보안 그룹 선택**을 체크한 후 이전에 만들었던 보안 그룹인 lucky–instance–sg를 선택한다.

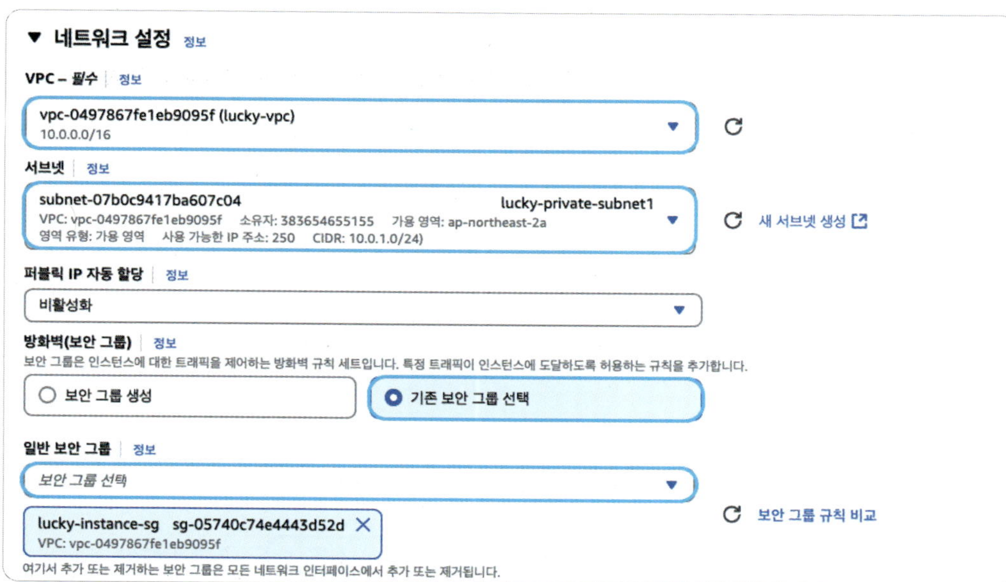

그림 8.19 EC2 인스턴스가 생성될 VPC와 보안 그룹 설정 2

08. 아래로 내려가서 **고급 세부 정보**를 클릭해 메뉴를 확장한다. 그러고 나서 IAM **인스턴스 프로파일** 항목에서 AmazonSSMRoleForInstancesQuickSetup을 검색해 선택한다.

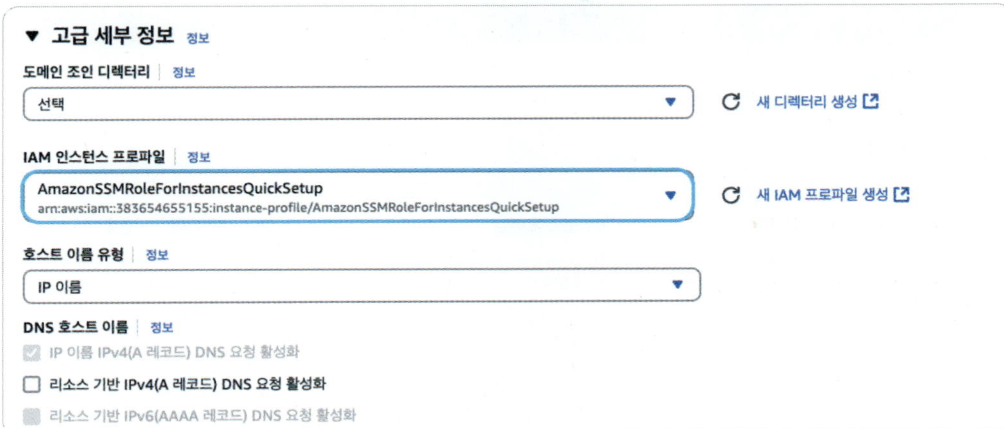

그림 8.20 EC2 인스턴스의 고급 세부 정보에서 IAM 인스턴스 프로파일을 설정

09. 맨 아래로 내려가서 **인스턴스 시작** 버튼을 클릭한다.

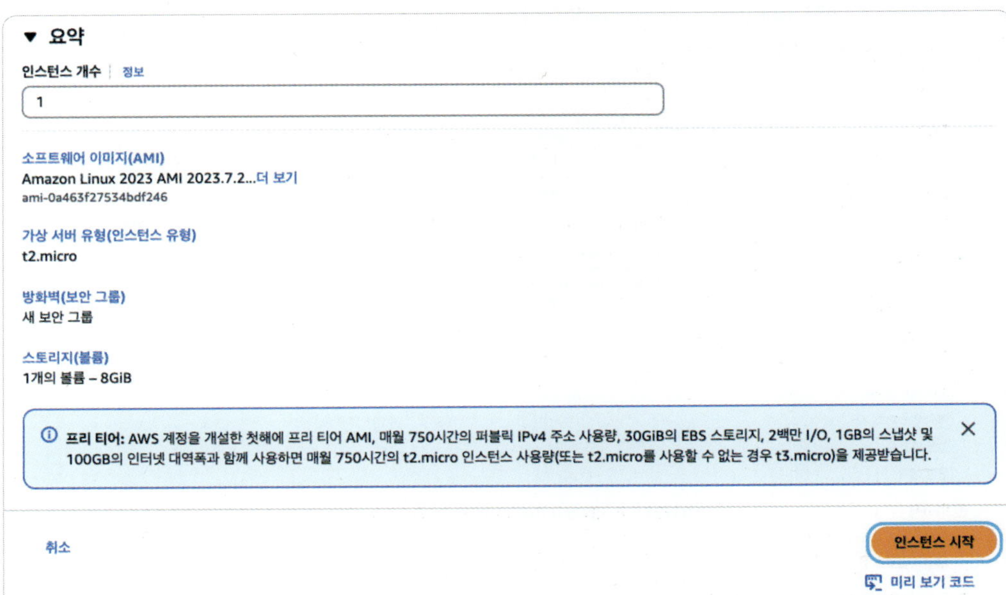

그림 8.21 EC2 인스턴스 설정 요약

10. 인스턴스 생성에 성공했다. **모든 인스턴스 보기** 버튼을 클릭한다.

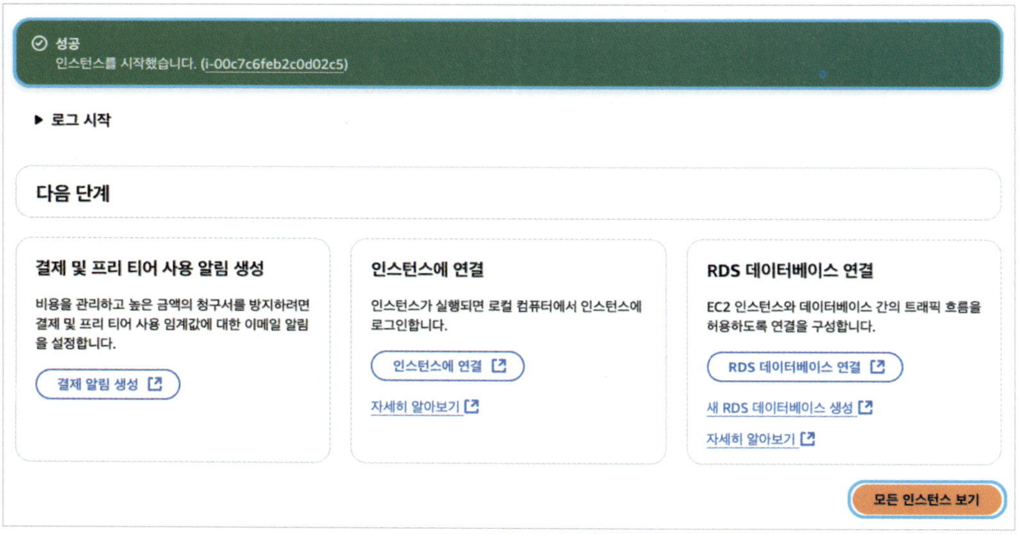

그림 8.22 EC2 인스턴스 생성 완료

11. 3분 정도 기다리면 lucky-private-instance라는 이름의 인스턴스가 생성된다. lucky-private-instance를 선택한 후 **연결** 버튼을 클릭한다.

그림 8.23 EC2 인스턴스 목록에서 방금 생성한 인스턴스를 선택한 후 연결

12. Session Manager 탭을 클릭하고, 하단의 **연결** 버튼을 클릭한다.

그림 8.24 EC2 인스턴스에 연결하는 방법을 선택

13. 터미널이 표시되면 `ping www.amazon.com` 명령을 입력해 인터넷에 연결되는지 확인한다. 다음과 같이 출력되면 제대로 동작하는 것이다.

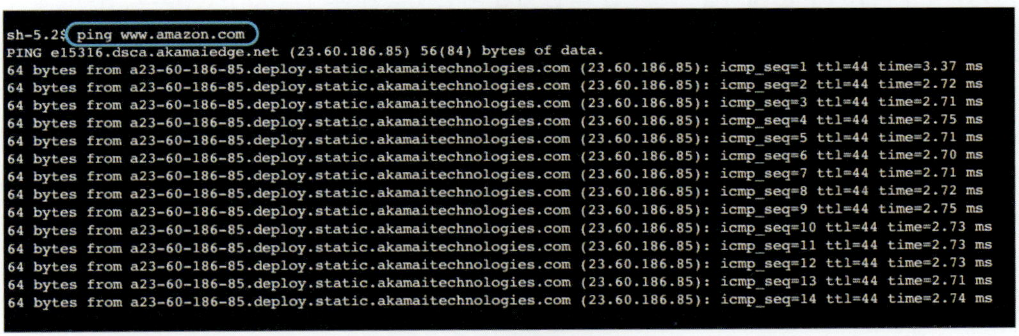

그림 8.25 EC2 인스턴스에 연결된 터미널에서 `ping` 명령어로 통신을 확인

이렇게 해서 NAT 게이트웨이가 제대로 동작하는 것을 확인하고, 프라이빗 서브넷의 인스턴스에 접근하기 위한 Session Manager에 대해서도 알아봤다.

8.6 DB 서브넷의 라우팅 테이블

지금까지 퍼블릭 서브넷, 프라이빗 서브넷의 라우팅 테이블 설정을 모두 완료했다. 이제 마지막으로 DB 서브넷의 라우팅 테이블을 설정할 차례다. 그런데 결론을 먼저 이야기하자면 DB 서브넷은 라우팅 테이블을 설정할 필요가 없다. 왜 그럴까? DB 서브넷에 위치한 데이터베이스는 업데이트할 필요가 없을까?

AWS에서는 관계형 데이터베이스를 사용할 때 RDS를 주로 사용한다. 그래서 이 책에서는 RDS를 위치시키기 위해 직접 또는 간접적으로 인터넷을 사용할 필요가 없는 DB 서브넷을 만들었다.

그럼 RDS는 어떻게 업데이트를 할까? RDS는 AWS 내부 인프라를 통해 업데이트한다. 그렇기 때문에 DB 서브넷은 라우팅 테이블 설정이 필요 없다. 내부 인프라를 사용하더라도 라우팅 테이블 설정은 필요하지 않을까? VPC 내부에서의 통신을 위해서라도 말이다. 결론적으로 필요하지 않다. 그 이유는 서브넷이 라우팅 테이블에 연결돼 있지 않으면 Default 라우팅 테이블이 적용되기 때문이다.

VPC 서비스의 **라우팅 테이블** 페이지를 보면 다음 화면과 같이 표시될 것이다(참고로 필터링을 걸어서 **lucky-vpc**와 관련된 것만 표시되게 했다.) **lucky-**로 시작하는 라우팅 테이블은 이 책에서 만든 것이고, 보다시피 -(하이픈)으로만 표시된 라우팅 테이블이 있다. 이 라우팅 테이블이 바로 Default 라우팅 테이블이다. VPC 내부에 라우팅 테이블이 연결돼 있지 않은 모든 서브넷에는 Default 라우팅 테이블이 적용된다. 이 Default 라우팅 테이블을 선택해서 라우팅 정보를 확인해 보면 10.0.0.0/16의 대상은 local이라고 나오는데, 이것은 VPC 내부로 모든 트래픽을 전달하라는 규칙이다. 그렇기 때문에 DB 서브넷의 라우팅 테이블은 설정할 필요가 없는 것이다.

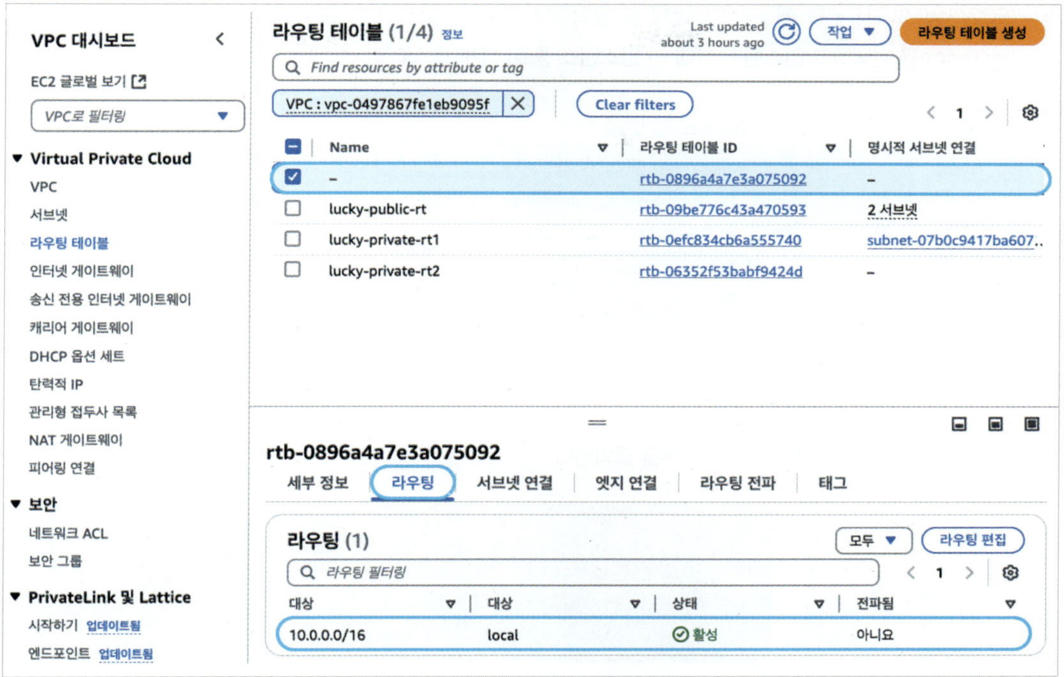

그림 8.26 라우팅 테이블의 라우팅 탭

8.7 [실습] 리소스 삭제

이렇게 해서 VPC 실습이 완료됐으므로 리소스 삭제를 위해 VPC를 지워보자. VPC를 지우려면 VPC 내에 인스턴스가 존재해서는 안 된다. 따라서 이 책에서도 인스턴스를 먼저 지우고 VPC를 지우겠다. 실제로 VPC를 지우면 VPC에 포함된 서브넷, 라우팅 테이블, 인터넷 게이트웨이 같은 것들은 지워진다. 하지만 VPC에 포함된 NAT 게이트웨이는 지워지지 않으므로 NAT 게이트웨이를 먼저 지우고 그다음으로 VPC를 지워야만 한다. NAT 게이트웨이에 할당됐던 탄력적 IP도 별도로 릴리스해야 한다. 하나씩 따라해보자.

01. EC2 서비스에서 왼쪽 메뉴의 **인스턴스**를 클릭한다. 2개의 인스턴스인 lucky-instance, lucky-private-instance를 선택하고 **인스턴스 상태 → 인스턴스 종료(삭제)**를 차례로 선택한다.

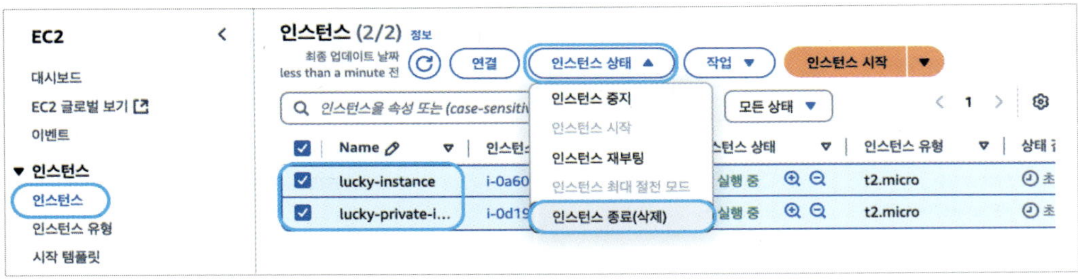

그림 8.27 EC2 인스턴스 삭제

02. 인스턴스를 확인한 후 **종료(삭제)** 버튼을 클릭한다.

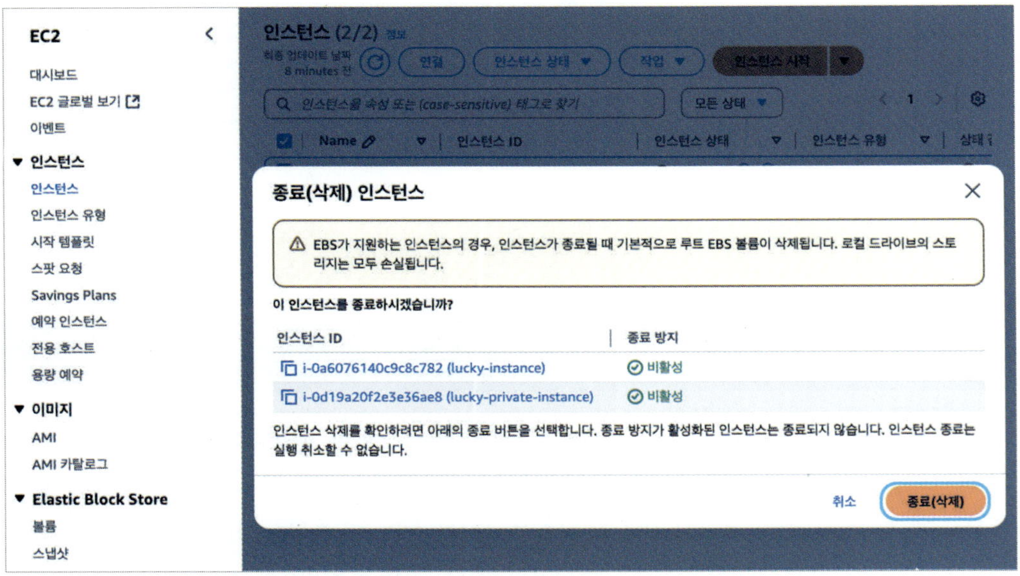

그림 8.28 EC2 인스턴스 삭제 확인

03. 다음으로, VPC 서비스에서 왼쪽 메뉴의 NAT **게이트웨이**를 클릭한다. lucky-natgw1을 선택하고, **작업** → NAT **게이트웨이 삭제**를 차례로 선택한다.

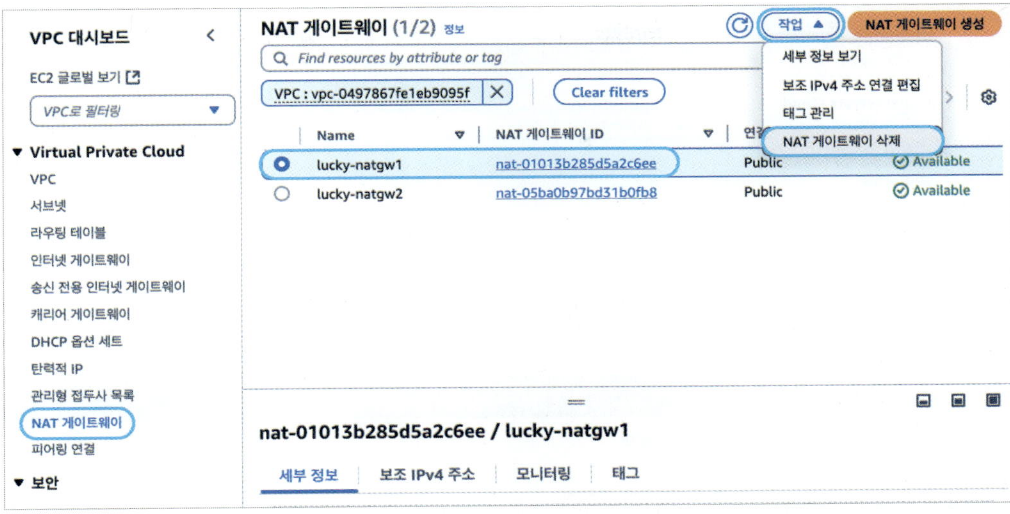

그림 8.29 VPC에서 NAT 게이트웨이 삭제

04. 입력란에 '**삭제**'를 입력하고, **삭제** 버튼을 클릭한다. 같은 방법으로 lucky-natgw2도 삭제한다. 앞에서도 언급했지만 NAT 게이트웨이가 다 지워져야 VPC를 지울 수 있다. NAT 게이트웨이가 지워지는 데 3~5분 정도 걸리므로 잠시 기다렸다가 다음 작업을 진행한다.

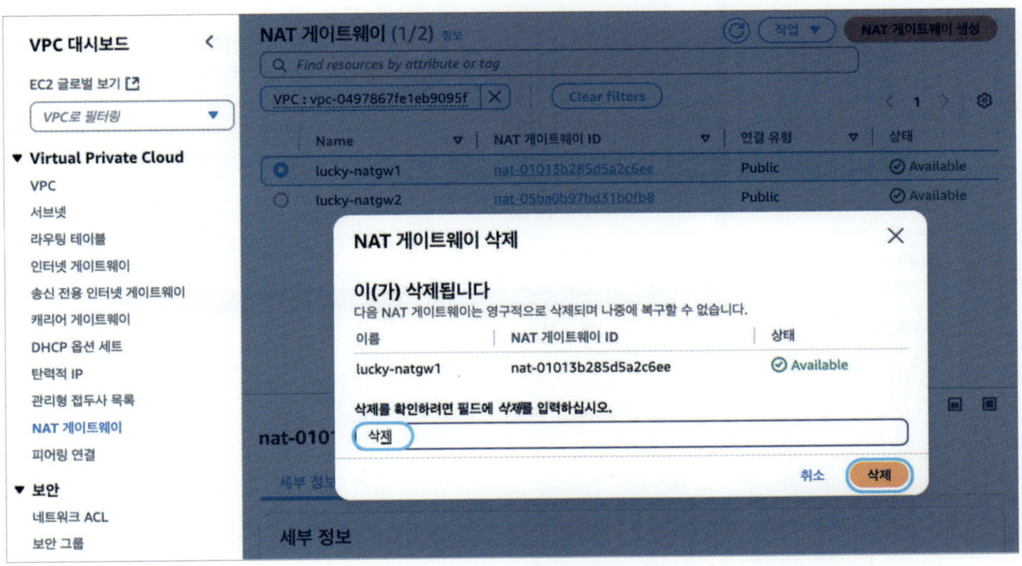

그림 8.30 VPC에서 NAT 게이트웨이 삭제 확인

05. VPC 서비스에서 왼쪽 메뉴의 VPC를 클릭한다. lucky-vpc를 선택하고, **작업** → VPC **삭제**를 차례로 선택한다.

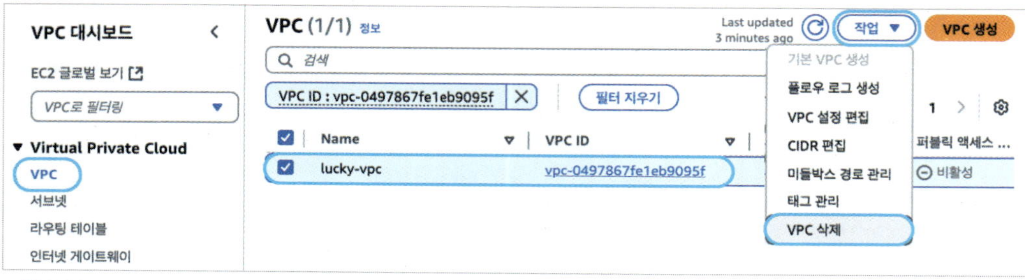

그림 8.31 VPC 삭제

06. 입력란에 '**삭제**'를 입력하고, **삭제** 버튼을 클릭한다.

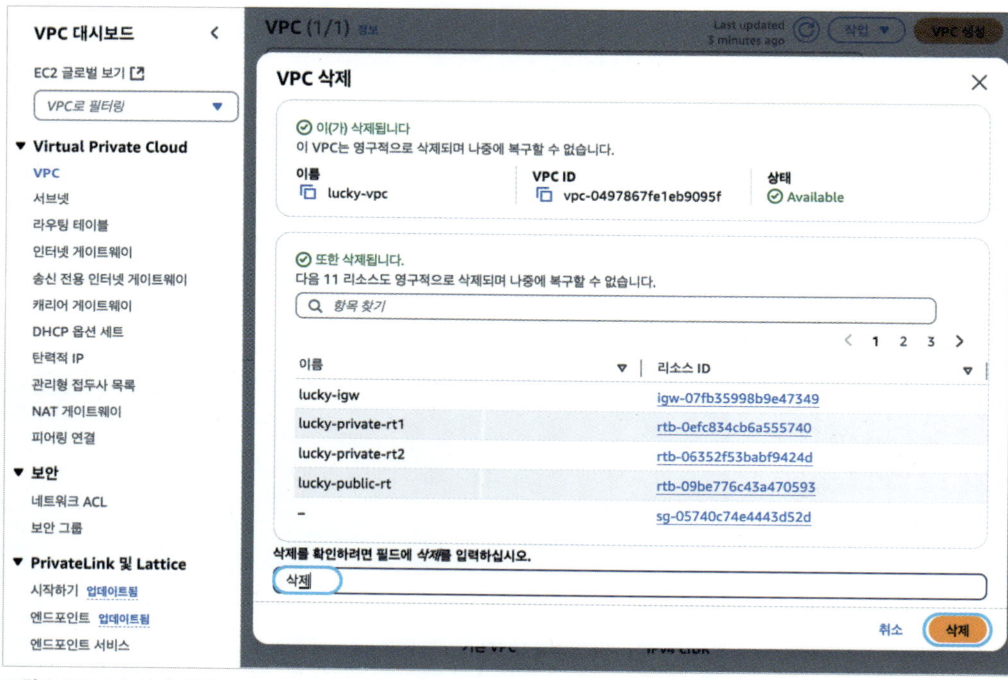

그림 8.32 VPC 삭제 확인

07. 이번에는 VPC 서비스에서 왼쪽 메뉴의 **탄력적 IP**를 클릭한다. 자동으로 만들어져 이름이 –이지만 2개를 모두 선택한다. **작업** → **탄력적 IP 주소 릴리스**를 차례로 선택한다.

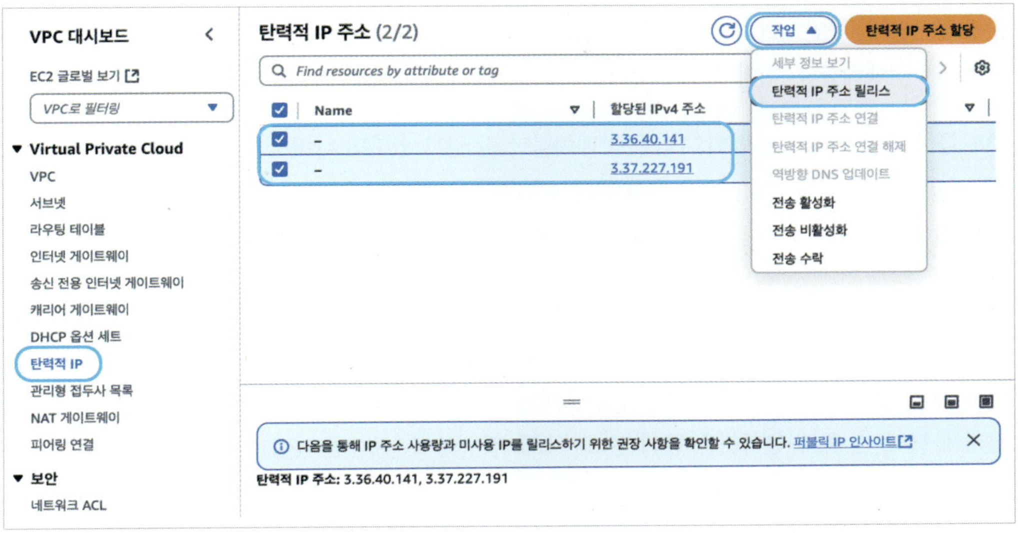

그림 8.33 VPC에서 탄력적 IP 릴리스

08. **릴리즈** 버튼을 클릭한다.

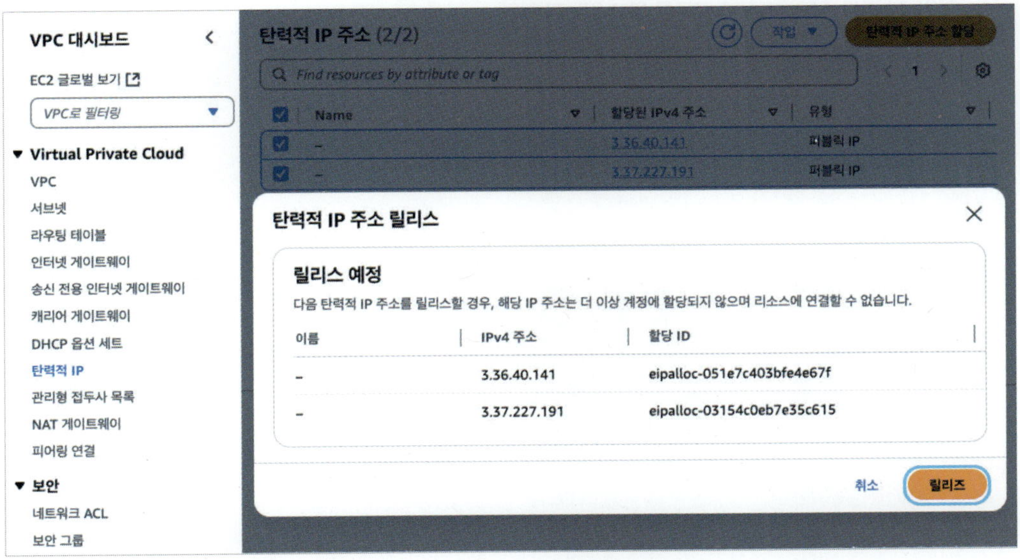

그림 8.34 VPC에서 탄력적 IP 릴리스 확인

이렇게 해서 이번 장에서 만든 리소스를 모두 삭제했다.

8.8 정리

짧지 않은 시간 동안 VPC 및 VPC를 이해하는 데 도움이 되는 관련 개념들을 소개하고 VPC를 설정하는 작업까지 진행해봤다. 정말 수고 많았다.

VPC를 설정할 때 CIDR 범위와 라우팅 테이블만 잘 알고 있다면 나머지 부분은 대부분 이름, CIDR 범위, 가용 영역만 선택하는 것으로 충분하다. 따라서 지금까지 배운 지식만 잘 이해한다면 AWS의 네트워크에 대한 큰 그림을 이해한 것이라고 볼 수 있다.

참고로 AWS에서 근무할 때 고객들에게 많이 받은 질문 중 하나를 이야기하면서 이번 장을 마치겠다. 그때 많이 받은 질문은 바로 "인터넷에서 인스턴스에 접속할 수 없어요."였다. 이 문제는 이번 장에서 다룬 VPC 관련 내용을 모두 이해했다면 금방 문제의 원인과 해결책을 찾을 수 있겠지만 여기서 다시 한 번 정리해 보겠다. 혹시 인터넷을 통해 인스턴스에 접속할 수 없다면 다음과 같은 사항들을 확인해 보길 바란다.

- 인터넷 게이트웨이가 VPC에 연결돼 있는지 확인
- 퍼블릭 서브넷에 라우팅 테이블이 설정돼 있는지 확인
- 보안 그룹이 HTTP, HTTPS 포트를 열고 있는지 확인
- 인스턴스에 공인 IP가 할당돼 있는지 확인

09

새 VPC로 기존 아키텍처 이전하기

7장과 8장에서는 네트워크 보안을 위해 VPC를 만들었다. 이제 현재 운영 중인 아키텍처를 보안에 취약한 Default VPC에서 새로 만든 VPC로 옮기는 작업을 해야 한다. 먼저 다음 그림을 통해 현재 운영 중인 아키텍처를 살펴보자.

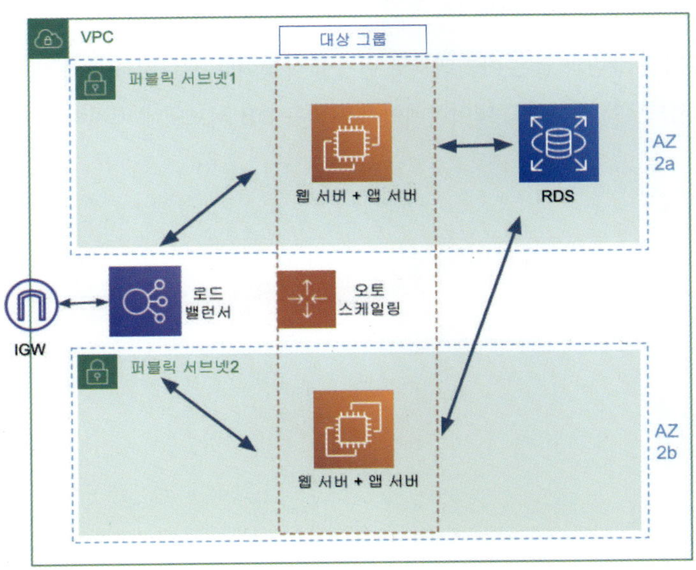

그림 9.1 현재 AWS에 운영 중인 아키텍처

그럼 무엇을 옮겨야 하고 무엇을 새로 만들어야 할지 생각해보자.

첫째로, 데이터를 저장하고 있는 것들은 옮겨야 한다. 해킹을 당했던 데이터베이스인 RDS를 가장 먼저 DB 서브넷으로 옮길 것이다.

둘째로, EC2 인스턴스들을 옮길 것이다. 그런데 한 가지 고민이 있다. EC2 인스턴스는 퍼블릭 서브넷에 배치해야 할까, 프라이빗 서브넷에 배치해야 할까?

현재 운영 중인 아키텍처에서는 웹 서버와 애플리케이션 서버를 하나의 인스턴스에서 함께 운영하고 있다. 하지만 이번 기회에 웹 서버와 애플리케이션 서버를 분리하려고 한다. 왜냐하면 현재 아키텍처에서는 장애가 발생했을 때 웹 서버 문제인지 애플리케이션 서버 문제인지 파악하기가 어렵고, 각기 전문적인 기능별로 분리하는 편이 성능에도 더 좋기 때문이다.

그렇다면 웹 서버와 애플리케이션 서버를 분리할 경우 어느 서브넷에 배치해야 할까? 일반적으로 웹 서버는 인터넷을 통해 접근해야 한다. 그렇기 때문에 퍼블릭 서브넷에 배치한다. 반면 애플리케이션 서버는 보안상 프라이빗 서브넷에 배치한다. 이런 식의 배치는 굉장히 오랫동안 유지되던 방식이다. 하지만 보안 측면에서 조금 더 고민한다면 이제 웹 서버도 프라이빗 서브넷에 위치시키는 편이 더 나은 방법이다. 아울러 로드 밸런서만 외부로 노출시켜 로드 밸런서를 통해 트래픽을 웹 서버에 전달하는 방식이 보안상 더 권장되는 방식이다. 왜냐하면 보안 측면에서는 공격 지점을 줄이는 것이 굉장히 중요한데, 퍼블릭 서브넷에 웹 서버가 있으면 로드 밸런서를 통하지 않고 직접적으로 공격을 받을 수 있기 때문이다.

그래서 이 책에서는 다음 그림과 같은 아키텍처로 변경할 예정이다. 즉, 웹 서버와 애플리케이션 서버 인스턴스는 프라이빗 서브넷에 배치하고 데이터베이스 서버는 DB 서브넷에 배치하는 것이다.

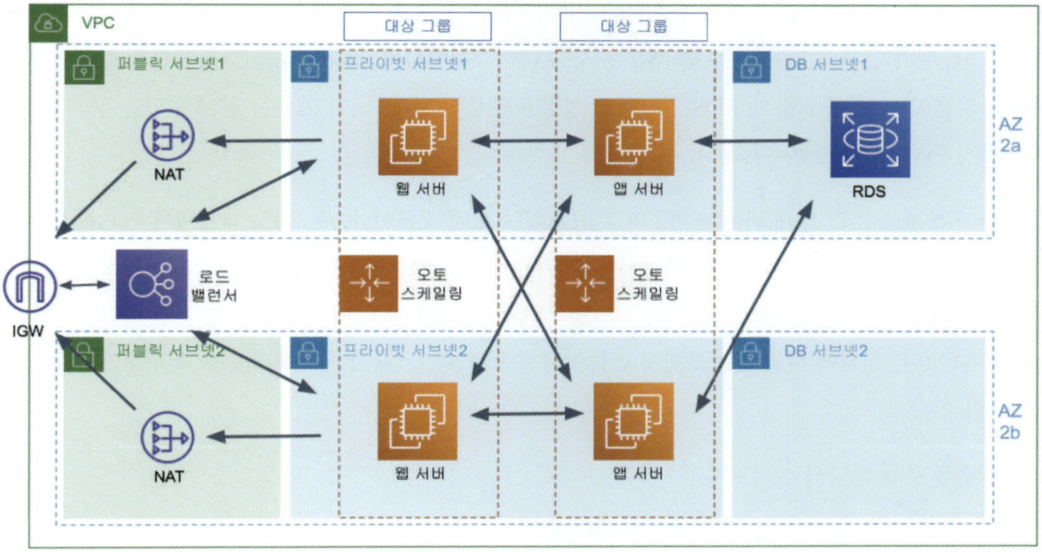

그림 9.2 새 VPC에 웹 서버와 애플리케이션 서버를 분리한 아키텍처

참고로 RDS 마이그레이션을 제외하면 앞에서 다뤘던 내용이므로 모든 인프라를 새 VPC에서 새로 만들면 된다. 따라서 RDS 마이그레이션만 이어지는 절에서 다루겠다.

9.1 RDS 마이그레이션

RDS를 마이그레이션하는 방법은 두 가지로 나뉜다. 107쪽의 칼럼에서 간단히 이야기한 DMS를 이용하는 방법과 스냅샷을 이용하는 방법이다.

표 9.1 스냅샷 방식과 DMS 방식 비교

마이그레이션 방식	장점	단점
스냅샷	• 간단함 • 모든 데이터/설정을 포함해서 옮길 수 있음	• 다운타임 발생: 복원 시점 이후의 데이터는 복제되지 않음 • 특정 테이블만 복제 불가
DMS(Database Migration Service)	• 무중단 또는 최소 다운타임 가능: 실시간 복제 가능 • 이기종 DB 지원 • 부분 마이그레이션 가능	• 초기 설정 복잡 • 비용 추가 발생

이어지는 절에서는 약간의 다운타임을 발생시키지만 간단한 스냅샷을 통한 마이그레이션을 실습해 보겠다. 하지만 여기서 주의 깊게 봐야 할 부분은 사실 마이그레이션이 아니다. 마이그레이션은 스냅샷을 생성하고 다른 VPC에 복구할 때 RDS 인스턴스 설정만 해주면 된다. 이미 RDS는 앞에서 만들어봤기 때문에 그다지 어렵지 않을 것이다.

그럼 어떤 부분을 주의 깊게 봐야 할까? 바로 RDS의 서브넷 그룹이다. 즉, 어느 서브넷에 RDS를 위치시킬지를 선택하는 것이 중요하다. 이 책에서는 외부에서 DB 서브넷에 아예 접근하지 못하도록 만들었기 때문에 이곳에 RDS를 위치시켜야 한다. 서브넷 그룹을 만들지 않고 RDS를 만들면 아무 서브넷에나 만들어질 수 있다. 심지어 퍼블릭 서브넷에 만들어질 수도 있다. 그래서 서브넷 그룹을 명확하게 지정해서 만들어야 한다.

그럼 실습을 통해 하나씩 살펴보자.

9.2 [실습] RDS 스냅샷 생성

이제 스냅샷을 만들고, 스냅샷으로부터 RDS 데이터베이스를 복원해 보자.

01. RDS 서비스의 왼쪽 메뉴에서 **데이터베이스**를 클릭한다. 그러고 나서 lucky-db를 선택한 후 **작업 → 스냅샷 생성**을 차례로 선택한다.

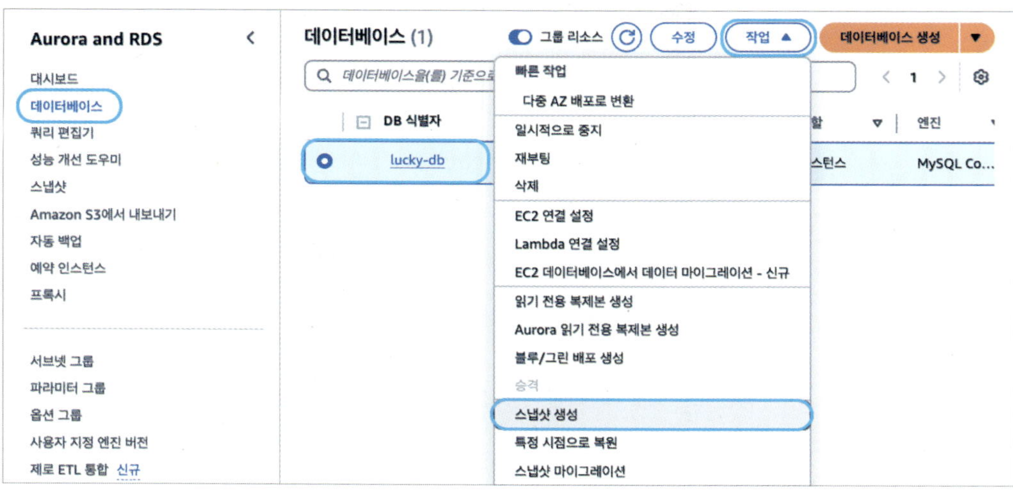

그림 9.3 RDS 서비스의 데이터베이스 스냅샷 생성

02. **스냅샷 이름**에는 각자 원하는 이름을 입력한다(이 책에서는 lucky-db-snapshot). **스냅샷 생성** 버튼을 클릭한다.

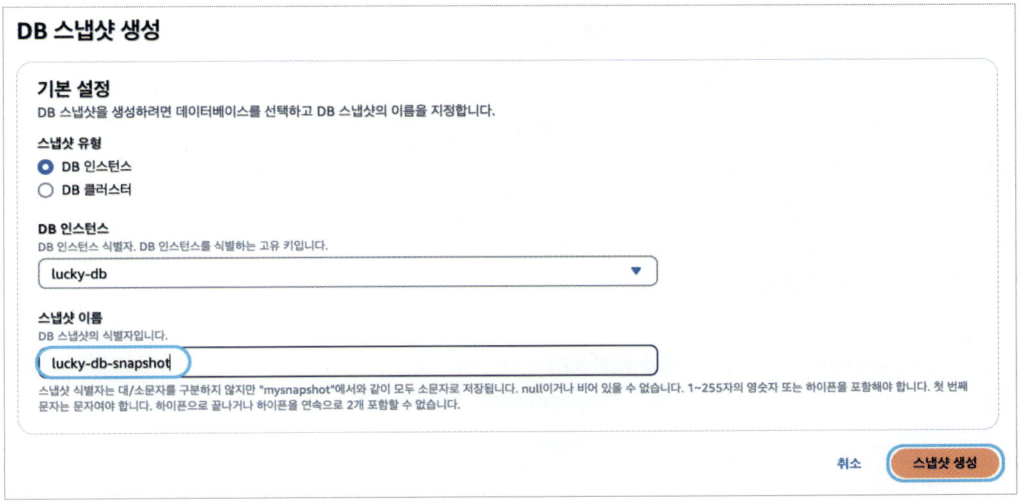

그림 9.4 DB 스냅샷 설정

03. '**스냅샷 lucky-db-snapshot을(를) 생성하는 중입니다.**'라는 메시지가 표시되는 것을 확인한다. 데이터베이스의 크기에 따라 다르겠지만 몇 분 후면 스냅샷이 생성될 것이다.

그림 9.5 DB 스냅샷 생성

9.3 [실습] RDS 삭제

이번에는 RDS 데이터베이스를 삭제하겠다. 먼저 삭제하지 않고 데이터베이스를 만들어도 되지만 이 경우 같은 DB 식별자를 사용할 수 없다. 따라서 데이터베이스를 삭제하고 lucky-db라는 DB 식별자를 그대로 사용하면 엔드포인트도 동일하게 생성된다. 그럼 애플리케이션에서 데이터베이스의 주소를 변경하지 않아도 된다.

01. Aurora and RDS 서비스의 왼쪽 메뉴에서 **데이터베이스**를 클릭한다. 데이터베이스 목록의 lucky-db를 선택하고 **작업** → **삭제**를 차례로 선택한다.

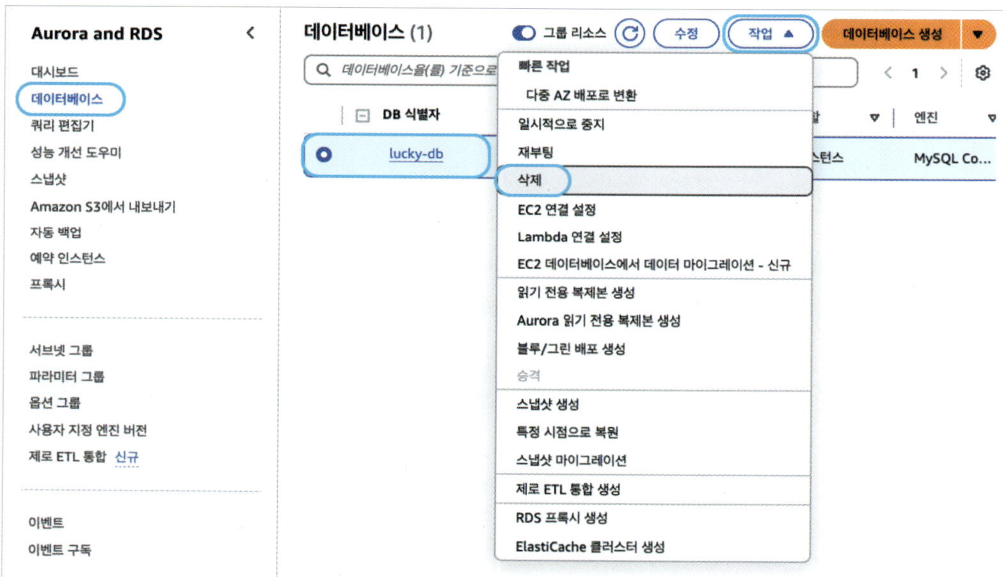

그림 9.6 RDS에서 데이터베이스 삭제 1

02. **최종 스냅샷 생성**과 **자동 백업 보존**의 체크를 해제한다. 그 아래의 '**인스턴스 삭제 시 시스템 스냅샷 및 특정 시점으로 복구를 포함한 자동화된 백업을 더 이상 사용할 수 없다는 점을 인정합니다.**'를 체크한다. 입력란에 'delete me'를 입력한 후, **삭제** 버튼을 클릭한다. 그러고 나면 몇 분 후에 lucky-db는 삭제될 것이다(일반적으로 데이터베이스를 삭제할 때는 최종 스냅샷을 생성하는 것을 권장한다. 이 책에서는 앞에서 수동으로 스냅샷을 만들었기 때문에 여기서 하지 않았을 뿐이다).

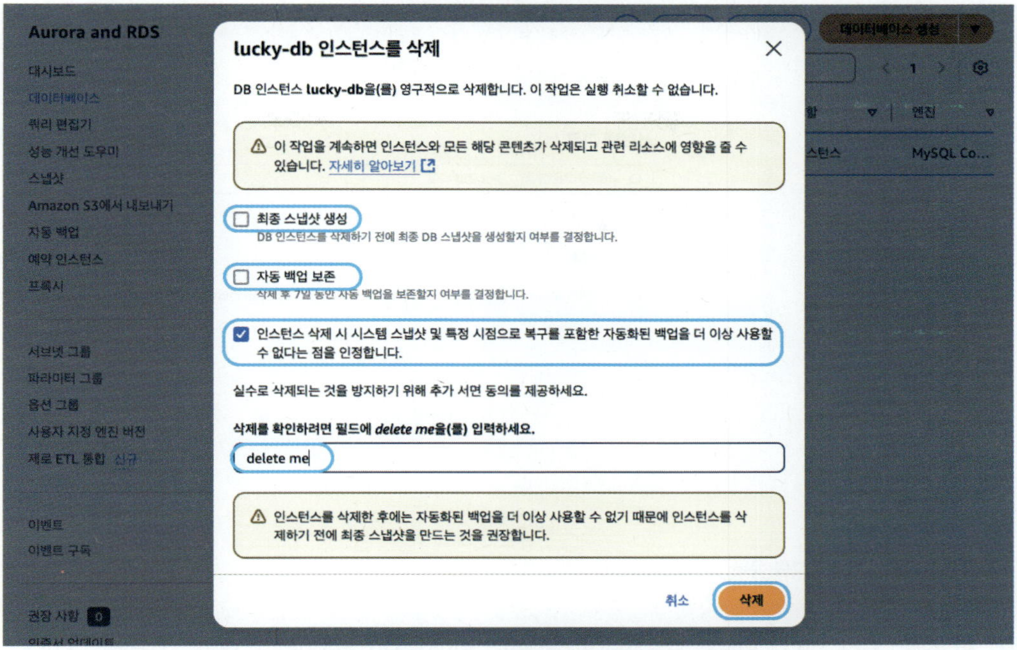

그림 9.7 RDS에서 데이터베이스 삭제 2

9.4 [실습] RDS 서브넷 그룹 생성

이번에는 앞에서도 설명했듯이 가장 중요하게 생각하는 서브넷 그룹을 생성하는 실습을 진행하겠다. 어느 서브넷에 데이터베이스를 위치시킬지 선택하는 것이라고 생각하면 된다.

01. Aurora and RDS 서비스의 왼쪽 메뉴에서 **서브넷 그룹**을 클릭한다. 그리고 나서 DB **서브넷 그룹 생성** 버튼을 클릭한다.

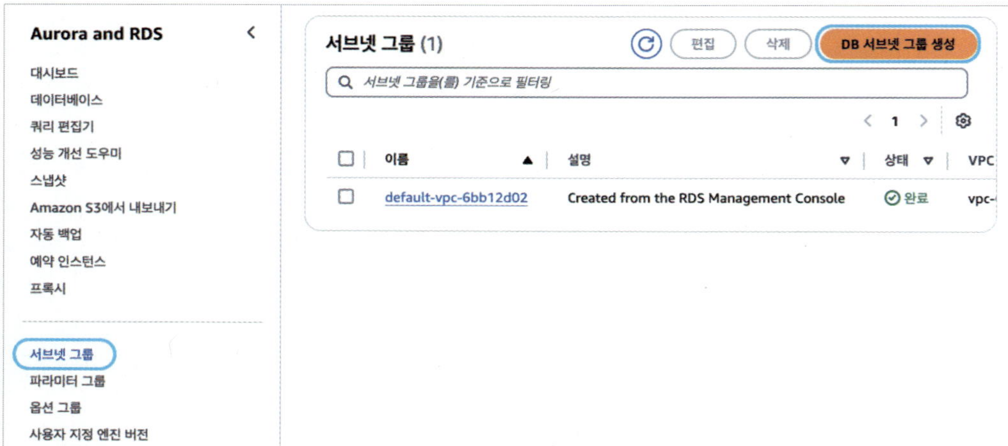

그림 9.8 DB 서브넷 그룹 목록

02. **이름**에는 각자 원하는 이름을 입력한다(이 책에서는 lucky-db-subnet-group). **설명**에는 'Lucky DB Subnet Group'으로 입력하겠다. VPC는 이전에 새로 만들었던 lucky-vpc를 선택한다.

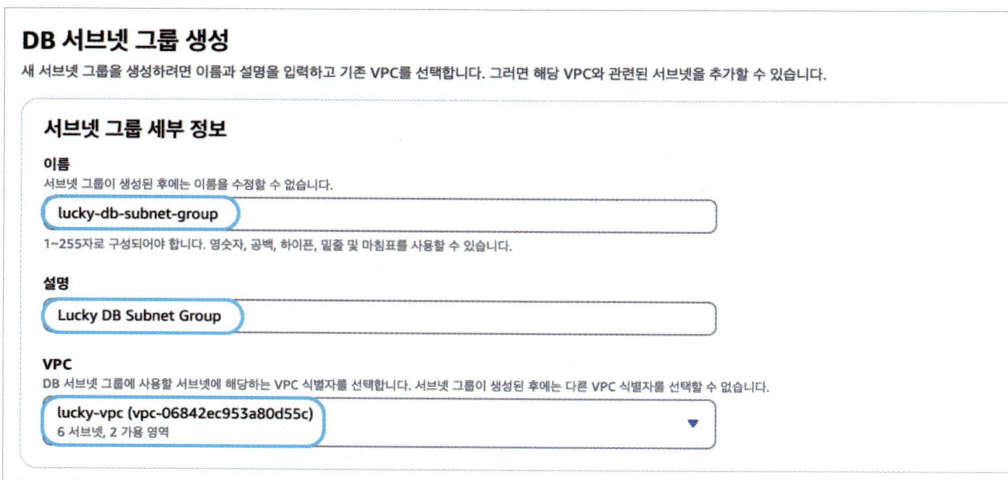

그림 9.9 DB 서브넷 그룹 설정

03. **가용 영역**에 ap-northeast-2a, ap-northeast-2b를 선택한다. 이 책에서는 서브넷을 만들 때 가용 영역으로 ap-northeast-2a, ap-northeast-2b를 사용했었다. **서브넷**에서는 데이터베이스를 위치시킬 lucky-db-subnet1, lucky-db-subnet2를 선택한다. 그리고 나서 **생성** 버튼을 클릭한다.

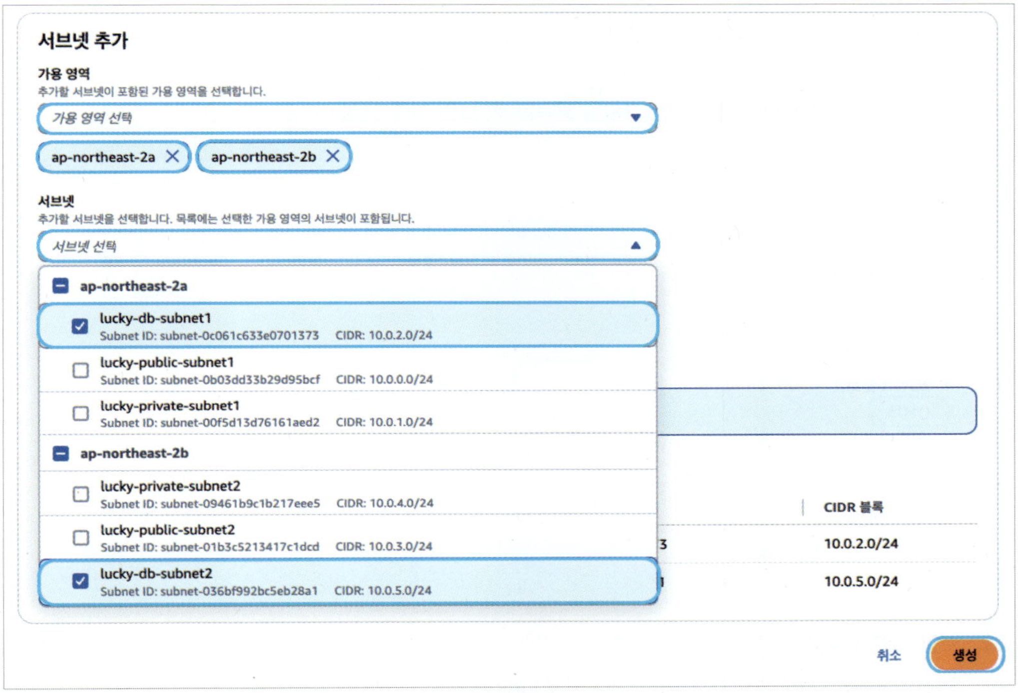

그림 9.10 DB 서브넷 그룹을 적용할 가용 영역과 서브넷 선택

04. '**lucky-db-subnet-group을 생성했습니다.**'라는 메시지가 표시되는 것을 확인한다. 그리고 나서 lucky-db-subnet-group이 생성된 것을 확인한다.

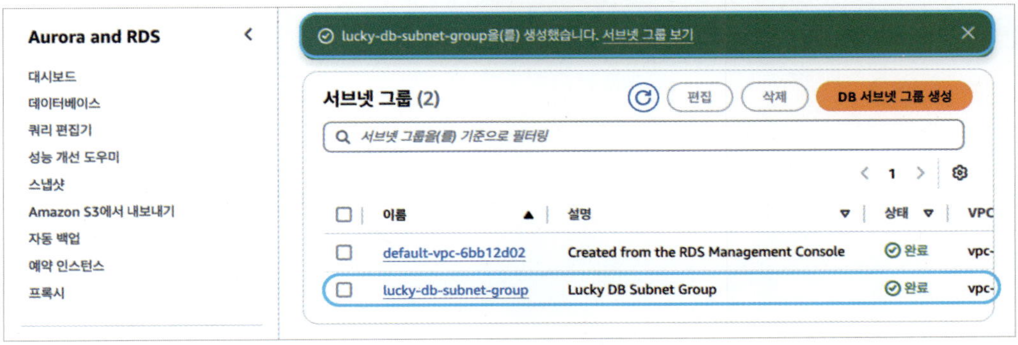

그림 9.11 DB 서브넷 그룹 생성 완료

9.5 [실습] 보안 그룹 생성

앞에서도 언급한 바 있듯이 보안 그룹은 VPC에 종속되므로 기존 VPC의 보안 그룹은 사용할 수 없다. 따라서 보안 그룹도 새로 만들어야 한다.

01. EC2 서비스의 왼쪽 메뉴에서 **보안 그룹**을 클릭한 후, **보안 그룹 생성** 버튼을 클릭한다.

그림 9.12 보안 그룹 목록

02. **보안 그룹 이름**에는 각자 원하는 이름을 입력한다(이 책에서는 lucky-db-sg). **설명**에는 Lucky Database Security Group을 입력한다. VPC 항목에서 lucky-vpc를 선택한다. 아래쪽의 **인바운드 규칙**에서는 **규칙 추가** 버튼을 클릭해 규칙을 만든다. **유형**으로 MySQL/Aurora를 선택하고, **소스**는 Anywhere-IPv4를 선택한다.

마지막으로 화면을 아래로 내려서 **보안 그룹 생성** 버튼을 클릭한다.

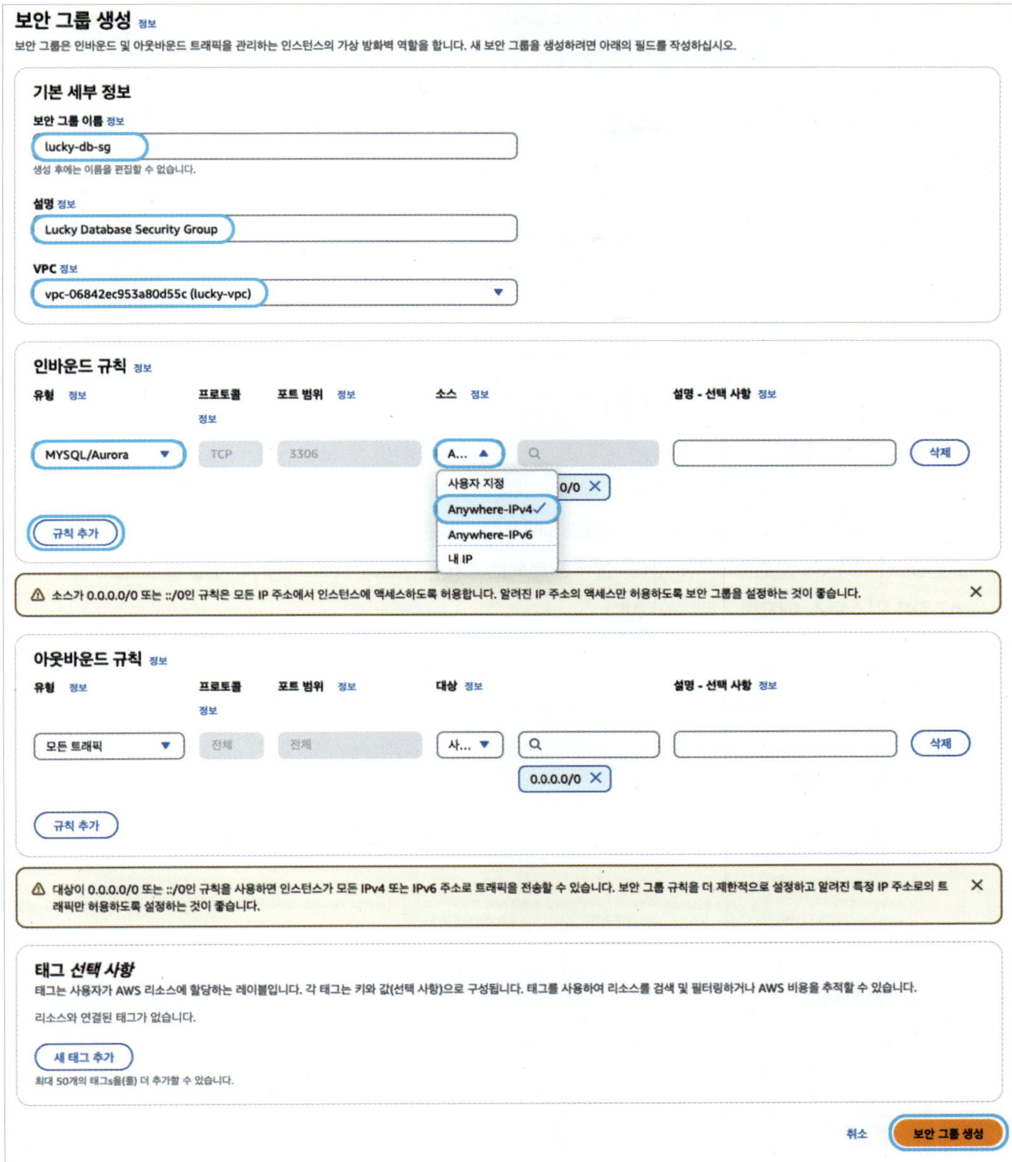

그림 9.13 보안 그룹 설정

9.6 [실습] RDS 복원

이제 스냅샷으로부터 RDS를 새로 만든 VPC에 복원해 보자.

01. Aurora and RDS 서비스의 왼쪽 메뉴에서 **스냅샷**을 클릭한다. 스냅샷 목록에서 **lucky-db-snapshot**을 선택하고 **작업** → **스냅샷 복원**을 차례로 선택한다.

그림 9.14 스냅샷 목록

02. **가용성 및 내구성**에서 **단일 AZ DB 인스턴스 배포**를 선택한다. 지금은 실습을 위해 가장 비용이 적게 드는 **단일 AZ DB 인스턴스 배포**를 선택하겠다. 실제 프로젝트에서는 규모에 따라 **다중 AZ DB 클러스터 배포** 또는 **다중 AZ DB 인스턴스 배포**를 선택해야 한다.

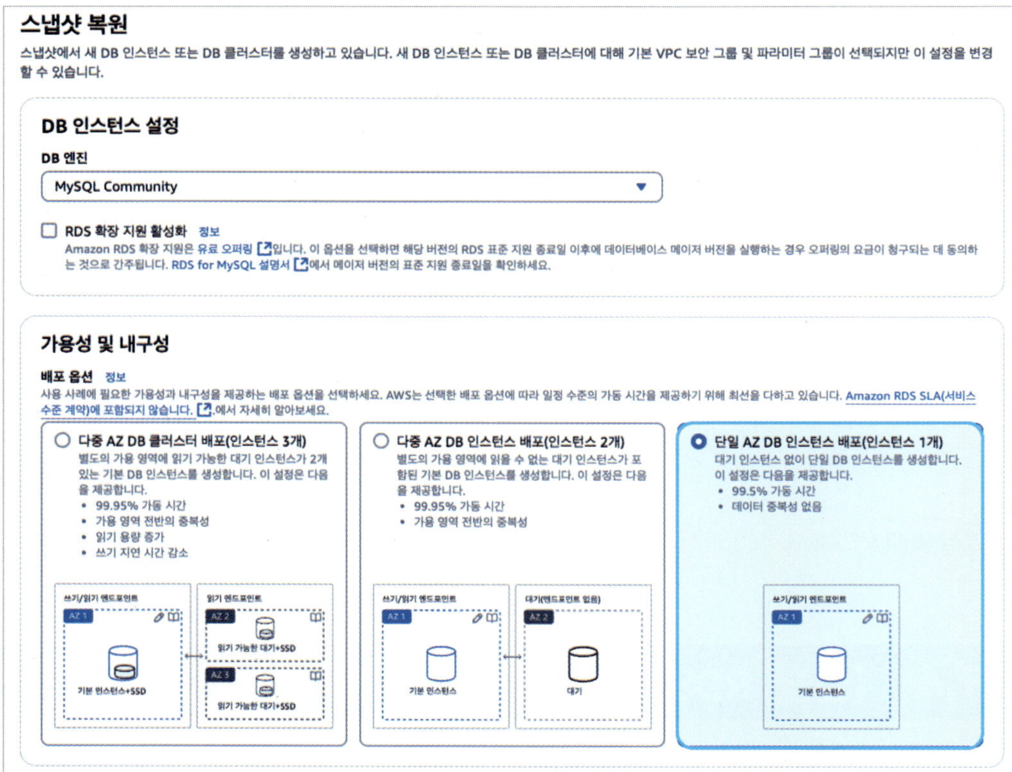

그림 9.15 데이터베이스 복원을 위한 가용성과 내구성 선택

03. DB **인스턴스 식별자**에 사용할 DB 인스턴스의 이름을 입력한다(이 책에서는 lucky-db). **인스턴스 구성**에서는 테스트를 위해 비용이 저렴한 인스턴스를 선택한다. **버스터블 클래스**를 선택하고, db.t3.micro를 선택한다.

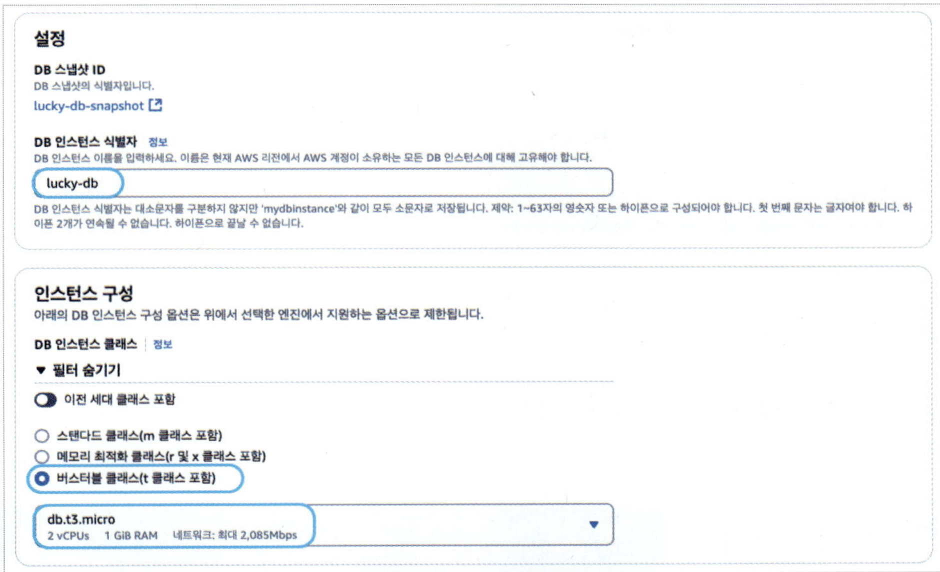

그림 9.16 데이터베이스 복원을 위한 DB 인스턴스 식별자 입력 및 인스턴스 선택

04. 이제 가장 중요한 부분이 나온다. VPC는 lucky-vpc를 선택한다. **DB 서브넷 그룹**에는 앞에서 만든 lucky-db-subnet-group을 선택한다. **기존 VPC 보안 그룹**에서는 앞에서 만든 lucky-db-sg를 선택한다.

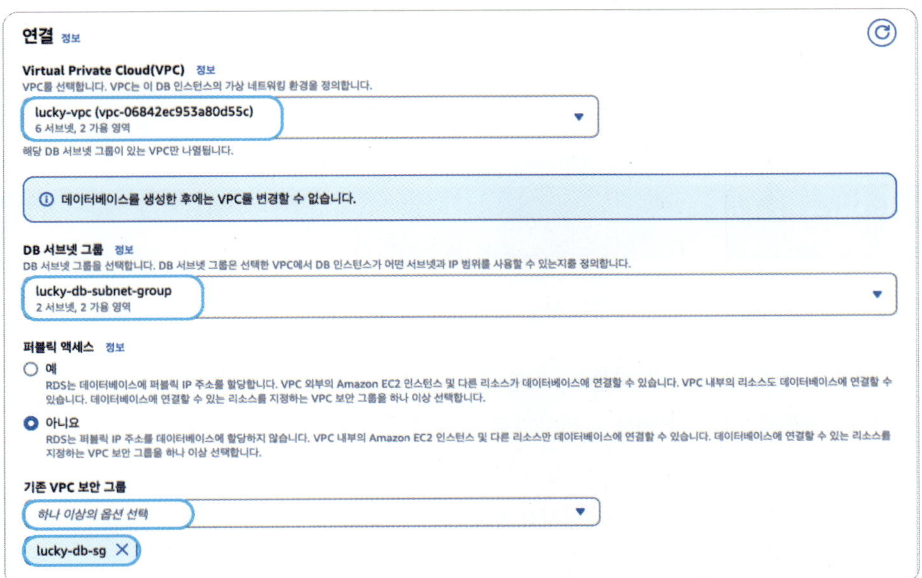

그림 9.17 데이터베이스 복원을 위한 DB 서브넷 그룹, VPC, 보안 그룹 선택

05. 마지막으로 DB **인스턴스 복원** 버튼을 클릭해 데이터베이스를 복원한다.

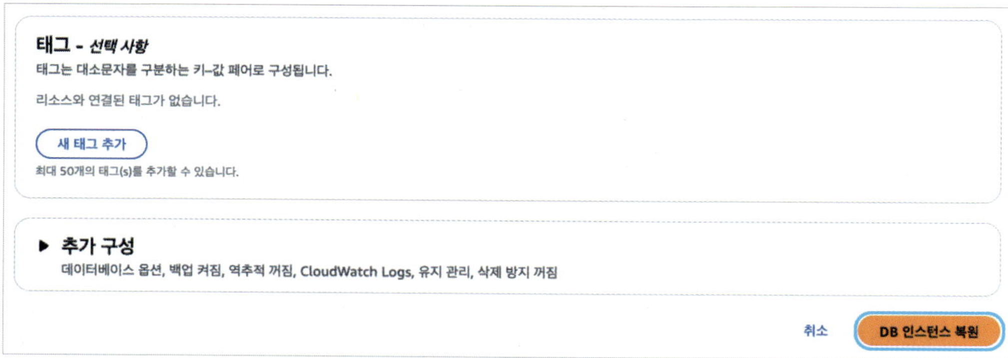

그림 9.18 데이터베이스 복원

06. '**스냅샷이 복원되고 있습니다.**'라는 메시지가 표시되는 것을 확인한다. 몇 분 정도 기다리면 데이터베이스가 복원된 것을 확인할 수 있다.

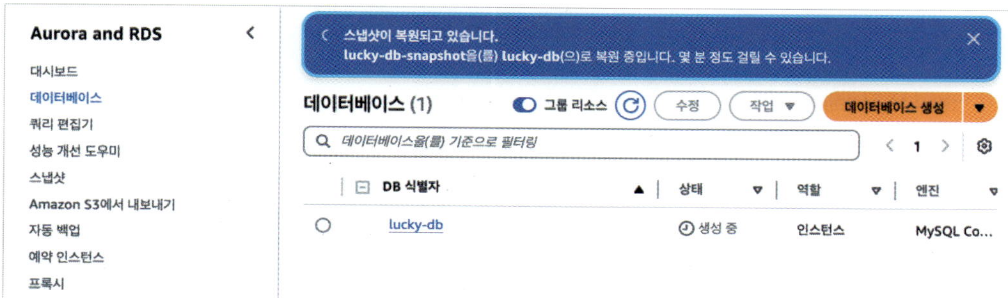

그림 9.19 스냅샷을 통한 데이터베이스 복원

9.7 정리

이번 장에서는 기존에 사용하던 데이터베이스를 스냅샷을 통해 새로 만든 VPC로 복원했다.

이제 로드 밸런서를 새 VPC에 따로 만들고, 기존 인스턴스도 AMI를 통해 복원하면 된다. 하지만 이번 기회에 웹 서버와 애플리케이션 서버를 분리하기로 했기 때문에 인스턴스의 설정을 처음부터 다시 해야 할 듯하다. 웹 서버와 애플리케이션 서버를 각기 따로 설정했다면 각각의 AMI를 만들고, AMI를 기반으로 시작 템플릿도 각각 만든다. 마지막으로 시작 템플릿을 사용해 웹 서버용과 애플리케이션 서버용 오토 스케일링을 따로 만들어 적용하면 끝난다.

이는 이미 3장 'EC2로 고가용성 아키텍처 구성하기'에서 모두 배운 내용이니 잘 기억나지 않는다면 3장을 참고한다. 결과적으로 다음 그림과 같은 아키텍처를 만드는 것이다.

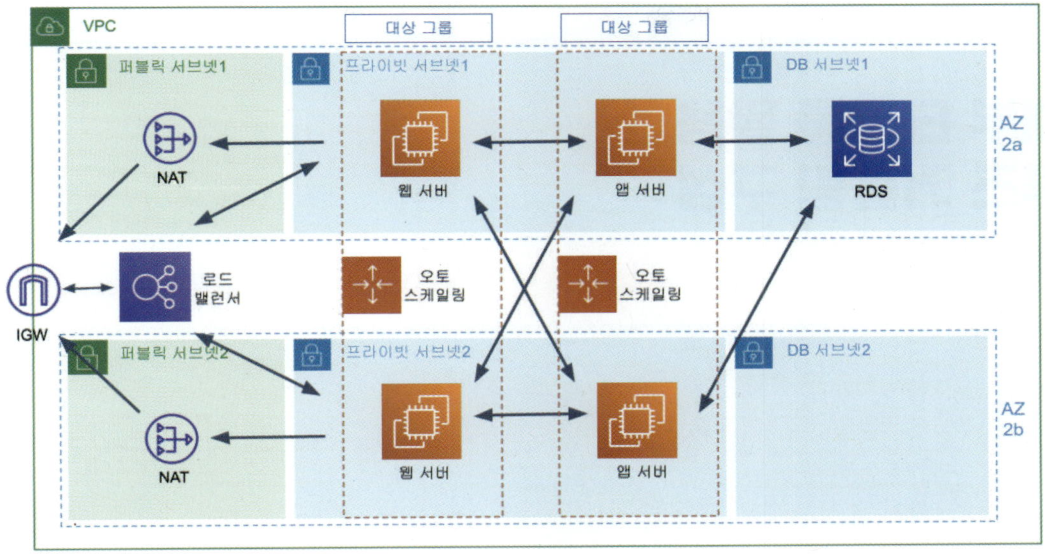

그림 9.20 새 VPC에서 웹 서버와 애플리케이션 서버를 분리한 아키텍처

그리고 로드 밸런서를 만들었다면 도메인에 연결되는 주소를 Route 53에서 A 레코드를 새로 만든 로드 밸런서의 주소로 변경하면 새로 만든 로드 밸런서로 트래픽이 전달될 것이다. 이러한 내용도 앞에서 다뤘기 때문에 잘 기억나지 않는다면 6.5절 'Route 53에서 ELB와 도메인 연결 실습'을 참고해서 기존에 만든 레코드의 주소를 수정하기만 하면 된다.

10

내부 ELB를 활용한 루즈 커플링 구성

로드 밸런서에 관해서는 이미 3장의 3.3절 '로드 밸런서란?'에서 배웠는데, 간단하게 말하면 로드 밸런서란 여러 인스턴스에 트래픽을 분산하기 위해 사용하는 서비스다. 이러한 로드 밸런서는 외부 트래픽을 받아 인스턴스에 분산하는 데 사용하는 것뿐만 아니라 내부에서도 사용할 수 있다. 이번 장에서는 이를 위한 내부 로드 밸런서를 사용해 아키텍처를 융통성 있게 변경해 보려고 한다.

10.1 타이트 커플링과 루즈 커플링

지금까지 만든 아키텍처는 다음과 같다.

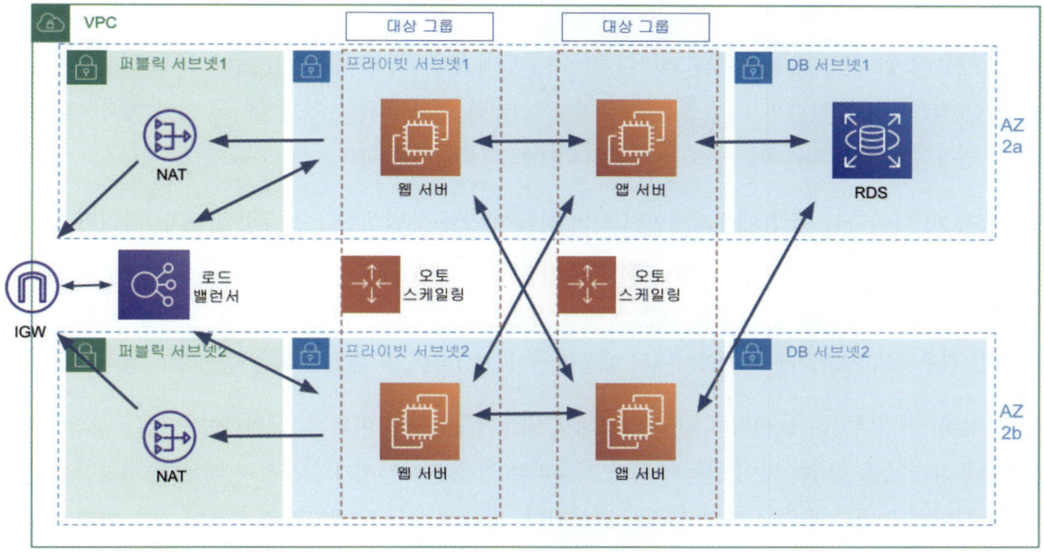

그림 10.1 새 VPC에 웹 서버와 애플리케이션 서버를 분리한 아키텍처

트래픽이 일정한 시스템을 운영하는 경우라면 이 아키텍처는 전혀 문제가 생기지 않는다. 하지만 인스턴스가 늘어났다 줄어들게 되면 이 아키텍처에서 문제가 발생한다. 그것은 바로 인프라가 타이트 커플링(tight coupling)돼 있다는 것이다.

여기서 타이트 커플링이란 시스템을 구성하는 요소들이 서로 강하게 의존하는 구조를 의미한다. 그림 10.1을 보면서 좀 더 쉽게 풀어서 설명하겠다.

사용자들은 로드 밸런서를 통해 웹 서버에 접속한다. 웹 서버에서는 정적 데이터(HTML, CSS, 자바스크립트 코드, 이미지 등)를 그대로 사용자에게 전달하면 되며, 이것이 웹 서버가 하는 일이다. 하지만 어떤 연산이나 기록이 필요한 데이터는 애플리케이션 서버에 전달되고, 애플리케이션 서버에서는 연산 후 데이터베이스에 기록하거나 데이터베이스의 데이터를 가져와 처리한 후 사용자에게 보내주는 작업을 수행한다.

이러한 웹 서버와 애플리케이션 서버를 조금 더 자세히 보자. 둘 다 오토 스케일링이 적용돼 있지만 약간의 문제가 있다. 트래픽이 많아지면 웹 서버는 오토 스케일링에 의해 인스턴스가 늘어나게 된다. 예를 들어, 웹 서버가 4개라고 가정하면 웹 서버가 4개로 늘어나든 10개로 늘어나든 새로 생성되는 웹 서버는 대상 그룹에 속하기 때문에 로드 밸런서가 자동으로 인식해서 트래픽을 분산시킨다.

웹 서버가 늘어나는 트래픽에 비례해 애플리케이션 서버도 늘어나야 한다. 하지만 오토 스케일링에 의해 애플리케이션 서버의 인스턴스가 늘어나면 새로운 애플리케이션 서버 인스턴스의 IP를 웹 서버에 알려줘야 한다. 왜냐하면 웹 서버가 새로 생성된 애플리케이션 서버에도 트래픽을 보내줘야만 처리가 가능하기 때문이다. 다시 말해, 웹 서버에 애플리케이션 서버의 IP 주소 목록을 갱신해야 한다는 의미다. 그렇다면 애플리케이션 서버가 늘어날 때마다 웹 서버에 애플리케이션 서버의 IP 주소 목록을 갱신해야 할까? 이런 식으로 운영한다면 너무 불편할 것이다. 이러한 웹 서버와 애플리케이션 서버 예시처럼 구성 요소가 굉장히 강하게 의존하는 구조를 가리켜 타이트 커플링이라 한다.

여기서 좀 더 나아가서 만약 애플리케이션 서버 하나에 장애가 발생했다고 가정해 보자. 그러면 장애가 발생한 애플리케이션 서버의 IP를 웹 서버에서 제거해야 한다. 그렇지 않으면 장애가 전체 시스템으로 퍼져나갈 수 있기 때문이다. 그래서 보통 장애가 발생한 인스턴스는 고립시켜서 트래픽을 보내면 안 된다. 이런 경우에도 애플리케이션 서버에서 애플리케이션 서버의 IP 주소 목록을 갱신해야 한다.

따라서 앞의 아키텍처는 트래픽이 항상 일정해서 애플리케이션 서버의 수가 변화하지 않는 상황이거나 미리 애플리케이션 서버를 많이 만들어 놓고 사용하는 경우에는 문제가 발생하지 않는다. 하지만 애플리케이션 서버가 늘었다 줄었다 하면 문제가 발생한다. 앞에서 오토 스케일링을 적용한 것은 이런 경우를 위한 것이 아니다.

따라서 아키텍처를 유연하고 확장성 있는 구조로 변경해야 할 듯하다. 그래서 인프라를 루즈 커플링(loose coupling) 구조로 만드는 것을 권장한다. 그럼 아키텍처를 어떻게 루즈 커플링 구조로 만들 수 있을까?

다음 그림처럼 웹 서버와 애플리케이션 서버 사이에 바로 내부 로드 밸런서를 만들면 된다. (이 방법 말고도 SNS, SQS, 카프카 같은 서비스를 사용해도 된다. 그러면 비동기 아키텍처가 된다.)

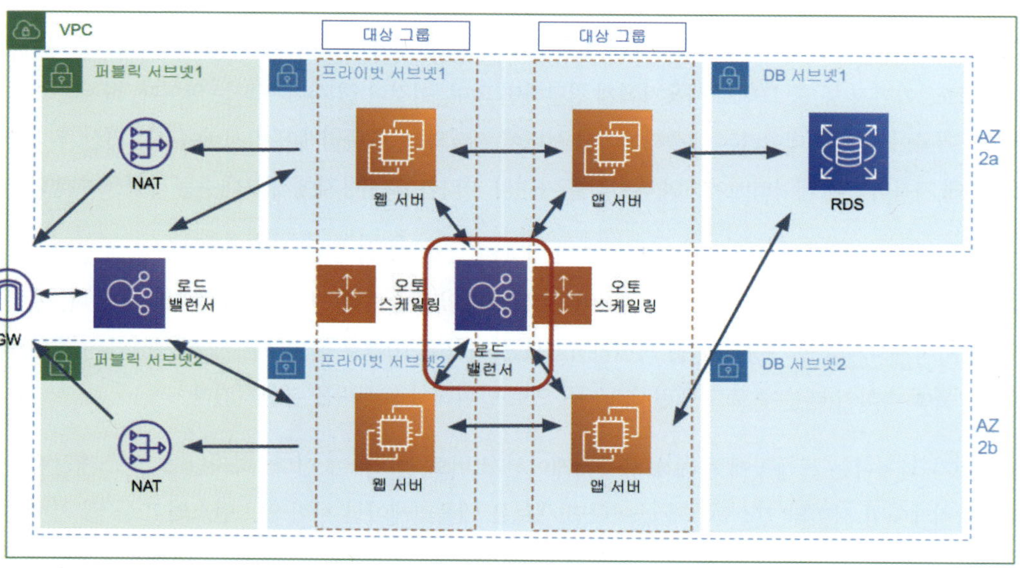

그림 10.2 루즈 커플링을 위해 내부 로드 밸런서를 추가한 아키텍처

위와 같이 아키텍처를 변경했을 때 생기는 장점을 보자. 웹 서버는 내부 로드 밸런서의 주소만 알면 된다. 내부 로드 밸런서가 알아서 대상 그룹에 있는 애플리케이션 서버에 트래픽을 전달할 것이기 때문이다. 따라서 웹 서버에서 애플리케이션 서버의 IP 주소 목록을 갱신할 필요가 없다. 또한 애플리케이션 서버에 장애가 발생하더라도 로드 밸런서가 상태 확인을 주기적으로 수행하기 때문에 장애가 발생한 애플리케이션 서버에 대해서는 트래픽을 차단한다. 이로써 장애가 전체 시스템으로 퍼져나가는 것을 방지할 수 있다. 따라서 아키텍처를 설계할 때는 루즈 커플링으로 구성해야 유연하고 확장성 있게 운영할 수 있다.

앞에서 살펴본 내용을 비교하는 표를 준비했으니 참고하길 바란다.

표 10.1 타이트 커플링과 루즈 커플링 비교

항목	타이트 커플링	루즈 커플링
의존도	높음	낮음
장애 전파	쉬움	최소화 가능
변경 영향	큼	낮음
유지보수	복잡	유연
확장성	낮음	높음

10.2 [실습] 내부 로드 밸런서 설정

내부 로드밸런서를 만들어서 애플리케이션 서버 트래픽을 분산하려면 내부 로드 밸런서, 내부 로드 밸런서용 보안 그룹, 대상 그룹, 오토 스케일링 그룹을 다시 만들어야 한다. 이것들은 모두 앞에서 실습해본 내용이며, 잘 기억나지 않는다면 3장 'EC2와 로드 밸런서를 활용한 트래픽 분산 아키텍처 구성'을 참고한다.

다른 부분은 동일하게 진행하면 되고, 여기서는 로드 밸런서를 만들 때만 주의하면 된다. 즉, 기본 구성에서 그림 10.3과 같이 **인터넷 경계**가 아닌 **내부**로 선택해야 한다. 그리고 로드 밸런서의 이름은 **lucky-internal-elb**와 같은 식으로 원하는 대로 입력하면 된다.

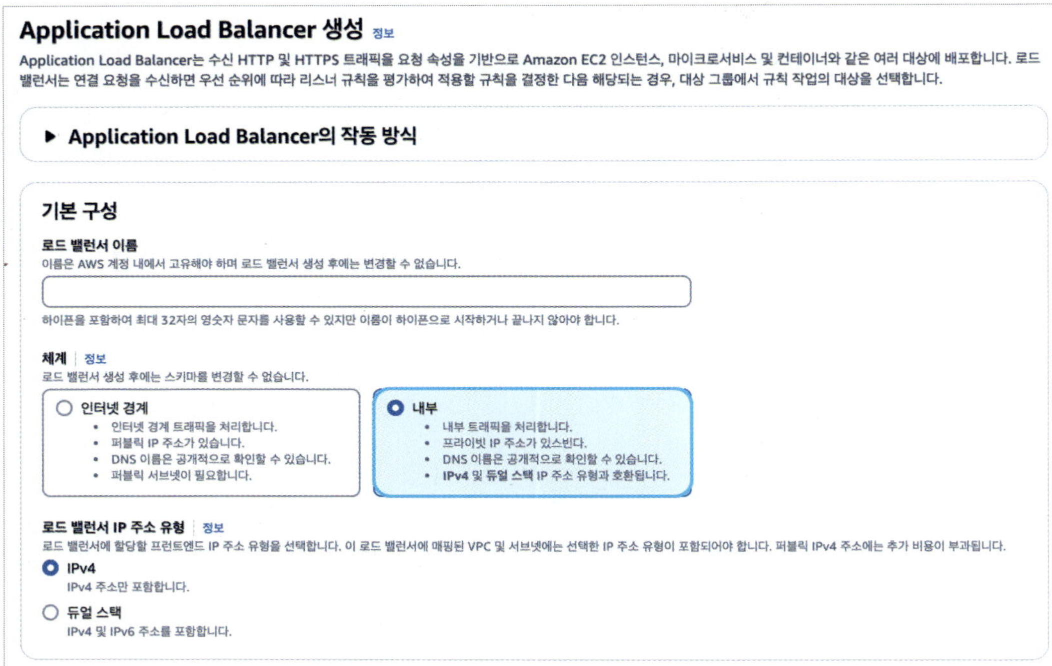

그림 10.3 로드 밸런스 생성 시 체계를 설정

11

보안 그룹 참조로 보안 강화하기

보안 그룹 참조(Security Group Reference)란 한 보안 그룹을 다른 보안 그룹의 인바운드 규칙에 설정하는 기능이다. 좀 더 쉽게 이해하기 쉽게 풀어서 설명하겠다.

AWS에서 인스턴스를 만들면 보안 그룹을 설정해야 한다. 이 보안 그룹은 쉽게 말해 '방화벽 규칙 집합'이다. 즉, 누가 어느 포트로 들어올 수 있는지를 결정하는 규칙이다. 이때 일반적으로 다음과 같이 IP 주소를 직접 넣어서 설정한다.

> "203.0.113.1이 22번 포트(SSH)로 접근 가능하게 해줘."

그런데 IP 주소 대신에 다른 보안 그룹을 직접 참조해서 "이 보안 그룹이 적용된 인스턴스들에서 오는 트래픽만 허용하겠어"라고 설정할 수 있다. 이것이 바로 보안 그룹 참조다.

이 책의 이야기를 계속 이어가자면, 필자는 해킹을 한 번 당한 후로 보안에 대해 많이 민감해졌다. 그래서 지금까지 구성된 아키텍처에 보안 그룹 참조 기법을 적용하려 한다. 참고로 이 기법은 추가적인 지식을 요구하지 않는다. 지금까지 배운 보안 그룹에 대해 잘 이해하고 있다면 쉽게 적용 가능하며, 매우 강력하다.

11.1 보안 그룹 참조

지금까지 만든 아키텍처는 다음과 같다.

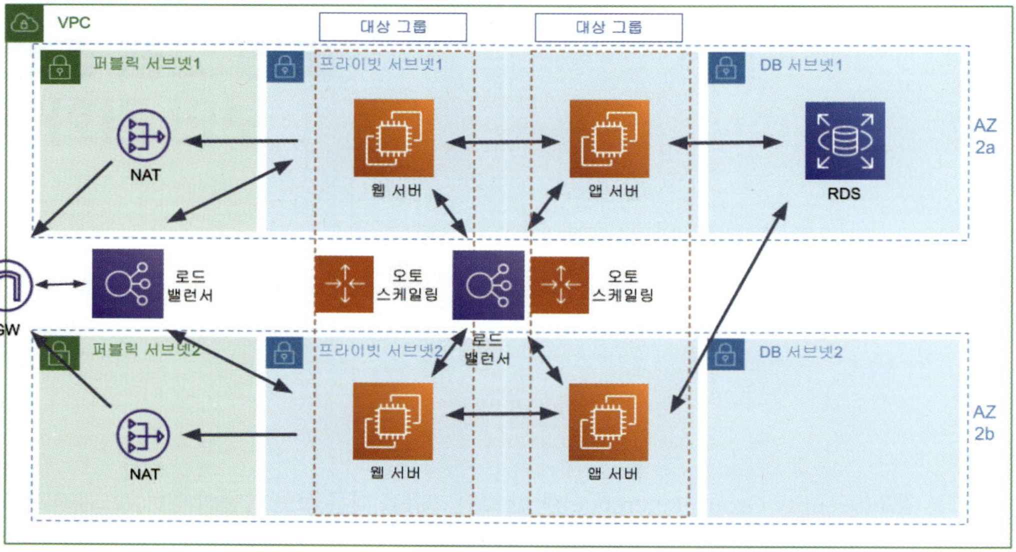

그림 11.1 현재 운영 중인 아키텍처

이 아키텍처에 보안 그룹 참조 기법을 적용하기에 앞서 먼저 보안 그룹이 몇 개 사용됐는지 나열해보겠다.

- **인터넷 경계 로드 밸런서용 보안 그룹**: lucky–elb–sg
- **웹 서버용 보안 그룹**: lucky–web–instance–sg
- **내부 로드 밸런서용 보안 그룹**: lucky–internal–elb–sg
- **애플리케이션 서버용 보안 그룹**: lucky–app–instance–sg
- **데이터베이스용 보안 그룹**: lucky–db–sg

위와 같이 5개의 보안 그룹이 만들어져 있다. (앞에서 필자가 만들지 않고 독자분들께 맡긴 부분도 있지만 이 책의 내용을 다 따라 했다면 5개가 만들어져 있어야 한다.)

보안 측면에서 생각하면 그림 11.2와 같이 데이터베이스에는 애플리케이션 서버만 접근할 수 있어야 하고, 애플리케이션 서버에는 내부 로드 밸런서에서만 접근할 수 있어야 하며, 내부 로드 밸런서에는 웹 서버에서만 접근할 수 있어야 하고, 웹 서버에는 인터넷 경계 로드 밸런서만 접근할 수 있어야 한다.

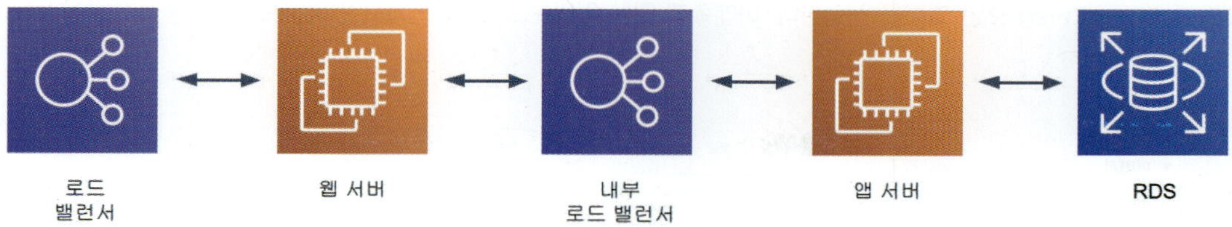

그림 11.2 보안 그룹 참조를 간단하게 표현한 아키텍처

만약 웹 서버에서 직접 데이터베이스에 접근하게 된다면 의도하지 않은 접근이기 때문에 트래픽을 차단해야 한다. 필자가 원하는 트래픽이 전달되는 순서는 정확히 다음과 같고, 아래 순서대로만 트래픽이 전달되도록 보안 그룹으로 강제할 것이다.

인터넷 경계 로드 밸런서 ➡ 웹 서버 ➡ 내부 로드 밸런서 ➡ 애플리케이션 서버 ➡ 데이터베이스

구체적인 실습은 이어지는 절에서 다루겠다.

11.2 [실습] 보안 그룹 참조 설정

앞에서는 보안 그룹을 만들 때 소스 항목을 항상 Anywhere-IPv4로 설정했다. 이번에는 소스 항목을 Anywhere-IPv4로 설정하지 않고 바로 앞 단의 보안 그룹으로 지정하겠다. 다음 내용을 따라 해보자.

01. EC2 서비스의 왼쪽 메뉴에서 **보안 그룹**을 클릭한다. 기존에 만들어 놓은 5개의 보안 그룹을 확인할 수 있다.

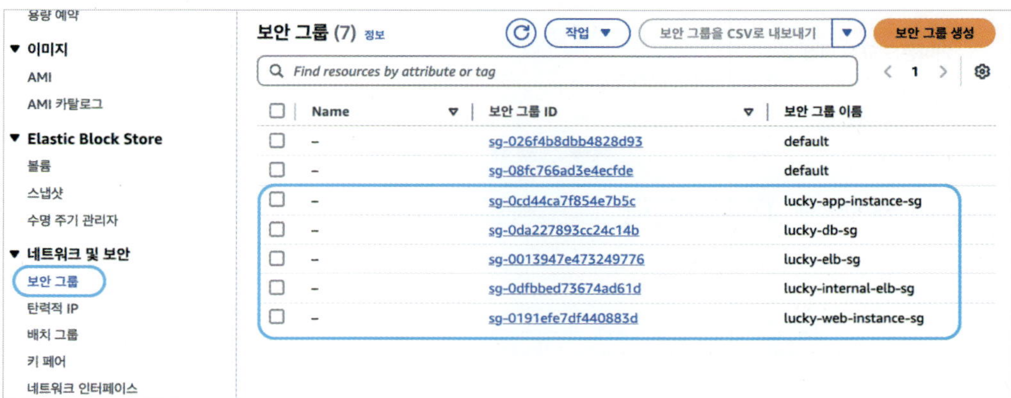

그림 11.3 보안 그룹 목록

02. lucky-db-sg 보안 그룹을 선택한다. 아래쪽에 있는 **인바운드 규칙** 탭에서 **인바운드 규칙 편집** 버튼을 클릭한다.

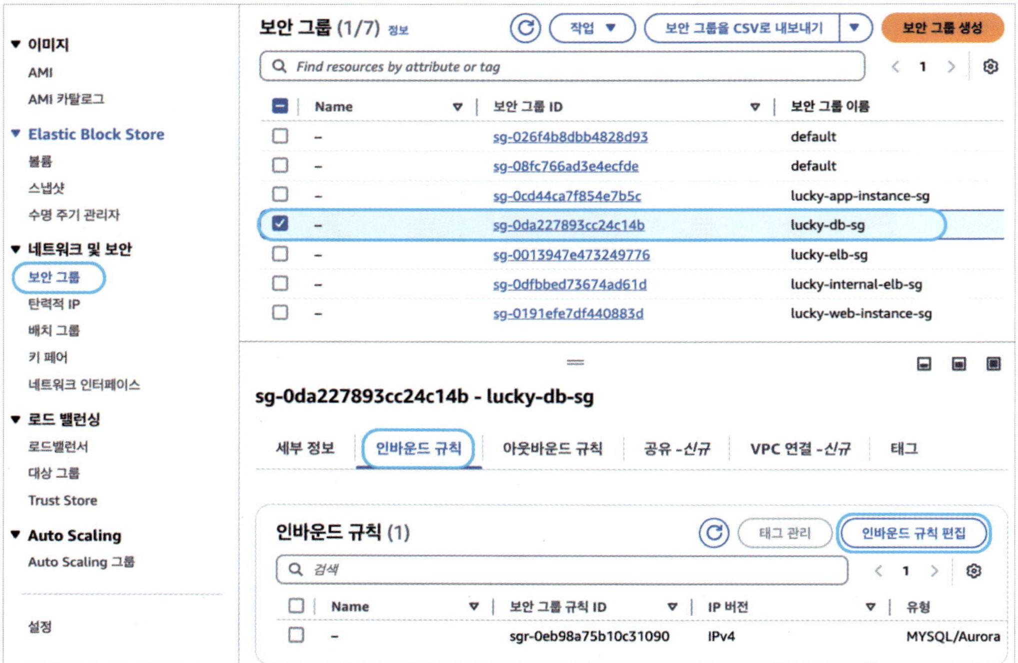

그림 11.4 보안 그룹 목록에서 lucky-db-sg 보안 그룹 선택

03. 데이터베이스 보안 그룹이라서 **유형**에 MYSQL/Aurora 포트가 허용돼 있다. **삭제** 버튼을 클릭해 해당 규칙을 삭제한다. 어차피 똑같은 규칙을 다시 만들 테지만 기존 규칙의 소스를 수정하면 오류가 발생할 수 있으므로 삭제한 후 다시 만든다.

그림 11.5 보안 그룹 규칙 삭제

04. **규칙 추가** 버튼을 클릭해 새로운 규칙을 하나 추가한다.

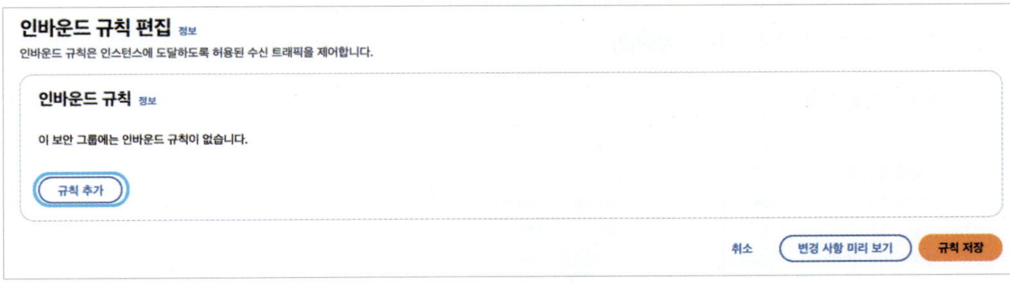

그림 11.6 보안 그룹 규칙 추가

05. **유형**에 MYSQL/Aurora를 선택한다. 그리고 **소스** 항목에서 **사용자 지정**을 선택한다.

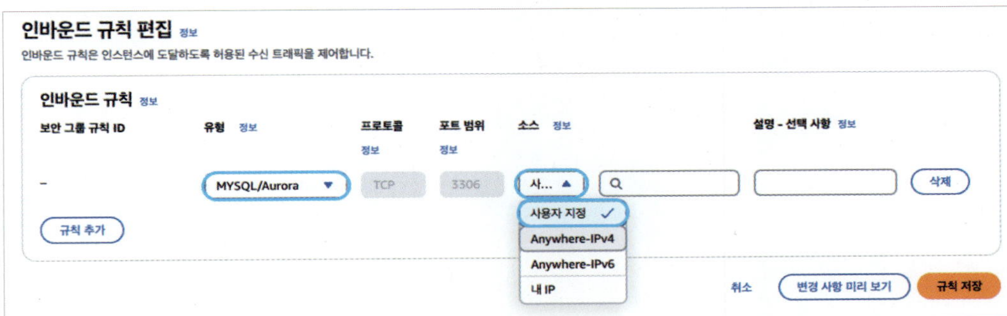

그림 11.7 보안 그룹 규칙 설정

06. 이제 사용자가 원하는 대로 트래픽의 출처를 지정할 수 있다. 특정 IP에서 오는 트래픽만 받을 수도 있지만 이 책에서는 애플리케이션 서버에서 오는 트래픽만 허용할 것이다. 따라서 애플리케이션 서버에 적용된 보안 그룹인 lucky-app-instance-sg를 선택한다.

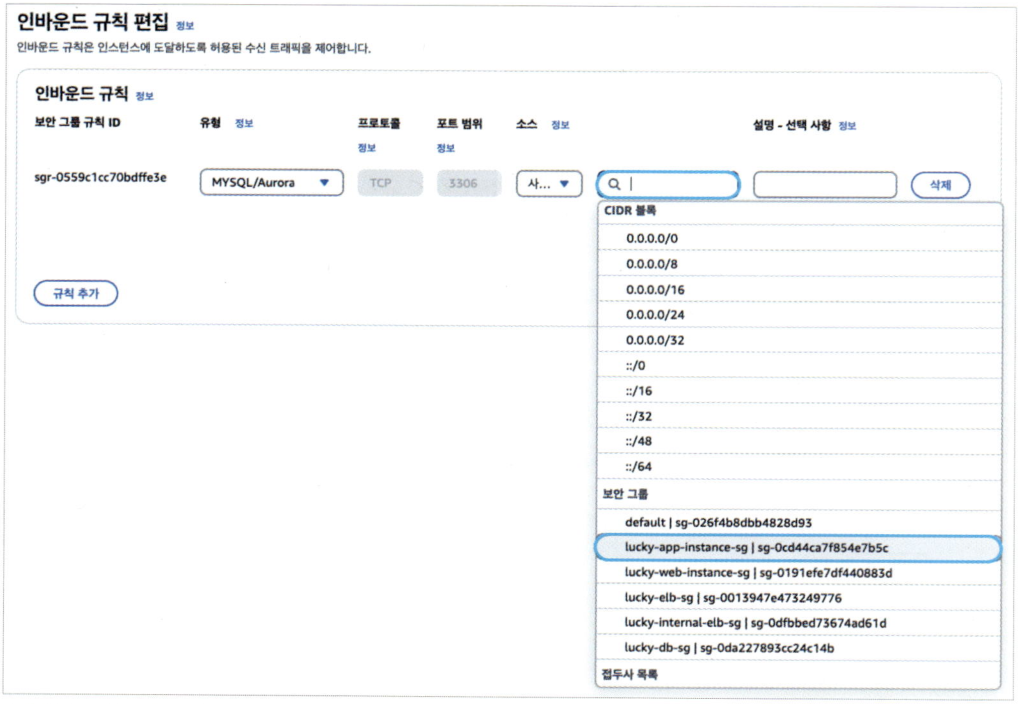

그림 11.8 보안 그룹 규칙의 소스 설정

07. 선택한 보안 그룹을 확인하고 **규칙 저장** 버튼을 클릭해 저장한다.

그림 11.9 보안 그룹 규칙 설정 완료

08. 지금까지 진행한 작업을 나머지 3개의 보안 그룹인 lucky-app-instance-sg, lucky-internal-elb-sg, lucky-web-instance-sg에 반복한다. 참고로 lucky-elb-sg 보안 그룹에는 적용할 필요가 없는데, 사용자들로부터 오는 트래픽을 받기 때문에 Anywhere-IPv4로 그대로 유지한다.

이렇게 해서 이번 장에서는 보안 그룹 참조 기법을 활용해 보안을 한층 강화했다.

12

인스턴스 접근 및 관리 전략

시스템을 운영하는 것이 만만치 않다. 고가용성도 고려해야 하고 보안도 고려해야 한다. 그래서 관리 측면에서 어떻게 해야 시스템을 편하게 관리할 수 있을까?라는 고민도 하게 된다.

보안을 신경 쓰다 보니 모든 인스턴스가 프라이빗 서브넷에서 운영되고 있다. 그러다 보니 인터넷을 통해서는 인스턴스에 접근할 수 없다. 즉, 터미널을 통해 SSH로 인스턴스에 직접 접속해서 명령어를 실행할 수 없다는 말이다. 그래서 이번 장에서는 어떻게 인스턴스에 접속하고 관리해야 하는지 살펴보겠다.

12.1 인스턴스에 연결하는 방법

지금까지는 인스턴스에서 명령어를 실행할 때 주로 EC2에서 제공하는 인스턴스 연결 방법만 사용했지만 인스턴스에 접근하는 방법은 크게 3가지가 있다. (실제는 4가지지만 자주 사용하지 않는 한 가지 방법은 제외한다.)

다음은 EC2 서비스에서 인스턴스를 선택하고 **연결** 버튼을 클릭했을 때 표시되는 메뉴다(이전 실습에서 여러 번 사용해 본 적이 있을 것이다).

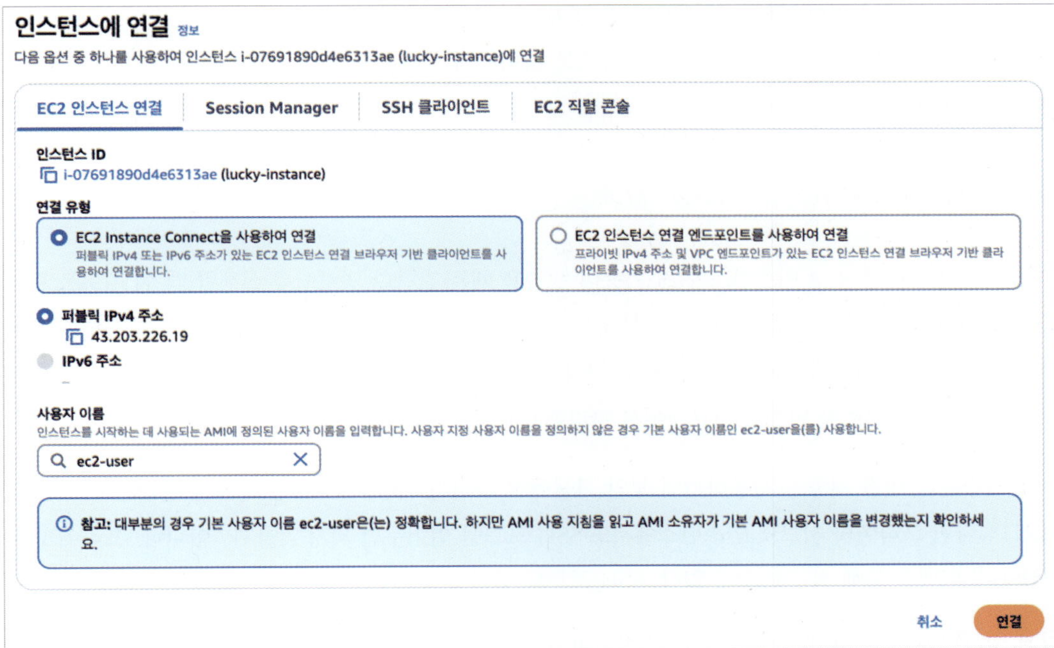

그림 12.1 EC2 인스턴스에 연결하는 방법을 선택

위 그림에서 **EC2 인스턴스 연결**, **Session Manager**, **SSH 클라이언트**로 표시된 각 접속 방식은 다음과 같은 특성이 있다.

표 12.1 EC 인스턴스에 연결하는 방식 비교

	EC2 인스턴스 연결	Session Manager	SSH 클라이언트
인증 방식	IAM + 임시 키	IAM	SSH 키 파일
퍼블릭 IP 필요 여부	필요	불필요	필요(또는 VPN 환경)
접속 로그	불가능	가능(CloudTrail)	수동 설정 필요
설정 복잡도	낮음	중간(SSM 설치 및 역할 연결)	낮음
자동화 용이성	낮음	낮음	높음

위 표의 내용을 토대로 각 접속 방법은 다음과 같은 상황에서 사용하는 것이 일반적이다.

- 빠르게 간편하게 접속하려는 경우 ➞ EC2 인스턴스 연결
- 보안 중심의 운영 환경 ➞ Session Manager
- 스크립트/자동화에 주로 사용하거나 고전적인 방법을 선호 ➞ SSH 클라이언트

여기서 잠깐 필자의 경험을 이야기해 보겠다. 필자가 처음에 AWS를 사용했을 때는 EC2 인스턴스 연결 기능이 만들어지기 전이었다. 그래서 주로 노트북 터미널에서 다음과 같은 명령어를 입력해서 인스턴스에 직접 접속했다.

```
ssh -i "lucky.pem" ec2-user@13.124.87.88
```

그후 시간이 지나서 EC2 인스턴스 연결 기능이 생겼을 때는 간단한 명령어를 실행할 때 이 기능을 많이 사용했다. 좀 더 복잡한 작업이라면 노트북에서 SSH로 접속해 터미널을 여러 개 띄워서 사용했지만 이게 가능했던 것은 필자가 AWS도 잘 모르고 클라우드 보안에 대해서도 전혀 몰랐기에 가능했던 것이다. 그리고 모든 인스턴스를 퍼블릭 서브넷에서 관리했기 때문이기도 하다.

EC2 인스턴스 연결 기능을 사용하려면 보안 그룹에서 SSH가 사용하는 22번 포트가 열려 있어야만 한다. 그렇다면 프라이빗 서브넷 인스턴스에서도 SSH 포트를 열어두면 되지 않을까? 아니다. 프라이빗 서브넷은 인터넷을 통해 접근할 수가 없다. SSH 포트도 인터넷에 연결돼 있어야 사용할 수 있다.

그럼 인스턴스가 프라이빗 서브넷으로 옮겨지면 이 방법들을 사용할 수가 없다. 일단 접근 자체가 불가능하기 때문이다. 그렇다면 어떻게 인스턴스를 관리할 수 있을까? 이어지는 절에서 좀 더 자세히 설명하겠다.

12.2 Bastion 서버

인터넷으로 접근 가능한 인스턴스에 연결하는 방법에 대해서는 앞에서 배웠다. 이제 인터넷을 통해 직접적으로 접근할 수 없는 프라이빗 서브넷의 인스턴스에 접근하는 방법에 대해 알아보자. 첫 번째 방법은 Bastion 서버를 만드는 것이다. Bastion 서버는 관례적으로 사용하는 용어로, 관리용 서버라고 볼 수 있다. 여담이지만 Bastion을 영어 사전에서 찾아보면 '수호자'라는 뜻이다.

다음 그림과 같이 Bastion 서버는 퍼블릭 서브넷에 SSH 포트가 추가된 인스턴스를 만드는 것이다.

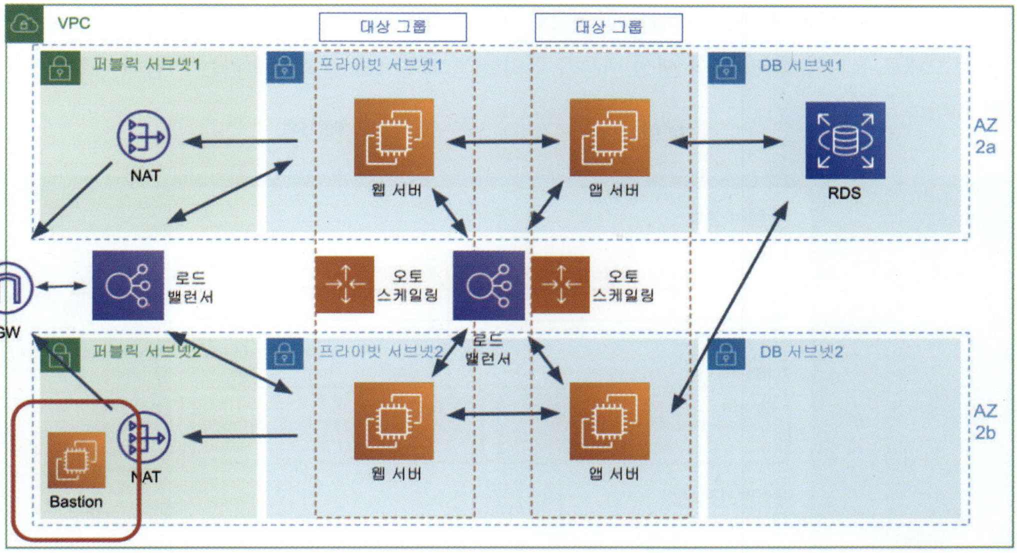

그림 12.2 인프라 관리를 위해 Bastion 서버를 추가한 아키텍처

이때 Bastion 서버는 기존에 인스턴스를 만든 것과 똑같다. 다만 웹 서버용으로 만드는 게 아니기 때문에 보안 그룹에서 HTTP, HTTPS 포트를 열지 않을 뿐이다. 이처럼 퍼블릭 서브넷에 Bastion 서버를 만들게 되면, Bastion 서버는 VPC 내부의 네트워크에 존재하기 때문에 프라이빗 서브넷에 있는 인스턴스에 접근할 수 있게 된다. 물론 프라이빗 서브넷에 있는 인스턴스도 SSH 포트가 열려 있어야 하며, 키 페어를 통해 프라이빗 키를 발급받아야 연결이 가능하다. 앞에서 인스턴스를 만들 때 키를 한 번도 생성하지 않았지만 Bastion 서버로 다른 서버들을 관리하려면 키를 발급해야 한다. 물론 관리 대상인 프라이빗 서브넷의 서버들도 키를 발급받아야 한다. 그래야 인스턴스에서 인스턴스로 키를 통한 인증을 거쳐 접근할 수 있다.

키를 생성하는 방법을 간단하게 설명하면 다음과 같다. 인스턴스를 만들 때 다음과 같은 항목을 페이지 중간쯤에서 볼 수 있는데, 여기서 **새 키 페어 생성** 버튼을 클릭한다.

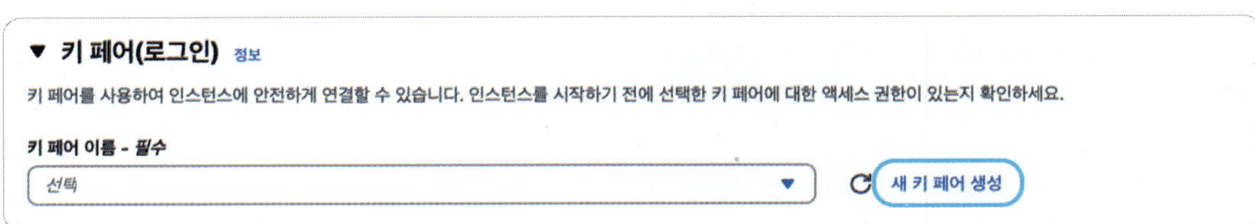

그림 12.3 EC2 인스턴스에 대한 키 페어 선택

키 페어 생성 화면에서 **키 페어 이름**으로 적당한 이름을 입력한다(이 책에서는 **lucky**). 나머지 항목은 기본값 그대로 유지한 채 **키 페어 생성** 버튼을 클릭한다. 그럼 `lucky.pem`이라는 이름의 파일이 다운로드될 것이다.

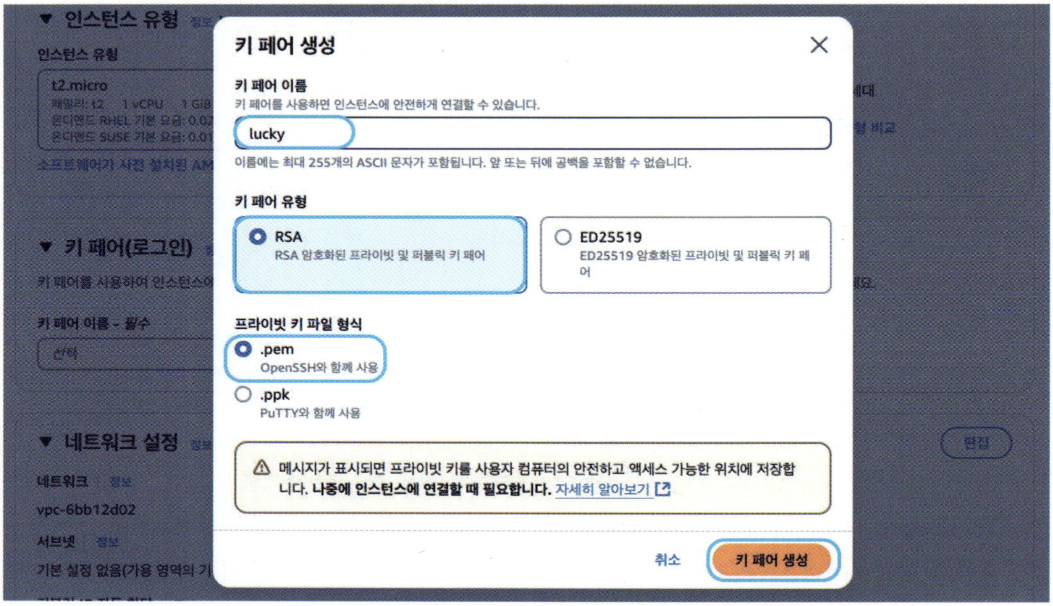

그림 12.4 EC2 인스턴스에 대한 키 페어 설정

먼저 터미널을 열어 방금 다운로드한 `lucky.pem` 파일이 있는 디렉터리로 이동한다. 그러고 나서 macOS 사용자는 다음 명령어로 파일의 권한을 변경한다(윈도우 사용자는 권한을 변경하지 않아도 된다).

```
chmod 400 lucky.pem
```

다음 명령어를 각자의 상황에 맞게 수정한 후 터미널에서 실행하면 퍼블릭 인스턴스에 접속할 수 있다.

```
형식: ssh -i [다운로드한 키] ec2-user@[인스턴스의 공인 IP]
예) ssh -i lucky.pem ec2-user@13.124.74.43
```

그런데 위 명령어로 Bastion 서버에는 접근할수 있지만 Bastion 서버에 키가 없어서 다른 프라이빗 서브넷의 인스턴스에 접근할 수는 없다. 따라서 Bastion 서버에 키를 업로드해서 해당 키로 다른 인스턴스에 대한 인증을 해야 한다.

다음은 키를 업로드하는 명령어다. 각자의 상황에 맞게 수정한 후 터미널에서 실행하면 키가 업로드될 것이다.

```
scp -i [인스턴스 접근할 때 사용하는 키] [업로드할 키] ec2-user@[인스턴스의 공인IP]:[키를 업로드할 디렉터리 위치]
예) scp -i lucky.pem lucky.pem ec2-user@13.124.74.43:/home/ec2-user/
```

이제 다시 앞의 명령어로 Bastion 서버에 로그인한 후 다른 인스턴스에도 앞의 명령어를 사용해 접속하면 접속할 수 있을 것이다. 이제 키를 업로드했으니 Bastion 서버에서 EC2 인스턴스 연결 방법으로 다른 서버를 관리할 수 있을 것이다.

Bastion 서버로 다른 서버들을 관리한다면 방금 소개한 방법이 가장 일반적이며 현재도 가장 많이 사용되고 있는 방식일 것이다. ssh-agent를 통해 프라이빗 키를 Bastion 서버에 복사하지 않고도 연결하는 방법도 있지만 이 역시도 키를 관리해야 한다. 이어지는 절에서 이러한 키 관리에 대한 리스크를 AWS에서는 어떻게 해결하고, 더 나은 방법은 무엇인지 알아보자.

12.3 Session Manager를 이용한 연결

앞에서 Bastion 서버로 인스턴스를 관리하는 것이 가장 많이 사용되는 방법이라고 설명했는데, Bastion 서버를 사용할 경우 보안 관련 리스크가 있다. 바로 키를 관리해야 하고, SSH 포트를 열어야 한다는 것이다.

키는 어차피 관리자의 컴퓨터에 저장되기 때문에 아무나 접근할 수 없고, SSH 또한 보안을 위해 만들어진 프로토콜이라 보안 관련 리스크가 있다는 점을 이해하기 어려울 수 있다. 하지만 키를 관리하는 것은 사람의 몫이다. 보안 사고가 발생하는 여러 원인 중 하나가 사람의 관리 부실이다. 그래서 아예 키를 관리하지 않는 것이 보안상 더 좋다. 그리고 기술이 더 발전하면서 기존 기술의 버그나 취약점이 발견되어 SSH 기술이 뚫릴 수도 있다(이러한 형태의 공격을 제로 데이 공격이라고 한다).

그렇다면 키를 관리할 필요도 없고 SSH 포트를 열지 않고도 인스턴스들을 관리하는 방법은 없을까?

물론 있다. Session Manager를 사용하면 된다. Session Manager를 이용하면 포트를 열 필요가 없고, 키를 발급할 필요도 없다. 그래서 이 책에서는 다음 그림처럼 프라이빗 서브넷의 인스턴스를 Session Manager로 관리할 것이다.

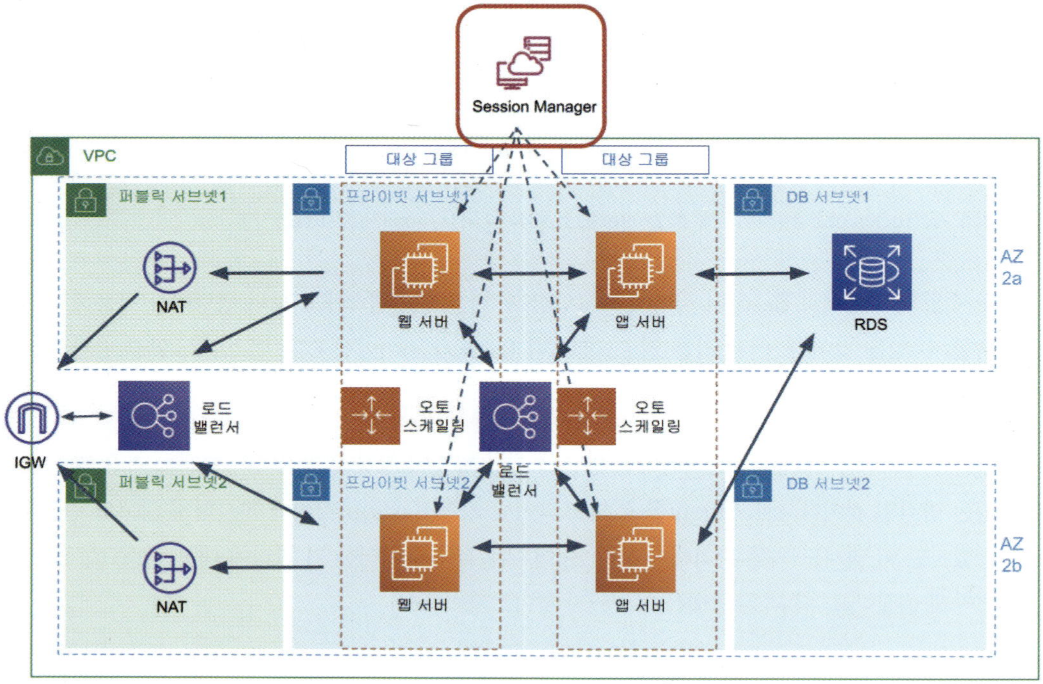

그림 12.5 인프라 관리를 위해 Session Manager를 추가한 아키텍처

Session Manager로 인스턴스를 관리하려면 인스턴스에 Systems Manager Agent라는 프로그램을 설치하고, 인스턴스에 Systems Manager를 사용하기 위한 AmazonSSMManagedInstanceCore 권한을 적용하면 된다.

> **참고**
> Session Manager는 Systems Manager의 하위 기능으로, Systems Manager는 다음 절에서 간단히 다루겠다. 이번 절에서는 Session Manager를 사용하는 방법에 대해서만 다룬다.

우선 Systems Manager Agent를 설치해 보자. 그런데 앞의 내용에서 VPC를 만들 때 프라이빗 서브넷에 인스턴스를 만들면서 Session Manager를 사용할 때는 설치 작업을 하지 않았던 것 같다. 실제로도 설치하지 않았다. 왜냐하면 Amazon Linux 2, Amazon Linux 2023, Ubuntu, Windows EC2 운영체제에는 Systems Manager Agent가 이미 설치돼 있어서 별도로 설치할 필요가 없기 때문이다. 만약 다른 운영체제를 사용한다면 아래 URL을 참고해서 설치해야 한다.

- **Linux용 EC2 인스턴스에 수동으로 SSM Agent 설치 및 제거:** https://docs.aws.amazon.com/ko_kr/systems-manager/latest/userguide/manually-install-ssm-agent-linux.html, 단축 URL: https://bit.ly/ssm-agent

그럼 이제 EC2 인스턴스가 Session Manager를 사용할 수 있도록 권한만 부여하면 된다. EC2 인스턴스에 권한을 부여하려면 IAM 서비스의 역할(Role)을 사용하면 된다.

이어지는 절에서 실습을 통해 EC2 인스턴스에 역할을 부여해 보자.

12.4 [실습] Session Manager 설정

IAM 서비스에서 역할을 만들어 EC2에 권한을 부여해보자.

참고로 VPC에서 Session Manager를 사용했을 때 이 책에서는 기존에 만들어져 있는 역할인 AmazonSSMRoleForInstancesQuickSetup을 사용했었다. 이 역할을 사용해도 되지만 이 역할에는 필요한 권한보다 많은 권한을 가지고 있어서 다시 만들 것이다. 즉 최소 권한의 원칙을 따라 최소한의 권한만 EC2 인스턴스에 부여하겠다.

다음 단계를 하나씩 따라하면서 역할을 만들어 보자.

01. 관리 콘솔 위쪽 검색란에서 'IAM'을 검색해서 나오는 IAM을 클릭한다.

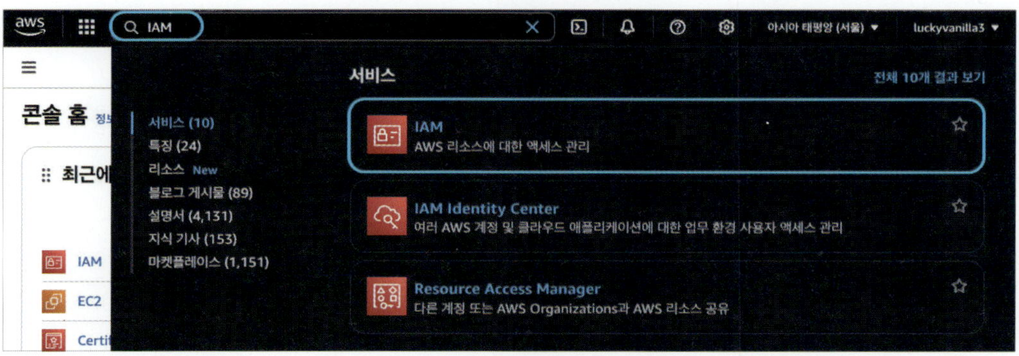

그림 12.6 IAM 서비스로 이동

02. IAM 서비스에서 왼쪽 메뉴의 **역할**을 클릭한다. 그리고 나서 **역할 생성** 버튼을 클릭한다.

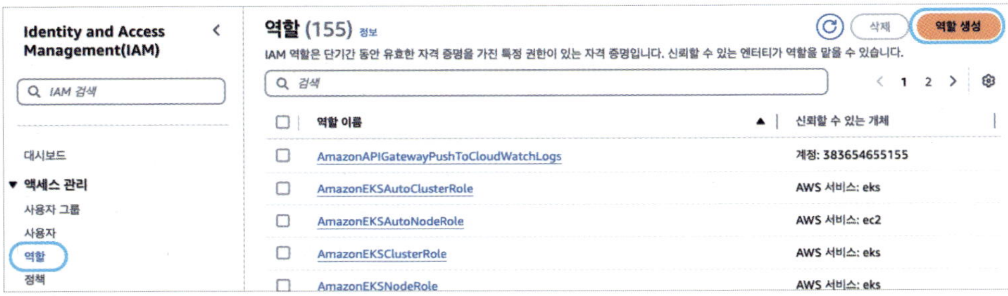

그림 12.7 역할 목록

03. **신뢰할 수 있는 엔터티 유형**에서 AWS 서비스가 선택돼 있는지 확인한다. **서비스 또는 사용 사례**에서 EC2를 선택한다. **다음** 버튼을 클릭한다.

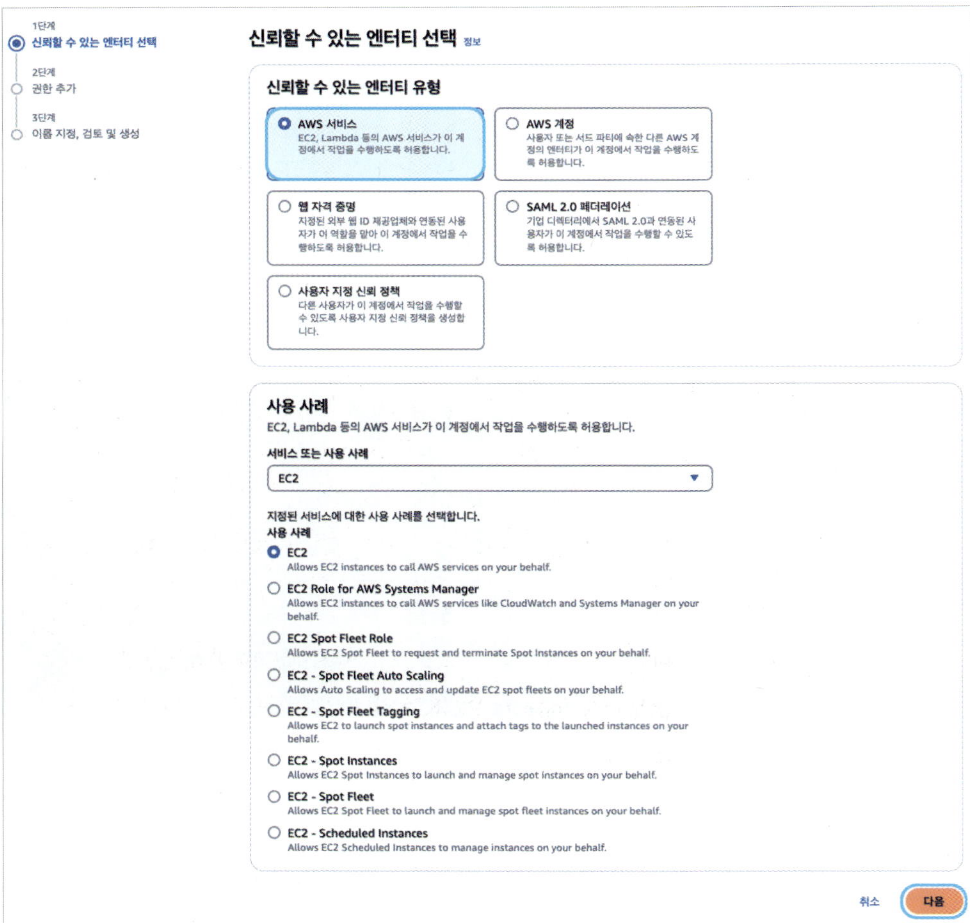

그림 12.8 역할 유형 및 사용 사례 선택

04. 여러 정책들이 표시될 텐데, 검색 필터에서 AmazonSSMManagedInstanceCore를 검색한다. **정책 이름**은 AmazonSSMManagedInstanceCore를 선택하고, **다음** 버튼을 클릭한다. 참고로 정책(policy)이라는 용어가 나오는데, AWS에서 정책은 여러 권한들로 구성된 집합을 의미한다. 그래서 정책에 권한들을 정의하고, 정책을 사용자나 그룹, 역할에 할당해서 사용한다. 이 부분은 이후에 IAM을 다룰 때 좀 더 자세히 설명하겠다.

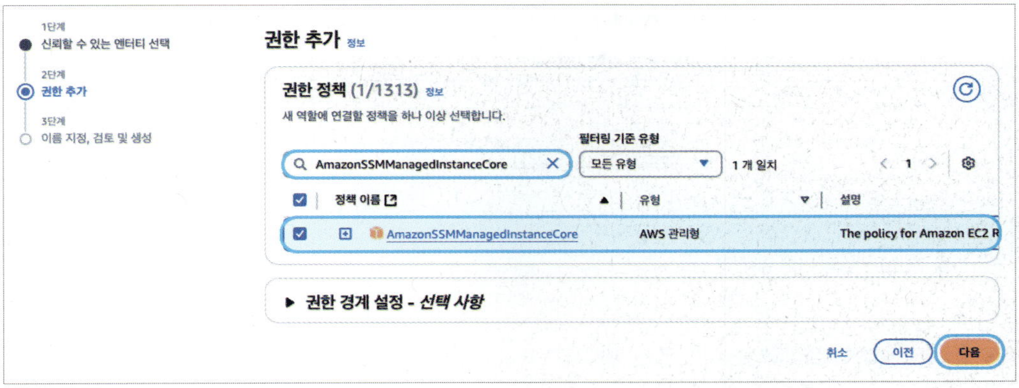

그림 12.9 역할의 권한 정책 선택

05. **역할 이름**에 각자 원하는 이름을 입력한다(이 책에서는 lucky-role). 그러고 나서 **역할 생성** 버튼을 클릭한다.

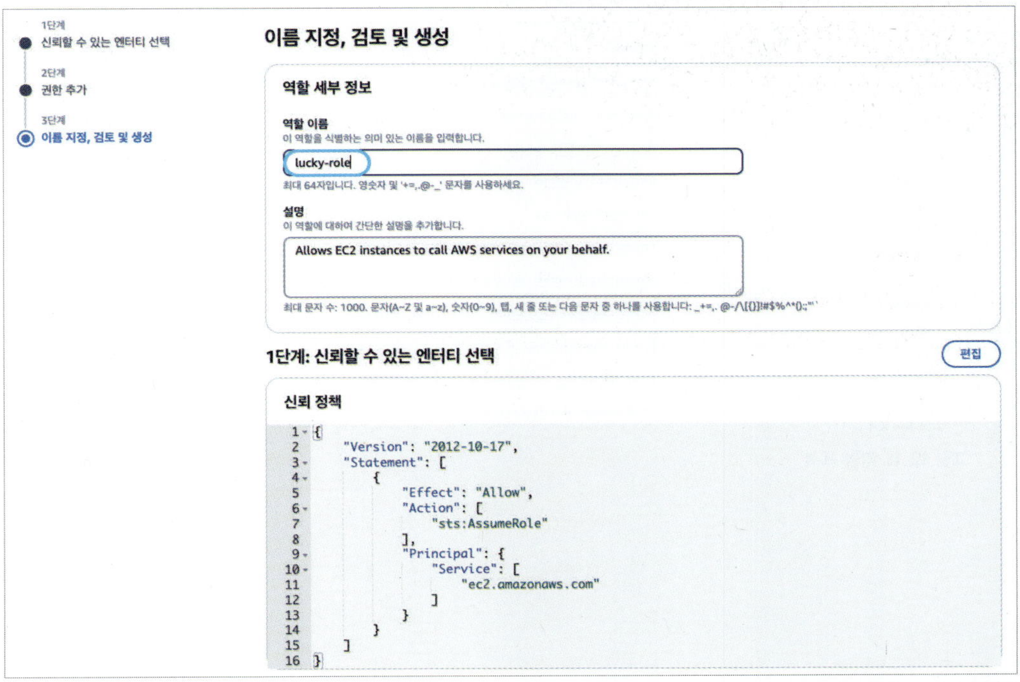

※ 다음 페이지의 그림과 연결됨

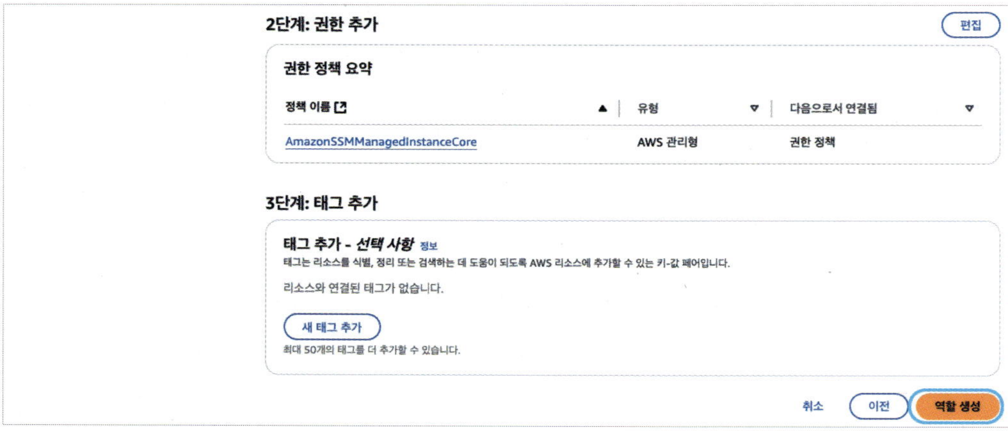

그림 12.10 역할의 이름 입력 및 검토

06. '**lucky-role이 생성되었습니다.**'라는 메시지가 표시되는 것을 확인한다.

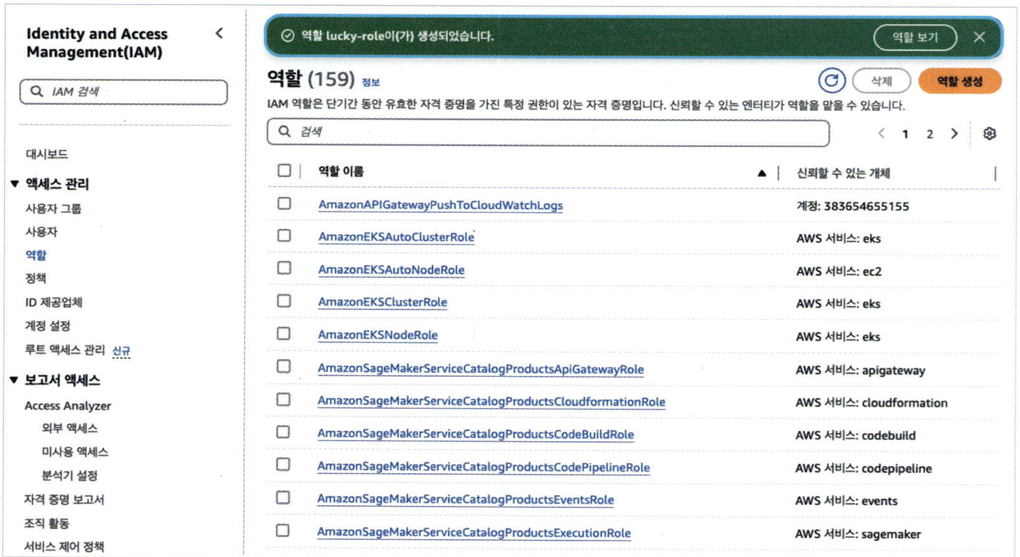

그림 12.11 역할 목록

07. 이렇게 해서 역할이 만들어졌다. 이제 EC2 인스턴스를 만든다. 인스턴스는 이미 여러 차례 만들어 봤으므로 따로 설명하지 않겠다. 이 책에서는 lucky-private-instance라는 이름으로 프라이빗 서브넷에 만들 것이다. 아울러 EC2 인스턴스를 만들 때 **고급 세부 정보** 항목을 확장해 IAM **인스턴스 프로파일**에서 앞에서 만든 lucky-role 역할을 검색해서 선택한다.

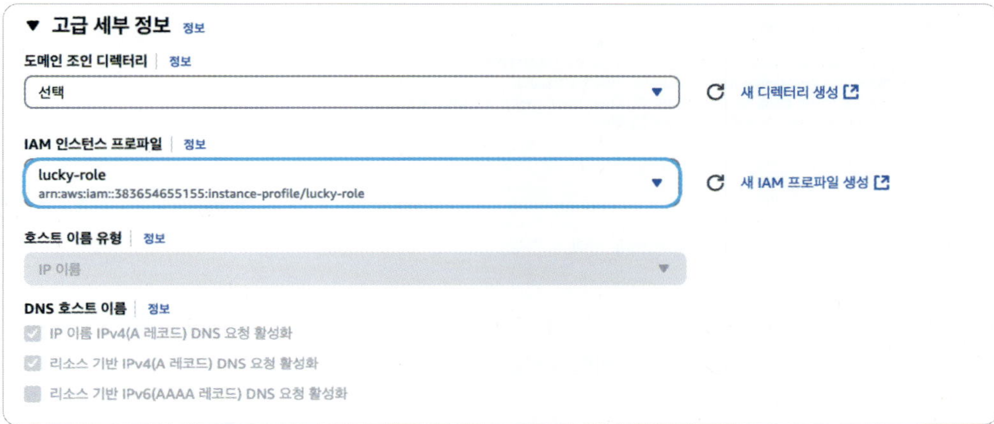

그림 12.12 EC2 인스턴스의 고급 세부 정보에서 IAM 인스턴스 프로파일을 적용

08. lucky-private-instance 이름의 인스턴스가 만들어졌다면 lucky-private-instance를 체크하고, **연결** 버튼을 클릭한다.

그림 12.13 EC2 인스턴스 목록

09. Session Manager 탭을 클릭하고, **연결** 버튼을 클릭한다. 그럼 해당 인스턴스에 접속될 것이다.

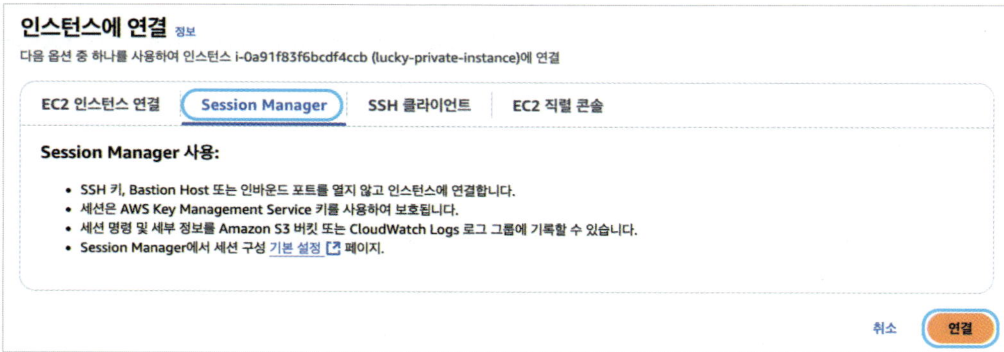

그림 12.14 EC2 인스턴스에 연결하는 방법을 선택

10. 그렇다면 이미 만들어져 있는 기존 인스턴스에는 어떻게 역할을 부여할 수 있을까? 역할을 부여하고자 하는 인스턴스를 선택하고, **작업** → **보안** → **IAM 역할 수정**을 차례로 선택한다.

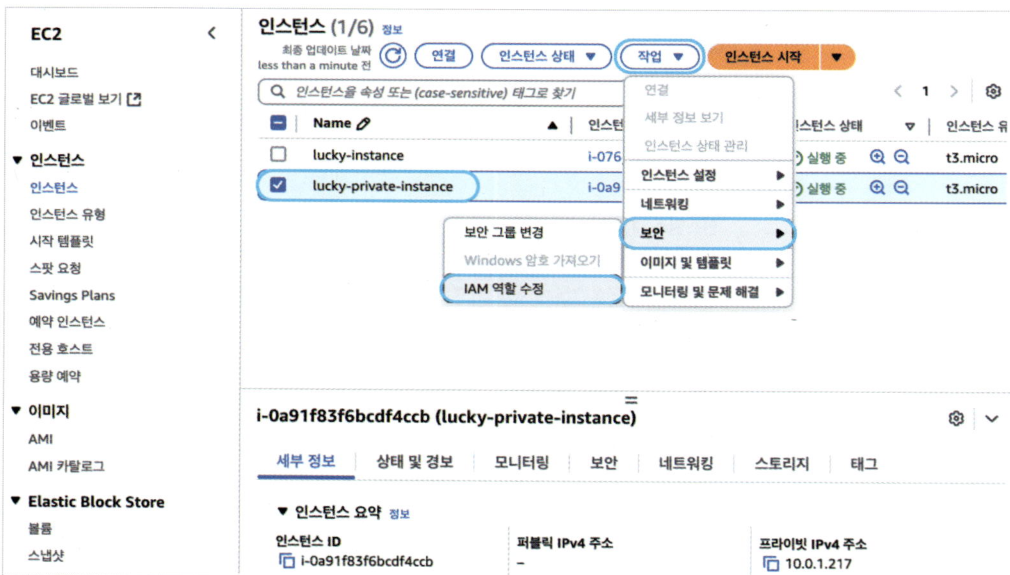

그림 12.15 EC2 인스턴스의 IAM 역할 수정

11. **IAM 역할 수정** 페이지에서 부여하고자 하는 역할(이 책에서는 lucky-role)을 검색해서 선택한 후 **IAM 역할 업데이트** 버튼을 클릭한다. 그럼 이제 Session Manager를 사용할 수 있을 것이다. 참고로 여러 번에 걸쳐 테스트해본 결과, 역할을 업데이트하면 바로 적용될 때도 있지만 몇 분 기다려야 할 때도 있었다. 심지어 오래 기다려도 Session Manager **연결** 버튼이 활성화되지 않을 때도 있었다. 이러한 경우에는 인스턴스를 다시 만들면서 **고급 세부 정보** 항목을 확장해 IAM **인스턴스 프로파일**에서 부여하고자 하는 역할(이 책에서는 lucky-role)을 선택하는 방법을 사용한다.

그림 12.16 EC2 인스턴스의 IAM 역할 수정

그런데 오토 스케일링으로 자동으로 생성되는 인스턴스에는 역할을 어떻게 적용할까? 새로 생성되는 인스턴스마다 수동으로 IAM 역할을 업데이트할 수는 없을 것이다.

생각해 보면 오토 스케일링은 시작 템플릿을 기반으로 새 인스턴스를 생성한다. 따라서 시작 템플릿을 만들 때 **고급 세부 정보** 항목을 확장해서 IAM 인스턴스 프로파일에서 부여할 역할(이 책에서는 lucky-role)을 선택하면 오토 스케일링이 새 인스턴스를 생성할 때마다 자동으로 해당 역할이 할당될 것이다. 시작 템플릿을 생성하는 방법이 잘 기억나지 않는다면 3.15절 '[실습] 시작 템플릿 생성'을 참고한다.

12.5 Systems Manager란?

지금까지 Session Manager로 인스턴스를 관리하는 방법을 알아봤다. 이제 인스턴스에 보안 패치를 적용하거나 인스턴스를 업데이트할 때 Session Manager를 사용하면 될 것 같다.

관리해야 할 인스턴스의 수가 얼마 되지 않는다면 Session Manager를 이용해 각 인스턴스에 접속해 명령어를 실행하면 된다. 하지만 인스턴스의 수가 몇 십 개에서 몇 백 개에 이른다면 이 방법으로는 관리하기가 불가능할 것이다. 그래서 일부 회사에서는 특정 터미널 프로그램의 기능을 활용해 터미널 창을 여러 개 열고 동시에 같은 명령어를 입력 및 실행하는 기능을 사용하기도 한다. 하지만 이 방법도 인스턴스의 수가 몇 개라면 가능하지만 인스턴스의 수가 늘어날수록 적용하기가 어렵다.

그래서 AWS에서는 Systems Manager를 사용한다. 이 책에서는 AWS의 아키텍처에 초점을 맞추고 있어서 Systems Manager의 구체적인 사용법을 다루지는 않겠지만 여기서 Systems Manager의 기능 몇 가지만 소개하고 넘어가겠다. (참고로 앞에서 사용했던 Session Manager도 Systems Manager의 기능 중 하나다.)

Systems Manager Agent가 설치돼 있는 인스턴스에서는 다음과 같은 기능들을 사용할 수 있다.

- **Run Command**: 여러 서버에 대해 명령어를 동시에 실행
- **Patch Manager**: 보안 패치를 자동으로 적용
- **Automation**: 반복 작업을 자동화
- **Inventory**: EC2 인스턴스의 소프트웨어, 네트워크, 디바이스 정보를 수집
- **Parameter Store**: 암호, 설정값, API 키 등을 안전하게 저장하고 암호화

13

VPN으로 데이터베이스에 접근하기

앞에서 EC2 인스턴스에 연결하는 방법을 알아봤다. 이번 장에서는 RDS의 데이터베이스를 관리하는 방법을 알아보려고 한다. 지금까지 설계한 VPC 구조를 다시 보면 다음 그림과 같다.

그림 13.1 현재 VPC 아키텍처

참고로 DB 서브넷은 단순히 이름을 "DB 서브넷"이라고 부른 것일 뿐 실제로는 프라이빗 서브넷이다. DB 서브넷 영역은 NAT 게이트웨이를 연결하지 않았기 때문에 간접적으로도 인터넷에 접근할 수 없다. 하지만 프로젝트를 진행하다 보면 데이터베이스에 데이터가 잘 들어가는지 확인하기 위해 직접 쿼리를 실행해야 할 때가 많다. 이러한 경우에는 어떻게 데이터베이스에 접속할 수 있을까?

한 가지 방법으로 Bastion 서버에 MySQL 클라이언트를 설치하고, CLI(Command Line Interface) 명령으로 데이터베이스에 접속해 쿼리를 직접 실행할 수 있다. 하지만 하루 이틀도 아니고 매번 CLI 환경에서 쿼리를 실행하려면 생산성이 떨어질 것이다. 그래서 Workbench, DBeaver, DataGrip 같은 데이터베이스 관리 도구를 사용하게 된다. 하지만 데이터베이스가 인터넷과 격리돼 있다 보니 접근할 수가 없다. 그럼 어떻게 해야 할까?

이렇게 격리된 네트워크에서도 안전하게 접근할 수 있는 방법이 있다. 바로 VPN 서버를 구축해 네트워크와 연결하는 것이다. 이렇게 하면 VPN 서버를 통해 DB 서브넷에 있는 데이터베이스에 직접 접근할 수 있다.

AWS에서는 이러한 VPN 기능을 비교적 간단하게 사용할 수 있도록 서비스를 제공한다. 바로 AWS Client VPN 엔드포인트다. 이 AWS Client VPN 엔드포인트에 접속하려면 VPN 서버에 연결할 수 있는 클라이언트 애플리케이션이 필요하다. 이를 위해 AWS에서 별도로 제공하는 애플리케이션이 있는데, AWS Client VPN용 클라이언트다. 이름이 서로 비슷해 혼동하기 쉬우니 주의하기 바란다.

만약 VPN을 사용하지 않는다면 이번 장은 넘어가도 크게 문제는 없고, 나중에 필요하면 다시 되돌아와서 살펴보면 된다. 참고로 이번 장에서 진행할 실습에서 암호화 키나 인증서 등을 만들다 보니 어렵게 느껴질 수 있다. 그냥 넘어가도 이후 내용을 진행하는 데 크게 영향이 없다는 점을 염두에 두길 바란다.

그럼 이어지는 절에서 VPN에 관해 알아보고 실습을 통해 VPN을 생성하고 설정해보겠다.

13.1 VPN란?

VPN(Virtual Private Network, 가상 사설망)은 인터넷을 통해 사설 네트워크에 안전하게 연결할 수 있도록 해주는 기술이다. 일반적으로 인터넷은 공개망이기 때문에 제3자가 트래픽을 쉽게 들여다볼 수 있지만 VPN을 사용하면 데이터가 암호화되어 안전하게 전송된다.

요즘은 VPN이 흔히 사용되기 때문에 독자들도 많이 사용해 봤을 것이다. 보통 VPN은 다음과 같은 3가지 용도로 사용된다.

- **보안 강화**: 전송되는 데이터를 암호화해서 해커나 도청으로부터 보호
- **원격 접속**: 회사 내부 시스템이나 학교 네트워크에 외부에서 접속해야 할 경우
- **지역 제한 우회**: 특정 국가에서만 볼 수 있는 웹사이트나 서비스에 접속할 경우

IT 분야에 종사하는 분들이 아니더라도 회사의 인프라에 접속할 때나 다른 나라의 넷플릭스를 볼 때도 흔히 사용되는 게 VPN이다. 이 책에서는 VPN 서버를 AWS 내부에 구축해서 외부에서 VPN 클라이언트로 VPN 서버 사이에 암호화된 터널을 만들어 사용할 것이다. 그리고 VPN 서버를 DB 서브넷과 연결할 것이다. 이렇게 하면 VPN 접속을 통해 데이터베이스를 대상으로 직접 쿼리를 실행할 수 있다. 결과적으로 다음 그림과 같이 AWS Client VPN 엔드포인트가 추가된 아키텍처가 되는 것이다.

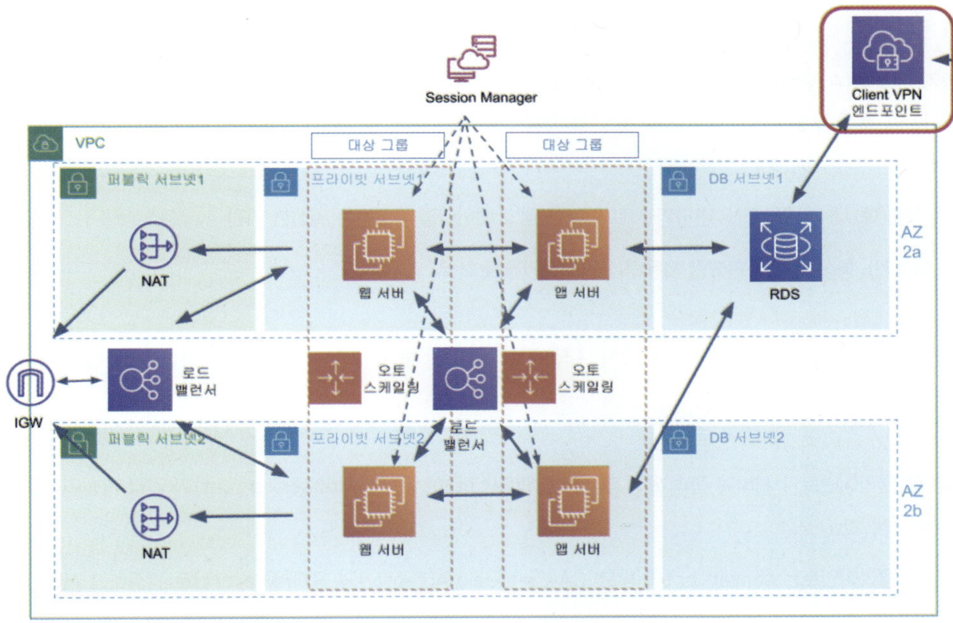

그림 13.2 RDS 관리를 위해 Client VPN 엔드포인트를 추가한 아키텍처

VPN은 터널링, 암호화, 인증과 관련된 여러 기술의 복합체라고 말할 수 있다. VPN마다 구조는 약간씩 다를 수 있지만 공통적으로 다음과 같은 기술로 이뤄진다.

- **터널링**: 인터넷 같은 공용 네트워크 위에 논리적인 전용 통신 경로(터널)를 만드는 기술
- **암호화**: 터널을 통해 흐르는 데이터를 타인이 볼 수 없도록 암호화
- **인증**: 클라이언트/서버가 신뢰할 수 있는 존재인지 확인

그렇기에 VPN을 설정한다는 것은 인증서와 암호화 키를 만들고, 인증서로 서로를 확인하는 작업이라고 보면 된다. 이어지는 절에서 본격적으로 실습하기에 앞서 VPN 연결 과정에서 일어나는 및 인증 및 암호화/복호화 흐름만 간단히 살펴보자.

VPN의 암호화/복호화 및 인증

암호화에는 키가 사용되며, 이러한 키는 대칭키와 비대칭키로 나눌 수 있다. 다음은 이러한 키를 포함해 VPN 암호화 및 복호화와 관련된 용어를 정리한 것이다.

- **대칭키 암호화(Symmetric Key Encryption)**: 암호화와 복호화에 같은 키를 사용. 암호화와 복호화가 빠르지만 키 전달이 문제.
- **비대칭키 암호화(Asymmetric Key Encryption)**: 암호화와 복호화에 서로 다른 키를 사용. 암호화에는 공개키(public key), 복호화에는 개인키(private key)를 사용. 대칭키에 비해 암호화와 복호화가 느리지만 키의 안전한 전달이 가능.
- **세션**: 두 장치(예: 내 PC와 VPN 서버)가 서로 연결을 맺고 데이터를 주고받는 일정한 기간
- **세션키(대칭키)**: 통신 세션 동안에만 사용하는 일시적인 암호화 키

이제 인증과 키 전달 단계를 하나씩 알아보자. (참고로 아래 단계에서 사용하는 파일명은 이해를 돕기 위해 임의로 지은 것이다.)

1. **초기 연결**: 클라이언트가 서버에 접속 요청 후 클라이언트(`client.crt`), 서버(`server.crt`)가 각각 자신의 인증서를 상대방에게 보냄
2. **서버 인증**: 클라이언트는 `server.crt`를 받고, CA(Certificate Authority)의 공개키(`ca.crt`)로 검증하고 서버가 신뢰할 수 있는지 판단
3. **클라이언트 인증**: 서버는 `client.crt`를 받고, 마찬가지로 CA의 공개키(`ca.crt`)로 검증하고 클라이언트가 허가된 사용자인지 확인
4. **공개키 암호화를 이용한 키 교환**: 클라이언트와 서버는 비대칭키 암호화 방식인 디피-헬먼(Diffie-Hellman) 방식으로 안전하게 세션키를 합의

5. **데이터 통신**: 세션키를 합의 후, 실제 데이터는 세션키를 사용해 대칭키 암호화 방식으로 암호화해서 전송. 이때 `.key`, `.crt`는 더 이상 직접적으로 사용되지 않음(TLS 초기 핸드셰이크에서만 사용)

이어지는 절에서 이러한 과정에 필요한 키를 생성하는 작업을 진행하겠다.

13.2 [실습] 인증서와 키 생성

AWS Client VPN 엔드포인트를 설정하려면 먼저 VPN에서 사용하기 위한 인증서와 키가 필요하다. 여기서는 실습을 위해 Amazon Linux 2023 AMI로 인스턴스를 하나 만들고 해당 인스턴스에 **EC2 인스턴스 연결**을 통해 연결해서 진행한다.

> **참고**
>
> 이번 절의 내용은 AWS에서 제공하는 'AWS Client VPN 엔드포인드 설정' 문서를 참고했다.
>
> https://docs.aws.amazon.com/ko_kr/vpn/latest/clientvpn-admin/client-auth-mutual-enable.html
>
> 공식 문서에 워낙 잘 설명돼 있어 그대로 따라 하면 되지만 익숙하지 않은 분들을 위해 이 책에서는 약간의 설명을 추가하면서 진행하겠다.

VPN은 데이터를 암호화해서 전송하는 기술이다 보니 암호화를 위한 키와 인증서가 필요하다. 그래서 Easy-RSA라는 오픈소스 프로젝트를 이용해 키와 인증서를 간단하게 만들어 보고, 키와 인증서를 AWS의 Certificate Manager에 등록해서 사용해 보겠다.

다음 과정을 하나씩 따라 해보자.

01. Amazon Linux 2023에는 Git이 설치돼 있지 않아서 터미널에서 다음과 같은 명령어로 Git을 설치한다.

```
sudo yum install git -y
```

02. 아래 Git 명령어로 VPN에서 사용할 키와 인증서를 만드는 Easy-RSA 프로젝트를 클론한다. Easy-RSA는 공개 키 기반 구조(Public Key Infrastructure; PKI)를 구축할 수 있도록 도와주는 도구다. VPN(특히 OpenVPN)을 구축할 때 자주 사용되며, 인증서와 키를 쉽게 생성할 수 있도록 도와준다.

```
git clone https://github.com/OpenVPN/easy-rsa.git
```

03. 클론한 디렉터리로 이동한다.

```
cd easy-rsa/easyrsa3
```

04. 다음 명령어로 공개키 기반 구조 환경을 초기화한다. 이 작업을 거치면 `pki/`라는 디렉터리가 만들어지고, 그 안에 인증서 및 키를 저장할 폴더 구조와 기본 파일들이 설정된다.

```
./easyrsa init-pki
```

05. 다음 명령어로 인증 기관(Certificate Authority; CA)을 생성한다.

```
./easyrsa build-ca nopass
```

표현이 다소 추상적인데 구체적으로 말해서 루트 인증서(Root Certificate)와 CA의 개인키를 생성한다. 이 CA는 이후에 서버나 클라이언트 인증서를 발급해주는 "신뢰의 근원" 역할을 하게 된다. 위 명령어에는 nopass 옵션을 지정해 패스워드 없이 만들었는데, 패스워드를 사용하면 보안이 강화된다(이 책에서는 편의상 패스워드는 사용하지 않겠다).

명령어를 실행하면 다음과 같은 입력란이 나온다. 이것은 CA를 구분하기 위한 이름으로, 여기서는 기본값을 사용하기로 하고 Enter 키를 눌러 넘어간다.

```
Common Name (eg: your user, host, or server name) [Easy-RSA CA]:
```

참고로 이 책에서는 대부분의 값을 앞서 소개한 AWS 문서에서 사용하는 값으로 입력하겠다. 하지만 실무에서는 각각을 명확하게 구분할 수 있는 이름들을 입력하기를 권장한다. Common Name을 만들 때는 '조직명 + 목적 + CA' 형태로 작명하는 것이 모범 사례다(예: Dev1 Test CA).

명령어를 실행하고 나서 `ca.key`와 `ca.crt`가 만들어진 것을 다음 명령으로 확인할 수 있다.

```
cat pki/private/ca.key
cat pki/ca.crt
```

- **ca.key(private key):** 서버와 클라이언트가 인증서 요청(CSR)에 전자서명을 하거나 `ca.crt`를 만들 때 자기 서명(self-signed)을 위해 사용하는 개인 키. 인증기관(CA)의 가장 중요한 개인키이기 때문에 절대 노출되어서는 안 된다.
- **ca.crt(CA certificate):** 서버와 클라이언트가 신뢰할 수 있는 CA에서 발급된 인증서임을 검증할 때 사용

06. 다음 명령어로 서버의 인증서 및 키를 생성한다. 중간에 'Type the word 'yes' to continue, or any other input to abort.'라고 물어보면 yes를 입력한다. 이 단계는 CA가 특정 서버 인증서를 공식적으로 서명한다는 보안상 중요한 행위임을 확인하는 것이다.

```
./easyrsa --san=DNS:server build-server-full server nopass
```

명령어를 실행하고 나면 `server.crt`, `server.key` 파일이 만들어진다.

- server.key(private key): 서버가 암호화 통신을 복호화하거나 서버 인증서의 서명 검증 등 TLS 핸드셰이크에서 사용.
- server.crt(server certificate): 서버가 클라이언트에게 자신이 신뢰할 수 있는 서버임을 증명하는 인증서. 클라이언트는 `server.crt`와 `ca.crt`를 함께 확인해 신뢰 여부를 판단한다.

07. 다음 명령어로 클라이언트의 인증서 및 키를 생성한다. (참고로 `client1.domain.tld` 부분은 변경해도 된다. 이 책에서는 AWS 문서에 나와 있는 명령어를 그대로 사용했다.)

```
./easyrsa build-client-full client1.domain.tld nopass
```

명령어를 실행하고 나면 다음과 같은 파일이 만들어진다.

- client1.domain.tld.key(private key): 클라이언트가 암호화 통신을 복호화하거나 클라이언트 인증서의 전자서명에 사용. 클라이언트가 보관하는 개인키.
- client1.domain.tld.crt(client certificate): 클라이언트가 서버에게 자신이 신뢰할 수 있는 클라이언트임을 증명하는 인증서. 서버는 `client1.domain.tld.crt`와 `ca.crt`를 함께 확인해 신뢰 여부를 판단한다.

08. 이후 작업의 편의를 위해 다음 명령어로 앞에서 만든 필요한 인증서와 키를 `custom_folder`라는 디렉터리로 복사한다.

```
mkdir ~/custom_folder/
cp pki/ca.crt ~/custom_folder/
cp pki/issued/server.crt ~/custom_folder/
cp pki/private/server.key ~/custom_folder/
cp pki/issued/client1.domain.tld.crt ~/custom_folder/
cp pki/private/client1.domain.tld.key ~/custom_folder/
cd ~/custom_folder/
```

09. 이 부분은 주의 깊게 보기 바란다. 지금부터 서버의 인증서와 키, 클라이언트의 인증서와 키, CA 인증서를 뒷부분에서 사용하기 위해 미리 복사해 놓겠다.

서버 인증서

아래 명령어를 실행하면 서버 인증서의 내용을 볼 수 있다. 다음과 같이 -----BEGIN CERTIFICATE-----와 -----END CERTIFICATE----- 부분을 포함한 내용을 통째로 복사해서 다른 노트 앱이나 편집기에 붙여 넣는다.

```
cat server.crt
```

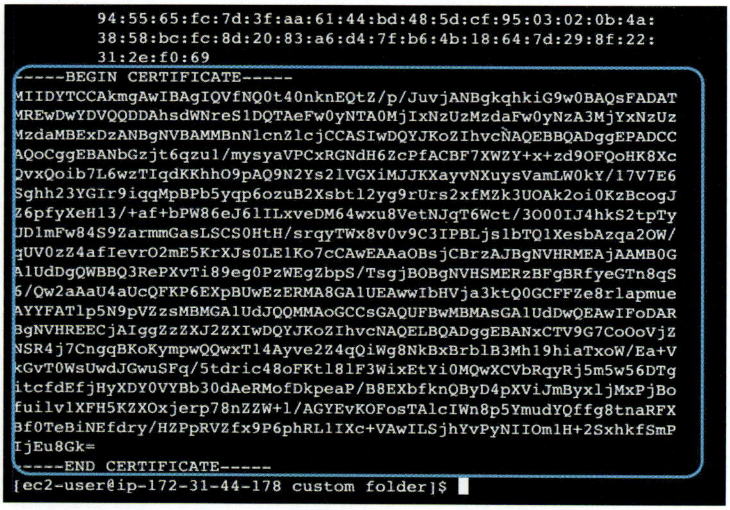

그림 13.3 서버 인증서 복사

서버 키

아래 명령어를 실행하면 서버 키의 내용을 볼 수 있다. 다음과 같이 -----BEGIN PRIVATE KEY-----, -----END PRIVATE KEY----- 부분을 포함한 내용을 통째로 복사해서 다른 노트 앱이나 편집기에 붙여 넣는다.

```
cat server.key
```

그림 13.4 서버 키 복사

클라이언트 인증서

다음 명령어를 실행하면 클라이언트 인증서의 내용을 볼 수 있다. 다음과 같이 -----BEGIN CERTIFICATE-----, -----END CERTIFICATE----- 부분을 포함한 내용을 통째로 복사해서 다른 노트 앱이나 편집기에 붙여 넣는다.

```
cat client1.domain.tld.crt
```

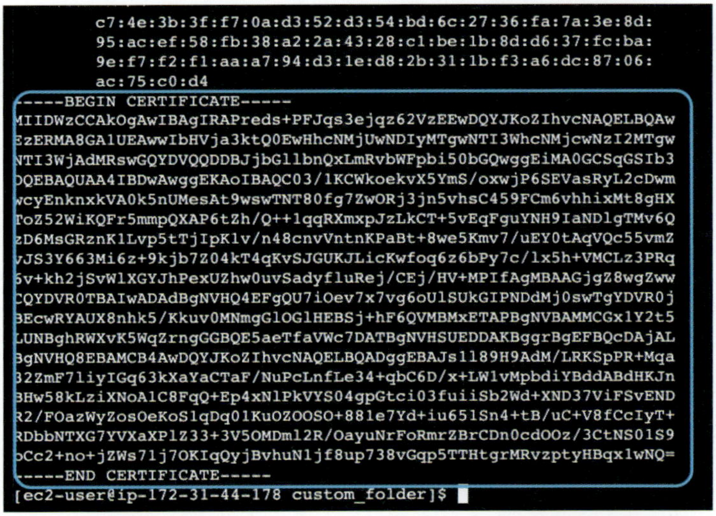

그림 13.5 클라이언트 인증서 복사

클라이언트 키

다음 명령어를 실행하면 클라이언트 키의 내용을 볼 수 있다. 다음과 같이 -----BEGIN PRIVATE KEY-----, -----END PRIVATE KEY----- 부분을 포함한 내용을 통째로 복사해서 다른 노트 앱이나 편집기에 붙여 넣는다.

```
cat client1.domain.tld.key
```

그림 13.6 클라이언트 키 복사

CA 인증서

다음 명령어를 실행하면 CA 인증서의 내용을 볼 수 있다. 다음과 같이 -----BEGIN CERTIFICATE-----, -----END CERTIFICATE----- 부분을 포함한 내용을 통째로 복사해서 다른 노트 앱이나 편집기에 붙여 넣는다.

```
cat ca.crt
```

그림 13.7 CA 인증서 복사

10. 앞에서 복사한 내용 중에서 서버 인증서, 서버 키, CA 인증서는 AWS의 Certificate Manager에 등록해서 사용할 것이다. 관리 콘솔 상단의 검색란에서 'Certificate Manager'를 검색해서 나오는 Certificate Manager를 클릭한다.

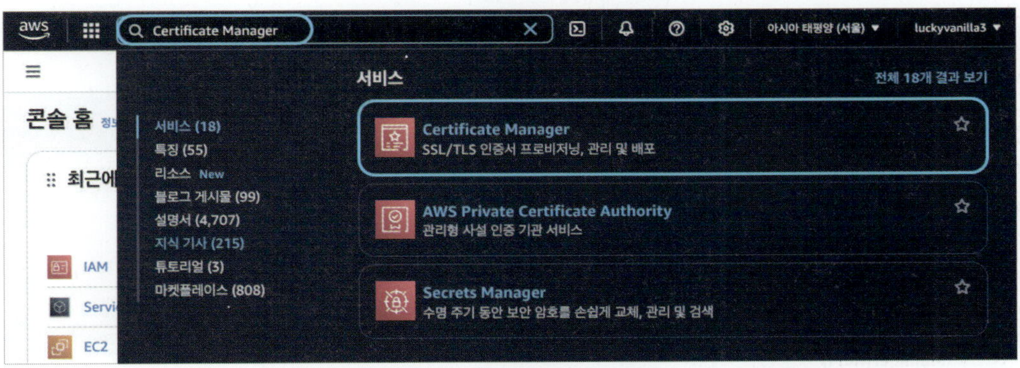

그림 13.8 Certificate Manager 서비스로 이동

11. Certificate Manager 서비스에서 왼쪽 메뉴의 **인증서 가져오기**를 클릭한다. **인증서 본문**에 앞에서 복사한 **서버 인증서**를 붙여 넣고, **인증서 프라이빗 키**에는 **서버 키**를 붙여 넣는다. **인증서 체인**에는 **CA 인증서**를 붙여 넣은 후, **인증서 가져오기** 버튼을 클릭한다.

그림 13.9 인증서 본문, 인증서 프라이빗 키, 인증서 체인 입력

12. **인증서 상태**에서 **상태**가 **'발급됨'**으로 표시되는지 확인한다.

그림 13.10 인증서 발급

이어지는 절에서는 발급된 인증서를 사용해 AWS Client VPN 엔드포인트를 설정해보겠다.

13.3 [실습] AWS Client VPN 엔드포인트 생성

이번에는 AWS Client VPN 엔드포인트를 설정해보자. AWS Client VPN 엔드포인트 서비스에는 VPC의 하위 메뉴를 통해 접근할 수 있으므로 먼저 VPC 서비스로 이동한 후 진행한다.

01. VPC 서비스에서 왼쪽 메뉴의 Client VPN **엔드포인트**를 클릭한다. 그러고 나서 **클라이언트 VPN 엔드포인트 생성** 버튼을 클릭한다.

그림 13.11 VPC의 Client VPN 엔트포인트 목록

02. **이름 태그**에 각자 원하는 이름을 입력한다(이 책에서는 lucky-vpn). **설명**에는 'Lucky VPN'을 입력하겠다. Endpoint IP address type과 Traffic IP address type은 IPv4를 선택한다. Endpoint IP address type은 사용자가 VPN에 접속할 때 어떤 주소 체계로 엔드포인트에 연결할지를 결정하는 옵션이다. Traffic IP address type은 VPN에 연결된 클라이언트가 내부 리소스에 접근할 때 트래픽이 어떤 IP 주소 체계로 라우팅될지를 결정하는 옵션이다.

클라이언트 IPv4 CIDR 항목에는 **10.200.0.0/22**를 입력한다. 이 항목은 클라이언트가 VPN에 연결되면 사용될 사설 IP 범위를 의미한다. 일반적으로 10.0.0.0/22를 많이 사용하는데, 이 책에서는 DB 서브넷 주소로 10.0.2.0/24를 사용하고 있어 범위가 겹치기 때문에 일부러 겹치지 않는 10.200.0.0/22를 입력하겠다.

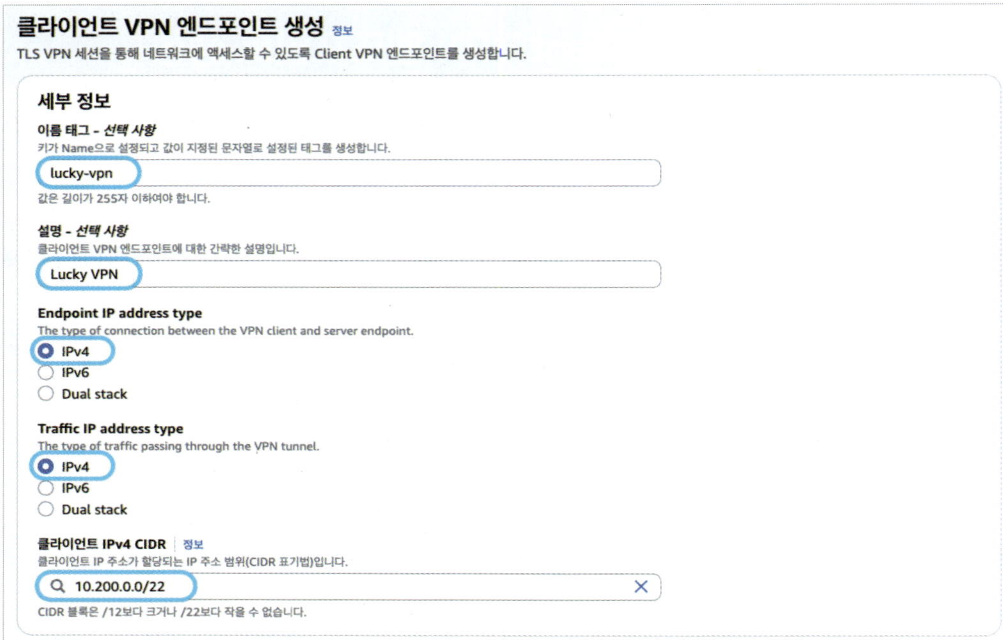

그림 13.12 Client VPN 엔트포인트에 대한 세부 정보 입력 1

03. **서버 인증서 ARN**에서는 Certificate Manager에서 만든 인증서를 선택한다. **인증 옵션**에서는 **상호 인증 사용**에 체크한다. **클라이언트 인증서 ARN**에서는 서버 인증서 ARN에서 선택한 것과 동일한 인증서를 선택한다. 이 책에서는 같은 CA에서 인증한 서버 인증서와 클라이언트 인증서를 사용하기 때문에 동일한 것을 선택한 것이다. 참고로 상호 인증 사용은 서버와 클라이언트가 서로의 신원을 확인하는 인증 방식이다.

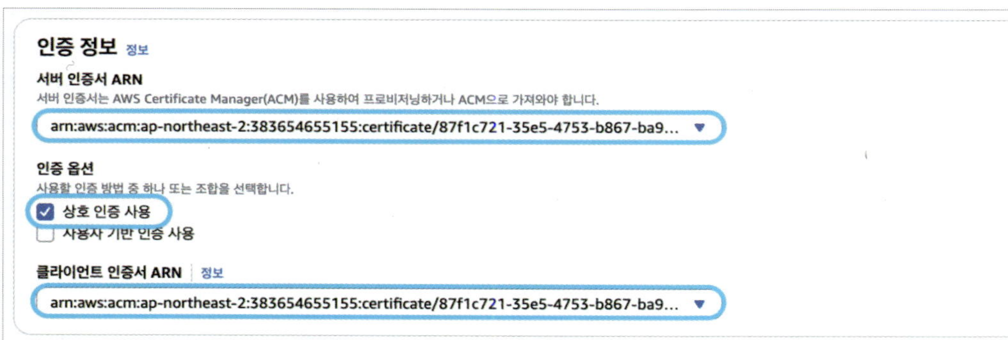

그림 13.13 Client VPN 엔트포인트에 대한 세부 정보 입력 2

04. 다음으로, **DNS 서버 1 IP 주소**에 **10.0.0.2**를 입력한다. 이것은 AWS VPC의 기본 DNS 서버 주소다. **DNS 서버 2 IP 주소**에는 **8.8.8.8**을 입력한다. 이것은 구글의 퍼블릭 DNS 서버 IP 주소로, 전 세계에서 사용 가능한 신뢰할 수 있고 빠른 DNS 서버다.

다음으로, **분할 터널 활성화**를 활성화한다. 이 기능은 VPN 연결 시 회사 내부 리소스의 트래픽은 VPN을 통해 보내고, 유튜브나 넷플릭스와 같은 트래픽은 로컬 인터넷을 그대로 사용하게 함으로써 인터넷 속도 향상과 VPN 서버 부하 감소를 위해 사용한다. VPC ID에서는 lucky-vpc를 선택한다. **보안 그룹** ID는 필자가 미리 만들어 놓았는데, VPN에도 보안 그룹이 적용되기 때문에 이름은 lucky-vpn-sg로 지정하고, 인바운드 규칙은 필요 없으며 아웃바운드만 모든 포트를 열어 놓는 규칙을 추가한 것이다(보안 그룹을 만들면 이 설정이 기본값이며, 이름과 설명만 입력하고 만들면 된다). 마지막으로 **클라이언트 VPN 엔드포인트 생성** 버튼을 클릭한다.

그림 13.14 Client VPN 엔드포인트에 대한 세부 정보 입력 2

05. '**lucky-vpn을 생성했습니다.**'라는 메시지가 표시되는 것을 확인하고 기다린다. 처음에는 lucky-vpn 상태가 Pending-associate인데, 10분 정도 기다리면 Available로 바뀔 것이다. 그러고 나면 lucky-vpn을 선택한 후 **대상 네트워크 연결** 탭에서 **대상 네트워크 연결** 버튼을 클릭한다. 어느 서브넷을 VPN과 연결할지를 선택하는 항목이다.

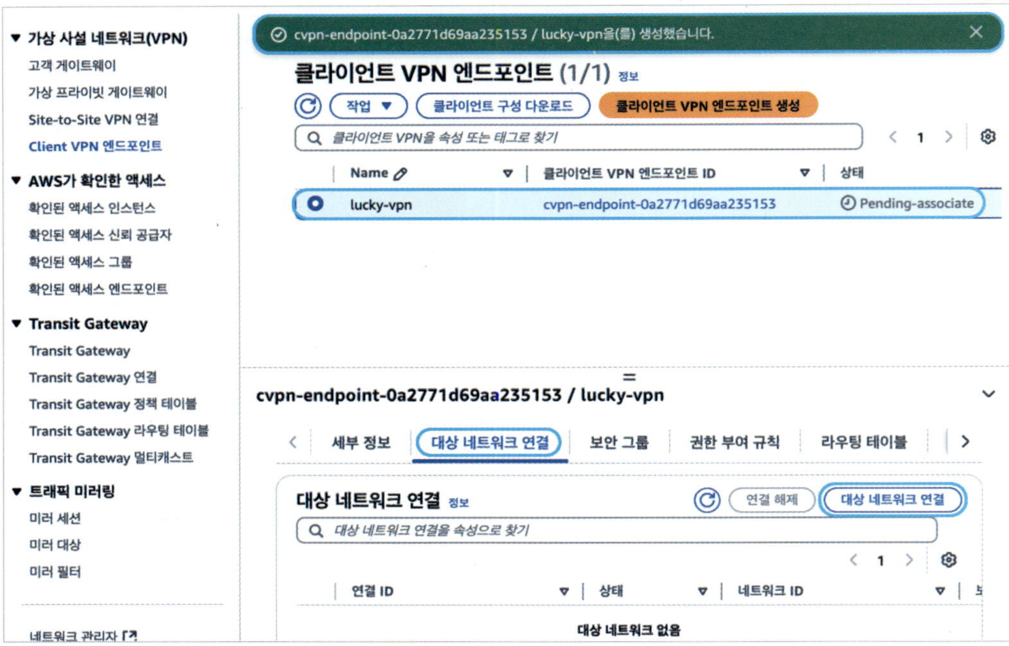

그림 13.15 Client VPN 엔드포인트 생성 후 대상 네트워크 연결

06. VPC에서 lucky-vpc를 선택한다. 연결할 서브넷으로 lucky-db-subnet1을 선택한다. 그러고 나서 **대상 네트워크 연결** 버튼을 클릭한다. 같은 과정을 반복해서 lucky-db-subnet2 서브넷도 연결한다.

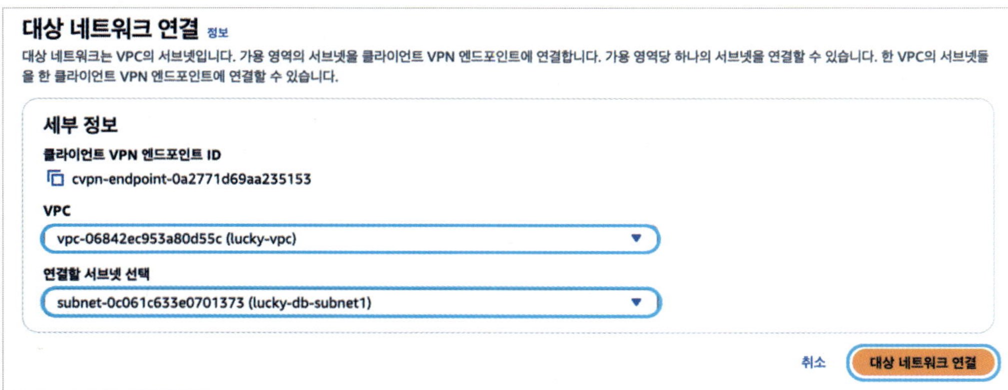

그림 13.16 대상 네트워크 연결 설정

07. 다시 lucky-vpn을 선택한 후 **권한 부여 규칙** 탭에서 **권한 부여 규칙 추가** 버튼을 클릭한다. 이는 AWS Client VPN 엔드포인트에 연결된 사용자가 어떤 CIDR 대역으로 트래픽을 보낼지를 정의하는 부분이다.

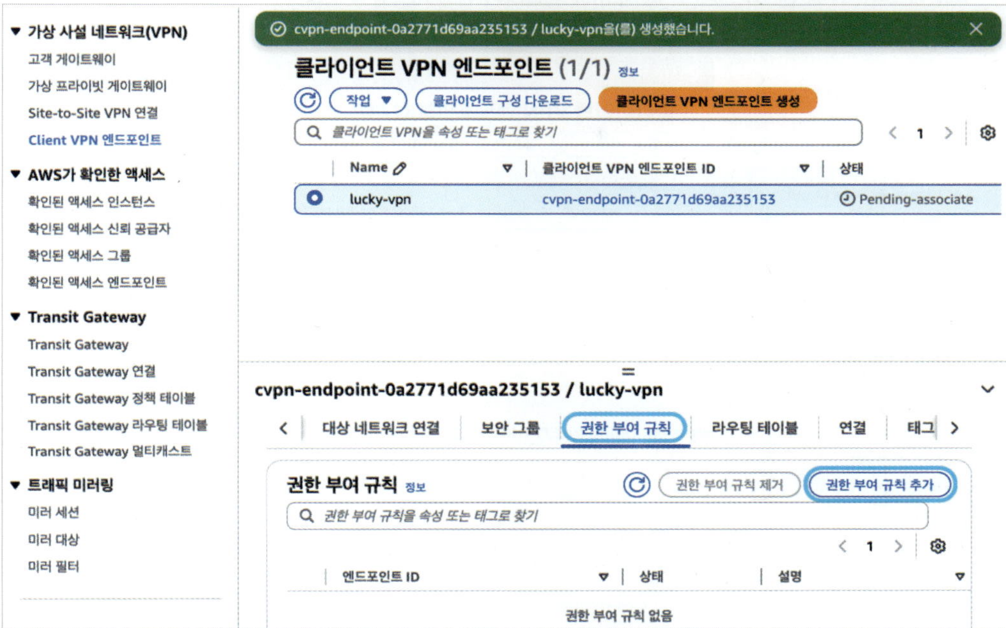

그림 13.17 Client VPN 엔트포인트의 권한 부여 규칙 추가

08. **액세스를 활성화할 대상 네트워크**에서 10.0.0.0/16을 입력한다. 이는 lucky-vpc의 CIDR 범위다. 이어서 **권한 부여 규칙 추가** 버튼을 클릭한다.

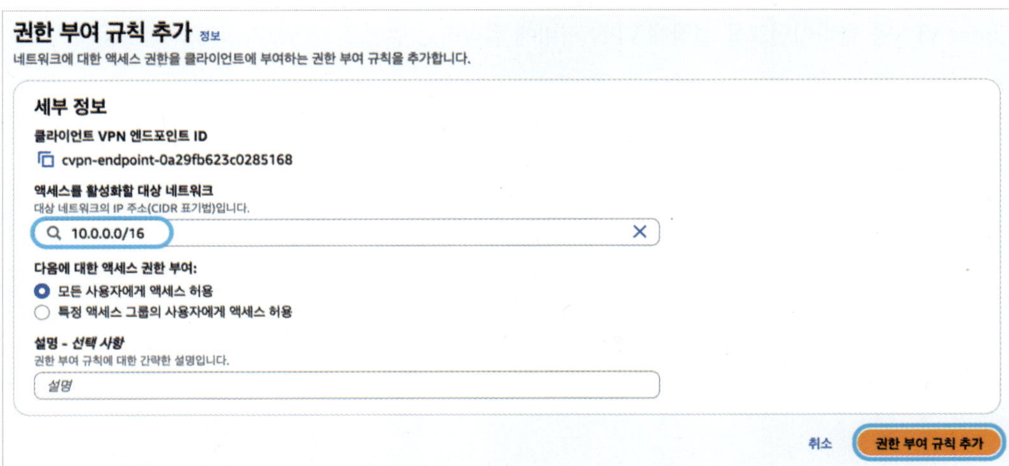

그림 13.18 권한 부여 규칙 추가

09. lucky-vpn을 다시 선택하고, **클라이언트 구성 다운로드** 버튼을 클릭한다. 그럼 `downloaded-client-config.ovpn`이라는 이름의 파일이 다운로드될 것이다. 이 파일에 내용을 추가해서 AWS Client VPN용 클라이언트가 AWS Client VPN 엔드포인트(VPN 서버)에 접속하기 위해 사용할 것이다.

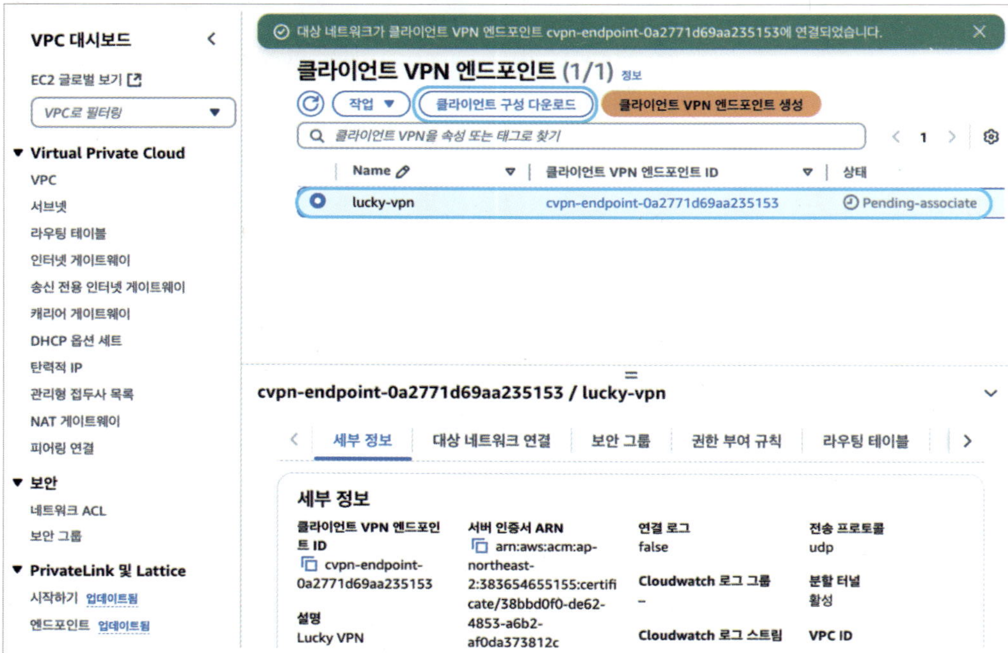

그림 13.19 대상 네트워크 연결 후 클라이언트 구성 다운로드

이렇게 하면 AWS Client VPN 엔드포인트(VPN 서버)의 설정은 모두 끝났다. 이어지는 절에서 AWS Client VPN용 클라이언트를 설정해 VPN 서버에 접속하는 방법을 알아보자.

13.4 [실습] AWS Client VPN용 클라이언트 설정

이제 AWS Client VPN 엔드포인트(VPN 서버)에 접속하기 위해 AWS Client VPN용 클라이언트를 설정할 것이다. 아래 URL에서 현재 사용 중인 운영체제에 맞는 소프트웨어를 내려받아 설치한다.

- **AWS Client VPN용 클라이언트 다운로드**: https://aws.amazon.com/vpn/client-vpn-download/

이 책에서는 macOS를 사용 중이므로 다른 운영체제를 사용하는 독자와는 이어지는 내용에 등장하는 화면이 다를 수 있지만 크게 다르지는 않을 것이므로 메뉴를 잘 살펴보고 따라하길 바란다.

01. 앞에서 다운로드한 `downloaded-client-config.ovpn` 파일을 텍스트 편집기로 연 후, 파일의 아래쪽에 있는 </ca>로 끝나는 부분 다음에 다음 화면처럼 <cert></cert>와 <key></key>를 입력하고, 그 사이에 앞에서 따로 복사해 둔 클라이언트 인증서와 키를 붙여 넣고 저장한다.

```
AYYFATlp5N9pVZzsMBMGA1UdJQQMMAoGCCsGAQUFBwMBMAsGA1UdDwQEAwIFoDAR
BgNVHREECjAIggZzZXJ2ZXIwDQYJKoZIhvcNAQELBQADggEBANxCTV9G7CoOoVjZ
NSR4j7CngqBKoKympwQQwxT14Ayve2Z4qQiWg8NkBxBrblB3Mh19hiaTxoW/Ea+V
kGvT0WsUwdJGwuSFq/5tdric48oFKtl8lF3WixEtYi0MQwXCVbRqyRj5m5w56DTg
itcfdEfjHyXDY0VYBb30dAeRMofDkpeaP/B8EXbfknQByD4pXViJmByxljMxPjBo
fuilv1XFH5KZXOxjerp78nZZW+l/AGYEvKOFosTAlcIWn8p5YmudYQffg8tnaRFX
Bf0TeBiNEfdry/HZPpRVZfx9P6phRL1IXc+VAwILSjhYvPyNIIOm1H+2SxhkfSmP
IjEu8Gk=
-----END CERTIFICATE-----

</ca>

<cert>

클라이언트 인증서

</cert>

<key>

클라이언트 키

</key>

reneg-sec 0

verify-x509-name server name
```

그림 13.20 AWS VPN Clinet에서 사용할 인증서와 키 설정 1

02. 제대로 붙여넣었다면 다음과 같이 표시될 것이다.


```
IjEu8Gk=
-----END CERTIFICATE-----

</ca>

<cert>
-----BEGIN CERTIFICATE-----
MIIDWzCCAkOgAwIBAgIRAPreds+PFJqs3ejqz62VzEEwDQYJKoZIhvcNAQELBQAw
EzERMA8GA1UEAwwIbHVja3ktQ0EwHhcNMjUwNDIyMTgwNTI3WhcNMjcwNzI2MTgw
NTI3WjAdMRswGQYDVQQDDBJjbGllbnQxLmRvbWFpbi50bGQwggEiMA0GCSqGSIb3
DQEBAQUAA4IBDwAwggEKAoIBAQC03/1KCWkoekvX5YmS/oxwjP6SEVasRyL2cDwm
wcyEnknxkVA0k5nUMesAt9wswTNT80fg7ZwORj3jn5vhsC459FCm6vhhixMt8gHX
ToZ52WiKQFr5mmpQXAP6tZh/Q++1qqRXmxpJzLkCT+5vEqFguYNH9IaNDlgTMv6Q
zD6MsGRznK1Lvp5tTjIpK1v/n48cnvVntnKPaBt+8we5Kmv7/uEY0tAqVQc55vmZ
vJS3Y663Mi6z+9kjb7Z04kT4qKvSJGUKJLicKwfoq6z6bPy7c/lx5h+VMCLz3PRq
6v+kh2jSvWlXGYJhPexUZhw0uvSadyfluRej/CEj/HV+MPIfAgMBAAGjgZ8wgZww
CQYDVR0TBAIwADAdBgNVHQ4EFgQU7iOev7x7vg6oUlSUkGIPNDdMj0swTgYDVR0j
BEcwRYAUX8nhk5/Kkuv0MNmgGlOGlHEBSj+hF6QVMBMxETAPBgNVBAMMCGx1Y2t5
LUNBghRWXvK5WqZrngGGBQE5aeTfaVWc7DATBgNVHSUEDDAKBggrBgEFBQcDAjAL
BgNVHQ8EBAMCB4AwDQYJKoZIhvcNAQELBQADggEBAJs1l89H9AdM/LRKSpPR+Mqa
32ZmF7liyIGq63kXaYaCTaF/NuPcLnfLe34+qbC6D/x+LW1vMpbdiYBddABdHKJn
BHw58kLziXNoA1C8FqQ+Ep4xNlPkVYS04gpGtci03fuiiSb2Wd+XND37ViFSvEND
R2/FOazWyZosOeKoS1qDq01KuOZOOSO+881e7Yd+iu651Sn4+tB/uC+V8fCcIyT+
RDbbNTXG7YVXaXPlZ33+3V5OMDml2R/OayuNrFoRmrZBrCDn0cdOOz/3CtNS01S9
bCc2+no+jZWs71j7OKIqQyjBvhuN1jf8up738vGqp5TTHtgrMRvzptyHBqx1wNQ=
-----END CERTIFICATE-----
</cert>

<key>
-----BEGIN PRIVATE KEY-----
MIIEvAIBADANBgkqhkiG9w0BAQEFAASCBKYwggSiAgEAAoIBAQC03/1KCWkoekvX
5YmS/oxwjP6SEVasRyL2cDwmwcyEnknxkVA0k5nUMesAt9wswTNT80fg7ZwORj3j
n5vhsC459FCm6vhhixMt8gHXToZ52WiKQFr5mmpQXAP6tZh/Q++1qqRXmxpJzLkC
T+5vEqFguYNH9IaNDlgTMv6QzD6MsGRznK1Lvp5tTjIpK1v/n48cnvVntnKPaBt+
8we5Kmv7/uEY0tAqVQc55vmZvJS3Y663Mi6z+9kjb7Z04kT4qKvSJGUKJLicKwfo
q6z6bPy7c/lx5h+VMCLz3PRq6v+kh2jSvWlXGYJhPexUZhw0uvSadyfluRej/CEj
/HV+MPIfAgMBAAECggEAGxb3ERkiulDCvjWfKrhcIVlEoWzeXdQTrPQ3VhitgGlS
qs74Q7+diPXm/AcNf1h6Twb/S3Va65pil45mouEnsz9fuvgzNizFtRprYytcIbDJ
ovcriPmzFZEKeYisK9dpdfx2O7a7s7TpOqrtC46vQ9TVEDhT1JmC4HFBRj+I2Lor
LxvgL7YflkDVh4G+GZ8gpfuC/kFG0N2bpZd06PV5fTXlj96d5Z3Ye1a8KtilDS0P
fv7ctN2xQqRzmF01r182wJwdpJC7ZbbFaw+cuMAuFXgeKjbfJcLKAbx2jn/0ie/j
R47kNAihWsH5Ohv1sny3zNfzJ27+UlYPCCsg8QV2hQKBgQD8qbfwTj1K8gF4g5E9
n7T04ej1ZbI7bR6npvEufZUPgxRaJurmWPTX+lbKUCtNJ9mM6af87uvshOyKWmTi
R4eWVw8LtUJQ/Tw62f0FPDn6eNnW/UwtQzSOWlS2rEcSEvFShOdYuubXsphi7UkB
3XMJ/CeQpW//rVNkWdYgkE0muwKBgQC3Q4w2ATazM+45wwplOlB+oe+nNR2T1fmu
zuOe03u84GweFBtTUsIallERbBqZhonkkBH0bxM7uk82W7Kns1yfwT7JDwd3lXyt
5Qr2V5yGTi1H/Z4zjxRgb8o+vJsPNAWazEX8S3sfiry/2Fp2xirXa8j8XvdZNcdc
N9R8cDhV7QKBgFHb5tU7dA5BBAr4jWjqwmUIgEJpVWp9ew4UP1WxqEajUEe5Difd
ME59M/tOKAlSXOCTnzKKcfNqSXy1trO9OweRYzWG31qAATCMCbbVgW9OEj3eSPzt
JizsxT9953TKoFb86jtMKpg9q7N5b0rkZW4ZvPPXNccfb8I2fPKF7gkbAoGANzu8
fmpPOiNkoTQPZgL1T7UurY5so6nR3sWsBKpomLxq2YXl1m8S4UB8nmueeLb7yE9D
mhAAE/hK928boT+FowBzE9Xbwkbjl0V7MFOncTMOoqvlilSNJ6OJq07fLO3Y4pa+
YRO+v/roeEmUukdvkg2CPc3BbrmupDSPbhHEaOECgYAO+Xb04OyU5xPBKXT0BsA/
xC0CaBHaEAr9YUZ3TbzpLnjq7aYmAuki/ZLGhP8KMgaXjrSZLwM7ctOy/tX5ldQC
oDO/OskbS5bdLPh5lZN+CXEBNDhq/9XVJhx9wFsjpjkyqd2stsxRBU0UGkw9vwJm
zgNK0+KLA+PxofP+0p/bUA==
-----END PRIVATE KEY-----
</key>
```


그림 13.21 AWS VPN Clinet에서 사용할 인증서와 키 설정 2

03. 앞에서 설치한 AWS Client VPN용 **클라이언트**를 실행한 후 File 메뉴에서 Manage Profiles를 선택한다.

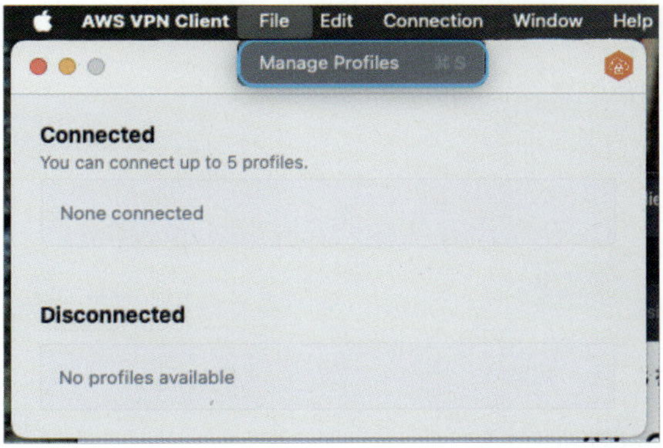

그림 13.22 AWS Client VPN용 클라이언트에 프로파일을 등록

04. Add Profile 버튼을 클릭한다.

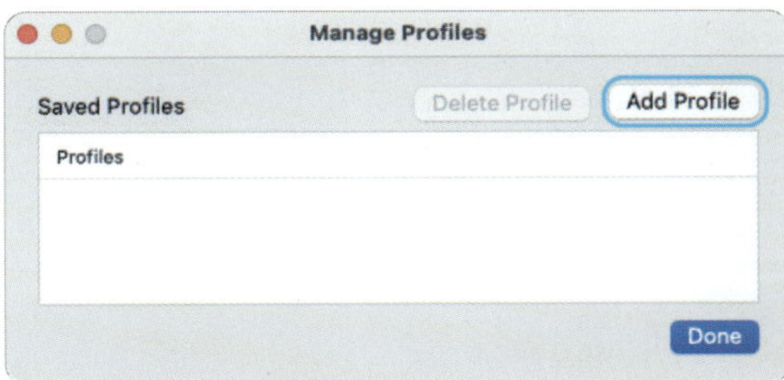

그림 13.23 AWS Client VPN용 클라이언트의 프로파일 목록

05. Display Name에 각자 원하는 이름을 입력한다(이 책에서는 lucky-vpn). VPN Configuration File 항목 우측의 찾아보기 아이콘을 클릭한 후, 앞에서 수정한 downloaded-client-config.ovpn 파일을 선택한다. 그러고 나서 Add Profile 버튼을 클릭하면 이제 VPN 접속을 위한 프로파일이 추가된다.

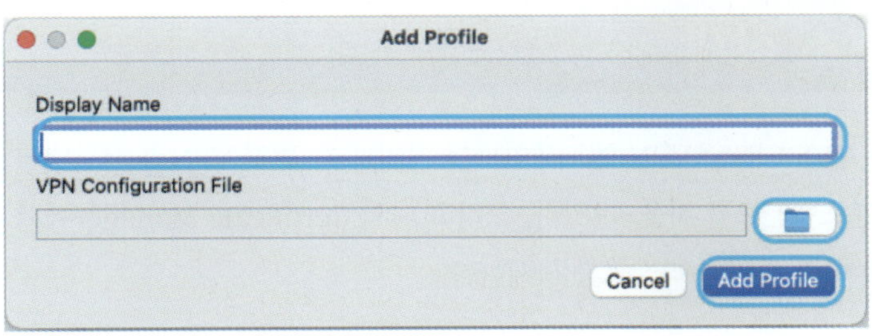

그림 13.24 AWS Client VPN용 클라이언트에 프로파일을 추가

06. 화면에 lucky-vpn 프로파일이 보이면 Done 버튼을 클릭해 프로파일 추가를 완료한다.

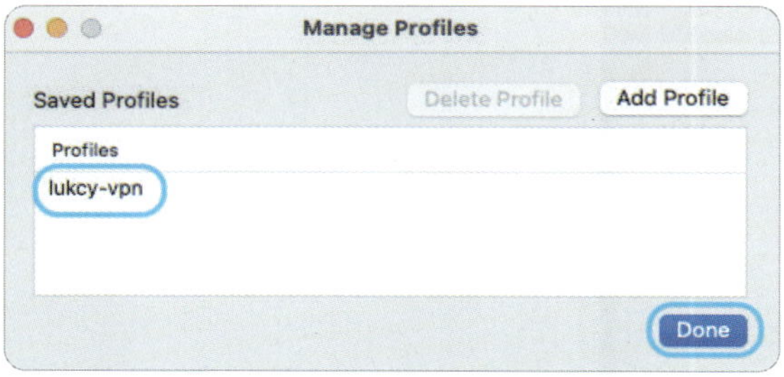

그림 13.25 AWS VPN Client에 프로파일 추가 완료

07. lucky-vpn의 Connect 버튼을 클릭해 VPN 서버에 접속한다.

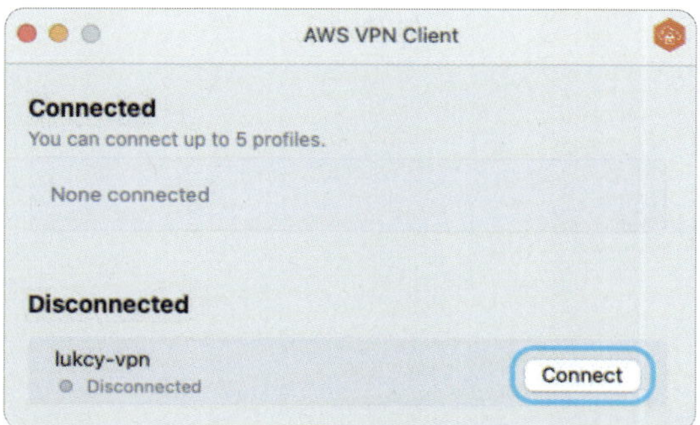

그림 13.26 AWS Client VPN용 클라이언트에서 AWS Client VPN 엔드포인트에 접속

VPN에 정상적으로 접속되면 데이터베이스 툴로 직접 RDS의 주소에 접근할 수 있다. 즉, VPN을 통해 데이터베이스에 직접 쿼리를 실행할 수 있게 된다.

13.5 [실습] 리소스 삭제

리소스 정리를 위해 앞에서 만든 AWS Client VPN 엔드포인트를 지워보자. 먼저 VPN과 서브넷의 연결을 해제해야 AWS Client VPN 엔드포인트를 지울 수 있다. 그리고 나서 Certificate Manager에서 인증서를 지운다. 다음 과정을 하나씩 따라 하면서 리소스를 삭제한다.

01. Client VPN **엔드포인트**를 클릭한다. 여기서 lucky-vpn를 선택하고, 아래쪽의 **대상 네트워크 연결**에서 서브넷과 연결돼 있는 연결 ID를 선택한 후 **연결 해제** 버튼을 클릭한다. 연결이 여러 개 있다면 모두 연결 해제한다.

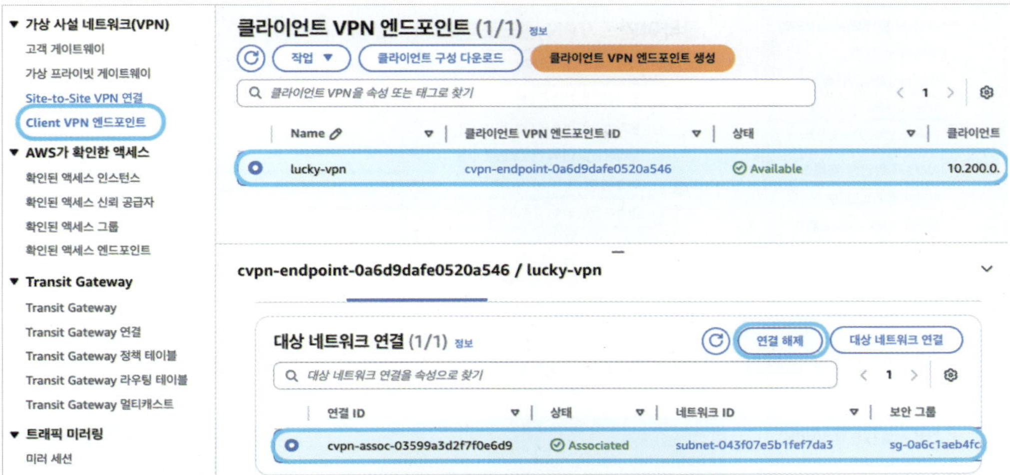

그림 13.27 Client VPN 엔트포인트의 대상 네트워크 연결 해제

02. **대상 네트워크 연결 해제** 버튼을 클릭한다. 연결이 해제되기까지 몇 분 걸리며, 해제된 것을 확인하고 다음 과정을 진행해야 한다.

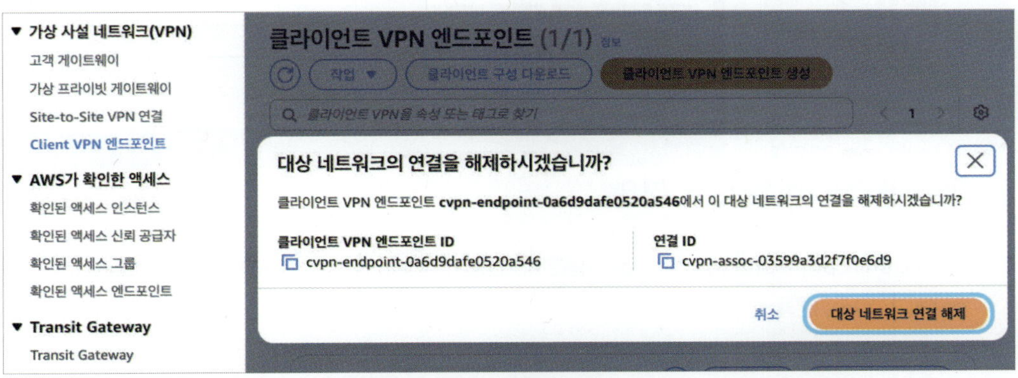

그림 13.28 Client VPN 엔트포인트의 대상 네트워크 연결 해제 확인

03. 다시 Client VPN **엔드포인트**를 클릭한다. lucky-vpn을 선택하고, **작업** → **클라이언트** VPN **엔드포인트 삭제**를 차례로 선택한다.

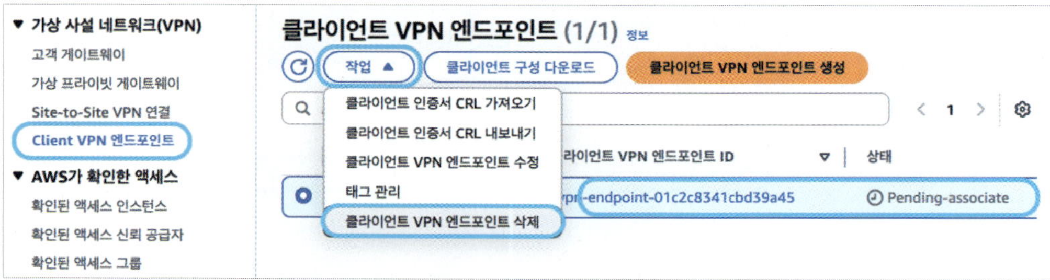

그림 13.29 Client VPN 엔드포인트 삭제

04. 입력란에 '**삭제**'를 입력하고, **삭제** 버튼을 클릭한다.

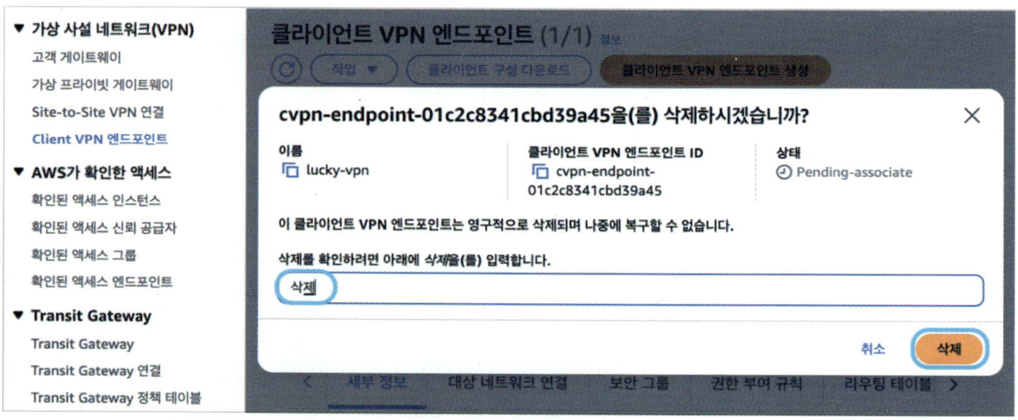

그림 13.30 Client VPN 엔드포인트 삭제 확인

05. AWS Certificate Manager 서비스로 이동한다. **인증서 나열**을 클릭한 후 도메인 이름이 server인 인증서를 선택하고 **삭제** 버튼을 클릭한다.

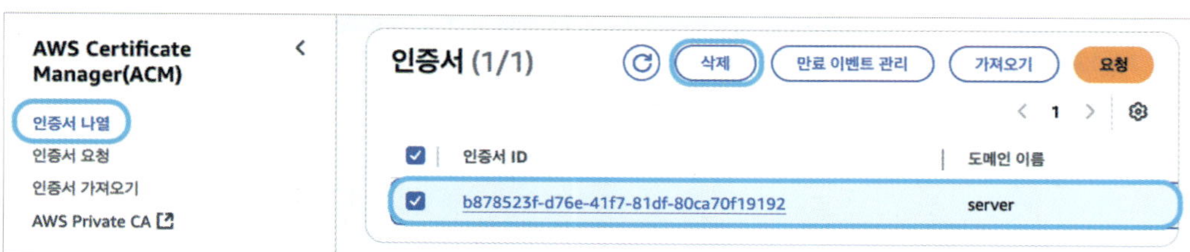

그림 13.31 Certificate Manager에서 인증서 삭제

06. 입력란에 '**삭제**'를 입력하고, **삭제** 버튼을 클릭한다.

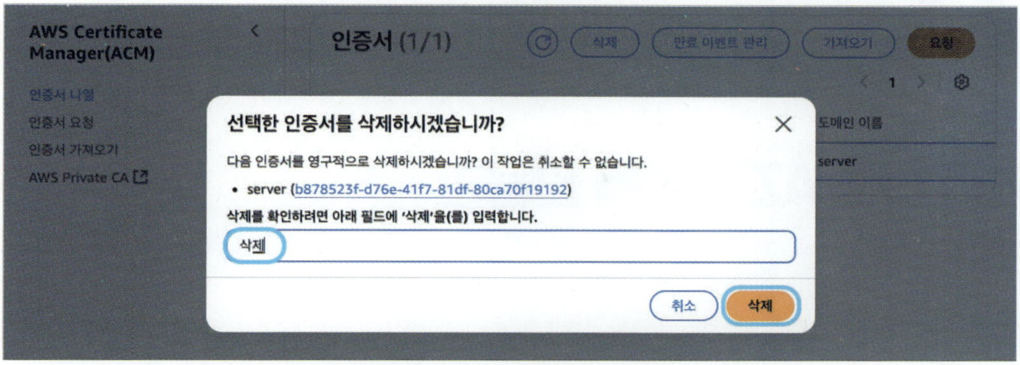

그림 13.32 Certificate Manager에서 인증서 삭제 확인

14

RDS 다중 AZ 구성을 활용한 장애 대비

RDS는 클라우드 환경에서 사용하는 데이터베이스다. 그런데 RDS가 한 곳(가용 영역, AZ)에만 설치돼 있다면, 그리고 데이터 센터에 장애가 발생하거나, 정전이 되거나, 물리적 고장이 발생하면 당연히 데이터베이스에도 장애가 발생할 것이다. 그렇게 되면 웹사이트도 멈추고, 사용자도 떠나가기 마련이다.

이 같은 사태를 방지하기 위해 AWS에서는 복제본을 다른 데이터 센터에 미리 만들어두고, 문제가 생겼을 때 자동으로 전환하는 기능을 만들었는데, 이것이 바로 RDS의 다중 AZ다. 즉, RDS의 다중 AZ는 AWS에서 제공하는 고가용성 기능으로, RDS를 다른 가용 영역(AZ)에 복제해 장애가 발생했을 때 자동으로 다른 가용 영역의 RDS로 전환하는 역할을 한다.

용어 설명

프라이머리 데이터베이스(primary database)

프라이머리 데이터베이스는 데이터가 최초로 기록(write)되고, 그 데이터를 기준으로 다른 복제본(replica)이 동기화되는 중심 데이터베이스이다.

스탠바이 데이터베이스(stand-by database)

스탠바이 데이터베이스는 프라이머리 데이터베이스의 복제본으로, 평소에는 대기 상태로 있다가 장애나 장애 조치(failover) 상황이 발생하면 프라이머리 데이터베이스 역할을 대신 수행할 준비가 돼 있는 데이터베이스다.

AWS에서는 RDS를 생성할 때 '다중 AZ 배포 옵션'을 활성화할 수 있다. 이 옵션을 활성화하면 AWS는 자동으로 다음과 같은 작업을 수행한다.

프라이머리 데이터베이스 인스턴스를 하나 생성하고, 스탠바이 데이터베이스 인스턴스를 다른 가용 영역에 하나 더 생성한다. 그러고 나면 실시간으로 데이터를 동기화(동시 복제)한다. 그러다 만약 프라이머리 데이터베이스에 장애가 발생하면 스탠바이 데이터베이스가 자동으로 승격(failover)되어 서비스를 계속 수행한다. 이 과정은 사용자 개입 없이 자동으로 이뤄지며, 애플리케이션에서는 그대로 동일한 엔드포인트를 사용하면 된다.

14.1 RDS의 다중 AZ

해킹을 한 번 당했더니 아무래도 보안에 신경을 많이 쓰게 된다. 그래서 가장 먼저 Default VPC에서 새로 보안을 강화한 VPC를 만들어 프라이빗 서브넷으로 서버들을 옮겼고, 보안 그룹 참조를 이용해 정해진 보안 그룹끼리만 트래픽을 전달할 수 있도록 변경했다.

게다가 프라이빗 서브넷을 쓰다 보니 서버에 직접 접근할 수 없어 Session Manager를 사용해 서버를 관리하도록 변경했다.

마지막으로 데이터베이스 관리를 위해 Client VPN까지 설정해서 VPN으로 암호화된 터널을 통해 AWS 내부와 통신할 수 있게 만들었다. 이제 많은 부분에서 보안이 강화됐으니 마음 편하게 쇼핑몰만 운영하면 될 것이다.

다행히 보안을 적용한 아키텍처로 변경한 후, 몇 개월 동안 평화로운 나날을 잘 보내고 있었다. 그러던 중 어느 날 갑자기 또 쇼핑몰에 문제가 생겼다. 워낙 장애를 자주 겪다 보니 이제는 그러려니 하고, 빠르게 원인을 분석하고 복구하는 데 주력하고 있다.

문제를 파악해 보니 일단 웹 서버와 애플리케이션 서버에는 문제가 없는 듯하고, RDS 데이터베이스에 갑자기 장애가 발생했다. 왜 그런지 원인을 찾아봤지만 원인을 도저히 모르겠다. 이전에는 트래픽 과부하로 데이터베이스에 장애가 발생했는데, 이번에는 트래픽 과부하 문제가 아니다. 그래서 더 자세히 파헤쳐 봤지만 이유를 잘 모르겠다. 심증만 있을 뿐이다.

실무를 하다 보면 이런 경우가 간간히 있다. 소프트웨어가 완벽한 게 아니기도 하고, 하드웨어나 인프라의 문제일 수도 있는 등 다양한 원인으로 장애가 발생한다. 물론 로그를 자세히 파헤쳐 보면 대략적으로 어떤 문제로 장애가 발생했는지는 확인되지만 문제는 장애가 언제 다시 발생할지 예상할 수 없다는 것이다. 그냥 장애가 난다. 집에서 가전기기를 사용하다 보면 갑자기 고장이 나는 경우를 보게 되는데, 이 같은 경우와 비슷하다고 보면 된다.

그럼 이처럼 갑작스러운 원인불명의 장애는 어떻게 예방할 수 있을까? 이를 위해 이번 장에서는 장애 조치(failover)와 자가 치유(self-healing)에 대해 알아보겠다.

14.2 장애 조치와 자가 치유

앞에서 고가용성이라는 용어에 대해 배웠다. 앞에서 배운 내용을 다시 짚어 보자면 고가용성은 서버, 네트워크, 프로그램 등의 정보 시스템이 오랜 기간 동안 지속적으로 정상 운영될 수 있는 성질을 말한다. 다시 말해 '오랜 시간 장애로 인해 서비스가 중단되지 않음'을 의미한다.

장애로 인한 서비스 중단은 고객 이탈, 수익 손실, 브랜드 신뢰도 하락으로 이어질 수 있다. 금융, 의료, 전자상거래, 게임 서비스 등은 몇 초 동안 일어난 장애에도 큰 피해를 입게 된다. 서비스의 규모가 클수록 장애로 인한 타격은 크다.

절대 고장나지 않는 정보 시스템이 가능할까? 불가능한 얘기다.

필자가 AWS에서 근무할 가장 많이 들었던 말이 **"Everything Fails All the Time."**이다. "모든 것이 항상 실패합니다."라는 뜻이다. 구글이라고 해서 장애가 안 나는 거 아니고, 아마존이라고 해서 장애가 안 나는 게 아니다. 모든 것에는 장애가 발생한다. 하지만 장애가 발생해도 시스템 전체에 영향을 미치지 않고 얼마나 빨리 복구하느냐가 문제다. 그래서 여러분도 이 책을 통해 고가용성 아키텍처를 설계하는 방법을 배우고 있는 것이다.

이 책에서 지금까지 만든 아키텍처를 보면 약간의 문제가 있다. 바로 단일 장애 지점(Single Point of Failure; SPOF)이다. 아키텍처에서 한 지점에 장애가 발생했는데 전체 시스템에도 장애가 발생하는 것을 단일 장애 지점이라고 한다.

다음 그림에서 보면 데이터베이스가 바로 단일 장애 지점이다. 로드 밸런서는 단일 장애 지점이 아니냐, 라는 질문을 받을 때가 있는데, 로드 밸런서는 내부적으로 이중화돼 있어서 단일 장애 지점이 아니다. 그렇다면 이 단일 장애 지점을 어떻게 없앨 수 있을까? 데이터베이스를 이중화하면 된다.

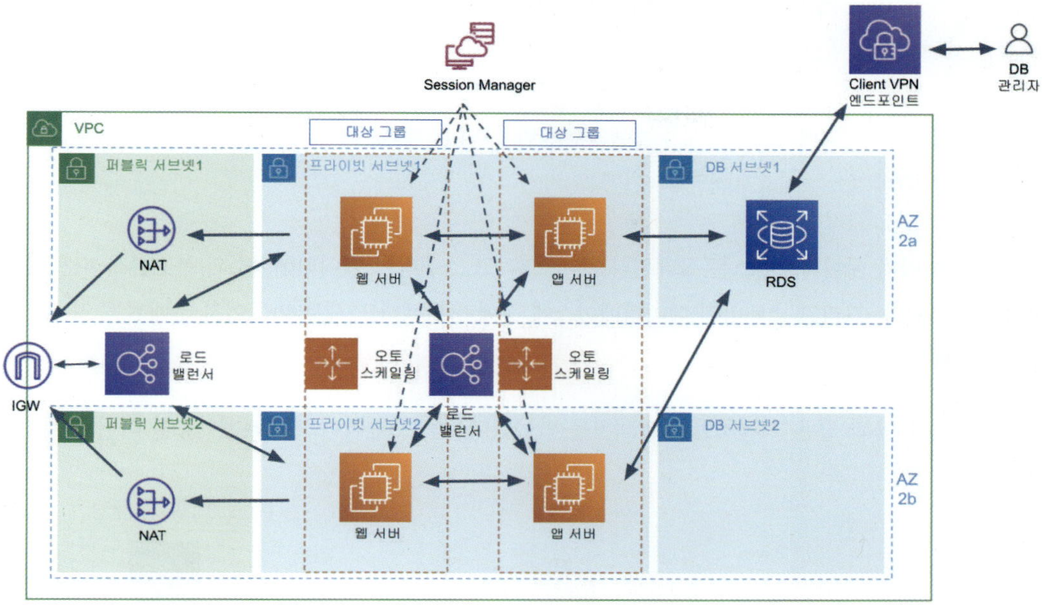

그림 14.1 RDS가 단일 장애 지점인 아키텍처

간단하게 말해, 데이터베이스를 하나 더 만들어서 대기하다가 데이터베이스에 장애가 발생하면 대기하고 있던 데이터베이스로 주소를 변경하면 된다. 이 작업을 여러분이 수동으로 할 필요는 없다. 고맙게도 RDS는 다중 AZ(Multi-AZ)라는 기능으로 제공한다.

다중 AZ라는 용어의 의미는 여러 개의 가용 영역을 사용하겠다는 것이다. 앞에서 가용 영역을 AZ(Availability Zone)라고 부른다고 이야기한 바 있다. 다시 말해, 다중 AZ 기능은 데이터베이스를 다른 가용 영역에 하나 더 만들어 놓고, 프라이머리 데이터베이스에 장애가 발생하면 다른 가용 영역에 있는 스탠바이 데이터베이스로 바로 대체하는 기능이다. 이를 가리켜 장애 조치라고 한다. 스스로 장애를 극복하고, 시스템 전체에 장애가 발생하는 것을 예방하는 기능이다.

필자가 다른 기업들에서 면접을 볼 때 다중 AZ 기능이 시스템의 성능에 영향을 미치냐는 질문을 몇 번 받아봤다. 답은 "아니요"다. 다중 AZ는 대기 상태의 데이터베이스를 만들어서 장애가 발생했을 때 바로 대체하기 위한 용도로 사용하는 것이지 성능에 영향을 미치지는 않는다. 그리고 다중 AZ 기능을 활성화하면 비용이 2배로 증가한다. 스탠바이 데이터베이스가 따로 하나 더 만들어지기 때문이다. 이 책에서는 아직까지는 다중 AZ 기능을 사용하지 않았지만 이제는 혹시 모를 장애에 대비하기 위해 사용하려고 한다.

참고로 필자가 AWS 자격증 시험을 볼 때 다중 AZ의 작동 방식에 대한 문제를 본 적이 있다. 문제는 다음과 같다.

> “프라이머리 데이터베이스가 장애가 발생해 스탠바이 데이터베이스로 대체됐을 때 장애가 발생한 프라이머리 데이터베이스는 어떻게 처리되는가?”

답은 ‘프라이머리 데이터베이스는 삭제된다’이다. 그리고 스탠바이 데이터베이스의 복제본을 다시 만들어서 대기시킨다. 그리고 스탠바이 데이터베이스에 장애가 발생하면 새로 만들어져서 대기 중인 데이터베이스로 대체된다.

그래서 이제 다음과 같은 그림처럼 아키텍처를 만들겠다. 즉, 스탠바이 데이터베이스를 하나 추가하는 것이다.

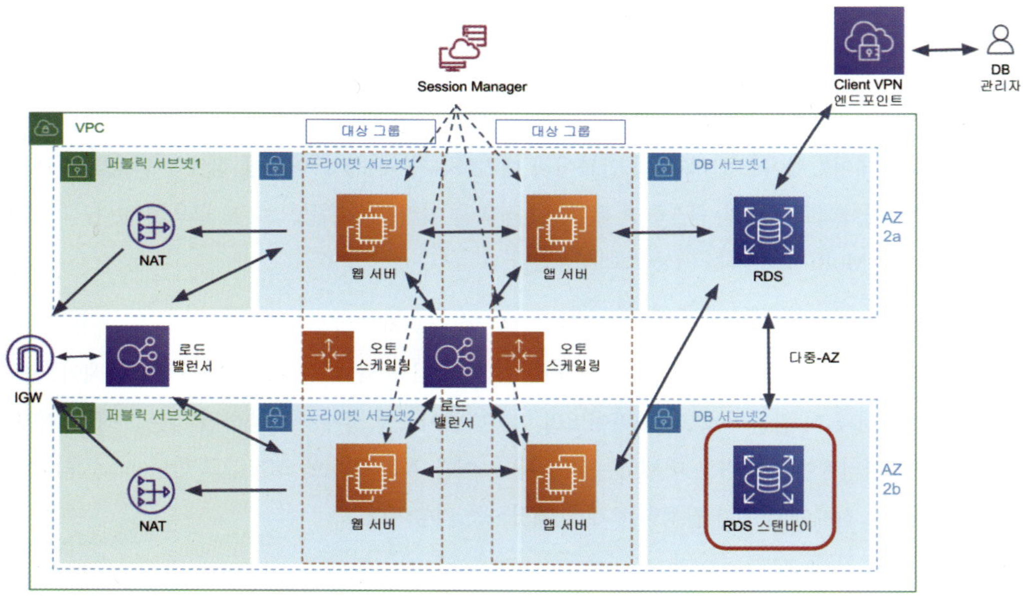

그림 14.2 RDS에 다중 AZ가 적용된 아키텍처

다음 절로 넘어가기 전에 잠깐 장애 조치와 자가 치유라는 인프라 관련 용어를 정의하고 넘어가자.

표 14.1 장애 조치와 자가 치유 비교

	장애 조치(failover)	자가 치유(self-healing)
정의	시스템이나 서비스에서 장애가 발생했을 때 미리 준비된 백업 시스템이나 경로로 자동으로 전환하는 기능	시스템이 스스로 문제를 감지하고, 문제를 자동으로 해결하거나 복구하는 기능
목표	서비스를 중단 없이 계속 운영되게 하는 것	장애를 자체적으로 해결해서 사람이 개입하지 않아도 되게 하는 것
작동 방식	시스템 간 전환(프라이머리 → 스탠바이)	시스템 내부에서 복구(장애가 있는 서비스를 자동으로 재시작)
예시	다중 AZ	오토 스케일링

14.3 [실습] 다중 AZ 설정

이번 실습은 정말 간단하다. 이미 만들어진 RDS의 데이터베이스에 다중 AZ 기능만 활성화할 것이기 때문이다.

01. 관리 콘솔 위쪽의 검색란에서 'RDS'를 검색해서 나오는 RDS를 클릭한다.

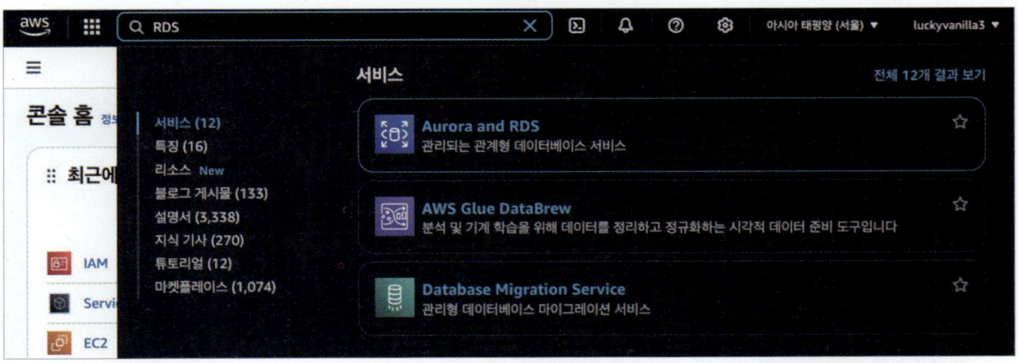

그림 14.3 RDS 서비스로 이동

02. RDS 서비스에서 왼쪽 메뉴의 **데이터베이스**를 클릭한다. 그리고 기존에 사용 중인 lucky-db를 선택하고, **작업 → 다중 AZ 배포로 변환**을 차례로 선택한다.

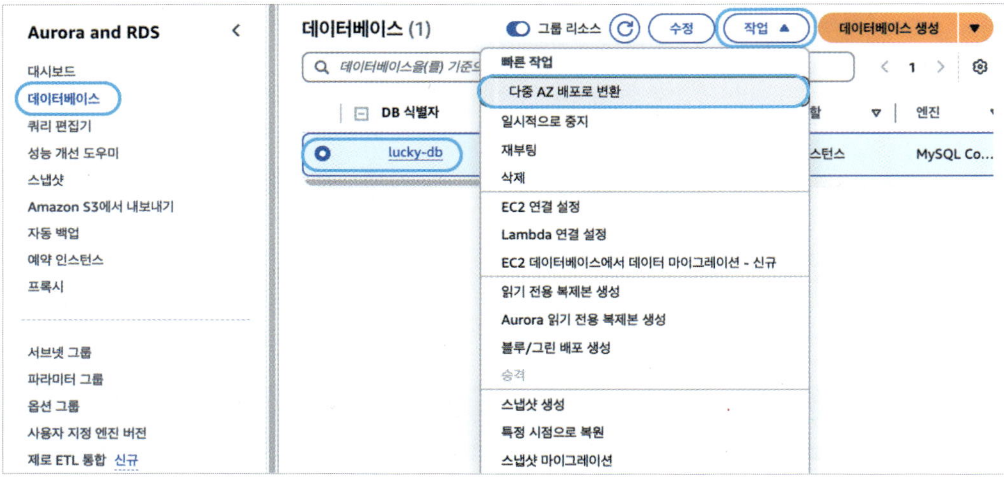

그림 14.4 데이터베이스를 다중 AZ로 변환

03. 보통 데이터베이스 작업을 할 때는 서비스를 많이 사용하지 않는 새벽에 하는 것이 일반적이다. 왜냐하면 데이터베이스가 잠깐 멈출 수 있기 때문이다. 그래서 보통 **예약된 다음 유지 관리 기간에 적용**을 선택하지만 이번 실습에서는 바로 적용해 보기 위해 **즉시 적용**을 선택한다. 그러고 나서 **다중 AZ로 변환** 버튼을 클릭한다.

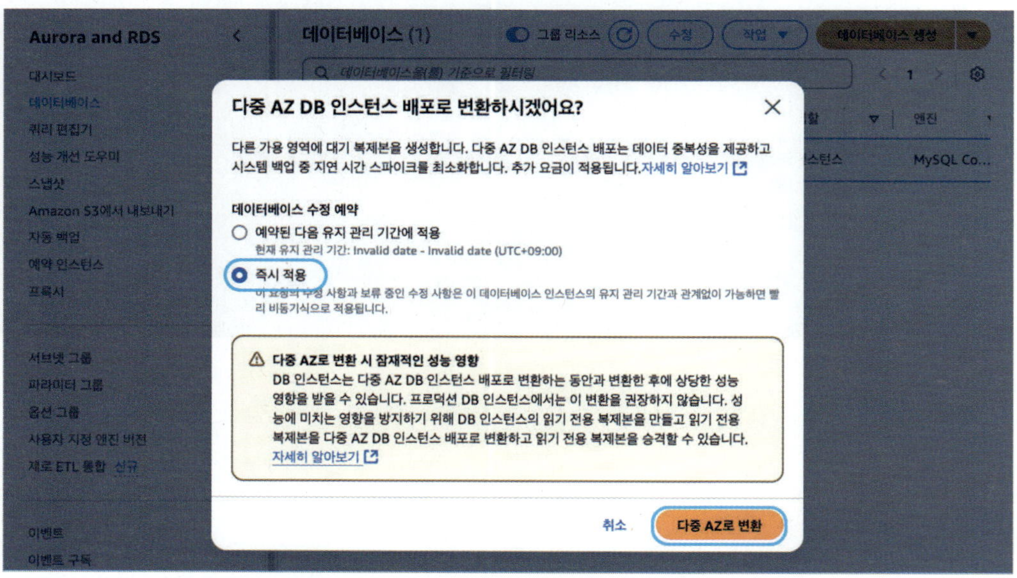

그림 14.5 다중 AZ로의 변환을 즉시 적용

04. 'DB 인스턴스를 AZ DB 인스턴스 배포로 변환했습니다.'라는 메시지가 표시되는 것을 확인하고 몇 분 정도 기다리면 변환 작업이 완료된다.

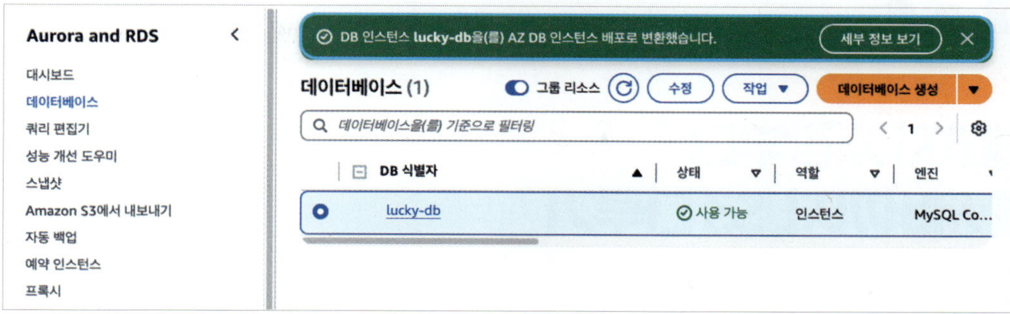

그림 14.6 데이터베이스를 다중 AZ로 변환 진행 중

이렇게 해서 지금까지 사용하던 아키텍처가 좀 더 고가용성 아키텍처로 바뀌었다.

15

이미지 저장부터 웹 서버까지, S3 다루기

S3(Simple Storage Service)는 AWS에서 제공하는 객체 기반의 스토리지(object storage) 서비스로, 무제한의 데이터를 저장하고 인터넷을 통해 접근 가능하게 해준다. S3에는 텍스트, 이미지, 동영상, 로그, 백업 등 모든 형태의 데이터를 저장할 수 있다. 간단히 말하면 대규모로 파일을 저장할 수 있는 거대한 창고라고 보면 된다. S3는 이론적으로 무제한의 저장 공간이며, 99.999999999%에 달하는 내구성을 보장한다. 이를 가리켜 나인 일레븐(nine eleven)이라고 표현하며, 그만큼 데이터의 손실 가능성이 매우 낮다는 의미로 사용되는 용어다.

여러분은 중요한 데이터가 날아갈지도 모른다는 공포감을 느껴본 적이 있을지 모르지만 필자는 지금까지 여러 번 느껴봤다. 일생 동안 모아온 사진, 일하면서 만들어진 데이터, 강의 자료, 프로젝트 관련 코드 등 필자의 삶과 커리어가 수많은 데이터에 담겨 있다. 이러한 데이터가 사라질지 모른다는 불안감 때문에 HDD나 SSD를 여러 개 구입해서 여러 곳에 분산해서 저장해 놓곤 한다. 심지어 HDD나 SSD의 자료도 언제 소실될지 몰라서 두 개씩 복제해 놓는다.

하지만 S3를 사용하면 이러한 데이터가 손실될 확률이 크게 줄어든다. 그만큼 내구성이 뛰어나다는 것이다. 그뿐만 아니라 S3는 스토리지로서 정말 다양한 기능을 제공한다.

- **확장성**: 저장 용량에 제한이 없음(페타바이트까지 저장 가능)
- **내구성**: 99.999999999%(11 9's) 내구성 보장(중복 저장됨)
- **가용성**: 다양한 스토리지 클래스에 따라 99.99% 이상을 보장
- **버전 관리**: 객체의 버전을 저장하고 복원 가능

- **정책 기반 접근 제어**: IAM, 버킷 정책, ACL 등을 통한 세부적인 접근 제어
- **정적 웹 호스팅**: HTML/JS 기반의 정적 웹 사이트 호스팅 가능
- **암호화**: SSE-S3, SSE-KMS 등 자동 데이터 암호화 지원
- **Presigned URL**: 일정 시간 동안만 유효한 파일 접근 URL 생성
- **Lifecycle 정책**: 일정 기간 후 자동 삭제, 아카이브 전환
- **Cross-Region Replication(CRR)**: 다른 리전에 자동 복제
- **Event Notification**: 객체 업로드/삭제 시 Lambda, SNS, SQS 트리거

기능이 너무 많다 보니 S3만 집중적으로 다뤄도 책 한 권이 나올 정도다. 하지만 이번 장에서는 이 책의 내용을 진행하는 데 필요한 S3의 핵심적인 기능만 다룰 것이다. 그러기 위해 S3의 구조에 대한 기본 지식이 약간 필요하므로, S3의 구조에 대해 잠시 다루겠다.

PC나 노트북에서 파일을 저장할 때는 디렉터리나 폴더를 만들어서 저장한다. 하지만 S3는 버킷(bucket)을 만든다. 버킷은 거대한 창고에 있는 물건을 보관하는 통과 같다. 버킷을 만들 때는 이름과 리전을 기본적으로 선택해야 하는데, 이 이름은 전 세계에서 유일해야 한다. 영문 대문자도 사용할 수 없고 띄어쓰기 역시 사용할 수 없다. 이것은 매우 중요한 부분인데, 버킷 이름은 S3에 저장한 객체를 인터넷으로 공유할 때 인터넷 주소(URL)에 직접 사용되기 때문이다.

버킷을 만들면 그 안에 객체를 담는다. 객체는 우리가 저장하려는 파일이다. 그런데 왜 파일이라고 부르지 않고 객체라고 부를까? 정확히 말하면 우리는 파일을 업로드하지만 그 파일은 키(key, 이름 및 경로) + 데이터(파일) + 메타데이터가 합쳐져서 새로운 단위인 객체가 된다. 그래서 S3를 객체 스토리지라고 부른다. 그렇다면 파일 단위로 사용하지 않고 객체라는 새로운 단위로 만들어서 사용하는 이유는 뭘까?

객체를 사용하는 이유를 이해하려면 우리가 PC나 노트북에서 사용하는 파일 시스템과 객체 스토리지의 차이점을 알아야 한다. 다음 표를 보자.

표 15.1 파일 시스템과 객체 스토리지 비교

구분	파일 시스템	객체 스토리지
구조	디렉터리/폴더 구조(계층적)	평평한(flat) 구조(모든 객체가 동일 레벨)
식별 방법	파일 경로(path)로 식별	고유한 키(key)로 식별
메타데이터	파일 속성(크기, 시간 등) 한정	자유롭게 확장 가능한 메타데이터
성능	디렉터리에 파일이 많아지면 느려짐	수조 개(tera-scale)의 객체에도 성능 저하 없음
수정 방식	파일 일부만 수정 가능(수정 효율적)	객체 전체를 새로 업로드해야 함

구조와 식별 방법부터 보면 파일 시스템은 디렉터리나 폴더 구조로 계층적인 형태를 띤다. 하지만 객체 스토리지는 평평한 구조다. 이 말은 하나의 큰 저장소에 계층이 존재하지 않고 모든 객체를 다 담는다는 뜻이다. S3를 사용해 본 적이 있다면 분명 S3에 '폴더 만들기'라는 기능이 있는데, 이게 무슨 말이냐고 할 수 있다. 하지만 이 폴더를 만드는 기능은 우리가 보기 편하게 만들어진 것일 뿐이다. 사실상 폴더는 존재하지 않는다. 실제로는 객체와 폴더가 '/'로 이뤄진 하나의 키다. S3는 키로 객체를 구분하는 아주 단순하고 대규모 확장이 가능한 모델이다.

메타데이터(데이터의 데이터)는 파일이나 정보 자체를 설명하고 관리하기 위한 부가 정보다. 파일 시스템의 메타데이터는 매우 한정적인 반면 S3의 객체는 커스텀 메타데이터를 마음대로 추가할 수 있다. 그래서 객체에 대해 풍부하게 설명하고 관리할 수 있다. 이 말은 S3를 단순한 스토리지 이상으로 데이터 관리 플랫폼처럼 사용할 수 있다는 뜻이다.

필자는 S3가 객체 단위로 관리되는 이유 중 가장 큰 부분은 성능이라고 생각한다. 디렉터리는 파일이 많아지면 성능이 떨어진다. 하지만 S3는 키를 기반으로 해시 테이블처럼 찾기 때문에 객체의 수가 아무리 많아도 성능에 영향이 없다.

수정 방식은 약간 단점처럼 들릴 수 있지만 객체 스토리지의 특징이다. 파일 시스템은 일부 데이터만 수정할 수 있다. 하지만 객체 스토리지는 일부만 수정할 수 없다. 예를 들어, 만약 파일의 크기가 1GB인데, 숫자 1을 2로 변경한다면 파일 시스템에서는 간단하지만 객체 스토리지에서는 변경한 파일을 처음부터 다시 업로드해야 한다. 객체는 전체 덩어리로 저장되기 때문이다. 그래서 저장 중에 문제가 생겨도 깨진 파일이 남지 않는다. 이러한 특성이 데이터의 일관성과 무결성을 보장한다. 그래서 자주 수정되는 파일들은 S3에 저장하는 것이 적절하지 않다. 왜냐하면 수정될 때마다 처음부터 다시 업로드해야 하기 때문이다.

필자가 S3에 대해 장황하게 설명한 것은 여러분이 AWS를 사용할 때 가장 많이 사용하게 될 서비스 중 하나이기 때문이다.

15.1 S3 소개

현재 쇼핑몰 아키텍처는 다음 그림과 같다. 이전 장에서 활성화한 다중 AZ 기능 덕분에 데이터베이스도 2개로 구성돼 있다.

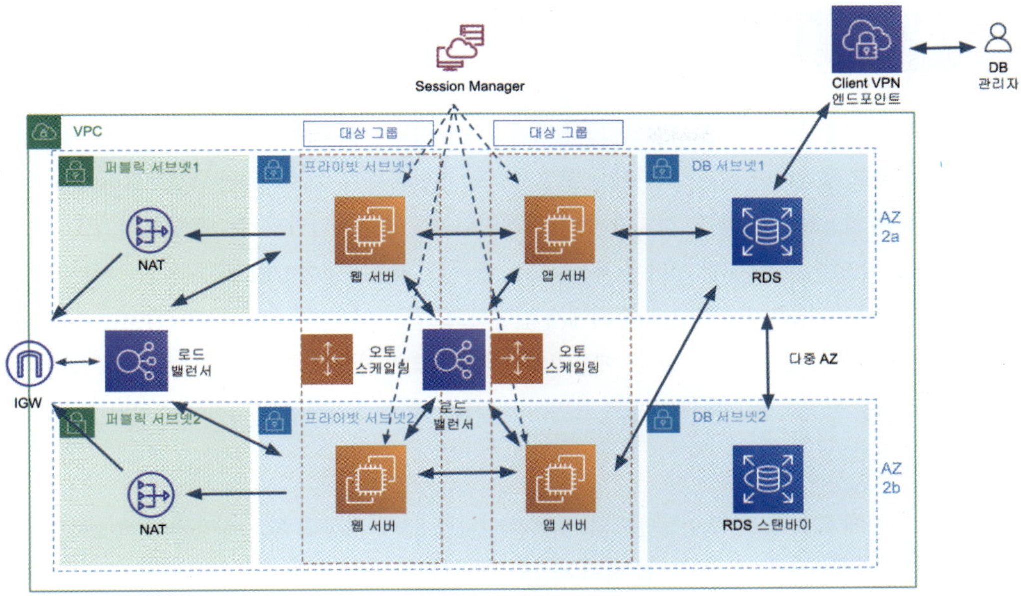

그림 15.1 현재 운영 중인 아키텍처

그런데 약간 불편한 부분이 생겼다. 쇼핑몰을 운영하는 과정에서 상품도 점점 많아지고, 고객도 많이 늘어서 상품 리뷰도 많아지고 있다. 리뷰나 상품 정보는 텍스트니까 데이터베이스에 저장하면 되는데, 점점 많아지는 이미지 때문에 고민이 된다. 왜냐하면 현재 아키텍처에서는 이미지가 웹 서버에 저장되기 때문이다.

앞에서도 이야기했지만 이미지는 정적 파일이다. 즉, 어떤 사용자가 요청해도 똑같은 파일이 전달된다는 의미다. 그리고 정적 데이터를 클라이언트의 요청에 따라 보내주는 것이 웹 서버의 역할이다. 트래픽이 증가하면 웹 서버가 여러 대 생성되는데, 모든 웹 서버에 같은 이미지가 저장돼 있어야 한다. 만약 웹 서버가 몇십 대 생긴다면 그 몇십 대의 웹 서버에서 모든 이미지를 각각 다 가지고 있어야 한다. 이것은 문제다. 그렇게 되면 데이터의 중복 저장으로 인한 비용 낭비와 성능 문제가 생긴다. 그렇다면 이 문제를 어떻게 해결해야 할까?

정적 데이터를 중앙집중식으로 인터넷으로 접근 가능한 하나의 스토리지에 저장해 놓고, 사용자가 요청할 때마다 정적 데이터의 URL을 보내주면 된다. 이렇게 하면 사용자가 웹 서버에서 이미지를 다운로드할 필요 없이 URL을 통해 인터넷 스토리지에서 직접 이미지를 내려받을 수 있다. 이때 필요한 것이 바로 S3다. S3는 대규모 인터넷 스토리지이기 때문에 정적 데이터를 저장하고 인터넷으로 배포하는 기능을 제공한다. 이처럼 중앙집중식으로 정적 데이터를 관리하고 배포하면 비용도 많이 줄어들고 성능도 좋아진다. 그래서 이번 장에서는 현재 운영 중인 아키텍처를 변경하면서 프런트엔드의 모든 코드를 S3에서 운영해 보려고 한다.

참고로 현대적인 애플리케이션은 프런트엔드와 백엔드로 구성되는데, 프런트엔드는 브라우저 화면에 표시되는 부분이라고 생각하면 된다. 최근에는 프런트엔드 개발자들이 주로 React, Vue, Angular 등 같은 프레임워크를 사용해 개발한다. 하지만 어떤 프레임워크를 사용하더라도 프런트엔드의 코드는 모두 정적 데이터다. 이 말은 코드가 웹 서버에 저장된다는 뜻이고, 사용자들이 URL을 통해 접근하면 웹 서버는 프런트엔드 코드를 사용자의 웹 브라우저에게 전달하고, 웹 브라우저는 전달받은 HTML, CSS, 자바스크립트, 이미지, 동영상으로 구성된 웹 애플리케이션을 브라우저에서 만들어 낸다. 그리고 웹 애플리케이션에서 버튼을 클릭하면 그때 백엔드로 요청이 전달되면서 애플리케이션 서버에 데이터가 전달되는 것이다.

그렇다면 웹 서버에 있는 모든 프런트엔드의 정적 데이터를 S3에 저장해 놓고 사용자가 요청하면 S3에서 보내주면 될 것 같다. 실제로 S3는 웹 서버 기능을 제공하며, 이 기능을 정적 웹 사이트 호스팅이라고 한다. 정적 웹 사이트 호스팅을 이용하면 웹 서버를 EC2에서 운영하지 않아도 되고, 결국 관리 부담도 줄어든다. 그래서 이번 장에서는 앞에서 살펴본 아키텍처를 다음과 같이 변경하겠다.

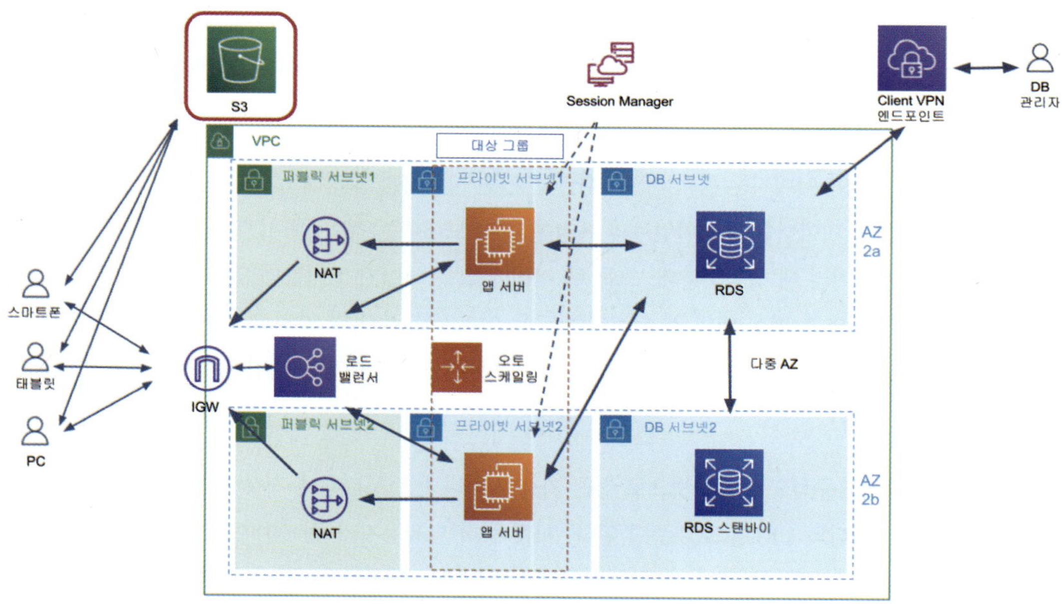

그림 15.2 웹 서버를 S3로 대체한 아키텍처

이제 웹 서버는 S3가 대체할 것이다.

15.2 [실습] S3 정적 웹 사이트 호스팅 설정

이번 실습에서는 이미지를 중앙 집중식으로 저장 및 관리하기 위해 이미지 저장용 버킷을 만들고 인터넷을 통해 사용자들이 내려받을 수 있도록 권한을 부여하는 작업을 진행하겠다. 앞에서 설명했듯이 S3는 인터넷 스토리지로서 S3에 객체를 업로드하면 사용자는 인터넷을 통해 해당 객체를 내려받을 수 있다. 하지만 아무나 객체를 다운로드하면 안 되기 때문에 기본적으로 권한에 따라 허용 및 차단이 이뤄진다. 따라서 사용자가 이미지를 내려받을 수 있게 하려면 권한을 부여해야 하는데, 이때 버킷의 권한이 있고, 객체의 권한이 따로 있다. 두 권한을 모두 허용해야만 사용자가 이미지를 내려받을 수 있다. 그래서 먼저 버킷을 만들고, 이미지를 업로드한 후, 권한을 허용하는 작업을 진행하겠다.

그리고 프런트엔드 코드를 배포하기 위해 웹 서버 역할을 하는 버킷도 만들겠다. 그런 다음, 정적 웹 사이트 호스팅 기능을 활성화해서 버킷을 웹 서버처럼 사용한다. 참고로 정적 웹 사이트 호스팅 기능을 활성화해서 사용하려면 버킷과 객체에 권한을 허용해야 한다.

그럼 하나씩 따라해보자.

01. 관리 콘솔 위쪽의 검색란에서 'S3'를 검색해서 나오는 S3를 클릭한다.

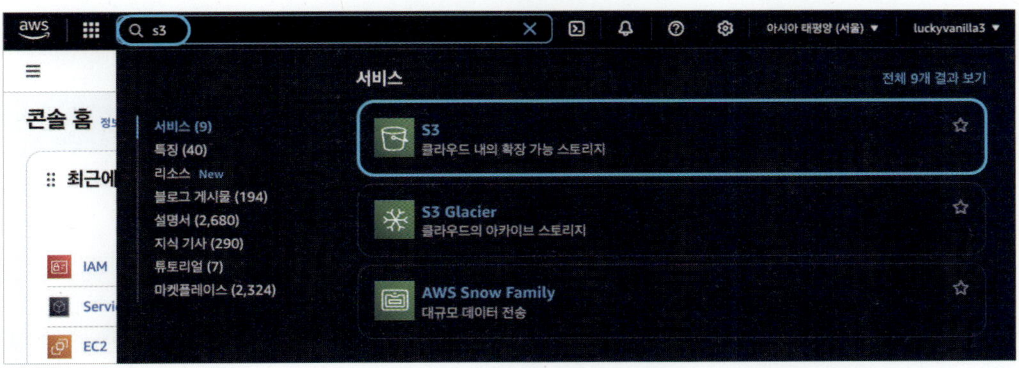

그림 15.3 S3 서비스로 이동

02. S3 서비스에서 왼쪽 메뉴의 **범용 버킷**을 클릭한다. 그러고 나서 **버킷 만들기** 버튼을 클릭한다.

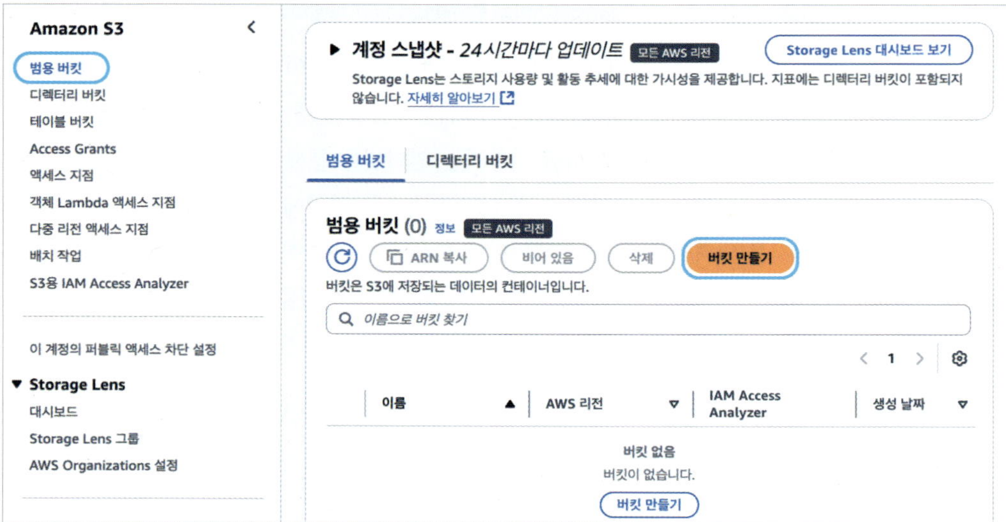

그림 15.4 범용 버킷 생성

03. **버킷 이름**으로 각자 원하는 이름을 입력한다. 단 소문자, 숫자, 하이픈만 사용할 수 있다. 앞에서도 이야기했지만 버킷 이름은 전 세계에서 유일해야만 한다. 그래서 의미 있는 이름 뒤에 난수를 많이 붙여서 사용한다. 이 책에서는 lucky-1231234376으로 입력하겠다.

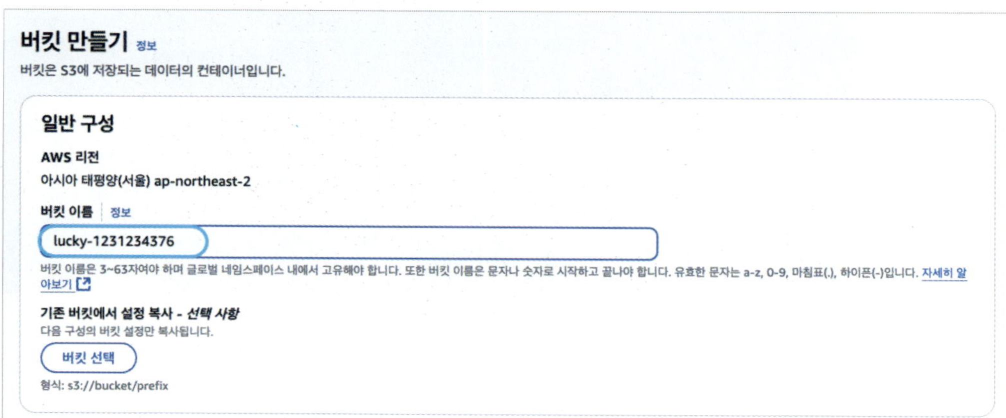

그림 15.5 S3 버킷의 이름을 입력

04. **모든 퍼블릭 액세스 차단**을 체크 해제한다. S3는 기본적으로 보안 때문에 버킷을 만들면 외부에서 접근할 수 없게 돼 있다. 이 책에서는 외부에서 이미지를 내려받을 수 있게 할 것이므로 **모든 퍼블릭 액세스 차단**을 해제하는 것이다. 다음으로, 확인 절차로 '**현재 설정으로 인해 이 버킷과 그 안에 포함된 객체가 퍼블릭 상태가 될 수 있음을 알고 있습니다.**'를 체크한다. 앞에서 S3에는 버킷의 권한과 객체의 권한이 따로 있다고 설명했는데 지금 차단을 해제하는 것은 버킷의 권한이다.

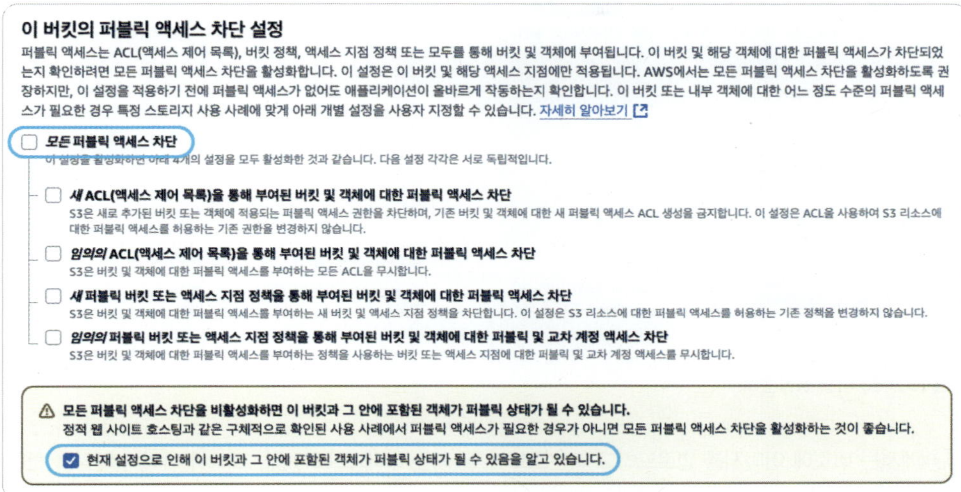

그림 15.6 S3 버킷의 모든 퍼블릭 액세스 차단을 해제

05. **버킷 만들기** 버튼을 클릭해 버킷을 만든다.

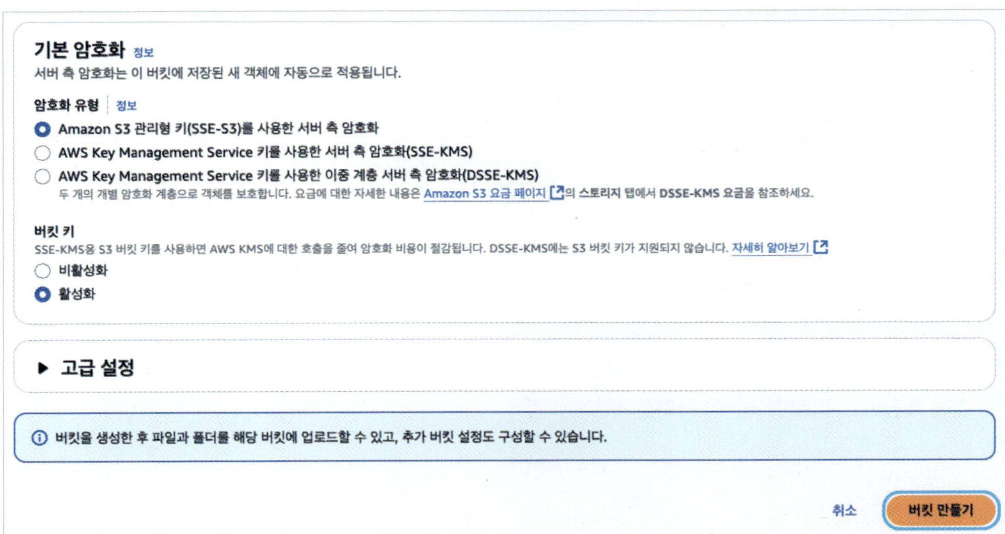

그림 15.7 S3 버킷의 설정을 완료

06. 버킷이 생성됐다는 메시지가 표시되는 것을 확인하고, 새로 생성된 lucky-1231234376 버킷을 클릭해 버킷 안으로 진입한다.

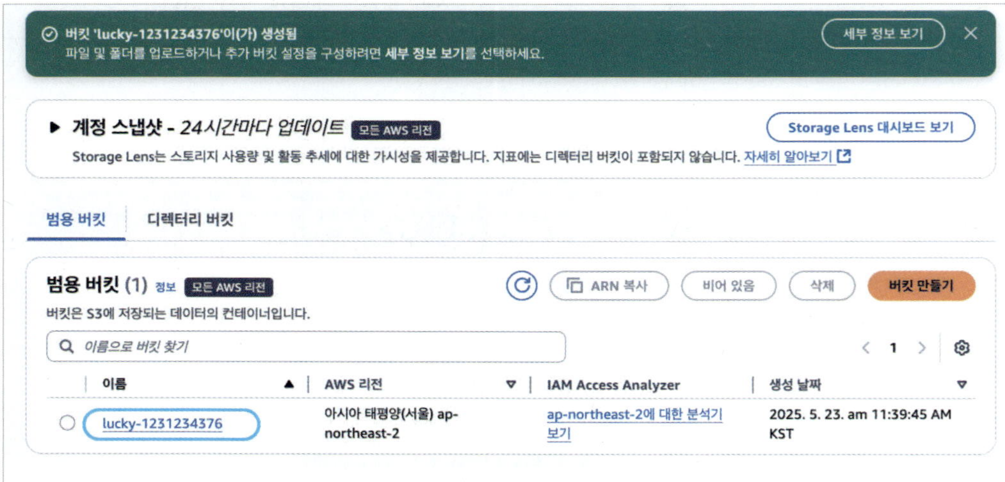

그림 15.8 S3 버킷 생성 완료

07. 이 책에서는 버킷에 이미지를 업로드하고 다운로드가 잘 되는지 테스트하겠다. 그래서 이미지 파일을 하나 업로드하려고 한다. **업로드** 버튼을 클릭한다.

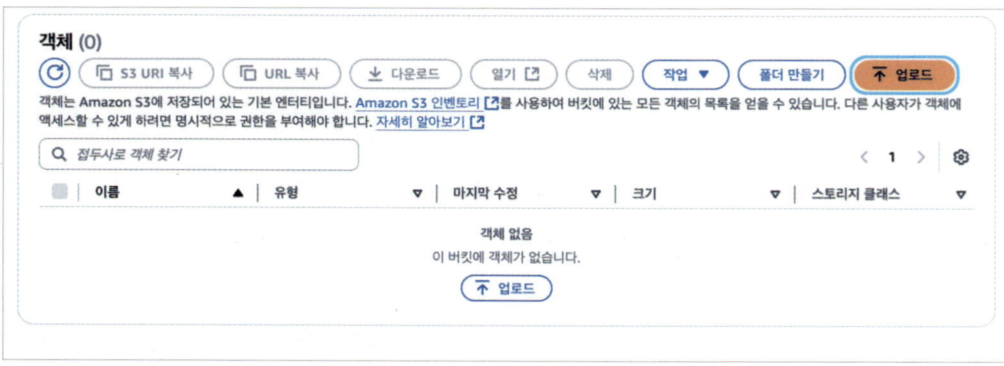

그림 15.9 S3 버킷의 객체 목록

08. **파일 추가** 버튼을 클릭해 업로드하고 싶은 이미지 파일을 하나 선택한다. **파일 및 폴더**에 해당 파일이 추가되는 것을 확인하고, **업로드** 버튼을 클릭한다.

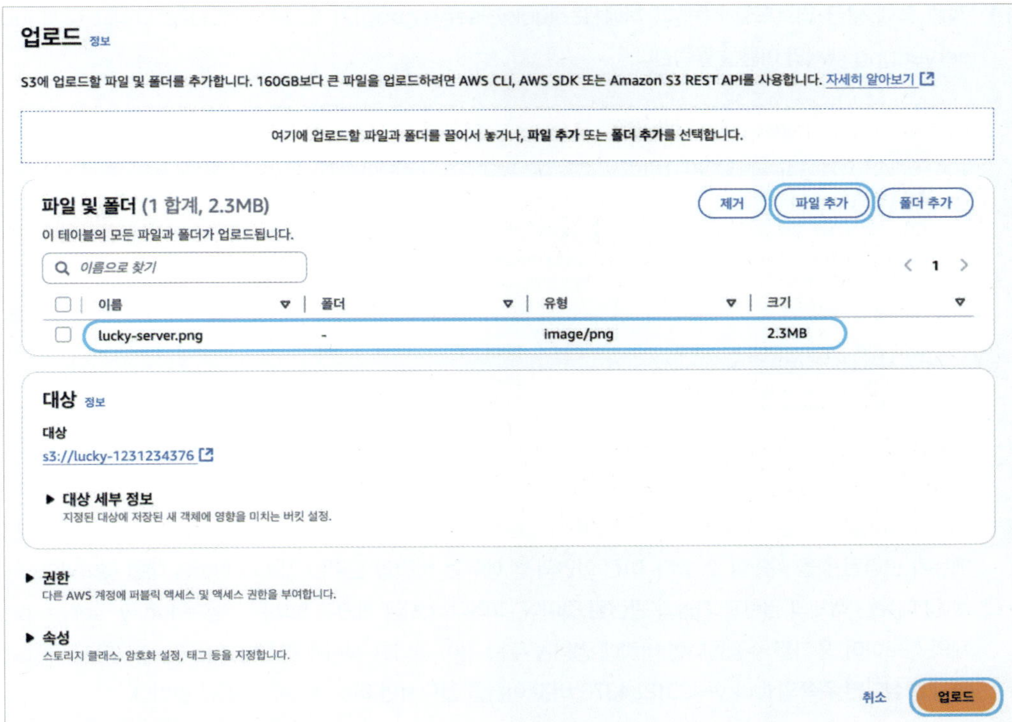

그림 15.10 객체 업로드

09. '**업로드 성공**'이라는 메시지를 확인하고, **닫기** 버튼을 클릭한다.

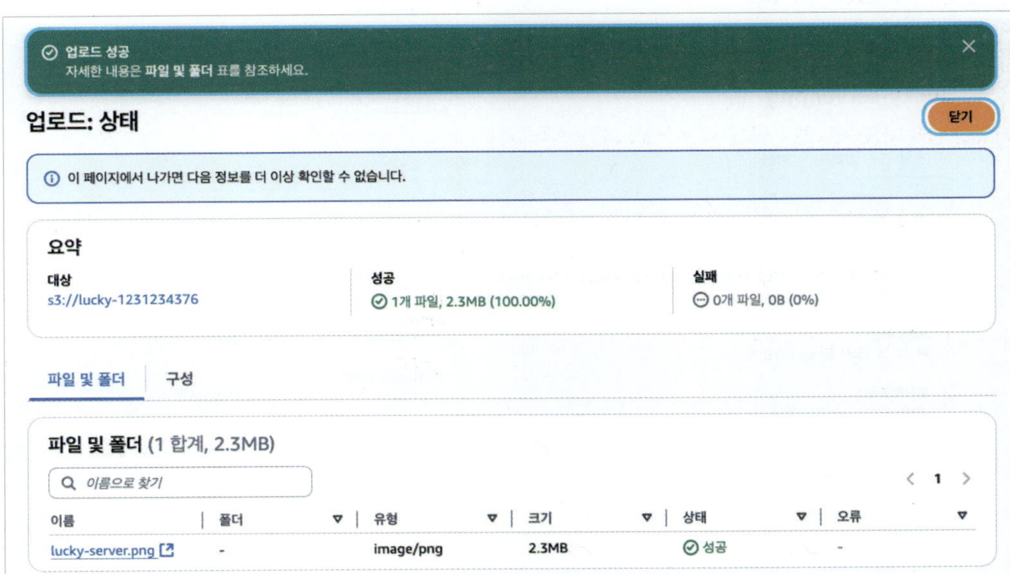

그림 15.11 객체 업로드 완료

10. **객체** 탭에 방금 업로드한 객체(이 책에서는 lucky-server.png)가 있는지 확인한다. 그러고 나서 lucky-server.png 객체의 이름을 클릭한다.

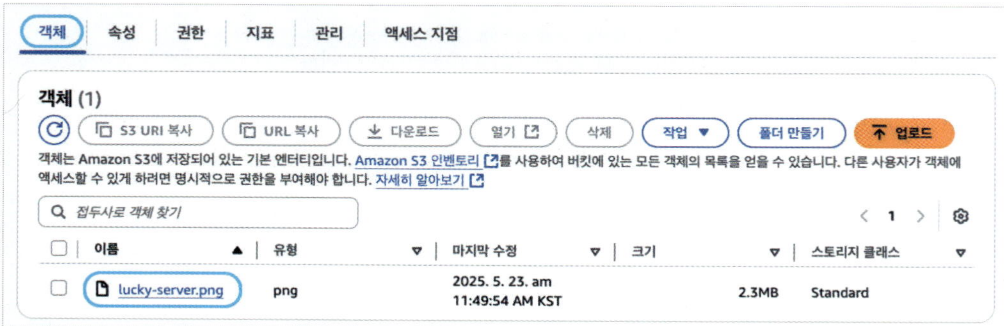

그림 15.12 업로드된 객체 확인

11. 이번에 살펴볼 부분은 자주 헷갈리는 부분이니 집중해서 살펴보자. 바로 이전 화면의 탭 메뉴와 지금 화면의 탭 메뉴가 변경된 것을 확인할 수 있다. 이전 화면의 탭 메뉴는 버킷과 관련된 기능과 권한에 대한 것이었다. 지금 보는 탭 메뉴는 객체의 권한과 기능과 관련된 것이다. 그러니까 지금 화면에 보이는 내용은 lucky-server.png 객체의 정보이며, 뭔가를 수정한다면 버킷에 영향을 주는 것이 아니고 객체에 영향이 가는 것이다. 다시 버킷으로 돌아가고 싶다면 위쪽의 lucky-1231234376 버킷 이름을 클릭하면 버킷 메뉴로 변경될 것이다.

앞에서 버킷의 권한에 대해 이야기했는데, 객체의 권한은 현재 화면의 권한 탭에서 설정할 수 있다. 하지만 객체의 권한은 버킷 정책으로 부여하는 것이 일반적이기 때문에 여기서는 권한 부여를 하지 않을 것이다(버킷 정책 설정은 뒤에서 다룬다). 여기서는 **객체** URL에 적힌 주소를 클릭해 이미지를 다운로드해보겠다.

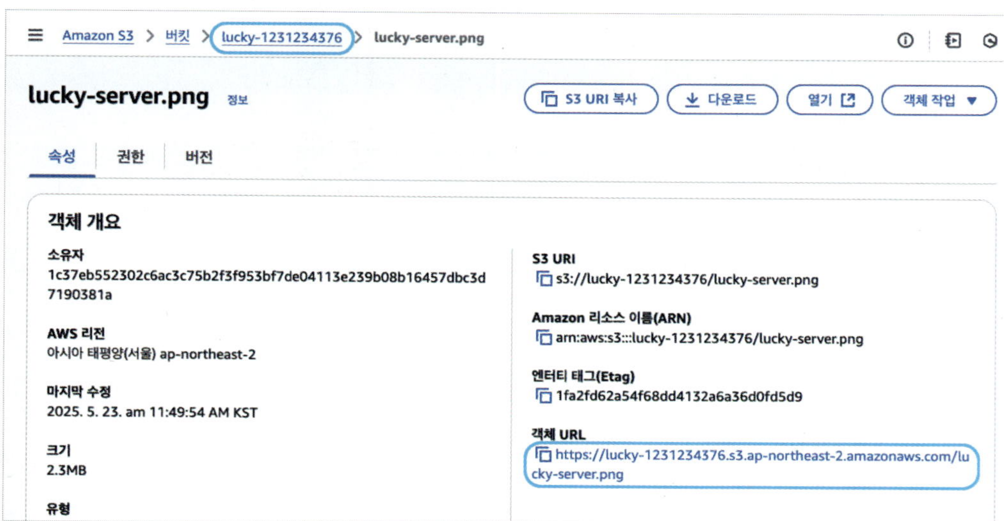

그림 15.13 객체의 속성

12. 다음과 같이 AccessDenied 에러가 표시되는 것을 확인할 수 있다. 이것은 객체의 다운로드 권한을 허용하지 않아서 생기는 문제다.

그림 15.14 객체 URL로 접근했을 때 표시되는 AccessDenied 오류

13. 브라우저에서 뒤로 가기를 클릭해 객체 속성 페이지로 되돌아간 후 다시 위쪽의 lucky-1231234376 버킷을 클릭해 버킷 메뉴로 돌아간다. 그런 다음, **권한** 탭을 클릭하고, 객체의 권한을 부여하기 위해 하단의 **버킷 정책**에서 **편집** 버튼을 클릭한다.

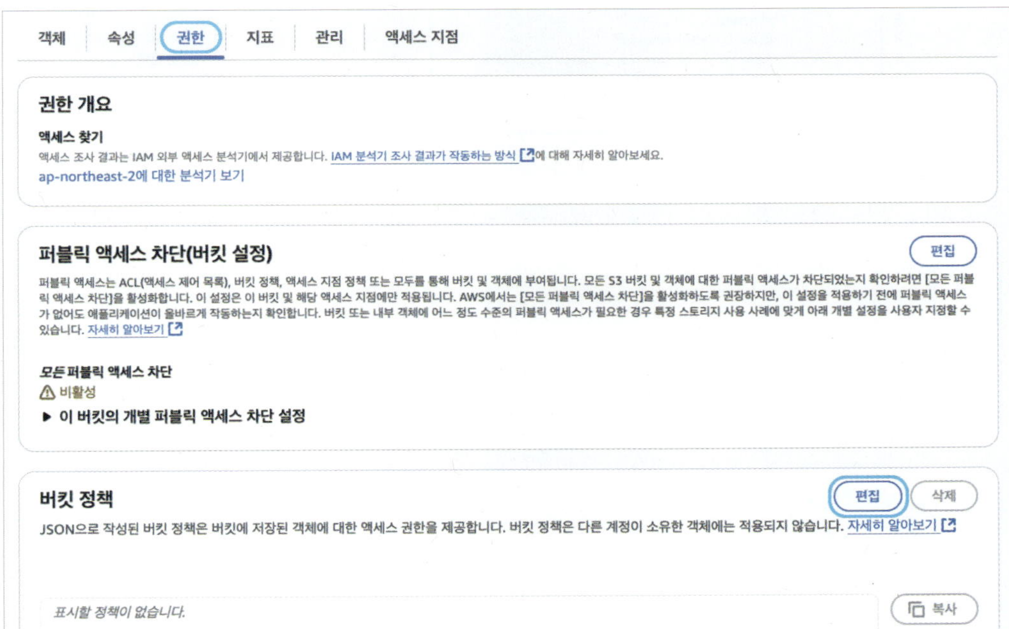

그림 15.15 S3 버킷의 권한 탭

14. 조금 어려운 부분이니 집중하자! 버킷 정책을 적용하려면 JSON 문서를 작성해야 한다. 그래서 필자가 미리 만들어 놓은 JSON 문서를 텍스트 에디터로 수정해서 버킷 정책에 붙여 넣을 것이다. 먼저 **버킷 정책** 화면에 보이는 **버킷 ARN**을 복사한다. ARN(Amazon Resource Name)은 AWS 리소스에 붙는 주민등록번호 같은 것으로, 각 리소스를 구분하기 위한 고유한 번호라고 보면 된다.

그림 15.16 버킷 정책 편집 화면

그런 다음, 아래의 JSON 문서의 **[각자의 버킷 ARN]** 부분을 앞에서 복사한 **버킷 ARN**으로 대체한 후 **버킷 정책** 페이지의 **정책** 항목에 붙여 넣는다. 여기서 헷갈리면 안 되는 것은 **[각자의 버킷 ARN]** 부분 뒤에 있는 **/*** 부분이다. **/***의 의미는 모든 객체를 의미한다.

```
JSON
{
    "Version": "2012-10-17",
    "Statement": [
        {
            "Effect": "Allow",
            "Principal": "*",
            "Action": "s3:GetObject",
            "Resource": "[각자의 버킷 ARN]/*"
        }
    ]
}
```

위 문서를 구성하는 각 항목을 정리하면, 먼저 Action은 권한을 의미하며, s3:GetObject는 다운로드할 수 있는 권한을 나타낸다. Effect는 허용하느냐, 거부하느냐를 나타내고, Principal은 누구에게 리소스 접근 권한을 줄지를 나타낸다. Resource는 권한을 적용할 리소스를 나타낸다. 다시 말해 JSON 문서의 내용을 해석하자면 arn:aws:s3:::lucky-1231234376/* 버킷의 모든 객체를 누구든지 다운로드할 수 있게 허용하겠다는 의미다.

마지막으로 하단의 **변경 사항 저장** 버튼을 클릭해 저장한다. 그럼 방금 설정한 권한이 곧바로 적용될 것이다.

15. 이미지가 다운로드되는지 확인하기 위해 다시 **객체** 탭의 lucky-server.png 객체의 이름을 클릭한다.

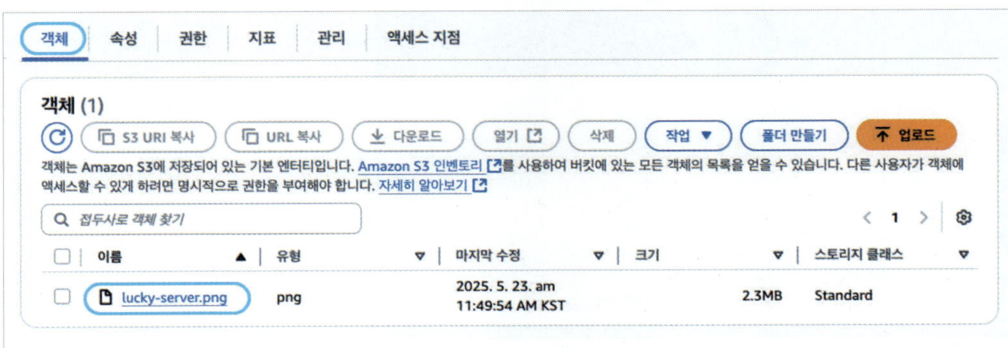

그림 15.17 객체 목록

16. 객체 URL의 주소를 클릭해 이미지를 다운로드한다.

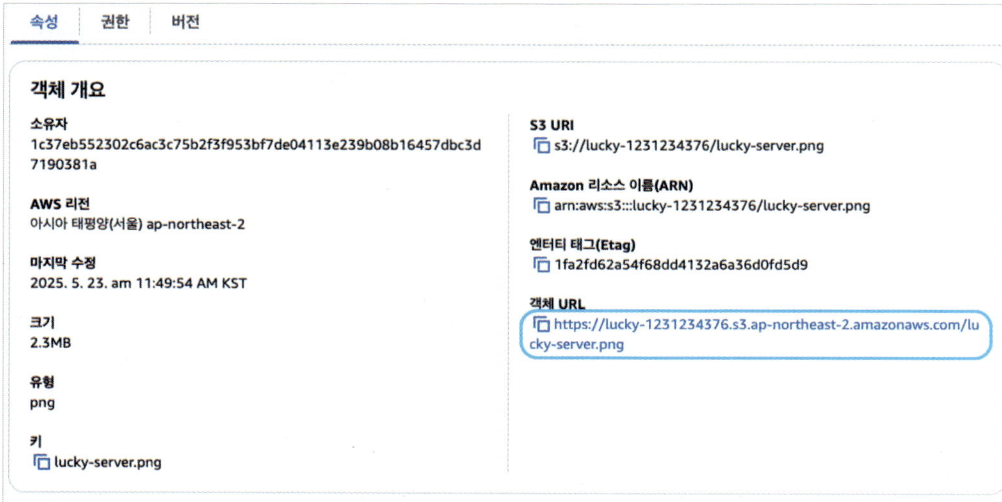

그림 15.18 객체의 속성

17. 다음과 같이 업로드한 이미지가 보이면 권한이 제대로 부여된 것이다.

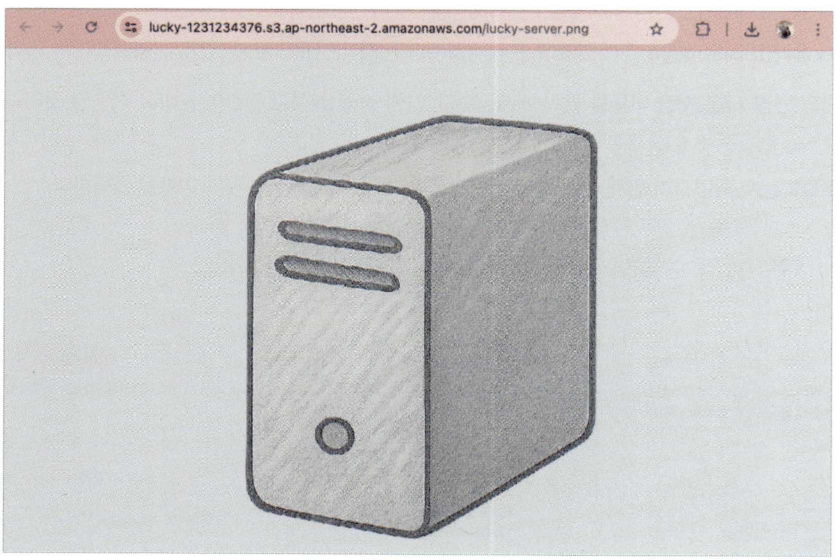

그림 15.19 업로드한 이미지에 접근할 수 있음을 확인

18. 이렇게 해서 이미지를 중앙 집중식으로 관리하고 사용자가 내려받을 수 있게 설정을 완료했다. 이제 프런트엔드를 위한 **정적 웹 사이트 호스팅** 기능을 활성화할 차례다. 이미지와 웹페이지는 별도의 버킷을 사용하는 것이 효율적이므로 위의 과정에서 2번부터 17번까지를 반복해서 새 버킷을 만들고, 다운로드 권한을 부여한다. 이 작업까지 모두 완료했다는 전제하에 새 버킷 메뉴의 **속성** 탭을 클릭한다. S3의 다양한 기능들은 **속성** 탭에서 활성화할 수 있다.

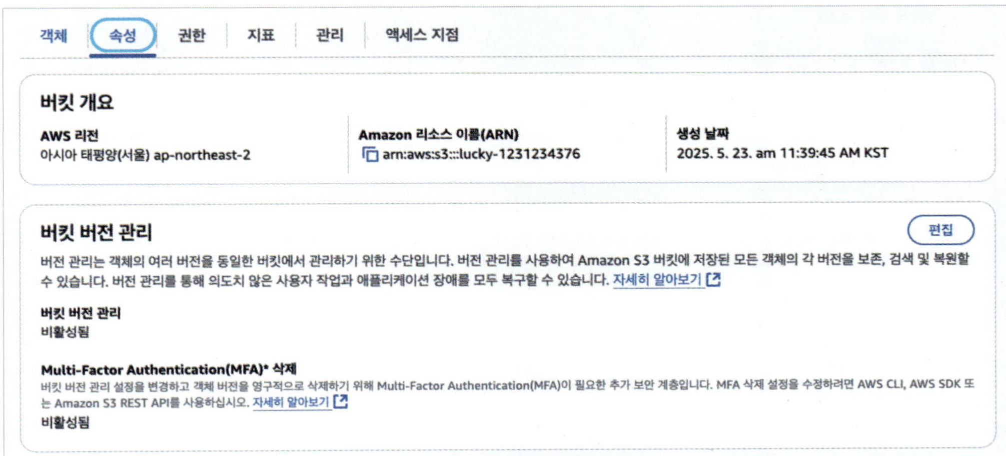

그림 15.20 S3 버킷의 속성

19. **정적 웹 사이트 호스팅** 기능은 **속성** 탭의 맨 밑에 있기 때문에 화면을 아래로 스크롤한다. **정적 웹 사이트 호스팅** 기능을 활성화하기 위해 **편집** 버튼을 클릭한다.

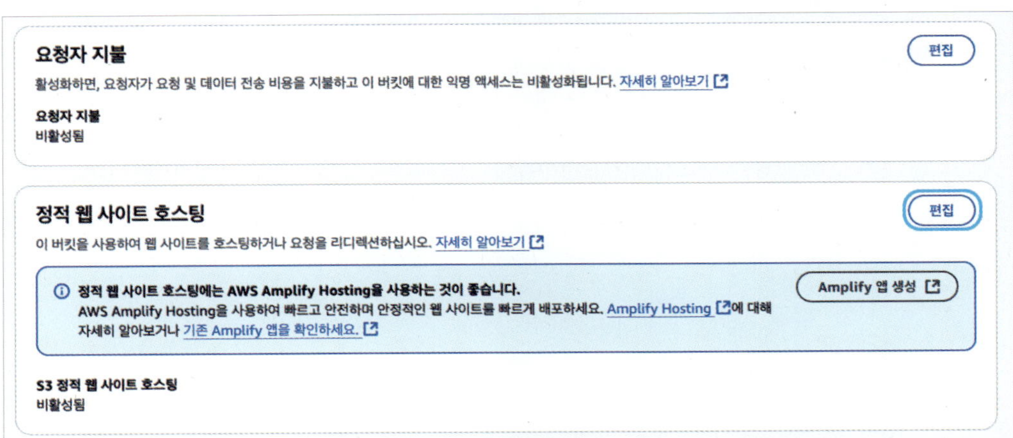

그림 15.21 정적 웹 사이트 호스팅 설정 1

20. **정적 웹 사이트 호스팅** 항목에서 **활성화**를 선택하면 아래쪽 메뉴가 변경된다. 현재 버킷이 웹 서버의 홈 디렉터리가 되는 것이라고 보면 된다. 그래서 **인덱스 문서** 항목에 웹 서버에 접속했을 때 가장 먼저 불러올 파일의 이름을 입력한다. 일반적으로 index.html을 많이 사용한다.

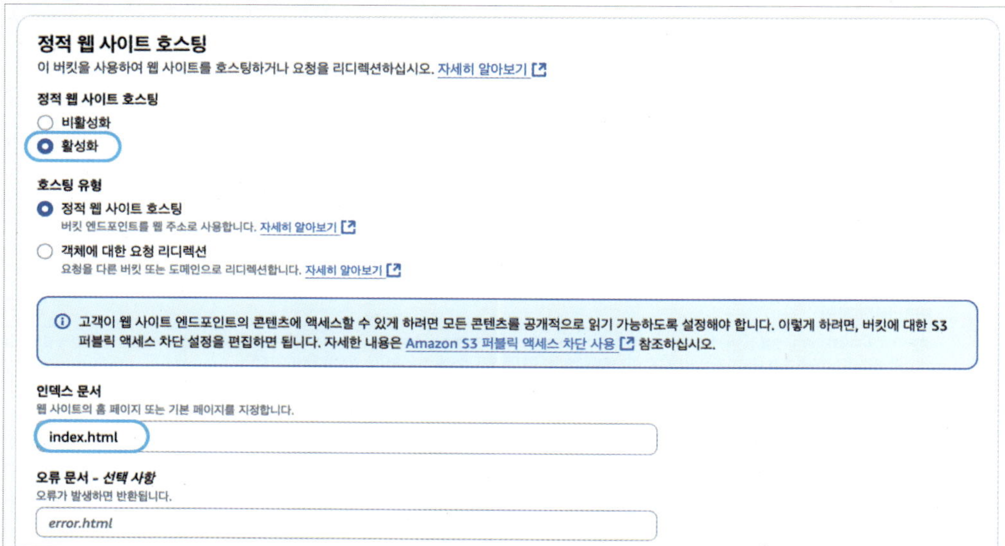

그림 15.22 정적 웹 사이트 호스팅 설정 2

21. **변경 사항 저장** 버튼을 클릭하면 **정적 웹 사이트 호스팅** 기능이 활성화된 것이다.

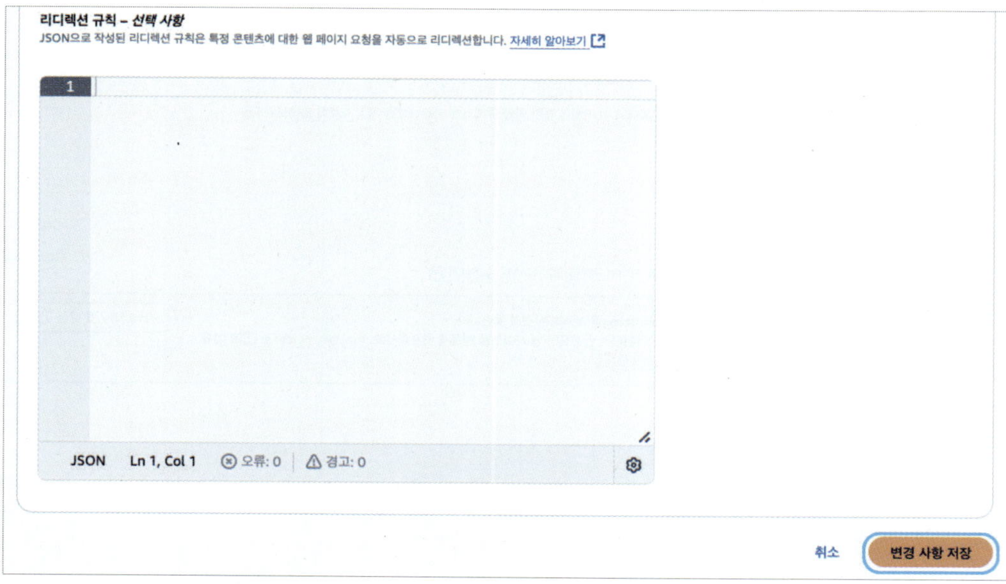

그림 15.23 정적 웹 사이트 호스팅 설정 완료

22. 다시 **속성** 탭에서 **정적 웹 사이트 호스팅** 항목으로 가보면 다음과 같이 활성화된 것을 확인할 수 있다. **버킷 웹 사이트 엔드포인트** 항목이 웹 서버의 주소다. 이제 버킷에 프런트엔드 코드를 업로드하고, Route 53에서 도메인만 연결하면 웹 사이트가 잘 동작할 것이다.

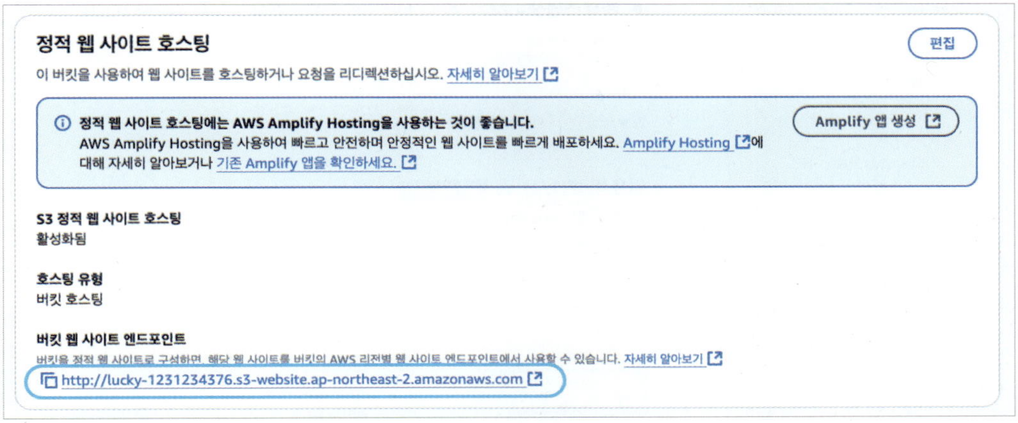

그림 15.24 버킷 웹 사이트 엔드포인트가 생성된 모습

15.3 [실습] 리소스 삭제

S3 버킷에 오브젝트가 존재하면 버킷을 지울 수 없다. 따라서 S3 버킷을 비우는 작업을 먼저 수행한 다음에 버킷을 지워야만 한다. 가끔 버킷이 권한 문제로 지워지지 않을 때도 있는데, 그럴 때는 버킷 정책의 권한을 삭제하고 지우면 된다.

01. S3 서비스에서 왼쪽 메뉴의 **범용 버킷**을 클릭한다. 그리고 나서 지우고자 하는 버킷을 체크하고, **비어 있음** 버튼을 클릭한다. 이 작업은 버킷 내의 객체를 비우는 역할을 한다.

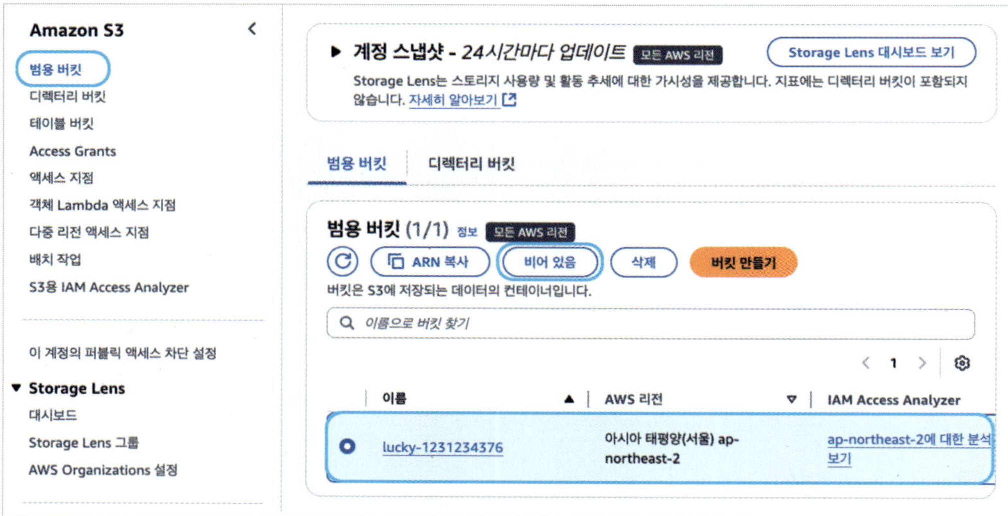

그림 15.25 S3 버킷의 객체 삭제

02. 입력란에 **'영구 삭제'**를 입력한 후 **비어 있음** 버튼을 클릭한다.

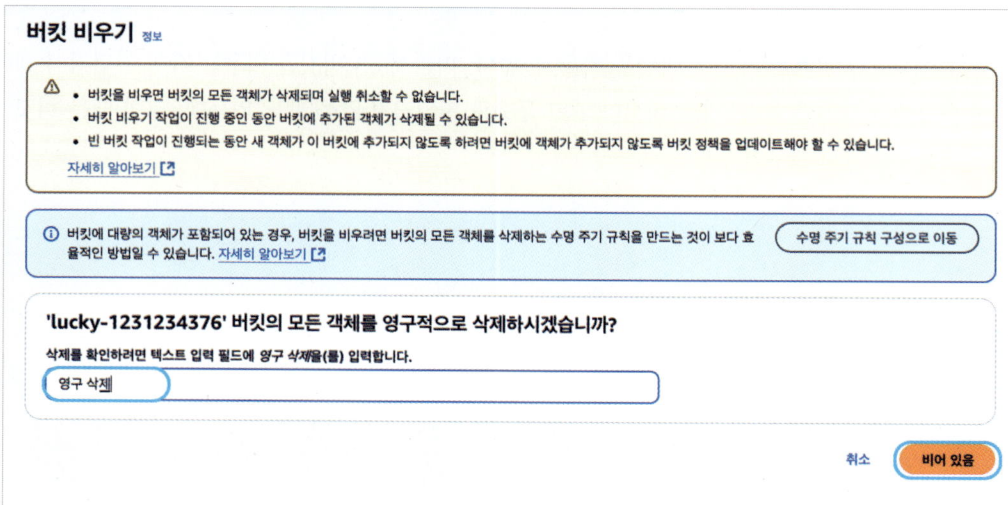

그림 15.26 S3 버킷의 객체 삭제 확인

03. 버킷을 비웠다는 메시지가 표시되는 것을 확인하고, **종료** 버튼을 클릭한다.

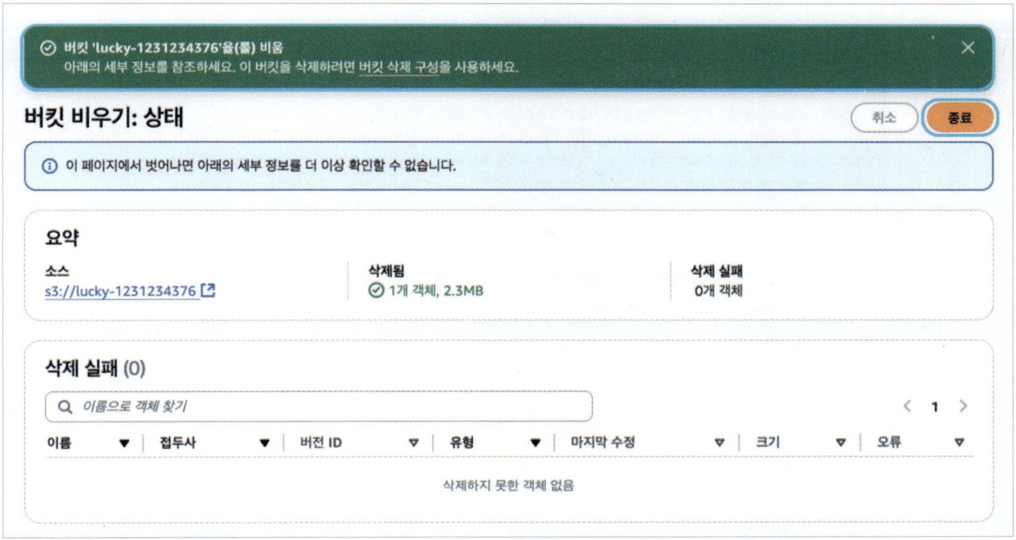

그림 15.27 S3 버킷의 객체 삭제 완료

04. 다시 **범용 버킷**을 클릭한다. 그러고 나서 지우고자 하는 버킷을 체크하고, **삭제** 버튼을 클릭한다.

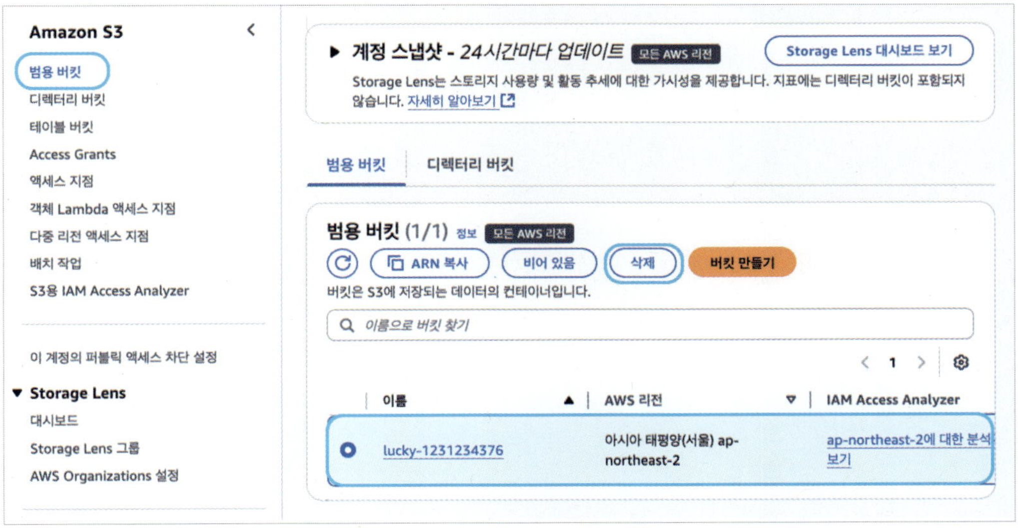

그림 15.28 S3 버킷 삭제

05. 입력란에 버킷의 이름을 붙여넣고, **버킷 삭제** 버튼을 클릭한다.

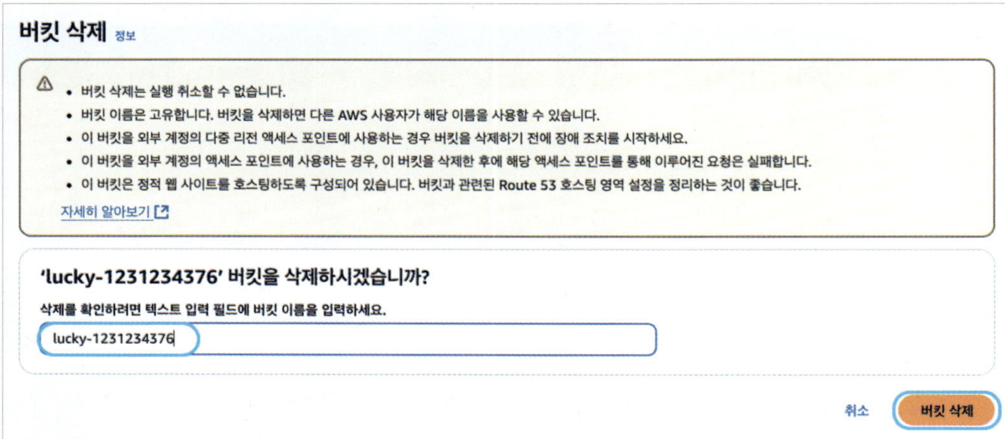

그림 15.29 S3 버킷 삭제 확인

16

VPC 엔드포인트로 서비스끼리 프라이빗하게 연결하기

AWS의 VPC 엔드포인트는 AWS VPC 내부에서 퍼블릭 AWS 서비스에 대해 인터넷을 거치지 않고도 안전하게 접근할 수 있게 하는 네트워크 구성 요소다. 좀 더 풀어서 설명하자면, AWS의 모든 서비스는 독립적이고, 모든 서비스가 AWS 내부에 있다고 해서 아무런 제약 없이 다른 서비스를 사용할 수 있다는 것은 아니라는 의미다.

AWS에서는 한 서비스가 다른 서비스에 접근하려면 서비스에 접근하기 위한 권한이 필요하고, 접근할 때도 AWS의 API 호출을 통해 접근할 수 있다. AWS를 사용한다는 것은 각 서비스의 API를 호출하는 것을 말한다. 즉, 지금까지 실습을 진행하면서 관리 콘솔에서 버튼을 클릭할 때마다 실제로는 AWS API가 호출됐던 것이다. 그런데 이러한 API 호출은 인터넷을 통해 이뤄지고 인터넷을 통해 데이터가 전송된다.

하지만 VPC 엔드포인트를 사용하면 이러한 데이터 전달을 인터넷을 거치지 않고 내부에서 내부로 전달할 수 있다. 간단히 이야기해서 내부 통신을 위해 프라이빗 네트워크 경로를 만든 것이라고 생각하면 된다. 그럼 AWS의 내부 백본망을 사용하기 때문에 통신 속도도 빨라지고, 인터넷을 거치지 않기 때문에 보안도 강화된다.

이번 장에서는 이 같은 VPC 엔드포인트에 대해 알아보겠다.

16.1 VPC 엔드포인트란?

필자가 운영하는 쇼핑몰에서는 정말 많은 이미지를 사용한다. 이때 이미지는 사용되기 전에 먼저 변환된 후 S3에 업로드하는 작업을 거친다. 조금 더 자세히 설명하면, 사용자가 작성한 리뷰에 포함된 이미지나 상품을 등록할 때 사용된 이미지는 일단 애플리케이션 서버에 업로드된다. 애플리케이션 서버에 이미지가 업로드되면 해당 이미지를 변환하는 작업을 수행한다. 이미지를 변환한다는 것은 여러 버전으로 이미지를 변환하는 것인데, 여러 버전으로 변환하는 이유는 사용자가 PC, 스마트폰, 태블릿 등 다양한 플랫폼을 통해 쇼핑몰에 접근하기 때문에 각기 다른 해상도에 맞춰 자연스럽게 보여주기 위해서다. 그리고 성능 최적화를 위해 이미지 크기를 줄이고, 썸네일용 이미지도 필요하기 때문에 같은 이미지를 여러 버전의 크기로 만든다. 그리고 이렇게 만들어진 여러 버전의 이미지는 S3에 업로드된다.

이번에는 애플리케이션 서버에서 변환된 이미지를 S3에 업로드하는 경로를 아래 아키텍처를 통해 하나씩 따라 가보자.

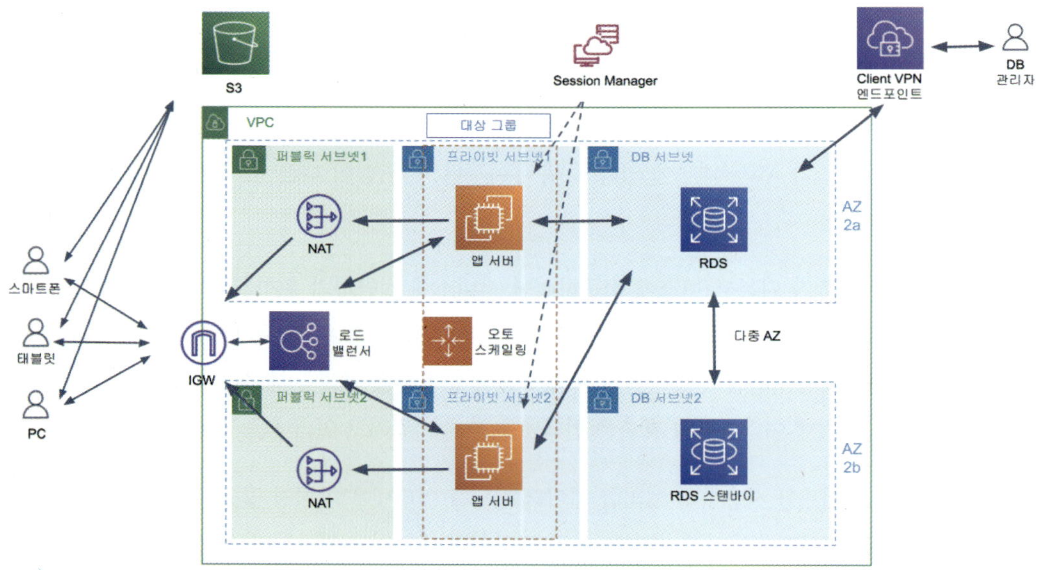

그림 16.1 현재 운영 중인 아키텍처

앞 장에서 S3 서비스를 배웠다. S3에 데이터를 업로드할 때는 S3 API를 호출하면서 데이터도 함께 전송하는 방식으로 업로드가 이뤄진다. 이것은 애플리케이션 서버에서도 마찬가지다. 예를 들어, 사용자가 이미지를 업로드하면 애플리케이션 서버는 먼저 해당 이미지를 변환하는 코드를 실행하고, 변환이 완료된 후에 S3 API를 호출해서 이미지 데이터를 S3로 전송한다. 이때 EC2는 S3에 접근할 수 있는 권한이 있어야 한다. 권한은 앞에서 잠깐 다뤘던 역할을 통해 부여하면 된다.

중요한 것은 애플리케이션 서버에서 S3 API 호출이 이뤄지면서 데이터가 전달되는 경로다. 애플리케이션 서버는 NAT 게이트웨이로 데이터를 보낸다. 그리고 NAT 게이트웨이는 인터넷 게이트웨이로 데이터를 보내며, 인터넷 게이트웨이는 인터넷을 거쳐 S3에 데이터를 업로드한다.

필자가 처음 AWS를 접했을 때는 이 부분이 약간 의아했다. 왜냐하면 어차피 데이터를 S3에 올리는 것은 AWS 내부에서 내부로 복사하는 방법이 훨씬 빠를 텐데, 굳이 애플리케이션 서버에서 변환된 이미지를 인터넷으로 다시 보내서 S3에 저장한다는 것이 성능상 좋은 방법은 아닌 것 같았기 때문이다. 실제로 그렇기도 하다. EC2에서 S3에 내부 네트워크로 전달하면 훨씬 좋을 텐데 말이다.

필자만 이를 의아하게 느낀 것은 아니었나 보다. 그래서 등장한 서비스가 VPC 엔드포인트다. VPC 엔드포인트는 AWS 내부의 백본망을 통해 서비스끼리 통신하게 해주는 서비스다. VPC 엔드포인트에는 게이트웨이 엔드포인트와 인터페이스 엔드포인트가 있다. 그중 게이트웨이 엔드포인트는 S3와 DynamoDB 서비스에서만 사용할 수 있고, 나머지 서비스는 인터페이스 엔드포인트를 사용한다. 그런데 지금은 S3와 DynamoDB도 인터페이스 엔드포인트를 사용할 수 있다. 이 둘은 엔드포인트의 구현 방법의 차이가 있어서 용도에 따라 선택해야 한다. 일반적으로는 게이트웨이 엔드포인트를 사용하면 되지만 네트워크 제어를 세밀하게 하고 싶을 때, 트래픽 통제가 필요할 때, 특정 서브넷에 속한 리소스만 S3에 접근하도록 허용하고 싶을 때 등에는 인터페이스 엔드포인트를 사용해야 한다.

게이트웨이 엔드포인트는 VPC의 라우팅 테이블을 설정해서 사용할 수 있고, 인터페이스 엔드포인트는 ENI(Elastic Network Interface)를 만들어서 서비스들끼리 통신할 수 있게 해준다.

이 책에서는 게이트웨이 엔드포인트를 사용해 인터넷을 거치지 않고 VPC에서 프라이빗 링크를 통해 S3에 이미지를 업로드할 것이다. 그래서 다음과 같이 엔드포인트를 아키텍처에 추가하려고 한다.

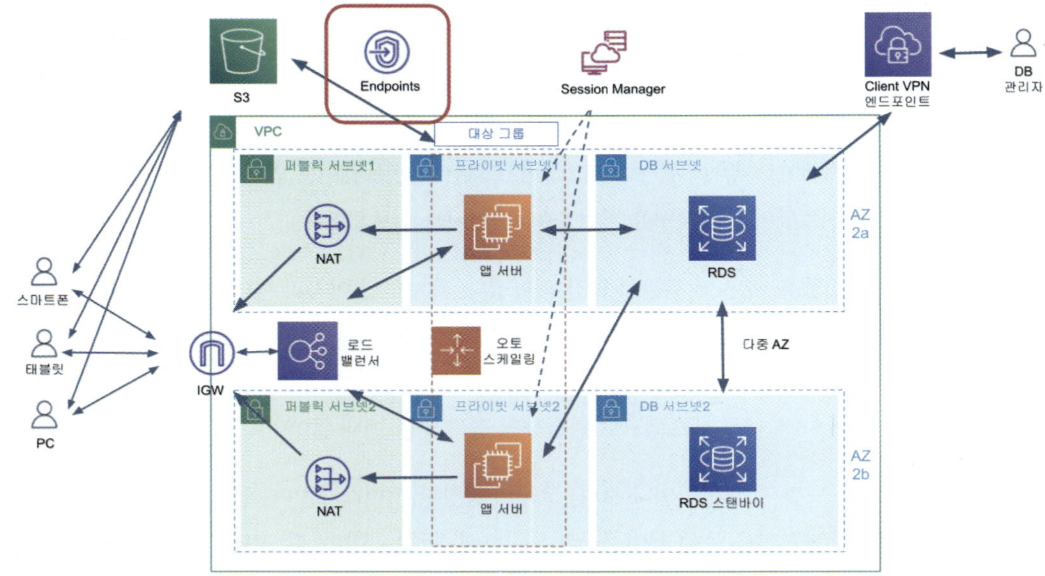

그림 16.2 AWS 내부에서 서비스끼리 통신하기 위한 엔드포인트를 적용한 아키텍처

이어지는 절에서 게이트웨이 엔드포인트를 추가해보자.

16.2 [실습] S3 게이트웨이 엔드포인트

먼저 S3 게이트웨이 엔드포인트를 만들어 보자. 엔드포인트는 VPC의 하위 메뉴에 있다.

01. VPC 서비스에서 왼쪽 메뉴의 **엔드포인트**를 찾아 클릭한다. 그리고 나서 **엔드포인트 생성** 버튼을 클릭한다.

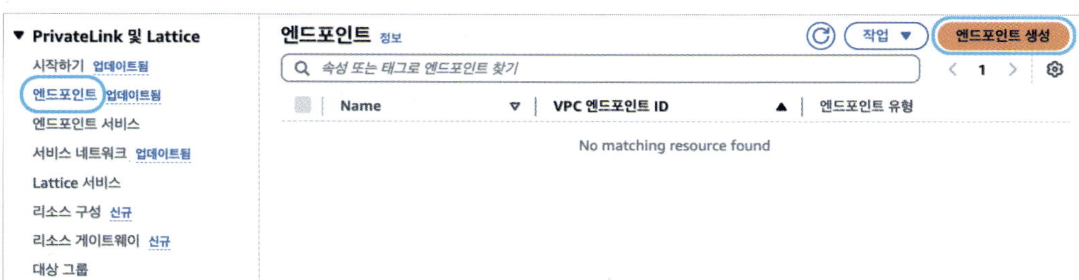

그림 16.3 엔드포인트 목록

02. **이름 태그**에는 각자 원하는 이름을 입력한다(이 책에서는 lucky-s3-gw).

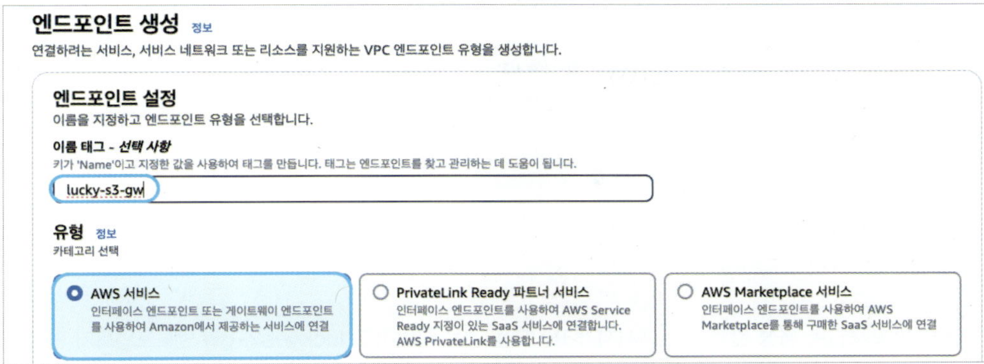

그림 16.4 엔드포인트 이름 설정

03. **서비스**에서 's3'를 입력해서 검색한다. 검색 결과 중 **서비스 이름**이 com.amazonaws.ap-northeast-2.s3이고, **유형**이 Gateway인 항목을 선택한다. 이 책에서는 프라이빗 서브넷에 있는 인스턴스들이 S3에 게이트웨이 엔드포인트를 이용해 직접 접근할 수 있게 만들려고 한다. VPC에서는 lucky-vpc를 선택하고, **라우팅 테이블**에서는 lucky-private-rt1, lucky-private-rt2를 선택한다.

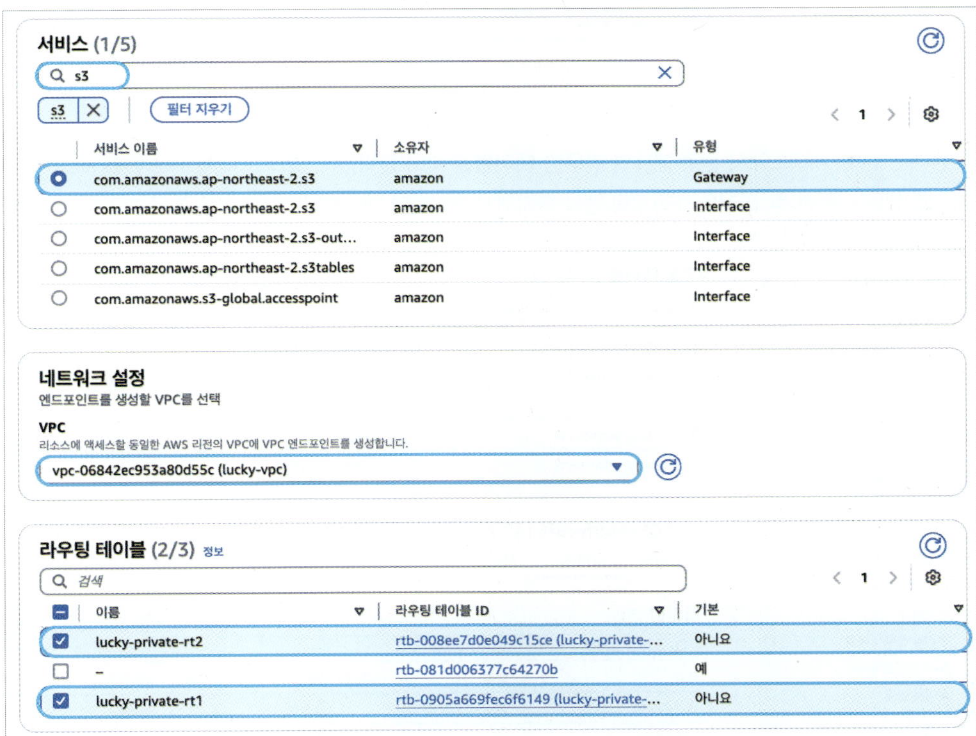

그림 16.5 엔드포인트 서비스 및 네트워크 설정

04. **엔드포인트 생성** 버튼을 클릭한다.

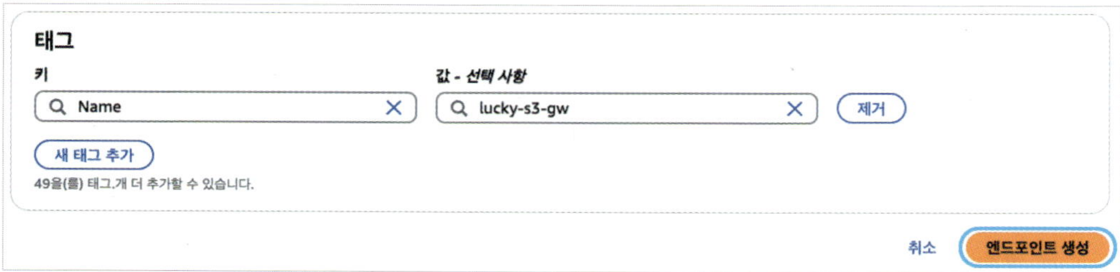

그림 16.6 엔드포인트 설정 완료

05. 'VPC **엔드포인트 생성 완료**'라는 메시지가 표시되는 것을 확인하고, lucky-s3-gw 엔드포인트가 만들어진 것을 확인한다. 엔드포인트 생성이 끝났다.

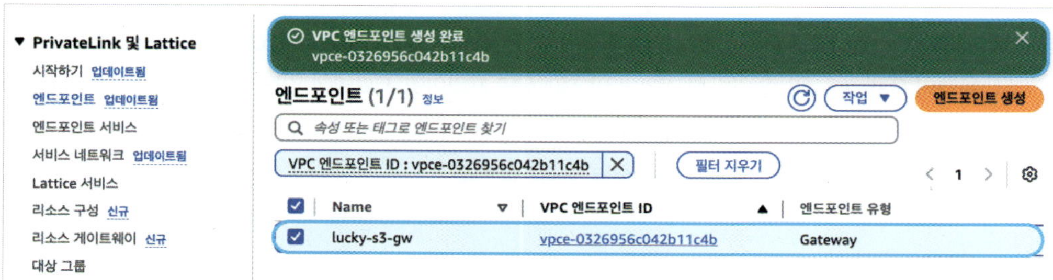

그림 16.7 엔드포인트 생성 완료

06. 이번에는 VPC 서비스에서 왼쪽 메뉴의 **라우팅 테이블**을 찾아 클릭한다. 그러고 나서 lucky-private-rt1 라우팅 테이블을 선택한 후, 아래쪽의 **라우팅** 탭을 클릭해서 확인하면 엔드포인트가 추가된 것을 확인할 수 있다.

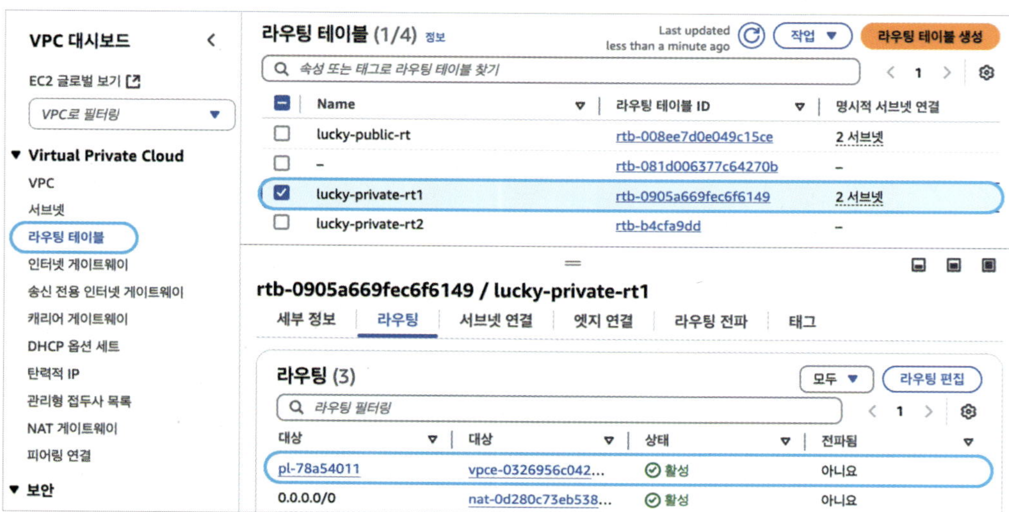

그림 16.8 라우팅 테이블 목록

그럼 이제부터 프라이빗 서브넷의 인스턴스에서 S3에 업로드할 때는 엔드포인트를 통해 업로드하게 된다.

16.3 [실습] 리소스 삭제

실습이 끝났다면 S3 게이트웨이 엔드포인트를 삭제해보자. 참고로 자동으로 라우팅 테이블에 포함된 라우팅도 S3 게이트웨이 엔드포인트를 지우면 지워지므로 따로 지우지 않아도 된다.

01. VPC 서비스에서 왼쪽 메뉴의 **엔드포인트**를 찾아서 클릭한다. lucky-s3-gw를 선택하고, **작업** → **VPC 엔드포인트 삭제**를 차례로 선택한다.

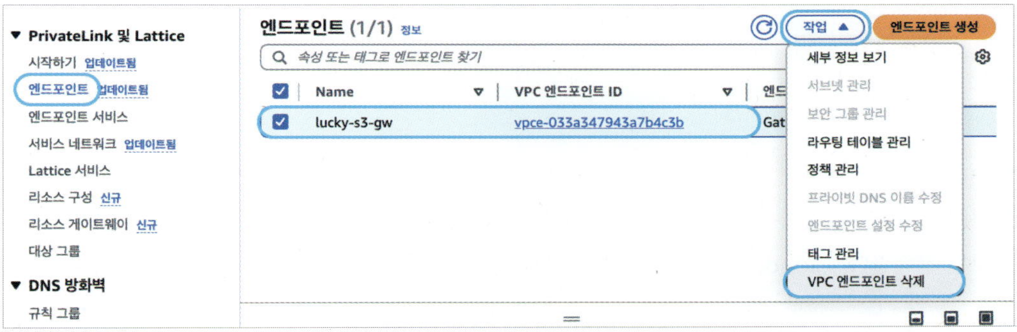

그림 16.9 엔드포인트 삭제

02. 입력란에 '**삭제**'를 입력한 후 **삭제** 버튼을 클릭한다.

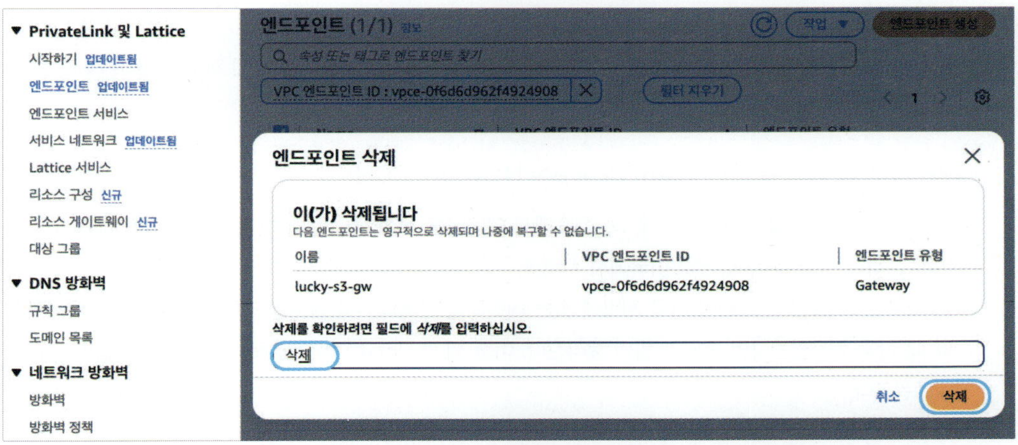

그림 16.10 엔드포인트 삭제 완료

17

CloudFront로 전 세계로 빠르게 데이터 전송하기

CloudFront는 AWS의 글로벌 콘텐츠 전송 네트워크(Content Delivery Network; CDN) 서비스다. 전 세계에 분산된 엣지 로케이션(Edge Location)을 통해 콘텐츠를 사용자에게 가장 가까운 위치에서 빠르게 전송한다. CloudFront를 좀 더 이해하기 쉽도록 다음과 같은 관련 용어를 먼저 설명하겠다.

- **캐시(Cache)**

  집 공사를 위해 망치가 필요하다고 가정해 보자. 그런데 망치는 창고에 있다. 필요할 때마다 망치를 매번 꺼내서 사용하는 대신 옆에 두고 사용하면 창고까지 왔다 갔다 하지 않아도 되고 빠르게 꺼내서 사용할 수 있다. 이것이 바로 캐시다.

  캐시의 정의는 느린 저장소나 시스템에서 가져온 데이터를 임시로 빠른 저장소에 저장해 뒀다가 사용할 때 빠르게 제공하기 위한 기술이다.

- **콘텐츠 전송 네트워크(Content Delivery Network; CDN)**

  서버로부터 데이터를 받을 때는 서버에 접속해서 데이터를 요청해야 한다. 하지만 서버는 전 세계 어딘가의 데이터 센터에 있을 것이다. 만약 미국에서 서버를 운영 중이라면 물리적으로 거리가 멀어 데이터가 왔다 갔다하는 데 시간이 걸린다. 그러나 미국 서버에 있는 데이터를 한국의 서버에 미리 저장해 두고, 한국 사용자가 요청할 때 한국에서 받는다면 속도가 훨씬 빨라진다. 이를 웹 캐시라고 하며, 웹 캐시를 구현한 기술이 콘텐츠 전송 네트워크다.

CDN을 사용하면 다음과 같은 여러 가지 장점이 있다.

- 지연 시간(latency) 감소
- 서버 부하 감소
- 트래픽 비용 절감
- 보안 강화

엣지 로케이션(Edge Location)

CDN 기술을 AWS에서 구축하고 서비스하는 영역이 엣지 로케이션이며, AWS에서 CDN 기술을 제공하는 서비스를 CloudFront라고 한다.

엣지는 네트워크 용어로 중앙 네트워크가 아니라 사용자와 가까운 네트워크의 가장 끝단 또는 경계선에 있는 지점을 의미한다. 인터넷 인프라의 경계에서 요청을 처리하는 서버를 엣지 서버라고 부른다. 엣지 로케이션에는 여러 대의 엣지 서버가 존재하며, 엣지 서버에서는 정적 데이터를 캐시해서 저장해 뒀다가 사용자의 요청이 오면 빠르게 데이터를 전달한다. 엣지 서버는 일반 웹 서버와 비슷하지만 캐시와 고속 응답에 최적화돼 있다.

그리고 앞에서 배운 3.8절 'AWS 글로벌 인프라 관련 용어'에서 가용 영역과 리전만 다뤘지만 엣지 로케이션도 AWS의 글로벌 인프라에 해당한다(앞에서 너무 많은 내용을 설명하면 이해하기가 어려울 것 같아서 지금까지 미룬 것이다). 전 세계의 AWS 서비스는 글로벌 인프라 위에 구축돼 있다.

리저널 엣지 캐시(Regional Edge Cache)

엣지 로케이션의 서버들을 한 단계 업그레이드한 더 큰 규모의 캐시 서버로, 오리진(origin) 서버 요청을 줄이고 전 세계 사용자에게 콘텐츠를 더 빠르게 제공하기 위한 중간 계층이다. 간단히 말해서 캐시의 캐시라고 생각하면 된다.

17.1 CloudFront란?

쇼핑몰은 생각보다 잘 되고 있고, 이제는 국내 고객뿐만 아니라 해외 고객들도 생겼다. 나름 쇼핑몰은 잘 운영되고 있고, 아주 큰 문제는 아니지만 고객들로부터 쇼핑몰이 느리다는 불만이 간간히 들어온다. 쇼핑몰은 이미지를 많이 사용하기 때문에 인터넷이 충분히 빠르지 않으면 이미지 로딩 속도가 느릴 수 있다. 아무리 고용량 이미지를 최적화해도 인터넷이 느린 지역에서는 어쨌든 효과가 없다. 특히 한국에서 물리적으로 멀리 떨어진 곳에 있는 해외 고객들에게는 쇼핑몰이 많이 느릴 것이라고 예상할 수 있다. 그 나라의 인터넷이 느린 건 필자가 어떻게 할 수 있는 게 아니다. 하지만 적어도 쇼핑몰 인프라 차원에서 고객이 불편을 겪지 않도록 최대한 빨리 데이터를 내려받을 수 있게 조치를 취할 필요가 있다.

앞에서 설명했듯이 쇼핑몰이 느린 가장 큰 이유는 이미지이기 때문에 고객들이 이미지를 빨리 내려받을 수 있도록 웹 캐시를 도입하려고 한다. AWS 서울 리전의 가용 영역에서 데이터를 받아가는 것이 아닌, 현지 캐시 서버에 저장된 데이터를 내려받게 할 것이다. 이미지를 최대한 고객에게 가까운 쪽에 저장해 두고 보내주면 고객들은 쇼핑몰이 빨라졌다고 느낄 것이다.

이를 위해 AWS의 CDN 서비스인 CloudFront를 사용해 전 세계에 위치한 엣지 로케이션에 쇼핑몰의 이미지와 다른 정적 데이터들을 캐시하려고 한다. 쇼핑몰을 구성하는 대부분의 정적 데이터는 S3에 저장돼 있기 때문에 S3 버킷 주소를 CloudFront에 캐시하면 된다. 그래서 다음 그림과 같이 CloudFront를 배포할 것이다.

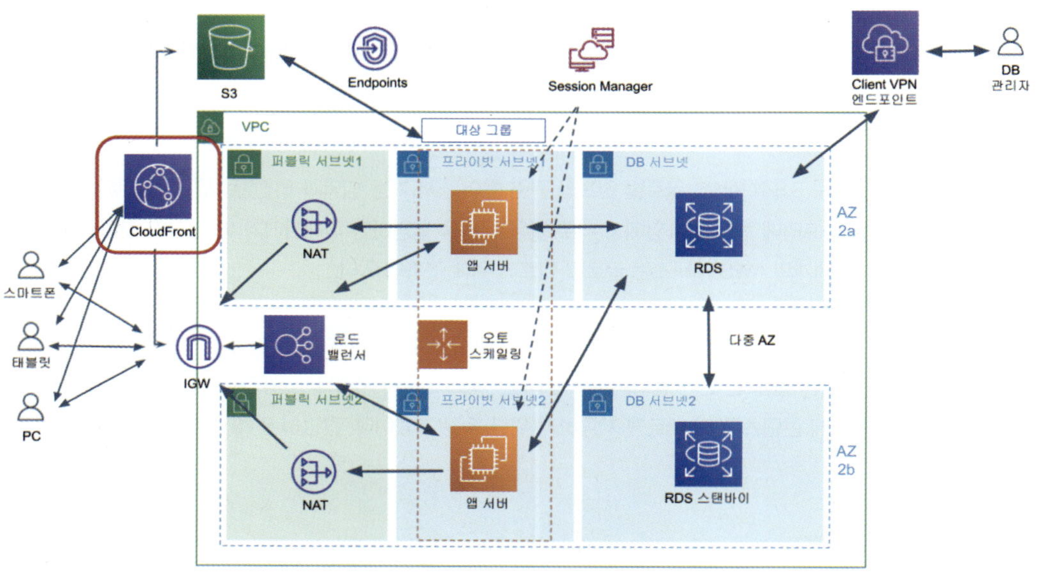

그림 17.1 CloudFront로 웹 캐시를 적용한 아키텍처

그런데 그림이 약간 이상하다. 왜냐하면 하나의 CloudFront가 S3의 정적 데이터를 캐싱한다는 것은 알겠는데, ELB에서도 캐싱하고 있다. 로드 밸런서에서 제공하는 데이터는 대부분 동적 데이터일 텐데, CloudFront로 캐싱하는 것이 의미가 있을까? 동적 데이터는 요청할 때마다 데이터가 달라지기 때문에 기본적으로 캐싱하는 것이 의미가 없다고 생각할 수 있다.

앞에서 이야기한 캐싱의 개념은 먼 곳에 위치한 데이터를 가까운 곳에 저장했다가 빨리 보내주는 것이다. ELB 앞에 CloudFront를 배치하는 것도 넓게 보면 캐싱이라고 할 수 있으며, 이를 통해 성능 향상을 기대할 수 있다. 실제로 성능뿐만 아니라 보안 측면에서도 바람직하다. 성능 측면만 보자면 CloudFront에서 ELB까지의 네트워크는 AWS 백본망을 사용하기 때문에 인터넷을 통하는 것보다 훨씬 빠르다.

그럼 이어지는 절에서 CloudFront를 배포해 보겠다.

17.2 [실습] CloudFront 배포

이제 CloudFront로 웹 캐싱을 적용해보자. 필자의 아키텍처 구조상 ELB와 S3를 캐싱할 수 있다. 여기서는 S3 버킷을 먼저 캐싱하고 ELB를 추가해 보겠다.

본격적인 실습에 앞서 CloudFront와 관련된 용어를 잠깐만 짚고 넘어가자. CloudFront의 배포 단위는 **Distribution**이다. 이 Distribution을 번역하면 **'배포'**라는 뜻이다. 그래서 관련 내용을 설명하다 보면 '배포를 배포한다'라는 식의 표현이 나올 수도 있는데, 앞의 배포는 CloudFront의 배포 단위(Distribution)를 가리키고, 뒤의 배포는 만들어서 분산하는 것을 말한다. 이를 헷갈리지 않도록 미리 염두에 두자.

01. 관리 콘솔의 위쪽 검색란에서 'CloudFront'를 검색해서 나오는 **CloudFront**를 클릭한다.

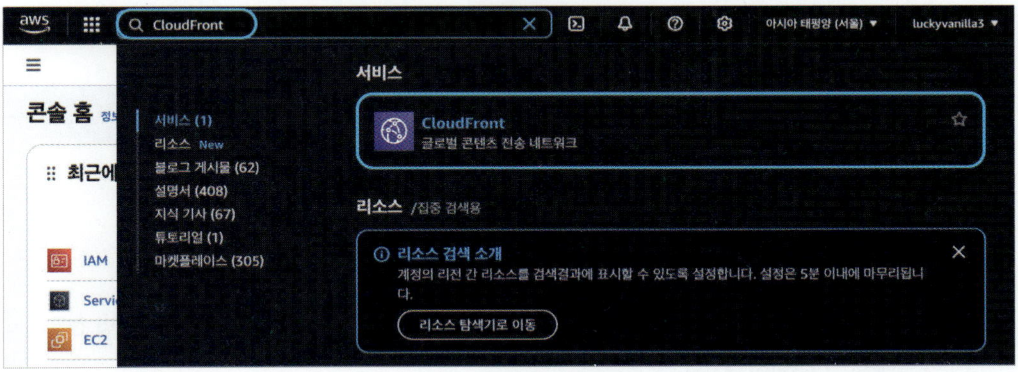

그림 17.2 CloudFront 서비스로 이동

02. CloudFront 서비스에서 왼쪽 메뉴의 **배포**를 클릭한다. 그러고 나서 **배포 생성** 버튼을 클릭한다.

그림 17.3 CloudFront 배포 목록

03. Single website or app이 선택돼 있는지 확인한다.[1] 다음으로 Origin domain에서 캐싱할 도메인을 선택한다. 이 책에서는 S3의 버킷을 캐싱할 것이므로 이전에 만든 lucky-1231234376 버킷을 선택하겠다.

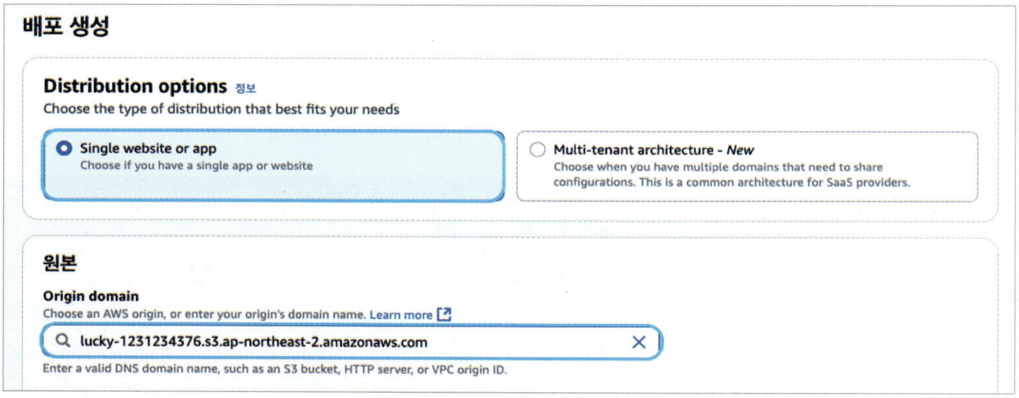

그림 17.4 CloudFront 배포 옵션 및 캐싱 원본 도메인 설정

04. **웹 애플리케이션 방화벽(WAF)** 항목에서는 **보안 보호 비활성화**를 체크한다. WAF는 웹 방화벽 전문 서비스로서 이 책에서는 사용하지 않겠다.

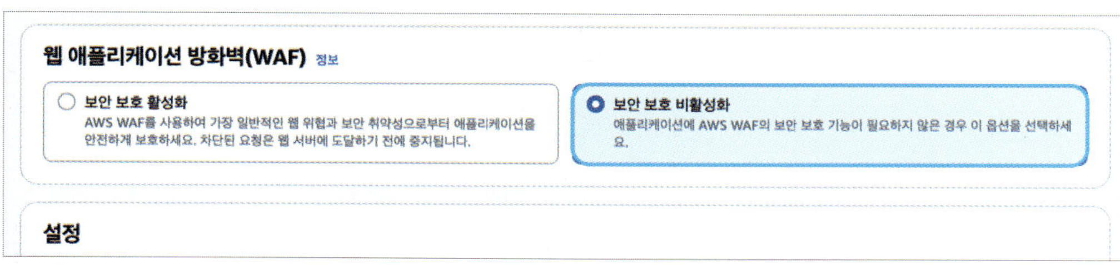

그림 17.5 CloudFront의 웹 애플리케이션 방화벽 설정

1 이 항목이 기본값이며, 이 책을 집필하는 시점에는 이 부분이 아직 한국어로 번역돼 있지 않았다.

05. **배포 생성** 버튼을 클릭해 배포를 배포한다. 참고로 배포가 배포되는 데는 5~20분 정도 걸린다.

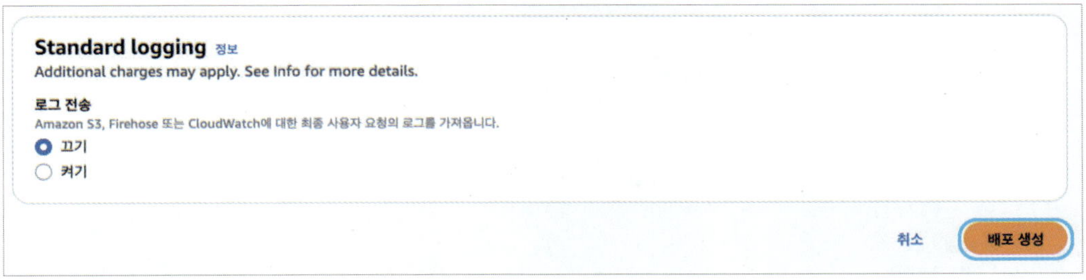

그림 17.6 CloudFront 설정 완료

06. '**새 배포를 생성했습니다.**'라는 메시지가 표시되는 것을 확인한다. 배포가 완료되면 **배포 도메인 이름**의 주소를 복사한 후 S3에 있는 객체 이름을 주소 뒤에 추가해서 브라우저에 붙여 넣어보자. 이 책에서는 앞의 실습에서 사용했던 `lucky-server.png` 이름을 붙일 것이다. 즉, 전체 주소는 `https://dc7qfbrlxuqgt.cloudfront.net/lucky-server.png`와 같은 형식이 된다(각자의 **배포 도메인 이름**을 사용해야 한다.) 브라우저에서 해당 이미지가 표시된다면 CloudFront가 캐싱한 것이다.

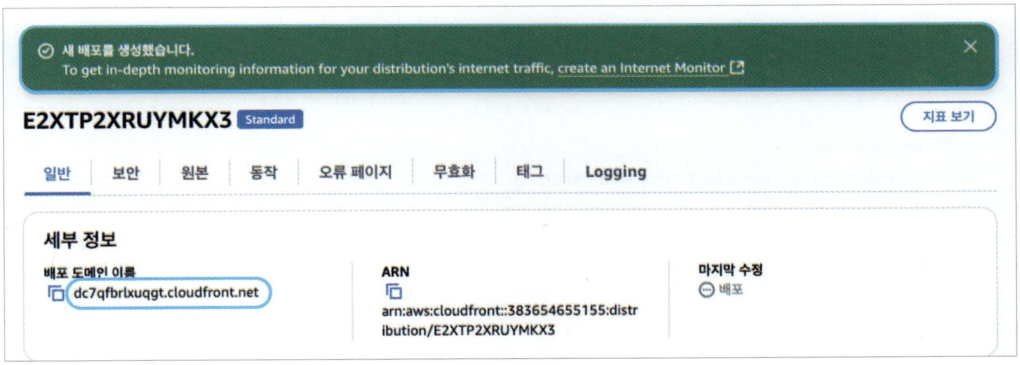

그림 17.7 CloudFront를 배포 중인 모습

07. 이제 ELB도 캐싱해보자. 하나의 배포에서 2개를 캐싱하려면 **원본** 탭을 클릭한다. 그리고 나서 **원본 생성** 버튼을 클릭한다.

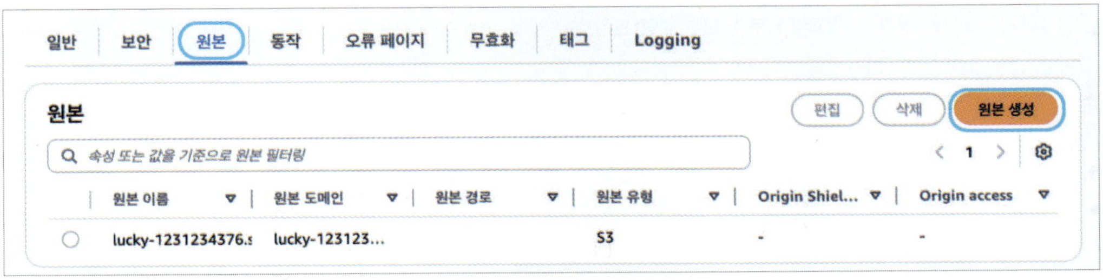

그림 17.8 CloudFront 배포에 원본 생성

08. Origin domain에 ELB 주소를 선택한 후 하단의 **원본 생성** 버튼을 클릭하면 된다.

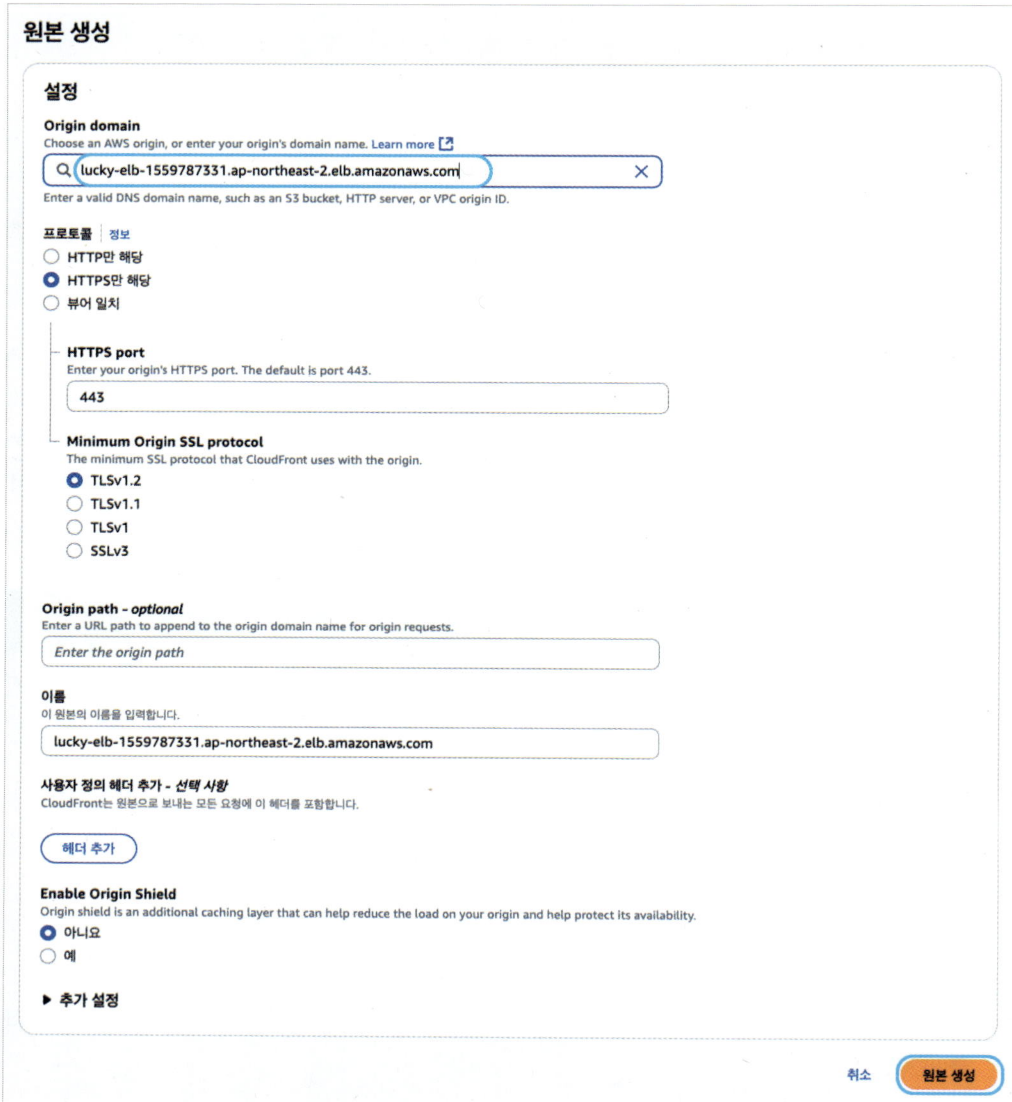

그림 17.9 CloudFront 배포의 원본 생성을 위한 설정

09. 다음과 같이 원본이 추가되면 문제 없이 진행된 것이다.

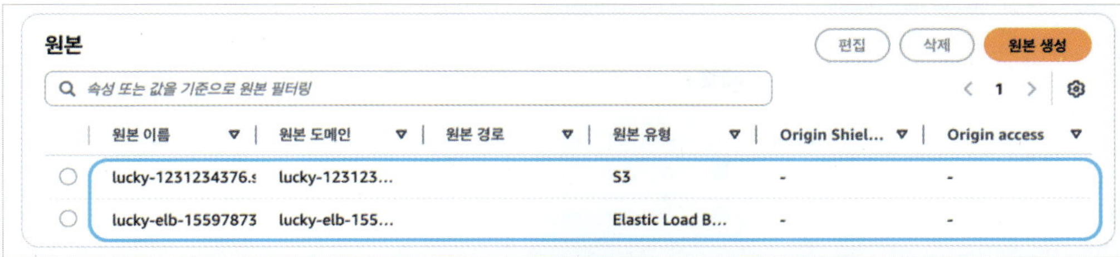

그림 17.10 CloudFront 배포의 원본 생성 완료

17.3 [실습] 리소스 삭제

실습을 완료했다면 이제 CloudFront를 지워보자. 참고로 배포를 지우는 데도 5~20분 정도 걸린다.

01. CloudFront 서비스의 왼쪽 메뉴에서 **배포**를 찾아서 클릭한다. 기존에 만들었던 배포를 체크한 후 **비활성화** 버튼을 클릭한다.

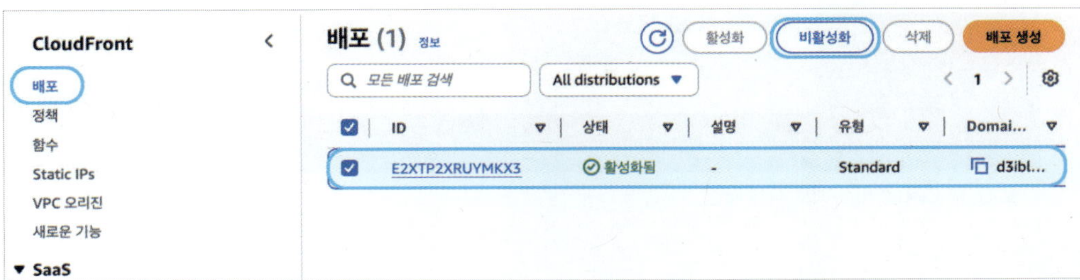

그림 17.11 CloudFront 배포 비활성화

02. **비활성화** 버튼을 클릭한다.

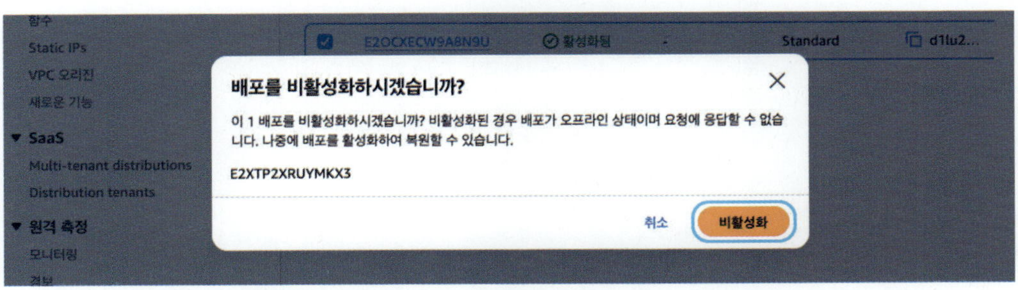

그림 17.12 CloudFront 배포 비활성화 확인

03. 5~20분 정도 후에 다시 CloudFront 서비스의 왼쪽 메뉴에서 **배포**를 클릭한다. 기존에 만들었던 배포를 체크한 후 **삭제** 버튼을 클릭한다.

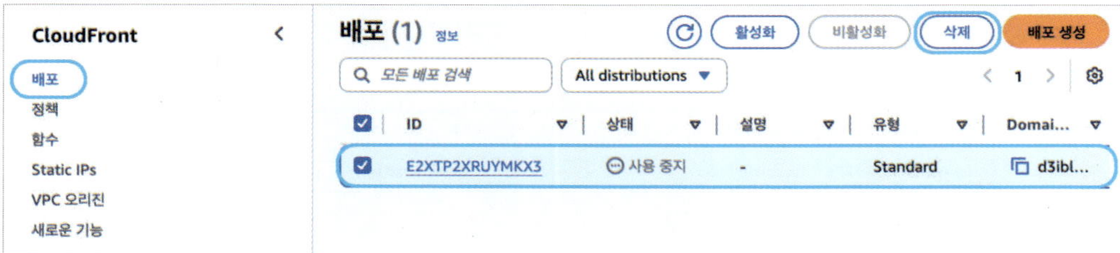

그림 17.13 CloudFront 배포 삭제

04. **삭제** 버튼을 클릭한다.

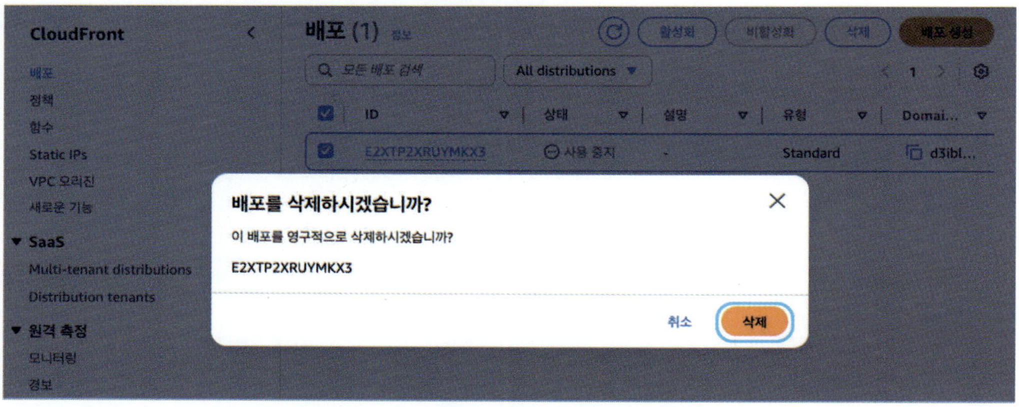

그림 17.14 CloudFront 배포 삭제 확인

18

Service Quotas로 리소스 한계 파악 및 증가 요청하기

2019년 이전에는 서울 리전에서 t2.micro 타입의 인스턴스를 최대 20개까지만 생성할 수 있었다. 만약 이보다 더 많은 인스턴스가 필요하다면 AWS 고객센터에 요청해 한도를 늘려야 했다. 이처럼 AWS는 서비스마다 기본적으로 생성 수량에 제한을 두고 있는데, 이를 소프트 리밋(soft limit)이라고 한다. 이러한 제한이 있는 이유는 실수나 사고로 인해 수백 개의 인스턴스가 한꺼번에 생성되는 상황을 방지하기 위해서다. 이러한 경우 과도한 비용이 청구될 수 있기 때문에 AWS는 기본적인 안전 장치로서 리소스 생성에 제한을 두고 있는 것이다.

2019년 이후부터는 인스턴스 개수가 아닌 vCPU(virtual CPU)의 개수로 EC2 생성 제한을 두고 있다. vCPU란 물리적인 CPU를 가상화해 논리적으로 분할한 처리 단위를 말한다. 이 제한은 리전마다 다르고, 계정을 언제 생성했는가에 따라서도 초깃값이 다르다. 예를 들어, 필자가 보유한 여러 AWS 계정 중에는 T 타입 온디맨드 인스턴스를 기준으로 초기 vCPU 제한이 32개인 계정도 있고, 64개인 계정도 있다.

만약 이 같은 제한을 초과해서 더 많은 vCPU가 필요하다면 AWS의 Service Quotas를 통해 한도 상향을 요청하면 된다. Service Quotas는 리소스 사용량을 관리하고 확장할 수 있도록 도와주는 한도 관리 서비스로서, 이번 장에서는 이러한 Service Quotas에 대해 알아보겠다.

18.1 Service Quotas란?

쇼핑몰을 운영하다 보니 재고 상품이 많이 쌓여서 창고에 보관하는 데 드는 비용도 만만치 않다. 그래서 재고 털이 할인을 해보려고 한다. 이렇게 할인 행사를 하면 갑자기 트래픽이 폭증하기 때문에 미리 대비할 필요가 있다. 이미 오토 스케일링을 잘 적용해서 대규모 트래픽이 발생해도 버틸 수 있을 것 같지만 실제로는 그렇지 않다. 오토 스케일링은 점진적으로 늘어나는 트래픽에는 잘 대응할 수 있지만 갑자기 2~3배에 달하는 사용자가 접속해서 트래픽이 늘어나면 인스턴스가 만들어지는 속도보다 사용자의 접속 속도가 빨라서 전체 시스템에 장애가 발생할 수 있다. 물론 시간이 지나면 오토 스케일링이 충분히 인스턴스를 만들어 시스템은 정상으로 돌아오겠지만 그 사이에는 실제 장애가 발생한다. 그래서 할인 행사를 하기 전에 인스턴스를 3배 정도 늘려놓으려고 한다. 일단 몇 시간만 인스턴스를 늘렸다가 상황을 보고 삭제하든지 판단하려고 한다.

지금은 쇼핑몰이 잘 되고 있어서 t3.micro 인스턴스 20개를 사용 중인데, 40개를 더 만들어서 대상 그룹에 붙일려고 한다. 그래서 인스턴스를 만들어 봤더니 다음과 같은 오류가 발생했다. 내용을 읽어보면 vCPU가 64개로 제한돼 있는데, 그 이상을 요청했다는 의미다.

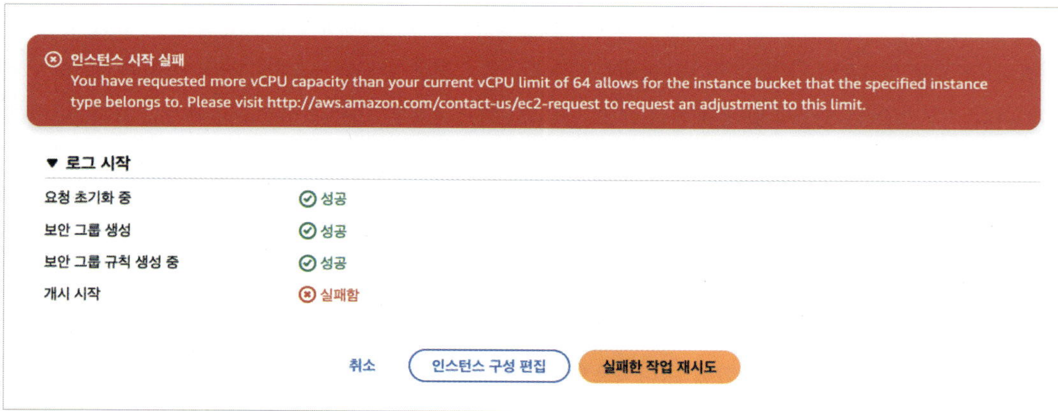

그림 18.1 EC2 인스턴스 생성 중 발생하는 에러

t3.micro는 vCPU를 2개 사용하므로 현재 총 40개가 사용되고 있다고 보면 된다. 3배 정도로 늘리려면 120개의 vCPU가 필요하다. 그런데 필자의 vCPU 초깃값이 64개이다 보니 vCPU의 제한에 걸린 것 같다.

지금까지 리소스의 한도에 대해서는 전혀 몰랐는데, 이런 것이 있다는 것을 처음 알았다. 그럼 어떻게 해야 할까? 에러 메시지에 적힌 http://aws.amazon.com/contact-us/ec2-request 주소로 요청하면 된다고 한다.

이어지는 절에서 리소스 제한을 올리는 작업을 해보자.

18.2 [실습] Service Quotas를 이용한 리소스 한도 상향

에러 메시지에 적힌 http://aws.amazon.com/contact-us/ec2-request 주소로 이동하면 AWS의 고객 지원 센터 페이지로 연결된다. 여기서 직접 EC2 인스턴스 한도를 늘려달라고 요청하는 것도 가능하다.

Service Quotas 기능이 없었던 시절에는 필자도 항상 고객센터에 직접 요청하곤 했다. 하지만 지금은 AWS에서 제공하는 Service Quotas 서비스를 통해 각 리소스의 현재 한도를 확인하고, 직접 한도 상향 요청도 할 수 있다. 그래서 이번에는 Service Quotas를 이용해 필요한 리소스의 한도를 확인하고, 상향 요청을 해보려 한다.

01. 관리 콘솔 위쪽의 검색란에서 'Service Quotas'를 검색해서 나오는 **Service Quotas**를 클릭한다.

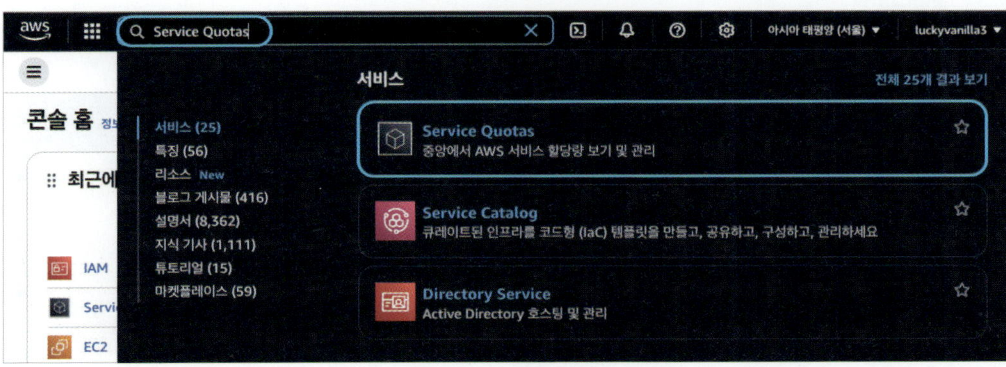

그림 18.2 Service Quotas 서비스로 이동

02. Service Quotas 서비스에서 왼쪽 메뉴의 **AWS 서비스**를 클릭한다. 그런 다음, 오른쪽 검색란에서 'EC2'를 검색해서 나오는 **Amazon Elastic Compute Cloud (Amazon EC2)**를 클릭한다.

그림 18.3 Service Quotas에서 'EC2' 검색

03. **서비스 할당량** 입력란에서 'On-Demand'를 검색해서 나오는 **Running On-Demand Standard (A, C, D, H, I, M, R, T, Z) instances**를 체크하고, 위쪽에 **계정 수준에서 증가 요청** 버튼을 클릭한다. 참고로 여기서 선택한 Running On-Demand Standard (A, C, D, H, I, M, R, T, Z) instances는 필요할 때 만들면 바로 할인 없이 초/시간당 과금이 되는 온디맨스 인스턴스 요금제를 말한다. 지금까지 실습하면서 사용했던 인스턴스는 모두 온디맨스 인스턴스였다. AWS에서는 다양한 인스턴스 요금제를 제공하는데, 연 단위로 계약해서 40% 정도 할인받는 예약 인스턴스나 1~6시간 정도만 사용 가능하지만 90%까지 할인되는 스팟 인스턴스를 제공한다.

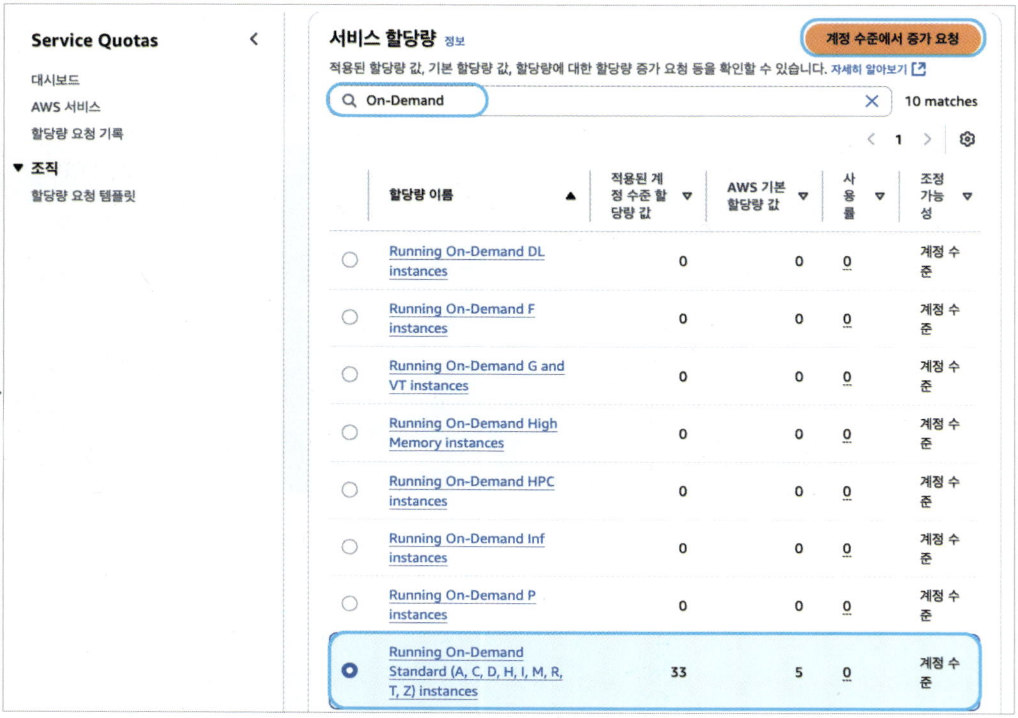

그림 18.4 Service Quotas에서 EC2의 'On-Demand' 검색

04. **할당량 값 증가** 항목에 원하는 값을 입력한 후 **요청** 버튼을 클릭한다.

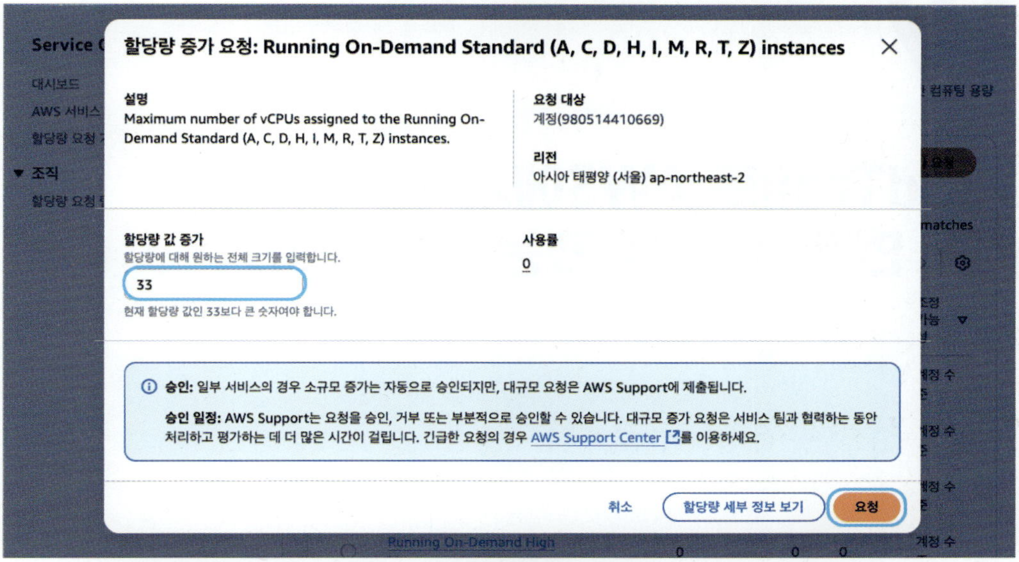

그림 18.5 Service Quotas에서 EC2의 On-Demand 할당량 증가 요청

05. 'Running On-Demand Standard (A, C, D, H, I, M, R, T, Z) instance의 **할당량 증가가 요청되었습니다.**' 라는 메시지가 표시되는 것을 확인한다. 자동 승인되는 리소스들은 몇 초 ~ 몇 분이면 할당량이 증가하고, 수동 승인되는 것들은 몇 시간에서 2일 이내에 승인되어 증가될 것이다.

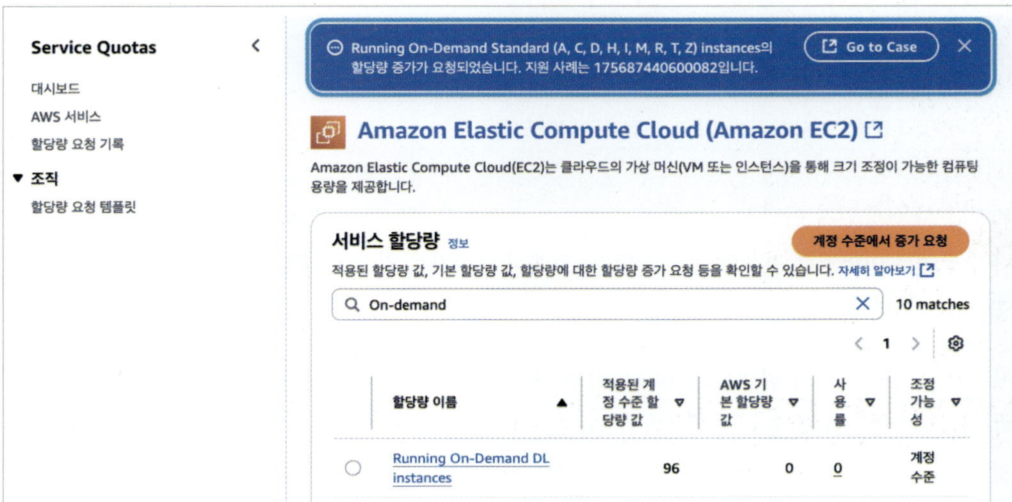

그림 18.6 서비스 할당량 증가 요청 완료

19

CloudTrail로 AWS에서 누가, 언제, 무엇을 했는지 추적하기

회사의 시스템을 AWS에서 운영하면 개발팀, 보안팀, 운영팀 등 여러 팀이 동시에 인프라를 사용하게 된다. 자연스럽게 리소스 생성, 변경, 삭제가 빈번해지고, 그에 따라 인프라 복잡도도 함께 증가한다. 예를 들어 다음과 같은 상황이 발생할 수 있다.

- 테스트용으로 만들어 놓은 인스턴스를 방치
- 실수로 잘못된 리소스를 삭제
- 누가 왜 만들었는지 모르는 리소스가 장기간 남아 있음

이처럼 사용 중인지 아닌지 판단하기 어려운 리소스들이 생기고, 막연히 사용하지 않을 것 같아 삭제했다가 장애로 이어지는 경우도 실제로 많다. 그래서 관리자는 리소스 삭제를 주저하게 되고, 이는 곧 비용 증가와 인프라 복잡성으로 이어진다.

이러한 혼란을 줄이기 위해서는 AWS에서 누가, 언제, 어디서, 무엇을 했는지를 정확히 추적할 수 있어야 한다. 바로 이러한 용도로 제공되는 AWS 서비스가 CloudTrail이다. CloudTrail은 AWS 계정 내에서 발생하는 모든 API 호출과 활동을 기록하는 서비스로서, CloudTrail에 기록된 내용은 감사(audit), 모니터링, 보안 분석, 문제 해결 등에 다양하게 활용될 수 있다.

CloudTrail은 모든 API 호출을 자동으로 기록함으로써 문제가 생겼을 때 "누가 무엇을 했는가"를 명확하게 파악할 수 있도록 도와준다. 단순한 기록 기능을 넘어서 운영 리스크를 줄이고 보안 수준을 높이는 핵심 수단이 되는 것이다. 이번 장에서는 이러한 CloudTrail에 대해 알아보겠다.

19.1 CloudTrail이란?

쇼핑몰의 재고 처리 이벤트는 Service Quotas를 통해 인스턴스 한도를 늘려 무사히 처리할 수 있었다. 덕분에 예상보다 많은 트래픽에도 문제없이 대응할 수 있었고, 이벤트도 성공적으로 마무리됐다.

이후 인스턴스 수는 원래대로 20개로 줄였다. 이제 특별한 이벤트가 없는 평상시에는 오토 스케일링 정책에 따라 트래픽에 맞춰 인스턴스가 자동으로 늘어나거나 줄어들게 될 것이다.

그런데 이상한 점이 있다. 분명 이벤트 때문에 만들어 놓은 인스턴스 40개를 지웠는데, 인스턴스 40개가 다시 만들어져 있다. 직원들이 만든 것인가 해서 직원들에게 물어봤더니 직원들은 만든 적이 없다고 한다.

도대체 무슨 일인지 확인해 봐야 할 듯하다. AWS의 모든 행위는 API 호출을 통해 일어나고, 모든 API 호출을 기록하는 서비스가 바로 CloudTrail이다.

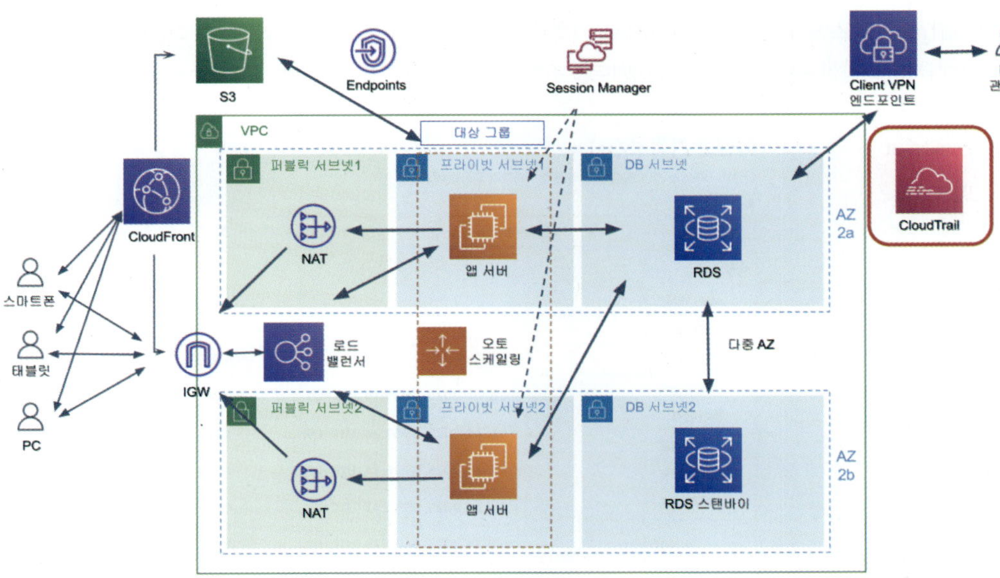

그림 19.1 사용자의 활동을 추적하는 CloudTrail를 적용한 아키텍처

이어지는 절에서는 CloudTrail을 사용해 누가 인스턴스를 만들었는지 확인해 보겠다.

19.2 [실습] CloudTrail을 이용한 활동 추적

CloudTrail로 누가 인스턴스를 만들었는지 확인해 보자.

01. 관리 콘솔 위쪽의 검색란에서 'CloudTrail'을 검색해서 나오는 **CloudTrail**을 클릭한다.

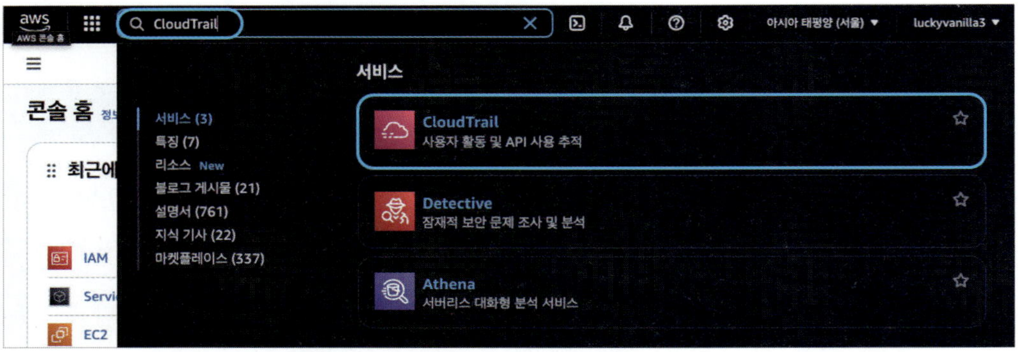

그림 19.2 CloudTrail 서비스로 이동

02. CloudTrail 서비스에서 왼쪽 메뉴의 **이벤트 기록**을 클릭한다. 그런 다음, **속성 조회**에서 **이벤트 이름**을 선택한다. 보다시피 다양한 속성으로 AWS의 이벤트를 조회할 수 있다. 오른쪽 검색란에서 **RunInstances**를 입력한다.

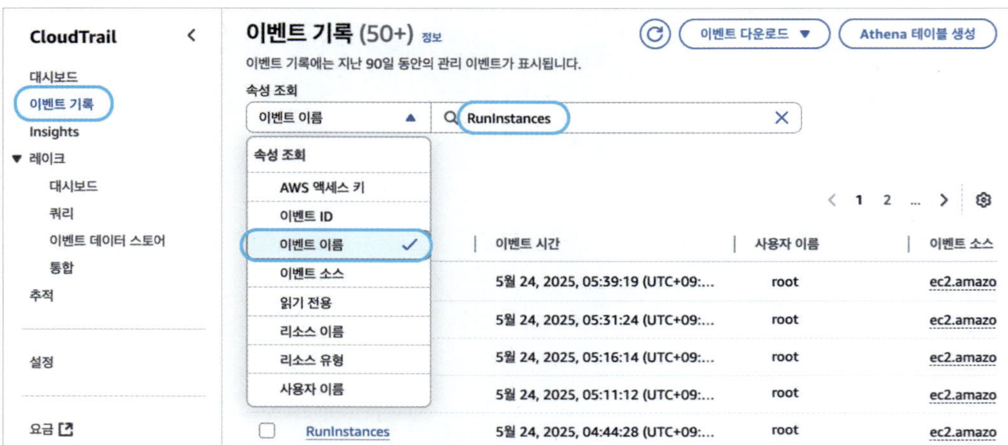

그림 19.3 CloudTrail 서비스의 이벤트 기록에 대한 속성 조회 설정

03. 검색 결과를 보면 가장 최근에 인스턴스를 만든 사용자 이름은 root다. 더 자세한 사항을 보려면 RunInstances를 클릭한다.

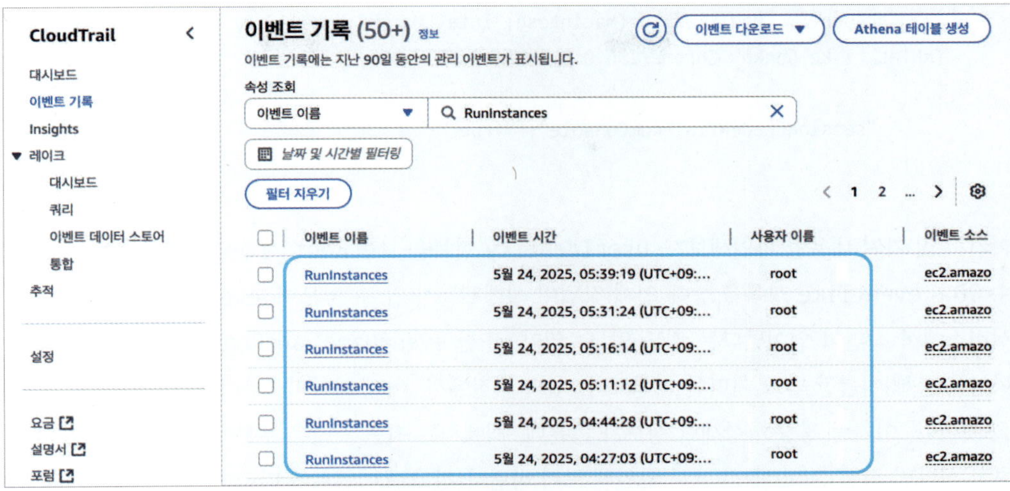

그림 19.4 CloudTrail 서비스의 이벤트 기록에 속성 조회를 적용

04. RunInstances를 클릭한 후 화면을 아래로 스크롤해서 내려보면 다음과 같은 JSON 형식의 자세한 이벤트 레코드 기록을 확인할 수 있다. 꽤 자세히 나오기 때문에 누가 무슨 작업을 했는지 구체적으로 알 수 있다.

```
{
  "eventVersion": "1.10",
  "userIdentity": {
    "type": "Root",
    "principalId": "123456789012",
    "arn": "arn:aws:iam::123456789012:root",
    "accountId": "123456789012",
    "accessKeyId": "ASIAEXAMPLEKEYID",
    "sessionContext": {
      "attributes": {
        "creationDate": "2025-05-24T12:19:21Z",
        "mfaAuthenticated": "true"
      }
    }
  },
  "eventTime": "2025-05-24T17:09:08Z",
  "eventSource": "ec2.amazonaws.com",
```

```
  "eventName": "RunInstances",
  "awsRegion": "ap-northeast-2",
  "sourceIPAddress": "34.201.15.112",
  "userAgent": "Mozilla/5.0 (Macintosh; Intel Mac OS X 10_15_7) AppleWebKit/537.36
(KHTML, like Gecko) Chrome/136.0.0.0 Safari/537.36",
...
      "sessionCredentialFromConsole": "true"
}
```

여기서 몇 가지 내용만 확인해보자. `userIdentity` 항목을 보면 `Root` 계정이 작업을 했다는 사실을 알 수 있다. `eventTime` 항목을 통해 언제 작업이 실행됐는지 알 수 있으며, `eventSource` 항목으로 EC2 서비스에서 작업이 일어났다는 점도 알 수 있다. 또한 `eventName`, `awsRegion`, `sourceIPAddress` 항목을 통해 이름만 봐도 어떠한 이벤트가, 어느 리전에서, 어떤 아이피로부터 실행됐는지 확인할 수 있을 것이다. 이처럼 굉장히 상세한 정보가 많은데, 책에서는 지면상 많은 부분을 생략했으므로 더 자세히 보고 싶다면 직접 CloudTrail에서 확인해 보기 바란다(참고로 이벤트에 따라 항목의 내용이 달라진다).

20

IAM으로 인증 및 권한 부여 관리하기

AWS에서는 수많은 리소스(EC2, S3, RDS 등)를 다루게 된다. 그런데 아무나 리소스를 마음대로 사용하면 안 된다. 왜냐하면 다양한 서비스들이 AWS에서 운영되고 있는데, 갑자기 누군가가 실수로 인스턴스를 지우거나 데이터베이스를 삭제하면 장애가 발생할 수 있다. 그래서 누가 어떤 리소스에 접근하고 제어할 수 있는지를 세밀하게 설정할 필요가 있다. 이를 가능하게 해 주는 것이 바로 IAM이다.

IAM은 'Identity and Access Management'의 줄임말이다. 여기서 'Identity'는 사용자나 서비스를 뜻하고, 'Access Management'는 그러한 사용자나 서비스에 적절한 권한을 부여하고 통제하는 것을 의미한다.

IAM을 본격적으로 배우기에 앞서 먼저 짚고 넘어가야 할 두 가지 중요한 개념이 있다. 바로 인증(authentication)과 인가(authorization)다. 필자가 처음 이 두 단어를 접했을 때는 꽤 어렵게 느꼈지만 아주 간단하게 요약하면 다음과 같이 말할 수 있다.

- **인증**: "당신은 누구세요?"
- **인가**: "당신이 이거 해도 돼요?"

조금 더 풀어보자면, 인증은 사용자가 누구인지 확인하는 과정이다. 예를 들어, ID와 패스워드를 입력해 로그인하는 것이 인증이다. 반면, 인가는 인증을 거친 사용자가 어떤 권한을 가지고 있는지 확인하는 과정이다. 예를 들어, 웹 서비스에 로그인한 뒤 내가 유료 회원인지, 무료 회원인지, 또는 특정 기능을 사용할 수 있는 권한이 있는지를 확인하는 작업이 바로 인가다. 인가를 흔히 권한 부여(access grant)라고도 한다. 참고로 가끔 번역 작업을 하면서 느낀 점 중 하나는 예전에는 '인가'라는 용어를 많이 사용했지만 최근에는 '권한 부여'라는 표현을 더 자주 사용하는 것 같다.

IAM은 이처럼 사용자의 인증과 권한 부여를 해 주는 서비스라고 보면 된다. 이번 장에서는 이러한 IAM에 대해 살펴본다.

20.1 IAM이란?

앞 장에서는 CloudTrail로 누가 인스턴스를 40개 만들었는지 확인해 봤다. 이 책에서는 루트(root) 계정을 모든 직원과 공유해서 사용하므로 당연히 루트 계정으로 인스턴스가 만들어질 수밖에 없다. 그래서 인스턴스가 만들어진 시간도 확인해서 직원들에게 물어봤지만 필자를 비롯한 모든 직원이 해당 시간대에 인스턴스를 만든 기억이 없다고 한다.

그럼 도대체 누가 그 시간대에 인스턴스를 40개나 생성한 걸까? 그래서 CloudTrail의 이벤트 로그 파일을 하나하나 꼼꼼히 살펴보기 시작했다. 그러던 중 뭔가 수상한 점을 발견했다. 인스턴스를 생성한 API 호출의 출발지 IP 주소가 국내가 아닌 해외 IP였던 것이다.

아무래도 AWS 계정이 해킹당한 것 같다. 급하게 패스워드를 변경하고, 인스턴스를 삭제했다. 그리고 다른 리소스들이 삭제되거나 수정된 것이 없는지 CloudTrail로 확인했다. 다행히 인스턴스가 만들어진 것 외에는 큰 문제는 없었고, 새로 만들어진 인스턴스들은 비트코인을 채굴하고 있었던 것 같다.

필자는 정말 다행이라고 생각했다. 해커가 단지 비트코인 채굴을 목적으로 인스턴스를 대량 생성했을 뿐 시스템 침해나 데이터 유출 같은 심각한 피해는 없었다. 결국 필자가 감당해야 할 피해는 한 달 후 청구될 인스턴스 사용 요금 정도였다. 무엇보다 다행인 건 Service Quotas에서 인스턴스 한도를 크게 늘려두지 않았다는 점이다.

그 덕분에 이번 공격도 이 정도 선에서 마무리될 수 있었다. 하지만 만약 해커가 지금껏 구축해놓은 전체 인프라를 삭제했다면? 필자의 쇼핑몰은 망했을 것이다. 생각만 해도 아찔했다. 지금까지 갖은 고생을 하며 모아온 고객 정보가 모두 사라진다고 상상하니 등에서 식은땀이 났다. 한편으로는 이 정도에서 끝난 게 얼마나 다행인지 모른다는 생각에 절로 안도의 한숨이 나왔다.

도대체 어떻게 계정이 해킹당했는지 곰곰이 되짚어보자. 필자는 개인 노트북만 사용하고, 노트북 말고는 다른 곳에서 로그인을 하지도 않는다. 아무래도 필자가 아닌 것 같다. 그래서 직원들에게 물어봤더니 한 직원이 새벽에 업데이트할 게 있어서 PC방에서 로그인한 적이 있다고 한다. 아무래도 그때 계정 패스워드를 탈취당한 것 같다.

그리고 필자만 조심한다고 될 문제가 아닌 것 같다. 아무래도 인프라를 관리하는 방법을 변경해야 할 듯하다. 루트 계정을 공유하다 보니 누가 작업했는지도 알 수 없고 CloudTrail에서 추적하는 것도 쉽지 않다.

AWS에서는 IAM이라는 사용자를 만들고 관리하는 서비스를 제공한다. 하지만 필자는 사용자, 역할, 정책, 권한 부여, 인가, 인증 등의 용어들이 익숙치 않아서 필요하다는 말은 들었지만 지금까지 애써 모른 척하고 있었다. 그리고 루트 계정을 사용하면 편했고, 아직까지 문제도 없었기 때문에 IAM을 사용할 이유도 느끼지 못했다. 그러다 이렇게 계정이 탈취되면서 사고가 난 것이다.

머릿속에 옛날 속담이 스쳐 간다. 또 소 잃고 외양간 고쳐야 하는 신세다. 그래서 IAM 공부를 시작한다.

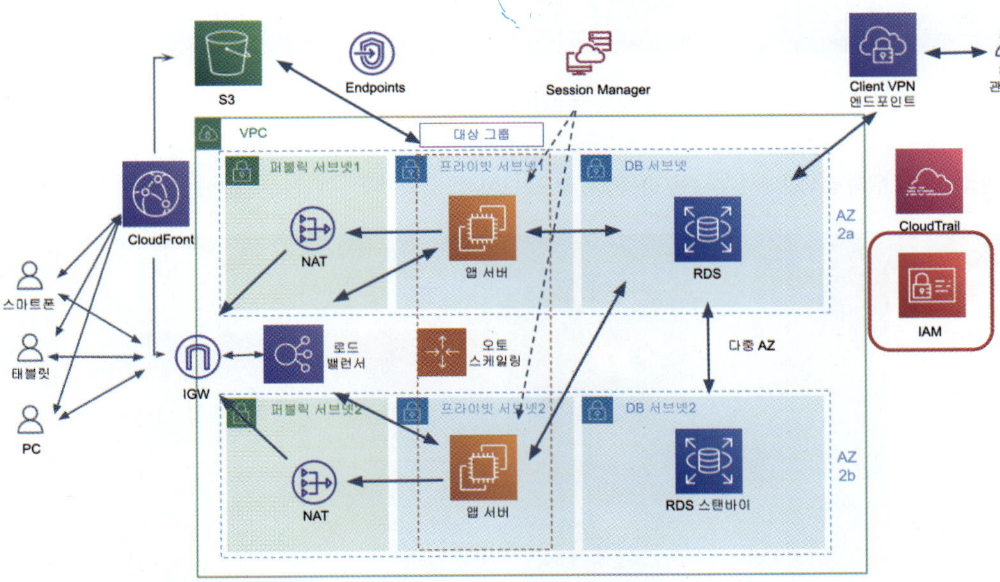

그림 20.1 사용자 접근 제어를 위한 IAM을 적용한 아키텍처

IAM에 대해 공부하다 보니 루트 계정은 웬만하면 사용하지 말라고 공식 문서에 적혀 있다. 그리고 루트 계정에는 반드시 MFA(Multi-Factor Authentication) 인증을 추가해서 로그인할 때마다 일회용 패스워드로 한 번 더 인증하라고 한다. 그리고 이를 다단계 인증이라고 하며, 인증 단계를 여러 개 만들어 계정을 더욱 안전하게 보호하는 방법을 사용해야만 한다고 권고하고 있다.

그래서 필자는 일단 루트 계정에 MFA를 설정하려고 한다. 그러고 나서 해야 하는 것은 루트 계정으로 IAM에서 Admin 사용자를 만드는 것이다. Admin 사용자는 AdministratorAccess 정책을 부여받은 사용자를 말한다. 여기서 정책이라는 말이 나온다. AWS에서 정책은 권한의 집합을 의미한다. 정책은 AWS에서 이미 만들어 놓은 것이 있고, 사용자가 직접 필요한 권한들만 적용해 만들 수도 있다. AdministratorAccess 정책은 AWS에서 미리 만들어 놓은 정책이며, 모든 서비스에 접근할 수 있는 권한을 가진다.

그럼 먼저 이어지는 절에서 MFA 적용과 Admin 사용자를 만드는 실습을 해보자.

20.2 [실습] Admin 사용자 생성

이번 실습에서는 루트 계정에 MFA를 설정하고 Admin 사용자를 생성하겠다.

01. 관리 콘솔의 위쪽 검색란에서 'IAM'을 검색해서 나오는 IAM을 클릭한다.

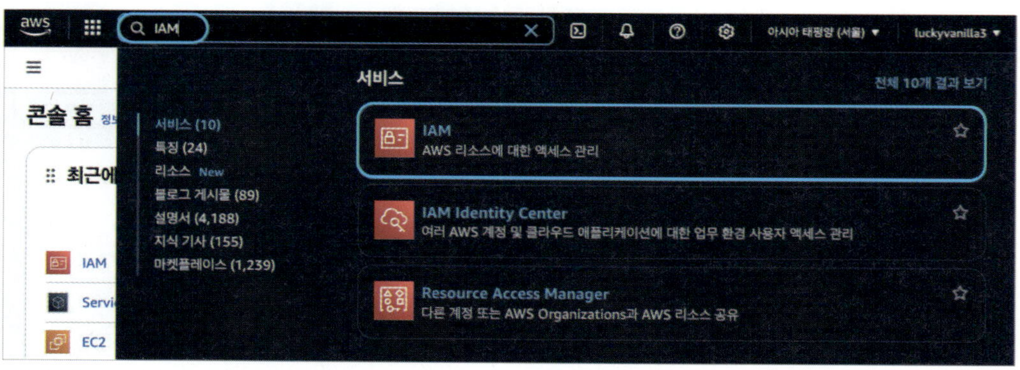

그림 20.2 IAM 서비스로 이동

02. IAM 서비스에서 왼쪽 메뉴의 **대시보드**를 클릭한다(보통 첫 화면으로 대시보드가 나오므로 굳이 대시보드를 클릭하지 않아도 될 것이다). 그러고 나서 **MFA 추가** 버튼을 클릭한다.

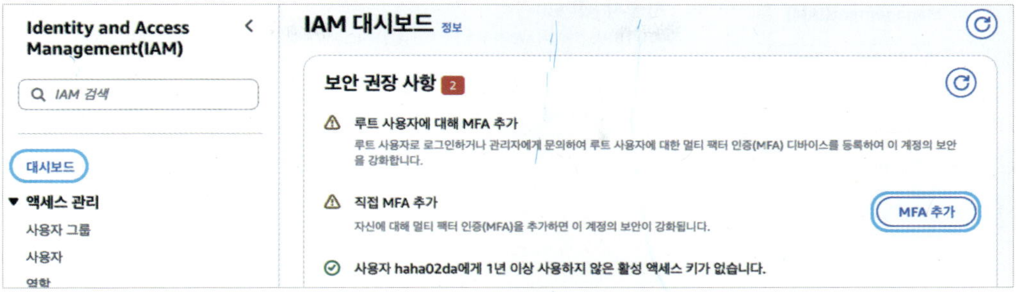

그림 20.3 IAM 서비스의 대시보드

03. **디바이스 이름**에 각자 원하는 이름을 입력한다(이 책에서는 lucky-mfa). MFA device는 각자의 기호에 따라 선택한다. 그러고 나서 **다음** 버튼을 클릭한다. 다음 화면에서 MFA 디바이스의 정보를 입력한 후 **MFA 추가** 버튼을 클릭한다. MFA 추가가 완료되면 이제 로그인할 때마다 일회용 인증키를 확인해야만 로그인할 수 있을 것이다.

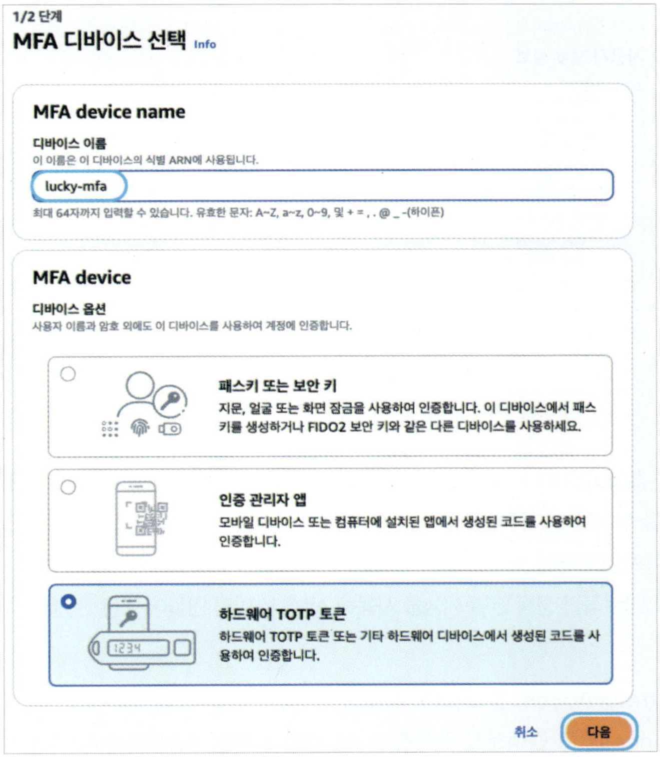

그림 20.4 MFA 디바이스 이름 입력 및 선택

04. IAM 서비스에서 왼쪽 메뉴의 **사용자**를 클릭한다. 그러고 나서 **사용자 생성** 버튼을 클릭한다.

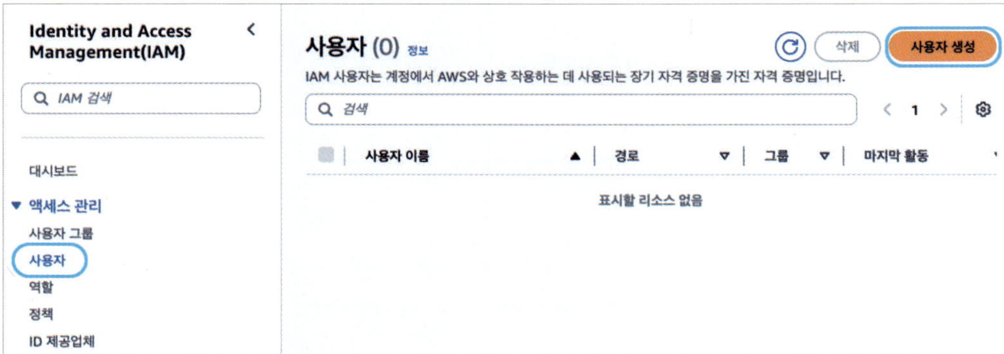

그림 20.5 IAM의 사용자 목록

05. **사용자 이름**에는 각자 원하는 이름을 입력한다(이 책에서는 luckyadmin). 그러고 나서 **다음** 버튼을 클릭한다.

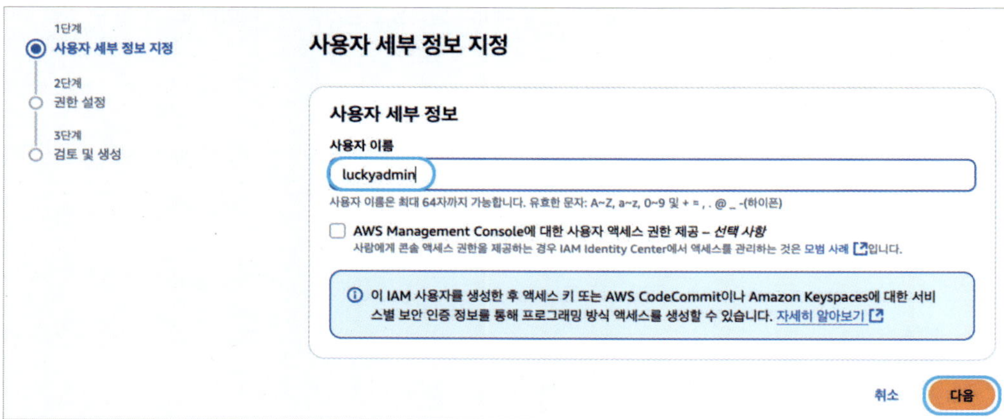

그림 20.6 IAM의 사용자 이름 입력

06. **권한 옵션** 항목에서는 **직접 정책 연결**을 체크한다. 권한을 주는 방법은 메뉴에서 볼 수 있듯이 세 가지가 있다. 첫 번째 방법은 그룹을 만들어서 권한을 부여하고 그룹에 포함시키는 방법이다(그룹에 관해서는 아직 배우지 않았고 이후에 다룬다). 두 번째는 다른 사용자의 권한을 복사해 오는 방법이다. 이 방법은 아직 다른 사용자가 하나도 없기 때문에 사용하지 못하며, 이 책에서는 직접 정책 연결 기능을 사용해 AWS가 미리 만들어 놓은 권한 정책을 사용하겠다.

권한 정책 리스트에서 AdministratorAccess를 체크한다(보통 첫 페이지에 나와 있을 것이다). 첫 페이지에 없으면 'AdministratorAccess'로 검색해서 체크한다. 이 권한 정책은 AWS에서 Admin 사용자를 위해 만들어 놓은 권한이다. 설정을 완료하면 **다음** 버튼을 클릭한다. 참고로 AdminstratorAccess 말고도 AWS가 미리 만들어 놓은 권한 정책은 다양하다. 예를 들어, EC2 서비스의 모든 권한을 사용할 때는 AmazonEC2FullAccess 권한 정책을 사용하면 되고, EC2 서비스에서 생성/삭제는 안 되고 보기만 할 때는 AmazonEC2ReadOnlyAccess 권한 정책을 사용하면 된다. 권한 정책의 이름을 보면 예상할 수 있듯이 모든 서비스 이름에 FullAccess와 ReadyOnlyAccess가 이미 만들어져 있다.

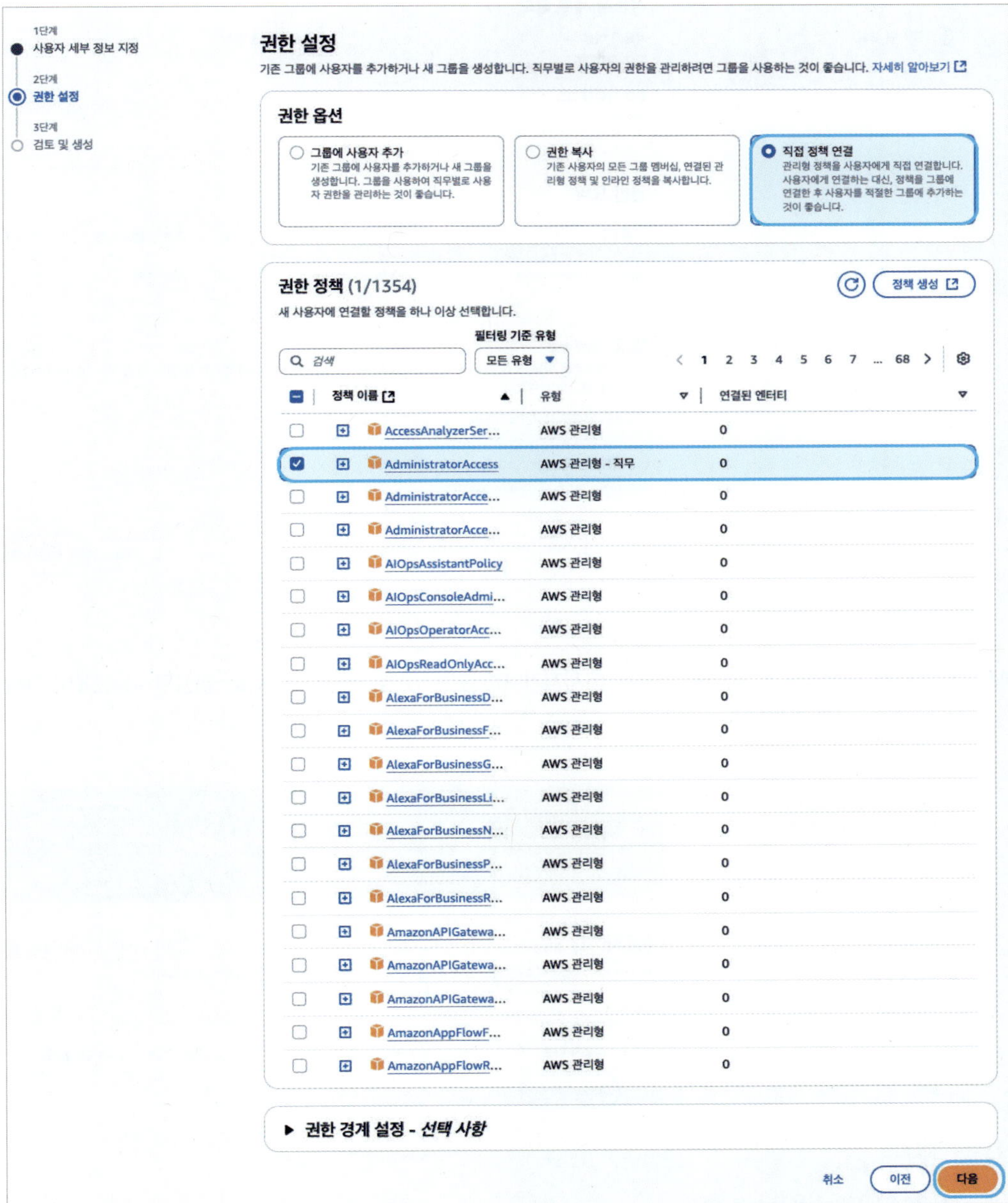

그림 20.7 IAM의 사용자 권한 설정

07. 내용을 확인하고, **사용자 생성** 버튼을 클릭해 사용자를 만든다.

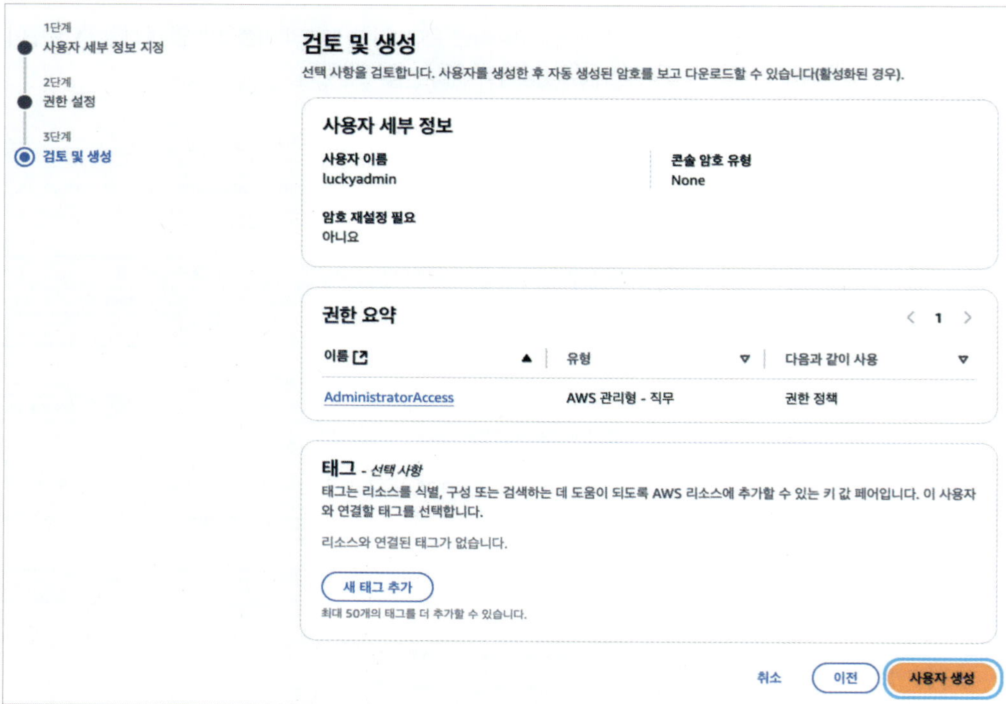

그림 20.8 IAM의 사용자 검토 및 생성

08. **'사용자가 성공적으로 생성됨'**이라는 메시지가 표시되는 것을 확인하고, 새로 생성된 사용자(이 책에서는 luckyadmin)를 클릭한다.

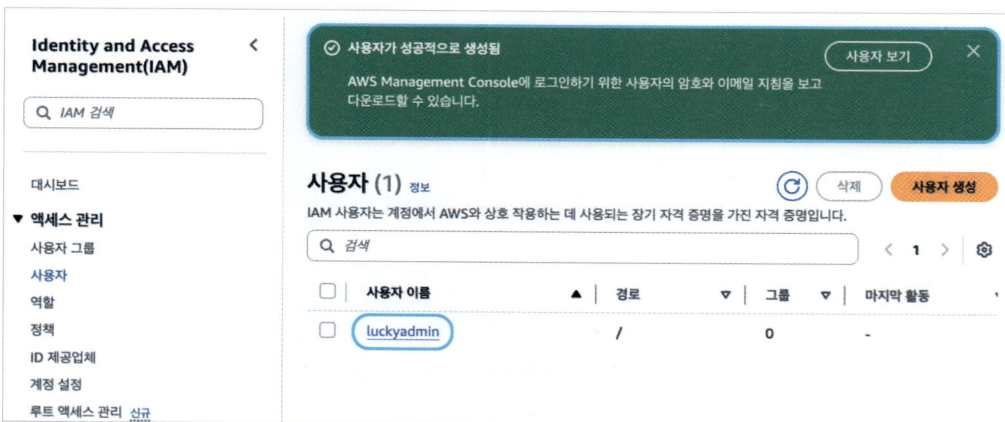

그림 20.9 IAM의 사용자 생성 완료

09. 지금은 luckyadmin 사용자만 만들어진 것이다. 관리 콘솔로 로그인하기 위해서는 콘솔에 접근할 수 있도록 접근 권한을 활성화하는 작업을 해야 한다. **보안 자격 증명** 탭을 클릭한 후, **콘솔 액세스 관리** 버튼을 클릭한다.

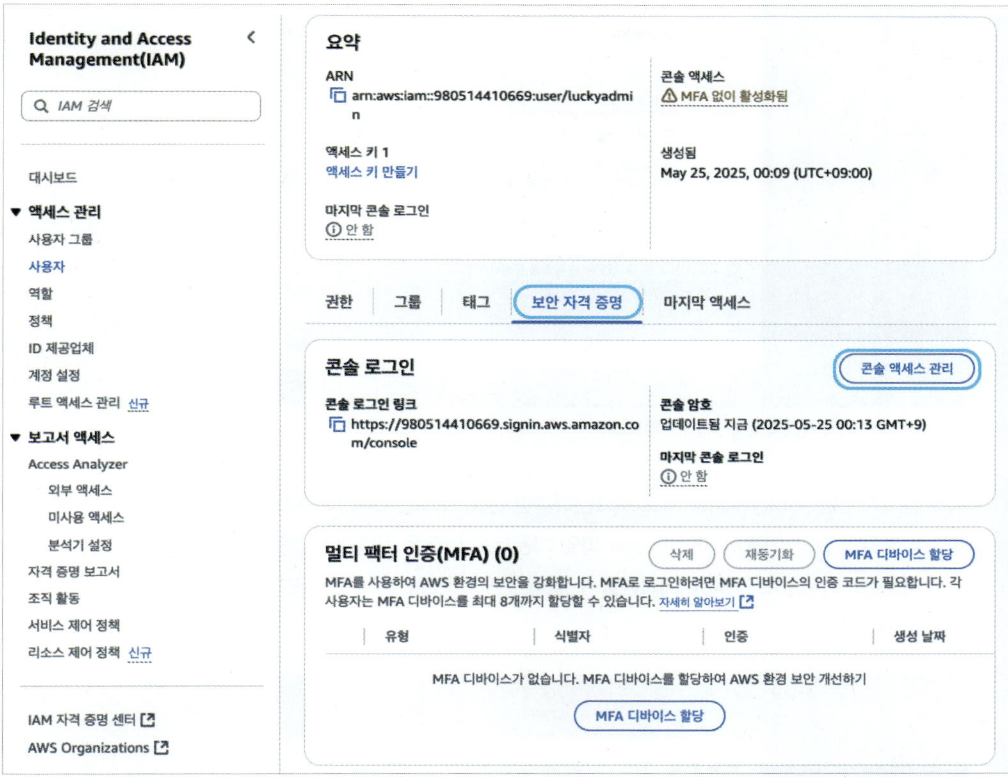

그림 20.10 IAM의 사용자 보안 자격증명 탭

10. **사용자 지정 암호**에 로그인할 때 사용할 암호를 입력한다. '**사용자는 다음 로그인 시 새 암호를 생성해야 합니다.**'를 체크한다. 이 부분을 체크하면 처음 로그인할 때 새 패스워드를 설정해야만 한다. 누군가에게 사용자를 만들어 줄 때는 항상 체크한다. 다음으로 **콘솔 액세스 활성화** 버튼을 클릭한다.

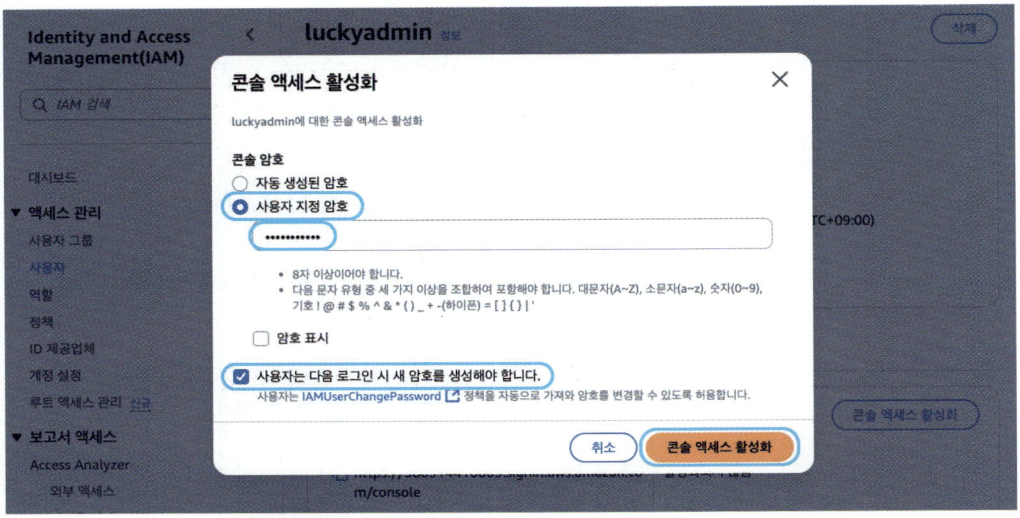

그림 20.11 IAM의 사용자 콘솔 액세스 활성화

11. 이제 앞에서 만든 luckyadmin으로 로그인하려면 **콘솔 로그인** URL의 주소로 접근해서 사용자 이름과 콘솔 암호를 입력하면 된다. 아울러 하단의 **.csv 파일 다운로드** 버튼을 클릭해 로그인 정보들을 다운로드한다. 참고로 여기서 다운로드하지 않으면 다시 내려받을 수 없다. 만약 암호를 잊어버렸다면 암호를 재설정해야 한다. **닫기** 버튼을 클릭한다.

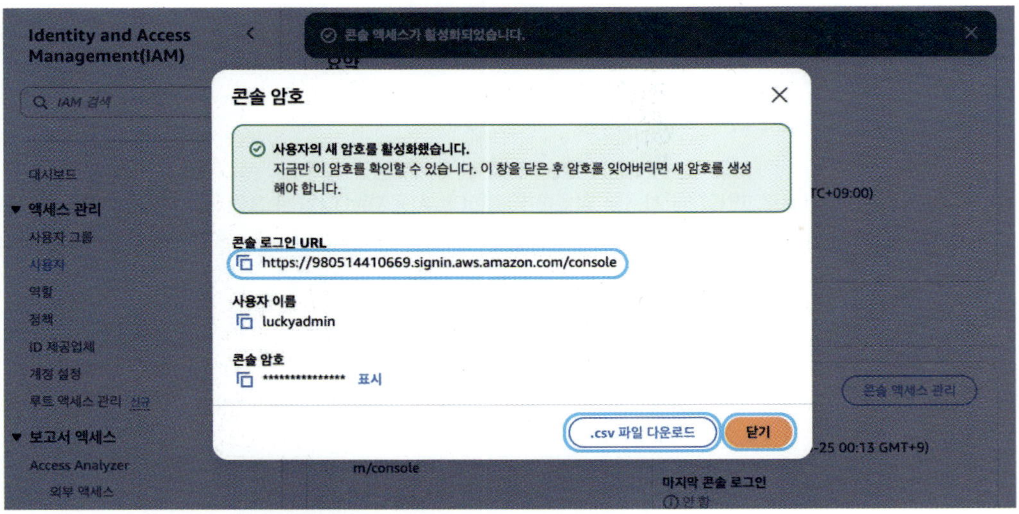

그림 20.12 IAM의 사용자 콘솔 암호 다운로드

12. luckyadmin 사용자도 MFA 설정을 해야 보안이 강화된다. **MFA 디바이스 할당** 버튼을 클릭해 MFA를 설정한다.

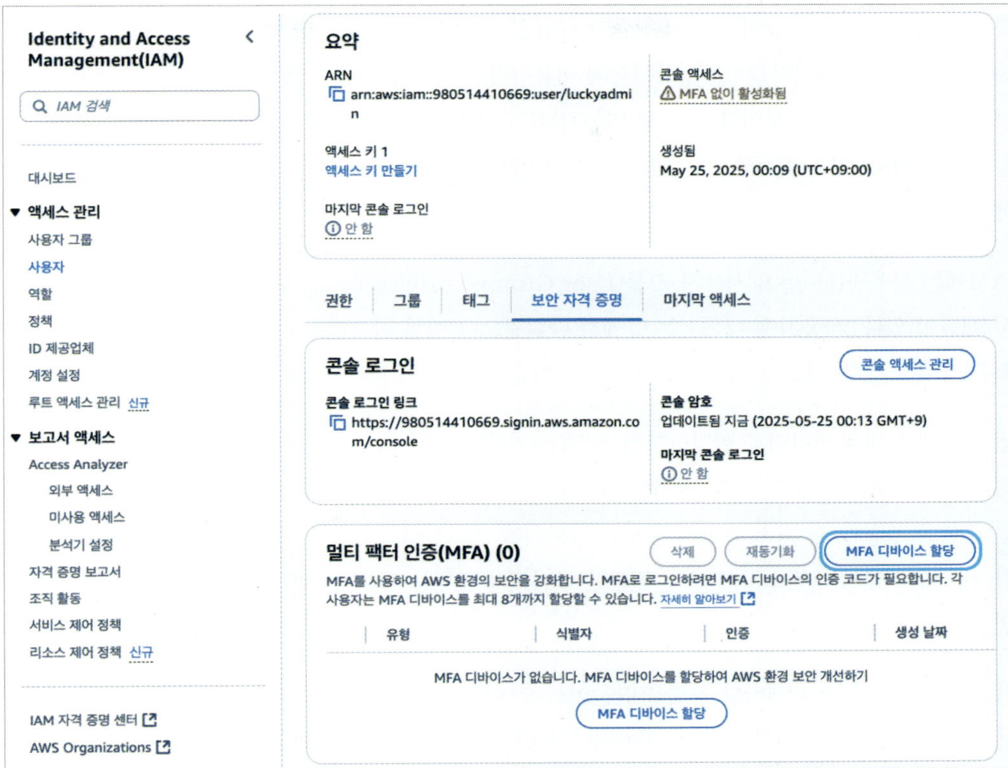

그림 20.13 사용자에 대한 MFA 디바이스 활성

13. 이제 다음 실습을 위해 직원들이 사용할 사용자를 2개 미리 만들어두기 위해 앞의 4~7번 과정을 반복하겠다. 단, 6번 과정에서 아무 권한도 선택하지 않고 **다음** 버튼을 클릭해 권한을 부여하지 않는다. 참고로 이 책에서는 사용자 이름을 각각 lucky-employee1, lucky-employee2로 지정한다.

이렇게 해서 MFA를 적용하고 사용자를 생성해봤다.

20.3 사용자, 그룹, 정책

루트 계정을 사용하는 것이 이렇게 위험한 일인 줄 몰랐다. 생각해 보면 당연한 건데 편하다 보니 무심코 사용하고 있었던 셈이다. 이를 일상생활에 비유하자면 회사에서 단 한 명만 가진 만능 열쇠를 모든 직원이 공유해서 사용했던 것이다. 그리고 만능 열쇠가 유출되어 회사의 모든 재산을 도난 당할 뻔했다. 이제는 꼭 필요하지 않은 한 루트 계정을 사용하지 않을 것이다. MFA까지 설정했다면 일단 루트 계정 탈취에 대한 걱정은 조금 덜어도 될 것 같다.

IAM에는 사용자(Users), 사용자 그룹(User Groups), 역할(Roles), 정책(Policies)이라는 4개의 중요한 개념이 있다. 사용자에 대해서는 앞에서 다뤄봤으니 이번 절에서는 나머지 개념 중 사용자 그룹과 정책을 다뤄 보겠다. 그리고 가장 어려워하는 역할은 마지막에 다루도록 하겠다.

먼저 정책에 대해 한마디로 설명하자면, 정책은 권한들의 집합이다. AWS에서 권한을 부여할 경우 JSON 형식으로 정책을 만들고, 해당 정책을 사용자, 사용자 그룹, 역할에 부여하는 것이다. 그리고 AWS에서는 권한을 부여할 때 최소 권한의 원칙을 따르기를 권고한다. 이 말은, 예를 들어 EC2 인스턴스만 사용한다면 딱 EC2 인스턴스를 만드는 권한만 부여해야 한다는 말이다. 권한을 방만하게 주면 보안 사고의 위협이 되기 때문이다.

그런데 사용자를 만들 때마다 정책을 만들어서 부여하면 관리하기가 상당히 번거로워진다. 보통 같은 팀은 같은 권한을 가질 텐데, 정책을 사용자마다 만들어서 부여하게 되면 회사의 보안 가이드라인이 변경됐을 때 사용자마다 정책을 모두 변경해야 한다. 그래서 보통 같은 팀은 사용자 그룹을 만들어서 사용자를 사용자 그룹에 포함하고, 사용자 그룹에 정책을 할당해서 사용하는 방식을 권장한다. 이렇게 하면 권한을 변경해야 할 때도 그룹에 적용된 정책만 수정하면 사용자 그룹에 포함된 모든 사용자에게 적용되기 때문에 관리하기가 한결 수월하다.

그럼 이어지는 절에서 사용자 그룹을 만들고 정책을 생성해서 부여해 보겠다.

20.4 [그룹] 사용자 그룹 및 정책 생성

이제 앞에서 만든 Admin 사용자로 로그인해서 정책과 사용자 그룹을 만들어 정책을 사용자 그룹에 적용하겠다. 그리고 각 직원들이 사용할 사용자를 사용자 그룹에 포함시키겠다. 아울러 정책을 만들 때는

EC2 인스턴스, 로드 밸런서, 오토 스케일링, AMI, 시작 템플릿, 대상 그룹을 생성할 때 필요한 권한, 모니터링할 때 필요한 권한과 S3에 객체를 만들고 지울 수 있는 권한을 포함한다.

01. IAM 서비스에서 왼쪽 메뉴의 **정책**을 클릭한다. 그러고 나서 **정책 생성** 버튼을 클릭한다. 정책의 경우 AWS에서 만들어 놓은 정책이 있고, 사용자가 직접 정책을 만들 수도 있다. 앞에서 사용한 AdministratorAccess 정책은 AWS에서 미리 만들어 놓은 정책이다. 하지만 AWS에서 권고하는 최소 권한의 원칙에 따라 정책을 만든다면 사용자가 직접 필요한 권한들만 넣어서 만들어야 한다.

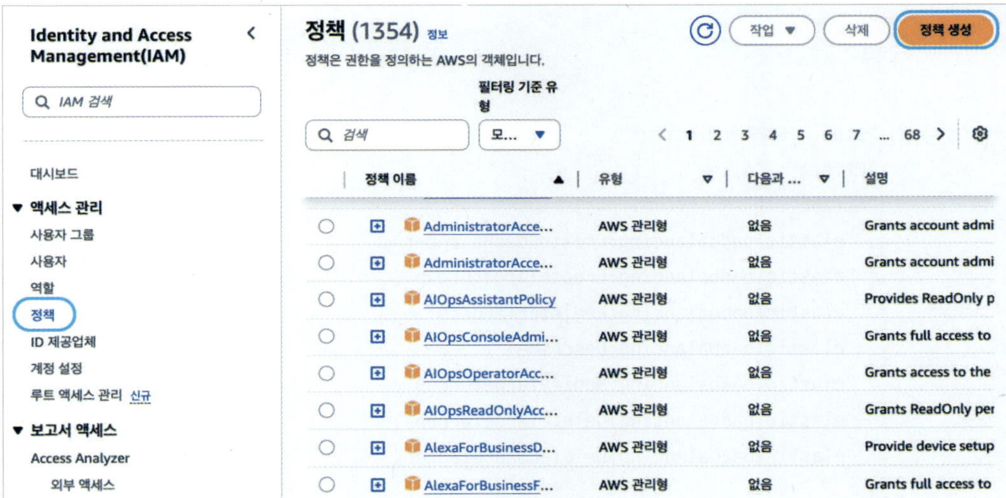

그림 20.14 IAM의 정책 목록

02. 정책을 만들 때는 시각적으로 하나씩 선택하면서 만들 수도 있지만, 필자는 JSON 형식으로 직접 만드는 방법을 선호한다. 그래서 **정책 편집기**에서 상단의 JSON 형식으로 변경한 후 다음 코드를 붙여 넣는다. 이때 `"Resource": "arn:aws:s3:::your-bucket-name"` 부분에서 `your-bucket-name`을 각자의 버킷 이름으로 변경해야 한다.

```
{
  "Version": "2012-10-17",
  "Statement": [
    {
      "Sid": "EC2FullAccess",
      "Effect": "Allow",
      "Action": [
        "ec2:RunInstances",
```

```
        "ec2:TerminateInstances",
        "ec2:CreateImage",
        "ec2:CreateTags",
        "ec2:CreateLaunchTemplate",
        "ec2:Describe*",
        "cloudwatch:GetMetricData",
        "cloudwatch:GetMetricStatistics",
        "cloudwatch:ListMetrics"
      ],
      "Resource": "*"
    },
    {
      "Sid": "ELBPermissions",
      "Effect": "Allow",
      "Action": [
        "elasticloadbalancing:CreateLoadBalancer",
        "elasticloadbalancing:CreateTargetGroup",
        "elasticloadbalancing:RegisterTargets",
        "elasticloadbalancing:Describe*",
        "elasticloadbalancing:ModifyTargetGroup",
        "elasticloadbalancing:DeleteTargetGroup",
        "elasticloadbalancing:DeleteLoadBalancer"
      ],
      "Resource": "*"
    },
    {
      "Sid": "AutoScalingPermissions",
      "Effect": "Allow",
      "Action": [
        "autoscaling:CreateAutoScalingGroup",
        "autoscaling:UpdateAutoScalingGroup",
        "autoscaling:DeleteAutoScalingGroup",
        "autoscaling:SetDesiredCapacity",
        "autoscaling:AttachInstances",
        "autoscaling:TerminateInstanceInAutoScalingGroup",
        "autoscaling:CreateLaunchConfiguration",
        "autoscaling:DeleteLaunchConfiguration",
        "autoscaling:Describe*"
      ],
```

```
      "Resource": "*"
    },
    {
      "Sid": "CloudWatchAlarms",
      "Effect": "Allow",
      "Action": [
        "cloudwatch:DescribeAlarms",
        "cloudwatch:PutMetricAlarm",
        "cloudwatch:DeleteAlarms"
      ],
      "Resource": "*"
    },
    {
      "Sid": "S3Access",
      "Effect": "Allow",
      "Action": [
        "s3:PutObject",
        "s3:GetObject",
        "s3:DeleteObject"
      ],
      "Resource": "arn:aws:s3:::your-bucket-name/*"
    },
    {
      "Sid": "S3ListAccess",
      "Effect": "Allow",
      "Action": [
        "s3:ListBucket"
      ],
      "Resource": "arn:aws:s3:::your-bucket-name"
    }
  ]
}
```

참고로 위 문법에 대해서는 S3 실습에서 다룬 바 있다. 버킷 정책의 문법과 매우 똑같기 때문에 버킷 정책과 관련된 내용을 다시 한번 살펴보기 바란다. 위 정책은 EC2 인스턴스, 로드 밸런서, 오토 스케일링, AMI, 시작 템플릿, 대상 그룹을 만들고 모니터링할 때 필요한 권한과 S3에 객체를 업로드, 다운로드, 삭제할 수 있는 권한을 부여한 것이다. 정책을 붙여넣었다면 이제 **다음** 버튼을 클릭한다.

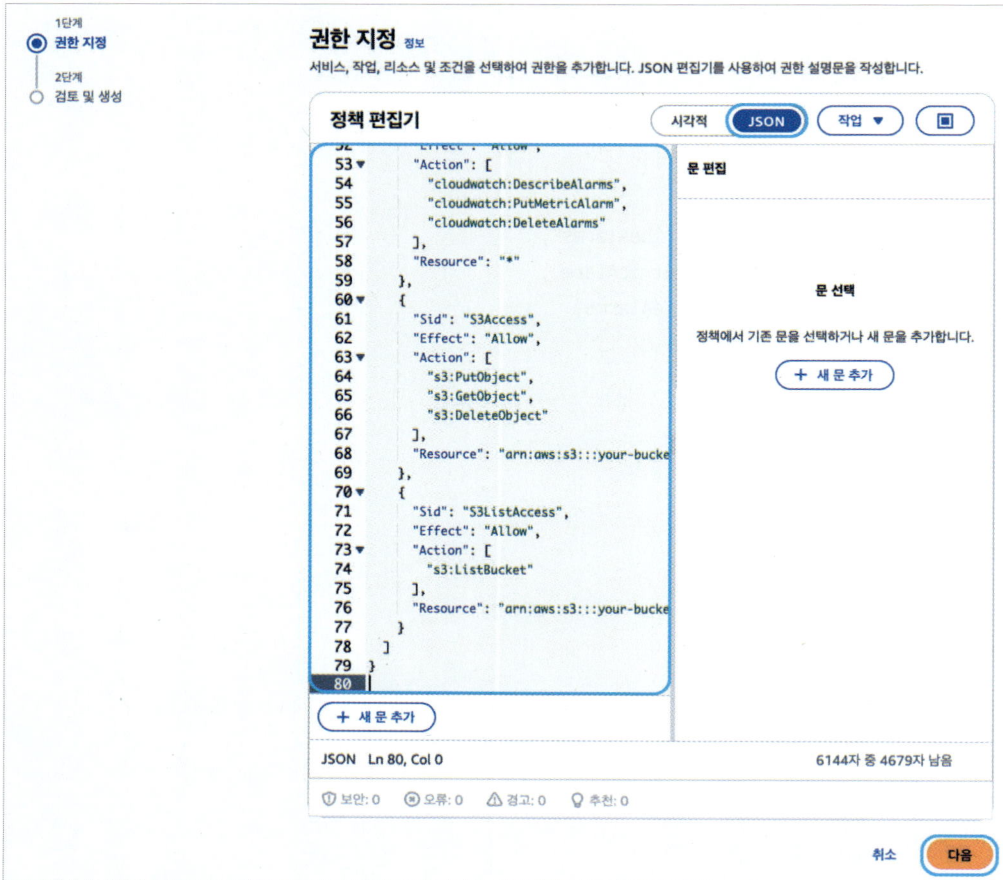

그림 20.15 IAM의 정책 편집기 설정

참고로 앞의 JSON 형식의 정책에 도대체 무슨 권한이 구성돼 있는지는 어떻게 알 수 있을까? 위 화면에서 JSON이 아닌 왼쪽의 **시각적**으로 라디오 버튼을 변경하면 모든 서비스의 권한과 설명을 확인할 수 있다. 그리고 각 권한을 체크하면 자동으로 JSON 파일을 만들어준다.

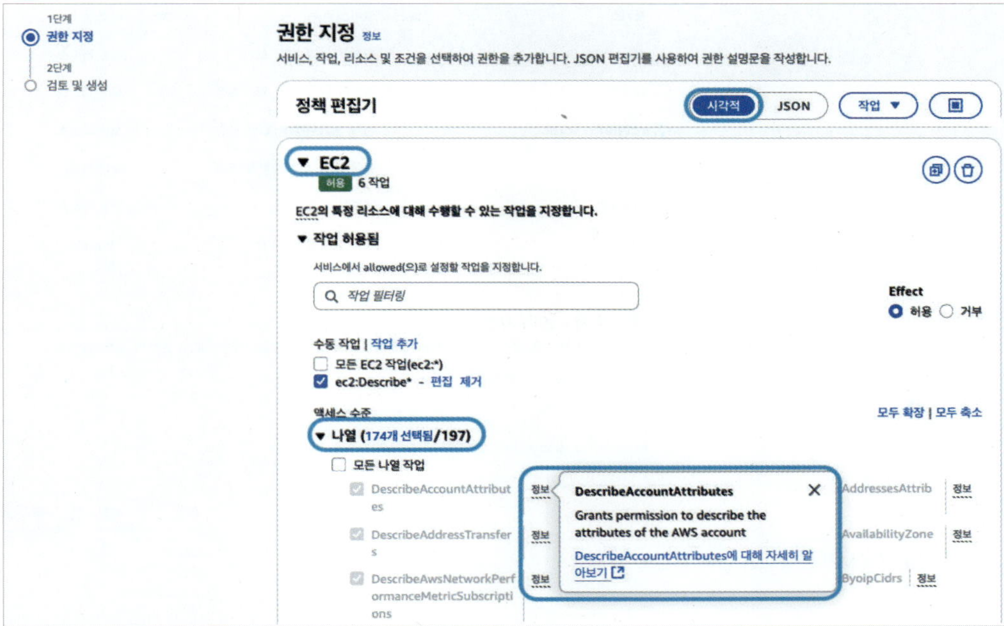

그림 20.16 IAM의 정책 편집기를 '시각적'으로 설정

03. 다음으로, **정책 이름**에는 각자 원하는 이름을 입력한다(이 책에서는 lucky-policy). 그러고 나서 **정책 생성** 버튼을 클릭한다.

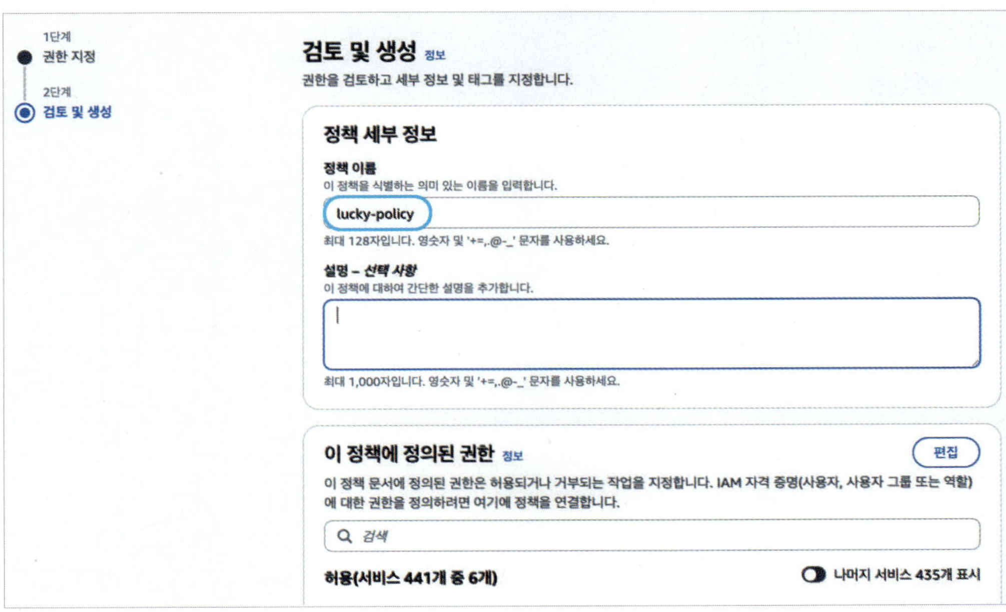

※ 다음 페이지의 그림과 연결됨

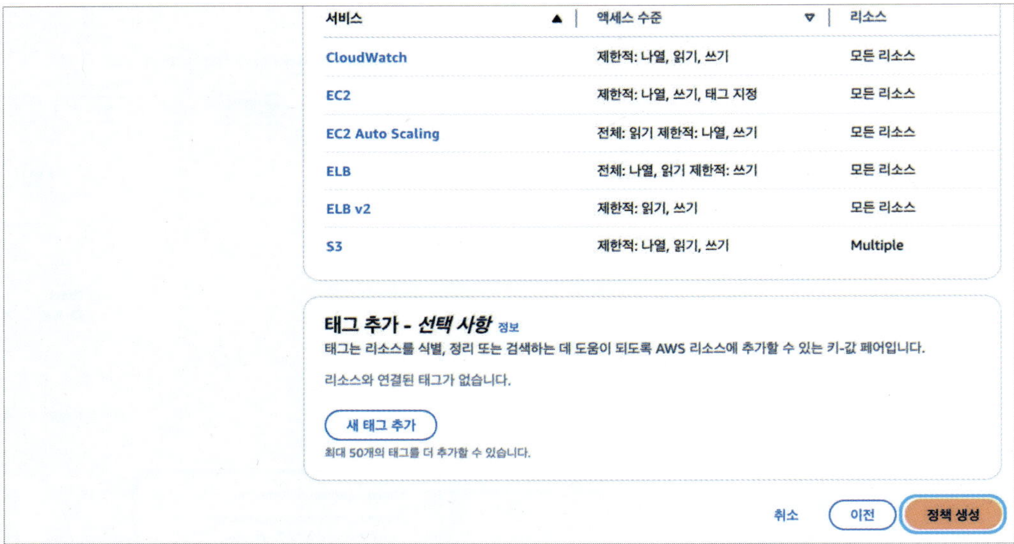

그림 20.17 IAM의 정책 이름 입력 및 검토

04. 왼쪽 메뉴의 **사용자 그룹**을 클릭한다. 그러고 나서 **그룹 생성** 버튼을 클릭한다.

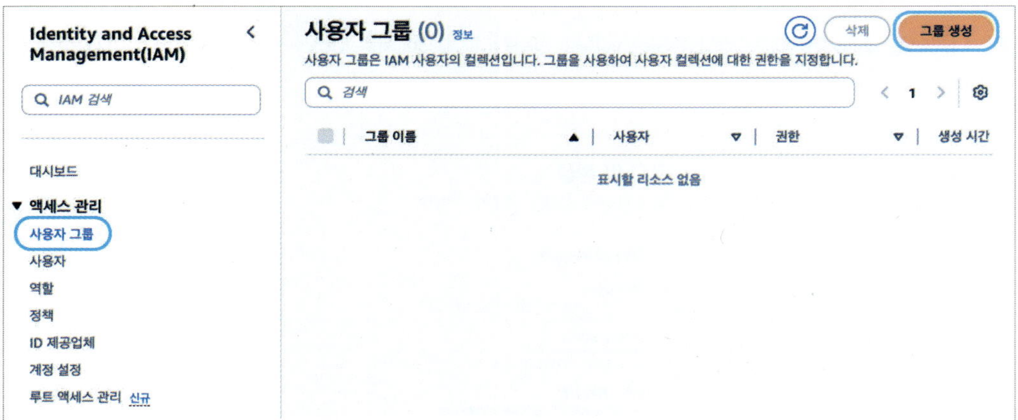

그림 20.18 IAM의 사용자 그룹 목록

05. 사용자 그룹 이름에는 각자 원하는 이름을 입력한다(이 책에서는 lucky-group). **그룹에 사용자 추가** 항목에서는 앞에서 만든 lucky-employee1, lucky-employee2 사용자를 체크한 후 **사용자 그룹 생성** 버튼을 클릭한다.

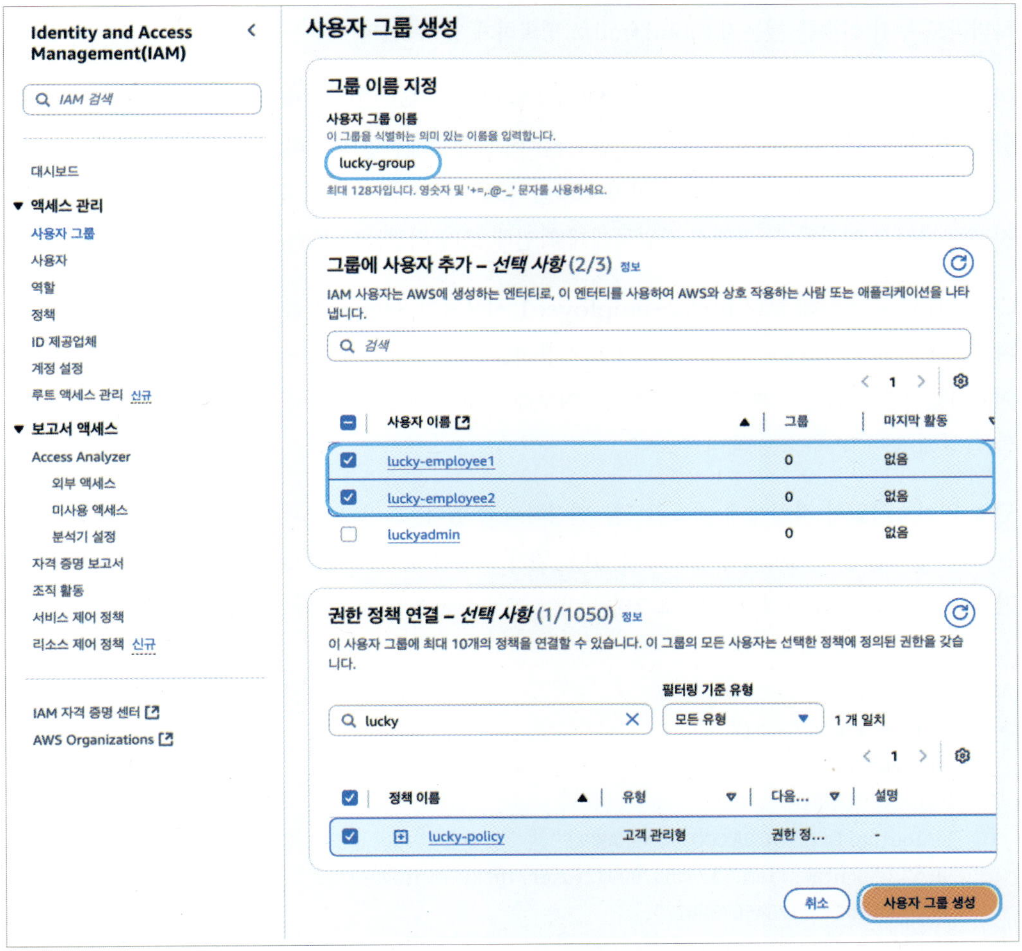

그림 20.19 IAM의 사용자 그룹 설정

이제 lucky-employee1, lucky-employee2는 lucky-group에 포함되고, lucky-group에 적용된 권한을 부여받게 된다.

20.5 AWS를 제어하는 세 가지 방법

앞에서 회사 직원들에게 각각의 사용자 계정을 만들었고, 최소 권한을 부여했다. 이제 보안 사고가 발생하더라도 누가 실수를 했는지 CloudTrail로 명확하게 알 수 있다.

이렇게 해서 쇼핑몰의 보안도 강화되고 인프라도 안정화되고 있다. 그리고 덕분에 비즈니스도 잘 되고 있다. 그런데 뭔가 이상한 점이 눈에 띄었다. S3 버킷에 정체불명의 이미지 파일들이 업로드돼 있었던 것이다. 쇼핑몰에서 사용하는 상품용 이미지도 아니고, 사용자들이 상품을 구매한 후 올리는 리뷰의 이미지도 아니라서 이상하다. 그래서 직원들에게 확인해 보니 직원들이 올린 것도 아니라고 한다.

CloudTrail로 추적해 보니 **lucky-employee1** 사용자가 S3에 정체불명의 이미지들을 올렸다는 것을 확인했다. 그런데 **lucky-employee1**을 사용하는 직원에게 CloudTrail의 이벤트 로그를 보여주면서 이야기했지만 본인은 진짜 모른다고 한다. 아무래도 다시 해킹을 의심해 본다. 확실치는 않아서 IP 주소를 확인해 보니 IP 주소는 국내 주소다.

뭔가 의심스러워서 직원에게 패스워드를 변경하라고 했다. 그러고 나서 며칠이 지나서 S3를 확인해 봤는데 또 정체불명의 이미지가 업로드돼 있다. 뭔가 이상하다. 해당 CloudTrail 이벤트 로그를 분석해 보자. 다음은 CloudTrail의 이벤트 로그다.


```
{
  "eventVersion": "1.11",
  "userIdentity": {
    "type": "IAMUser",
    "principalId": "AIDAXXXXXXXXEXAMPLE",
    "arn": "arn:aws:iam::123456789012:user/lucky-employee1",
    "accountId": "123456789012",
    "accessKeyId": "AKIAXXXXXXXXEXAMPLE",
    "userName": "lucky-employee1"
  },
  "eventTime": "2025-05-03T09:01:55Z",
  "eventSource": "s3.amazonaws.com",
  "eventName": "PutObject",
  "awsRegion": "ap-northeast-2",
  "sourceIPAddress": "121.134.56.78",
  "userAgent": "[aws-cli/2.24.23 md/awscrt#0.23.8 ua/2.1 os/macos#24.3.0 md/arch#x86_64
```

```
lang/python#3.12.9 md/pyimpl#CPython m/C cfg/retry-mode#standard md/installer#exe md/
prompt#off md/command#s3.cp]",
  "requestParameters": {
    "bucketName": "example-bucket",
    "key": "images/sample.jpg"
  },
  "responseElements": {
    "x-amz-request-id": "EXAMPLEREQUESTID1234",
    "x-amz-id-2": "EXAMPLEID+MASKED=="
  },
  "additionalEventData": {
    "SignatureVersion": "SigV4",
    "CipherSuite": "TLS_AES_128_GCM_SHA256",
    "bytesTransferredIn": 1048576,
    "bytesTransferredOut": 0,
    "AuthenticationMethod": "AuthHeader"
  },
  "requestID": "EXAMPLEREQUESTID1234",
  "eventID": "example-event-id-1234-5678-90ab-cdef12345678",
  "readOnly": false,
  "resources": [
    {
      "type": "AWS::S3::Object",
      "ARN": "arn:aws:s3:::example-bucket/images/sample.jpg"
    }
  ],
  "eventType": "AwsApiCall",
  "managementEvent": false,
  "recipientAccountId": "123456789012",
  "eventCategory": "Data",
  "tlsDetails": {
    "tlsVersion": "TLSv1.3",
    "cipherSuite": "TLS_AES_128_GCM_SHA256",
    "clientProvidedHostHeader": "s3.ap-northeast-2.amazonaws.com"
  }
}
```

필자는 `eventName`이 `PutObject`인 것만 필터링했는데, `PutObject`는 S3에 데이터를 업로드하는 권한이다. `userName`은 `lucky-employee1`이다. 그런데 `userAgent` 부분이 이상하다. `userAgent`는 '누가, 어떤 도구를 통해, 어떤 환경에서 AWS에 요청을 보냈는지'를 나타낸다. `userAgent`가 `aws-cli`로 시작하는데, 아무래도 직원이 프로그래밍하면서 사용하는 AWS 키가 노출된 것 같다. 그럼 AWS 키란 무엇일까?

AWS 키에 대해 알아보기에 앞서 먼저 AWS를 제어하는 방법을 알아보자. AWS를 제어하는 방법은 크게 다음의 세 가지다.

- 관리 콘솔(Management Console)
- CLI(Command Line Interface)
- SDK(Software Development Kit)

이 책에서는 지금까지 다양한 실습을 하면서 관리 콘솔만 사용했다. 관리 콘솔은 브라우저를 통해 로그인 과정을 거치면 사용할 수 있으며, 웹 인터페이스를 통해 AWS를 제어하는 방식이다. CLI는 터미널에서 명령어로 AWS를 제어하는 방법이다. 그리고 SDK는 AWS를 프로그래밍으로 제어하고 싶을 때 사용한다.

다음은 AWS를 제어하는 세 가지 방법의 장단점을 비교한 것이다.

AWS 관리 콘솔

장점

- **직관적인 GUI**: 마우스로 사용 가능, 초보자에게 친숙함
- **시각적 리소스 탐색**: IAM 정책 시각화, CloudWatch 그래프 등
- **빠른 설정 테스트**: 실시간으로 리소스 생성 및 설정 확인 가능

단점

- **자동화 불가능**: 반복 작업에 비효율적
- **버전 관리 어려움**: 설정 변경 추적이 어려움
- **오타/실수 발생 가능성**: 드래그/클릭 실수로 오류 발생 가능

AWS CLI(Command Line Interface)

장점

- **스크립트 자동화에 적합**: 반복 작업을 셸 스크립트로 실행 가능
- **가볍고 빠름**: 웹 UI보다 빠르게 작업 가능
- **버전 추적 쉬움**: Git 등으로 스크립트 관리 가능
- **모든 AWS 리소스 지원**: 최신 기능을 빠르게 반영

단점

- **명령어 암기 필요**: 익숙해지기까지 학습 곡선 존재
- **입력 실수 가능성**: 잘못된 인자 입력 시 큰 피해 가능
- **복잡한 작업은 어려움**: 예, CloudFormation 템플릿 없이 리소스 간 연동 등

AWS SDK(파이썬, 자바, Node.js 등 프로그래밍 API)

장점

- **복잡한 로직 구현 가능**: 조건문, 반복문, 예외처리 등 포함 가능
- **애플리케이션 통합**: 웹 앱, 모바일 앱, 서버 사이드 코드에서 직접 AWS 리소스 제어
- **강력한 자동화**: CI/CD, 서버리스 앱, 데이터 파이프라인에 활용

단점

- **프로그래밍 지식 필요**: 초보자에게는 진입 장벽
- **디버깅 필요**: 오류 발생 시 원인 파악이 CLI보다 어려움
- **라이브러리 관리 필요**: SDK 버전 호환성 주의 필요

위 내용을 표로 비교하면 다음과 같다.

표 20.1 관리 콘솔, CLI, SDK 비교

항목	관리 콘솔	CLI	SDK
UI 사용성	아주 쉬움	어려움	없음(코드 필요)
자동화	불가	가능	가능
반복 작업	비효율	효율적	고도의 자동화 가능
러닝 커브	낮음	중간	높음

그렇다면 CLI와 SDK는 어떻게 사용할 수 있을까? CLI와 SDK를 사용하려면 사용자를 만들어서 액세스 키(Access Key)와 비밀 액세스 키(Secret Access Key)를 활성화해야 한다.

앞에서 해킹에 대비해 관리 콘솔의 패스워드를 변경했지만 이것은 CLI와 SDK를 사용하는 것과는 아무런 상관이 없다. 왜냐하면 CLI와 SDK는 액세스 키와 비밀 액세스 키를 사용하기 때문이다. 액세스 키와 비밀 액세스 키라는 용어가 낯설게 느껴질 수도 있는데, 간단히 말해서 CLI와 SDK를 사용하기 위한 ID와 패스워드라고 보면 된다. 이어지는 절에서 액세스 키와 비밀 액세스 키를 발급받아서 AWS CLI를 사용해 보겠다.

20.6 [실습] 액세스 키, 비밀 액세스 키 발급

이번 절에서는 액세스 키와 비밀 액세스 키를 발급받고, AWS SDK와 CLI를 사용하는 방법을 실습해 보자.

01. IAM 서비스에서 왼쪽 메뉴의 **사용자**를 클릭한다. 이 책에서는 lucky-employee1 사용자를 클릭하겠다.

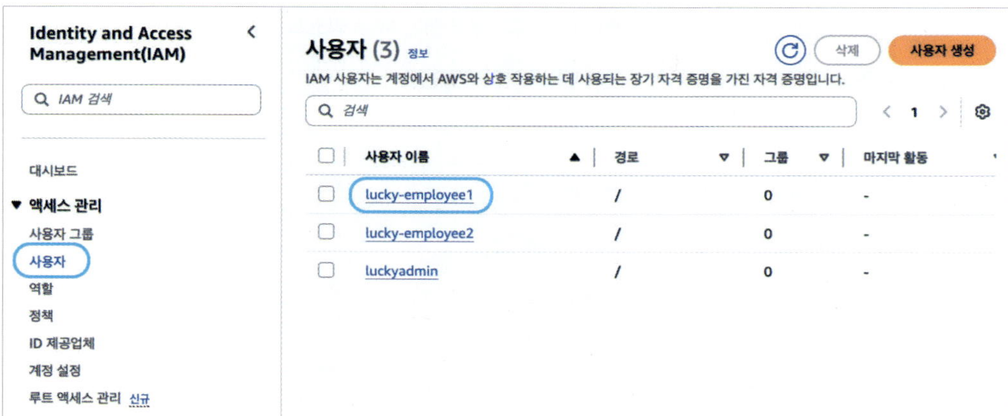

그림 20.20 IAM의 사용자 목록

02. **보안 자격 증명** 탭을 클릭한 후, **액세스 키 만들기** 버튼을 클릭한다.

그림 20.21 IAM의 사용자 보안 자격증명 탭에서 액세스 키 만들기

03. **사용 사례**에서는 어떤 것을 체크하더라도 키가 만들어지는 것은 똑같다. 단지 상황에 맞춰 아래쪽에 **권장되는 대안**이 다르게 나온다. 이 책에서는 AWS **컴퓨팅 서비스에서 실행되는 애플리케이션**을 선택하겠다. '**위의 권장 사항을 이해하였으며 액세스 키 생성을 계속하려고 합니다.**'를 체크한다. **다음** 버튼을 클릭한다. (권장되는 대안 부분에 대해서는 다음 절에서 다루겠다.)

그림 20.22 사용자의 액세스 키 사용 사례 선택

04. **설명 태그 값**에는 각자 원하는 설명을 입력한다. 사실 이 항목은 입력하지 않아도 상관 없지만 필자는 버릇처럼 입력하는 것을 권한다. 나중에 액세스 키를 왜 만들었는지 기억이 나지 않을 때가 많기 때문이다. 이 책에서는 key for lucky-employee1로 입력하겠다. 그러고 나서 **액세스 키 만들기** 버튼을 클릭한다.

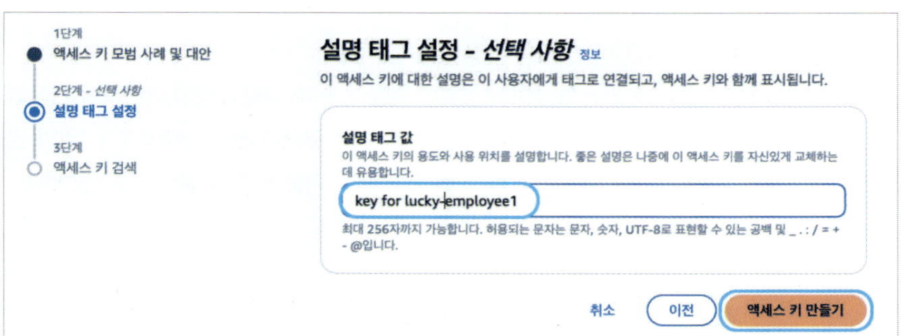

그림 20.23 사용자의 액세스 키 설명 태그 값 입력

05. 하단의 **.csv 파일 다운로드** 버튼을 클릭해 액세스 키 관련 정보를 다운로드한다. 참고로 여기서 다운로드하지 않으면 다시 받을 수 없고, 액세스 키와 비밀 액세스 키를 잊어버렸다면 다시 만들어야 한다. **완료** 버튼을 클릭한다.

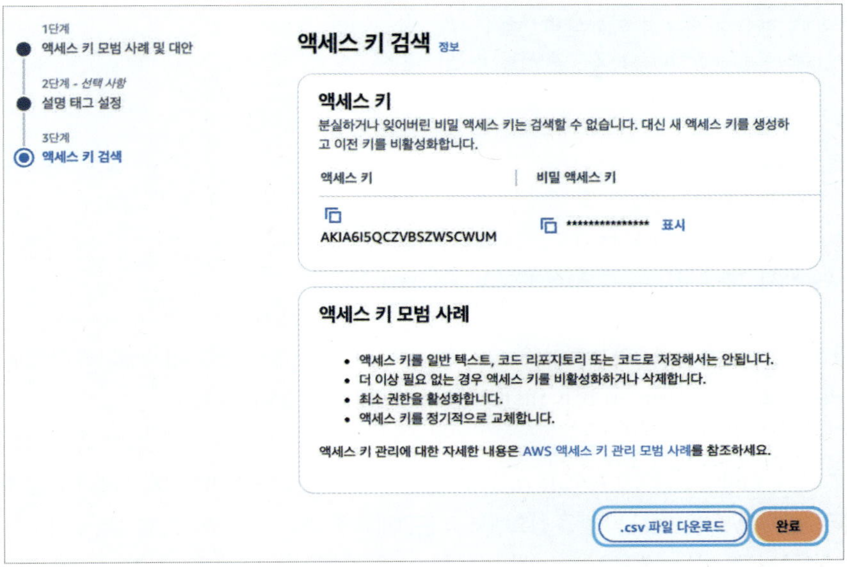

그림 20.24 IAM의 사용자의 액세스 키 다운로드

06. 앞에서 내려받은 CSV 파일을 텍스트 에디터로 열어보면 다음과 같이 표시될 것이다. 참고로 이 키는 절대 노출해서는 안 된다(필자는 여기서 보여주고 곧바로 지울 예정이라 보여주는 것이다).

```
Access key ID,Secret access key
AKIA6I5QCZVBSZWSCWUM,E7AgzB4wcjYHYq0k5No0t0fmAs4bjvzgt2uCoN0M
```

07. 먼저 AWS SDK를 사용해보자. 이 부분은 발급받은 키가 잘 동작하는지 테스트하는 부분이라 넘어가도 된다. 아래 코드는 S3의 버킷 목록을 가져오는 코드다. 앞에서 내려받은 액세스 키와 비밀 액세스 키를 아래 파이썬 코드에서 YOUR_ACCESS_KEY_ID, YOUR_SECRET_ACCESS_KEY 부분에 각각 붙여넣고 파이썬 코드를 실행하면 S3의 버킷 목록이 출력될 것이다.

```
import boto3

# 직접 키를 코드에 입력(비추천)
aws_access_key = 'YOUR_ACCESS_KEY_ID'
aws_secret_key = 'YOUR_SECRET_ACCESS_KEY'

# 예: S3 클라이언트 생성
```

```
s3 = boto3.client(
    's3',
    aws_access_key_id=aws_access_key,
    aws_secret_access_key=aws_secret_key,
    region_name='ap-northeast-2'  # 서울 리전
)

# S3 버킷 목록 출력
response = s3.list_buckets()
for bucket in response['Buckets']:
    print(bucket['Name'])
```

참고로 AWS의 파이썬 SDK를 boto3라고 하며, 위 코드가 실행되려면 `boto3` 라이브러리가 설치돼 있어야 한다. 해당 라이브러리는 콘솔에서 `python -m pip install boto3` 명령어로 설치할 수 있다.

08. 다음으로, AWS CLI는 터미널 명령어로 AWS를 제어하는 방법이다. CLI를 사용하려면 먼저 AWS CLI를 각자의 장비에 설치해야 한다. AWS CLI 설치 방법[2]을 참고해서 각 운영체제에 해당하는 AWS CLI를 설치하자.

09. 먼저 다음 명령어로 AWS CLI를 설정한다.

```
aws configure
```

위 명령어를 실행하면 다음과 같이 액세스 키와 비밀 액세스 키, 리전, 명령어를 입력하라는 프롬프트가 표시된다. 순서대로 적절한 값을 입력하면 AWS CLI를 사용할 수 있다.

```
AWS Access Key ID [****************6OKQ]:
AWS Secret Access Key [****************N9s2]:
Default region name [ap-northeast-2]:
Default output format [JSON]:
```

10. 설정을 완료하고, 사용자의 권한이 S3에 접근할 수 있다는 가정하에 다음 명령어를 실행하면 S3의 버킷 목록을 확인할 수 있다.

```
aws s3 ls
```

2 https://docs.aws.amazon.com/ko_kr/cli/latest/userguide/getting-started-install.html

20.7 역할이란?

일단 급한대로 노출된 **lucky-employee1** 직원의 키를 삭제하고, 다시 재발급받아 쇼핑몰 코드에 적용했다. 그런데 아직 근본적인 문제가 해결되진 않았다. 도대체 어떻게 **lucky-employee1** 직원의 키가 노출된 것일까? 의심 가는 것들을 하나씩 확인해 봐야 할 듯하다.

lucky-employee1 직원에게 키가 노출될 만한 곳에서 작업한 적이 있는지 물어봤다. 이야기를 자세히 들어보니 직원의 잘못이 맞는 것 같다. 이번에 IAM 사용자들을 따로 만들면서 개발을 담당하는 **lucky-employee1** 직원이 이전에 잘 모르고 만들어서 사용했던 루트 사용자의 액세스 키와 비밀 액세스 키가 보안상 위험한 것 같아서 본인 것으로 발급받아 코드에 반영하고, 필자도 잊어버리고 있었던 루트 사용자 액세스 키와 비밀 액세스 키를 삭제했다고 한다. 직원이 그렇게까지 보안에 신경을 쓴 것에 감동을 받았다.

마저 이야기하자면 필자는 깃허브에서 쇼핑몰 코드를 관리하고 있다. 직원이 쇼핑몰에 다른 기능을 만들어서 테스트해 보려고 코드를 복사해서 깃허브의 다른 저장소에 올렸다고 한다. 그런데 직원이 저장소를 비공개로 만들어야 했는데, 기본값으로 선택돼 있는 공개 상태로 만들어서 쇼핑몰 코드에 포함돼 있는 키가 노출된 것이었다.

이에 직원이 저장소는 삭제했다고 하고, 필자가 키도 변경했으니 더 이상 문제는 없을 것 같다. 정말 다행인 점은 직원에게 최소 권한의 원칙에 따라 IAM 권한을 설정했었다는 것이다. 그럼에도 해당 계정에는 EC2와 S3에 접근할 수 있는 권한이 일부 포함돼 있었기 때문에 만약 권한을 탈취한 사람이 악의적인 의도를 가지고 있었다면 인스턴스를 삭제하거나 S3 객체를 모두 지워 쇼핑몰 전체를 마비시킬 수도 있었던 상황이었다. 탈취자가 악의적인 생각은 없었다는 점에 다시 한번 안도의 한숨을 쉬었다.

사실 EC2 인스턴스가 모두 지워졌더라도 EC2는 다시 만들면 된다. 그런데 S3의 데이터가 모두 지워졌다면 정말 큰일이었을 것이다. 이번 기회에 S3 데이터도 주기적으로 백업해야 할 듯하다. 그래도 최소 권한의 원칙을 적용했더니 RDS나 VPC에는 접근 권한이 없어 네트워크 인프라와 데이터베이스가 삭제되거나 하는 상황을 원천 방지할 수 있었다. 다시 한 번 최소 권한의 원칙에 따른 권한 관리가 얼마나 중요한지 절실히 알게 됐다.

하지만 고민이 하나 생겼다. 필자는 꼼꼼한 성격이지만 직원이 저지른 실수를 필자가 안 하리라는 법은 없다. 타성에 젖어서 일하다 보면 미처 생각하지 못했던 실수를 누구나 하곤 한다. 그리고 액세스 키와 비밀 액세스 키는 유출되면 관리 콘솔 없이도 API를 호출할 수 있어서 보안 위협이 될 수 있다. 그리고 MFA 설정도 안 된다. 실제로 이러한 보안 사고는 필자가 AWS에서 근무했을 때도 많이 들어본 적이 있는 사고다.

그럼 이런 실수를 안 하려면 어떻게 해야 할지 고민해 보자. 결론적으로 키를 사용하는 대신 역할(role)을 사용하면 된다.

여러분이 개인 노트북에서 AWS CLI나 SDK를 사용하는 상황이라면 당연히 노트북에서 `aws configure`로 설정해서 키를 입력해야 한다. 하지만 작성한 코드를 EC2 인스턴스에 배포해서 사용하는 경우 필자의 쇼핑몰처럼 코드에 액세스 키와 비밀 액세스 키가 포함돼 있다면 키를 제거하고 EC2 인스턴스에 역할을 적용해서 사용하는 것이 가장 안전한 방법이다.

참고로 CLI나 SDK가 실행되면서 API를 호출할 때 키를 찾는 우선순위가 있다. 가장 먼저 코드에 포함돼 있는 키를 찾아보고 있으면 해당 키를 사용한다. 하지만 앞의 사례에서 봤듯이 보안상 좋은 방법은 아니다. 다음으로 환경변수를 찾아본다. 그런데 환경변수에도 키가 없으면 마지막으로 `aws configure`로 설정했던 자격증명(credentials) 파일을 찾아본다. 여기에도 없으면, 마지막으로 AWS는 역할(role)을 찾아보게 된다. 아래 표에 각각의 우선순위에 따라 정리해봤다.

표 20.2 보안 우선순위

우선순위	방식	보안 수준	설명
1순위	IAM Role 사용 (EC2, Lambda 등)	매우 안전	키 없이 역할을 통해 자동 인증(boto3가 자동 감지)
2순위	AWS CLI Profile (~/.aws/credentials)	중간	키가 파일에 저장되지만 코드/메모리에는 드러나지 않음
3순위	환경 변수(ENV)	상대적 안전	메모리에 노출될 가능성 있음. 코드에 직접 포함하는 것보다는 훨씬 안전함
최하위	코드에 직접 포함	매우 위험	키 유출 위험, 깃허브에 노출되기 쉬움

IAM의 역할은 다양한 기능을 제공한다. 그중 이 책에서는 자주 사용하는 아래의 두 가지 기능을 다루겠다.

1. 서비스끼리 권한을 부여하는 방법(지금까지 설명한 방법)
2. AWS 계정끼리 역할 전환(switch role)으로 권한을 부여하는 방법

1번은 앞에서 다뤘으니 생략하고, 2번을 다루기 전에 잠깐 원론적인 이야기를 하고 가자.

필자가 AWS에서 근무했을 때 고객이 가장 어려워하는 서비스 두 가지가 있었는데, 하나는 VPC였고 다른 하나는 IAM이었다. IAM을 어려워하는 이유는 바로 역할 때문이었다. 역할을 다른 말로 임시 보안 자격 증명(temporary security credentials)이라고 한다. 이 용어부터가 매우 생경할 텐데 매우 중요한 용어다.

먼저 자격 증명(credential)에 대해 이야기해보자. 자격 증명은 사용자, 시스템 또는 애플리케이션의 신원을 인증(검증)하기 위해 제공되는 정보 또는 데이터를 의미한다. 다시 말해 여러분이 웹사이트에 로그인할 때 사용하는 ID, 패스워드를 비롯해 앞에서 다룬 액세스 키, 비밀 액세스 키가 자격 증명에 해당한다. 그리고 이러한 종류의 자격 증명을 영구 자격 증명(permanent credentials 또는 long-term credentials)이라고 하는데, 사용자가 키나 패스워드를 변경하지 않으면 계속 유지되는 자격 증명을 말한다.

보안 측면에서 영구 자격 증명은 리스크가 있다. 앞의 해킹 사고처럼 키나 패스워드 같은 영구 자격 증명은 탈취될 수 있기 때문이다. 탈취된 사실을 알게 될 경우 변경하거나 삭제하면 되지만 해커가 친절하게 "내가 자격 증명을 탈취했다"라고 이야기해주지 않는다. 대부분은 탈취된 사실조차도 모를 때가 많고, 그렇게 해커는 주기적으로 AWS 시스템에 들어와 기밀 사항들을 빼갈 것이다.

이제 임시 보안 자격 증명이라는 것에 대해 알아보자. 정확히 이야기하면 역할을 사용해 임시 보안 자격 증명을 얻는다. 임시 보안 자격 증명이란 이름에서 알 수 있듯이 단기적으로 사용되는 자격 증명으로, 최대 12시간까지 사용할 수 있다. 자격 증명이 만료된 후 AWS는 더는 해당 자격 증명을 인식하지 못하거나 해당 자격 증명을 사용한 API 요청으로 이뤄지는 어떤 종류의 액세스도 허용하지 않는다.

그럼 EC2 인스턴스에서 더 이상 키를 코드에 포함하지 않고 역할을 사용했을 때 12시간이 지나면 더는 사용할 수 없게 되는 것이 아닐까?

역할도 내부적으로는 키, 토큰 등을 발급받는다. 그리고 6시간 단위로 갱신되며, 이 작업은 내부적으로 자동으로 일어난다. 그래서 여러분은 이러한 갱신에 대해 고민할 필요가 없다. 만약 키와 토큰이 탈취되더라도 6시간 후면 새 키와 토큰을 발급받기 때문에 기존 것을 사용할 수 없다. 이러한 이유에서 키를 발급하지 않고 역할을 사용하는 것이다. 따라서 여러분은 역할을 만들고 정책으로 권한을 부여한 후 EC2 인스턴스에 적용하면 된다. 이것이 바로 임시 보안 자격 증명이 영구 자격 증명을 만드는 것보다 보안이 강력해지는 이유다.

이제 2번 항목인 'AWS 계정끼리 역할 전환(Switch Role)으로 권한을 부여하는 방법'에 대해 알아보자.

필자는 보안상의 문제로 직원들에게 IAM 사용자를 각각 만들었다. 그리고 그룹을 사용해 같은 팀끼리는 같은 권한을 부여했다. 이것은 기본적인 관리 방법이다. 그런데 다음과 같은 이슈가 있다고 가정해보자. 필자의 회사에는 데브옵스(DevOps) 문화가 정착돼 있어서 개발팀과 운영팀이 따로 있지는 않다. 하지만 주로 하는 일에 따라 최소 권한으로 그룹을 나누어 놓았다. 개발을 주력으로 하는 직원과 운영을 주력으로 하는 직원에게 같은 권한을 부여하는 것은 최소 권한의 원칙에 맞지 않는다.

그래서 그룹별로 권한을 나눠주긴 했는데, 귀찮은 일들이 있다. 가령 개발자가 작성한 코드를 배포했는데 뭔가 오류가 났다. 그럼 개발자는 운영팀의 권한을 받아서 어떤 부분에서 문제가 발생했는지 확인해야 하는데, 그러려면 Admin 권한을 가진 필자가 개발자를 운영 권한을 가진 그룹으로 변경해야 한다. 그러고 나서 문제가 해결되면 다시 개발 그룹으로 변경해야 한다. 실제로 이 같은 번거로움 때문에 관리자들이 직원들에게 방만한 권한을 부여하기도 한다. 그리고 이러한 방만한 권한은 보안 사고로 이어진다.

그렇다면 이슈가 생길 때마다 수동으로 그룹을 변경해야 할까? 아니다. 여기서 역할을 사용하면 된다. 운영팀에 역할을 만들어 놓고 개발팀에서 필요할 때마다 운영팀의 역할로 권한을 스위칭해서 사용하면 된다. 이해가 잘 안 되는가? 다른 사례를 하나만 더 보자.

필자가 AWS 쇼핑몰을 운영하는데 AWS 비용이 많이 나오는 것 같아서 컨설팅을 받는다고 해보자. 비용을 줄이는 클라우드 컨설팅만 전문으로 하는 회사에 의뢰를 했다. 그리고 며칠 후 컨설팅 회사의 컨설턴트에게 연락이 와서 AWS 리소스에 접근할 수 있도록 권한을 달라고 한다.

이때 여러분이라면 어떻게 하겠는가? 간단한 방법은 사용자를 만들어서 ID와 패스워드를 전달하면 된다. 하지만 이 방법은 나중에 수동으로 사용자를 비활성화해야 한다. 그렇게 하지 않으면 컨설턴트가 계속 필자의 AWS 리소스에 접근할 수 있기 때문이다. 실제로 많은 관리자들이 비활성화를 깜빡하고 안 하는 경우가 많다. 사용자를 만든다는 것은 영구 자격 증명을 주는 것이다. 앞에서 이야기했지만 영구 자격 증명보다 임시 자격 증명이 보안상 더 낫다.

그렇게 하는 대신 역할을 사용해서 컨설턴트에게 권한을 준다면 여러분은 영구 자격 증명인 사용자를 만들 필요도 없고, 임시 자격 증명을 부여하고 기간을 설정해서 기간이 지나면 사용하지 못하게 할 수 있다.

이 밖에도 역할을 사용하는 이유는 다양하지만 앞의 두 가지 사례를 기반으로 이어지는 절에서 실습을 진행하겠다.

20.8 [실습] 역할을 통한 서비스 간의 권한 설정

이번 실습에서는 더 이상 IAM 사용자의 액세스 키와 비밀 액세스 키를 사용하지 않도록 역할을 만들어 인스턴스에 부여하는 작업을 해보겠다.

사용자의 키를 생성하면 사용자의 권한을 그대로 사용하게 된다. 이것은 AWS가 권고하는 최소 권한의 원칙에 위배될 수 있다. 왜냐하면 보통 인스턴스에 배포되는 애플리케이션이 사용하는 권한은 사용자의 권한과 다르기 때문이다. 이 책의 쇼핑몰 애플리케이션에서는 S3에 객체를 업로드, 다운로드, 삭제할 수 있기만 하면 된다. EC2 인스턴스의 생성과 삭제, 로드 밸런서, 오토 스케일링 등의 권한은 필요 없다. 그래서 최소 권한의 원칙에 따라 정책을 만들어 역할에 부여하고 인스턴스에 적용하겠다.

01. IAM 서비스에서 왼쪽 메뉴의 **정책**을 클릭하고 **정책 생성** 버튼을 클릭한다.

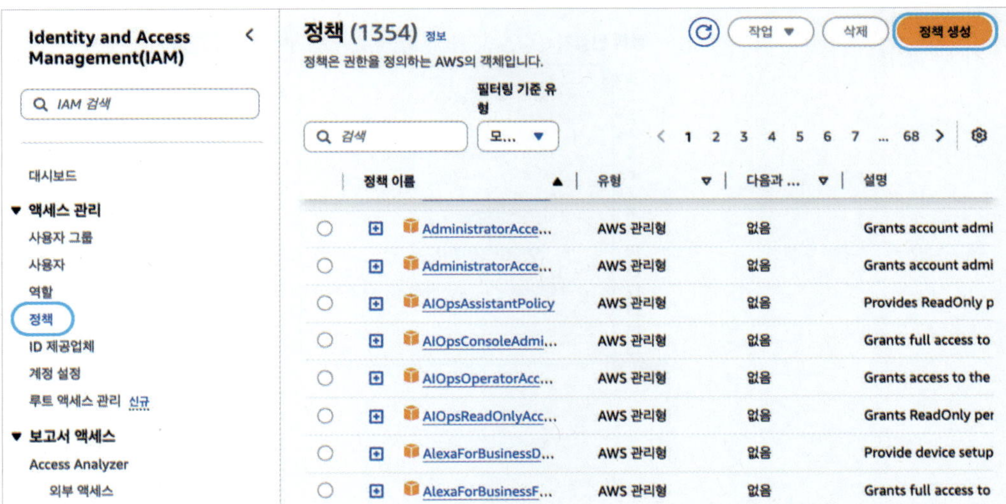

그림 20.25 IAM의 사용자 정책 목록

02. 정책 편집기를 JSON 형식으로 변경한 후 다음 코드를 붙여 넣는다. 그런 다음, "Resource": "arn:aws:s3:::your-bucket-name" 부분에서 your-bucket-name을 각자의 버킷 이름으로 변경한다. 정책 내용으로 S3에 객체를 업로드, 다운로드, 삭제할 수 있는 권한을 부여했다. 정책 편집을 마치면 **다음** 버튼을 클릭한다.

```
{
  "Version": "2012-10-17",
  "Statement": [
```

```
    {
      "Sid": "AllowS3ObjectCRUD",
      "Effect": "Allow",
      "Action": [
        "s3:GetObject",
        "s3:PutObject",
        "s3:DeleteObject"
      ],
      "Resource": "arn:aws:s3:::your-bucket-name/*"
    }
  ]
}
```

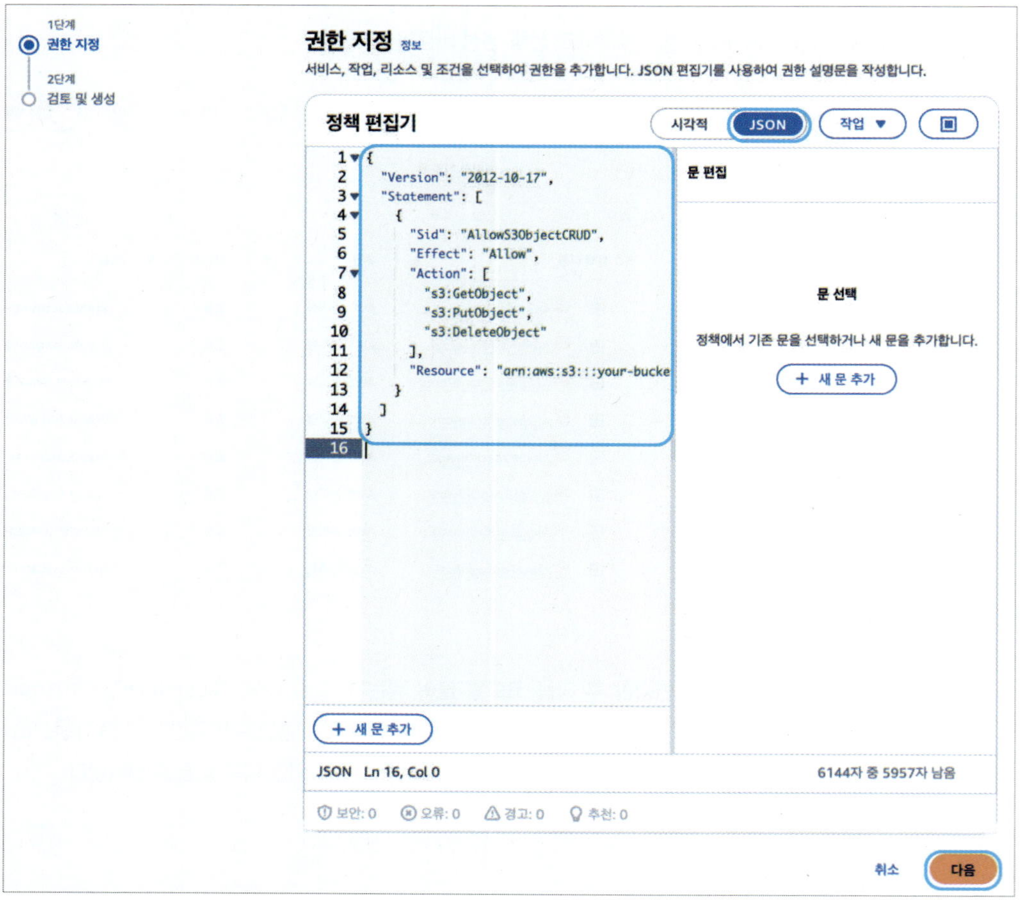

그림 20.26 IAM의 사용자의 정책 편집기

03. **정책 이름**에는 각자 원하는 이름을 입력한다(이 책에서는 lucky-app-policy). **정책 생성** 버튼을 클릭한다.

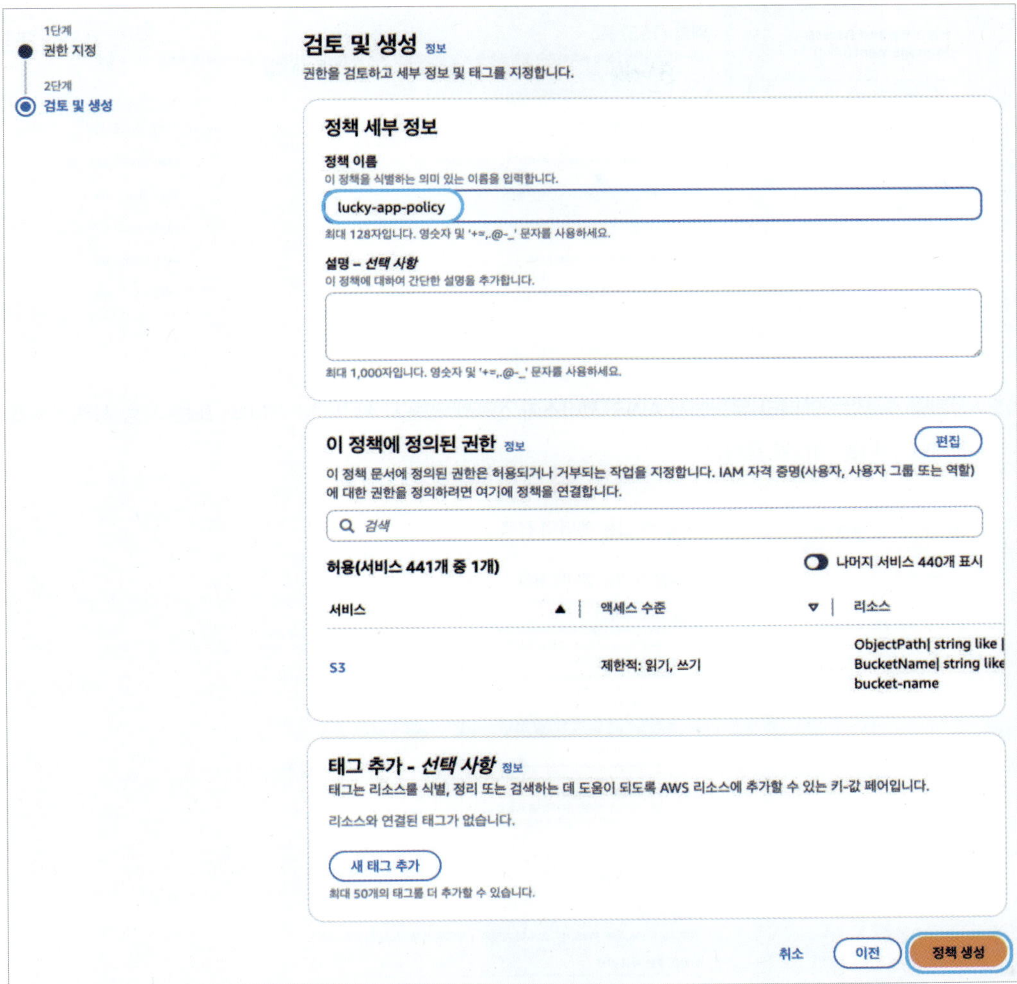

그림 20.27 IAM의 정책 이름 입력 및 검토

04. 다음으로, IAM 서비스에서 왼쪽 메뉴의 **역할**을 클릭한다. **역할 생성** 버튼을 클릭한다.

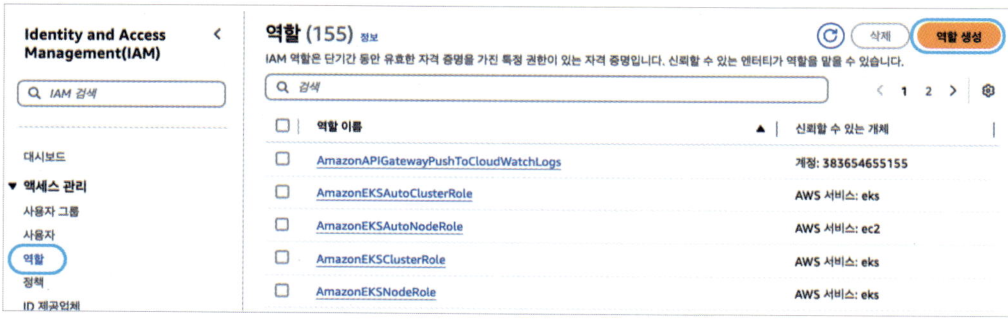

그림 20.28 IAM의 역할 목록

05. **신뢰할 수 있는 엔터티 유형**에서 **AWS 서비스**가 선택돼 있는지 확인한다. **서비스 또는 사용 사례**에서 EC2를 선택한다. **다음** 버튼을 클릭한다.

※ 다음 페이지의 그림과 연결됨

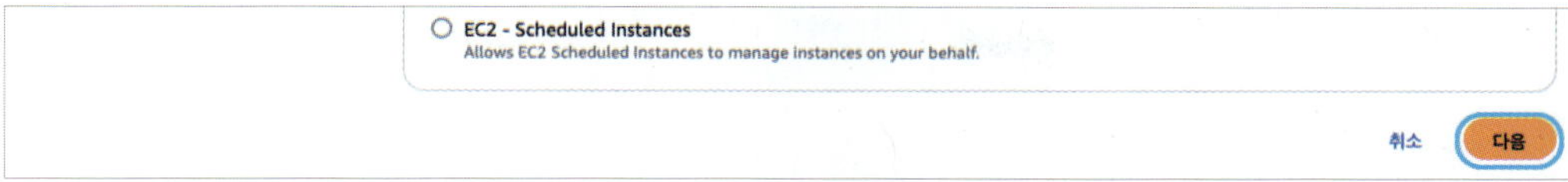

그림 20.29 IAM의 역할의 유형과 사용 사례 선택

06. 검색 필터에서 앞에서 만든 lucky-app-policy를 검색해 선택한다. **다음** 버튼을 클릭한다.

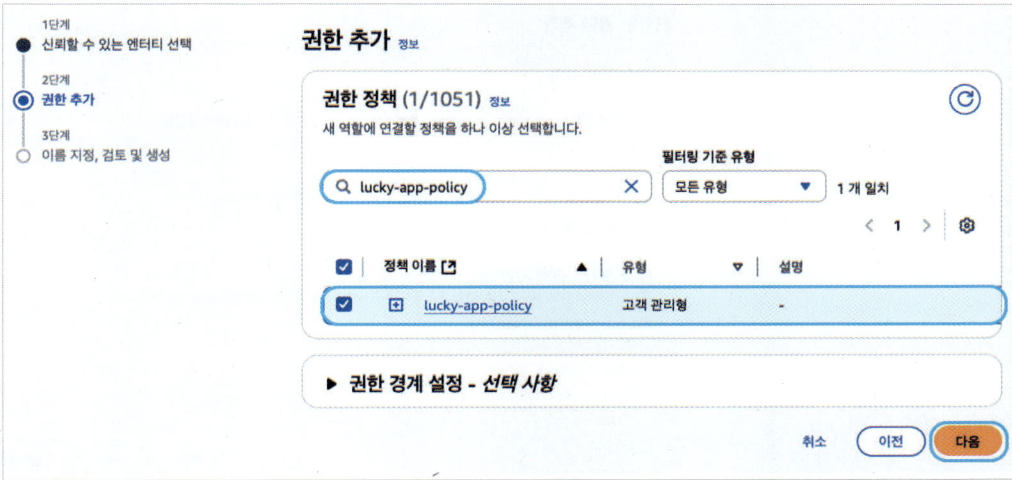

그림 20.30 IAM의 역할에 권한 추가

07. **역할 이름**에 각자 원하는 이름을 입력한다(이 책에서는 lucky-app-role). **역할 생성** 버튼을 클릭한다.

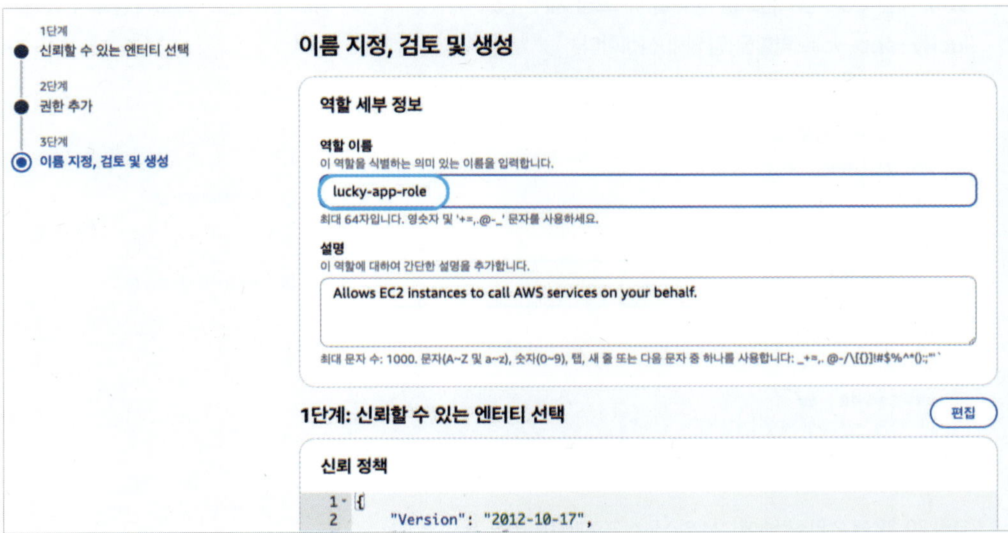

※ 다음 페이지의 그림과 연결됨

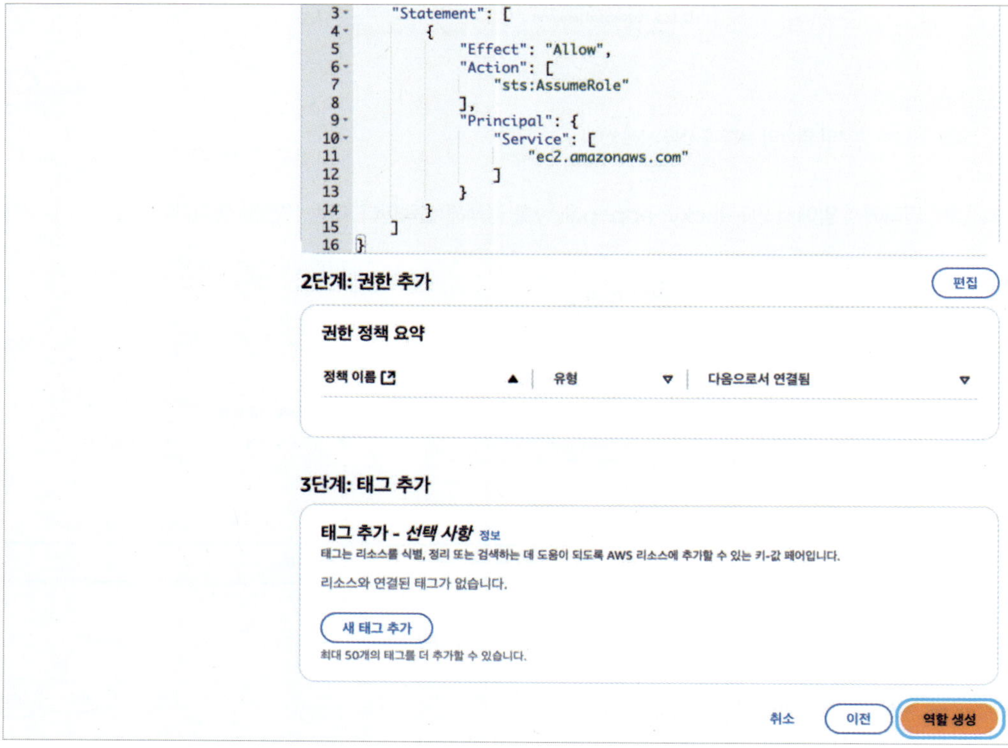

그림 20.31 IAM의 역할의 이름 입력 및 검토

08. EC2 인스턴스를 생성해 역할을 적용한다. 인스턴스는 이미 앞에서 많이 만들어 봤으므로 굳이 따로 설명하지 않겠다. 다만 EC2 인스턴스를 생성할 때 **고급 세부 정보** 메뉴를 확장해 **IAM 인스턴스 프로파일**에서 앞에서 만든 lucky-app-role 역할을 검색해 선택한다.

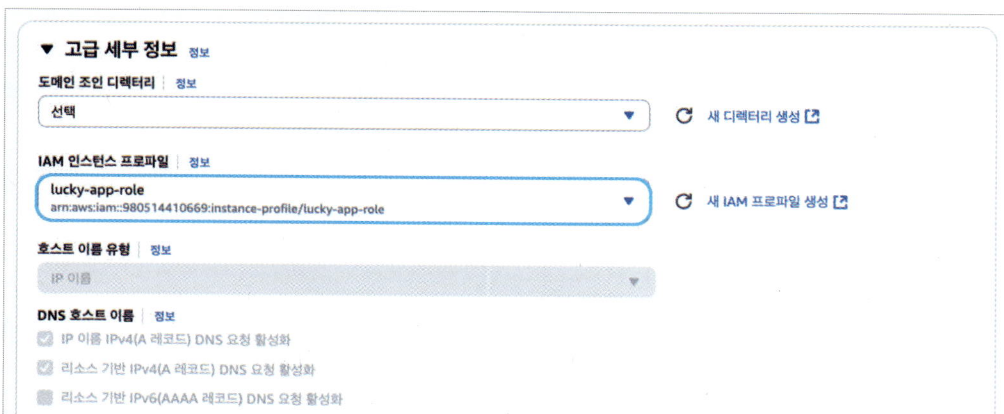

그림 20.32 EC2 인스턴스에 IAM 인스턴스 프로파일을 적용

20.9 [실습] 계정 간 역할 전환

이번 실습에서는 계정 간 역할을 전환해 권한을 다르게 부여하는 실습을 진행하겠다.

먼저 필자가 AWS 컨설턴트에게 AWS 비용 컨설팅을 의뢰했다고 가정하고, 컨설턴트에게 역할을 통해 필자의 AWS 인프라에 접근할 수 있는 권한을 부여하려고 한다. 이때 권한은 EC2 읽기 전용만 부여하고, 2025년 5월 15일 ~ 5월 17일까지만 사용할 수 있게 하겠다.

이 실습에는 계정 2개가 필요하다. 1개는 본인용, 1개는 컨설턴트용이다. 이번 실습에서는 계정 전환 작업을 할 것이므로 헷갈리지 말고 잘 따라오길 바란다.

01. IAM 서비스에서 왼쪽 메뉴의 **정책**을 클릭한다. 그리고 **정책 생성** 버튼을 클릭한다.

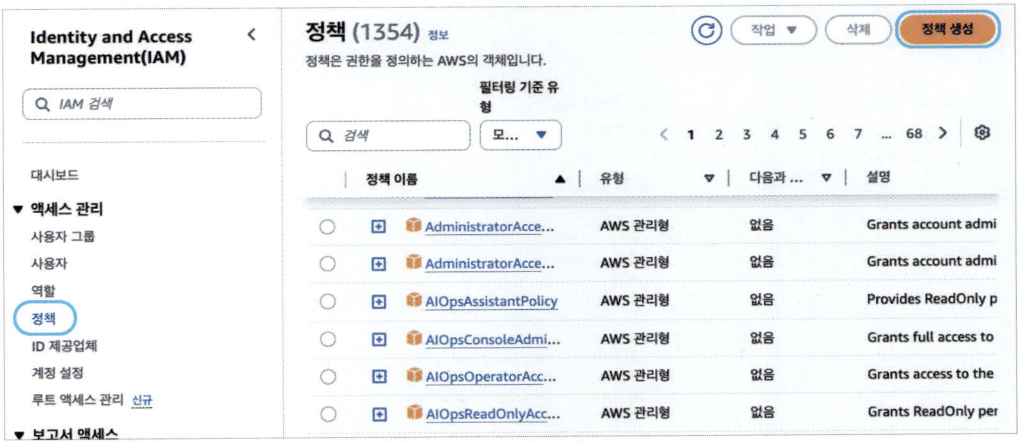

그림 20.33 IAM의 정책 목록

02. 정책 편집기를 JSON 형식으로 변경한 후 다음 코드를 붙여 넣는다. 정책 내용을 구체적으로 설명하자면 EC2 읽기 전용 권한을 2025년 5월 15일부터 5월 17일까지 사용할 수 있도록 부여한 것이다. **다음** 버튼을 클릭한다.

```
{
  "Version": "2012-10-17",
  "Statement": [
    {
      "Sid": "EC2ReadOnlyWithDateRange",
      "Effect": "Allow",
      "Action": [
        "ec2:Describe*",
```

```
          "ec2:GetConsoleOutput",
          "ec2:GetPasswordData"
        ],
        "Resource": "*",
        "Condition": {
          "DateGreaterThanEquals": {
            "aws:CurrentTime": "2025-05-15T00:00:00Z"
          },
          "DateLessThanEquals": {
            "aws:CurrentTime": "2025-05-17T23:59:59Z"
          }
        }
      }
    ]
  }
```

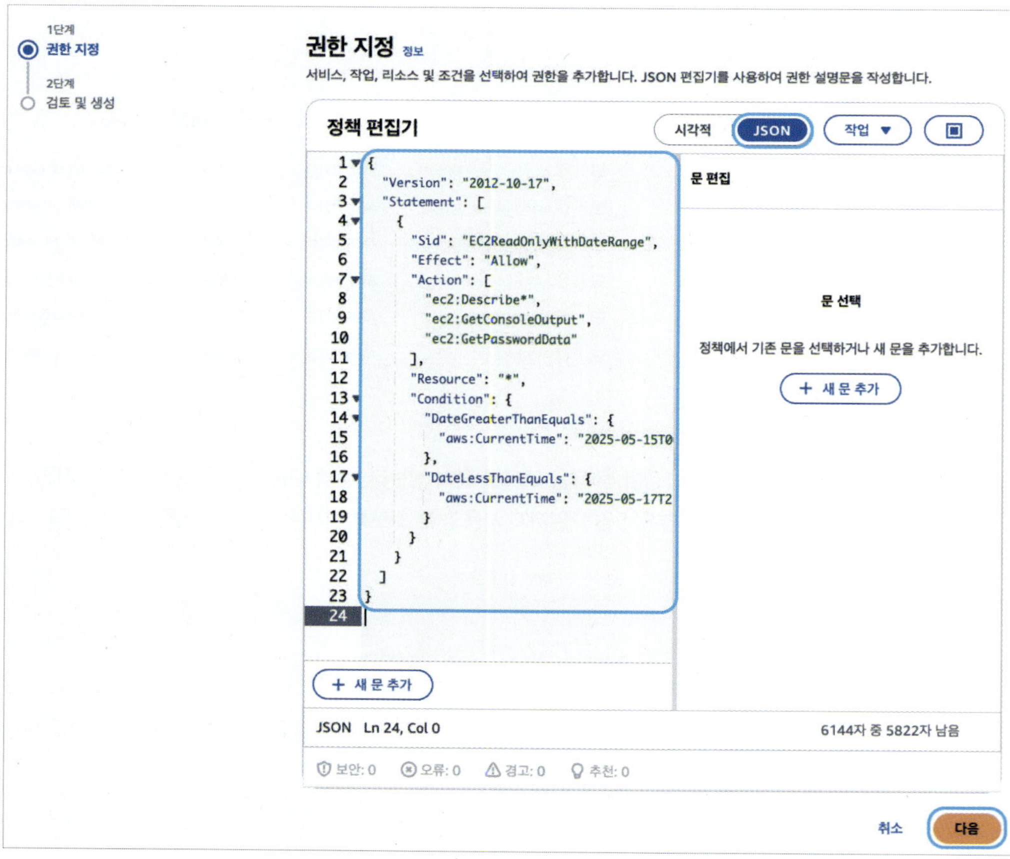

그림 20.34 IAM의 정책 편집기

03. **정책 이름**에는 각자 원하는 이름을 입력한다(이 책에서는 cost-consultant-policy). **정책 생성** 버튼을 클릭한다.

그림 20.35 IAM의 정책 이름 입력 및 검토

04. 왼쪽 메뉴의 **역할**을 클릭한다. **역할 생성** 버튼을 클릭한다.

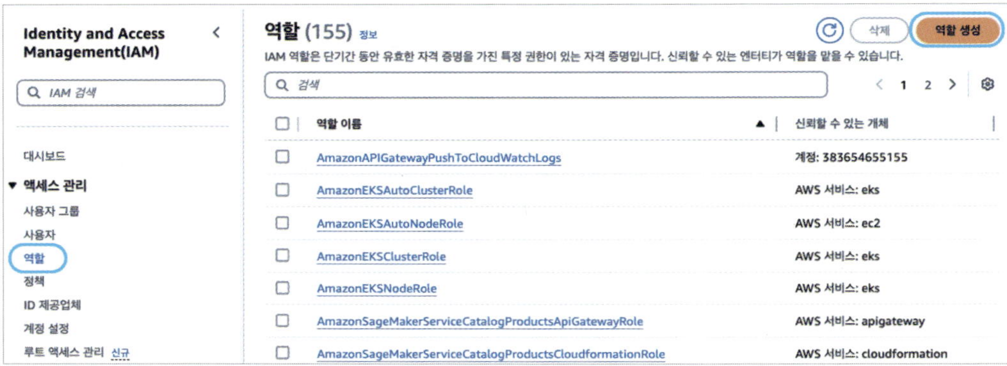

그림 20.36 IAM의 역할 목록

05. 이제 헷갈리는 부분이 나온다. 역할 전환을 하려면 컨설턴트의 **계정 ID**가 필요하므로 미리 컨설턴트에게 **계정 ID**를 요청해야 한다. 여러분도 다른 계정으로 역할 전환하려면 본인의 계정 ID를 보내줘야 한다. 아래 그림에 표시한 것이 계정 ID로서, 화면 오른쪽 위의 사용자명을 클릭하면 계정 ID를 확인할 수 있다.

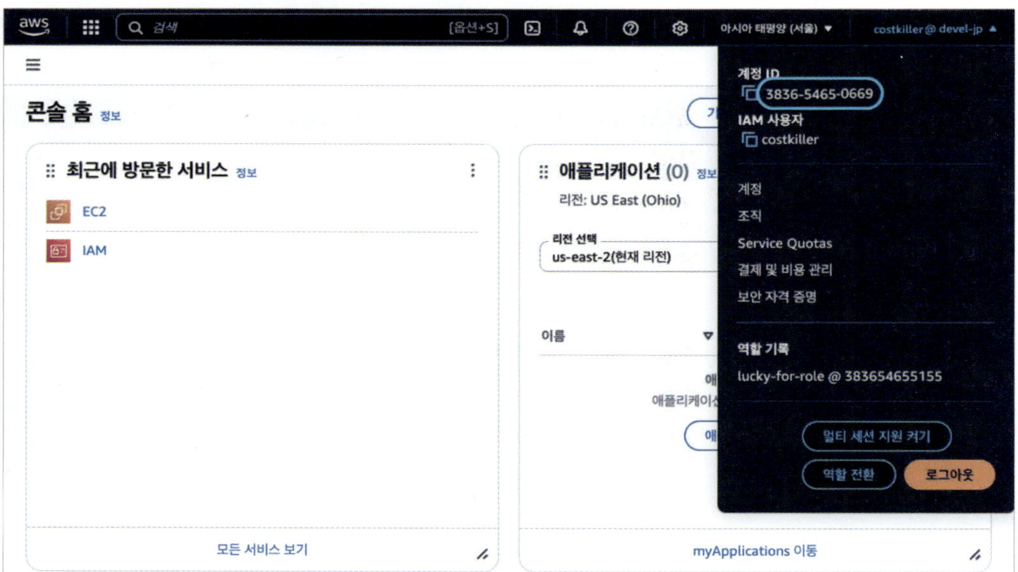

그림 20.37 컨설턴트의 계정 ID를 복사

06. **신뢰할 수 있는 엔터티 유형**에서 AWS **계정**을 선택한다. AWS **계정**에서 **다른** AWS **계정**을 체크하고, 컨설턴트에게 받았다고 가정하고 컨설턴트의 **계정** ID인 383654650669(필자가 임시로 만든 계정 ID)를 입력한다. **다음** 버튼을 클릭한다.

그림 20.38 IAM의 역할에서 유형 선택 및 다른 AWS 계정에 컨설턴트의 계정 붙여넣기

07. 검색 필터에서 앞에서 만든 cost–consultant–policy를 검색한 후 선택한다. **다음** 버튼을 클릭한다.

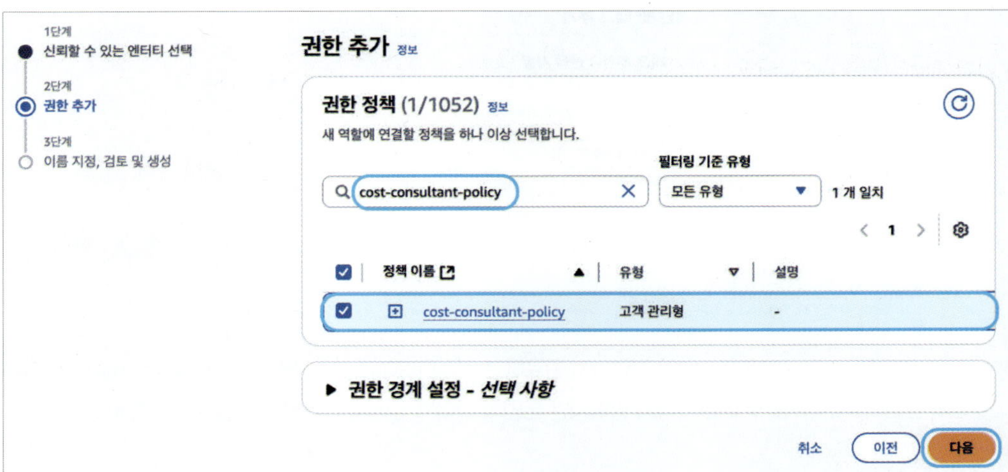

그림 20.39 IAM의 역할에 권한을 추가

08. **역할 이름**에는 각자 원하는 이름을 입력한다(이 책에서는 cost-consultant-role). **역할 생성** 버튼을 클릭한다.

그림 20.40 IAM의 역할에 이름 입력 및 검토

09. 이 부분도 헷갈리는 부분이다. 앞의 작업까지 완료하면 컨설턴트에게 조금 전에 만든 cost-consultant-role 역할과 본인의 계정 ID를 보내준다(다시 말하지만 본인의 ID이고 앞에서 입력한 컨설턴트의 계정 ID가 아니다).

10. 이 부분도 헷갈리는 부분이다. 다음 화면은 **컨설턴트의 화면**이다. 계정 ID와 역할을 전달받은 컨설턴트는 오른쪽 위의 사용자 이름을 클릭해서 나온 메뉴에서 **역할 전환** 버튼을 클릭한다.

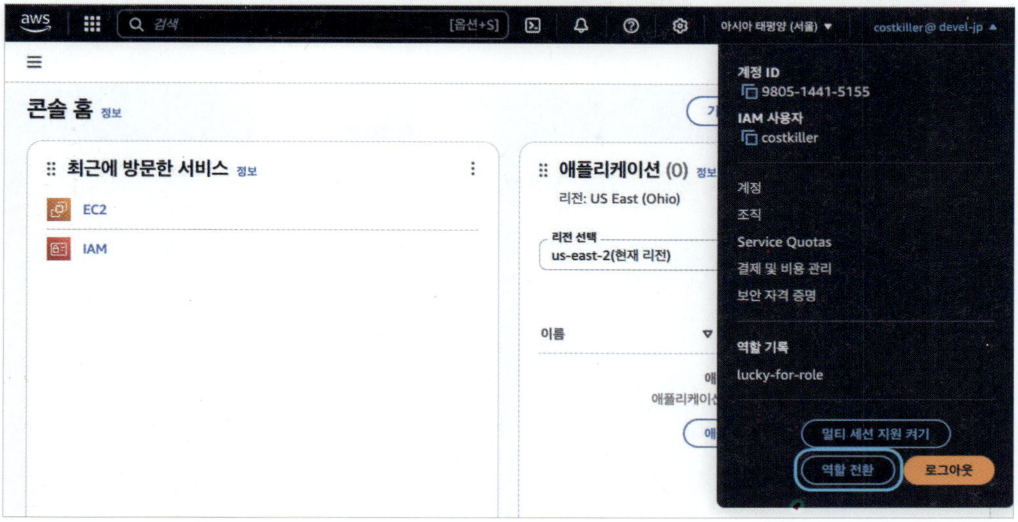

그림 20.41 컨설턴트의 계정에서 역할 전환

11. 앞에서 전달받은 계정 ID와 IAM 역할 이름인 cost-consultant-role을 입력한 후, **역할 전환** 버튼을 클릭한다. 역할 전환이 완료되면 컨설턴트 계정은 본인의 계정 권한이 아닌 필자의 AWS 인프라의 역할을 통해 접근하게 되고, 컨설턴트는 필자의 역할에 부여된 권한을 필자의 AWS 인프라에서 행사할 수 있게 된다.

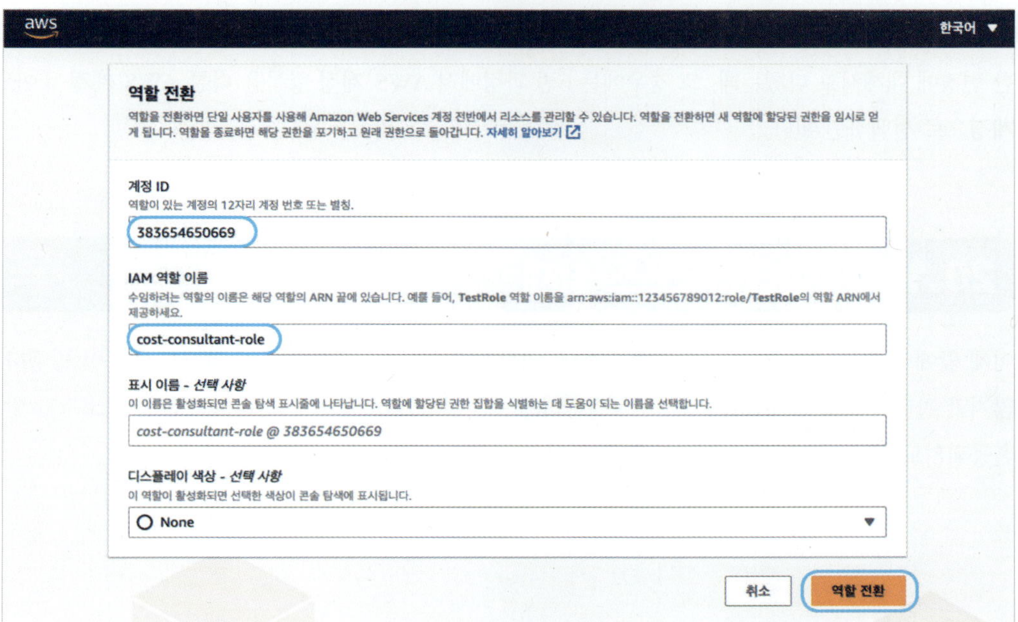

그림 20.42 역할 전환을 위해 계정 ID 및 IAM 역할 이름을 입력

12. 다시 원래대로 돌아가고 싶다면 오른쪽 위의 사용자 이름을 클릭해서 나온 메뉴에서 **다시 전환** 버튼을 클릭한다.

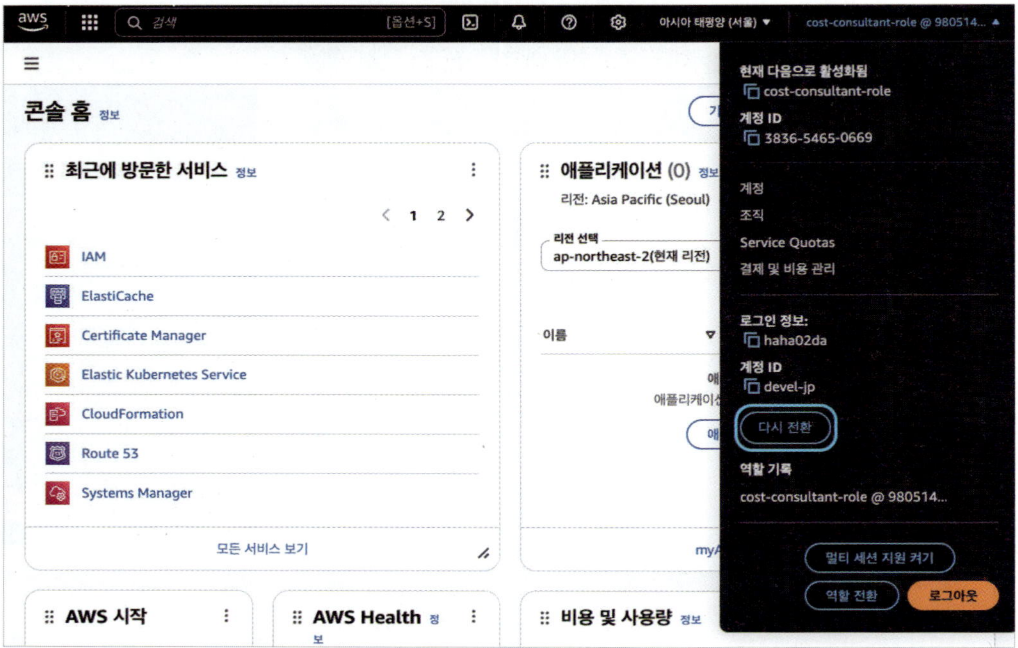

그림 20.43 다시 원래대로 역할을 전환

이렇게 해서 계정을 전환하는 방법을 알아봤다. 역할 전환은 필자처럼 다른 회사의 AWS를 컨설팅하는 경우에 자주 사용하는 기능으로, 사용자를 만드는 것보다 보안 측면에서 더 안전하다. 앞에서 팀 간의 권한 변경에 대해서도 다뤘는데, 그 경우에는 6번 과정에서 **AWS 계정** 항목을 **다른 AWS 계정**이 아닌 **이 계정**으로 선택하면 된다.

20.10 [실습] 리소스 삭제

이제 앞에서 만든 사용자, 사용자 그룹, 정책, 역할을 지워보자. 굳이 지우지 않아도 비용이 발생하지는 않지만 관리상 사용하지 않는 리소스는 깔끔하게 정리하기를 권장한다. 정리하지 않은 리소스가 쌓이면 혼동되기도 하고 관리하기가 번거로울 수 있다.

01. 먼저 사용자 그룹을 삭제하겠다. 왼쪽 메뉴에서 **사용자 그룹**을 클릭한 후 lucky-group을 선택하고 **삭제** 버튼을 클릭한다.

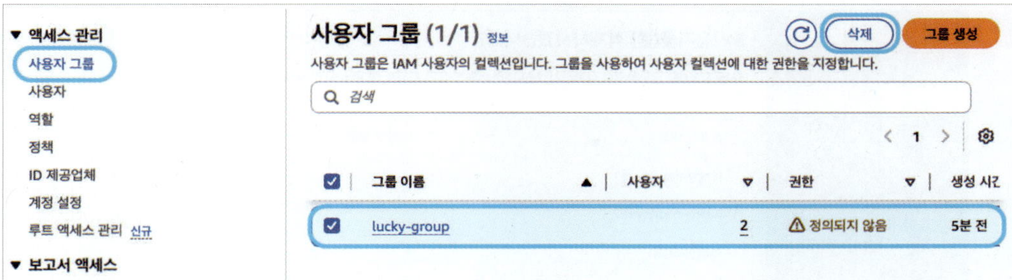

그림 20.44 IAM 사용자 그룹 삭제

02. 입력란에 'lucky-group'을 입력하고, **삭제** 버튼을 클릭한다.

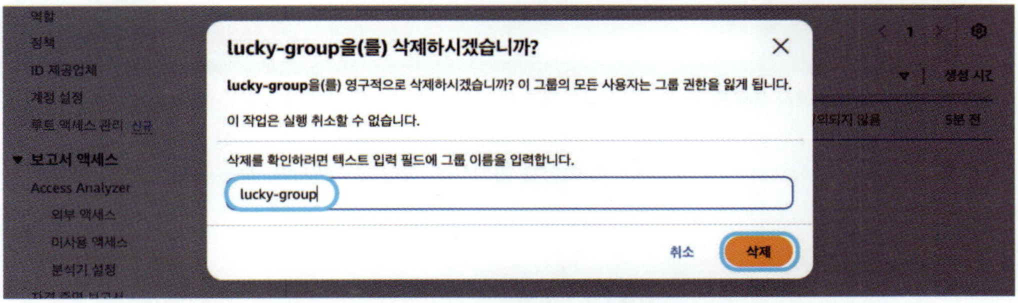

그림 20.45 IAM 사용자 그룹 삭제 확인

03. 다음으로 사용자를 삭제한다. 왼쪽 메뉴에서 **사용자**를 클릭한다. 사용자 목록에서 luckyadmin, lucky-employee1, lucky-employee2를 선택하고 **삭제** 버튼을 클릭한다.

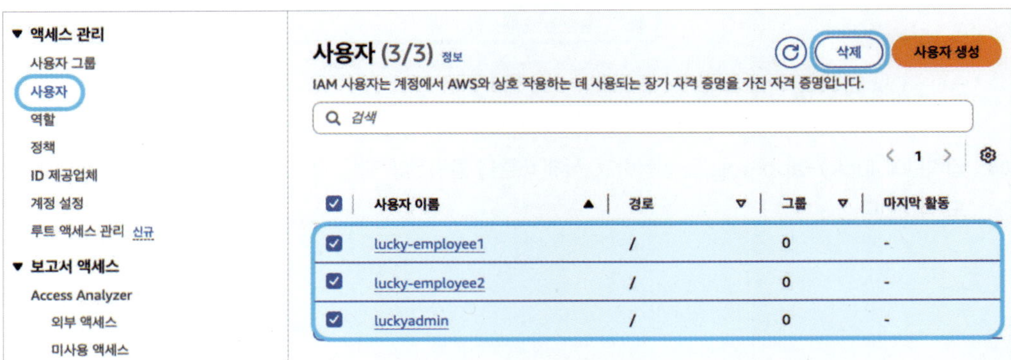

그림 20.46 IAM 사용자 삭제

04. 입력란에 'confirm'을 입력하고, **사용자 삭제** 버튼을 클릭한다(이 책을 쓰는 시점을 기준으로 입력란 바로 위의 설명에서는 **'확인'**을 입력하라고 하지만 'confirm'이 맞다).

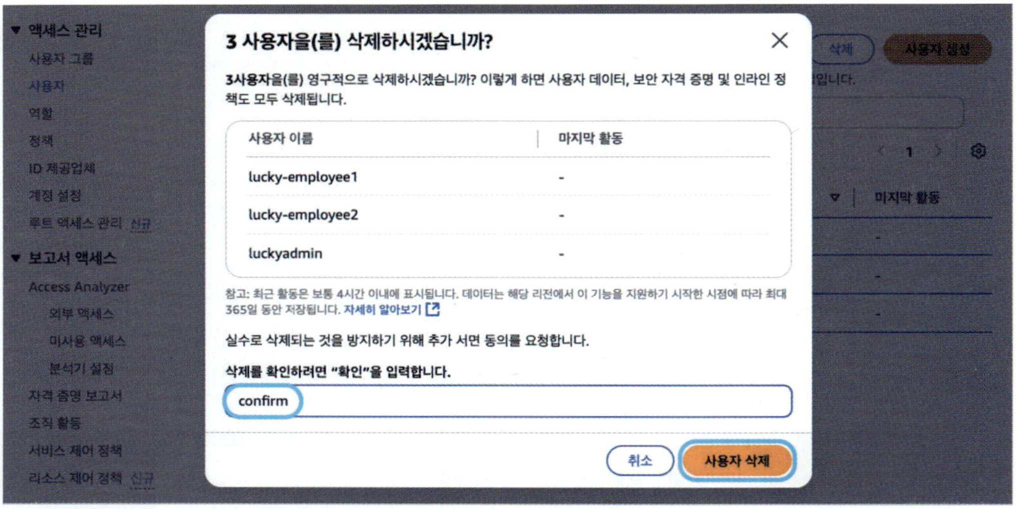

그림 20.47 IAM 사용자 삭제 확인

05. 다음으로 역할을 삭제하겠다. 왼쪽 메뉴의 **역할**을 클릭한다. 역할 목록에서 lucky-app-role을 선택하고, **삭제** 버튼을 클릭한다.

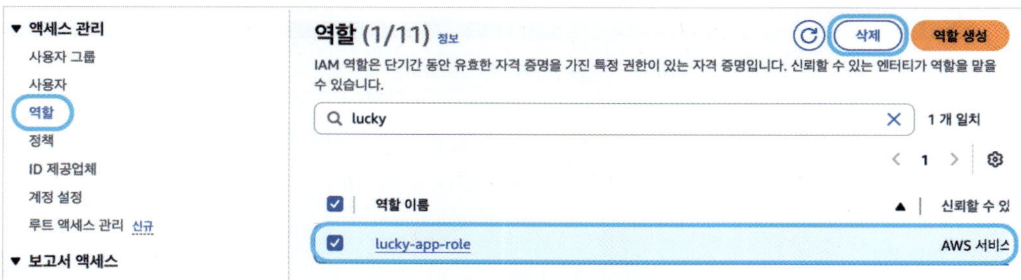

그림 20.48 IAM 역할 삭제

06. 입력란에 'lucky-app-role'을 입력하고, **삭제** 버튼을 클릭한다. 같은 과정을 반복해서 cost-consultant-role도 삭제한다.

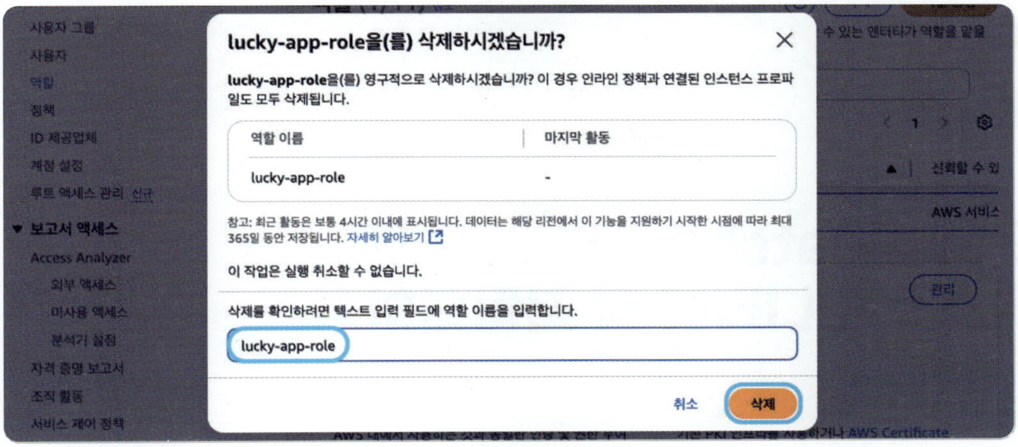

그림 20.49 IAM 역할 삭제 확인

07. 마지막으로 정책을 삭제하겠다. 왼쪽 메뉴의 **정책**을 클릭하고 정책 목록에서 lucky-policy를 선택한 후 **삭제** 버튼을 클릭한다.

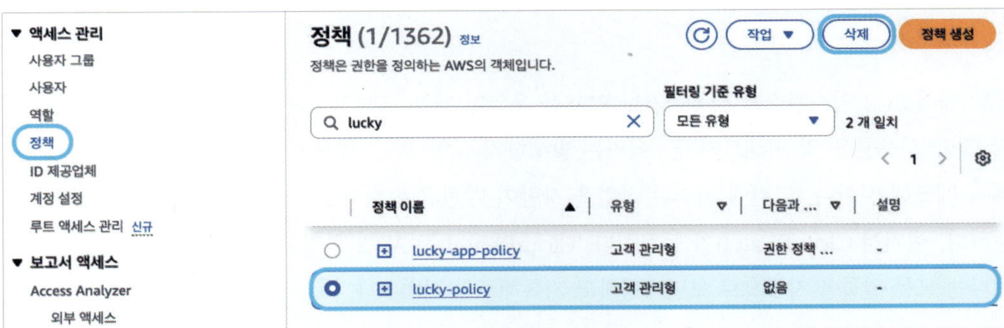

그림 20.50 IAM 정책 삭제

08. 입력란에 'lucky-policy'를 입력하고, **삭제** 버튼을 클릭한다. 같은 과정을 반복해서 lucky-app-lucky, cost-consultant-policy도 삭제한다.

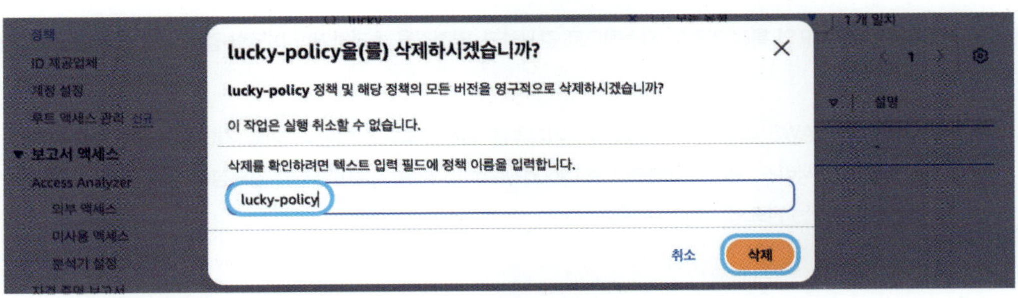

그림 20.51 IAM 정책 삭제 확인

21

CloudWatch로 리소스 모니터링 및 자동화하기

AWS에서 EC2 인스턴스를 사용하거나 RDS를 운영할 때는 그냥 잘 돌아가는지만 보는 것이 아니라 "지금 CPU 사용률은 몇 퍼센트지?", "에러는 발생하지 않았나?", "메모리는 부족하지 않나?" 같은 정보를 계속 체크해야 한다. 그런데 이러한 작업을 사람이 매번 접속해서 24시간 365일 동안 확인하기란 불가능하다. 여기서 CloudWatch가 등장한다. CloudWatch는 AWS 환경의 리소스나 애플리케이션에서 일어나는 모든 일들을 자동으로 모니터링하고 기록해주는 서비스다.

구체적으로 CloudWatch는 다음과 같은 기능을 제공한다.

- **로그(Logs)**: 애플리케이션, 시스템, AWS 서비스에서 생성된 로그 데이터를 수집, 저장, 분석
- **지표(Metrics)**: AWS 리소스나 애플리케이션의 성능 지표를 시계열 데이터로 저장
- **경보(Alarm)**: 지표의 특정 조건을 지속적으로 감시하고, 임곗값을 초과하거나 미달할 경우 알림 또는 자동 조치를 트리거
- **이벤트(Event)**: AWS 리소스에서 발생하는 이벤트를 실시간으로 감지하고, 이를 기반으로 자동화된 조치를 수행할 수 있게 하는 서비스. 원래는 이벤트라는 CloudWatch의 하위 기능이었지만 필요성이 증대하면서 이벤트 브리지(EventBridge)라는 별도의 서비스로 독립했다.

CloudWatch는 병원 모니터링 시스템과 비슷하다. 환자의 맥박, 혈압, 체온(=메트릭)을 실시간으로 수집하고, 환자가 이상 상태(예: 맥박이 너무 빠르거나 느려질 때)에 빠지면 경고음을 울린다. 그뿐만 아니라 환자가 말로 하는 증상(=애플리케이션 로그)도 기록해서 나중에 자세히 분석할 수 있게 해준다. 이번 장에서는 이러한 CloudWatch에 대해 알아보겠다.

21.1 CloudWatch란?

지금까지 시스템을 운영해 보면서 느낀 점이 몇 가지 있다. 나는 항상 시스템에 장애가 발생한 후에 후속 조치를 취해왔다. 장애라는 것이 언제 발생할지 모르므로 당연히 후속 조치밖에 할 수 없다고 생각했지만 지금까지 시스템을 운영했던 경험을 되돌아보면 일부 장애는 미리 알 수 있었다. 그리고 막을 수 있는 것이었다.

보안 사고는 필자가 보안에 대해 잘 몰라서 아키텍처 설계를 잘못해서 발생한 것이기에 어쩔 수 없다고 생각한다. 단지 필자의 무지로 발생한 일들이니까 하나씩 알아가면서 배우고 있다. 그런데 갑작스러운 대규모 트래픽으로 인해 전체 시스템에 장애가 발생하는 경우는 필자가 몇 분 전에만 알았더라면 미리 인스턴스를 대량으로 만들어 대기했을 테고, 데이터베이스의 성능 문제로 인한 장애도 미리 인스턴스를 좀 더 높은 사양의 인스턴스로 대체했더라면 발생하지 않았을 장애였다. 지금까지는 수동으로 모니터링하다 보니 장애가 발생한 후에만 조치를 취할 수밖에 없었다.

이 같은 이유로 장애가 반복되니 고객들의 불만은 점점 늘어나고, 이러한 문제가 쇼핑몰을 이용하는 고객의 신뢰도를 떨어뜨리는 것 같아서 고민이 된다. 그럼 이 같은 성능 문제를 미리 인지하고 처리하는 방법은 없을까?

이럴 때 활용할 수 있는 서비스가 바로 CloudWatch다. 즉, CloudWatch를 통해 모니터링 자동화를 구현하는 것이다. 가령 CPU 사용률이 평균 60% 이상일 때 이메일이나 문자를 받을 수만 있게 해도 장애에 미리 대응할 수 있다. 그리고 단독으로 운영되는 인스턴스들도 갑자기 멈추거나 실수로 누군가가 삭제했더라도 이 또한 이메일이나 문자를 받을 수 있다면 바로 복구할 수 있을 것이다. 이 같은 작업들은 CloudWatch로 해결할 수 있는 문제다. 하나씩 다뤄보자.

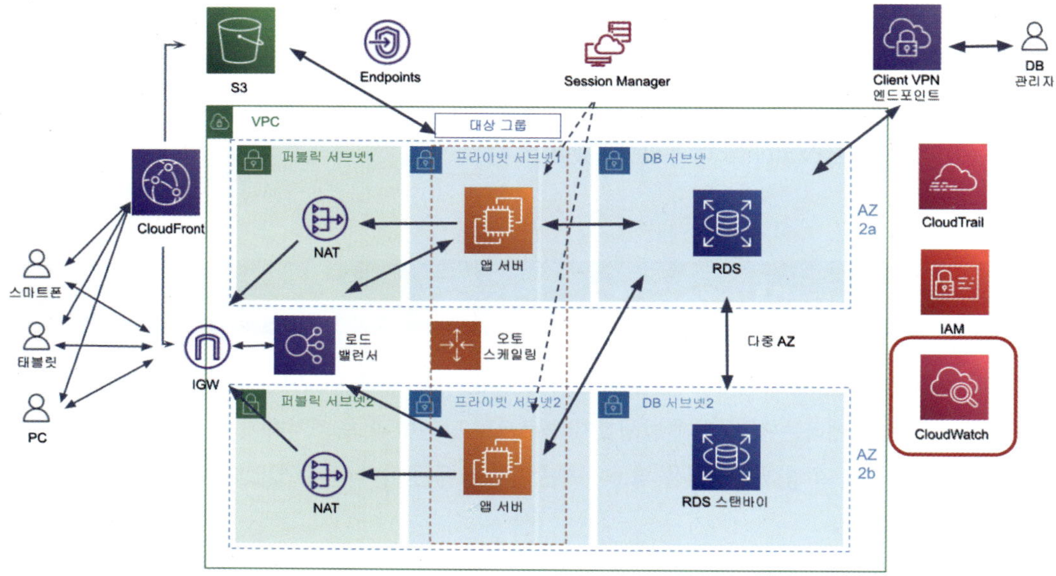

그림 21.1 인프라 모니터링을 위해 Cloudwatch를 적용한 아키텍처

사실 필자는 이미 CloudWatch를 사용하고 있었다. CloudWatch 서비스에 접속해서 사용하지 않았을 뿐 EC2 인스턴스와 RDS의 **모니터링** 탭이 바로 CloudWatch였다. 다음 화면은 EC2 서비스와 RDS 서비스의 **모니터링** 탭을 각각 보여준다.

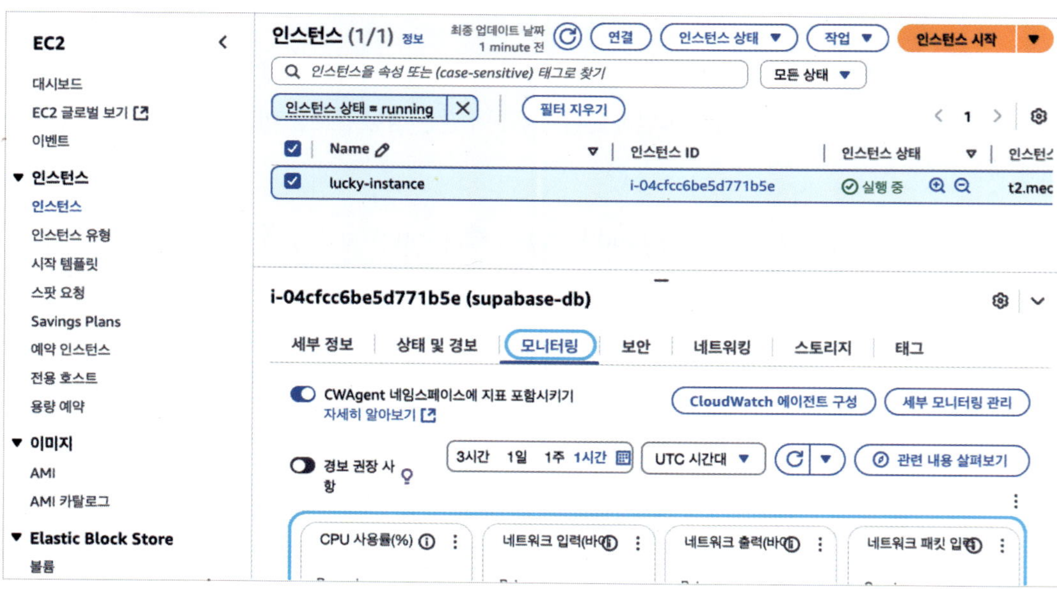

※ 다음 페이지의 그림과 연결됨

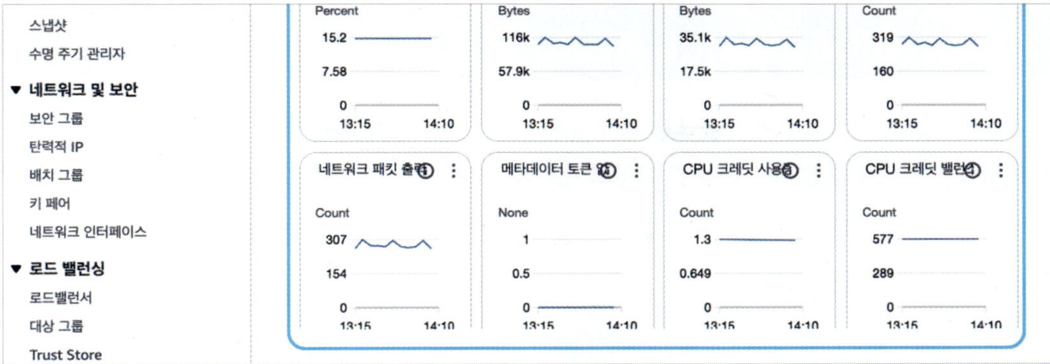

그림 21.2 EC2 인스턴스의 모니터링 탭

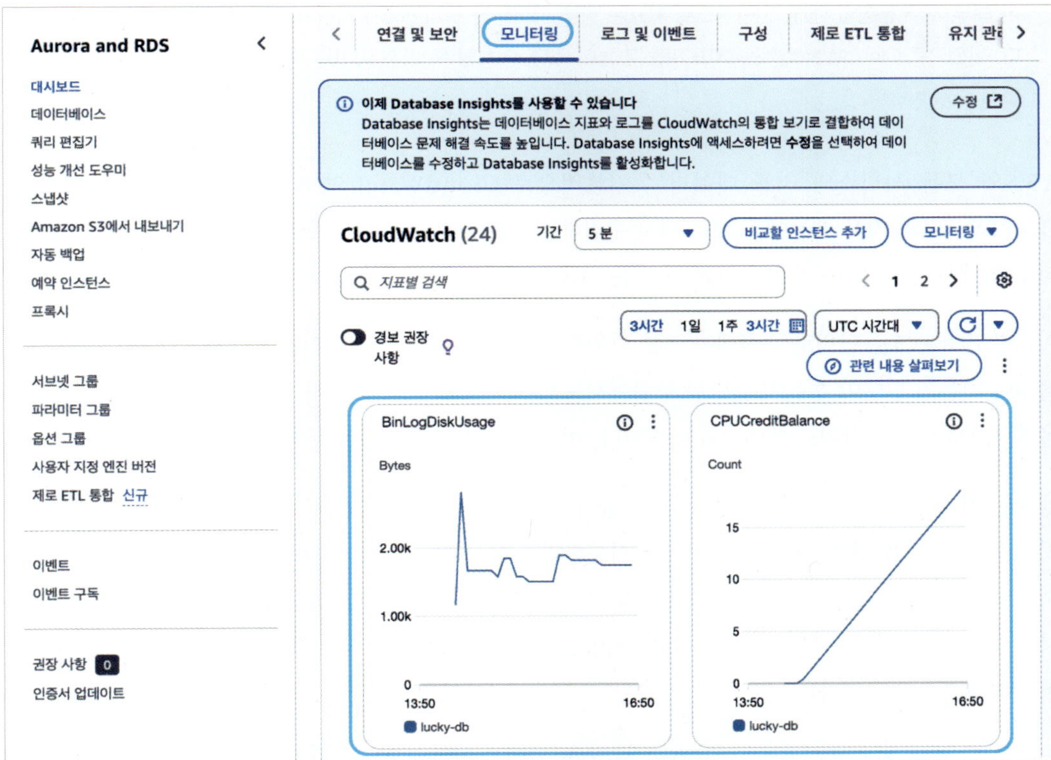

그림 21.3 RDS 서비스의 모니터링 탭

이어지는 절에서는 먼저 이러한 데이터가 어디에 수집되고 있는지 알아보자.

21.2 CloudWatch 지표와 경보

모니터링 탭을 보면 다음과 같이 궁금한 점이 생길 것이다. 우선 모니터링 탭에 표시되는 다양한 그래프의 데이터는 어디에 수집되는 것일까? 그리고 데이터를 수집하라고 설정한 적도 없는데 자동으로 수집되는 것일까? 또 비용은 얼마나 나올까?

이러한 질문에 하나씩 대답해 보자.

참고

여기서부터 동음이의어가 등장하므로 헷갈릴 수 있으니 미리 용어를 알아두자. 여기서는 '지표(metric)'라는 단어가 매우 자주 등장할 텐데, 일반적으로 지표는 성능 데이터를 수치화해서 시간의 흐름에 따라 기록한 값을 말한다. 한편으로 CloudWatch에는 '지표'라는 기능이 있다. 이처럼 두 가지 의미로 사용되니 문맥에 따라 잘 구분하면서 보기 바란다.

AWS의 모든 서비스의 지표 데이터는 기본적으로 CloudWatch의 지표 기능에 의해 수집된다. CloudWatch의 **지표** 메뉴에서 AWS에서 수집하는 모든 서비스의 지표를 확인할 수 있다. 참고로 **모니터링** 탭에서 볼 수 있는 것보다 훨씬 더 많은 지표가 수집된다는 사실을 알 수 있다.

이러한 지표는 5분 단위로 수집되며, 5분 단위의 수집은 무료다. 갑작스러운 트래픽으로 인스턴스를 더 늘려야 하는지 말아야 하는지 급박한 상황에서는 5분은 다소 늦을 수 있다. 그래서 '세부 모니터링' 기능을 활성화하면 1분 단위로 데이터를 수집한다. 이 경우 추가 비용이 발생한다.

생성된 지표들은 다양하게 사용된다. 예를 들어, CPU 사용률을 기반으로 평균 60% 이상이면 메일이나 문자를 받고 싶을 경우 경보 기능과 함께 사용하면 된다. 경보 기능은 지표를 기반으로 설정할 수 있으며, 특정 수치를 기준으로 지표가 해당 값을 초과하면 메일이나 문자를 받을 수 있다. 물론 메일이나 문자를 보내는 서비스인 SNS(Simple Notification Service)와 연동해야 한다(이러한 내용은 이후 실습에서 구체적으로 다루겠다).

여담으로, 오토 스케일링 동작 시 필요한 세 가지 서비스가 있다(실제 이 내용은 AWS 시험에 출제되기도 했다). 그것은 바로 로드 밸런서, CloudWatch, 오토 스케일링이다. 여기서 잠깐 오토 스케일링이 동작하는 메커니즘을 살펴보면 다음과 같다.

1. CloudWatch가 CPU 사용률을 감시한다.
2. 설정된 조건을 만족하면 경보가 발생한다.
3. 경보가 오토 스케일링 정책을 트리거한다.
4. 오토 스케일링 그룹이 EC2 인스턴스를 추가한다.
5. 인스턴스가 추가되면 로드 밸런서의 대상 그룹에 등록된다.
6. 로드 밸런서가 대상 그룹에 등록된 새 인스턴스에도 트래픽을 분산한다.

이처럼 CloudWatch의 지표와 경보는 AWS 구석구석에서 다양한 방식으로 활용된다.

21.3 [실습] CloudWatch 지표 및 경보

이번 실습에서는 CloudWatch에서 EC2 인스턴스의 지표를 확인하고, 지표를 기반으로 인스턴스의 CPU 사용률이 60%를 넘었을 때 이메일을 통해 경보를 전달하도록 설정해 보겠다.

01. **관리 콘솔** 위쪽의 검색란에서 'CloudWatch'의 검색 결과로 나오는 **CloudWatch**를 클릭한다.

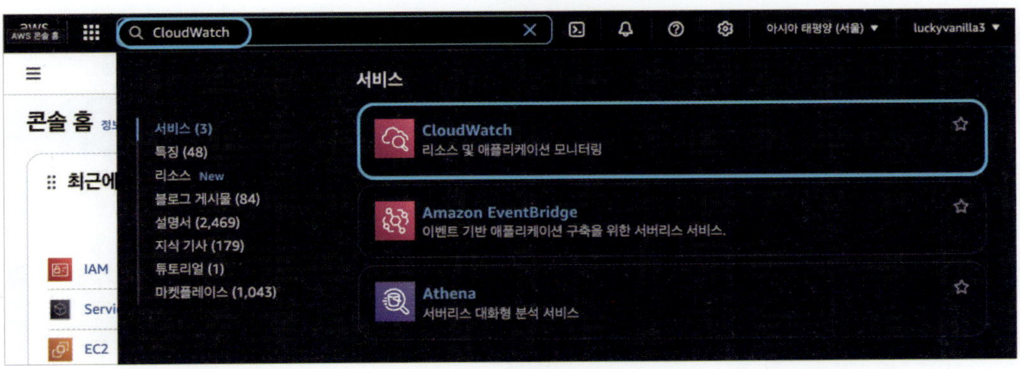

그림 21.4 CloudWatch 서비스로 이동

02. CloudWatch 서비스에서 왼쪽 메뉴의 **모든 지표**를 클릭하면 다양한 리소스를 볼 수 있다. 참고로 **모든 지표**에서는 AWS에서 사용하는 모든 리소스의 지표를 수집한다. 여기서는 EC2의 지표를 확인할 것이므로 하단의 **EC2**를 클릭한다.

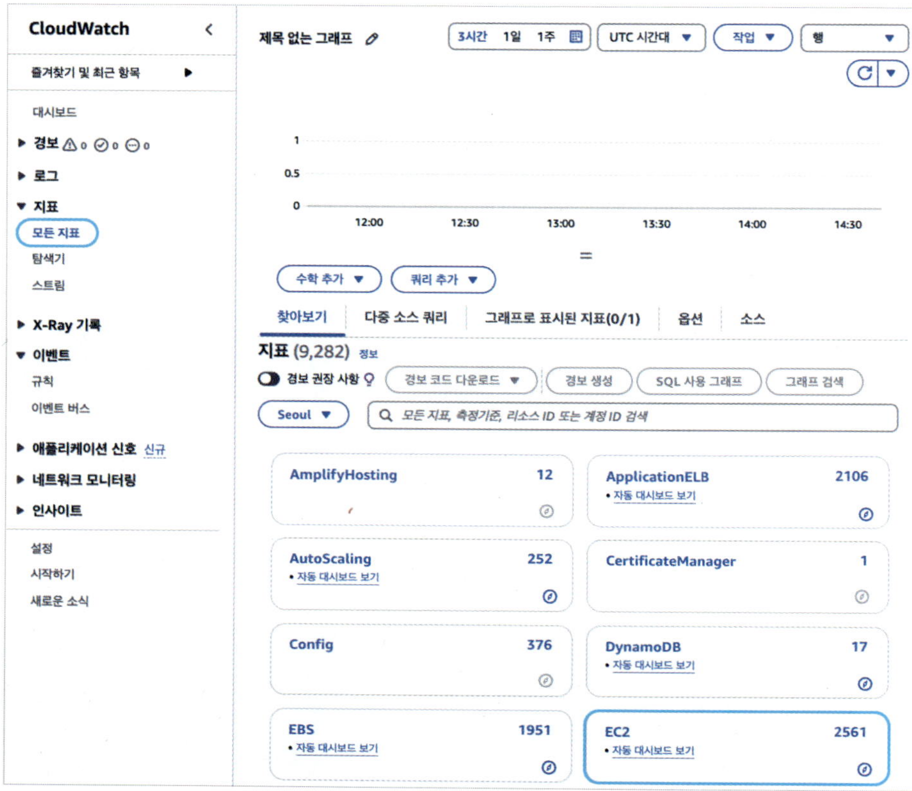

그림 21.5 CloudWatch의 모든 지표

03. EC2 인스턴스는 Auto Scaling 그룹별로도 지표를 수집하고, 인스턴스별 지표도 수집한다. 여기서는 개별 인스턴스의 지표를 확인할 것이므로 **인스턴스별 지표**를 클릭하겠다.

※ 다음 페이지의 그림과 연결됨

그림 21.6 CloudWatch의 EC2 지표

04. 인스턴스 개수도 여러 개이고, 수집하는 지표도 많다 보니 검색 필터를 이용해 각자의 인스턴스를 찾는 것이 편리할 것이다. 검색 필터에 인스턴스 ID를 입력한다(여기서는 i-04cfcc6be5d771b5e를 입력했는데, 각자의 환경에 해당하는 인스턴스의 ID를 입력해야 한다. 인스턴스 ID는 인스턴스를 만들면 **세부 정보**에서 확인할 수 있다). 그럼 그 결과로 lucky-instance의 지표들을 확인할 수 있다. 이 중에서 **지표 이름**이 CPUUtilization인 것을 선택한다. 그럼 위쪽에 그래프가 표시되고, 지표를 여러 개 선택하면 위쪽 그래프에 겹쳐서 표시된다. 이처럼 필요한 지표들만 모아서 대시보드를 만들 수도 있다.

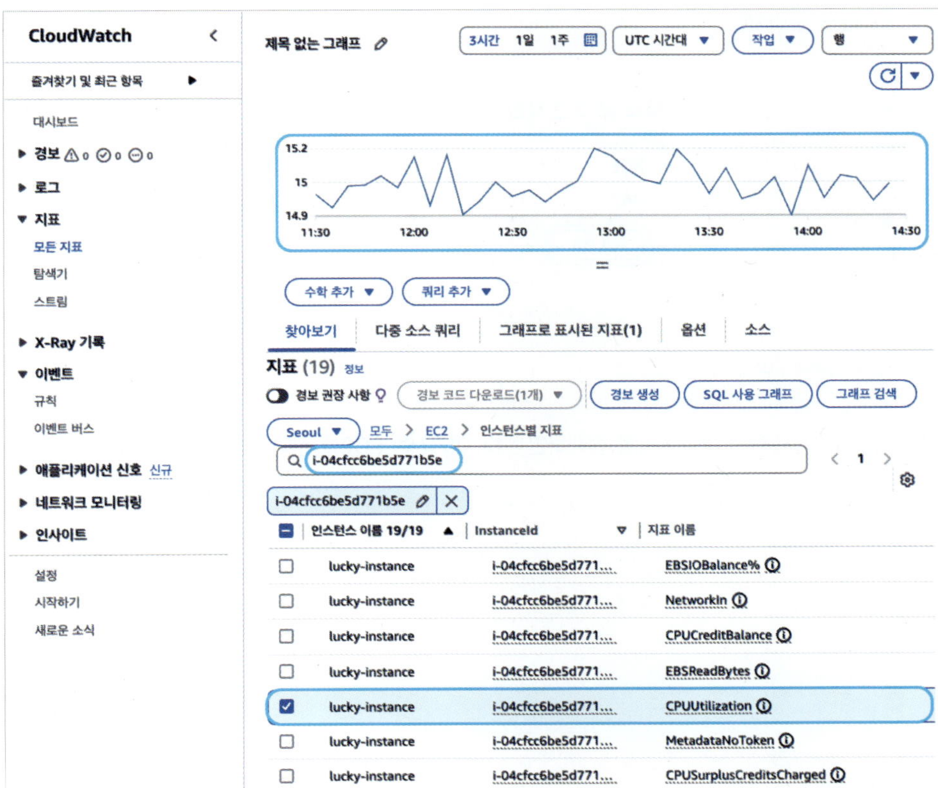

그림 21.7 CloudWatch의 EC2 인스턴스별 지표

05. 이제 지표를 기반으로 경보를 설정해 보자. 왼쪽 메뉴의 **경보 상태**를 클릭한다. 그러고 나서 **경보 생성** 버튼을 클릭한다.

그림 21.8 CloudWatch의 경보 상태

06. **지표 선택** 버튼을 클릭한다.

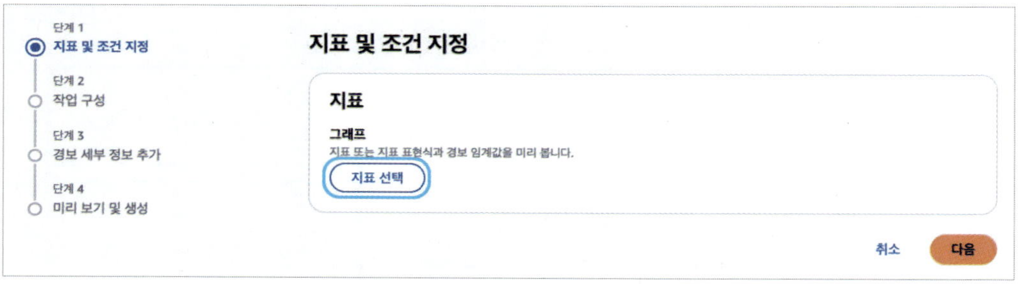

그림 21.9 경보 상태의 지표 선택

07. 이제 2~4번 단계에서 했던 대로 지표를 선택하면 된다. 여기서는 EC2를 선택하겠다.

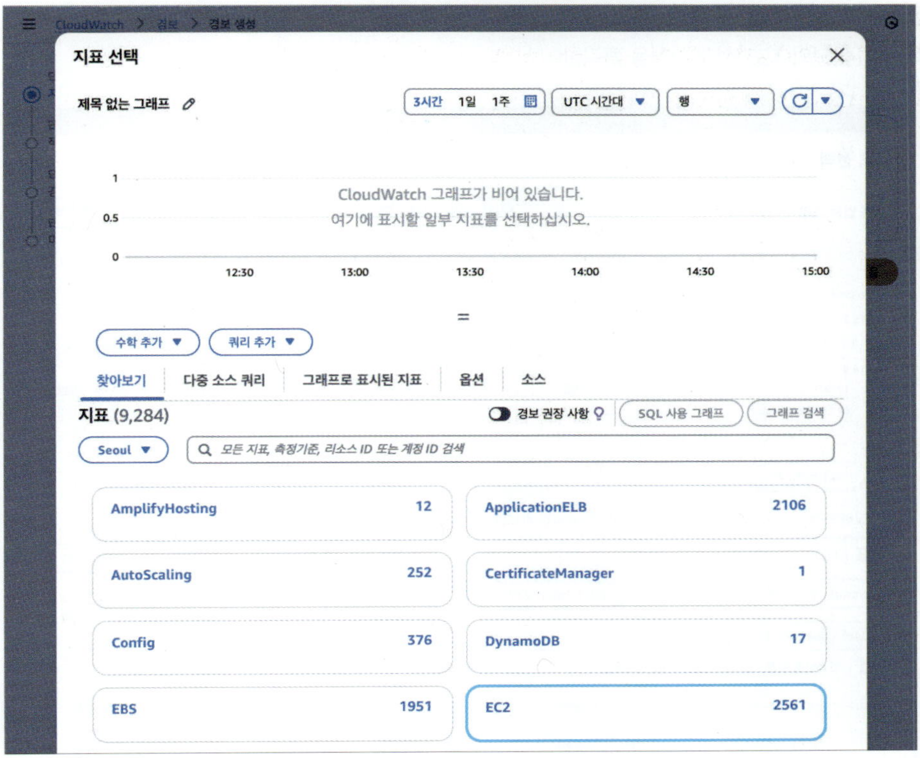

그림 21.10 경보 상태의 EC2 지표 선택

08. **인스턴스별 지표**를 클릭한다.

그림 21.11 경보 상태의 인스턴스별 지표 선택

09. 검색 필터에 인스턴스 ID(여기서는 **i-04cfcc6be5d771b5e**)를 입력한 후 **지표 이름**이 CPUUtilization인 항목을 선택한다. 하단의 **지표 선택** 버튼을 클릭한다.

그림 21.12 인스턴스별 지표에서 CPUUtilization 지표 선택

10. **CPUUtilization이(가) 다음과 같은 경우에 항상…** 항목에서 **보다 큼**이 선택돼 있는지 확인한다. 하단의 **…보다** 항목에 60을 입력한다. 이것은 CPU 사용률(CPUUtilization)이 60%를 넘어가면 경보를 울리겠다는 의미다.

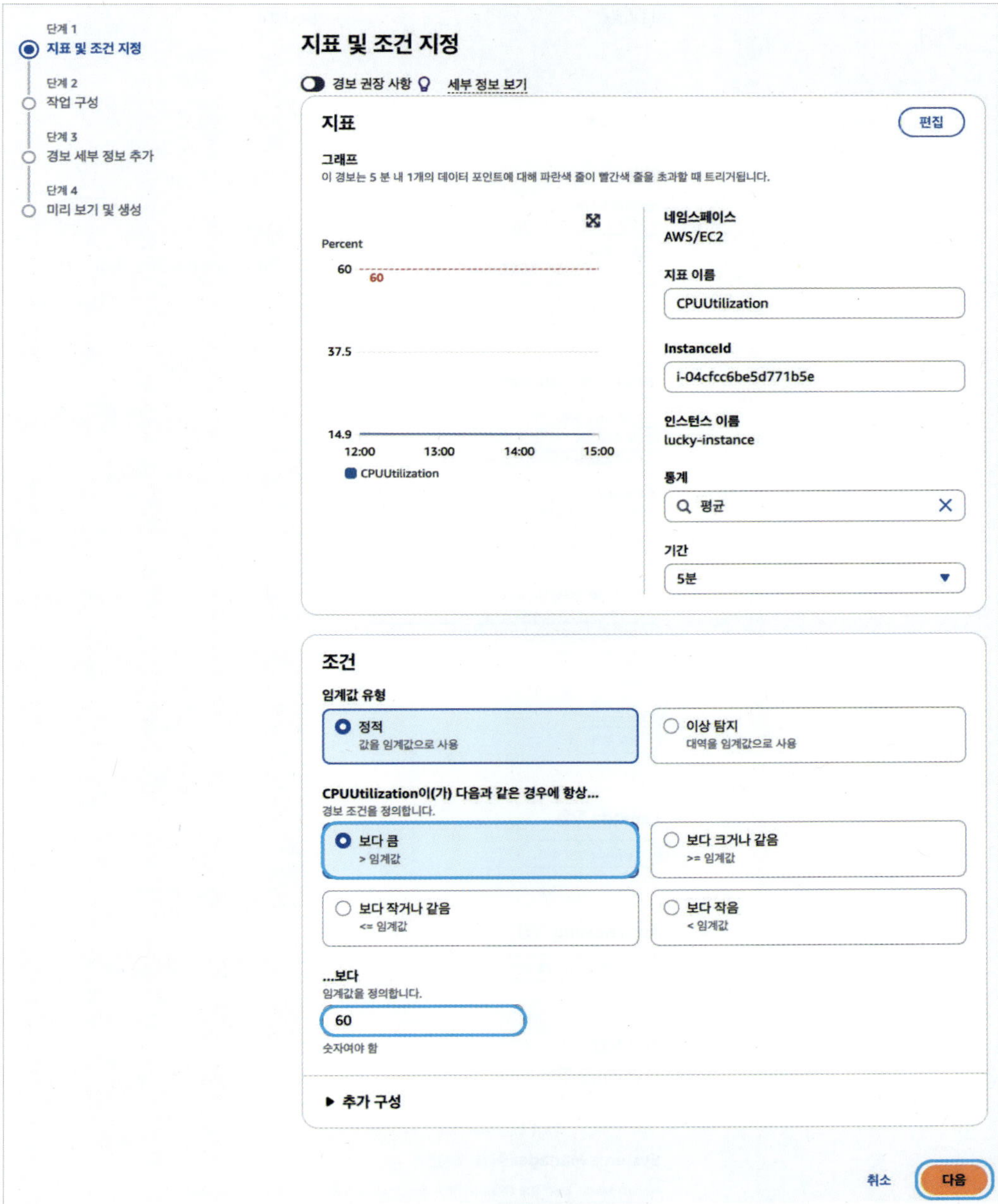

그림 21.13 경보 상태의 지표 및 조건 지정

11. 이제 경보를 이메일로 받기 위해 SNS 서비스를 설정한다. 먼저 '**다음 SNS 주제에 알림을 보냅니다.**' 항목에서 **새 주제 생성**을 선택한다. **새 주제 생성** 항목에서 각자 원하는 이름을 입력한다(여기서는 'lucky-sns'). **알림을 수신할 이메일 엔드포인트…** 항목에는 경보를 받을 이메일 주소를 입력한다. 마지막으로 **주제 생성** 버튼을 클릭한다.

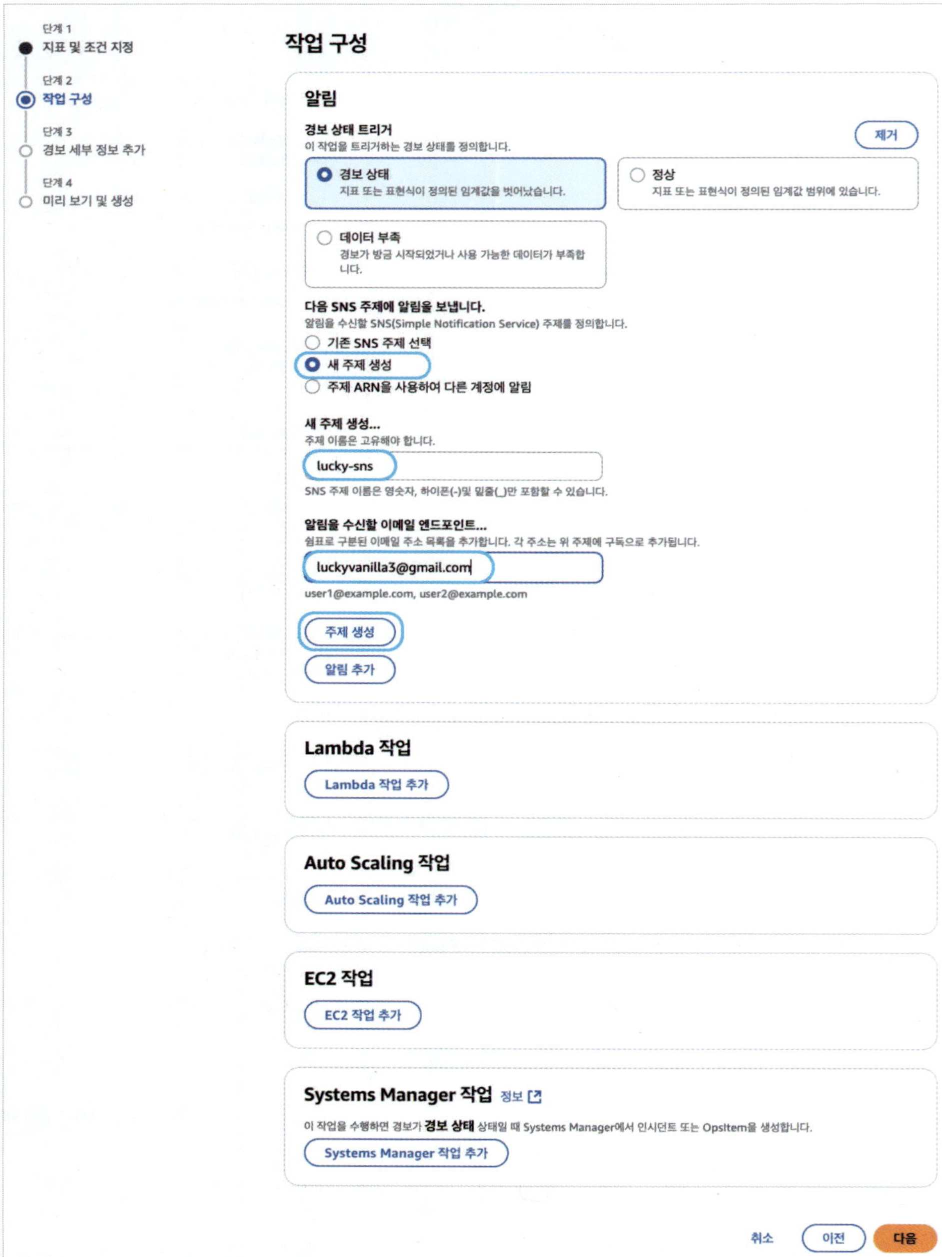

그림 21.14 SNS 주제 생성

12. SNS 주제가 만들어졌다. '**다음 SNS 주제에 알림을 보냅니다.**' 항목에서 **기존 SNS 주제 선택**을 선택한다. **다음으로 알림 전송…** 항목에서는 앞에서 만든 lucky-sns를 선택한다. 설정을 마치면 **다음** 버튼을 클릭한다.

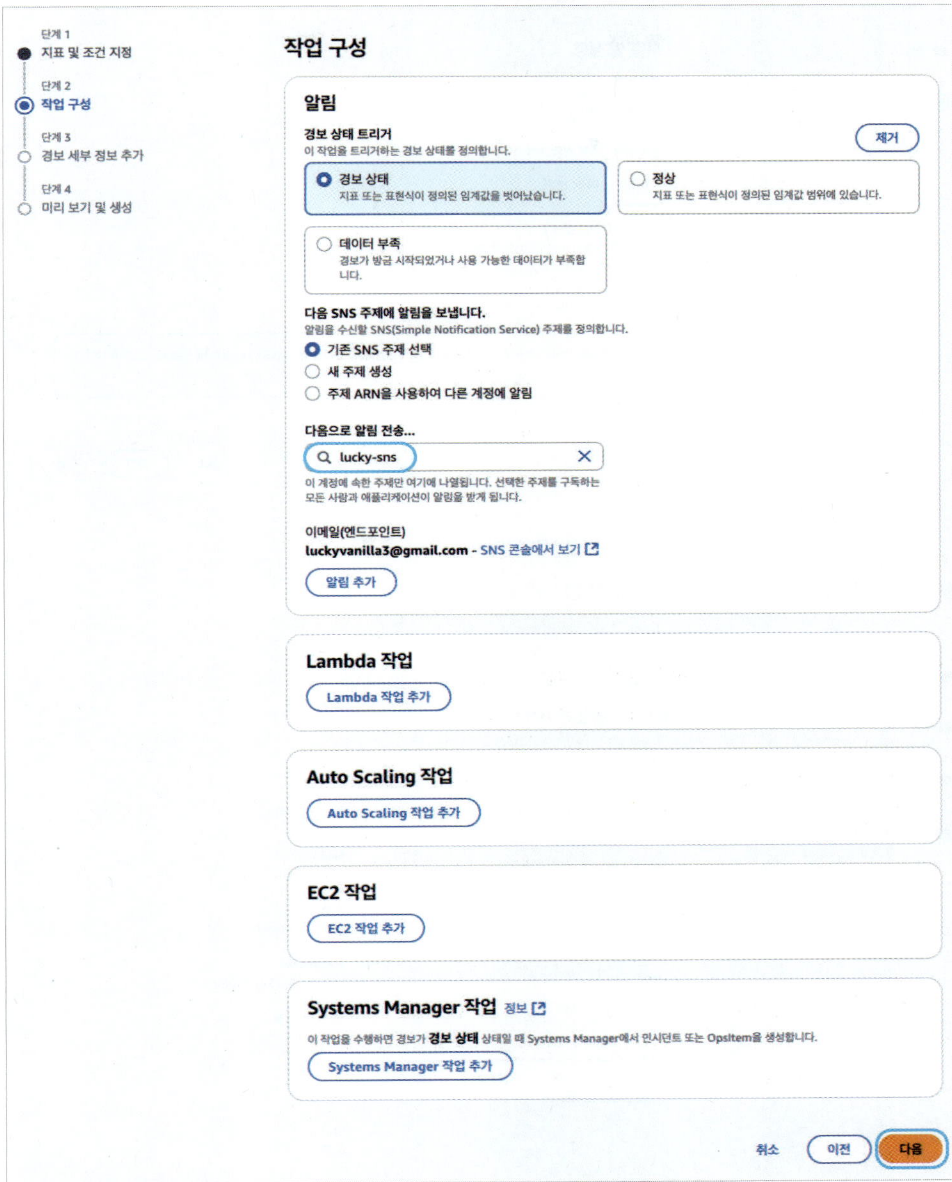

그림 21.15 SNS 선택 완료

13. **경보 이름**은 각자 원하는 이름을 입력한다(여기서는 lucky-alarm). **다음** 버튼을 클릭한다.

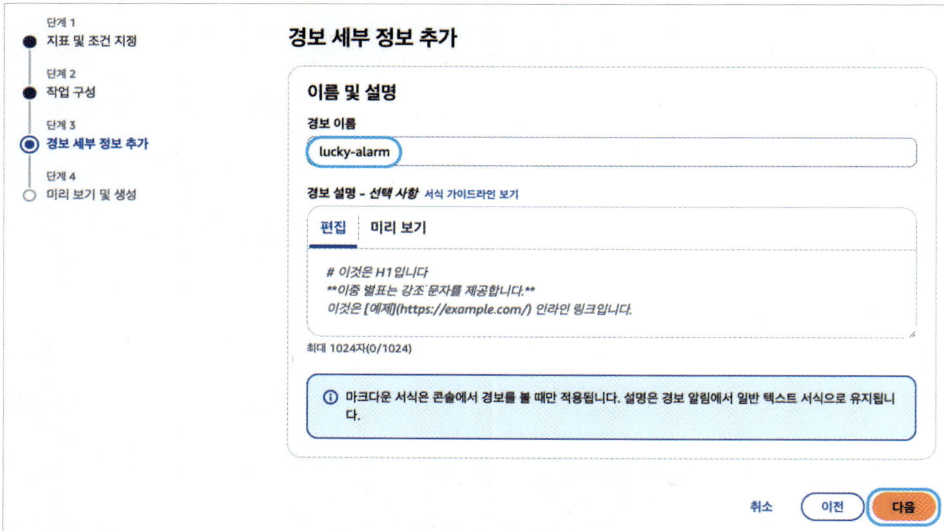

그림 21.16 경보 이름 입력

14. 전체 설정 내용을 확인하고 하단의 **경보 생성** 버튼을 클릭한다.

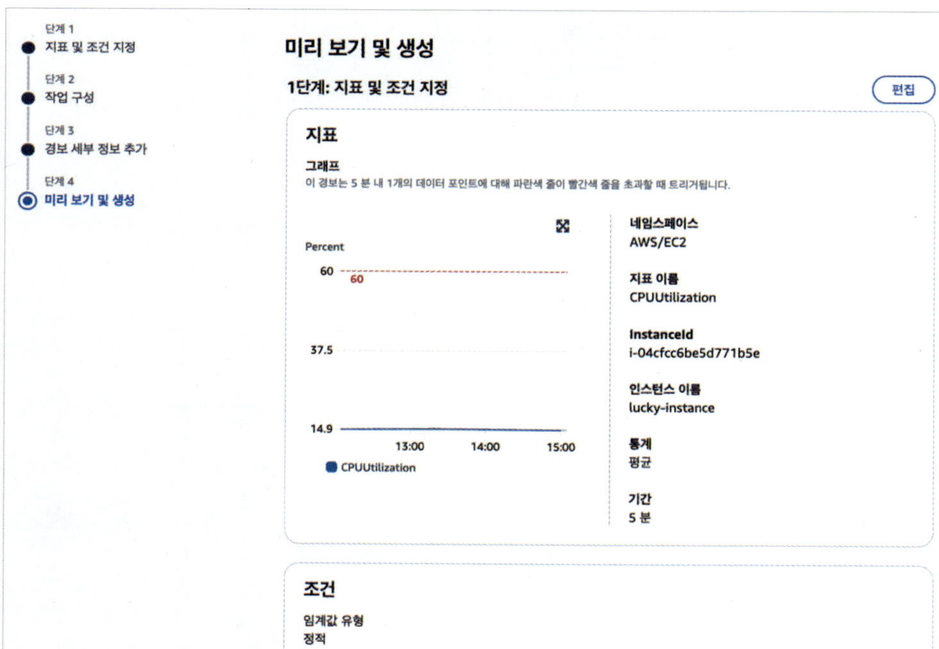

※ 다음 페이지의 그림과 연결됨

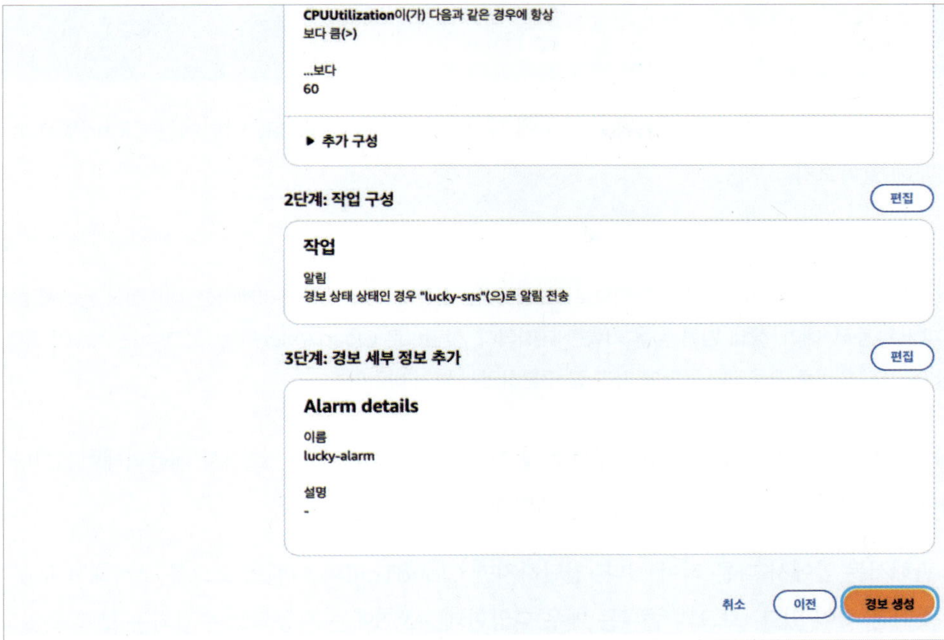

그림 21.17 경보 미리 보기 및 생성 정보 확인

15. 왼쪽 메뉴의 **모든 경보**를 클릭한다. 그럼 lucky-alarm 경보가 만들어진 것을 확인할 수 있다. 이 경보는 lucky-instance의 CPU 사용률이 60%를 넘으면 상태가 경보로 변경된다. 그리고 SNS를 통해 이메일로 경보가 전달된다.

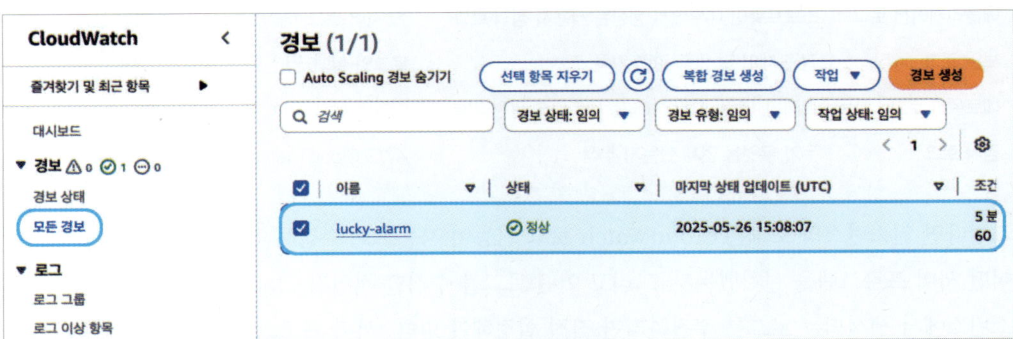

그림 21.18 CloudWatch의 모든 경보 목록

이렇게 해서 지표와 경보에 대해 알아봤다.

21.4 CloudWatch 로그

앞에서 CloudWatch의 로그 지표와 경보 기능에 대해 간단하게 알아봤다. 이번에는 CloudWatch 로그 기능에 대해 알아보자.

> **참고**
> 여기서도 '로그'는 동음 이의어다. 일반적으로 로그(log)는 컴퓨터 시스템, 애플리케이션, 네트워크 등에서 발생하는 이벤트, 동작, 에러, 상태 변화 등을 기록한 데이터다. 한편으로 CloudWatch에는 '로그'라는 기능이 있다. 이처럼 두 가지 의미로 사용되니 문맥에 따라 잘 구분하면서 보기 바란다.

여러분이 사용하는 서버 프로그램들은 대부분 로그(데이터)를 생성한다. 그래서 애플리케이션이나 시스템에 장애가 발생했을 때 로그를 분석해서 문제의 원인을 추적할 수 있다.

로그에 관해서는 앞에서 다룬 적이 있다. 간단하지만 CloudTrail의 이벤트 로그를 분석해서 무엇이 문제인지 찾아본 적이 있다. 로그의 종류는 매우 다양한데, AWS에는 자동으로 수집되는 로그도 있고, 수동으로 수집해야 하는 로그도 있다. 로그의 종류에 관해서는 아래 표를 참고한다.

표 21.1 다양한 로그의 종류

로그 유형	설명	예시
시스템 로그	운영체제 수준의 이벤트 기록	리눅스의 `/var/log/syslog`, 윈도우의 이벤트 로그
애플리케이션 로그	소프트웨어 내부에서 생성된 사용자 정의 로그	웹 서버 로그, 에러 로그, 사용자 활동 로그
보안 로그	접근 제어 및 인증 관련 기록	로그인 실패, 권한 변경, IP 차단 기록
네트워크 로그	트래픽, 연결, 패킷 상태 등 네트워크 관련 기록	방화벽 로그, VPC Flow Logs
감사 로그	누가 무엇을 언제 했는지 추적	AWS CloudTrail, 시스템 명령 실행 기록

그렇다면 인스턴스의 로그는 CloudWatch 로그 기능이 자동으로 수집해줄까? 그렇지 않다. 인스턴스에 어떤 서버 프로그램을 설치했는지, 그리고 어떤 로그를 수집할 것인지 CloudWatch는 모르기 때문에 인스턴스에서 생성되는 로그를 수집하려면 직접 설정해야 한다. 서버 프로그램의 로그는 인스턴스의 특정 디렉터리에 저장된다. 특정 디렉터리에 기록된 로그를 CloudWatch의 로그로 수집하려면 CloudWatch Agent라는 프로그램을 설치하고 설정해야 한다.

그런데 인스턴스에 저장된 로그를 굳이 CloudWatch 로그로 옮겨야 할 필요가 있을까? 그래야 하는 이유가 있다. 왜냐하면 인스턴스는 오토 스케일링에 의해 자동으로 생성 및 삭제되기 때문에 인스턴스가 삭제되면 로그도 함께 삭제된다. 따라서 한 곳으로 모아 두고 문제가 발생했을 때 분석해야 한다. 그래서

CloudWatch 로그를 사용하는 것이다. 로그가 많이 쌓이면 비용도 많이 발생하기 때문에 로그의 보존 기간을 지정해두면 자동으로 삭제된다. 따로 지정하지 않으면 무제한으로 쌓이게 된다.

이어지는 절에서는 CloudWatch Agent를 설치하고 설정해보겠다.

21.5 [실습] CloudWatch 로그

이번 실습에서는 CloudWatch Agent를 EC2 인스턴스에 설치하고 Nginx의 로그를 CloudWatch 로그에 수집하도록 설정해보겠다. 그런데 CloudWatch Agent가 CloudWatch 로그에 로그를 기록하려면 권한이 필요하다. 그래서 역할을 통해 인스턴스에 권한을 부여해야 한다. 권한 부여와 관련된 내용은 앞에서 배웠으므로 여기서는 단지 역할에 어떤 정책을 부여할지만 정하겠다. 여기서는 AWS에서 만들어 놓은 CloudWatchAgentServerPolicy 정책을 사용하도록 하겠다.

참고

이번 절에서는 EC2 인스턴스 생성과 Nginx 설치, CloudWatchAgentServerPolicy 정책으로 역할을 만드는 방법은 생략한다. 이러한 내용은 이전에 충분히 다뤘으므로 이번 절에서는 이와 같은 내용을 이미 알고 있다고 가정하고 진행하겠다.

01. 권한을 설정할 인스턴스에 터미널로 연결한다.

02. 다음 명령으로 슈퍼유저 권한을 변경한다.

```
sudo -i
```

03. 다음 명령으로 CloudWatch Agent를 설치한다.

```
yum install amazon-cloudwatch-agent -y
```

04. 다음 명령어로 CloudWatch Agent의 설정 파일을 만든다. 설정 파일의 내용을 간략하게 설명하자면 Nginx의 액세스 로그인 `/var/log/nginx/access.log` 파일을 로그 그룹에 `nginx/access.log`라는 이름으로 수집하고, 에러 로그인 `/var/log/nginx/error.log` 파일을 로그 그룹에 `nginx/error.log`라는 이름으로 수집하겠다는 설정이다. (참고로 설정 파일을 반드시 `/opt/aws/amazon-cloudwatch-agent/etc/` 디렉터리에 저장할 필요는 없지만 AWS에서 권장하기 때문에 해당 위치에 저장했다.)

```
cat <<EOF > /opt/aws/amazon-cloudwatch-agent/etc/amazon-cloudwatch-agent.json
{
  "logs": {
    "logs_collected": {
      "files": {
        "collect_list": [
          {
            "file_path": "/var/log/nginx/access.log",
            "log_group_name": "nginx/access.log",
            "log_stream_name": "{instance_id}",
            "timezone": "UTC"
          },
          {
            "file_path": "/var/log/nginx/error.log",
            "log_group_name": "nginx/error.log",
            "log_stream_name": "{instance_id}",
            "timezone": "UTC"
          }
        ]
      }
    }
  }
}
EOF
```

05. 다음 명령으로 CloudWatch Agent를 시작한다. 이제부터 로그를 CloudWatch 로그 그룹으로 수집할 것이다.

```
sudo /opt/aws/amazon-cloudwatch-agent/bin/amazon-cloudwatch-agent-ctl -a fetch-config
-m ec2 -s -c file:/opt/aws/amazon-cloudwatch-agent/etc/amazon-cloudwatch-agent.json
```

06. 다음 명령으로 CloudWatch Agent의 상태를 확인할 수 있다. 출력 결과로 `active (running)`이 나오면 문제없이 동작한다는 의미다. 그리고 q를 누르면 상태 확인을 종료할 수 있다.

```
sudo systemctl status amazon-cloudwatch-agent
```

07. CloudWatch 서비스에서 왼쪽 메뉴의 **로그 그룹**을 클릭한다. nginx/access.log와 nginx/error.log라는 로그 그룹이 표시되는 것을 확인할 수 있다. 여기서는 nginx/access.log를 클릭한다.

그림 21.19 CloudWatch의 로그 그룹 목록

08. 이어서 아래쪽의 **로그 스트림**을 클릭한다. 로그 스트림은 Amazon CloudWatch Logs의 기본 구성 요소로, 동일한 소스에서 발생하는 로그 이벤트들의 연속적인 데이터를 말한다. 지금은 목록에 하나밖에 없는데, 로그 수집 시간이 짧아서 그런 것이고, 시간이 지날수록 계속 수집될 것이다. 목록의 로그 스트림 항목을 클릭한다.

그림 21.20 로그 그룹의 로그 스트림 목록

09. 그럼 다음과 같이 수집된 로그 이벤트를 확인할 수 있다. 각 항목 앞의 확장 버튼을 클릭하면 더 자세히 볼 수 있다.

그림 21.21 로그 스트림의 로그 이벤트

이렇게 해서 CloudWatch Agent를 통해 로그 그룹에 로그를 수집해봤다.

21.6 CloudWatch 이벤트

앞에서 CloudWatch의 로그 기능을 통해 인스턴스나 애플리케이션에서 생성되는 다양한 로그 데이터를 수집하고 분석하는 방법을 알아봤다. 이번에는 CloudWatch 이벤트에 대해 알아보자.

참고

여기서도 '이벤트'는 동음이의어다. 일반적으로 이벤트(event)란 어떤 일이 발생하는 것을 의미하며, 컴퓨터 시스템에서는 상태 변화나 특정 조건이 충족됐을 때 발생하는 신호라고 볼 수 있다. 한편으로 CloudWatch에는 이벤트라는 기능이 있다. 이처럼 두 가지 의미로 사용되니 문맥에 따라 잘 구분하면서 보기 바란다.

CloudWatch의 이벤트 기능은 AWS 리소스에서 발생하는 이벤트(상태 변화, 작업 발생 등)를 실시간으로 감지하고, 미리 지정한 타깃 서비스를 자동으로 실행(트리거)할 수 있는 서비스다. 여기서 이벤트는 상태 변화를 의미한다. 간단히 말해, EC2 인스턴스의 삭제, 생성, 정지 같은 것이 상태 변화에 해당한다. CloudWatch 이벤트는 모니터링을 능동적으로 자동화하는 데 필수적인 기능이다.

참고로 앞에서도 언급했지만 원래 CloudWatch 이벤트는 CloudWatch의 하위 메뉴였으나 지금은 EventBridge라는 서비스로 독립했다. 그로 인해 기능이 매우 풍부해졌고 다양한 자동화를 지원한다.

이어지는 절에서는 이러한 이벤트 발생을 감지하고 처리할 수 있는 EventBridge 규칙을 직접 만들어보겠다.

21.7 [실습] CloudWatch 이벤트

이번 실습에서는 CloudWatch의 이벤트 기능, 즉 EventBridge를 통해 EC2 인스턴스가 멈추거나 삭제됐을 때 이메일을 받는 규칙을 만들어 보겠다.

01. CloudWatch 서비스에서 왼쪽 메뉴의 **이벤트** → **규칙**을 차례로 클릭한다. 참고로 관리 콘솔 위쪽의 검색란에 'EventBridge'를 입력해서 나오는 EventBridge를 클릭해도 된다.

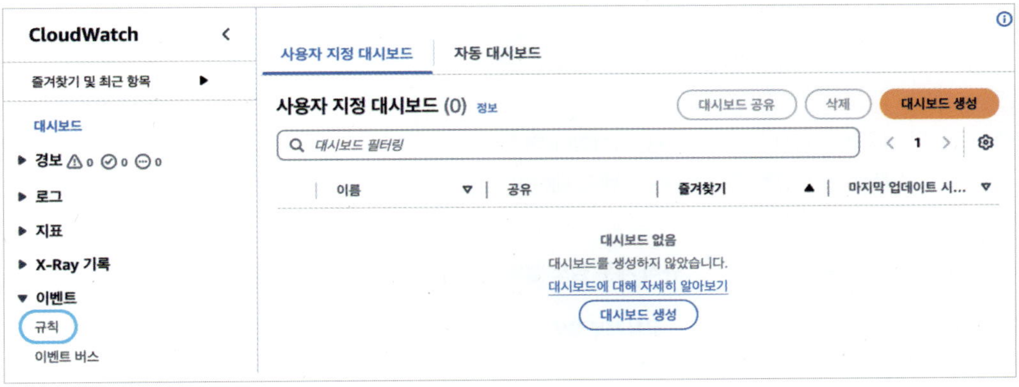

그림 21.22 CloudWatch 서비스에서 이벤트 서비스로 이동

02. EventBridge 서비스에서 왼쪽 메뉴의 **규칙**을 클릭한다. 그러고 나서 **규칙 생성** 버튼을 클릭한다. 여기서 규칙은 AWS 내의 상태 변화 및 상태가 변했을 때 어떤 액션을 수행할지 설정하는 것이다.

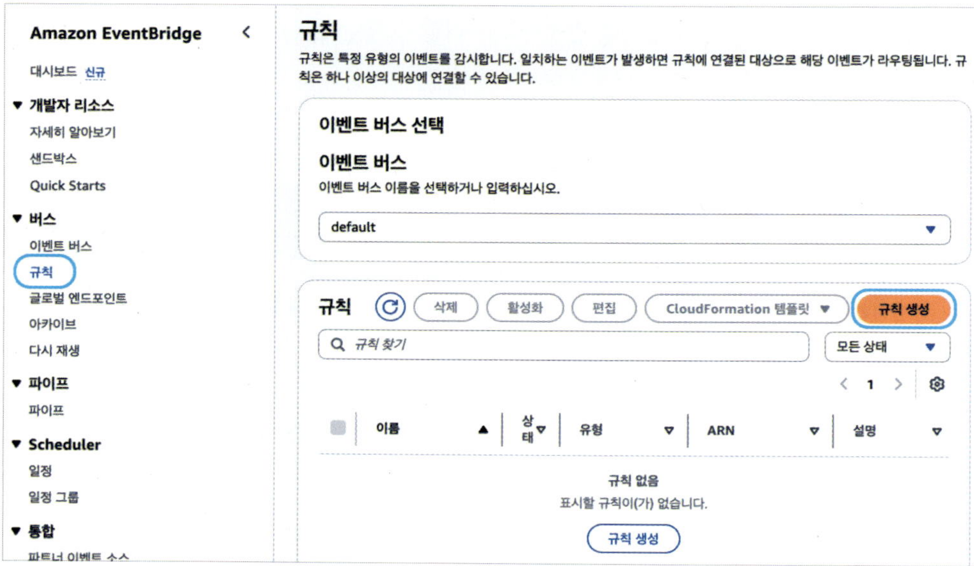

그림 21.23 EventBridge의 규칙 목록

03. 규칙의 **이름**에는 각자 원하는 이름을 입력한다(여기서는 lucky-rule). **설명**으로는 'checking instance stop' 이라고 입력하겠다. **규칙 유형**에서는 **이벤트 패턴이 있는 규칙**을 선택한다. 설정을 마치면 **다음** 버튼을 클릭한다.

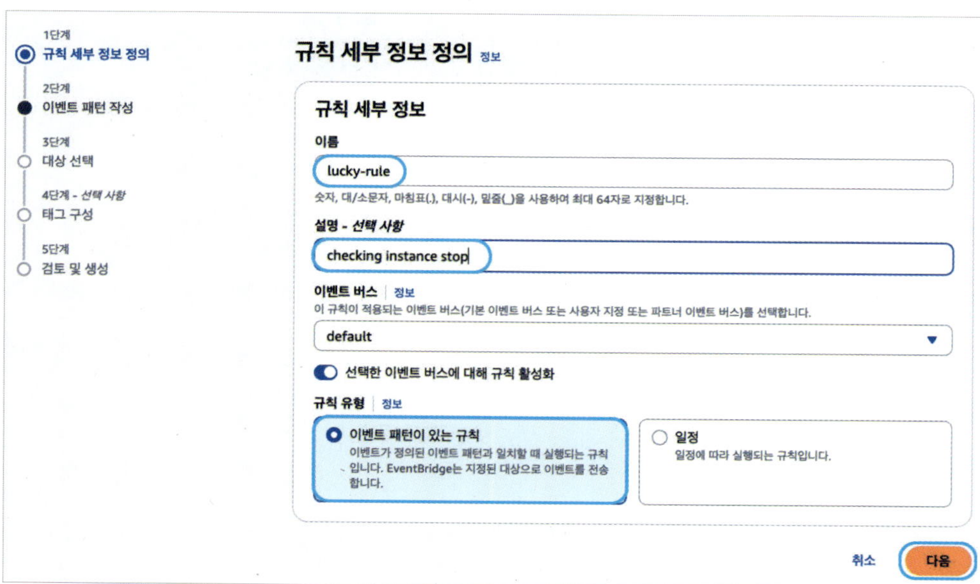

그림 21.24 규칙의 세부 정보 정의

04. 이제 이벤트 패턴을 만들겠다. 하단의 **이벤트 패턴** 섹션에서 **이벤트 소스**로 **AWS 서비스**를 선택한다. **AWS 서비스** 항목은 EC2를 검색해서 선택한다. **이벤트 유형** 항목에서는 EC2 Instance State-change Notification을 검색해서 선택한다. **이벤트 유형 사양 1**은 **특정 상태**를 선택하고, **특정 상태** 항목에서 shutting-down, terminated, stopped, stopping을 체크한다. **특정 상태** 항목에서 체크한 각 상태는 EC2 인스턴스가 shutting-down(종료 중), terminated(삭제됨), stopped(멈춤), stopping(멈추는 중)된다는 것을 의미한다.

설정을 마치면 하단의 **다음** 버튼을 클릭한다.

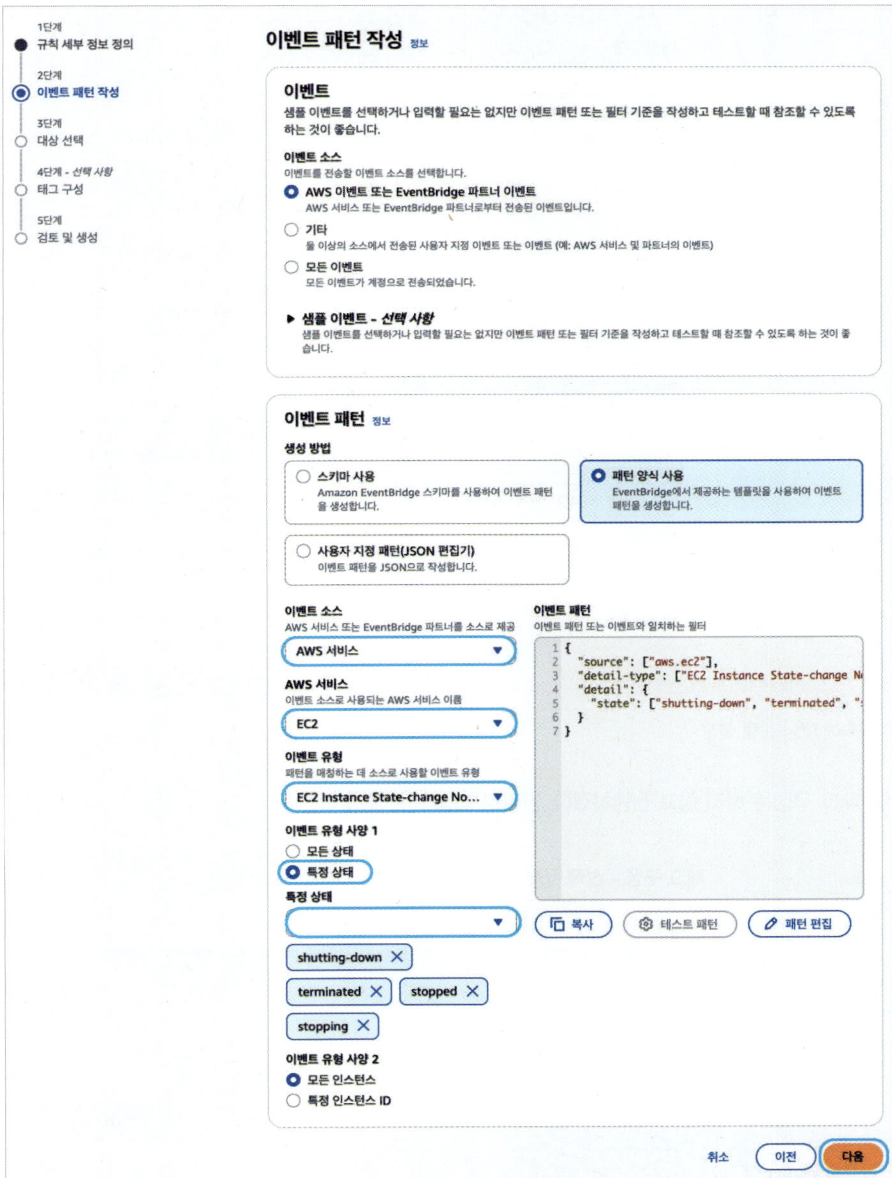

그림 21.25 규칙의 이벤트 패턴 설정

05. **대상 선택**은 이벤트가 발생했을 때 어떤 액션을 수행할지 정하는 부분이다. 먼저 **대상 유형**은 AWS 서비스를 선택한다. **대상 선택** 항목은 SNS 주제를 검색해 선택한다. 여기서 **주제**로는 앞의 경보 실습에서 만든 lucky-sns를 선택한다. 설정을 마치면 **다음** 버튼을 클릭한다.

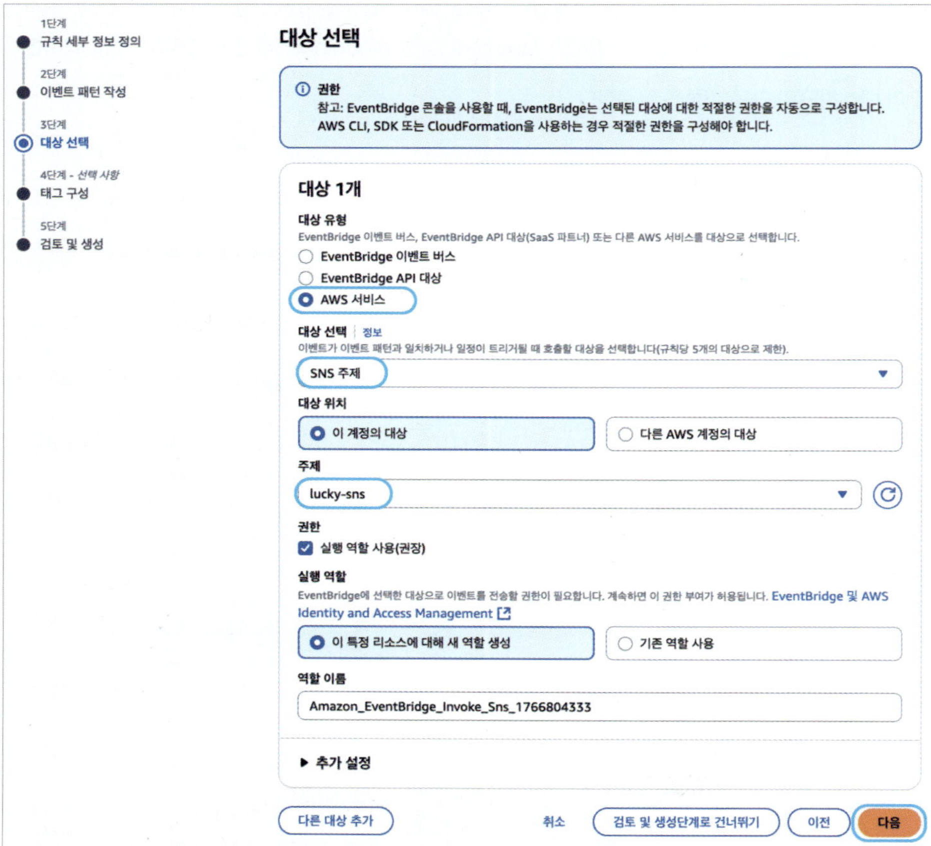

그림 21.26 규칙에 대상 선택 설정

06. 이 책에서는 태그 구성은 하지 않고 진행하겠다. 곧바로 **다음** 버튼을 클릭한다.

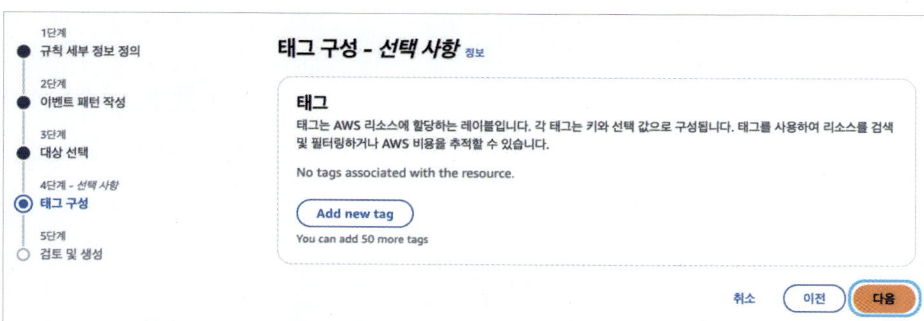

그림 21.27 규칙의 태그 구성

07. 이제 앞에서 설정한 전체 내용을 검토하고, 하단의 **규칙 생성** 버튼을 클릭한다.

그림 21.28 규칙 검토 및 생성

08. 그럼 다음과 같이 lucky-rule이 만들어진 것을 확인할 수 있다. 규칙이 적용됐는지 확인하려면 인스턴스를 멈추거나 삭제해보자. 그러면 이메일로 알림 메시지가 전달될 것이다. 참고로 SNS는 처음 오는 메일에서 승인(Confirm)을 해야 그다음부터 알림을 받을 수 있다.

그림 21.29 규칙 생성 완료

이렇게 해서 EventBridge까지 다뤄봤다.

21.8 [실습] 리소스 삭제

이제 실습이 끝났으므로 앞에서 만든 경보, 로그, 이벤트들을 하나씩 정리해보자. 먼저 경보를 삭제하는 것부터 시작하겠다.

01. CloudWatch 서비스에서 왼쪽 메뉴의 **모든 경보**를 클릭한다. lucky-alarm을 선택하고, **작업** → **삭제**를 차례로 선택한다.

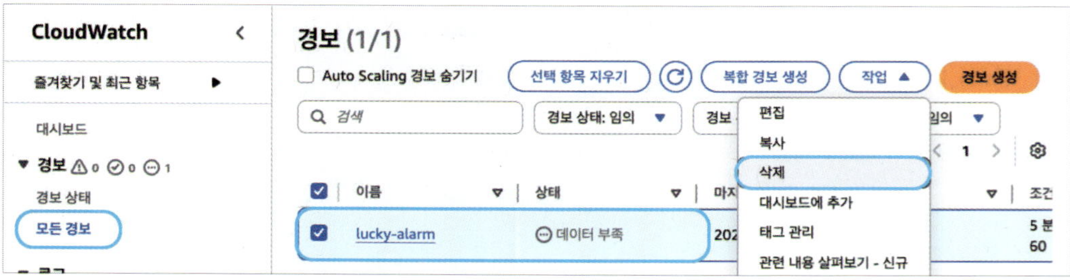

그림 21.30 CloudWatch의 경보 삭제

02. **삭제** 버튼을 클릭한다.

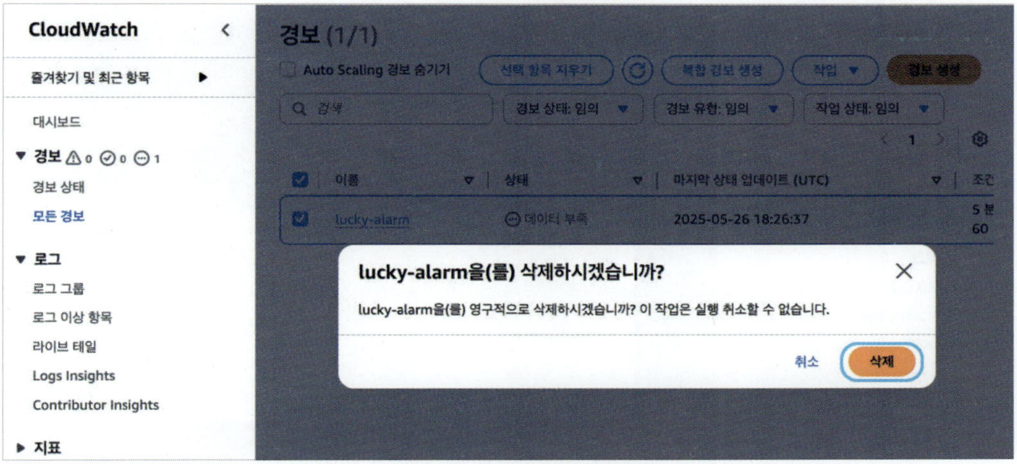

그림 21.31 CloudWatch의 경보 삭제 확인

03. 다음으로 로그 그룹을 삭제하겠다. 이번에도 마찬가지로 CloudWatch 서비스에서 왼쪽 메뉴의 **로그 그룹**을 클릭한다. nginx/access.log와 nginx/error.log 로그 그룹을 선택하고, **작업** → **로그 그룹 삭제**를 차례로 선택한다.

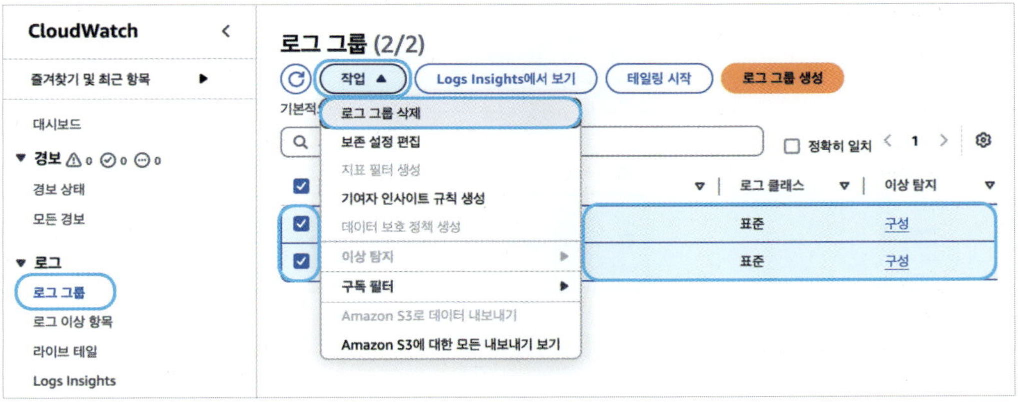

그림 21.32 CloudWatch의 로그 그룹 삭제

04. **삭제** 버튼을 클릭한다.

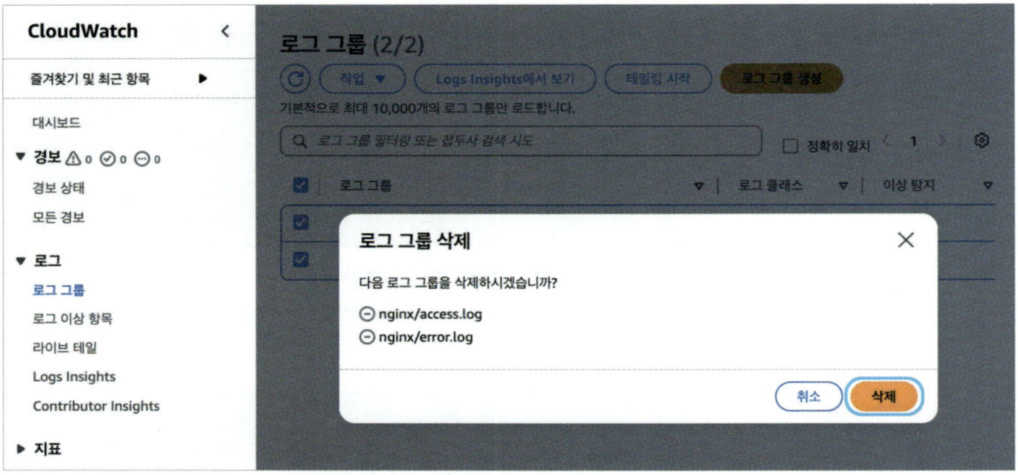

그림 21.33 CloudWatch의 로그 그룹 삭제 확인

05. 다음으로 이벤트 규칙을 삭제하겠다. EventBridge 서비스에서 왼쪽 메뉴의 **규칙**을 클릭한다. **lucky-rule**을 선택하고, **삭제** 버튼을 클릭한다.

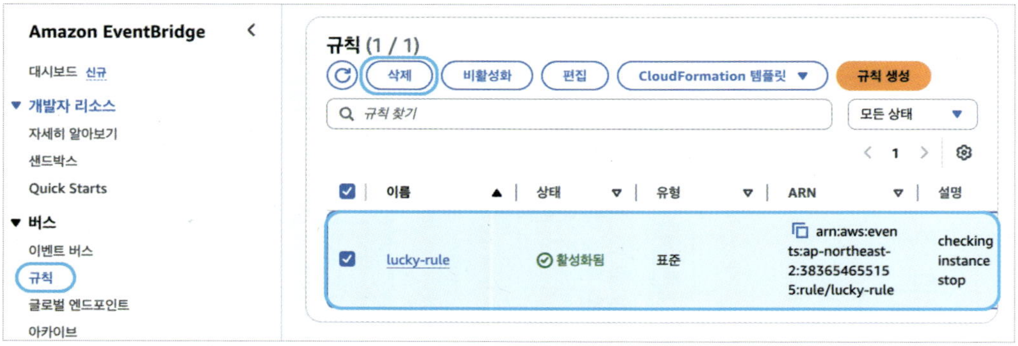

그림 21.34 EventBridge의 규칙 삭제

06. 입력란에 '**삭제**'를 입력하고, **삭제** 버튼을 클릭한다.

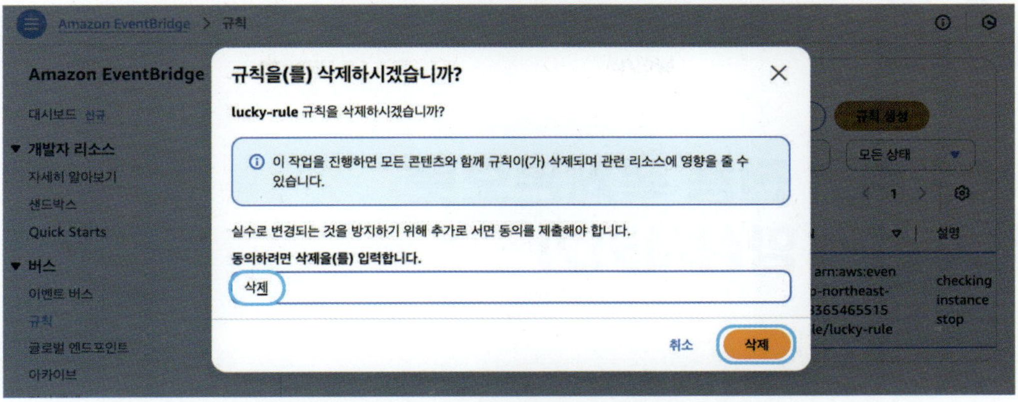

그림 21.35 EventBridge의 규칙 삭제 확인

22

RDS 읽기 전용 복제본으로 읽기 성능 향상시키기

RDS 읽기 전용 복제본은 AWS RDS에서 데이터베이스의 읽기 부하를 분산시키기 위해 데이터를 복제하는 기능이다. 예를 들어, RDS 기반의 데이터베이스를 운영하고 있다고 해보자. 처음에는 트래픽이 적기 때문에 큰 문제가 없다. 하지만 서비스가 성장하고 사용자 수가 늘어나면 `SELECT` 쿼리와 같은 읽기 요청이 폭발적으로 증가하기 시작한다.

문제는 데이터베이스가 단순히 읽기만 처리하는 것이 아니라 쓰기 작업(`INSERT`, `UPDATE`, `DELETE`)도 함께 수행해야 한다는 점이다. 읽기 요청이 지나치게 많아지면 결국 쓰기 성능에도 영향을 미치게 된다. 따라서 "읽기 요청만 따로 떼어낼 수는 없을까?"라는 고민을 하기 마련인데, 바로 이러한 고민을 해결하기 위해 등장한 기능이 읽기 전용 복제본(Read Replica), 즉 프라이머리(기본) 데이터베이스에서 데이터를 복제해 읽기 작업만 전담하는 복제 인스턴스를 만드는 것이다.

이렇게 하면 다음과 같은 이점이 있다.

- 프라이머리 DB는 쓰기 작업에 집중할 수 있다.
- 읽기 전용 복제본이 읽기 요청을 전담해 전체 성능과 안정성을 향상시킬 수 있다.

이 같은 개념을 일상 생활에 비유하자면 책을 여러 부 복사해서 여러 사람이 동시에 읽을 수 있게 하는 것과 같다. 한 권만 있을 때는 차례를 기다려야 하지만 복사본이 여러 개라면 누구나 동시에 열람할 수 있는 것이다.

이번 장에서는 이 같은 RDS 읽기 전용 복제본에 대해 알아보자.

22.1 RDS 읽기 전용 복제본이란?

지금까지도 그랬지만 쇼핑몰 비즈니스가 쉽지 않다. 일단 비즈니스를 잘 모르는 것도 있지만 기술에 대한 식견이 그다지 깊지 않아서 그런 것 같다. 그래도 끊임없이 발생하는 크고 작은 이슈들을 어떻게든 해결하는 과정을 겪으면서 이러한 시행착오들이 스스로를 성장시킨다고 위로하면서 앞으로 나아가고 있다. 그리고 다행히도 쇼핑몰도 점점 성장하고 있는데, 어느 정도 보안도 신경 쓰면서 대규모 트래픽에도 잘 버티는 AWS 아키텍처를 설계한 덕분인 듯하다. 모니터링도 자동화해서 대규모 트래픽 상황에서는 경보를 받아 미리 대비할 수 있게 됐다.

그런데 새로운 고민이 생겼다. 쇼핑몰이 성장하는 내용의 그래프를 보고 있으니, 언젠가는 AWS에서 가장 성능이 좋은 인스턴스를 데이터베이스에 사용한다고 해도 더 이상 트래픽을 버티지 못할 때가 오고 있음을 예상할 수 있었다. 쇼핑몰이 잘되는 건 좋지만 마음 한켠에 데이터베이스가 더 이상 버티지 못할 시점이 분명히 올 텐데, 그때는 어떻게 해야 할까? 하루하루 시한폭탄 같은 나날이 지속되고 있다. 필자가 스타트업에서 CTO로 일할 때 스트레스를 가장 많이 받는 부분이 이런 부분이었다. 다중 AZ가 있는데 무슨 걱정이냐고 생각할 수 있지만 다중 AZ 기능은 성능에 영향을 미치지 않는다.

다중 AZ는 예상치 못한 장애가 생겼을 때 스탠바이 데이터베이스로 대체되어 장애를 극복할 뿐 성능과는 무관하다. 만약 데이터베이스가 버티지 못할 트래픽이 들어오면 데이터베이스에 장애가 발생할 것이고 스탠바이 데이터베이스로 대체되겠지만 스탠바이 데이터베이스도 프라이머리 데이터베이스와 같은 사양이므로 마찬가지로 장애가 발생할 것이다.

그렇다면 데이터베이스가 어떻게 대규모 트래픽을 처리할 수 있을까? 다시 진지하게 고민해본다.

데이터베이스에서 수행하는 작업 중 읽기가 90%라는 통계가 있다. 물론 쓰기를 많이 하는 작업들도 있지만 대부분 읽기를 많이 하는 것은 사실이다. 필자의 쇼핑몰도 사용자들이 상품 목록을 보거나 리뷰를 보는 등의 작업들이 주를 이룬다. 그렇다면 읽기만 따로 수행하는 데이터베이스를 만들면 되지 않을까? 그렇다. RDS에서는 읽기 전용 복제본이라는 기능을 제공하는데, 이것은 읽기만 가능한 데이터베이스다.

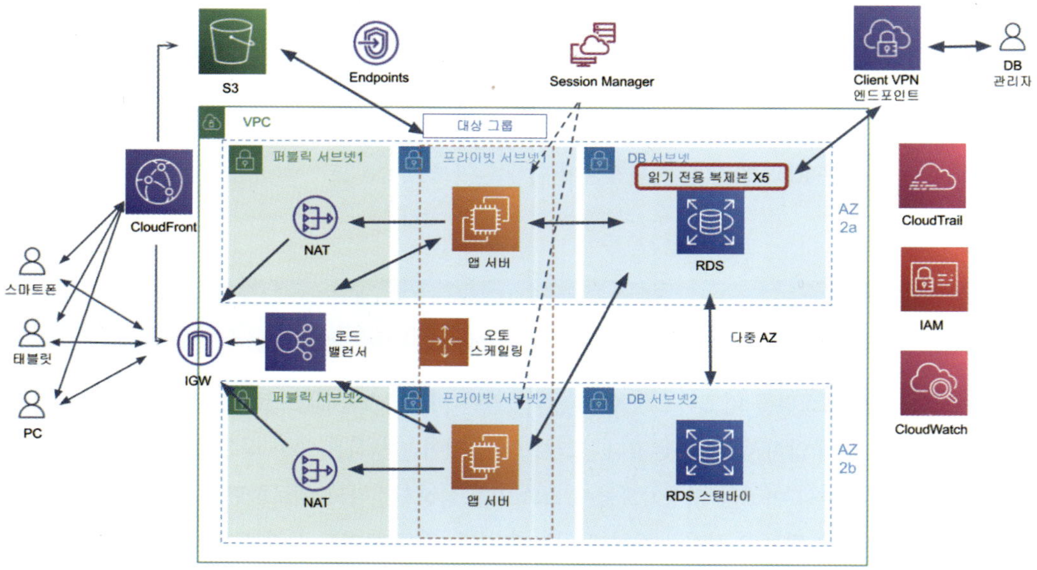

그림 22.1 읽기 부하 분산을 위해 읽기 전용 복제본을 적용한 아키텍처

이어지는 절에서는 이러한 읽기 전용 복제본을 생성하는 실습을 해보겠다.

22.2 [실습] 읽기 전용 복제본 생성

이번 실습은 정말 간단하다. RDS의 읽기 전용 데이터베이스인 읽기 전용 복제본을 2개 생성하고, 프라이머리 데이터베이스는 쓰기 작업만 전담하도록 구성해서 성능을 분산할 것이다.

01. RDS 서비스에서 왼쪽 메뉴의 **데이터베이스**를 클릭한다. 그런 다음, 기존에 사용하고 있던 lucky-db를 선택하고, **작업 → 읽기 전용 복제본 생성**을 차례로 선택한다.

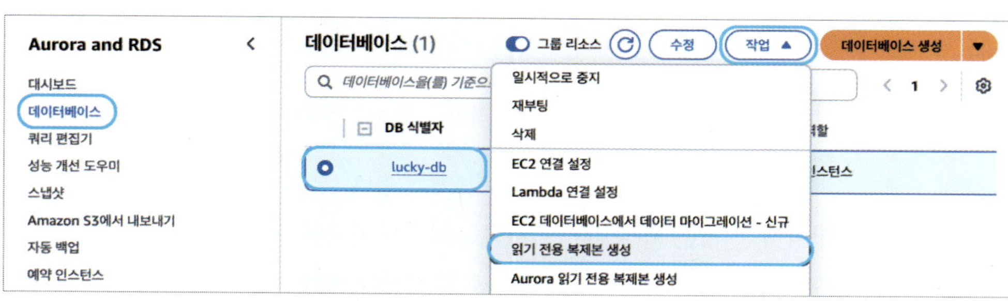

그림 22.2 데이터베이스에서 읽기 전용 복제본 생성

02. **DB 인스턴스 식별자**는 각자 원하는 이름을 입력한다(여기서는 lucky-db-read-replica).

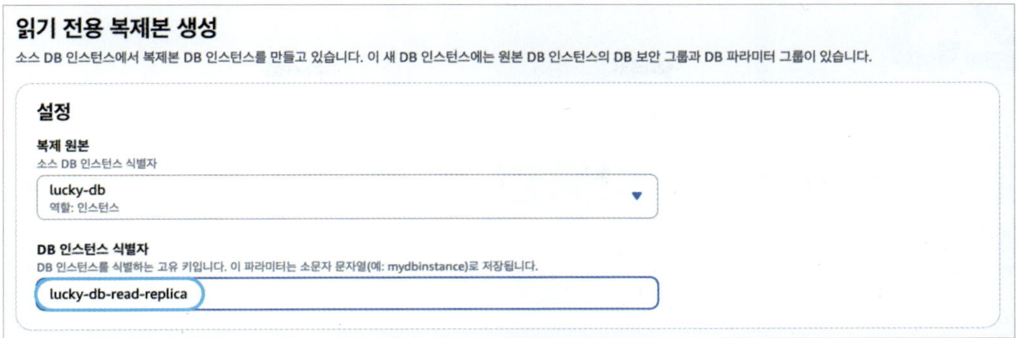

그림 22.3 읽기 전용 복제본의 DB 인스턴스 식별자 입력

03. 나머지는 모두 기본값으로 유지한 채로 화면을 아래로 내려서 **읽기 전용 복제본 생성** 버튼을 클릭한다.

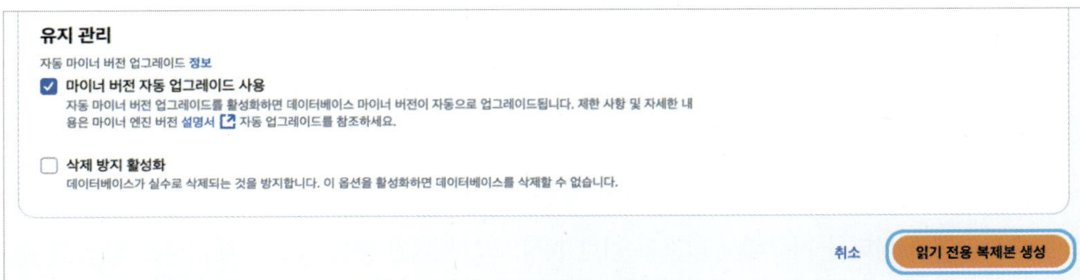

그림 22.4 읽기 전용 복제본 설정 완료

04. 앞의 1~3번 작업을 반복해서 읽기 전용 복제본을 하나 더 만든다. 그럼 다음과 같이 읽기 전용 복제본이 만들어진 것을 확인할 수 있다. 이제 읽기 작업은 읽기 전용 복제본에서 수행하고 쓰기 작업은 프라이머리 데이터베이스에서 수행하면 데이터베이스의 부하를 분산할 수 있다.

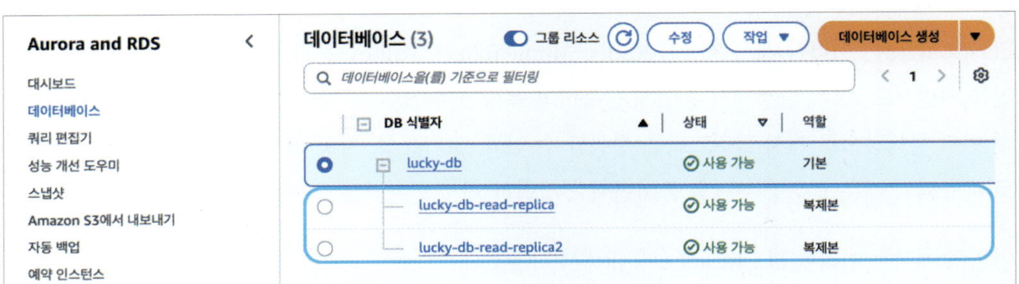

그림 22.5 읽기 전용 복제본을 생성 중인 모습

이렇게 해서 지금까지 사용하던 아키텍처가 좀 더 고가용성을 갖춘 아키텍처로 바뀌었다.

23

ElastiCache를 활용한 성능 개선

ElastiCache는 AWS에서 제공하는 인메모리 캐시 서비스다. 여기서 인메모리(in-memory) 캐시 서비스란 메모리에 데이터를 저장해서 디스크 기반 저장소보다 훨씬 빠른 속도로 데이터를 읽고 쓸 수 있도록 해주는 시스템을 의미한다. 예를 들어, 쇼핑몰에서 인기 상품의 상세 정보나 오늘의 특가 상품 목록처럼 많은 사용자가 반복적으로 조회하는 데이터를 사용자가 요청할 때마다 데이터베이스에서 불러오면 데이터베이스의 속도도 느려지고, 비용도 많이 발생한다. 이때 인메모리 캐시를 활용하면 자주 사용하는 데이터를 메모리에 미리 저장해 뒀다가 요청이 발생할 때마다 메모리에서 바로 꺼내 전달함으로써 응답 속도가 굉장히 빨라지고 데이터베이스 부하도 줄어든다.

ElastiCache는 이러한 캐시 기능을 Redis, Memcached, Valkey 등과 같은 오픈소스 인메모리 캐시 엔진을 기반으로 AWS 환경에서 손쉽게 구축하고 운영할 수 있도록 지원한다. 복잡한 설치나 설정 없이도 몇 번의 클릭만으로 캐시 클러스터를 생성할 수 있고, 고가용성, 자동 백업, 모니터링 기능까지 기본적으로 제공되기 때문에 운영 부담을 줄이면서도 강력한 캐시 인프라를 구축할 수 있다.

이번 장에서는 이러한 ElastiCache에 대해서 다루겠다.

23.1 ElastiCache란?

비즈니스가 성장하면서 트래픽도 증가했음에도 다행스럽게도 RDS의 읽기 전용 복제본 덕분에 데이터베이스의 성능 문제로 인한 장애 발생에 대한 걱정은 많이 줄었다. 언제든 대규모 트래픽이 발생했을 때 경보를 받으면 읽기 전용 복제본을 필요할 때마다 늘리고 줄이면 된다.

하지만 모든 문제가 해결된 것은 아니다. 왜냐하면 15개의 읽기 전용 복제본을 만들 수 있지만 그 15개가 감당할 수 있는 성능을 넘어서는 대규모 트래픽이 발생하면 다시 장애가 발생할 것이다. 쇼핑몰이 15개의 읽기 전용 복제본을 모두 사용할 정도로 잘될 거라고는 생각하지 않지만 만에 하나 15개로도 모자라면 어떻게 해야 할까?

게다가 다른 고민도 생겼다. 인프라의 성능은 더 좋아졌고, 고가용성도 갖췄다. 그렇지만 비용이 너무 많이 늘어나서 부담스럽다. RDS 비용도 만만치 않은데, 다중 AZ 기능으로 비용이 2배가 됐고, 더군다나 읽기 전용 복제본을 하나 늘릴 때마다 인스턴스 비용이 그만큼 늘어나다 보니 너무 부담스럽다. 관리를 덜 해도 되고, 많은 부분이 자동화돼 있어 편한 건 사실이지만 늘어나는 비용을 보니 스트레스가 크다. 이러한 비용을 어떻게 줄일 수 있을지 고민해본다.

그러다가 이런 생각을 해봤다. 고객들이 쇼핑몰을 사용할 때를 모니터링해보면 많이 팔리는 상품들은 정해져 있다. 그리고 그 상품들의 데이터와 이미지는 데이터베이스와 S3에 저장돼 있다. 앞에서 필자는 인터넷 속도가 느려 쇼핑몰에 접근하기 어려운 사람들을 위해 이미지를 고객에게 더 빠르게 전달할 수 있도록 CloudFront를 도입해 웹 캐시를 구현한 바 있다. 다행히도 CloudFront가 고객들에게 더 빠른 서비스를 제공할 수 있었고, 이는 고객 유입으로 이어졌다. 결과적으로 더 많은 고객들이 최적의 환경에서 쇼핑몰을 이용할 수 있었다.

이와 마찬가지로 데이터베이스에 똑같은 요청이 들어오면 데이터베이스에서 연산을 통해 데이터를 가져가는 것이 아닌 이미 연산이 끝난 데이터들을 바로 보내주면 데이터베이스에 대한 직접적인 요청이 줄어들어 인스턴스를 좀 더 저렴한 것으로 바꿔도 되지 않을까? 그러려면 데이터베이스에도 캐시를 도입하면 된다. 그리고 AWS가 제공하는 캐시 서비스가 바로 ElastiCache다.

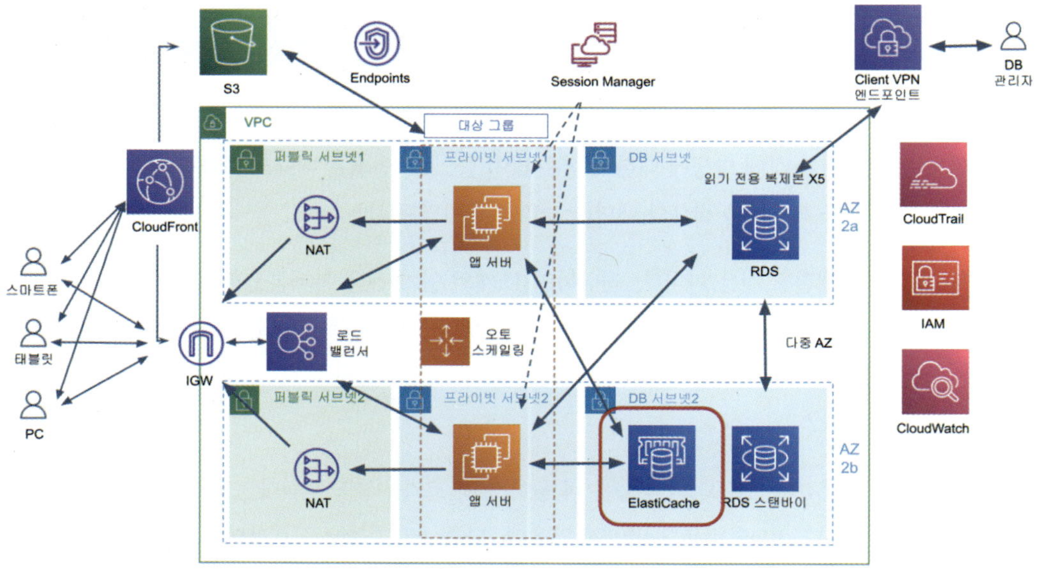

그림 23.1 비용과 성능 개선을 위해 인메모리 캐시를 적용한 아키텍처

ElastiCache는 Memcached, Redis OSS(Open Source Software), Valkey의 세 가지 서비스를 제공한다. 먼저 Redis OSS와 Valkey는 같은 계열이라고 봐도 무방하다. 단지 Valkey는 라이선스가 바뀌어 Redis를 상업적으로 사용하기 어려워지자 Redis 7.2를 기반으로 MIT 라이선스가 적용된 제품이다. 그래서 현재 Redis를 사용하고 있다면 Valkey로 변경할 경우 코드를 수정할 필요 없이 곧바로 적용 가능하다. 다음은 Memcached와 Redis를 비교한 것이며, 업계에서는 Redis를 더 많이 사용하는 추세다. 그리고 앞으로는 Valkey를 더 많이 사용하리라 예상한다.

표 23.1 Redis와 Memcached 비교

항목	Redis	Memcached
데이터 구조	다양한 자료형 지원(String, Hash, List, Set, Sorted Set 등)	오직 String-String 형태
퍼시스턴스	지원(디스크에 저장 가능)	휘발성 메모리 전용
복제 및 고가용성	Redis Sentinel, Redis Cluster 지원	내장 기능 없음
메모리 효율	상대적으로 적음(구조 때문에)	단순한 구조로 효율적
캐시 만료 정책	다양함(LRU, TTL, Eviction 설정 등)	단순 TTL 지원
분산 처리	Redis Cluster(복잡하지만 있음)	멀티 노드 구성에 상대적으로 단순
운영 도구	풍부한 클라이언트, 모니터링, 백업/복구 도구	상대적으로 적음
사용 사례	캐시 + 큐 + 세션 + 랭킹 + Pub/Sub 등 복합적인 기능	단순 캐시 목적에 최적화
속도	빠름(수십~수백 μs), 자료형이 많아 조금 무거울 수 있음	더 단순하고 빠름(μs 단위)

이 책에서는 Redis를 도입하려고 한다. 그런데 Redis를 도입하려면 쇼핑몰 코드를 변경해야 한다. 예를 들어, 파이썬 코드라면 다음과 같이 변경할 필요가 있다.

```
# 캐시 확인
cached = redis.get("popular-products")
if cached:
    return cached
else:
    result = db.query("SELECT * FROM products ORDER BY view_count DESC LIMIT 10")
    redis.setex("popular-products", 60, result)
    return result
```

먼저 ElastiCache에서 Redis를 생성한 후 엔드포인트를 설정해 놓고, 필요한 데이터를 먼저 Redis에 요청한다. Redis에 이미 캐시돼 있는 데이터라면 바로 받을 수 있을 것이다. Redis에 캐시돼 있지 않다면 데이터베이스에 요청한다. 다시 말해, 쇼핑몰에서 데이터베이스에 요청하는 모든 코드에 Redis에 먼저 요청하는 코드를 추가해야 한다는 것이다.

코드를 수정해야 해서 부담은 되지만 성능 향상과 비용 절감을 위해 시도해 보자.

23.2 [실습] 보안 그룹 생성

Redis OSS도 인스턴스이기 때문에 보안 그룹이 필요하다. 아울러 Redis는 6379번 포트를 사용하기 때문에 보안 그룹에서 6379번 포트를 열어줄 것이다.

01. EC2 서비스에서 왼쪽 메뉴의 **보안 그룹**을 클릭한다. 그러고 나서 **보안 그룹 생성** 버튼을 클릭한다.

그림 23.2 보안 그룹 목록

02. **보안 그룹 이름**은 각자 원하는 이름을 입력한다(이 책에서는 lucky-cache-sg). **설명**은 'Lucky Cache Security Group'을 입력하겠다. VPC 항목에서는 lucky-vpc를 선택한다.

다음으로 아래쪽의 **인바운드 규칙**에서 **규칙 추가** 버튼을 클릭해 규칙을 하나 만든다. **유형**에 **사용자 지정** TCP를 선택하고, **포트 범위**에는 6379를 입력한다. 그리고 **소스**는 lucky-app-instance-sg를 선택한다. 캐시 서버는 애플리케이션 서버에서만 접근하면 되기 때문에 앞에서 배운 보안 그룹 참조를 적용해 보안을 강화한 것이다. 설정을 완료하면 마지막으로 화면을 아래로 내려서 **보안 그룹 생성** 버튼을 클릭한다.

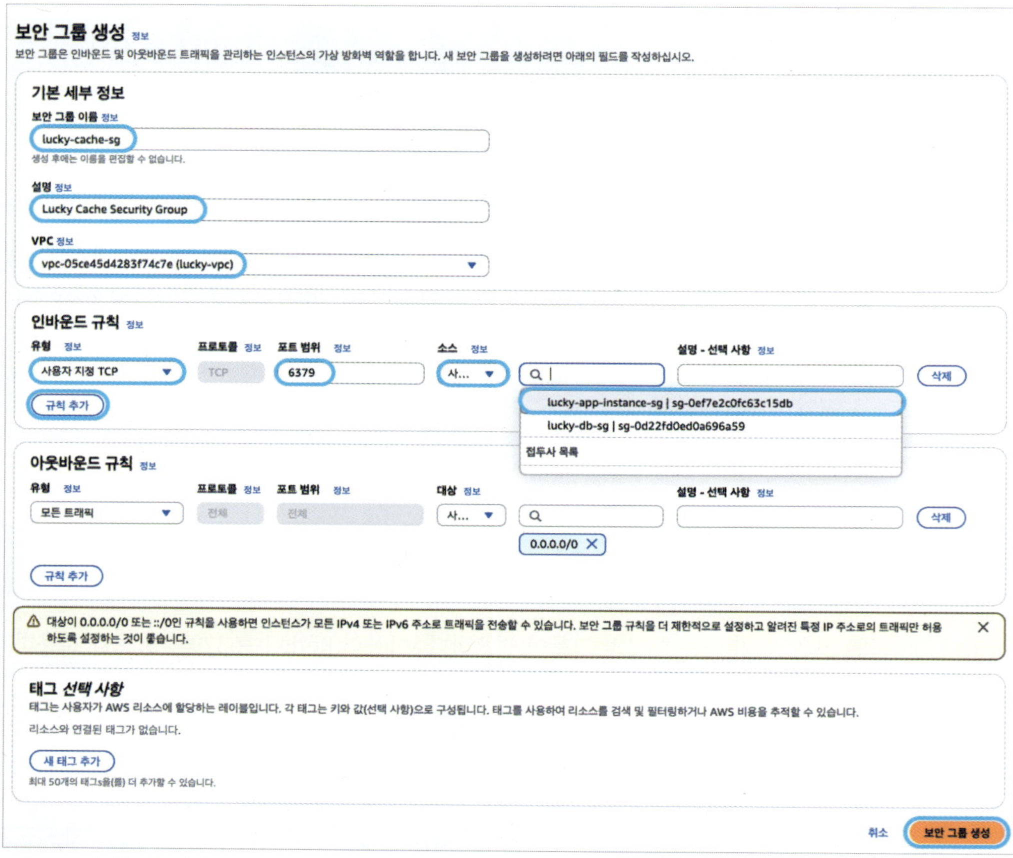

그림 23.3 보안 그룹 설정

23.3 [실습] ElastiCache 서브넷 그룹 생성

이번 실습은 앞에서 RDS 서브넷 그룹을 만드는 것과 똑같다. 어느 서브넷에 캐시 서버를 위치시킬지 선택한다고 생각하면 된다.

01. 관리 콘솔 위쪽의 검색란에 'ElastiCache'를 입력해서 나오는 **ElastiCache**를 클릭한다.

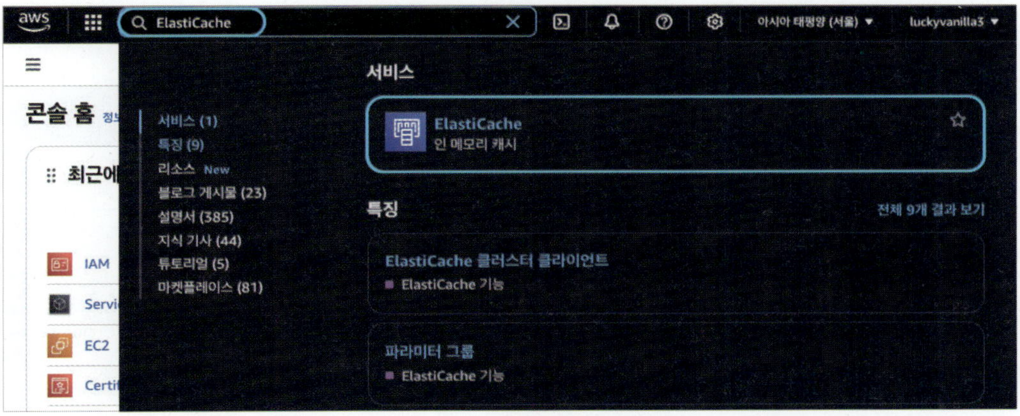

그림 23.4 ElastiCache 서비스로 이동

02. ElastiCache 서비스의 왼쪽 메뉴에서 **서브넷 그룹**을 클릭한다. 이어서 **서브넷 그룹 생성** 버튼을 클릭한다.

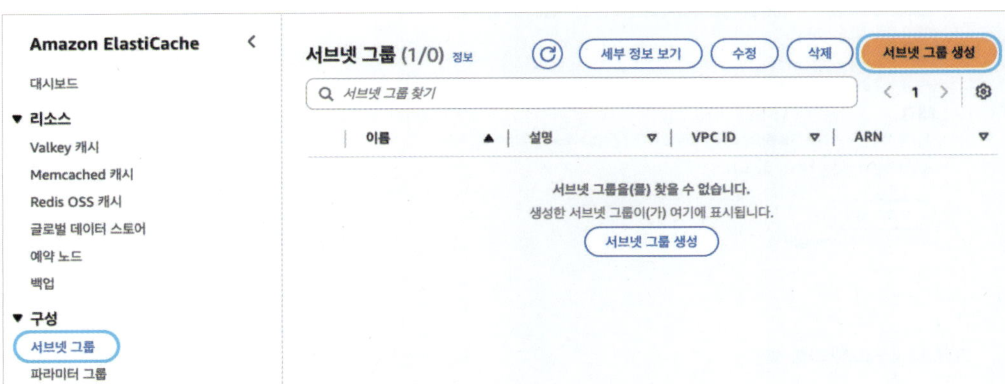

그림 23.5 ElastiCache의 서브넷 그룹 목록

03. **이름**은 각자 원하는 이름을 입력한다(이 책에서는 **lucky-cache-subnet-group**). **설명**은 'Lucky Cache Subnet Group'으로 입력하겠다. **VPC ID**는 **lucky-vpc**를 선택한다. 그러고 나서 **관리** 버튼을 클릭한다.

그림 23.6 서브넷 그룹 설정

04. **서브넷**에서는 데이터베이스를 위치시킬 lucky-db-subnet1, lucky-db-subnet1을 선택한다. 그러고 나서 **선택** 버튼을 클릭한다.

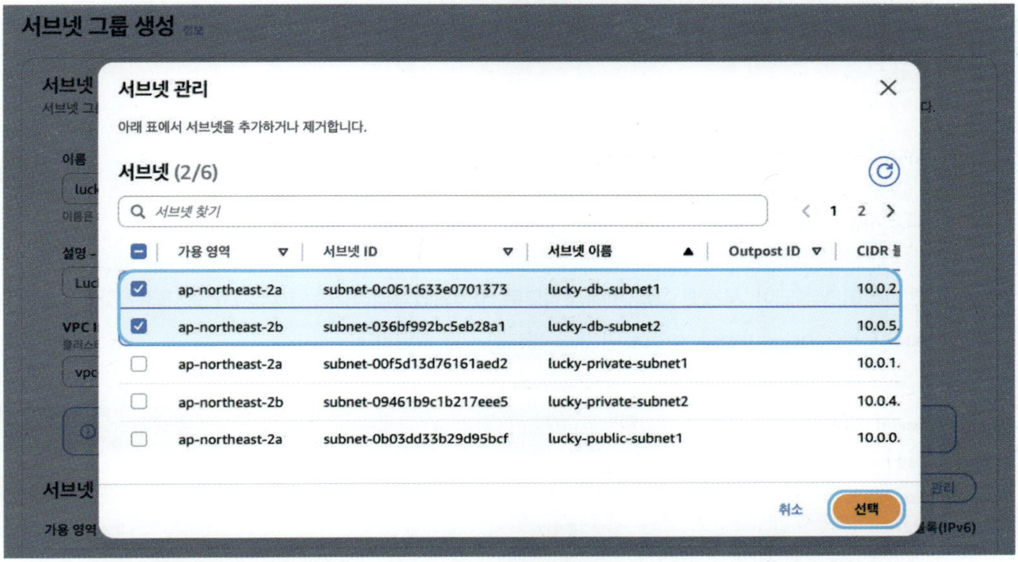

그림 23.7 서브넷 그룹을 만들 서브넷 선택

05. 페이지 하단의 **생성** 버튼을 클릭한다.

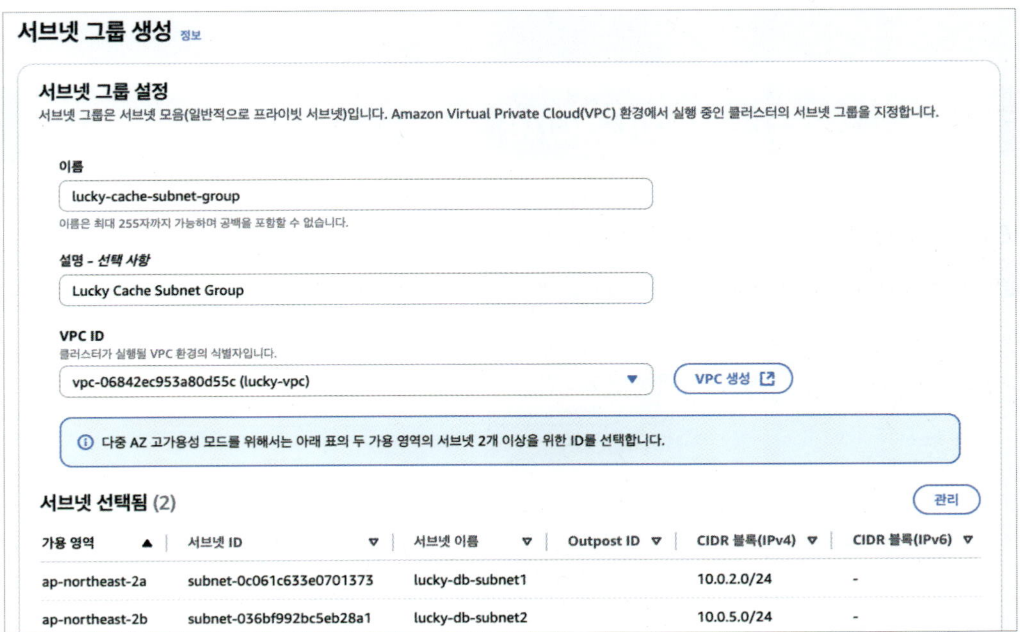

※ 다음 페이지의 그림과 연결됨

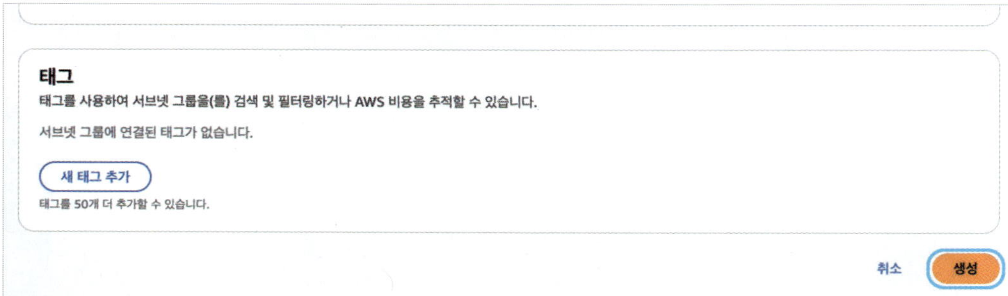

그림 23.8 서브넷 그룹 설정 완료

06. 서브넷 그룹이 생성되어 '**서브넷 그룹이 성공적으로 생성되었습니다.**'라는 메시지가 표시되는 것을 확인한다. 아울러 lucky-cache-subnet-group이 새로 생성된 것을 확인한다.

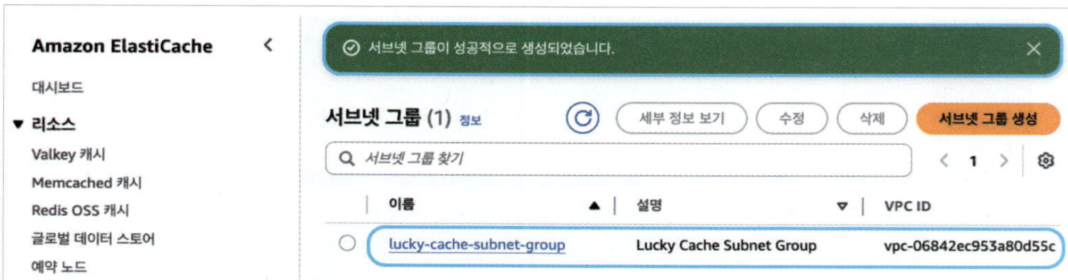

그림 23.9 서브넷 그룹 생성 완료

23.4 [실습] ElastiCache 생성

이번 실습에서는 Redis OSS를 생성해 보겠다.

01. ElastiCache 서비스의 왼쪽 메뉴에서 **Redis OSS 캐시**를 클릭한다. 그런 다음, **캐시 생성** 버튼을 클릭한다.

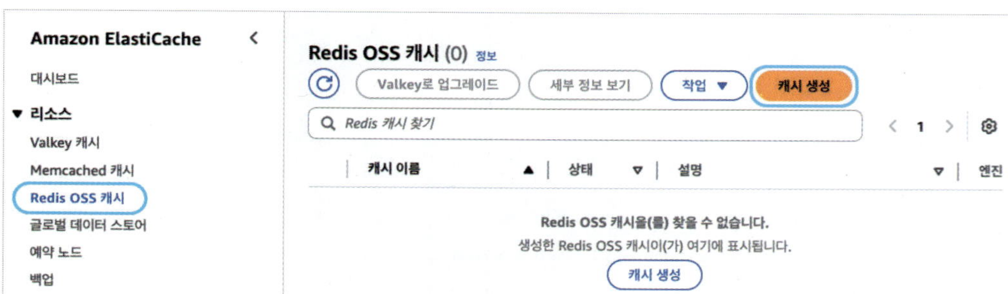

그림 23.10 ElastiCache의 Redis OSS 캐시 목록

02. 하단의 **Redis OSS로 계속하기** 버튼을 클릭한다. 내용을 보면 알겠지만 AWS는 Valkey 사용을 권장하지만 이 책에서는 Redis OSS를 사용하겠다.

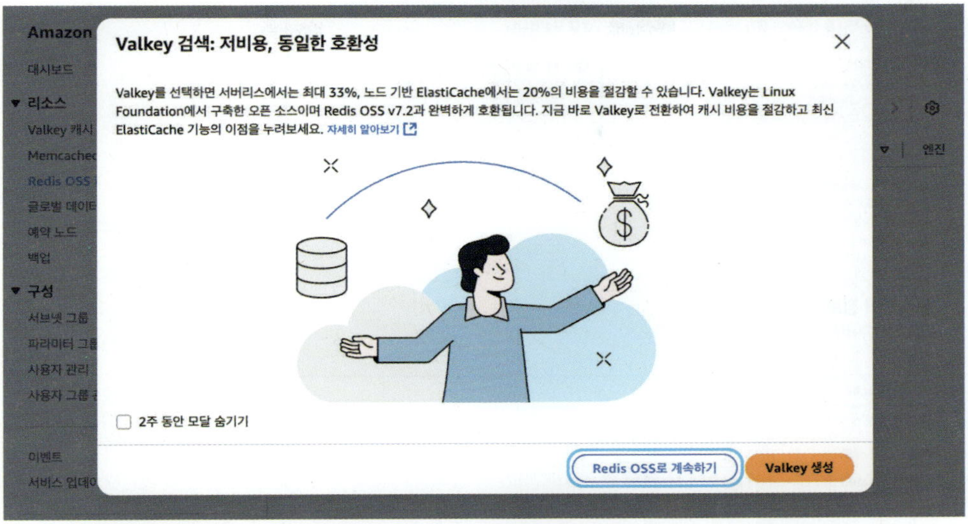

그림 23.11 ElastiCache의 Redis OSS 캐시 선택

03. **엔진**은 Redis OSS를 선택한다. **배포 옵션**은 **자체 캐시 설계**를 선택한다. **생성 방법**은 **간편한 생성**을 선택한다.

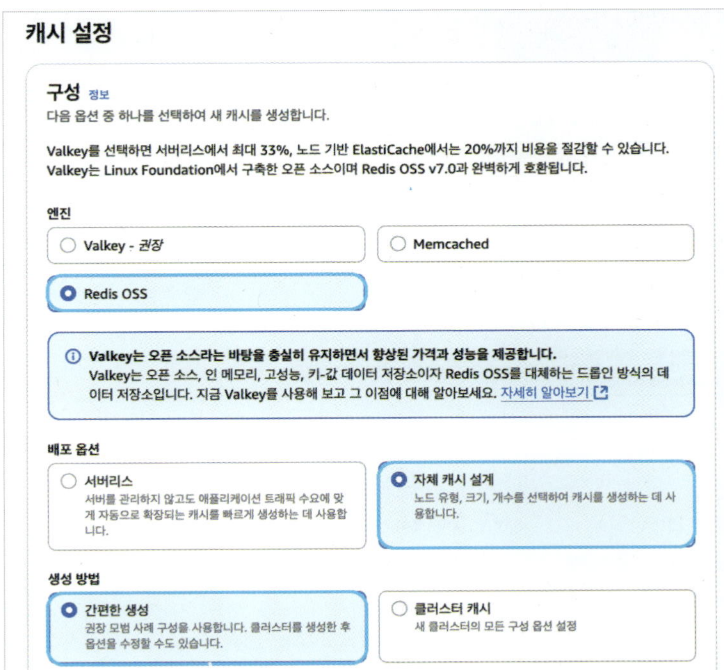

그림 23.12 Redis OSS 캐시 설정

04. 이름은 각자 원하는 이름을 입력한다(이 책에서는 lucky-cache).

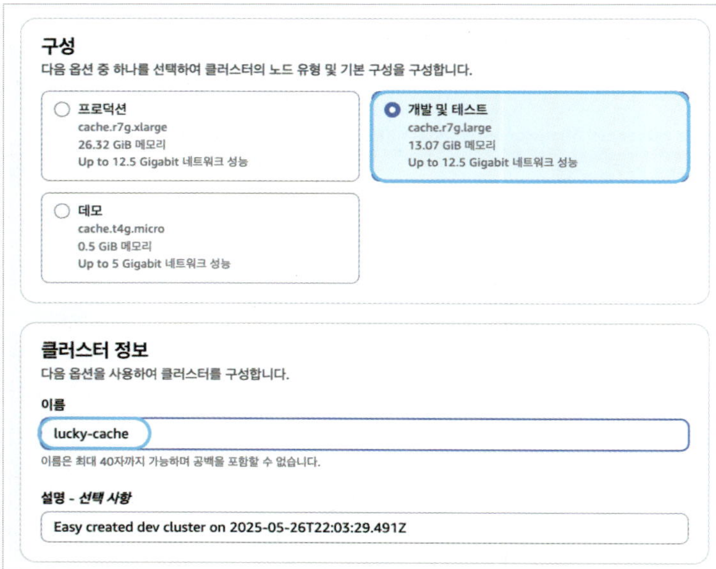

그림 23.13 Redis OSS 캐시 구성 및 이름 입력

05. **서브넷 그룹**에서는 **기존 서브넷 그룹 선택**을 선택하고 앞에서 만든 lucky-cache-subnet-group을 선택한다. 그러고 나서 **생성** 버튼을 클릭한다.

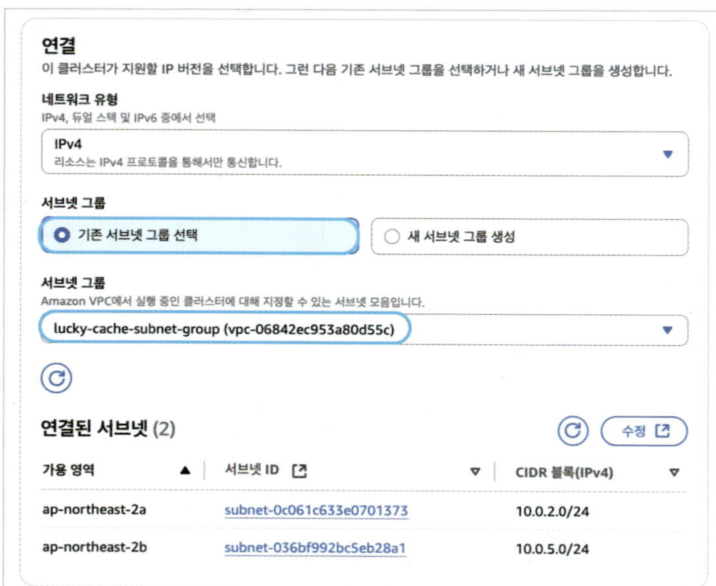

※ 다음 페이지의 그림과 연결됨

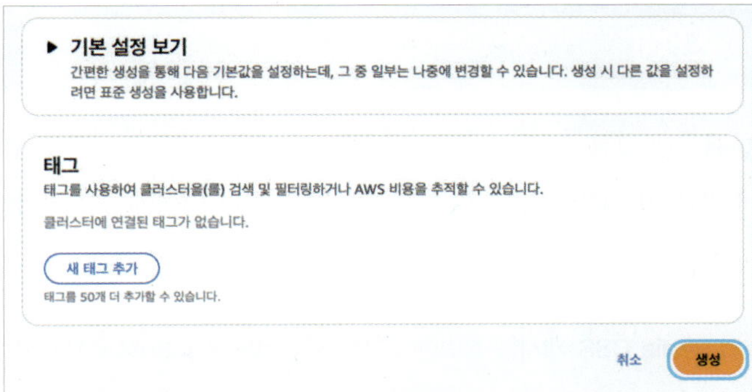

그림 23.14 Redis OSS 캐시의 서브넷 그룹 선택

06. lucky–cache가 만들어진 것을 확인하고 나서 해당 항목을 클릭한다.

그림 23.15 Redis OSS 캐시 목록

07. 우측 하단의 **구성 엔드포인트**를 통해 lucky–cache에 접속해서 사용할 수 있다.

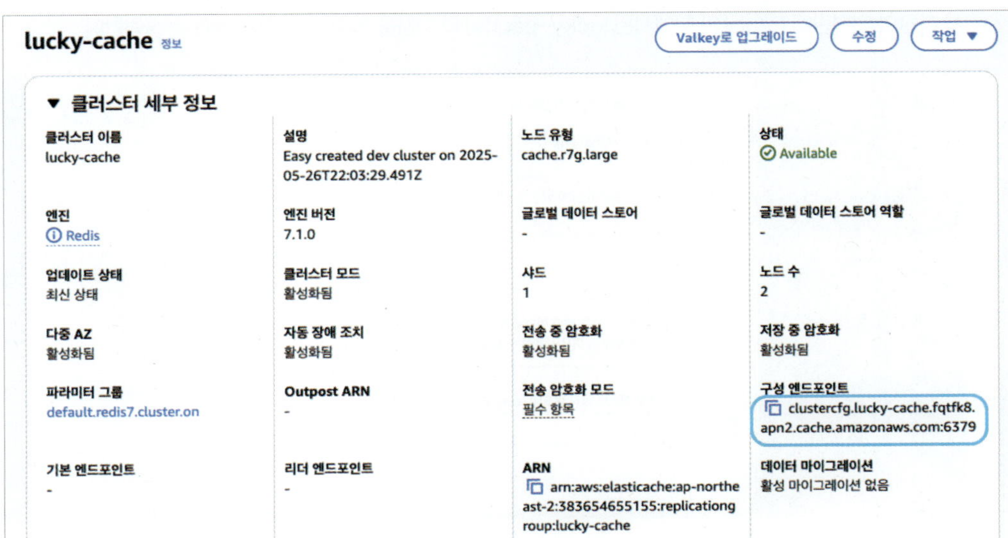

그림 23.16 Redis Oss 캐시의 클러스터 세부 정보

이렇게 해서 Redis OSS를 생성했다. 이제 생성된 Redis OSS 캐시를 코드에 적용해서 사용할 수 있다.

23.5 [실습] 리소스 삭제

실습이 끝났다면 앞에서 만든 Redis, 서브넷 그룹, 보안 그룹을 정리해보자. 이때 서브넷 그룹을 지우기 전에 Redis를 먼저 지워야 한다. 그리고 보안 그룹은 앞에서 많이 지워봤을 테니 이번에는 설명을 생략하겠다.

01. ElastiCache 서비스에서 왼쪽 메뉴의 **Redis OSS 캐시**를 클릭한다. 이어서 lucky–cache를 선택하고, **작업** → **삭제** 메뉴를 차례로 선택한다.

그림 23.17 Redis OSS 캐시 삭제

02. **백업 생성**에서는 **아니오**를 체크한다. 지금은 테스트하는 것이 목적이므로 굳이 백업을 만들지 않을것이다. 이어서 하단의 입력란에 Redis(이 책에서는 lucky–cache)의 이름을 입력하고, **삭제** 버튼을 클릭한다.

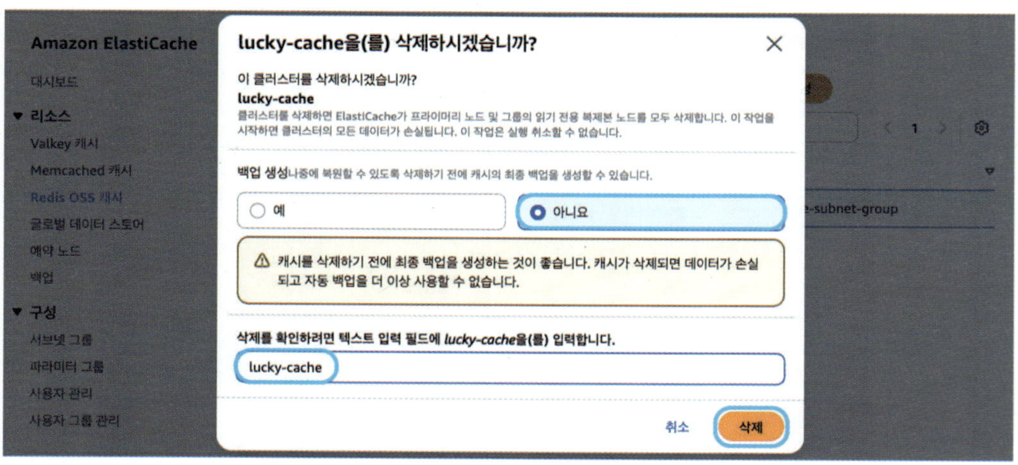

그림 23.18 Redis OSS 캐시 삭제 확인

03. 다음으로 서브넷 그룹을 삭제하겠다. 마찬가지로 ElastiCache 서비스의 왼쪽 메뉴에서 **서브넷 그룹**을 클릭한다. lucky-cache-subnet-group을 선택하고, **삭제** 버튼을 클릭한다.

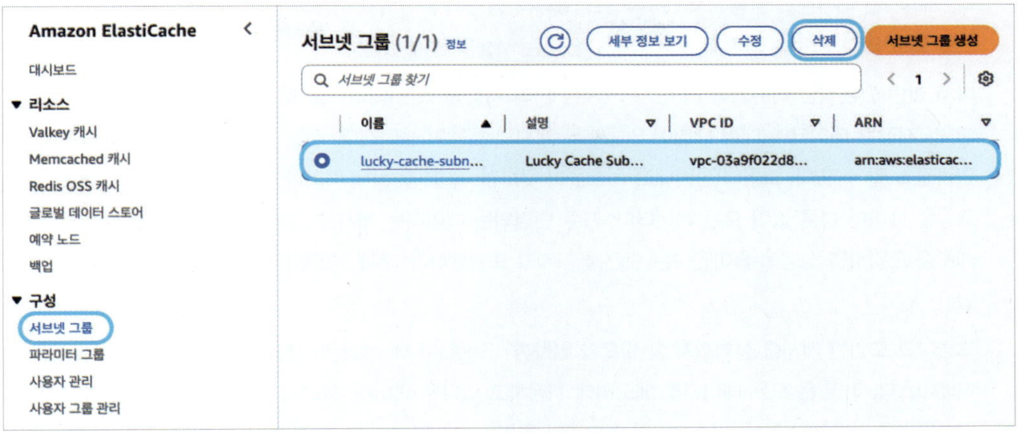

그림 23.19 서브넷 그룹 삭제

04. 입력란에 서브넷 그룹의 이름을 입력하고, **삭제** 버튼을 클릭한다.

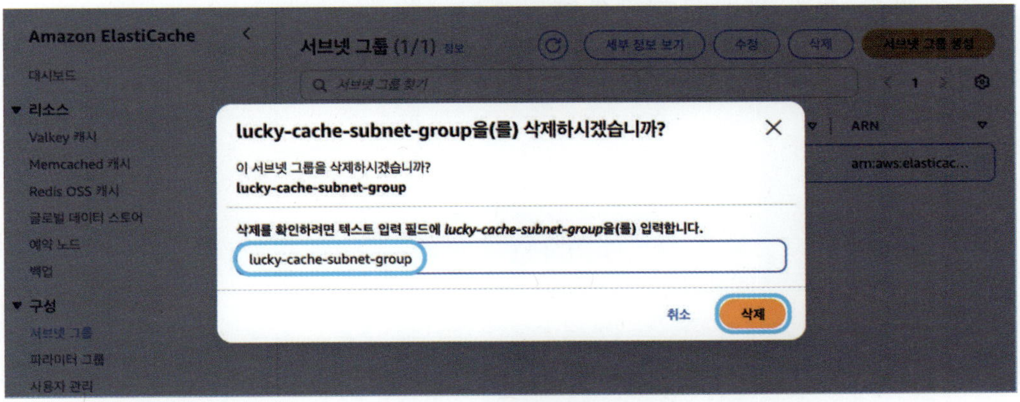

그림 23.20 서브넷 그룹 삭제 확인

참고 _ 캐시 도입 시 고려사항

서비스에 캐시를 도입하면서 겪었던 일화를 하나만 이야기해 보려고 한다. 필자는 캐시에 대해 오해를 하고 있었다. 왜냐하면 대부분의 상황에서 캐시를 도입했더니 성능이 좋아지고 비용도 많이 줄었기 때문이다. 이는 경험적으로 알고 있다. 그런데 그렇지 않은 상황도 있다는 사실을 알게 됐다.

다시 한번 원론적인 이야기를 해 보자. 캐시는 미리 저장돼 있는 데이터를 빠르게 보내주는 기술이다. 그렇다면 한 번 저장된 데이터에 대한 요청이 많을수록 캐시의 효용이 높아진다. 전문 용어로 히트율이 높을수록 캐시의 위력을 느낄 수 있다. 그렇다면 반대로 히트율이 낮다면 어떨까? 실제 이러한 데이터가 존재한다. 대표적인 예가 요청할 때마다 다른 값이 오는 데이터다. 자주 변경되는 데이터는 캐시를 적용하는 의미가 없다. 실제로 필자가 캐시를 도입하면 성능이 좋아진다는 편견을 가지고 도입했다가 캐시 히트율이 너무 낮아서 도입을 철회한 적이 있다.

그렇다고 도입한 캐시를 철회까지 할 필요가 있을까? Redis나 Memcached 같은 캐시 서비스는 인메모리 데이터베이스다. 이 말은 모든 데이터를 메모리에 저장하고 있다는 의미다. 그래서 캐시를 사용하려면 메모리 최적화 인스턴스를 사용해야 한다. 디스크보다 메모리가 훨씬 빠르지만 비싸다. 그래서 AWS 비용이 증가하게 된다.

한번은 ElastiCache를 도입하고 성능은 거의 좋아지지 않았는데, 비용만 30% 증가한 적이 있다. 그래서 캐시 도입을 철회해야만 했다. 그때 필자가 깨달은 바는 기술은 적절하게 사용해야 한다는 것이다. 캐시 도입을 계획하고 있다면 이 부분에 대해 한번쯤 고민해 볼 필요가 있다.

24

NoSQL! DynamoDB로 데이터베이스 분산하기

데이터를 저장할 때는 보통 데이터베이스를 사용한다. 전통적인 데이터베이스는 SQL을 사용하는 관계형 데이터베이스(RDBMS)이며, Oracle, MySQL, MariaDB, PostgreSQL, MSSQL 같은 것들이 대표적이다. 이러한 관계형 데이터베이스에는 테이블이 있고, 테이블은 정형화된 열과 행으로 구성된다.

그런데 요즘 서비스들은 상황이 다르다. 사용자 수가 수백만, 수천만으로 늘어나고, 데이터도 빠르게 읽고 쓰기를 반복해야 한다. 그러다 보니 느린 트랜잭션 처리나 복잡한 조인 기능들이 데이터베이스의 성능을 떨어뜨린다.

여기서 AWS의 DynamoDB가 등장한다. DynamoDB는 AWS가 제공하는 완전 관리형 NoSQL 데이터베이스 서비스로서 핵심 목표는 다음과 같다.

> "엄청나게 많은 양의 데이터를 초고속으로 읽고 쓰되, 확장성을 자동으로 해결하자!"

또한 DynamoDB는 서버리스(serverless)다. 즉, 서버를 직접 관리할 필요도 없고, 스토리지가 부족할까 걱정할 필요도 없다. 그냥 테이블을 만들고 쓰기만 하면 뒷단에서는 AWS가 알아서 서버를 늘리고 줄이며, 장애 복구까지 모두 처리해준다. '관리할 필요 없이 무한대로 확장 가능한 데이터베이스'라고 생각하면 된다.

DynamoDB를 사용할 때 알아야 할 주요 개념은 다음과 같다.

- **Table(테이블)**: 데이터를 저장하는 기본 단위
- **Item(아이템)**: 테이블에 저장되는 개별 데이터(관계형 데이터베이스의 "행"과 비슷함)
- **Attribute(속성)**: 아이템 안의 데이터 필드
- **Partition Key(파티션 키)**: 각 아이템을 고유하게 식별하는 키
- **Sort key(정렬 키)**: 아이템들을 정렬하거나 쿼리 범위를 지정할 수 있게 하는 보조 키

이번 장에서는 이러한 DynamoDB에 대해 알아보자.

24.1 DynamoDB란?

아직까지 많은 시행착오가 있었지만, 대규모 트래픽에도 잘 버틸 수 있는 아키텍처가 설계된 것 같다. 쇼핑몰이 점진적으로 잘 성장해 왔고, 꽤 많은 사용자들이 사용하는 중이다. 대부분 국내 사용자가 사용하지만 일부 해외 사용자도 있다. 물론 해외 사용자에게는 배송을 하기가 쉽지 않다. 해외 사용자는 결제는 해외에서 하고, 지인을 통해 전달하거나 배송대행 서비스를 통해 상품을 받는 것 같다. 쇼핑몰에서 아직 해외 사용자들의 배송까지는 처리하지 못하고 있다.

하지만 잠시 행복한 상상을 해본다. 필자의 쇼핑몰은 대기업도 아니고 규모도 상대적으로 작다. 하지만 이렇게 꾸준히 성장하다 보면 더 많은 사용자가 애용할 것이고, 언젠가는 해외로 진출할 수도 있지 않을까? 그렇다면 필자의 데이터베이스가 리드 리플리카 수가 15개를 넘는 성능이 필요할 때는 어떻게 해야 할까? 아직 먼 미래지만 미리 고민해보는 건 문제가 되지 않는다. 예를 들어, 아마존닷컴 같이 전 세계를 대상으로 몇 억 명이 사용하는 쇼핑몰의 데이터베이스는 어떻게 운영되는 걸까? 궁금하다. 필자도 저런 대규모 쇼핑몰로 만들고 싶은 꿈이 있기 때문이다. 지금까지 데이터베이스의 성능 문제로 너무 많은 스트레스를 받았고 여전히 고민이 되는 부분이다.

아마존닷컴의 데이터베이스 구조가 궁금해서 검색해봤더니 DynamoDB를 많이 사용한다고 한다. 그래서 지금 운영 중인 쇼핑몰에도 DynamoDB를 도입해 보려고 한다.

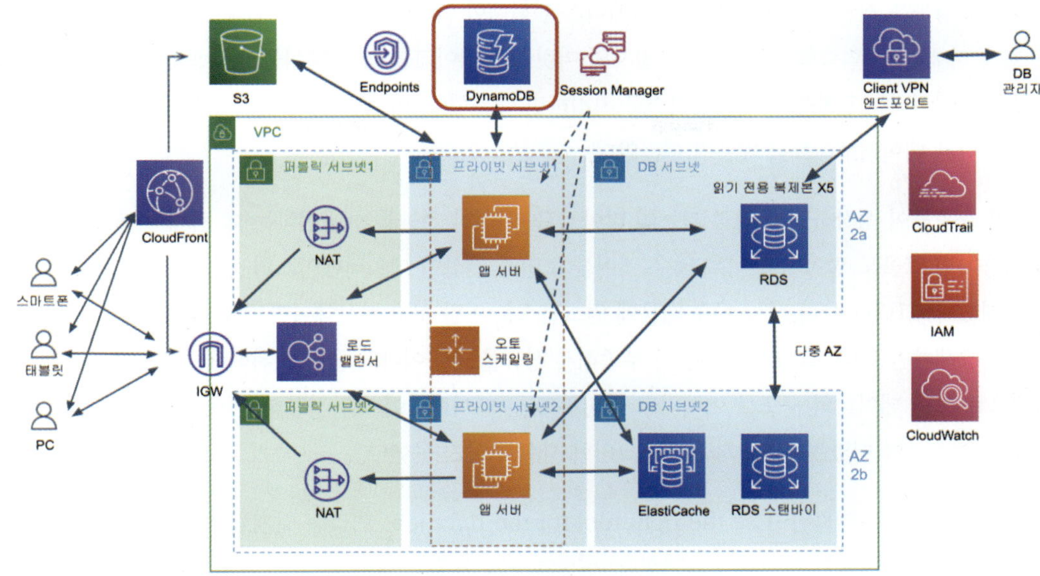

그림 24.1 고성능 분산 데이터베이스인 DynamoDB를 도입한 아키텍처

하지만 DynamoDB를 알아보기에 앞서 먼저 NoSQL에 대해 알아보자. NoSQL은 "Not Only SQL"의 줄임말로, 전통적인 관계형 데이터베이스와는 다른 방식으로 데이터를 저장하고 관리하는 비관계형 데이터베이스 시스템을 말한다. 그런데 왜 NoSQL이 등장했을까?

기존의 RDBMS는 안정적이고 강력하지만 다음과 같은 한계가 있다.

- **고정된 스키마** → 데이터 구조 변경이 어려움
- **수직 확장 중심** → 큰 서버 필요, 비용 증가
- **수많은 동시 접속 처리에 어려움** → 웹 스케일(예: 페이스북, 아마존)에 한계

따라서 대규모 웹 애플리케이션, 모바일, IoT 등에 적합하고 유연하며 확장 가능한 대안으로 NoSQL이 등장했다.

> **참고**
> NoSQL 데이터베이스는 종류가 매우 많다. 위키백과(https://ko.wikipedia.org/wiki/NoSQL)에 NoSQL의 종류가 정리돼 있으니 궁금한 분들은 참고한다.

필자가 쇼핑몰을 시작할 때 관계형 데이터베이스를 선택한 이유는 단 하나다. 관계형 데이터베이스를 10년 넘게 다뤄왔고, 익숙했기 때문이다. 필자의 머릿속은 데이터를 항상 테이블 형태로만 그리고 있었고, 대부분의 데이터는 관계형 데이터베이스로 처리하면 충분했다. 아니, 충분했다고 생각했다. 솔직히 이야기하면 다른 데이터베이스를 배우기 귀찮았다.

하지만 쇼핑몰이 성장하면서 점점 기능이 많아지고, 이러한 기능들을 구현하는 데 관계형 데이터베이스를 사용하면 효율도 떨어지고 너무 많은 테이블 조인과 연산이 데이터베이스의 성능을 떨어트리는 결과를 초래했다. 그러다 보니 성능 이슈 때문에 인스턴스를 비싼 것을 사용해야만 했고, 리드 리플리카를 15개를 사용해야만 했다. 그마저도 성능이 부족해서 성능을 조금이라도 올리기 위해 Redis를 추가했다. 본질적으로 보면 데이터의 구조를 이해하고 적절히 다른 데이터베이스를 사용하는 것이 비용과 성능 측면에서 더 나은 선택이었는데, 그 시절에는 그러한 사실을 알지 못했다.

과거의 일들을 반추해보면 "Use the right tool for the right job."이라는 말처럼 적절한 작업에 적절한 도구를 사용하라는 말이 뼈저리게 느껴졌다. 일상에서도 소 잡는 칼과 닭 잡는 칼이 다르듯, 상황에 맞춰 적절한 기술을 적용해야 한다. 그리고 시스템의 규모에 따라 사용하는 기술도 달라지는데, 필자는 이런 부분들을 전혀 몰랐다. 왜냐하면 대규모 시스템을 다뤄본 적이 없었기 때문이다. 그렇게 필자의 CTO 생활은 수명이 줄어드는 것 같은 스트레스로 많이 힘들었다.

다시 DynamoDB로 돌아와서, 필자가 DynamoDB를 도입하려고 하는 이유는 간단하다. 대규모 트래픽에도 견딜 수 있는 데이터베이스가 필요했기 때문이다. 이 하나의 이유로 DynamoDB에 관심을 갖게 됐다. 그리고 기존에 사용하던 RDS는 많은 부분이 자동화돼 있지만 여전히 관리는 필요하다. 반면 DynamoDB는 관리가 필요 없다고 AWS에서 홍보하고 있었다.

DynamoDB에 관해 깊게 공부할 시간은 없었고, 키-값 데이터베이스라서 키로 쿼리하면 값을 돌려주는 방식이라 매우 간단하다고 생각했다. 단지 쿼리가 SQL 문법이 아니고, 독특한 문법을 사용해서 이질감이 들었지만 언젠가는 RDS가 포화 상태가 될 거라는 생각에 운영 중인 쇼핑몰의 관계형 데이터베이스에 저장된 데이터를 DynamoDB로 분산하기로 결정했다. 그래서 먼저 관계형 데이터베이스에서 다른 테이블과 관계가 없는, 독립적인 테이블만 DynamoDB 테이블로 하나씩 옮겨봤다.

나중에 알게 된 사실이지만 DynamoDB에는 조인이 없다(당연히 있을 거라고 생각하고 옮겼다). 그리고 하나의 애플리케이션은 하나의 테이블을 사용하라고 권장한다. 어쨌거나 필자는 이러한 측면들을 잘 모르는 상태에서 DynamoDB를 사용했지만 관계형 데이터베이스가 가진 성능상의 부담은 많이 줄어들었고 필자는 만족했다. 그리고 시스템에서 DynamoDB의 비중을 점점 높여갔다.

그럼 이어지는 절에서 간단히 DynamoDB 테이블을 만들어 보자.

24.2 [실습] DynamoDB 테이블 생성

이번 실습에서는 DynamoDB 테이블을 만들어 보겠다. DynamoDB는 완전 관리형 데이터베이스이기 때문에 RDS처럼 인스턴스를 만드는 작업이 없다. 바로 테이블을 만들어서 사용하면 된다.

01. 관리 콘솔 위쪽의 검색란에서 'DynamoDB'를 검색해서 나오는 **DynamoDB**를 클릭한다.

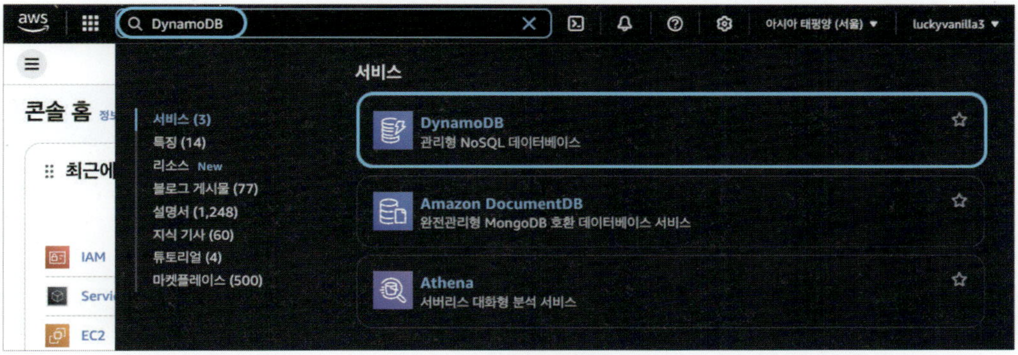

그림 24.3 DynamoDB 서비스로 이동

02. DynamoDB 서비스의 왼쪽 메뉴에서 **테이블**을 클릭한다. **테이블 생성** 버튼을 클릭한다.

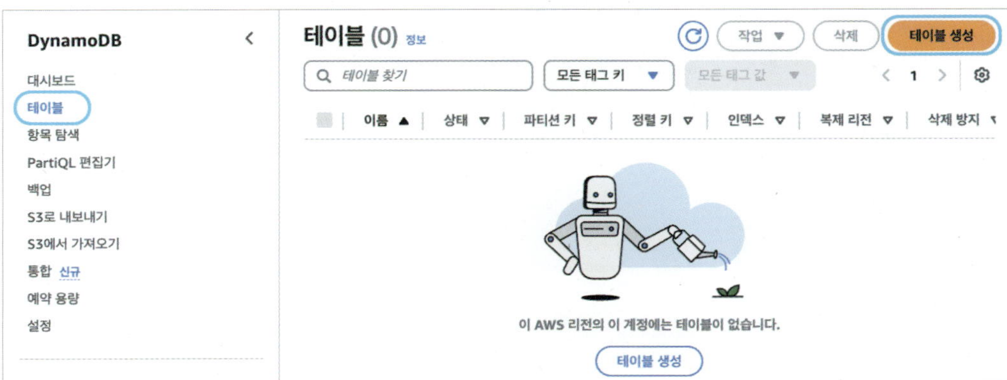

그림 24.4 DynamoDB의 테이블 목록

03. **테이블 이름**은 각자 원하는 이름을 입력한다(이 책에서는 lucky-table). **파티션 키**는 user로 입력하고 **정렬 키**는 date를 입력하겠다. 그러고 나서 **테이블 생성** 버튼을 클릭한다. 참고로 파티션 키만 넣어도 테이블은 만들어지지만 파티션 키만 넣고 테이블을 만들면 파티션 키 값은 고유해야 한다. 데이터를 정렬하기 위해 사용하는 정렬 키도 입력했다면 파티션 키와 정렬 키를 합쳐서 해당 테이블 내에서 고유해야 한다.

그림 24.5 테이블 설정

04. 그럼 파이썬에서 DynamoDB를 어떻게 사용하는지 간단히 살펴보자. 다음은 파이썬에서 DynamoDB의 lucky-table 테이블을 사용하기 위한 코드다.

```
import boto3

# DynamoDB 리소스 생성
dynamodb = boto3.resource(
    'dynamodb',
    region_name='ap-northeast-2',  # 리전 지정
    aws_access_key_id='YOUR_ACCESS_KEY',
    aws_secret_access_key='YOUR_SECRET_KEY'
)

table = dynamodb.Table('lucky-table')
```

05. 다음은 테이블에 데이터를 넣을 때 사용하는 코드다. 문법이 굉장히 생소하고, 파티션 키인 user와 정렬 키인 date를 입력하는 건 알겠는데 테이블을 만들 때 정의하지 않았던 name, age, email, interests 같은 칼럼을 입력하는 것이 이상하게 보일 것이다. 이것은 DynamoDB의 장점인 칼럼을 마음대로 추가할 수 있다는 것을 보여준다.

```
response = table.put_item(
   Item={
        'user': 'luckyuser',
        'date': '20250525',
        'name': 'John Doe',
        'age': 30,
        'email': 'john@example.com',
        'interests': ['music', 'sports']
    }
)
```

06. 다음은 DynamoDB에서 파티션 키인 user 항목으로 'luckyuser'를 조회하는 코드다.

```
response = table.get_item(
    Key={
        'user': 'luckyuser'
    }
)
item = response.get('Item', {})
print(item)
```

07. 다음은 DynamoDB에서 파티션 키인 user 항목으로 'luckyuser'를 조회하고 age 항목을 31로 수정하고, interests에 reading 값을 추가해서 업데이트하는 코드다.

```
response = table.update_item(
    Key={
        'user': 'luckyuser'
    },
    UpdateExpression='SET age = :val1, interests = list_append(interests, :val2)',
    ExpressionAttributeValues={
        ':val1': 31,
        ':val2': ['reading']
    },
    ReturnValues='UPDATED_NEW'
)
```

08. 다음은 DynamoDB에서 파티션 키인 user 항목으로 'luckyuser'를 조회해서 삭제하는 코드다.

```
response = table.delete_item(
    Key={
        'user': 'luckyuser'
    }
)
```

이렇게 해서 간단하게 DynamoDB 테이블을 만들고 데이터를 넣고, 조회하고, 삭제하고, 업데이트하는 방법을 알아봤다.

24.3 [실습] 리소스 삭제

이제 실습이 끝나면 앞에서 만든 리소스를 정리해보자. DynamoDB의 경우 그냥 테이블만 지우면 끝이다. 만드는 것도 간단하지만 지우는 것도 간단하기 때문에 지울 때 주의해야 한다.

01. DynamoDB 서비스에서 왼쪽 메뉴의 **테이블**을 클릭한다. lucky-table를 선택하고, **삭제** 버튼을 클릭한다.

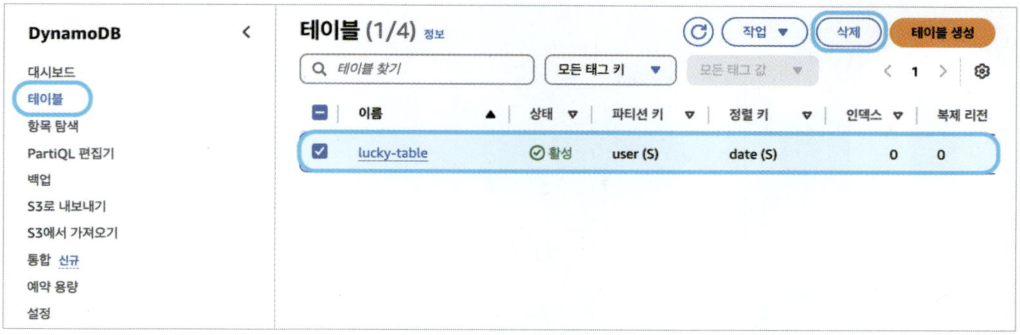

그림 24.6 테이블 삭제

02. 입력란에 '확인'을 입력하고, **삭제** 버튼을 클릭한다.

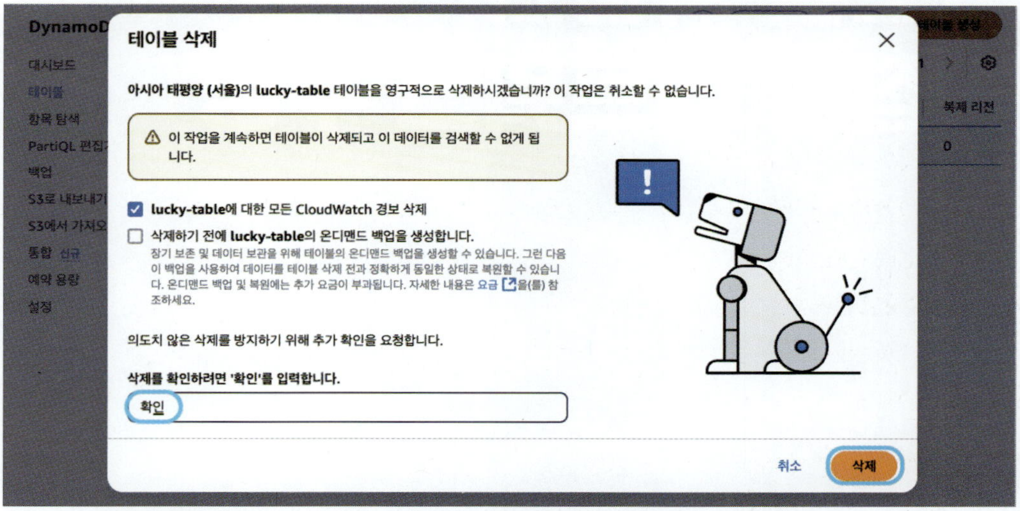

그림 24.7 테이블 삭제 확인

PART

03

글로벌 확장과 복잡한 네트워크 구성

지금까지는 하나의 리전에 네트워크를 구축하고 아키텍처를 고가용성으로 만드는 작업에 주력했지만 이제부터 글로벌 기업으로 성장하기 위해 다른 리전에도 똑같은 아키텍처를 구축하고, 여러 리전을 연결해서 글로벌 네트워크를 구축하는 방법을 알아보겠다.

25

인프라를 코드로! CloudFormation으로 자동화하기

CloudFormation은 AWS 리소스를 코드로 관리할 수 있게 해주는 서비스다. 코드로 리소스를 관리한다니 도대체 무슨 말일까?

지금까지 EC2 인스턴스, S3 버킷, CloudFront, RDS, 로드 밸런서, 오토 스케일링 등 다양한 AWS 서비스를 설정하고 사용했다. 그 과정에서 매번 관리 콘솔에서 메뉴나 버튼을 하나씩 클릭하면서 수작업으로 해왔는데, 여러분이 관리 콘솔에서 버튼을 누를 때마다 사실은 AWS API가 호출되고 리소스가 생성된다. 하지만 CloudFormation을 이용하면 그러한 수작업을 "문서 하나"에 모두 다 적어놓을 수 있다. 그리고 그 문서를 AWS에 전해주기만 하면 AWS가 알아서 순서대로 리소스를 생성해준다. 이처럼 '인프라를 문서(코드)로 작성하고 관리한다'라는 것이 CloudFormation의 핵심이며, 이러한 기술을 통칭해서 IaC(Infrastructure as Code)라고 한다.

IaC 기술로는 Terraform, CDK, CloudFormation 등 다양하다. 어떤 기술을 선택할지는 독자의 선택이지만 이 책에서는 AWS를 다루기 때문에, 그리고 가장 역사가 오래되고 여전히 자료가 가장 많은 CloudFormation에 대해 다루겠다.

CloudFormation을 사용하면 다음과 같은 장점이 있다.

- **재현성**: 같은 템플릿으로 수백, 수천 번 똑같은 인프라를 복사할 수 있다.
- **버전 관리**: 템플릿을 Git 같은 곳에 저장하면 인프라 변경 이력을 추적할 수 있다.
- **자동화**: 사람이 수작업으로 할 필요 없이 배포를 자동화할 수 있다.
- **에러 방지**: 잘못된 클릭이나 설정 누락을 막을 수 있다.

참고

CloudFormation에서는 YAML이나 JSON 형식으로 문서를 만들 수 있다. 무엇을 사용하든 상관 없다.

예를 들어, 여러분이 S3 버킷을 하나 만들고 싶으면 관리 콘솔에서 일일이 클릭할 필요 없이 다음과 같은 템플릿을 작성하면 된다.

```
Resources:
  MyS3Bucket:
    Type: AWS::S3::Bucket
    Properties:
      BucketName: my-awesome-bucket
```

이렇게 작성한 템플릿을 CloudFormation에 제출하면 자동으로 my-awesome-bucket이라는 이름의 S3 버킷이 생성된다. 심지어 실수로 삭제하더라도 템플릿이 있으니 금방 다시 만들 수 있다. 이처럼 CloudFormation은 AWS 인프라를 코드로 만들고, 고치고, 지우는 자동화 도구라고 보면 된다.

이번 장에서는 이러한 CloudFormation에 대해서 알아보겠다.

25.1 Cloudformation이란?

앞에서 DynamoDB를 도입했더니 데이터베이스 관리에 대한 부담이 많이 줄었고, 쇼핑몰을 운영하면서 필자가 고민했던 여러 측면들이 해결되어 마음이 한결 편해졌다. 이제 데이터베이스 관리나 인프라 운영에 대한 고민보다 비즈니스에 집중하면서 쇼핑몰을 키워 나가면 될 것 같다.

쇼핑몰은 어느 정도 안정적으로 매출이 나오다 보니 다른 분야로 사업을 확장하려고 한다. 관심 있는 분야는 여행 쪽이라서 여행 전용 쇼핑몰을 만들려고 한다. 어차피 쇼핑몰이나 여행 전용 쇼핑몰이나 똑같은 아키텍처를 사용하면 될 듯해서 확장하기도 쉬울 것 같다.

현재 운영 중인 쇼핑몰의 아키텍처를 그대로 복사해서 여행 전용 쇼핑몰을 만들려고 하는데 생각보다 간단하지 않다. 앞에서 했던 작업을 그대로 반복하면 되지 않을까? 필자가 처음부터 만들긴 했지만 중간에 아키텍처가 여러 번 바뀌어서 필자도 헷갈린다. 게다가 직원들은 본인이 하는 부분만 알고 있고, 전체적인 인프라의 이력을 모르기 때문에 혹시 잘못 손댔다가 장애가 나지 않을까 걱정한다. 전체 인프라를 구축한 필자도 헷갈리는데, 직원들이야 오죽할까, 라는 생각을 한다.

어쩔 수 없이 필자가 쇼핑몰의 아키텍처를 보고 하나씩 여행 전용 쇼핑몰 아키텍처를 만들기 시작했다. 그런데 한 가지 걱정되는 부분은 지금까지 아키텍처가 여러 번 변경됐고 앞으로도 얼마나 더 변경될지도 모르는데 그런 기록은 어떻게 남겨야 하는가다. 전체 아키텍처를 만든 필자의 기억력도 정확하지 않은데 말이다. 그리고 지금은 서울 리전에 다른 VPC에 아키텍처를 하나 더 만들지만 비즈니스가 잘 되어서 유럽이나 미국 리전으로 확장하려면 이 작업을 똑같이 해야 할까? 그리고 또 다른 나라에 진출하게 되면 똑같은 작업을 또 해야 하나?라는 고민이 생기기 시작했다. 어차피 같은 아키텍처인데 말이다.

이러한 고민에 대해 실무적인 이야기를 한 번 해보자. 이 책을 읽는 독자분이 새로운 회사로 이직했는데, 이전에 AWS를 관리하던 엔지니어가 회사와 관계가 안 좋아져서 아키텍처에 대한 아무런 설명 없이 퇴사했다고 가정해보자. 실제로 이런 일은 흔하게 일어난다. 독자는 아키텍처를 분석하겠지만 아무리 봐도 무슨 용도로 만들어져 있는지 모르는 인스턴스가 있을 때 이걸 지울 수 있을까? 괜히 지웠다가 전체 시스템에 장애가 나면 어떡하나?라는 고민에 판단하기가 쉽지 않을 것이다. 이런 일들은 실제로도 비일비재하게 생긴다.

그런 고민을 하지 않으려면 미리 기록을 해둬야 한다. 아키텍처가 변경될 때마다 정확한 설명과 기록을 남겨야 한다. 필자는 아직까지 관리 콘솔을 통해 AWS 아키텍처를 만들었기 때문에 아무런 기록도 남지 않았다. 그래서 이제부터 코드로 아키텍처를 만들고 배포하면서 Git으로 코드의 이력을 관리할 것이다. 이것이 바로 IaC(Infrastructure as Code)가 필요한 이유다.

IaC를 구축하는 방법은 다양하다. AWS에는 CloudFormation과 CDK가 있고, Azure에는 ARM Templates과 Bicep, 마지막으로 GCP에는 Deployment Manager가 있다. 각 서비스는 플랫폼 종속적이지만 세 가지 플랫폼에서 모두 사용할 수 있는 HashiCorp의 Terraform도 있다. 이 책에서는 AWS의 아키텍처를 다루기 때문에 AWS의 CloudFormation이나 CDK, Terraform 중에서 하나를 선택해야 한다.

다음 표는 CloudFormation, CDK, Terraform을 비교한 것이다.

표 25.1 CloudFormation, CDK, Terraform 비교

항목	CloudFormation	AWS CDK	Terraform
언어	JSON/YAML	타입스크립트, 파이썬, 자바 등	HashiCorp HCL
사용 방식	선언적 템플릿	코드 기반(절차적 + 선언적)	선언적 DSL(Domain-Specific Language)
멀티 클라우드	AWS 전용	AWS 전용	AWS, Azure, GCP 등
학습 난이도	낮음(YAML 기반)	중간	낮음~중간
모듈화/재사용성	제한적	매우 높음(프로그래밍 언어 기반)	매우 높음
상태 관리	AWS가 관리	AWS가 관리	자체 관리(terraform.tfstate)

CloudFormation과 Terraform은 자체적인 문법을 사용하므로 문법을 별도로 학습해야 한다. CDK는 다양한 언어를 지원하기 때문에 본인이 이미 할 줄 아는 프로그래밍 언어를 선택하면 된다. 그리고 프로그래밍 언어를 사용한다는 것은 재사용성이 높아진다는 장점이 있다.

하지만 이 책에서는 CloudFormation에 대해 다루겠다. 왜냐하면 일단 제일 쉽고, AWS의 기존 인프라들이 CloudFormation으로 만들어진 것이 제일 많기 때문이다.

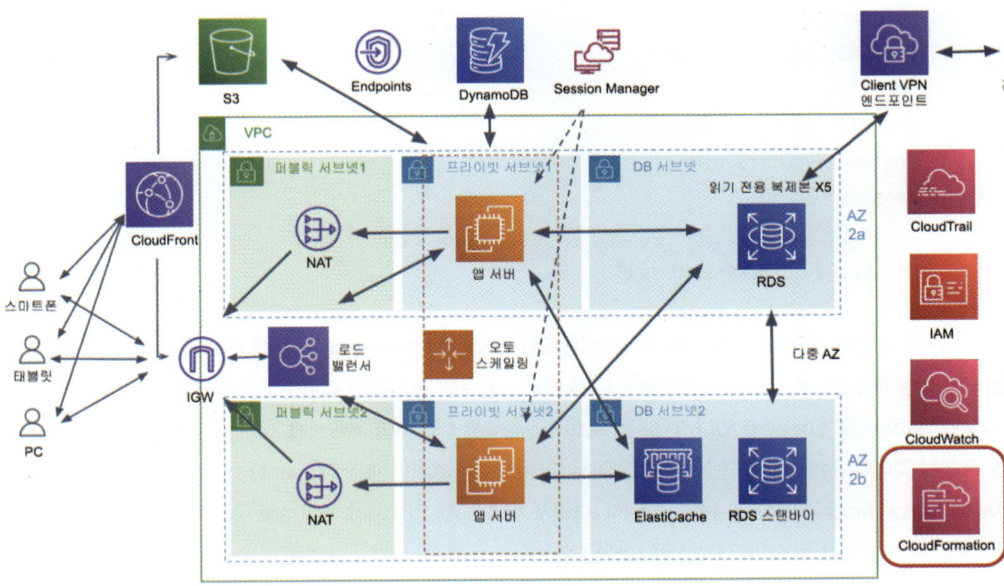

그림 25.1 IaC로 전환하기 위해 CloudFomation을 적용한 아키텍처

참고

필자는 개인적으로 앞으로는 Terraform을 배우는 게 좋지 않을까 생각한다. 앞으로 많은 회사들이 멀티 클라우드로 시스템을 운영하게 되리라 생각하고, 그러기 위해서는 Terraform을 사용하는 것이 여러모로 합리적일 것이다.

이어지는 절에서 CloudFormation 실습을 시작해보자.

25.2 [실습] CloudFormation 사용하기

이번 실습에서는 CloudFormation 코드로 인프라를 배포하는 작업을 해보겠다. 그러려면 CloudFormation의 기본적인 문법을 이해할 필요가 있다. 앞에서도 언급했듯이 CloudFormation에서는 JSON이나 YAML 문법을 모두 사용할 수 있으며, 이 책에서는 YAML을 사용해 진행하겠다.

01. 일단 간단하게 인스턴스를 배포해 보자. 다음 코드를 `instance.yaml`이라는 이름의 파일로 저장한다.

```
Resources:
  LuckyInstance:
    Type: AWS::EC2::Instance
    Properties:
      ImageId: ami-05377cf8cfef186c2
      InstanceType: t3.micro
      Tags:
        - Key: "Name"
          Value: "lucky-instance"
```

코드 내용을 간단히 살펴보자. 먼저 `Resources`는 CloudFormation 파일을 만들 때 반드시 필요한 항목이다. 모든 리소스는 `Resources` 하위에 정의한다. `LuckyInstance`는 논리적인 이름이다. 이 이름으로 다른 리소스가 `LuckyInstance`를 참조할 수 있다. `Type`은 리소스의 종류를 나타내며, `AWS::EC2::Instance`는 EC2 인스턴스를 표현한 것이다. `Type`의 종류는 정해져 있어서 그대로 사용해야만 한다. `Properties` 하위에 있는 `ImageId`는 AMI(Amazon Machine Image)를 나타낸다. 따라서 AMI-ID를 입력해야 하며, `ami-05377cf8cfef186c2`는 서울 리전의 Amazon Linux 2023 버전을 나타낸다.

다음 화면을 보면 AMI-ID를 어떻게 확인하는지 알 수 있다. 인스턴스를 생성할 때 AMI 선택 항목에서 AMI-ID를 볼 수 있다. 참고로 Amazon Linux 2023의 AMI-ID는 리전마다 다르므로 다른 리전에서 배포할 때는 코드의 AMI-ID를 변경해야 한다. `InstanceType`은 인스턴스의 유형이고, `Tags`는 인스턴스가 생성될 때 사용될 이름을 나타낸다.

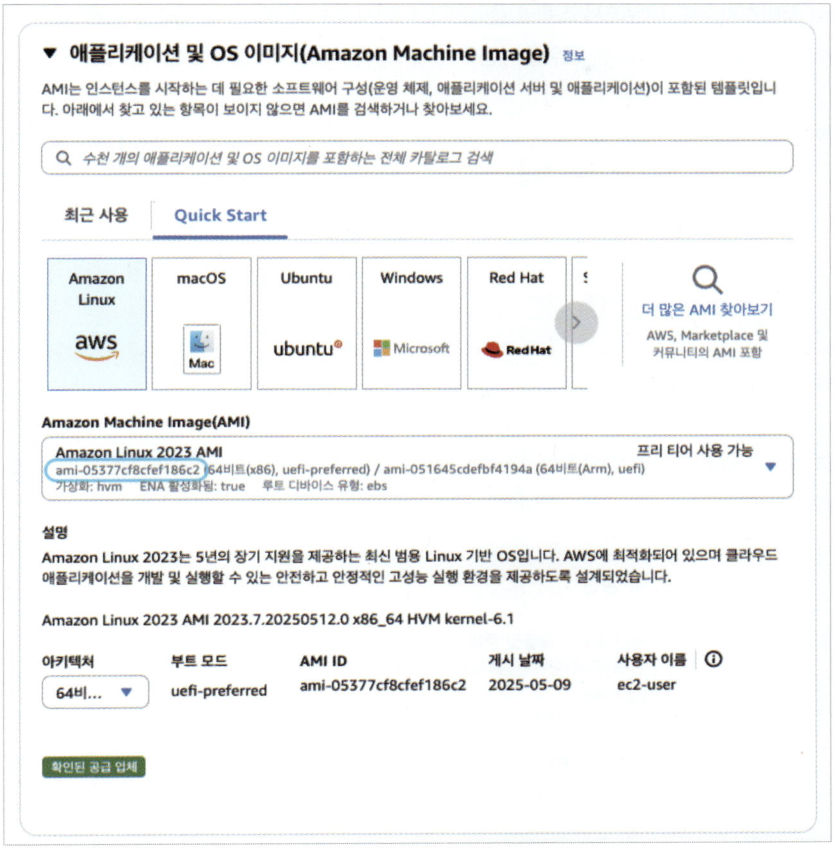

그림 25.2 EC2 인스턴스에서 AMI의 ID를 확인

02. 다음으로 관리 콘솔 위쪽의 검색란에서 'CloudFormation'을 검색해서 나오는 CloudFormation을 클릭한다.

그림 25.3 CloudFormation 서비스로 이동

03. CloudFormation 서비스의 왼쪽 메뉴에서 **스택**을 클릭한다. 이어서 **스택 생성 → 새 리소스 사용(표준)**을 선택한다. CloudFormation에서는 스택이라는 단위를 사용하는데, 스택은 리소스의 집합을 정의한 것을 말한다.

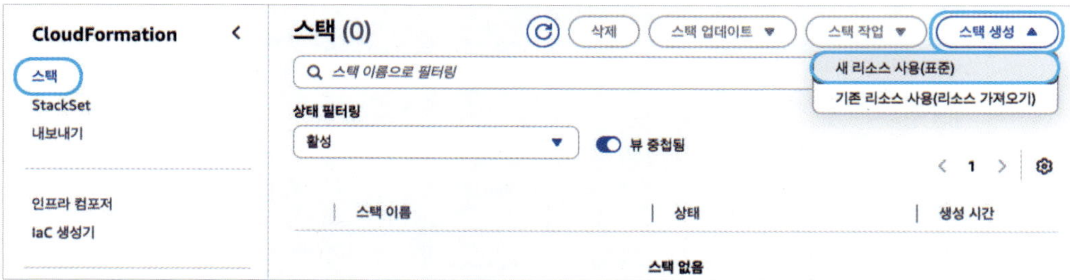

그림 25.4 CloudFormation의 스택 목록

04. **템플릿 지정** 항목에서는 **템플릿 파일 업로드**를 선택한다. **템플릿 파일 업로드** 항목에서는 **파일 선택** 버튼을 클릭하고, 앞에서 만든 `instance.yaml` 파일을 선택한다. 그러고 나서 **다음** 버튼을 클릭한다.

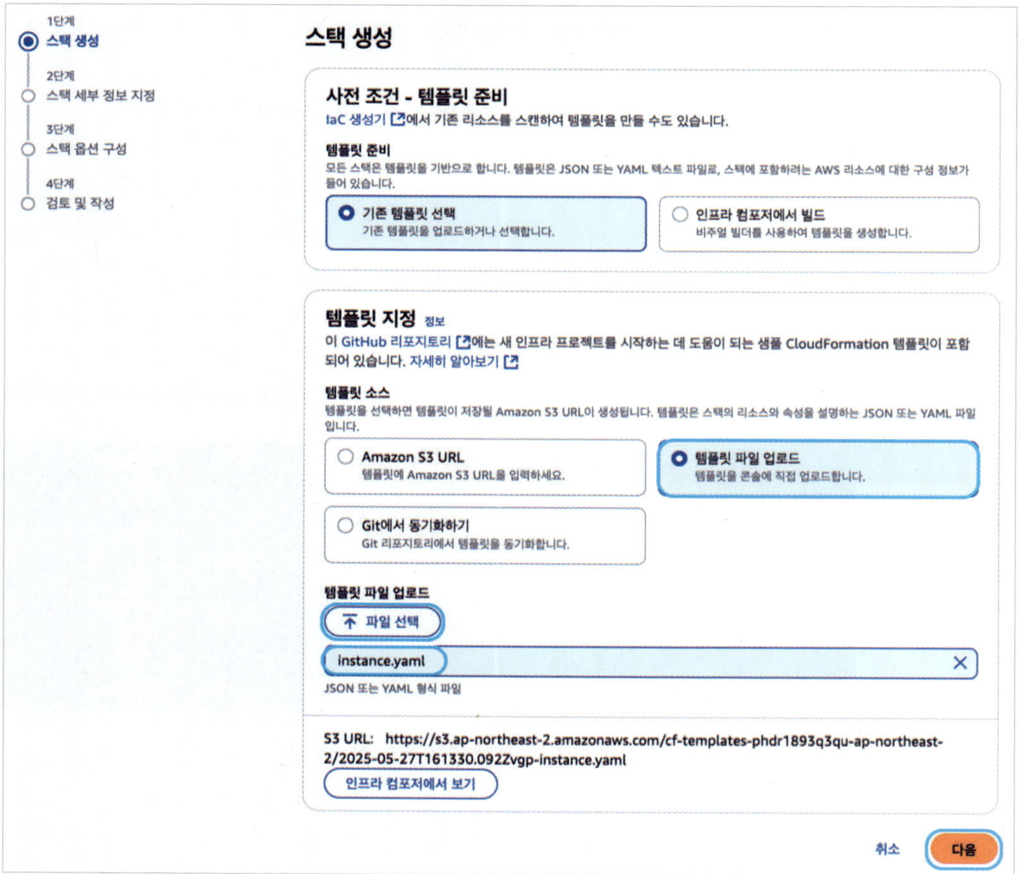

그림 25.5 스택 생성 설정

05. **스택 이름**에는 각자 원하는 이름을 입력한다(이 책에서는 lucky-stack). **다음** 버튼을 클릭한다.

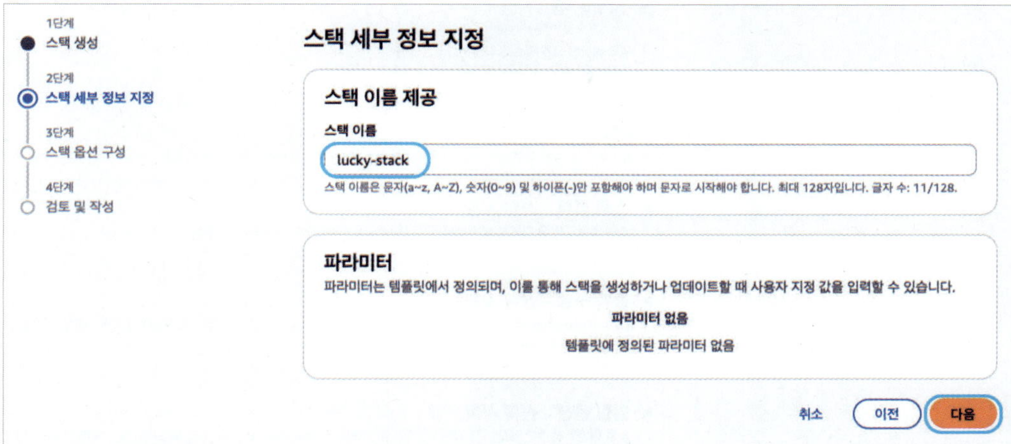

그림 25.6 스택 이름 입력 화면

06. **스택 옵션 구성**에서 **다음** 버튼을 클릭한다. 여기서는 다양한 옵션을 제공하지만 지금은 가장 간단하게 기본 옵션을 그대로 유지한 채로 배포하겠다.

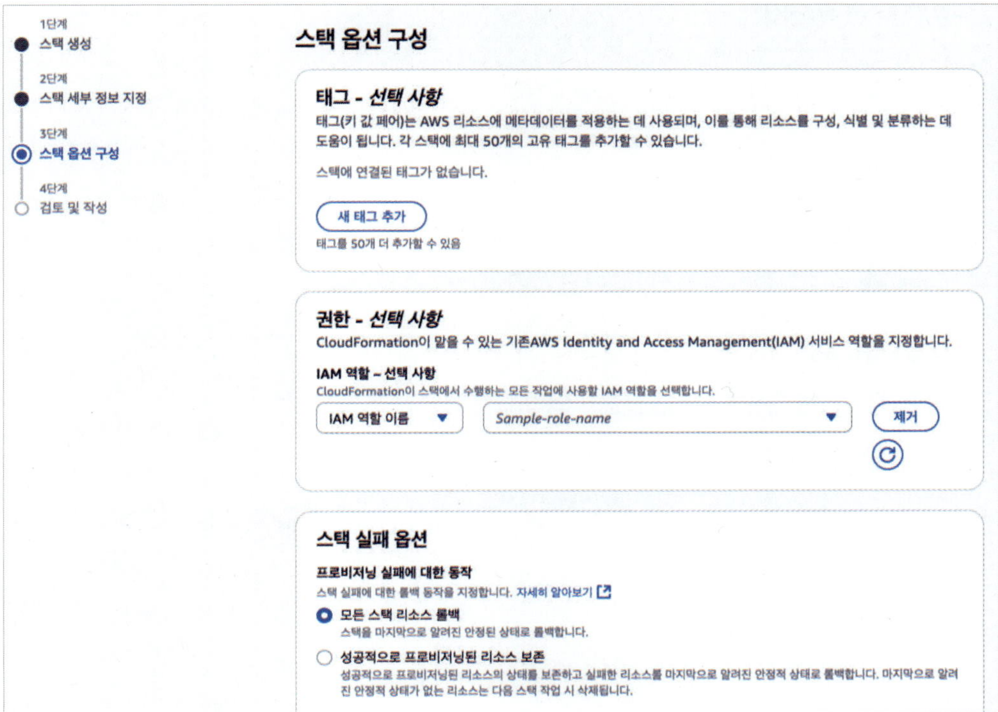

※ 다음 페이지의 그림과 연결됨

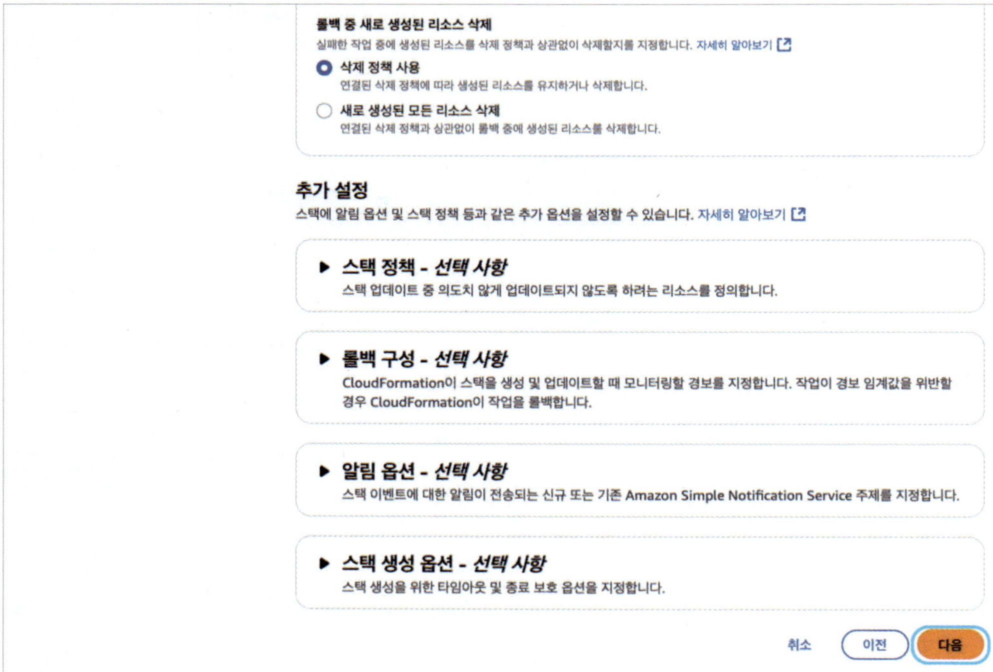

그림 25.7 스택 옵션 구성

07. 전체 내용을 검토하고 아래쪽의 **전송** 버튼을 클릭한다.

그림 25.8 스택 설정 완료

08. 그럼 **스택** 항목에 lucky-stack이 배포되는 것을 확인할 수 있으며, CREATE_COMPLETE가 나오면 배포가 완료된 것이다. **이벤트** 탭을 보면 어떤 이벤트가 발생하면서 리소스가 배포됐는지 확인할 수 있다.

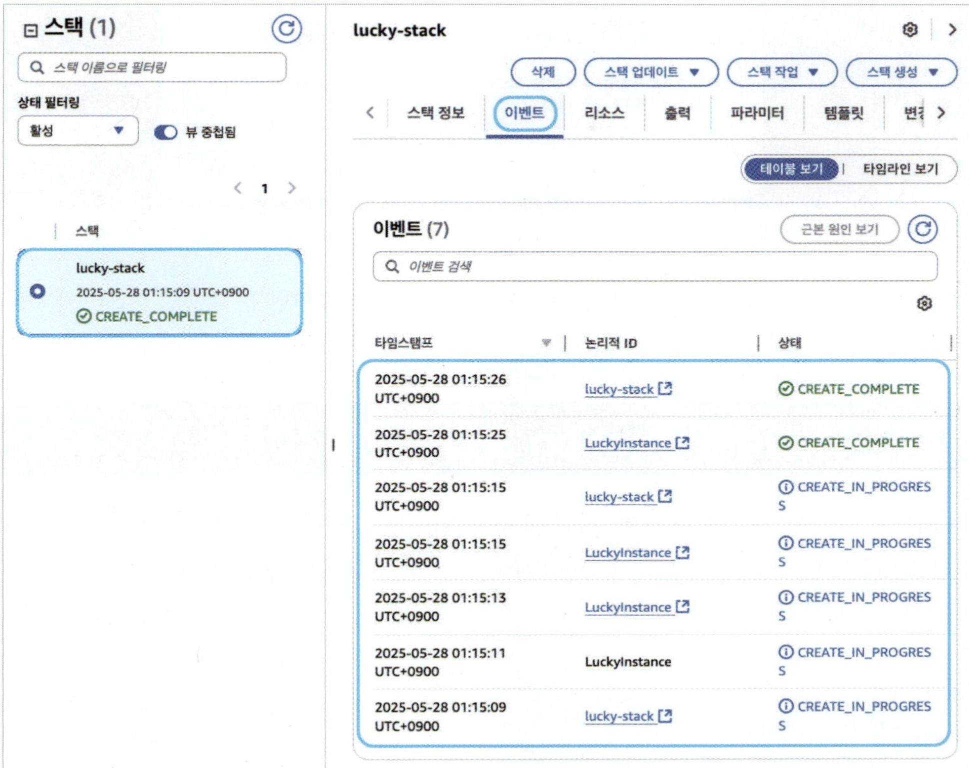

그림 25.9 스택 생성 후의 이벤트 목록

09. 다음으로 EC2 서비스에서 lucky-instance 인스턴스가 문제 없이 생성됐는지 확인한다.

10. 스택을 지울 때는 CloudFormation 서비스의 왼쪽 메뉴에서 **스택**을 클릭해서 이동한 후 lucky-stack을 선택하고 **삭제** 버튼을 클릭한다.

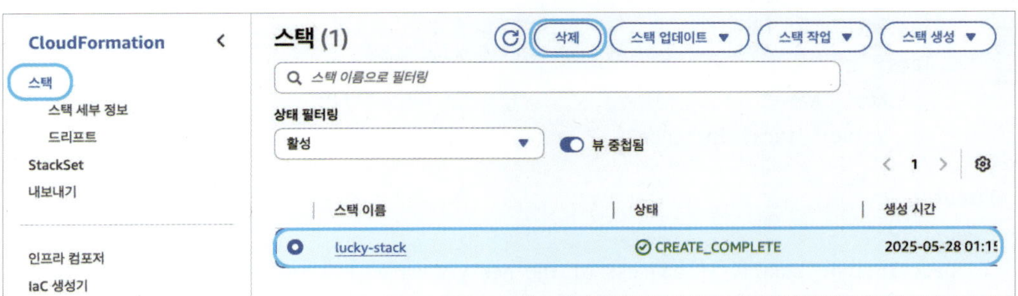

그림 25.10 스택 삭제

11. 다음과 같은 화면이 나오면 하단의 **삭제** 버튼을 클릭한다.

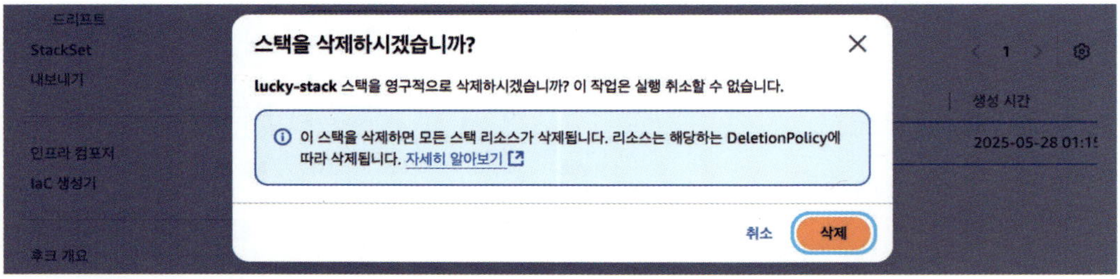

그림 25.11 스택 삭제 확인

이렇게 하면 CloudFormation에 의해 만들어진 모든 리소스가 지워진다.

25.3 CloudFormation 문법

앞에서 코드로 인스턴스를 배포해 봤다. 사실 CloudFormation만 해도 제대로 다루자면 책 한 권을 써야 할 만큼 내용이 많지만 이 책에서는 CloudFormation의 기본적인 문법만 추가로 설명하고 넘어가겠다. 다음 코드를 보자.

```
Parameters:
  LatestAmiId:
    Type: String
    Default: ami-05377cf8cfef186c2

Resources:
  LuckyInstance:
    Type: AWS::EC2::Instance
    Properties:
      ImageId: !Ref LatestAmiId
      InstanceType: t3.micro
      Tags:
        - Key: "Name"
          Value: "lucky-instance"

Outputs:
  PublicIP:
    Description: 'Public IP address of the newly created EC2 instance'
    Value: !GetAtt LuckyInstance.PublicIp
```

먼저 Resources 항목은 앞 절에서 다뤘는데, 만약 AMI-ID를 필요에 따라 변경하고 싶다면 코드에서 ImageId의 값을 변경해야 한다. 그런데 매번 코드를 변경하지 않고 YAML 파일을 배포할 때마다 입력받을 수 있게 만들면 편할 것 같다. 이때 사용하는 것이 바로 Parameter 문법이다. 위 코드를 보면 Parameters 항목 하위에 LatestAmiId 부분이 있다. 이 부분은 논리적인 이름으로, 이 이름으로 아래쪽에서 Parameter를 사용하겠다라는 뜻이다. Type은 문자열이므로 String을 지정하고, 만약 값을 입력하지 않을 경우 사용할 Default 값으로 Amazon Linux 2023의 AMI-ID인 ami-05377cf8cfef186c2를 지정했다.

Parameter 값을 사용하기 위해서는 Instance 항목의 ImageId: !Ref LatestAmiId에서 !Ref 내장 함수로 LatestAmiId 파라미터를 참조한다. 참고로 !Ref는 정말 많이 사용하는 내장 함수다.

그리고 인스턴스가 만들어진 후 인스턴스의 퍼블릭 IP를 출력하기 위해 Outputs 항목을 작성했다. Value: !GetAtt LuckyInstance.PublicIp 부분은 LuckyInstance의 퍼블릭 IP를 !GetAtt 내장 함수로 가져오겠다는 의미다.

이제 위 코드를 다시 instance.yaml라는 이름의 파일로 저장해서 CloudFormation에 업로드해 보고 Parameter가 작동하는지 확인해 보자. 다음 화면처럼 스택 이름을 입력하는 부분 아래에 파라미터가 표시되는 것을 확인할 수 있다. LatestAmiId에 입력돼 있는 Default 값을 변경하면 변경된 값으로 AMI가 적용된다.

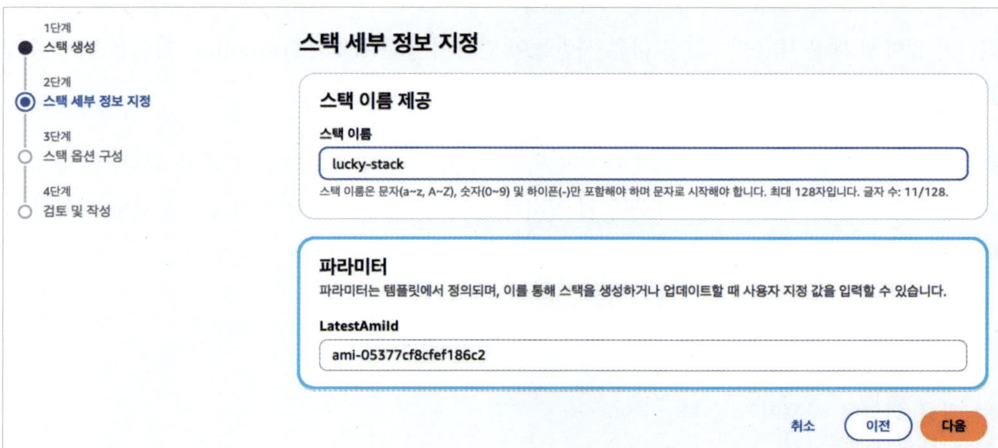

그림 25.12 스택 파리미터 입력

이번에는 Outputs가 동작하는지 확인해 보자. 스택의 배포가 완료된 후 **출력** 탭으로 이동하면 PublicIP가 출력된 것을 확인할 수 있다.

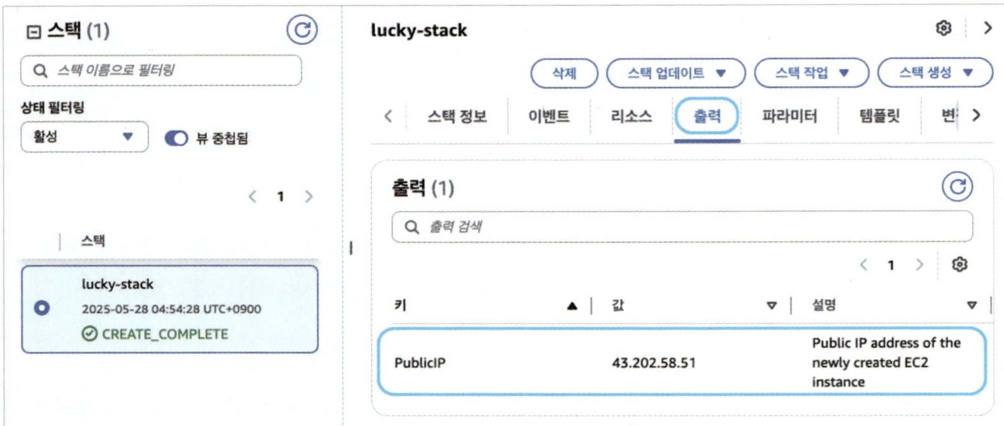

그림 25.13 스택 배포 후 출력 탭 내용

이렇게 해서 간단한 IaC 실습을 진행해 봤는데, 사실 CloudFormation을 비롯해 IaC를 처음 접하는 경우에는 이해하기도 어렵고 여러 가지 시행착오를 겪기 마련이다. 그래서 무(無)에서 유(有)를 창조하는 것보다 누군가 이미 만들어 놓은 파일을 수정하는 편이 훨씬 생산적이다. 따라서 AWS는 이미 고객사들의 CloudFormation 파일들을 모아서 공유하고 있는 공식 사이트를 제공한다. 바로 AWS Solutions Library[1]다. CloudFormation에서 지원하는 문법은 매우 많고, 이 책에서 그러한 문법을 모두 다룰 수는 없지만 앞에서 배운 내용만으로도 다른 사람들이 만들어 놓은 CloudFormation 파일을 읽고 수정할 수 있을 것이다.

참고로 필자가 쇼핑몰을 만들면서 설계한 VPC의 CloudFormation 파일은 다음과 같다. 아래 내용을 저장해서 배포해 보면 똑같은 VPC가 생성될 것이다. 어떤 내용으로 구성돼 있는지 살펴보고 천천히 공부해 보길 바란다.

```
Parameters:

  ## 가용 영역은 사용자가 선택
  AvailabilityZoneA:
    Type: AWS::EC2::AvailabilityZone::Name
```

1 https://aws.amazon.com/ko/solutions/?nc1=h_ls https://aws.amazon.com/solutions/

```
    Default: "ap-northeast-2a"
    Description: "Choose AZ1 for your VPC."

  AvailabilityZoneB:
    Type: AWS::EC2::AvailabilityZone::Name
    Default: "ap-northeast-2b"
    Description: "Choose AZ2 for your VPC."

Resources:

  ## VPC 생성
  VPC:
    Type: AWS::EC2::VPC
    Properties:
      CidrBlock: 10.0.0.0/16
      EnableDnsSupport: true
      EnableDnsHostnames: true
      Tags:
      - Key: Name
        Value: !Sub '${AWS::StackName}-VPC'

  ## 인터넷 게이트웨이 생성
  InternetGateway:
    Type: "AWS::EC2::InternetGateway"
    Properties:
      Tags:
      - Key: Name
        Value: !Sub '${AWS::StackName}-IGW'

  ## VPC에 인터넷 게이트웨이 연결
  VPCGatewayAttachment:
    Type: "AWS::EC2::VPCGatewayAttachment"
    Properties:
      InternetGatewayId: !Ref InternetGateway
      VpcId: !Ref VPC

  ## 퍼블릭 서브넷 2개 생성: PublicSubnet01,02
  PublicSubnet01:
    Type: AWS::EC2::Subnet
```

```
    Metadata:
      Comment: Public Subnet 01
    Properties:
      VpcId: !Ref VPC
      CidrBlock: 10.0.0.0/24
      AvailabilityZone: !Ref AvailabilityZoneA
      MapPublicIpOnLaunch: "true"
      Tags:
      - Key: Name
        Value: "lucky-public-subnet1"

  PublicSubnet02:
    Type: AWS::EC2::Subnet
    Metadata:
      Comment: Public Subnet 02
    Properties:
      VpcId: !Ref VPC
      CidrBlock: 10.0.3.0/24
      AvailabilityZone: !Ref AvailabilityZoneB
      MapPublicIpOnLaunch: "true"
      Tags:
      - Key: Name
        Value: "lucky-public-subnet2"

  ## 퍼블릭 라우팅 테이블 생성
  PublicRouteTable:
    Type: AWS::EC2::RouteTable
    Properties:
      VpcId: !Ref VPC
      Tags:
      - Key: Name
        Value: !Sub "${AWS::StackName}-Pub-RT"

  ## 퍼블릭 라우팅 테이블을 퍼블릭 서브넷 2개에 연결
  PublicSubnet01RouteTableAssociation:
    Type: AWS::EC2::SubnetRouteTableAssociation
    Properties:
      SubnetId: !Ref PublicSubnet01
      RouteTableId: !Ref PublicRouteTable
```

```
PublicSubnet02RouteTableAssociation:
  Type: AWS::EC2::SubnetRouteTableAssociation
  Properties:
    SubnetId: !Ref PublicSubnet02
    RouteTableId: !Ref PublicRouteTable

## 퍼블릭 라우팅 테이블에 라우팅 추가
PublicRoute:
  DependsOn: VPCGatewayAttachment
  Type: AWS::EC2::Route
  Properties:
    RouteTableId: !Ref PublicRouteTable
    DestinationCidrBlock: 0.0.0.0/0
    GatewayId: !Ref InternetGateway

## 첫 번째 NAT 게이트웨이 생성
NatGateway01:
  DependsOn:
  - NatGatewayEIP1
  - PublicSubnet01
  - VPCGatewayAttachment
  Type: AWS::EC2::NatGateway
  Properties:
    AllocationId: !GetAtt "NatGatewayEIP1.AllocationId"
    SubnetId: !Ref PublicSubnet01
    Tags:
    - Key: Name
      Value: !Sub "${AWS::StackName}-NAW1"

## 첫 번째 NAT 게이트웨이가 사용할 탄력적 IP 생성
NatGatewayEIP1:
  DependsOn:
  - VPCGatewayAttachment
  Type: "AWS::EC2::EIP"
  Properties:
    Domain: vpc
    Tags:
    - Key: Name
```

```
      Value: !Sub "${AWS::StackName}-EIP1"

## 두 번째 NAT 게이트웨이 생성
NatGateway02:
  DependsOn:
  - NatGatewayEIP2
  - PublicSubnet02
  - VPCGatewayAttachment
  Type: AWS::EC2::NatGateway
  Properties:
    AllocationId: !GetAtt "NatGatewayEIP2.AllocationId"
    SubnetId: !Ref PublicSubnet01
    Tags:
    - Key: Name
      Value: !Sub "${AWS::StackName}-NAW2"

## 두 번째 NAT 게이트웨이가 사용할 탄력적 IP 생성
NatGatewayEIP2:
  DependsOn:
  - VPCGatewayAttachment
  Type: "AWS::EC2::EIP"
  Properties:
    Domain: vpc
    Tags:
    - Key: Name
      Value: !Sub "${AWS::StackName}-EIP2"

## 프라이빗 서브넷 2개 생성: PrivateSubnet01,02
PrivateSubnet01:
  Type: AWS::EC2::Subnet
  Metadata:
    Comment: Private Subnet 01
  Properties:
    VpcId: !Ref VPC
    CidrBlock: 10.0.1.0/24
    AvailabilityZone: !Ref AvailabilityZoneA
    Tags:
    - Key: Name
      Value: "lucky-private-subnet1"
```

```
PrivateSubnet02:
  Type: AWS::EC2::Subnet
  Metadata:
    Comment: Private Subnet 02
  Properties:
    VpcId: !Ref VPC
    CidrBlock: 10.0.4.0/24
    AvailabilityZone: !Ref AvailabilityZoneB
    Tags:
    - Key: Name
      Value: "lucky-private-subnet2"

## 프라이빗 라우팅 테이블 2개 생성: PrivateRT01,02
PrivateRouteTable01:
  Type: AWS::EC2::RouteTable
  Properties:
    VpcId: !Ref VPC
    Tags:
    - Key: Name
      Value: !Sub "${AWS::StackName}-Pri-RT 1"

PrivateRouteTable02:
  Type: AWS::EC2::RouteTable
  Properties:
    VpcId: !Ref VPC
    Tags:
    - Key: Name
      Value: !Sub "${AWS::StackName}-Pri-RT 2"

## 프라이빗 라우팅 테이블 각각의 프라이빗 서브넷 2개에 연결
PrivateSubnet01RouteTableAssociation:
  Type: AWS::EC2::SubnetRouteTableAssociation
  Properties:
    SubnetId: !Ref PrivateSubnet01
    RouteTableId: !Ref PrivateRouteTable01

PrivateSubnet02RouteTableAssociation:
  Type: AWS::EC2::SubnetRouteTableAssociation
```

```
  Properties:
    SubnetId: !Ref PrivateSubnet02
    RouteTableId: !Ref PrivateRouteTable02


## 각각의 프라이빗 라우팅 테이블에 라우팅을 추가
PrivateRoute01:
  DependsOn:
  - VPCGatewayAttachment
  - NatGateway01
  Type: AWS::EC2::Route
  Properties:
    RouteTableId: !Ref PrivateRouteTable01
    DestinationCidrBlock: 0.0.0.0/0
    NatGatewayId: !Ref NatGateway01

PrivateRoute02:
  DependsOn:
  - VPCGatewayAttachment
  - NatGateway02
  Type: AWS::EC2::Route
  Properties:
    RouteTableId: !Ref PrivateRouteTable02
    DestinationCidrBlock: 0.0.0.0/0
    NatGatewayId: !Ref NatGateway02

## DB 서브넷 2개 생성: DBSubnet01,02
DBSubnet01:
  Type: AWS::EC2::Subnet
  Metadata:
    Comment: DB Subnet 01
  Properties:
    VpcId: !Ref VPC
    CidrBlock: "10.0.2.0/24"
    AvailabilityZone: !Ref AvailabilityZoneA
    Tags:
    - Key: Name
      Value: "lucky-db-subnet1"
```

```
  DBSubnet02:
    Type: AWS::EC2::Subnet
    Metadata:
      Comment: DB Subnet 02
    Properties:
      VpcId: !Ref VPC
      CidrBlock: "10.0.5.0/24"
      AvailabilityZone: !Ref AvailabilityZoneB
      Tags:
      - Key: Name
        Value: "lucky-db-subnet2"

Outputs:

  ## 인프라 배포 완료 후 VPC ID 출력
  VPCId:
    Description: VPC ID
    Value: !Ref VPC
    Export:
      Name: !Sub "${AWS::StackName}-VPCID"
```

26

VPC끼리 네트워크 연결하기

VPC 피어링 연결(peering connection)은 서로 다른 VPC 간에 안전하게 통신할 수 있도록 연결해 주는 네트워크 기능이다. 예를 들어, VPC A에 있는 EC2 인스턴스가 VPC B에 있는 RDS 데이터베이스에 접근해야 한다면 어떻게 해야 할까? VPC A와 VPC B가 서로 통신할 수 있도록 AWS의 내부에 전용 네트워크를 만들어 주면 된다. 이때 필요한 것이 바로 VPC 피어링 연결이다. VPC 피어링 연결을 설정하면 두 VPC는 서로의 사설 IP 주소를 이용해 마치 하나의 네트워크처럼 통신할 수 있다.

이번 장에서는 이러한 VPC 피어링 연결에 대해 알아보겠다.

26.1 VPC 피어링 연결이란?

처음부터 IaC로 아키텍처를 관리했으면 좋았겠지만 당시에는 IaC를 왜 사용하는지 잘 몰랐고, 필요성도 못 느꼈기에 도입하지 못했다. 다행히 이번 기회에 전체 아키텍처를 CloudFormation으로 만들어서 Git으로 이력을 관리할 수 있게 됐다. 그래서 직원 중 누군가가 퇴사하거나 아파서 병원에 입원하더라도 누구든지 Git을 통해 전체 아키텍처를 파악할 수 있게 됐다. 사람의 기억에만 의존하는 관리는 이제 끝이다. 그리고 다른 리전으로 사업을 확장할 때도 인프라를 금방 배포할 수 있게 됐다.

여행 전용 쇼핑몰의 아키텍처도 새 VPC에 CIDR 범위만 변경해서 무사히 배포했다. 그리고 여행 상품들을 판매하려고 하는데, 고객들이 여행 전용 쇼핑몰에 새로 가입해야 하는 등 불편하다는 불만이 들어왔다. 기존 쇼핑몰 사용자일 경우 동의 과정만 거치면 여행 상품 쇼핑몰에 따로 가입하지 않아도 되게 해야 할 듯하다.

그러려면 일단 여행 전용 쇼핑몰 인스턴스들이 쇼핑몰의 데이터베이스에 접근해야 하는데, 쇼핑몰의 데이터베이스는 외부에서 접근할 수 없게 아키텍처를 설계했기에 접근이 불가하다. 그럼 두 개의 서로 다른 VPC(사설 네트워크)가 서로 통신하려면 어떻게 해야 할까?

그림 26.1 서로 다른 VPC끼리 연결하기 위해 피어링 연결을 적용한 아키텍처

AWS는 서로 다른 VPC끼리 네트워크를 연결할 수 있도록 VPC 피어링 연결을 제공한다. VPC끼리 1:1로 연결하는 것이다. 단 조건이 있는데, VPC의 CIDR 대역이 달라야 한다는 것이다. 참고로 필자는 쇼핑몰의 VPC를 만들 때 CIDR 범위를 10.0.0.0/16으로 만들었다. 그런데 여행 전용 쇼핑몰의 VPC도 10.0.0.0/16으로 만들었다면 서로 연결할 수 없다. 왜냐하면 사설 IP로 통신해야 하는데, IP 대역이 겹치면 패킷이 어디로 갈지 알 수가 없기 때문이다.

필자는 이 같은 사실을 잘 모르고, 쇼핑몰 전용 아키텍처도 10.0.0.0/16으로 배포해 버렸다. 아무래도 VPC의 CIDR 범위를 변경해서 다시 배포해야 될 듯하다. 필자가 CloudFormation으로 IaC를 적용하지 않았다면 이런 상황에 엄청난 부담을 느꼈을 것이다. 하지만 이제는 그럴 필요가 없다. CloudFormation 파일만 약간 변경해서 다시 배포하면 그만이기 때문이다. 아직 여행 전용 쇼핑몰의 데이터가 얼마 없어서 데이터베이스의 스냅샷으로 백업해 놓고, 다시 아키텍처를 배포한 후에 스냅샷을 복구하면 될 것 같다. 이 과정에 1시간도 채 안 걸리는 듯하다.

이제 이어지는 절에서 VPC 피어링 연결을 이용해 VPC끼리 연결해 보자.

26.2 [실습] VPC 피어링 연결

이번 실습에서는 VPC 피어링 연결을 다룬다. 피어링 연결은 2개의 VPC를 연결하는 기능이므로 이번 실습을 하기 위해서는 2개의 VPC가 필요하다. VPC를 다시 만들어야 한다면 CloudFormation 단원에서 필자가 제공한 VPC YAML 파일로 2개를 배포해도 된다. 단, CIDR 범위가 달라야 하므로 하나는 그냥 배포하고 다른 하나는 10.0으로 시작하는 모든 숫자를 검색해 10.1로 변경한 후 배포해서 사용하기를 권장한다. 앞에서 언급했듯이 VPC 피어링 연결은 CIDR 범위가 겹치면 사용할 수 없는데, 네트워크상의 장치는 각기 고유한 IP로 통신하는데 동일한 IP가 있다면 데이터를 어디로 보내야 할지 알 수가 없기 때문이다.

01. 먼저 VPC 서비스에서 왼쪽 메뉴의 **피어링 연결**을 클릭한다. 그러고 나서 **피어링 연결 생성** 버튼을 클릭한다.

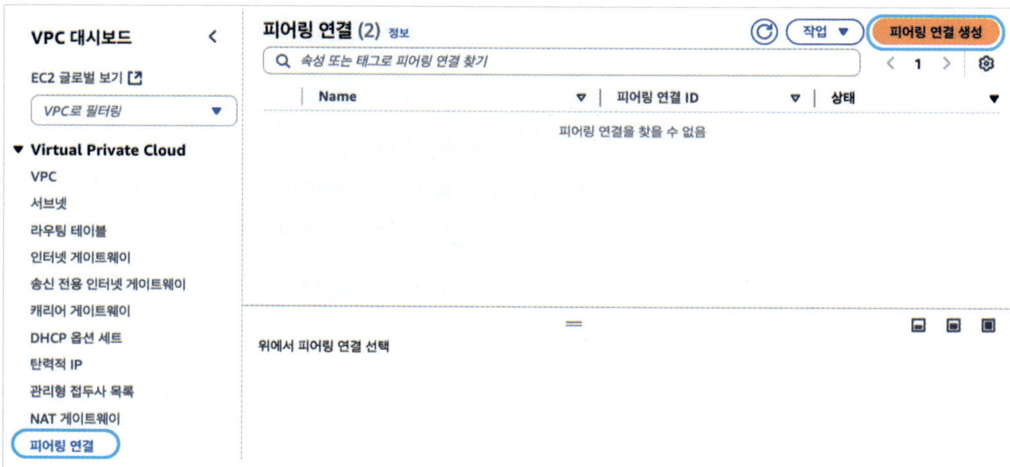

그림 26.2 VPC의 피어링 연결 목록

02. **이름**에는 각자 원하는 이름을 입력한다(이 책에서는 lucky-travel-peering). VPC ID(**요청자**)에는 lucky-vpc를 선택한다. VPC ID(**수락자**)에는 travel-vpc를 선택한다. 그리고 나서 **피어링 연결 생성** 버튼을 클릭한다. 참고로 요청자와 수락자는 순서가 바뀌어도 큰 의미는 없다. 왜냐하면 필자가 2개의 VPC를 관리하는 권한을 모두 가지고 있기 때문이다.

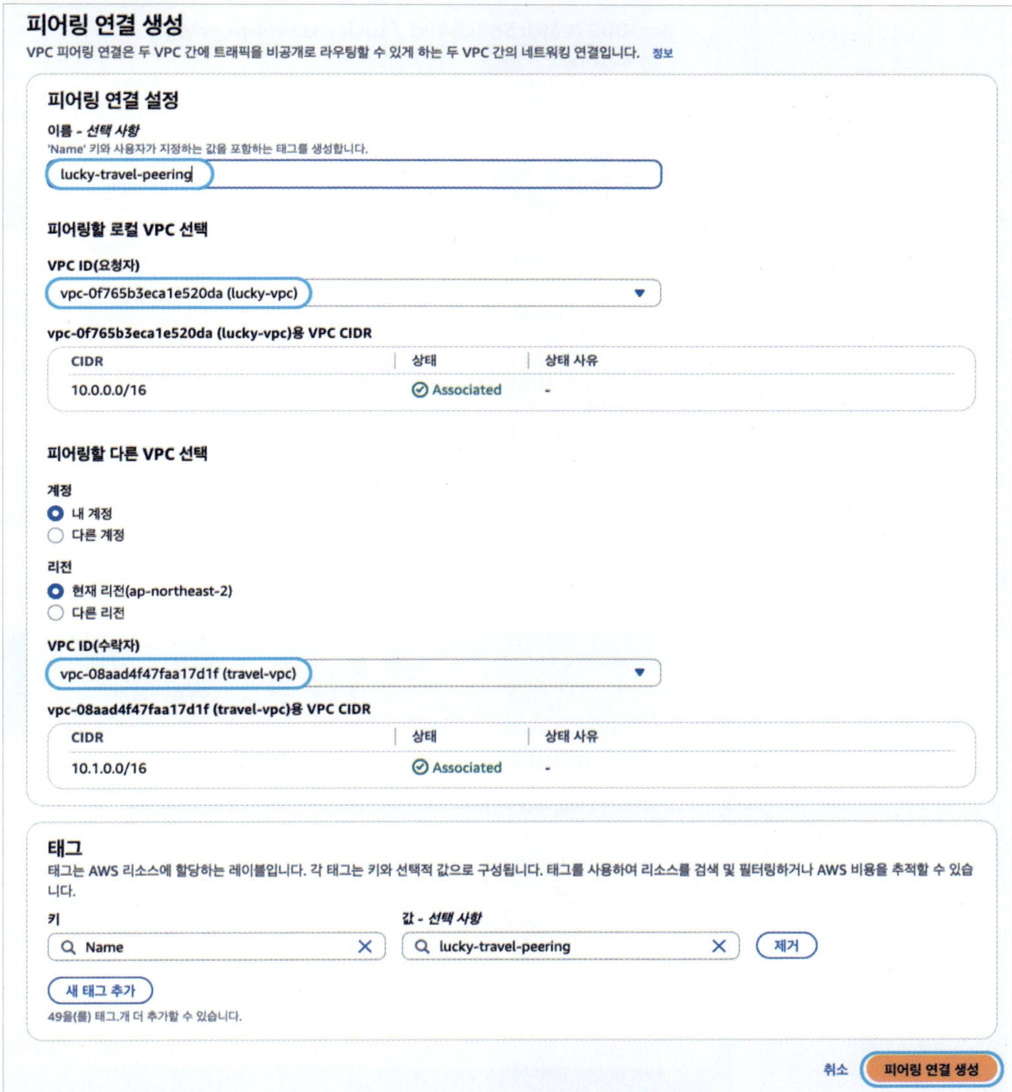

그림 26.3 VPC의 피어링 연결 설정

03. '**VPC 피어링 연결이 요청되었습니다.**'라는 메시지가 표시되는 것을 확인하고, **작업** → **요청 수락** 메뉴를 차례로 선택한다. 필자가 2개의 VPC를 관리하는 권한을 모두 가지고 있기 때문에 필자가 요청하고 필자가 수락하면 된다.

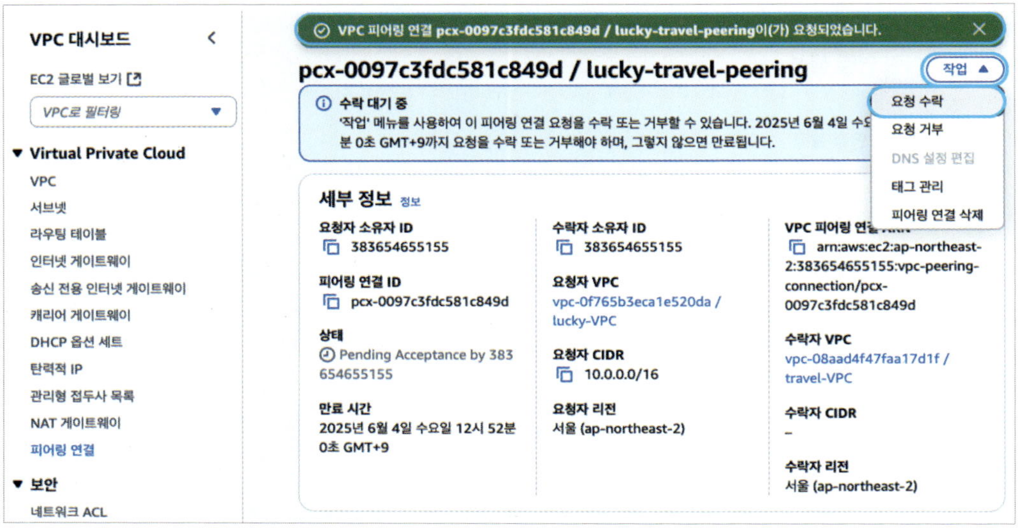

그림 26.4 VPC의 피어링 연결 생성 후 요청 수락

04. **요청 수락** 버튼을 클릭한다.

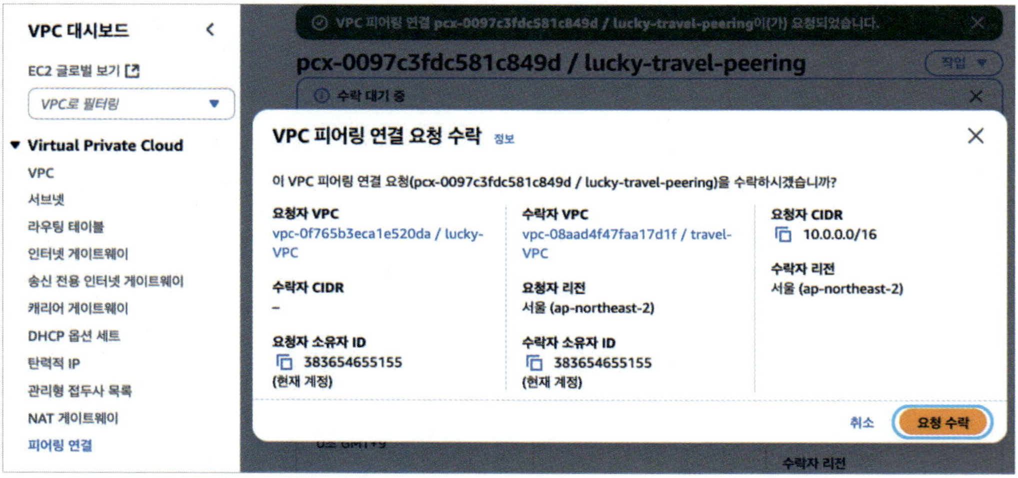

그림 26.5 VPC의 피어링 연결 요청 수락 확인

05. 다시 왼쪽 메뉴의 **피어링 연결**을 클릭해 lucky-travel-peering이 생성된 것을 확인하고, **상태**가 **활성**인지도 확인한다.

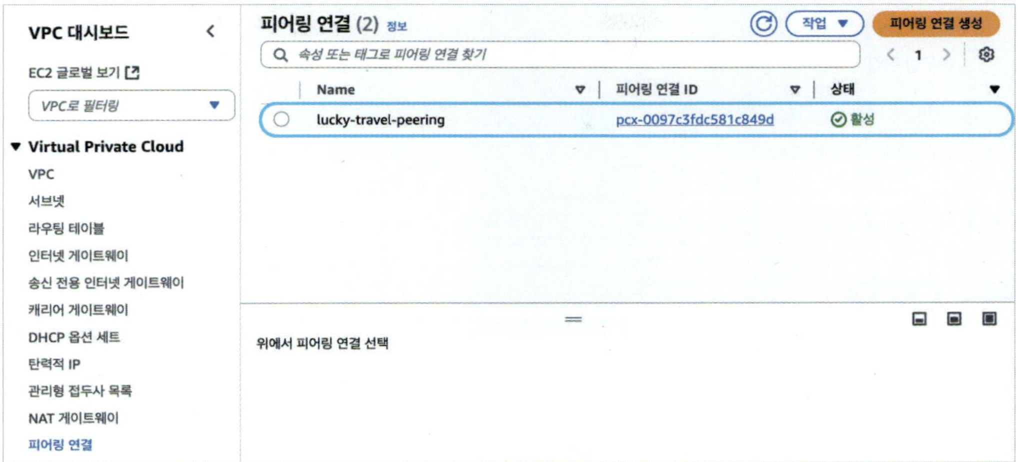

그림 26.6 VPC의 피어링 연결 요청 수락 완료 후의 피어링 연결 목록

06. 이번에는 왼쪽 메뉴의 **라우팅 테이블**을 클릭한다. lucky-vpc의 프라이빗 서브넷 1번을 관리하는 라우팅 테이블인 lucky-private-rt1을 선택한다. 그리고 나서 **라우팅 편집** 버튼을 클릭한다. 앞에서 VPC를 다룰 때 이야기했듯이 네트워크는 라우팅 테이블만 잘 이해하고 있으면 쉽게 할 수 있다. 그리고 여기서는 lucky-private-rt1 라우팅 테이블만 설정하지만 lucky-private-rt2 라우팅 테이블도 똑같이 설정해야 한다.

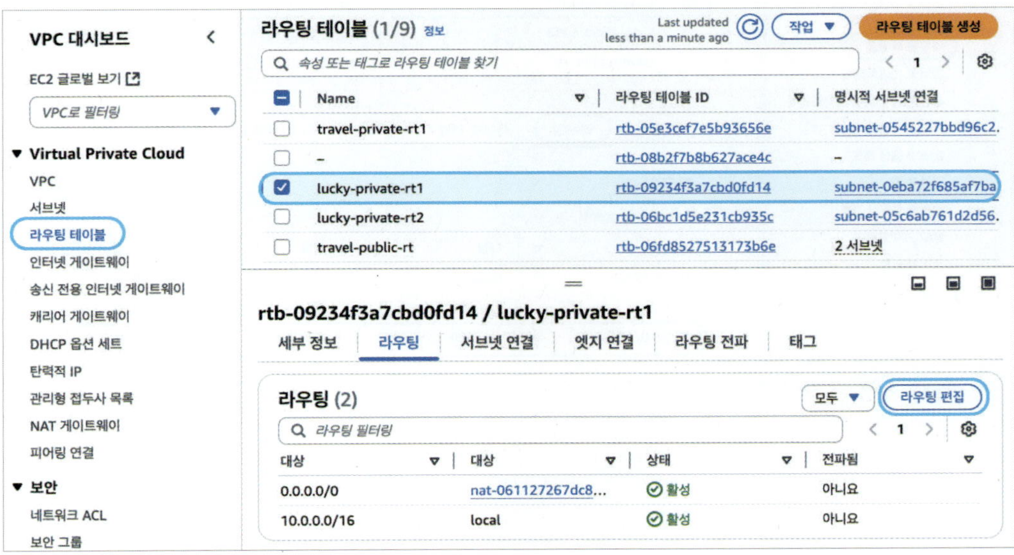

그림 26.7 라우팅 테이블의 라우팅 편집

07. **라우팅 추가** 버튼을 클릭해 라우팅을 추가한다. 첫 번째 **대상** 항목에 10.1.0.0/0을 입력한다. 10.1.0.0/0은 연결하려는 travel-vpc의 CIDR 범위다. 그리고 두 번째 **대상** 메뉴를 클릭한 후 **피어링 연결**을 선택하고, 앞에서 생성한 lucky-travel-peering을 선택한다. 마지막으로 **변경 사항 저장** 버튼을 클릭한다.

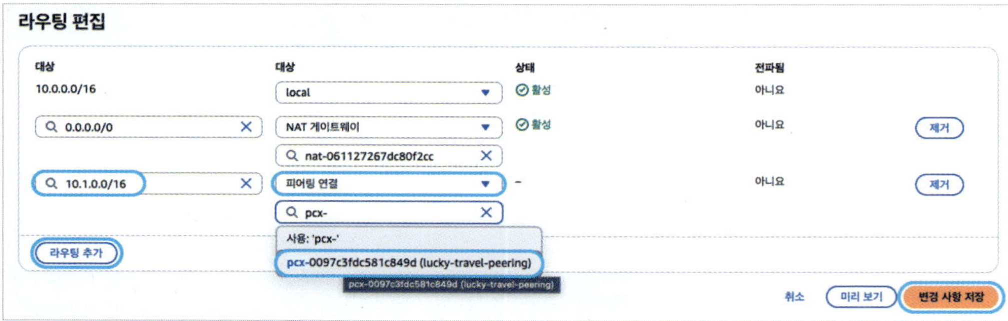

그림 26.8 라우팅 테이블의 라우팅 추가

08. 다시 왼쪽 메뉴의 **라우팅 테이블**을 클릭한다. lucky-private-rt1을 선택하고, **라우팅** 탭에서 10.1.0.0/16 CIDR 범위의 IP들은 피어링 연결로 보낸다는 라우팅이 추가된 것을 확인한다.

그림 26.9 라우팅 테이블의 라우팅 추가 확인

09. 피어링 연결은 한쪽만 설정해서 되는 것이 아니다. travel–vpc에서도 같은 설정을 적용해야 한다. 이를 위해 왼쪽 메뉴의 **라우팅 테이블**을 클릭하고, travel–vpc의 프라이빗 서브넷 1번을 관리하는 라우팅 테이블인 travel–private–rt1을 선택한다. **라우팅 편집** 버튼을 클릭한다.

참고로 이 책에서는 travel–private–rt1 라우팅 테이블만 설정하지만 travel–private–rt2 라우팅 테이블도 똑같이 설정해야 한다.

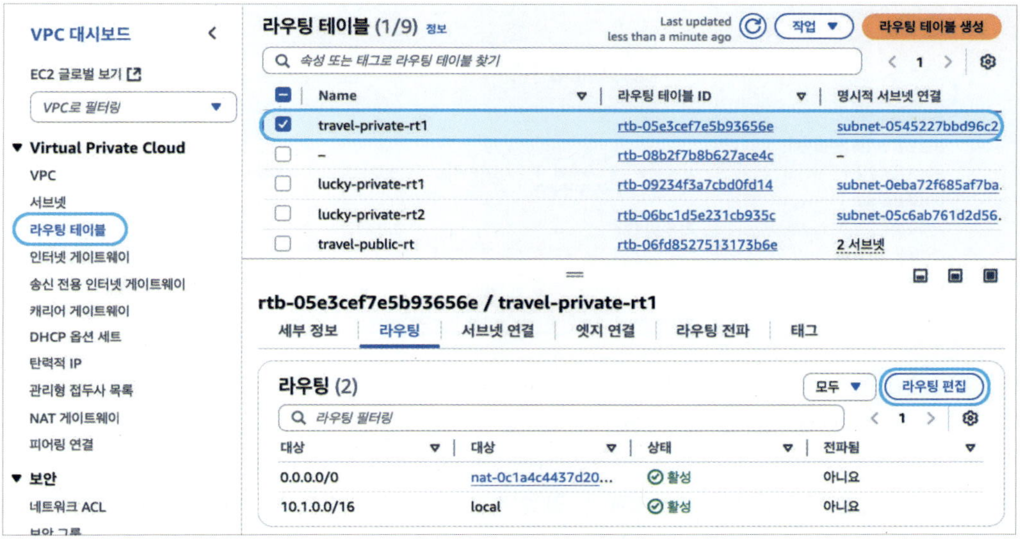

그림 26.10 라우팅 테이블의 라우팅 편집

10. **라우팅 추가** 버튼을 클릭해 라우팅을 추가한다. 첫 번째 **대상** 항목에 10.0.0.0/0을 입력한다. 10.0.0.0/0은 연결하려는 lucky–vpc의 CIDR 범위다. 그리고 두 번째 **대상** 메뉴를 클릭한 후 **피어링 연결**을 선택하고, 앞에서 생성한 lucky–travel–peering을 선택한다. 마지막으로 **변경 사항 저장** 버튼을 클릭한다.

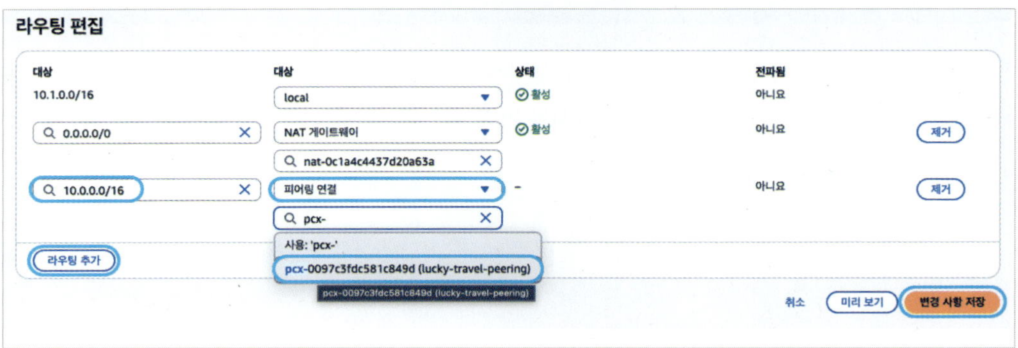

그림 26.11 라우팅 테이블의 라우팅 추가

11. 다시 왼쪽 메뉴의 **라우팅 테이블**을 클릭한다. travel-private-rt1을 선택하고 **라우팅** 탭에서 10.0.0.0/16 CIDR 범위의 IP들은 피어링 연결로 보낸다는 라우팅이 추가된 것을 확인한다.

그림 26.12 라우팅 테이블의 라우팅 추가 확인

이렇게 해서 VPC 피어링 연결을 설정했다. 잘 연결됐는지 테스트하고 싶다면 각 서브넷의 프라이빗 서브넷 1번에 각각 인스턴스를 1개씩 만들고 ping 테스트를 해보면 된다. 참고로 AWS 내에서 ping 테스트를 하려면 보안 그룹에서 **사용자 지정 ICMP – IPv4** 포트를 추가해야 한다.

26.3 [실습] 리소스 삭제

실습이 끝났다면 앞에서 만든 피어링 연결을 삭제해보자. 참고로 다음 실습을 이어서 하려면 VPC는 지우면 안 되는데, 다음 장 실습에서도 VPC 2개가 필요하기 때문이다.

01. **피어링 연결**을 클릭한다. lucky-travel-peering을 선택하고, **작업 → 피어링 연결 삭제**를 선택한다.

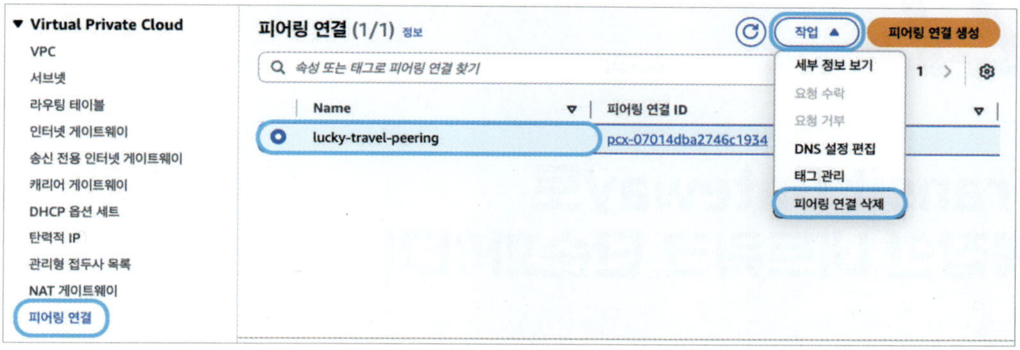

그림 26.13 피어링 연결 삭제

02. 입력란에 '삭제'를 입력하고, **삭제** 버튼을 클릭한다.

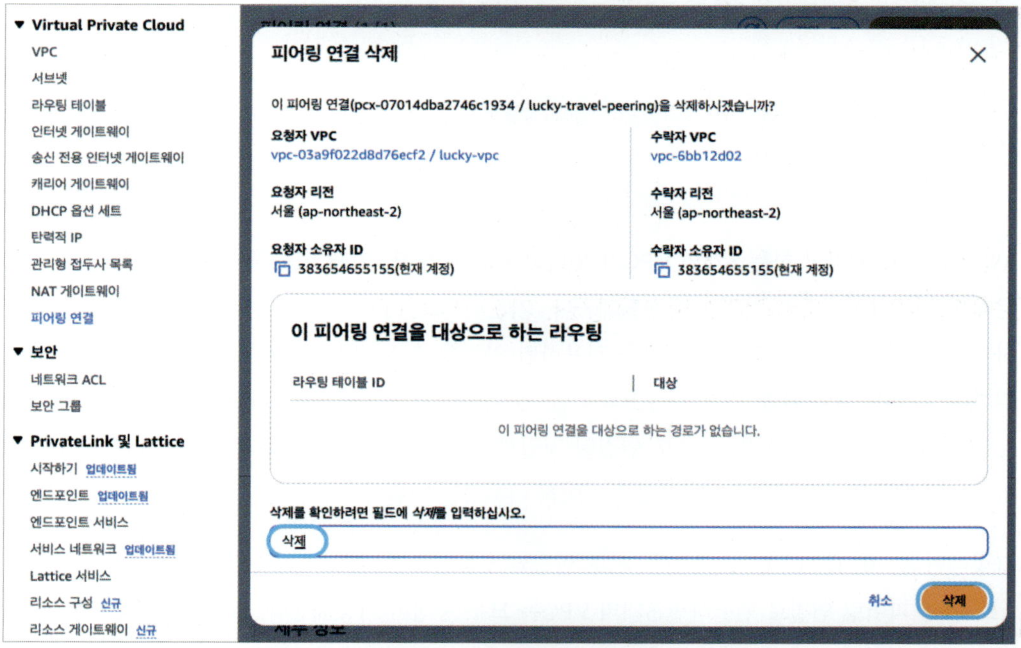

그림 26.14 피어링 연결 삭제 확인

27

Transit Gateway로 복잡한 네트워크 단순화하기

AWS에 A, B, C라고 하는 3개의 VPC가 있다고 가정해 보자. 이때 VPC를 팀이나 목적별로 나누는데, 문제는 "이 VPC들끼리 어떻게 통신할까?"다. 기본적으로 VPC는 서로 격리돼 있어서 통신이 불가능하다. 앞에서 배운 VPC 피어링 연결을 사용하면 연결할 수 있지만 VPC 피어링 연결은 1:1 연결만 지원한다. 그러면 A와 B를 연결하고, B와 C를 연결하면 되지 않을까? 실제로 이렇게 하면 된다. 그럼 A－B, B－C를 연결했으면 A－C도 연결된 것일까? 아니다. 이 같은 형태를 전이적 라우팅(Transitive Routing)이라고 하는데, VPC 피어링은 전이적 라우팅을 지원하지 않는다.

그렇다면 A－B, B－C, C－A가 모두 서로 연결되어 통신할 수 있도록 만들려면 어떻게 해야 할까? C－A도 VPC 피어링 연결로 연결하면 3개의 VPC는 모두 통신이 가능해진다. 그럼 VPC 피어링 연결로 모든 VPC를 연결하는 네트워크를 구축하려면 VPC 개수가 늘어날수록 몇 개가 필요한지 계산해 보자.

표 27.1 VPC 수의 따라 필요한 피어링 연결의 수를 계산한 결과

VPC 수	필요한 피어링 연결 수
2	1
3	3
4	6
5	10
6	15
7	21
8	28
9	36
10	45
20	190
50	1,225
100	4,950

위의 내용을 공식으로 표현하면 (n(n−1)/2)와 같다(여기서 n은 VPC의 개수). 보다시피 VPC가 4개 이상일 때 모든 VPC가 서로 통신하려면 복잡도가 올라가기 시작한다. 결과적으로 이를 모두 수작업으로 관리하려면 지옥이 펼쳐진다.

그래서 "VPC들을 하나의 중앙 지점에 모아서 통신하게 하면 안 될까?"라는 아이디에서 나온 것이 바로 Transit Gateway다. Transit Gateway는 AWS VPC, 온프레미스 네트워크, 그리고 다른 AWS 계정의 리소스들을 하나의 중앙 허브로 연결해 주는 서비스다. 말 그대로 네트워크의 허브 역할을 하므로 모든 VPC와 온프레미스 네트워크는 Transit Gateway에만 연결하면 된다. 그러면 Transit Gateway가 알아서 트래픽을 전달해준다. 일일이 VPC 간 피어링 연결을 만들 필요가 없다. 이 방식 덕분에 네트워크 아키텍처가 깔끔해지고, 확장성도 좋아진다.

이번 장에서는 이러한 Transit Gateway에 대해 알아본다.

27.1 Transit Gateway란?

앞서 쇼핑몰과 여행 전용 쇼핑몰이 서로 데이터베이스를 공유해야 해서 VPC 피어링 연결을 통해서 VPC를 연결했다. 생각보다 간단한 방법으로 VPC끼리 연결하면서 다시 한 번 AWS의 편안함에 감동했다.

여행 전용 쇼핑몰에도 차츰 고객이 늘고 있다. 동시에 고객의 요구도 많아지고, 요구를 충족하기 위해 직원들도 채용했다. 회사 규모가 커지다 보니 팀을 여러 개로 나눴고, 각 팀마다 다양한 기능을 만들고 테스트하고 있다. 그렇다 보니 이제 회사 내에 다양한 팀이 존재하는데, 문제는 여러 팀이 쇼핑몰을 운영 중인 VPC에서 테스트 인스턴스를 만들고 기능들을 테스트하고 있다는 것이다.

물론 직원마다 최소한의 권한을 부여해서 운영 중인 쇼핑몰의 아키텍처가 삭제되는 등의 사고가 발생할 확률은 적지만 불안감은 있다. 그래서 팀마다 VPC를 따로 만들고, 각 팀의 VPC에서만 개발하고 테스트하라는 규정을 만들었다. 그런데 테스트를 하려면 테스트 데이터베이스가 필요한데, 모든 VPC에 테스트 데이터베이스를 구축하는 것은 비용과 관리 측면에서 부담이 되는 것이 사실이다. 그래서 테스트용 데이터베이스 VPC를 따로 만들어서 각 팀이 VPC 피어링 연결을 통해 데이터베이스 VPC와 연결해서 사용하게 했다.

그런데 생각해 보니 단순히 데이터베이스 VPC만 연결하면 될 문제가 아니다. 여러 팀이 쇼핑몰에 다양한 기능을 만들다 보니 팀들끼리 서로 연관되는 부분이 많다. 게다가 외부에 노출되면 안 되는 API가 있다 보니 이들끼리 어떻게 통신해야 할지 고민이 생겼다.

모든 VPC를 피어링 연결로 연결해야 할 듯하다. 그런데 VPC 피어링 연결은 VPC끼리 1:1로 연결하면 간편하게 사용할 수 있지만 모든 VPC가 서로 통신할 수 있게 구성하려면 VPC 피어링 연결이 너무 많이 만들어진다. VPC의 개수를 n이라고 할 때 다음 공식을 적용하면 피어링 연결의 수를 산출할 수 있다.

```
n(n-1)/2
```

가령 그림 27.1처럼 VPC가 4개만 있다고 하더라도 다음과 같이 6개의 피어링 연결이 생기는 것을 볼 수 있다. 이렇게 되면 관리의 복잡도가 매우 높아진다. 그렇다면 좀 더 관리하기 쉽고 낮은 복잡도로 네트워크를 구성할 수는 없을까?

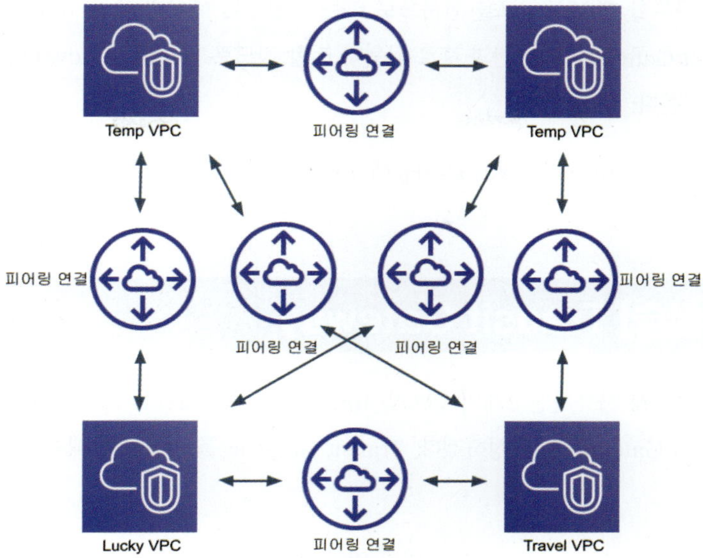

그림 27.1 모든 VPC를 피어링 연결로 연결함으로써 복잡해진 아키텍처

AWS는 복잡한 네트워크를 구축할 때 Transit Gateway를 사용한다. 간단히 VPC의 허브 역할을 한다고 보면 된다. 물론 VPC의 허브 역할만 하는 것은 아니다. 다양한 기능을 제공하지만 필자는 현재 VPC의 허브 기능만 필요하다. 이러한 경우 Transit Gateway에 VPC를 연결해 놓으면 모든 VPC가 서로 통신할 수 있다.

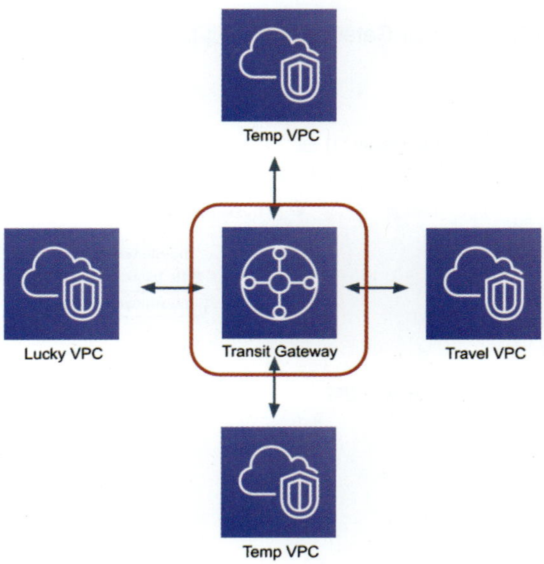

그림 27.2 복잡한 연결을 단순화하기 위해 Transit Gateway를 적용한 아키텍처

필자가 AWS에서 근무할 때 네트워크를 전문으로 하는 직원분이 하신 말씀이 아직도 기억나는데, AWS 네트워크는 Transit Gateway 도입 전과 후로 나뉜다고 할 정도로 Transit Gateway는 복잡한 네트워크를 간단하게 만들어준다.

그럼 이어지는 절에서 Transit Gateway를 이용해 VPC 간의 통신을 구성해보자.

27.2 [실습] Transit Gateway

이번 실습에서는 기존에 사용하던 2개의 VPC인 **lucky-vpc**와 **travel-vpc**가 서로 통신하도록 허브 역할을 하는 Transit Gateway를 생성하겠다. Transit Gateway를 이용하면 대규모 네트워크를 손쉽게 구축할 수 있다.

그런데 Transit Gateway를 사용하기 전에 미리 알아야 할 것이 있다. 대규모 네트워크는 네트워크를 구분하기 위해 ASN(Autonomous System Number)을 사용한다. ASN은 네트워크 사업자가 갖는 고유 번호라고 이해하면 된다. Transit Gateway를 만들 때도 ASN 번호가 필요한데, AWS에서는 Transit Gateway를 사용할 때 64512~65534와 4200000000~4294967294 범위의 ASN 번호를 사용할 수 있다.

이제 하나씩 따라가면서 Transit Gateway를 설정해보자.

01. VPC 서비스에서 왼쪽 메뉴의 Transit Gateway를 클릭한다. 그리고 나서 Transit Gateway **생성** 버튼을 클릭한다.

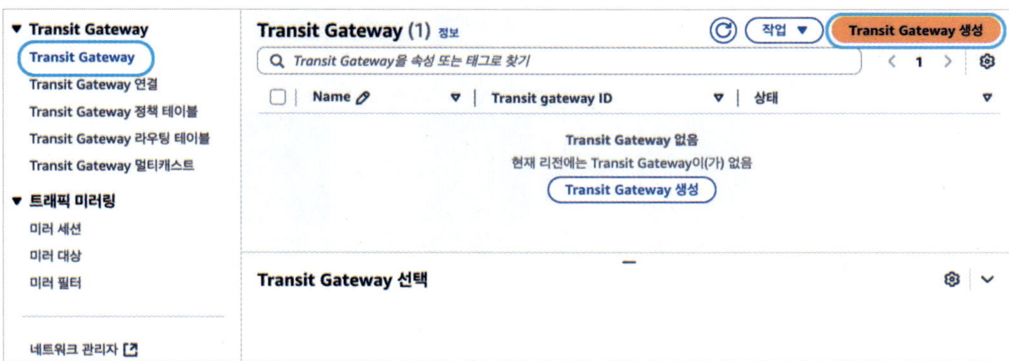

그림 27.3 Transit Gateway 목록

02. **이름 태그**에 각자 원하는 이름을 입력한다(이 책에서는 lucky-tgw). Amazon 측 ASN(**자율 시스템 번호)**에는 **64512**를 입력한다. 참고로 AWS의 ASN 범위를 알고 싶으면 우측의 **정보**를 클릭한다. 64512~65534, 4200000000~429496729 범위 내에서 원하는 숫자를 사용할수 있다. 설정을 마치면 페이지 하단의 **Transit Gateway 생성** 버튼을 클릭한다.

그림 27.4 Transit Gateway 설정

03. lucky-tgw의 상태가 Available로 표시될 때까지 기다린다(몇 분 정도 걸릴 것이다).

그림 27.5 Transit Gateway 생성 후 목록

04. 왼쪽 메뉴에서 **Transit Gateway 연결**을 클릭한다. 그러고 나서 **Transit Gateway Attachment 생성** 버튼을 클릭한다. Attachment(연결)는 VPC, VPN, 피어링 연결 등을 Transit Gateway에 연결하는 연결점을 의미한다.

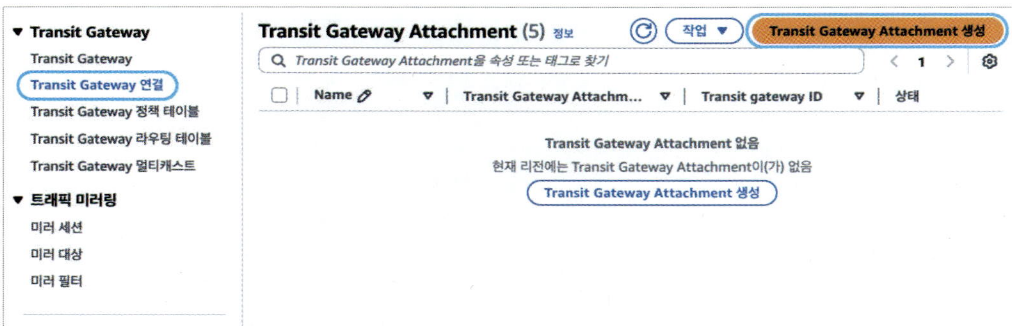

그림 27.6 Transit Gateway 연결 목록

05. **이름 태그**에 각자 원하는 이름을 입력한다(이 책에서는 lucky-attachment). Transit gateway ID에는 앞에서 만든 lucky-tgw를 선택한다. 다음으로 **연결 유형**이 VPC인지 확인한다. VPC ID는 lucky-vpc를 선택한다. 설정을 마치면 하단의 Transit Gateway Attachment **생성** 버튼을 클릭한다.

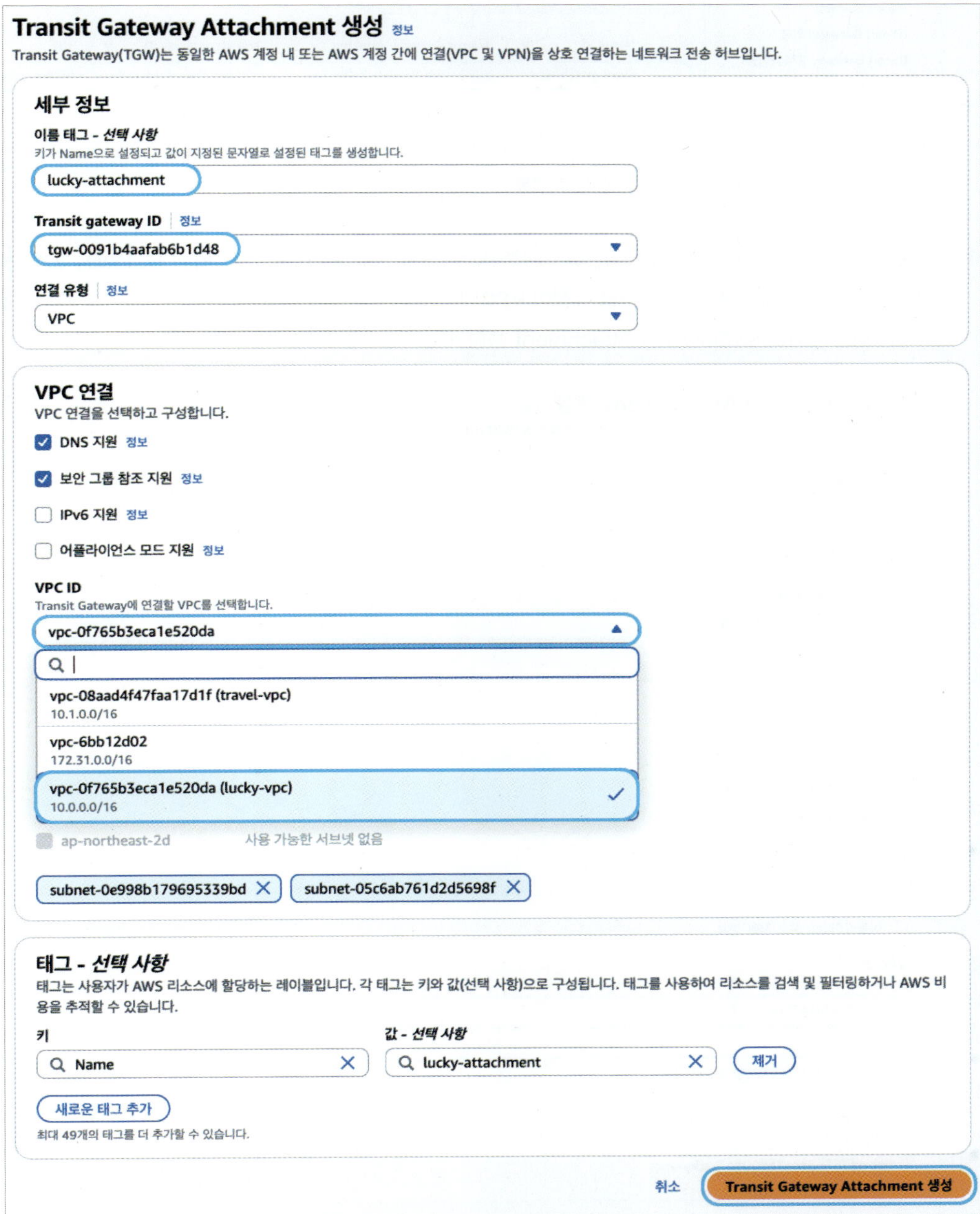

그림 27.7 Transit Gateway Attachment 설정

06. lucky-attachment의 상태가 Available로 표시될 때까지 기다린다(몇 분 정도 걸릴 것이다). Transit Gateway Attachment **생성** 버튼을 클릭한다.

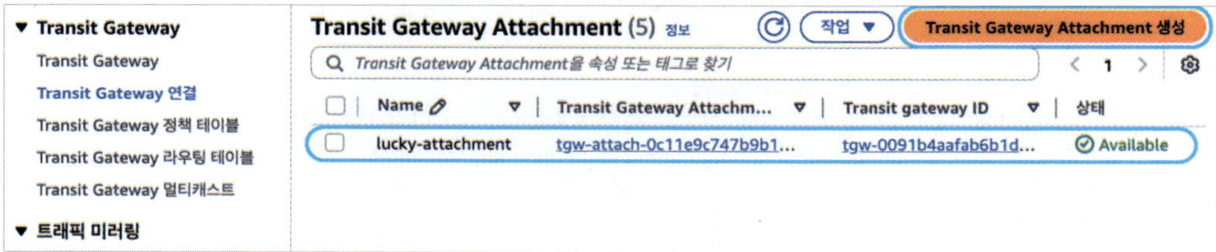

그림 27.8 Transit Gateway Attachment 생성 후 목록

07. **이름 태그**에 각자 원하는 이름을 입력한다(이 책에서는 travel-attachment). Transit Gateway ID에는 앞에서 만든 lucky-tgw를 선택한다. **연결 유형**이 VPC인지 확인한다. VPC ID는 travel-vpc를 선택한다. 설정을 마치면 하단의 Transit Gateway Attachment **생성** 버튼을 클릭한다.

※ 다음 페이지의 그림과 연결됨

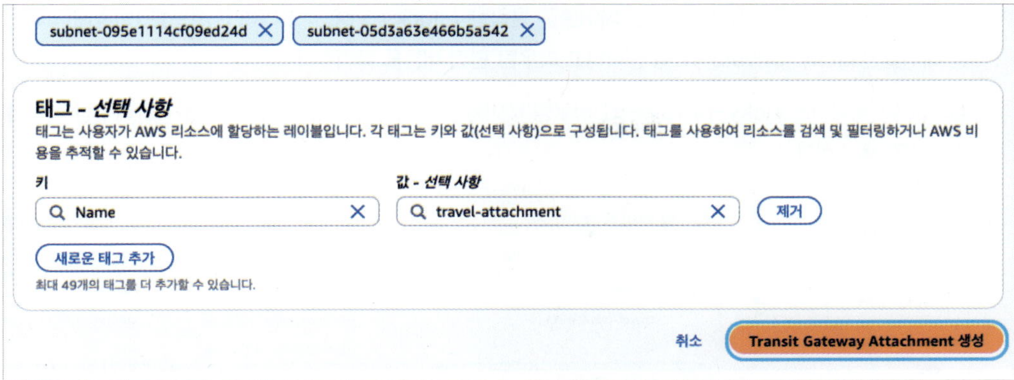

그림 27.9 Transit Gateway Attachment 설정

08. travel-attachment의 상태가 Available로 표시될 때까지 기다린다(몇 분 정도 걸릴 것이다).

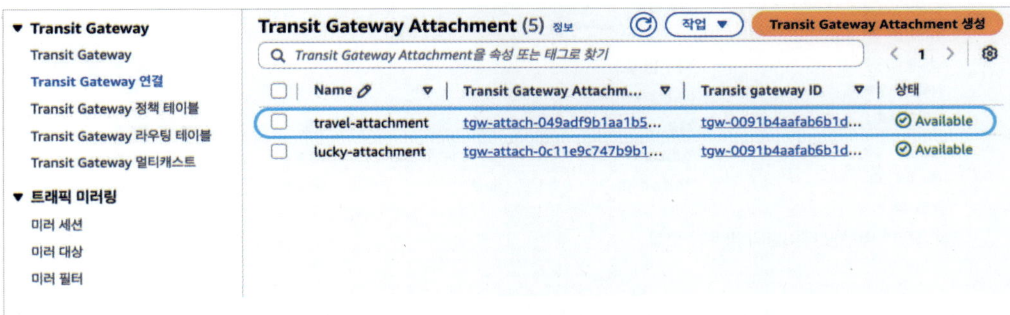

그림 27.10 Transit Gateway Attachment 생성 후 목록

09. VPC 서비스에서 왼쪽 메뉴의 **라우팅 테이블**을 클릭한다. lucky-vpc의 프라이빗 서브넷 1번을 관리하는 라우팅 테이블인 lucky-private-rt1을 선택하고 **라우팅 편집** 버튼을 클릭한다.

참고로 이 책에서는 lucky-private-rt1 라우팅 테이블만 설정하지만 lucky-private-rt2 라우팅 테이블도 똑같이 설정해야 한다.

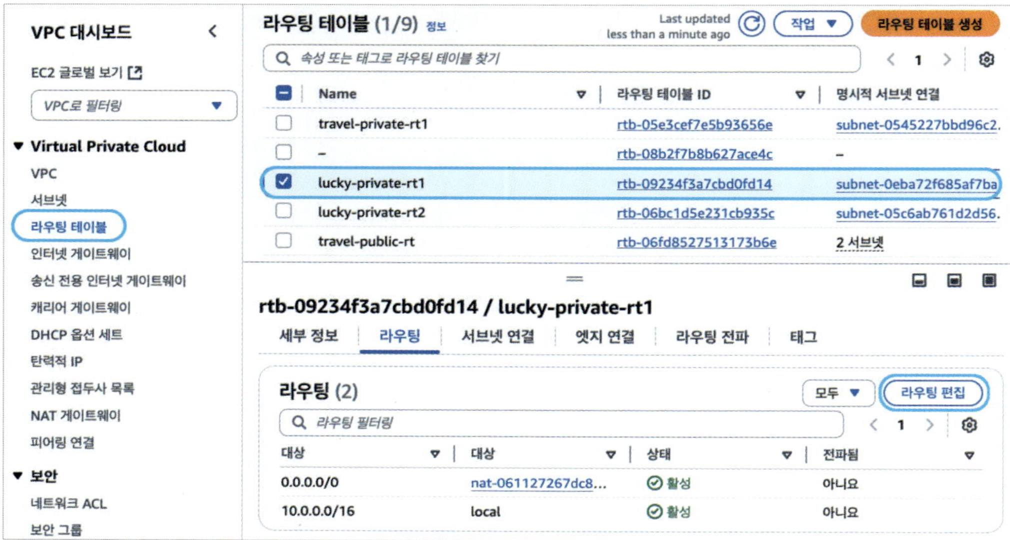

그림 27.11 라우팅 테이블의 라우팅 편집

10. **라우팅 추가** 버튼을 클릭해 라우팅을 추가한다. 첫 번째 **대상** 항목에 10.0.0.0/8을 입력한다. 여기서 10.0.0.0/8을 입력한 이유는 라우팅이 네트워크 범위가 작은 것부터 적용되기 때문이다. 첫 번째로 VPC 내부 통신을 위한 전용 라우팅인 10.0.0.0/16이 먼저 적용되고, 두 번째로 10.0.0.0/8이 적용된다. 즉, 내부 트래픽이 아닌데 10으로 시작하는 트래픽은 Transit Gateway로 보내라는 것이다. 다른 VPC의 CIDR 범위도 10으로 시작하기 때문에 이 라우팅이 적용될 것이다. 그리고 두 번째 **대상** 항목을 클릭해서 Transit Gateway를 선택하고, 앞에서 생성한 lucky-attachment를 선택한다. 마지막으로 **변경 사항 저장** 버튼을 클릭한다.

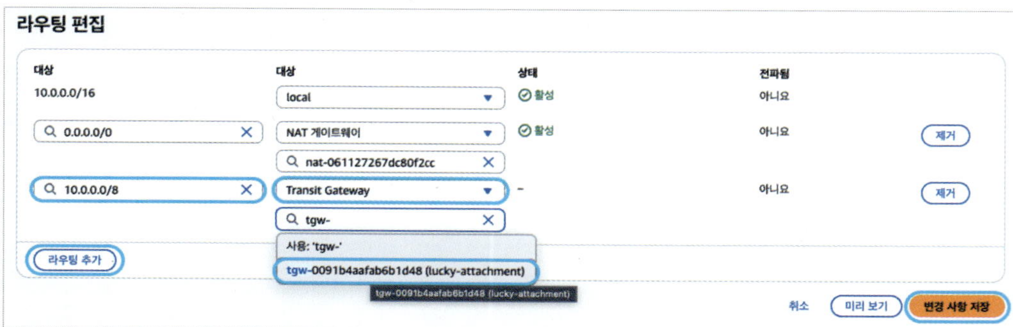

그림 27.12 라우팅 테이블의 라우팅 추가

11. 왼쪽 메뉴에서 **라우팅 테이블**을 클릭한다. 이어서 lucky-private-rt1을 선택한다. 하단의 **라우팅** 탭에서 10.0.0.0/8 CIDR 범위의 IP가 Transit Gateway로 전송된다는 라우팅이 추가된 것을 확인한다.

그림 27.13 라우팅 테이블의 라우팅 추가 확인

12. travel-vpc도 똑같이 설정해야 한다. 다시 왼쪽 메뉴의 **라우팅 테이블**을 클릭한다. travel-vpc의 프라이빗 서브넷 1번을 관리하는 라우팅 테이블인 travel-private-rt1을 선택한다. **라우팅 편집** 버튼을 클릭한다.

참고로 이 책에서는 travel-private-rt1 라우팅 테이블만 설정하지만 travel-private-rt2 라우팅 테이블도 똑같이 설정해야 한다.

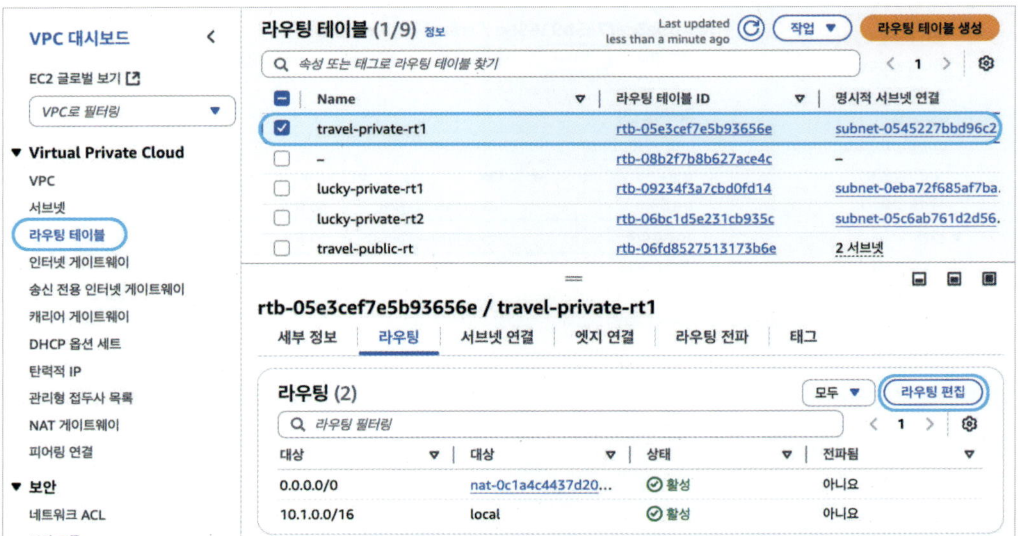

그림 27.14 라우팅 테이블의 라우팅 편집

13. **라우팅 추가** 버튼을 클릭해 라우팅을 추가한다. 첫 번째 **대상** 항목에 10.0.0.0/8을 입력한다. 이어서 두 번째 **대상** 항목을 클릭해 Transit Gateway를 선택하고, 앞에서 생성한 **travel-attachment**를 선택한다. 마지막으로 **변경 사항 저장** 버튼을 클릭한다.

그림 27.15 라우팅 테이블의 라우팅 추가

14. 왼쪽 메뉴의 **라우팅 테이블**을 클릭한다. **travel-private-rt1**을 선택하고 **라우팅** 탭에서 10.0.0.0/8 CIDR 범위의 IP가 Transit Gateway로 전송된다는 라우팅이 추가된 것을 확인한다.

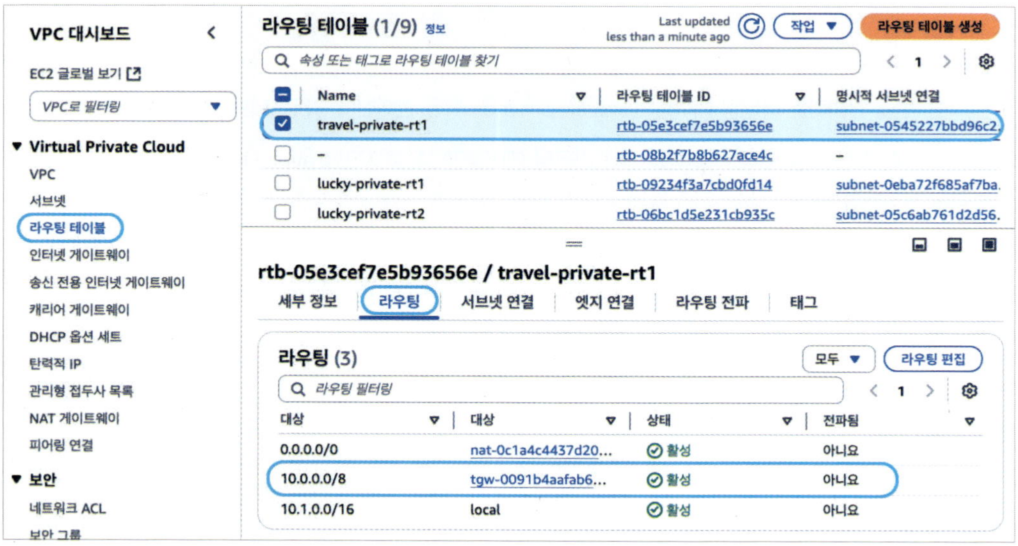

그림 27.16 라우팅 테이블의 라우팅 추가 확인

이렇게 해서 Transit Gateway를 설정했다. 보다시피 Transit Gateway를 생성하고 Attachment를 연결한 후 라우팅 테이블만 설정하면 끝이다.

27.3 [실습] 리소스 삭제

실습이 끝났다면 Transit Gateway를 지워보자. 참고로 다음 실습을 이어서 하려면 실습에 필요한 Transit Gateway와 2개의 VPC를 지워서는 안 된다.

01. Transit Gateway **연결**을 클릭한다. lucky-attachment를 선택하고, **작업** → Transit Gateway Attachment **삭제** 메뉴를 차례로 선택한다(같은 방법으로 travel-attachment도 삭제한다).

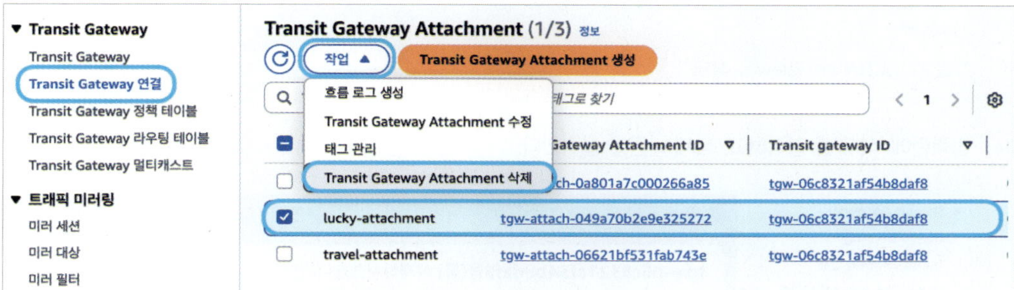

그림 27.17 Transit Gateway Attachment 삭제

02. 입력란에 '**삭제**'를 입력하고, **삭제** 버튼을 클릭한다.

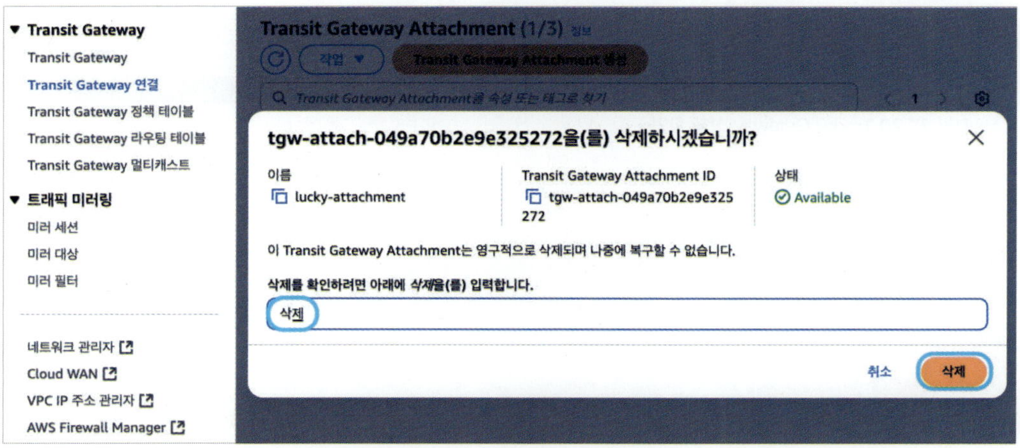

그림 27.18 Transit Gateway Attachment 삭제 확인

03. Transit Gateway를 클릭한다. **lucky-tgw**를 선택하고, **작업** → **Transit Gateway 삭제** 메뉴를 차례로 선택한다.

그림 27.19 Transit Gateway 삭제

04. 입력란에 '**삭제**'를 입력하고, **삭제** 버튼을 클릭한다.

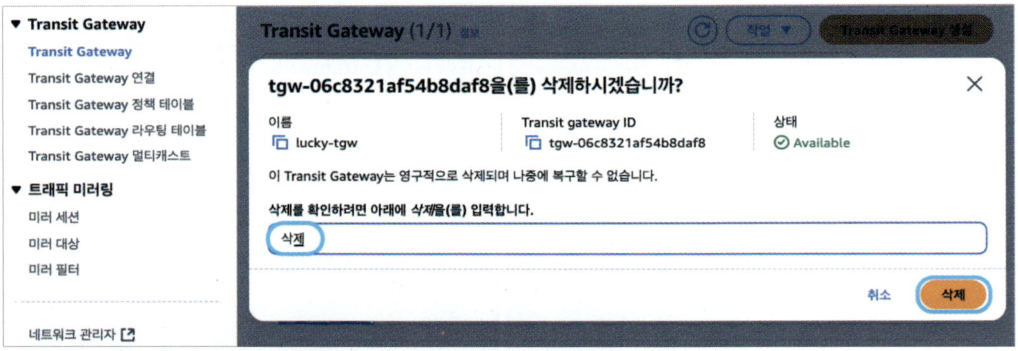

그림 27.20 Transit Gateway 삭제 확인

28

Transit Gateway를 활용한 글로벌 네트워크 구축

서로 다른 VPC를 연결하려면 VPC 피어링 연결을 사용하면 된다. 그런데 VPC가 많아지면 피어링 연결의 수가 너무 많아져서 관리하기가 어려워진다. 이 같은 문제를 해결하기 위해 나온 것이 바로 앞 장에서 살펴본 Transit Gateway다.

앞에서 배웠듯이 Transit Gateway는 여러 VPC와 온프레미스 네트워크를 중앙 허브처럼 연결해 주는 서비스다. 각 VPC를 Transit Gateway에 연결하고 라우팅 테이블만 설정하면 Transit Gateway가 VPC 간의 통신을 알아서 처리해주기 때문에 네트워크가 훨씬 깔끔하고 관리하기 쉬워진다.

그런데 다음과 같은 상황이라면 어떻게 해야 할까? 한국(서울 리전)에 Transit Gateway가 하나 있고, 미국(버지니아 리전)에 또 다른 Transit Gateway가 있을 때 이 두 Transit Gateway를 연결하고 싶다면 어떻게 해야 할까? 이 같은 상황에 필요한 것이 바로 Transit Gateway 피어링 연결이다.

간단하게 요약하면, Transit Gateway 피어링 연결은 서로 다른 Transit Gateway 간의 연결을 가리킨다. 같은 리전 안에서도, 다른 리전 간에도 사용할 수 있다. AWS 백본을 이용하므로 인터넷을 거치지 않고 통신하며, 대규모 글로벌 네트워크 아키텍처를 깔끔하게 구성할 수 있다.

이번 장에서는 이러한 Transit Gateway 피어링 연결에 대해 알아보겠다.

28.1 Transit Gateway 피어링 연결이란?

쇼핑몰의 규모도 커졌고, 팀도 많아졌다. 다행히 여러 개의 VPC를 Transit Gateway로 연결해서 복잡해질 뻔했던 네트워크를 단순하게 구성할 수 있었다.

이제 국내에서는 사용자도 충분히 생겼고, 비즈니스도 꽤 잘된다. 비즈니스를 더 키우기 위해 해외 시장에 진출해 보려고 한다. 잘 될지 안 될지는 알 수 없지만 도전해 보고 싶은 생각이 들었다.

지금까지 겪은 다양한 시행착오로 만들어진 안정적인 아키텍처와 이미 국내에서 판매하고 있는 상품들을 해외 시장에서 판매하려고 한다. 첫 번째 목표는 유럽이다. 어차피 전 세계는 인터넷으로 연결돼 있으니 쇼핑몰에 영어 메뉴만 만들고 유럽에 홍보만 하면 될 것 같다. 어차피 CloudFront를 사용하고 있어서 유럽에서도 이미지를 빨리 다운로드할 수 있으니 크게 문제 없을 것 같다.

외국인용 영어 메뉴를 쇼핑몰에 추가하고 유럽에서 인스타그램과 구글을 통해 홍보를 시작했다. 많지는 않지만 주문이 들어오고 있다. 홍보를 많이 하면 점점 주문이 늘어날 것 같다.

그런데 유럽 시장에 진출한 지 며칠 지나지 않아 해외 고객들의 문의가 들어왔다. "쇼핑몰에 좋은 상품들이 많은 것 같아서 만족스러운데 사이트가 좀 느린 것 같다."라는 요청이었다. 정적 데이터는 CloudFront를 통해 유럽 사용자에게도 빨리 전달되어 크게 느리지 않을 것이라서 생각한다. 하지만 물리적인 거리상 동적 데이터는 유럽에서 서울까지 왔다 갔다 해야 하기 때문에 느릴 수밖에 없다.

속도를 개선하려면 어쩔 수 없이 유럽(런던, 파리, 프랑크푸르트, 아일랜드, 스톡홀름 등)에도 똑같은 인프라를 배포해야 한다. 하지만 아직 매출이 많이 나오지 않아 부담스럽다. 게다가 AWS 비용과 인프라 관리 등 신경 써야 할 부분이 많아지기 때문에 고민이 된다.

그렇지만 우선 파리 리전에 인프라를 배포하기로 했다. 왜냐하면 여러 고객 문의 중에 사용자의 데이터가 GDPR(General Data Protection Regulation)을 준수해서 저장되고 있는지에 대한 문의가 왔기 때문이다. GDPR이 뭔지 잘 몰라서 찾아보니 GDPR은 유럽 연합(EU)의 일반 개인정보 보호법이다. 필자가 유럽의 법까지는 알 수 없어서 소송 등의 문제가 생기기 전에 파리에 쇼핑몰 인프라를 구축해야 할 듯하다. 기존 주문한 고객에게는 사정을 설명하고 주문을 취소했다. 그리고 다음에 사용할 수 있는 포인트로 보상했다.

유럽 연합의 일반 개인정보 보호법으로 인해 개인정보는 유럽 내에 저장해야만 해서 데이터베이스를 파리 리전에 따로 배포했다. 하지만 어차피 쇼핑몰의 상품 데이터는 서울 리전이나 파리 리전이나 똑같다.

그렇다면 서울 리전의 데이터베이스에서 데이터를 가져가면 될 것 같다. 그리고 다른 API 요청도 유럽 시장의 매출이 많이 생기기 전까지는 서울 리전의 데이터베이스와 공유해서 사용해야 할 듯하다.

다른 리전의 VPC끼리도 VPC 피어링 연결을 사용해 연결하면 된다. 하지만 예상하건대 조만간 파리 리전도 VPC가 더 많이 늘어날 것이다. 그렇다면 파리 리전도 Transit Gateway로 네트워크를 구성하는 것이 미래를 생각해서 더 나을 것 같다. 그렇다면 이제는 하나의 고민만 남았다. 바로 서울 리전과 파리 리전을 어떻게 연결할 것인가다. 이에 AWS에서는 Transit Gateway 피어링 연결을 통해 두 개 이상의 Transit Gateway를 연결할 수 있게 해준다.

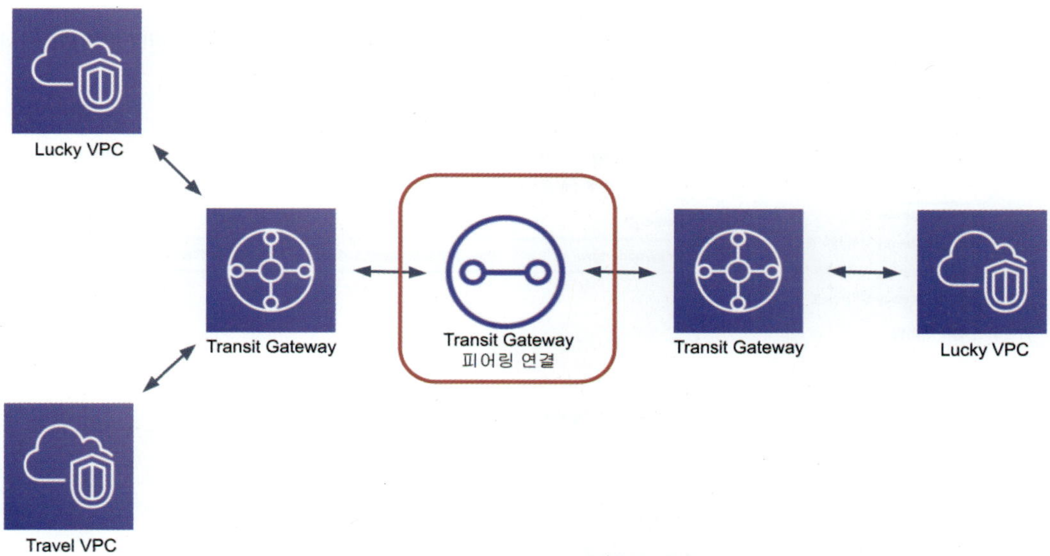

그림 28.1 서로 다른 Transit Gateway끼리 연결하기 위해 Transit Gateway 피어링 연결을 적용한 아키텍처

이어지는 절에서는 이러한 Transit Gateway 피어링 연결로 두 개의 Transit Gateway를 연결해 보자.

28.2 [실습] Transit Gateway 피어링 연결

이번 실습을 하려면 이전 장의 Transit Gateway 실습을 따라 파리 리전에 **lucky-paris-tgw**라는 이름의 Transit Gateway를 하나 더 만들어야 한다. 이때 한 가지 주의해야 할 점은 **lucky-paris-tgw** Transit Gateway를 생성할 때 ASN 번호를 기존의 **lucky-tgw** Transit Gateway와 다르게 사용해야 한다는 것이다. 이는 ASN이 겹치면 통신할 수 없기 때문이다. 그리고 한 개 이상의 VPC를 **lucky-**

paris-tgw에 연결해야 테스트를 해볼 수 있을 것이다. 이 부분까지 완료됐다는 가정하에 실습을 진행하겠다.

이번 실습에서는 앞에서 만든 **lucky-tgw** Transit Gateway와 파리 리전의 **lucky-paris-tgw** Transit Gateway를 Transit Gateway 피어링 연결로 연결해 리전 간 대규모 네트워크를 구성하려고 한다.

이제 이어지는 실습 내용을 하나씩 따라가면서 Transit Gateway 피어링 연결을 설정해보자. 참고로 이번 실습에서는 파리 리전과 서울 리전을 왔다 갔다 해야 하므로 헷갈리지 말고 잘 따라하기 바란다.

01. 먼저 파리 리전으로 이동한 후 VPC 서비스에서 왼쪽 메뉴의 Transit Gateway를 클릭한다. 그리고 나서 lucky-paris-tgw를 선택한다. 하단의 **세부 정보**에서 Transit Gateway ID를 복사한다.

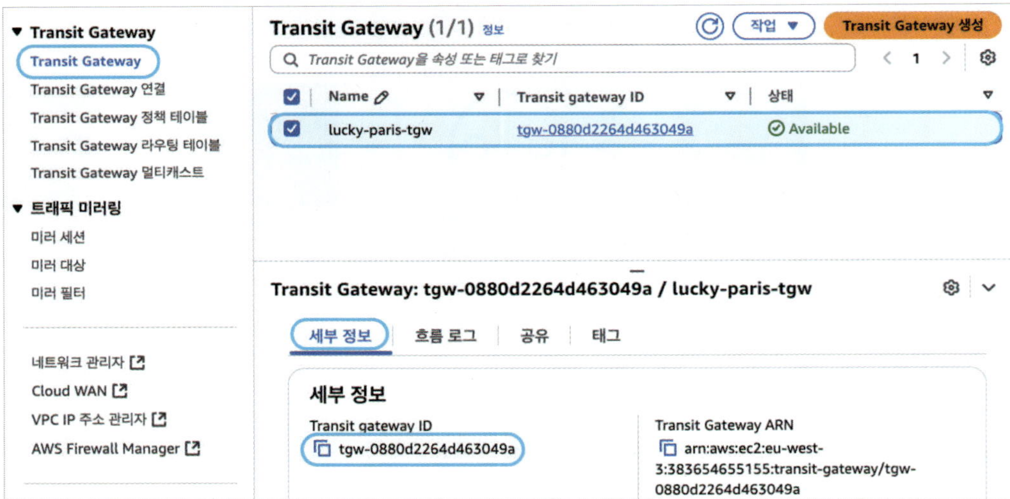

그림 28.2 Transit Gateway 세부 정보에서 Transit Gateway ID를 복사

02. 서울 리전으로 이동한다. 왼쪽 메뉴의 Transit Gateway **연결**을 클릭한다. 그리고 나서 Transit Gateway Attachment **생성** 버튼을 클릭한다.

그림 28.3 Transit Gateway 연결 목록

03. 이름 태그에 각자 원하는 이름을 입력한다(이 책에서는 lucky-tgw-peering-connection). Transit gateway ID에는 앞에서 만든 lucky-tgw를 선택한다. **연결 유형**은 Peering Connection을 선택한다. **리전**은 **유럽(파리)** (eu-west-3)을 선택한다. Transit Gateway(**수락자**)에는 앞에서 복사한 파리 리전의 Transit Gateway ID를 붙여 넣는다. 설정을 마치면 하단의 Transit Gateway Attachment **생성** 버튼을 클릭한다.

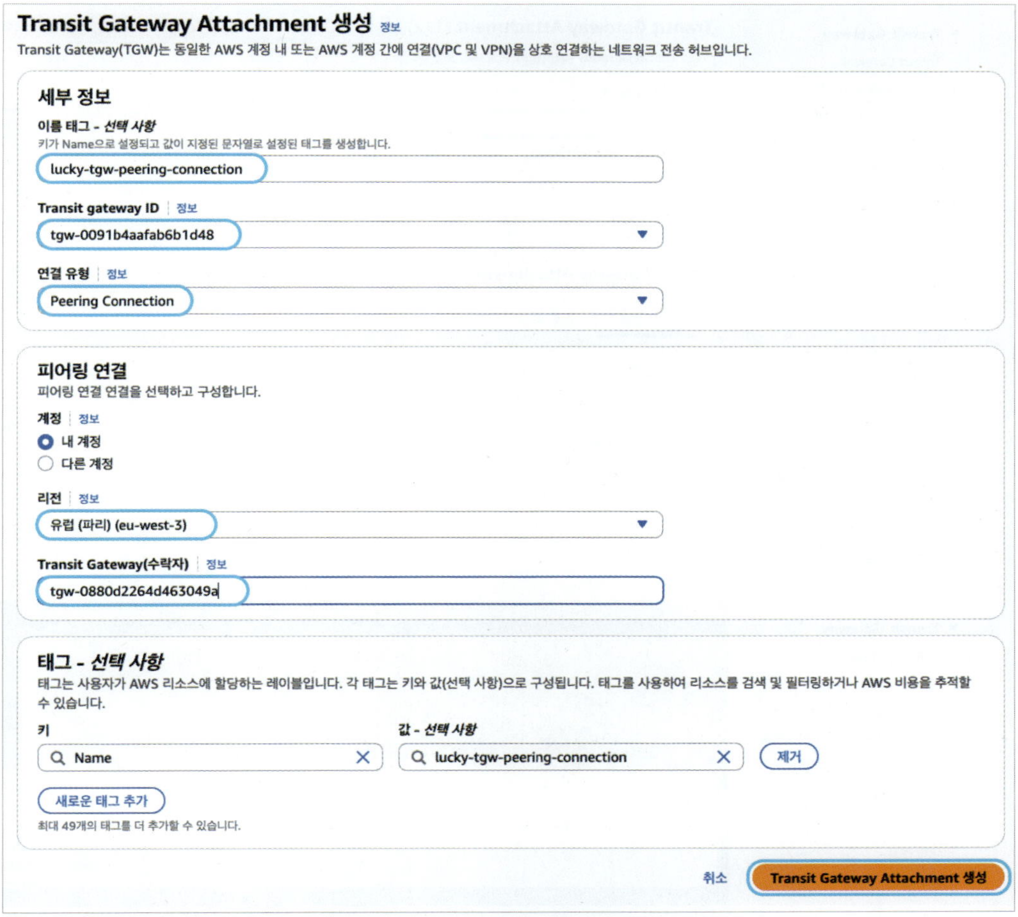

그림 28.4 Transit Gateway 피어링 연결 설정

04. 다시 파리 리전으로 이동한다. 왼쪽 메뉴의 Transit Gateway **연결**을 클릭한다. 그러고 나서 Name이 없고 상태가 Pending Acceptance라고 적힌 Attachment를 선택한다. 이어서 **작업** → Transit Gateway Attachment **수락**을 차례로 선택한다. 서울 리전에서 Transit Gateway 피어링 연결을 요청한 것을 파리 리전에서 수락하는 것이다.

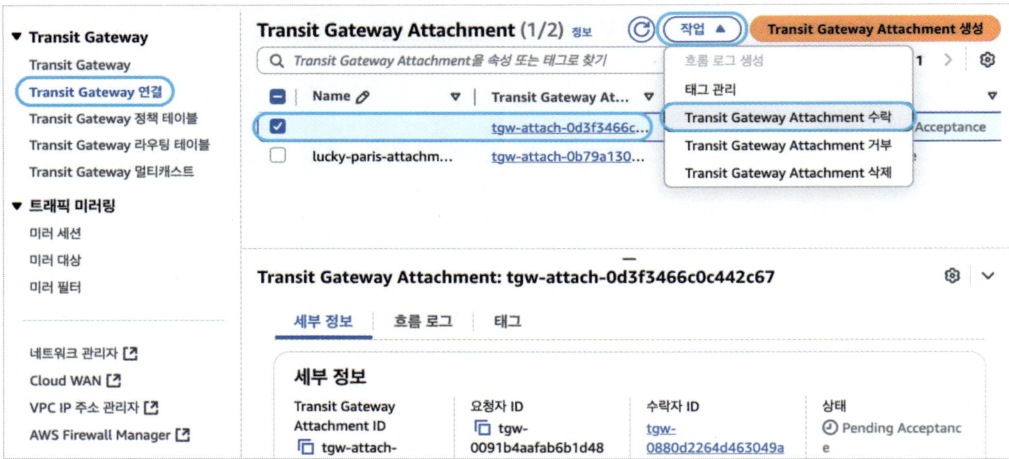

그림 28.5 Transit Gateway 피어링 연결 요청 수락

05. **수락** 버튼을 클릭한다.

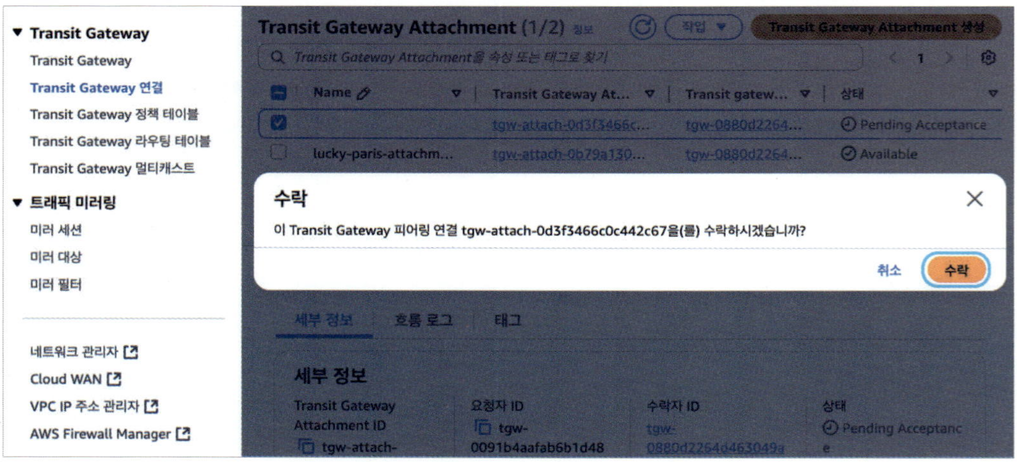

그림 28.6 Transit Gateway 피어링 연결 요청 수락 확인

06. 아직 파리 리전이다. 왼쪽 메뉴의 Transit Gateway **라우팅 테이블**을 클릭한다. Name란이 비어 있는 라우팅 테이블을 선택한다. 이것은 Transit Gateway의 라우팅을 설정하는 것이라고 보면 된다. 하단의 **경로** 탭을 선택하고 **정적 경로 생성** 버튼을 클릭한다.

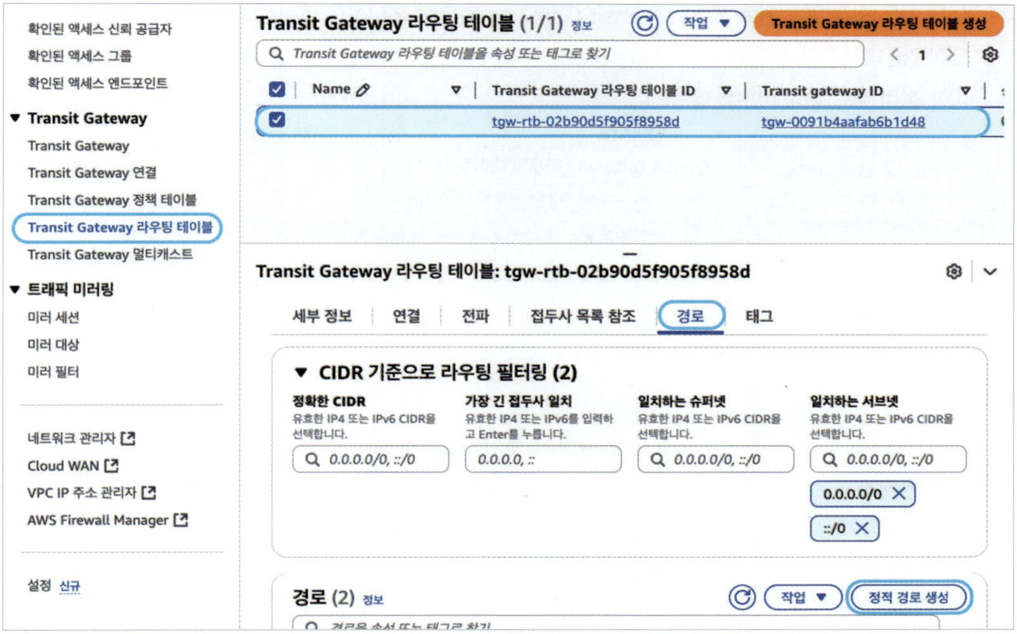

그림 28.7 파리 리전의 Transit Gateway 라우팅 테이블 정책 경로 생성

07. CIDR에는 10.0.0.0/8을 입력한다. **연결 선택**에서 lucky-tgw-peering-connection을 선택한다. 이어서 **정적 경로 생성** 버튼을 클릭한다. 이렇게 하고 나면 Transit Gateway 간의 라우팅이 만들어진다.

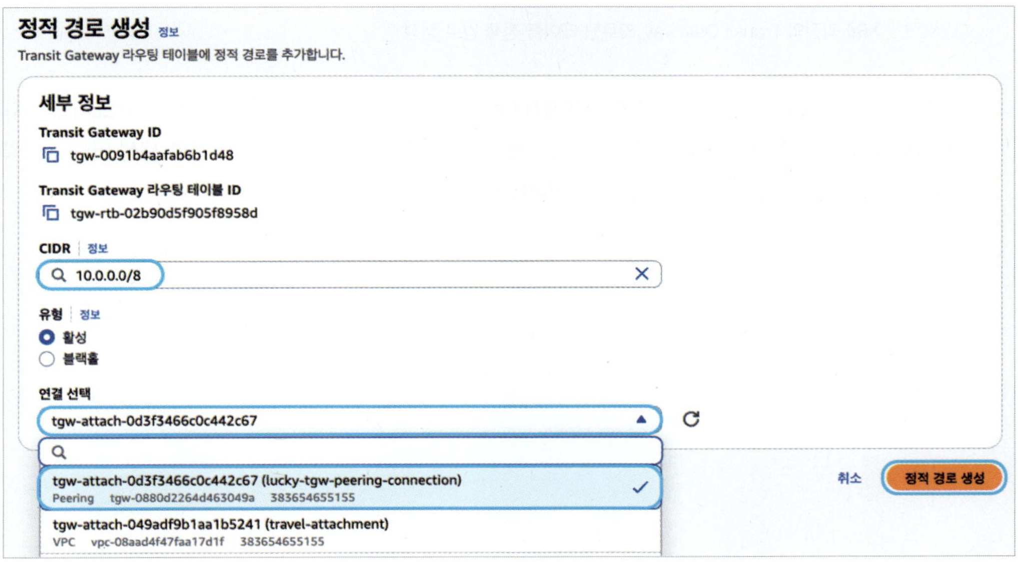

그림 28.8 Transit Gateway 정책 경로 생성 설정

08. 이제 서울 리전이다. 왼쪽 메뉴의 Transit Gateway **라우팅 테이블**을 클릭한다. Name란이 비어 있는 라우팅 테이블을 선택한다. 이것은 Transit Gateway의 라우팅을 설정하는 것이라고 보면 된다. 하단의 **경로** 탭을 선택하고 **정적 경로 생성** 버튼을 클릭한다.

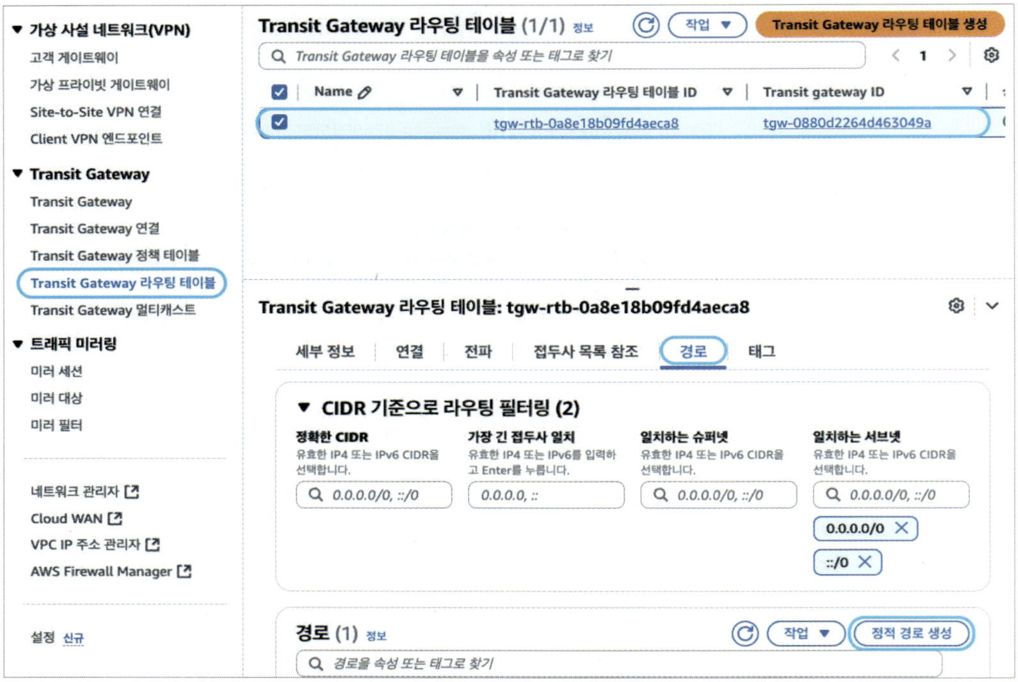

그림 28.9 서울 리전의 Transit Gateway 라우팅 테이블 정책 경로 생성

09. CIDR에는 10.0.0.0/8을 입력한다. **연결 선택**에서 lucky-tgw-peering-connection이라고 표시돼 있지는 않지만 Peering이라고 작게 표시돼 있는 것을 확인하고 선택한다. 그러고 나서 **정적 경로 생성** 버튼을 클릭한다. 이렇게 하고 나면 Transit Gateway 간의 라우팅이 만들어진다.

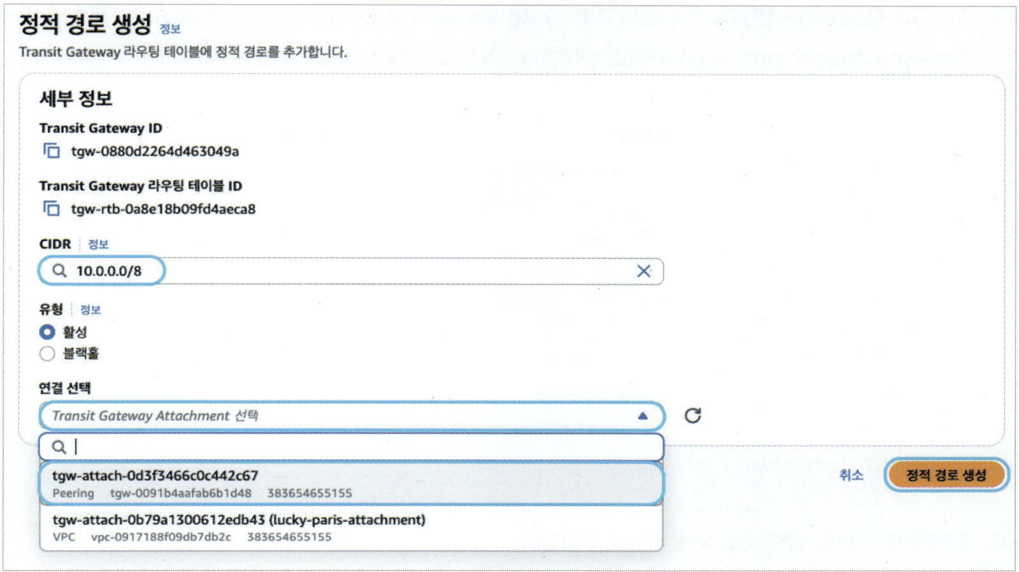

그림 28.10 Transit Gateway 정책 경로 생성 설정

이렇게 해서 Transit Gateway 피어링 연결을 설정했다. 이제 대규모 네트워크 설정까지 배웠으므로 지금까지 배운 내용을 토대로 글로벌 서비스까지 구축할 수 있을 것이다.

28.3 [실습] 리소스 삭제

정말 수고 많았다. 이 책의 모든 실습이 끝났다.

실습이 끝났으므로 마지막으로 만들었던 서울 리전과 파리 리전의 Transit Gateway와 Transit Gateway 피어링 연결을 지워보자. 그리고 따로 설명은 하지 않겠지만 VPC도 모두 삭제한다.

01. Transit Gateway **연결**을 클릭한다. lucky-tgw-peering-connection을 선택하고, **작업** → Transit Gateway Attachment **삭제**를 차례로 선택한다. 같은 방법으로 lucky-attachment, travel-attachment도 삭제한다.

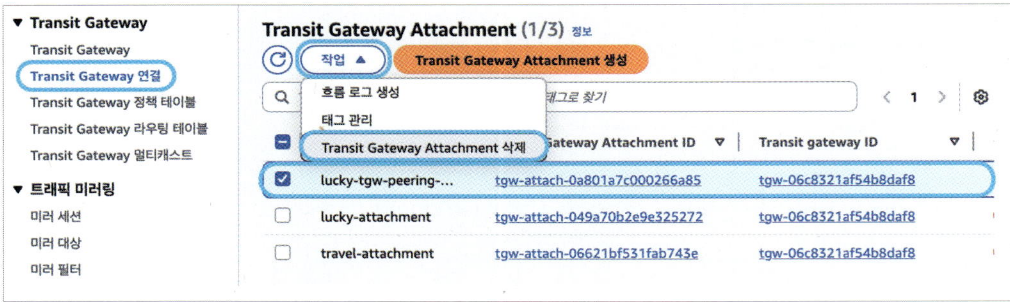

그림 28.11 Transit Gateway 피어링 연결 삭제

02. 입력란에 '삭제'를 입력하고, **삭제** 버튼을 클릭한다.

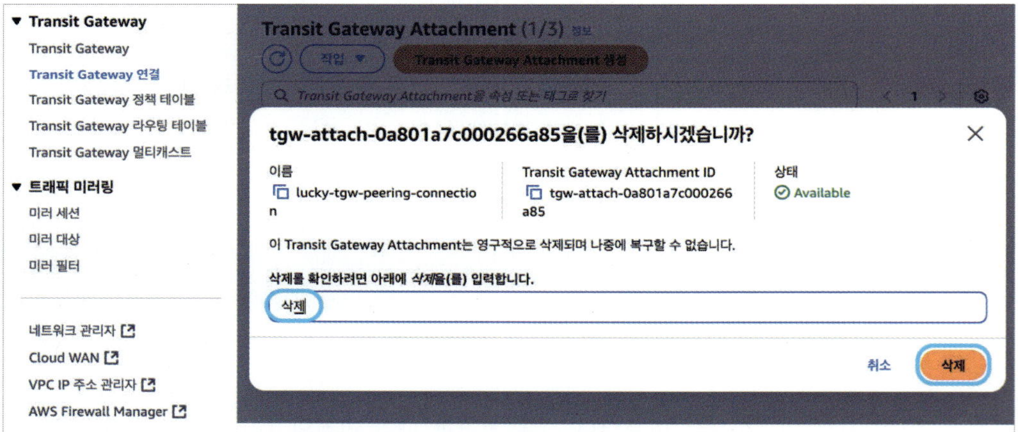

그림 28.12 Transit Gateway 피어링 연결 삭제 확인

03. 다음으로 Transit Gateway를 클릭한다. lucky-tgw를 선택하고, **작업** → Transit Gateway **삭제**를 차례로 선택한다.

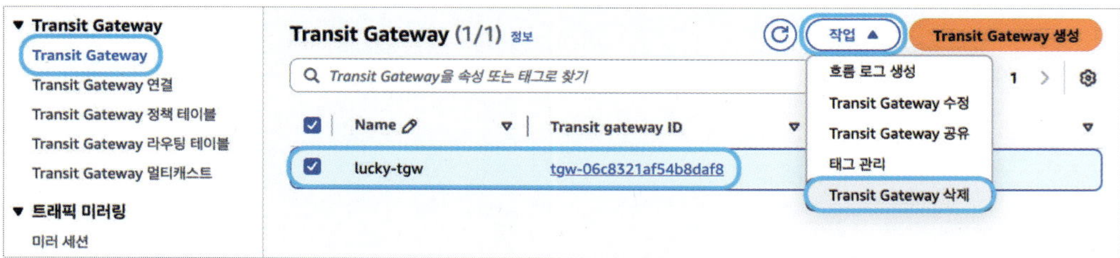

그림 28.13 Transit Gateway 삭제

04. 입력란에 '**삭제**'를 입력하고, **삭제** 버튼을 클릭한다.

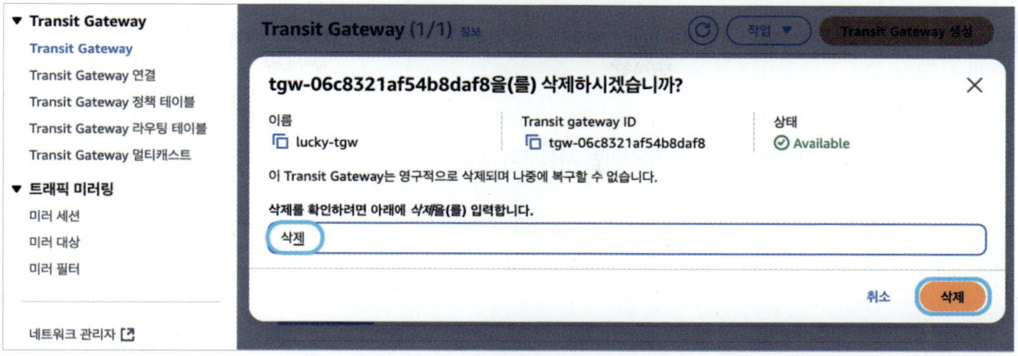

그림 28.14 Transit Gateway 삭제 확인

예제 코드

이 책에 담긴 각종 명령어와 예제 코드를 아래 깃허브 저장소를 통해 제공합니다. 본문 페이지를 기준으로 찾을 수 있으며, 책에 담긴 내용을 직접 타이핑할 필요 없이 깃허브 저장소의 내용을 복사해서 사용하실 수 있습니다.

- **깃허브 저장소**: https://github.com/wikibook/lucky-aws

연계 강의

이 책의 내용과 관련된 연계 강의입니다. 하단의 URL을 통해 강의를 50% 할인해서 수강하실 수 있습니다.

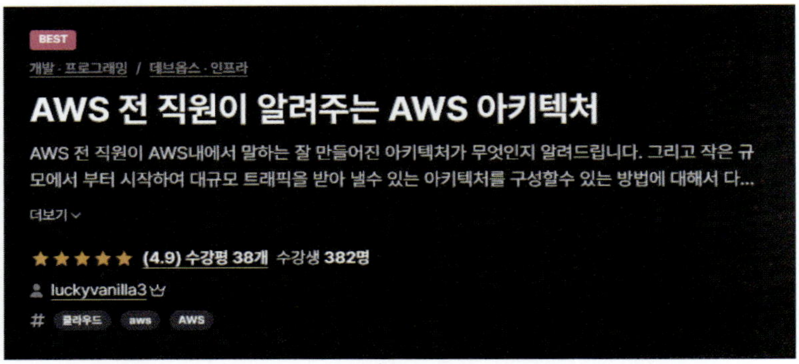

- **강의 제목**: AWS 전 직원이 알려주는 AWS 아키텍처
- **강의 URL**: https://inf.run/UN3aq (50% 할인 적용)

카카오 단톡방

카카오 단톡방 '따라 하면서 완성하는 AWS 인프라 구축 입문'을 통해 이 책에 관한 문의사항이나 피드백을 주고받으실 수 있습니다.

- **단톡방 URL:** https://open.kakao.com/o/gZ61cD1h
- QR 코드:

기호

A – B

C – G

H – R

S – Y